V&R

# Kritische Studien zur Geschichtswissenschaft



Band 230

Heinz-Gerhard Haupt

# Klassen im sozialen Raum

## Aufsätze zur europäischen Sozialgeschichte des 19. und 20. Jahrhunderts

Mit 8 Tabellen

Vandenhoeck & Ruprecht

Bibliografische Information der Deutschen Nationalbibliothek:
Die Deutsche Nationalbibliothek verzeichnet diese Publikation in der
Deutschen Nationalbibliografie; detaillierte bibliografische Daten sind
im Internet über http://dnb.de abrufbar.



Umschlagabbildung: Das Lebensmittelgeschäft Félix Potin, nach 1900 © bpk / adoc-photos

Satz: textformart, Göttingen | www.text-form-art.de
Druck und Bindung: ⊕ Hubert & Co. BuchPartner, Göttingen
Printed in the EU

**Vandenhoeck & Ruprecht Verlage | www.vandenhoeck-ruprecht-verlage.com**

ISSN 2198-297X
ISBN 978-3-525-35590-9

# Inhalt

## IV. Kleinbürgertum und Mittelstand



## IV. Klassenkonflikt und Recht

# Einleitung[1]

Mit sozialen Klassen habe ich mich bei der Arbeit an meiner Dissertation beschäftigt, mit der ich mein Geschichtsstudium abschloß. Diese Forschung fand vor allem in Paris statt, wo ich zwischen 1964 und 1969 mit Unterbrechung durch zwei Berliner Semester studierte und dem Verhältns von Nationalismus und Demokratie nachging. Die dabei leitende Frage nach den Besonderheiten des französischen Nationalismus der Restaurationszeit im Unterschied zum deutschen führte auch zu der Frage nach den politischen Akteuren und ihrem biographisch-sozialen Hintergrund. Die nationalistische Agitation fand nach 1815 im teilweise besetzten Frankreich allenfalls in parlamentarischen Reden, kaum aber im gesellschaftlichen Raum statt. Damit stellte sich das Problem, warum die liberale Opposition die Unzufriedenheit mit der Besatzung der nordfranzösischen Departements nicht schürte, sie mit nationalistischen Parolen anheizte und in der Agitation gegen die Regierung benutzte. Die ursprünglich ideengeschichtlich formulierte Frage erweiterte sich zu einer sozialgeschichtlichen, ohne daß ich allerdings bereits die Forschungen und Instrumentarien der Sozialgeschichte kannte.

Diese entstand erst langsam in der Bundesrepublik, während sie in Frankreich und in Großbritannien bereits wichtige Ergebnisse erzielt hatte. In meinem Studium an der Universität Göttingen aber auch am Friedrich-Meinecke-Institut in Berlin konzentrierte sich die geschichtswissenschaftliche Lehre weitgehend auf die großen Staatsmänner, ging der Korrespondenz zwischen Bismarck und Napoleon III. oder den Diskussionen auf dem Wiener Kongreß nach. Auch in Soziologievorlesungen, die ich an der Berliner FU und an der Pariser Sorbonne besuchte, verengte sich die Sicht der Gesellschaft auf die Eliten, die in der industriellen oder pluralistischen Gesellschaft nicht aber in Klassenkonstellationen eingeordnet wurden. Da in der französischen Revolution die nationale Mobilisierung auch zur Terreur und zu einer Bedrohung bürgerlicher Prinzipien und des Eigentums geführt hatte, verzichteten die liberalen Bürger der Restaurationszeit darauf, die ausländische Besatzung des nördlichen Teils von Frankreich vor 1818 zu einer xenophoben Kampagne auszuweiten und als Mobilisierungsmittel zu benutzen. Zwar konnte damit der Sozialkonservatismus der Bürger bestimmt werden, nicht aber die spezifische Struktur der Klasse. Diese war – wie spätere Studien ergaben – nämlich keineswegs mehrheitlich durch Industrie- und Handelsgeschäfte geprägt, sondern durch ihre Verankerung im Landbesitz. Versuche, diese gesellschaftliche Mischform detaillierter zu bestimmen, verliefen angesichts meiner fehlenden Kompetenzen erfolglos. Das Inter-

1 Für eine kritische Lektüre der Einleitung danke ich Birgit Aschmann und Sieglinde Fiedler.

esse für die sozialgeschichtliche Verortung von Klassen war gleichwohl geweckt und hat meine spätere Arbeit bestimmt.

Parallel zu dieser Arbeit erlebte ich das Frankreich der 1960er Jahre als von Demonstrationen und Unruhen geprägt und damit als viel aufregender als die Bundesrepublik. Im öffentlichen Sektor, aber auch im Bergbau, der Metall- und Autoindustrie fanden Arbeitskämpfe statt, die oft gewaltsame Formen annahmen und das öffentliche Leben bisweilen für Tage lahm legten. In ihnen begriffen sich die Streikenden oft als Klassen und Mitglieder von Klassenorganisationen. Die Abwehrreaktionen der Unternehmer und der staatlichen Instanzen ihrerseits demonstrierten vor allem dann im Mai 1968, daß es in den Konflikten um mehr als nur um Arbeitskämpfe ging. Da zudem eine breite linke und sozialistische Publizistik die Ereignisse breit kommentierte und von mir gelesen wurde, und französische Freunde in kommunistischen Splittergruppen aktiv waren, wurde ich schnell mit einer Klassenkampfrhetorik vertraut.

Als ich Ende der 1960er Jahre in die Bundesrepublik zurückkehrte, kam ich in eine intellektuell veränderte Situation. Als junger Historiker mußte ich mich mit der Diskussion um soziale Klassen auseinandersetzen, die lebhaft in den 1970er und 1980er Jahren innerhalb der Sozial- und der Geschichtswissenschaften geführt wurde. Dabei stand zunächst eine theoretische Grundentscheidung an, nämlich die zwischen Karl Marx und Max Weber.[2] Während Marx vor allem die Aufmerksamkeit auf die Ursachen und Folgen der gesellschaftlichen Arbeitsteilung lenkte, hob Weber auf die marktförmige Verfassung der Gesellschaft ab. Beide unterschieden Klassen nach dem Besitz oder Nichtbesitz der Produktionsmittel. Weber hob jedoch je nach wirtschaftlichem Sektor auf die Monopolstellung ab, während bei Marx der Prozeß der Ausbeutung von Arbeitskraft eine zentrale Bedeutung erhielt. Während in dem Marxschen Werk und vor allem in seinen Frankreichschriften Klassen eng mit politischen Positionen verbunden und in einer politischen Entwicklungslogik verstanden wurde, führte Max Weber mit der Definition der sozialen Klassen und ihrer aus »commercium« und »connubium« resultierenden Binnenstruktur für sozialhistorische Studien fruchtbare Kategorien ein.[3] Benutzt man diese, so führen sie hin zum Studium von Geselligkeitsformen und Kontaktzonen und beziehen die geographische und soziale Mobilität als wichtige Faktoren der Klassenbildung ein. Während Marx die Klassen konsequenter als Weber in der Entwicklungsdynamik des Kapitalismus verortete, verloren mit dem Weberschen Ansatz Klassen ihre scharfrandigen Konturen und öffneten sich für vielfältige gesellschaftliche Praktiken.

2 Grundlegend: *J. Kocka*, Karl Marx und Max Weber im Vergleich: Sozialwissenschaften zwischen Dogmatismus und Dezisionismus, in: *H.-U. Wehler* (Hg.), Geschichte und Ökonomie, Köln 1973, S. 54–84.

3 *M. Weber*, Wirtschaft und Gesellschaft, Köln 1964, S. 222, S. 678 ff., S. 995 f.; siehe auch *J. Kocka* (Hg.), Max Weber, der Historiker, Göttingen 1986, S. 173 ff.

Meine Forschungen entwickelten sich vor allem in den 1980er Jahren weg von einer eng an Marx orientierten Sichtweise hin zu Positionen Max Webers. Dazu trug nicht nur die Auseinandersetzung mit der historischen Sozialwissenschaft Bielefelder Prägung bei, die den Weberschen Ansatz privilegierte, sondern auch der enge Kontakt mit der französischen Historiographie der zweiten Hälfte des 20. Jahrhunderts, die sozial-und kulturwissenschaftliche Ansätze verband. Diese hat auch ohne eine explizite Weber-Rezeption mit den sozialen Erfahrungen und der Definition der Gesellschaft als sozialen Raum Kategorien entwickelt, die die Komplexität des gesellschaftlichen Lebens einfangen konnten und die zu vielfältigen innovativen sozialgeschichtlichen Studien geführt haben. Mit ihnen konnte ich besser das sperrige empirische Material meiner Forschungen ordnen und erklären. Während in der deutschen Sozialgeschichte oft die Frage dominierte, inwiefern Klassenpositionen politische Prozesse erklären können und wie aus den Besonderheiten der deutschen Klassengesellschaft der Nationalsozialismus erklärt werden kann, fehlten in französischen Werken derartige politische Zuspitzungen der Klassenproblematik zwar in der Historiographie der KPF nicht, prägten aber nicht die gesamte Geschichtsschreibung. Anstatt eine politische Sozialgeschichte zu entwickeln, öffnete sich die französische Historiographie früher kulturgeschichtlichen Ansätzen.

In dieser hat nicht nur der Soziologe Pierre Bourdieu für eine andere Sicht der Klassen gesorgt, sondern auch der Sozialhistoriker Bernard Lepetit. Für Bourdieu ist »das soziale Feld … ein mehrdimensionaler Raum«[4], in dem zwar auch Positionen, die Bourdieu ›Kapital‹ nennt, eine Rolle spielen, vor allem aber Beziehungen. Die Prinzipien, nach denen sich diese organisieren, sind nicht festgeschrieben, sondern werden in Auseinandersetzungen mit anderen sozialen Akteuren bestimmt. Unter den Räumen, in denen um das Monopol der Definition von gesellschaftlichen Anerkennungsmerkmalen gekämpft wird, unterscheidet Bourdieu den wirtschaftlichen, sozialen, politischen und kulturellen Raum. Im Zentrum der Konflikte stehen für ihn dabei Machtbeziehungen. Damit gehören Pluralität von Ressourcen der Akteure, Konflikte zwischen ihnen und Wertmaßstäbe für Bourdieu zu den Klassen charakterisierenden Merkmalen. Im Begriff des Habitus hat er die aus Sozialisation, Auseinandersetzungen und Abgrenzungsbedürfnissen resultierenden Verhaltensweisen der Akteure erfaßt. Die Auseinandersetzungen zwischen den Klassen finden mithin in einem sozialen Raum statt, in dem es um Grenzziehungen, Beziehungsnetze, Ansprüche und Machtpositionen geht.

In der französischen Sozialgeschichte hat die Stadtgeschichtsforschung unter dem Einfluß von Bernard Lepetit vor allem nach den Gebräuchen und Praktiken gefragt, die bestimmte Akteure in der Stadt ausbildeten und sich damit nicht nur den städtischen Raum aneigneten, sondern von diesem auch geprägt wurden. Lepetit distanzierte sich von einer Definition der Klasse nach bestimmten Kriterien, sondern ging von den »sozialen Interaktionen« zwischen sozi-

4 *P. Bourdieu*, Sozialer Raum und »Klassen«. Leçon sur la leçon, Frankfurt a. M. 2016[4], S. 11.

alen Gruppen aus, um ihre »soziale Identität« zu erfassen.[5] Damit rückte die Kategorie der sozialen Praxis in den Mittelpunkt und wird die Aufmerksamkeit auf den sozialen Raum gelenkt, in dem die Praktiken und Interaktionen stattfinden. Mit diesem Ansatz, der den Gegensatz der deutschen Geschichtswissenschaft zwischen Alltags- und Strukturgeschichte überwindet, konnte die historische Vielfalt sozialer Erfahrungen leichter erfaßt werden. Der Verlust an theoretischer Stringenz wurde kompensiert durch eine beeindruckende Offenheit für die Vielfalt von gesellschaftlichen Verhaltensweisen, Problemen und Experimenten. Dies läßt sich etwa an der Geschichte der Seuchen im 19. Jahrhundert ablesen, die – bevor sie auch von der deutschen Sozialgeschichte berücksichtigt wurden – bereits in der französischen Forschung und in einschlägigen französischen Überblicksdarstellungen präsent waren.[6] Die Betonung des sozialen Raumes erlaubt es, die unterschiedlichen Strategien zu vergleichen, die bei der Verteidigung und Valorisierung der verschiedenen Kapitalsorten von gesellschaftlichen Gruppen benutzt wurden. Dadurch, daß es sich um soziales wie wirtschaftliches, kulturelles wie politisches Kapitel handelt, verbietet sich eine Verengung des Blickwinkels auf eine Kapitalsorte und ist ein gesamtgesellschaftlicher Ansatz notwendig.

Mit diesem Instrumentarium habe ich nicht nur Themen der europäischen Sozialgeschichte, vor allem die Geschichte des Kleinbürgertums analysieren können, sondern auch den gesellschaftlichen Hintergrund meiner Herkunft. Meine Familie wurde durch den Großvater geprägt, der in der ersten Generation die Welt des dörflichen Handwerks verließ. Sein Vater war Schlachtermeister. Er hingegen arbeitete lebenslang in einem kleinen niedersächsischen Dorf als Volksschullehrer. In diesem lebten mein kleinerer Bruder und ich mit ihm, meiner Großmutter und meiner im Zweiten Weltkrieg verwitweten Mutter. Sozialgeschichtlich gesehen war das Dorf weniger durch scharfe soziale Gegensätze als durch soziale Mischformen geprägt. Zwar arbeiteten viele Männer und Frauen in einer Schuhfabrik, die nach 1945 von Zwickau in eine Gegend billiger Arbeitskräfte verlegt wurde, bestellten daneben aber noch Garten und Feld. Nur wenige Großbauern setzten sich durch ihren Besitz, aber kaum durch ihren Lebensstil vom Gros der Bevölkerung ab. Sie heirateten zwar mehrheitlich untereinander, nahmen aber gleichwohl an den Festen der örtlichen Feuerwehr, des Sport- und Schützenvereins teil. Angesichts dieser Umgebung war es nicht erstaunlich, daß in meiner Familie der Klassenbegriff nicht zur Beschreibung der sozialen Wirklichkeit benutzt wurde. Für meinen Großvater war vielmehr der Besitz eines Klaviers ein entscheidendes gesellschaftliches Unterscheidungsmerkmal.

5 *B. Lepetit*, Histoire des pratiques, pratique de l'histoire, in: *ders.*, (Hg.), Les formes de l'expérience. Une autre histoire sociale, Paris 1995, S. 9–22, hier S. 17.

6 Während bereits im Jahre 1987 Jean Delumeau und Yves Lequin eine Synthese über »Les Malheurs de la France. L'Histoire des fléaux et des calamités en France, Paris«, verfassten, stammte die erste große Studie über die Cholera in Deutschland von Olaf Briese aus dem Jahre 2003. *O. Briese*, Angst in Zeiten der Cholera, 4 Bde., Berlin 2003.

Nach alledem benutzte und benutze ich den Begriff Klasse für gesellschaftliche Großgruppen der Neuzeit, die gemeinsam ökonomische Wurzeln in der sich entwickelnden kapitalistischen Produktionsweise besitzen, unter ähnlichen Bedingungen ihre Arbeitskraft verkaufen oder die anderer aneignen, gemeinsame soziale Praktiken wie Wahl der Berufe und der Ehepartner, der Mobilität und Seßhaftigkeit, der Schulbildung und des Militärdienstes, der Geselligkeit und kultureller Rituale, der Selbst- und Fremdbilder, der sozialen und politischen Rechte besitzen und diese auch gegen andere Klassen in Konflikten und im politischen Leben vertreten und verteidigen. Das Augenmerk wird dabei sowohl auf die Gesamtheit der Klasse gerichtet als auch auf ihre verschiedenen Teile.

Heute steht die Klassengesellschaft nicht mehr im Mittelpunkt der politischen und wissenschaftlichen Debatten. Zwar drehen sich immer noch viele öffentliche Auseinandersetzungen um die soziale Ungleichheit und damit um die Klassenproblematik in einem weiteren Sinn. Der Abstand zwischen arm und reich, sein Ausmaß, seine Ursachen und seine Entwicklungsdynamik gehört zunehmend dazu, und er wird nicht nur national, sondern auch in globaler Perspektive diskutiert. Auch die soziale Benachteiligung von Frauen und Migranten wird in diesen Zusammenhang erwähnt. Arbeitslosigkeit und blockierte Bildungsmöglichkeiten werden weiterhin als Dimensionen sozialer Ungleichheit gelesen, und mit den Begriffen »Prekariat« und »Scheinselbständigkeit« wird auf vermeintlich neue soziale Probleme hingewiesen.[7]

In diesen auch sozialpolitisch relevanten Diskussionen werden aber ab den 1980er Jahren zunehmend weniger Klassenkategorien benutzt. Begriffe wie Schichten, Milieus, Lebenstile sollen vielmehr Handlungseinheiten bezeichnen und unterschiedliche Lebensformen beschreiben und erklären. Mit der Begriffsverschiebung ging eine inhaltliche Umorientierung einher, die Hartmut Kaelble folgendermaßen charakterisiert hat: »Bei Ungleichheit zwischen sozialen Klassen war es vor allem um Ungleichheiten der sozialen Lage gegangen, die sich an den Einkommen, an den Vermögen, am Wohnen und an der sozialen Sicherheit ablesen lässt. Das änderte sich nun. Neben der Ungleichheit der sozialen Lagen erhielt nun die Ungleichheit der Chancen und der Ungleichheit des Zugangs zur Kultur viel mehr Aufmerksamkeit in der politischen Öffentlichkeit.«[8] Nicht nur als Gegenstand und Begrifflichkeit der politischen Debatten verloren soziale Klassen an Bedeutung, sondern auch als Akteure. Sie tauchen kaum noch in einer sich zersplitternden Wählerschaft als politische Beweger auf, spielen bei gesellschaftlichen Selbstwahrnehmungen keine zentrale Rolle mehr und werden auch in den Analysen der Gegenwart nicht mehr zentral erwähnt.[9] Die Konfron-

7 Siehe *J. Kocka* u. *J. Schmidt*, Arbeit und Kapitalismus, in: GG 43 (2017), S. 2.

8 *H. Kaelble*, Mehr Reichtum, mehr Armut. Soziale Ungleichheit in Europa vom 20. Jahrhundert bis zur Gegenwart, Frankfurt a. M. 2017, S. 164. *Ders.*, Société de classes, lutte des classes: l'écho du passé, in: *E. Francois* u. *T. Serrier* (Hg.), Europe. Notre Histoire, Paris 2018, S. 433–439; *J. Pleinen*, Klasse, Version 1.0, in: Docupedia-Zeitgeschichte; *H.-U. Wehler*, Die neue Umverteilung. Soziale Ungleichheit in Deutschland, München 2013.

9 *U. Beck*, Die Neuvermessung der Ungleichheit unter den Menschen, Frankfurt a. M. 2008.

tationssituation zwischen den Klassen tritt vollends zurück hinter andere soziale Dynamiken wie die Verunsicherung, die Beschleunigung oder die Angst.[10]

Gleichwohl erschöpft sich in dieser semantischen Veränderung nicht die Bedeutung des Klassenbegriffs für die Gegenwart. Er wird weiter in der Diskussion um die Zukunft der Gesellschaft benutzt. Das Schicksal der Mittelklassen liegt nicht nur politischen Parteien am Herzen, die in der Mitte der Gesellschaft nach Wählerstimmen suchen, sondern auch einer breiten soziologischen und historischen Forschung. Sie findet nicht nur im deutschen Sprachraum sondern auch im europäischen Kontext statt.[11] Eine Besonderheit der deutschen Diskussion liegt dann darin, daß in die Analyse Kategorien der Mittelstandsproblematik eingehen, die sich am Ende des 19. Jahrhunderts entwickelt und auf der Gesellschaft stabilisierenden Kraft der Mittelklassen insistiert haben. Diese stehen damals wie heute für Maß und Mäßigung in Politik und Gesellschaft und sollen dazu beitragen, Klassenunterschiede zu überbrücken. In dieser Funktion werden sie von Paul Nolte als »kreative Klasse« und von Randolf Rodenstock als »das Rückgrat der Gesellschaft« bezeichnet. Auch in dieser Diskussion rückt an die Stelle des Klassen- zunehmend der Schichtbegriff.[12]

Klassen erscheinen weiterhin in der Lebenswelt der Gegenwart. Schlösser des Adels, bürgerliche Wohnhäuser, proletarische Wohnsiedlungen, bäuerliche Lebensformen werden in ihrer Verbindung mit sozialen Gruppen und Klassen wahrgenommen. Theater und Opern, Ausstellungen und Museen, die in der Klassengesellschaft der Vergangenheit entstanden sind, erfreuen sich weiterhin großer Beliebtheit. Auch in der Analyse der gesellschaftlichen Wirklichkeit gewinnt der Klassenbegriff wieder an Bedeutung. Begriffe wie »Lebensstile« erwiesen sich zur sozialen Kennzeichnung als kurzlebig, »Schichten« wurden bisweilen beliebig konstruiert und zunehmend verlangt die Differenz zwischen der verschwindenden Minderheit von Einkommens- und Vermögensmillionären und der Mehrheit der Bevölkerung nach einer zureichenden Begrifflichkeit. Die nivellierte Mittelstandsgesellschaft Schelskyer Prägung ist angesichts prekärer Beschäftigungsverhältnisse und unsicherer Zukunftsaussichten breiter Teile der Bevölkerung keine zureichende Charakteristik der Gegenwart. Globale Phä-

10 *E. Conze*, Geschichte der Sicherheit. Entwicklung-Formen-Perspektiven, Göttingen 2018; *H. Rosa*, Beschleunigung. Die Veränderung der Zeitstrukturen in der Moderne, Frankfurt a. M. 2005; *J. Bourke*, Feature: Fear, Ambivalence and Admiration, in: History Workshop 55 (2003), S. 111–133.

11 *E. Caroppo*, Sulle tracce delle ›classi medie‹. Espropri e fallimenti in terra d'Otranto, 1861–1914, Salento 2008; *S. Guillaume*, Les classes moyennes au coeur du politique sous la IVe République, Talence 1997; *P. Guillaume* (Hg.), Histoire et historiographie des classes moyennes dans les sociétés développées, Talence 1998.

12 *P. Nolte* u. *D. Hilpert*, Wandel und Selbstbehauptung. Die gesellschaftliche Mitte in historischer Perspektive, in: *Herbert Quandt-Stiftung* (Hg.), Zwischen Erosion und Erneuerung. Die gesellschaftliche Mitte in Deutschland. Ein Lagebericht, Frankfurt a. M. 2007, S. 11–101; *S. Mau*, Lebenschancen. Wohin driftet die Mittelschicht?, Berlin 2012; *U. Dallinger*, Prekäre Mitte? Sozialstaat und Mittelschicht im internationalen Vergleich, in: Zeitschrift für Sozialreform 57 (2011), S. 83–110.

nomene wie Migrationsbewegungen in ihrer Auswirkung auf den Status quo zu untersuchen, heißt auch die Klassenstruktur einzubeziehen. Stadtforschung ihrerseits kommt nicht ohne diesen Bezug aus. Folgt man Didier Eribon[13], so zeigt die Gegenwart sogar die politisch katastrophalen Folgen des Verlusts von Klassenbewußtsein: seine Eltern in Reims, die sich als Mitglieder der Arbeiterklasse wahrgenommen und die kommunistische Partei gewählt hatten, gaben, jetzt ihrer Klassenzugehörigkeit beraubt, ihre Stimme dem Front national. Es gibt offensichtlich spezifische Konjunkturen, in denen der Klassenbegriff zur Analyse der Gesellschaft vorherrscht und auch zur individuellen Verortung benutzt wird, während er in anderen an Bedeutung abnimmt. Die Jahrzehnte um 1848 könnten zu den Zeiten der Verbreitung gehören wie die 1970er und 1980er Jahre. Dies sind bezeichnenderweise auch Momente, in denen die Erwartung verbreitet war, daß soziale Ungleichheit entweder revolutionär oder sozialpolitisch beseitigt werden könnte und soziale Bewegungen bestanden, die dieses Ziel verfolgten. Wenngleich die Gegenwart kaum durch sozialen Veränderungsoptimismus geprägt ist, kann die Analyse der sozialen Ungleichheit nicht auf den Klassenbegriff verzichten. So schlägt Jenny Pleinen vor: »Vielmehr wäre es sinnvoll, nach der konkreten Ausformung sozialer Ungleichheitsstrukturen zu fragen und anhand von Variablen wie ›Durchlässigkeit‹ zu erforschen, ob es sich um Klassenstrukturen oder um andere flexiblere Formen sozialer Ungleichheit handelt«.[14]

Zum Verständnis der Klassenproblematik könnten die im folgenden abgedruckten Aufsätze einen Beitrag leisten. In dem gewählten Zeitraum, dem 19. Jahrhundert und im 20. Jahrhundert bis zum Ende des Booms, gehörten Klassen zu den Akteuren, die politische Strukturen und Entscheidungen mitbestimmten, die Lebenswelt der Bevölkerung beeinflußten und ihrerseits von dieser beeinflußt wurden. Als Ergebnis der industriell-kapitalistischen Leistungsgesellschaft, aber oft noch geprägt von ständisch-vorindustriellen Strukturen entstanden und wandelten sich die Klassen und eine der reizvollen Aufgaben der Geschichtswissenschaft besteht darin, diese Veränderungsprozesse und Mischformen zu erklären. Nicht nur als Strukturen sondern auch als Identitäten spielten Klassen eine zentrale Rolle. Dem guten Bürgertum anzugehören oder als Mitglied der Arbeiterklasse angesehen werden, diese Selbst-und Fremdwahrnehmungen gingen in soziale Beziehungen und Aufstiegsmöglichkeiten ein und prägten politische Werte und Entscheidungen.[15]

In den ausgewählten Beiträgen stehen Bewegungen im sozialen Raum im Mittelpunkt, die teilweise Klassencharakter hatten, aber – wie der Nationalismus – nicht haben mußten. So führt die Beschäftigung mit dem europäischen Kleinbürgertum des langen 19. Jahrhunderts in einen Bereich, in dem Besitz der Produktionsmittel und die persönliche Arbeitsleistung sich verbinden und sich

13 *D. Eribon*, Rückkehr nach Reims, Frankfurt a. M. 2016.

14 *Pleinen*, in: Docupedia.

15 Siehe etwa *H.-G. Haupt* u. *J. Kocka*, Vecchie e nuove classi nell'Europa del XIX secolo, in: *P. Bairoch* u. *E. Hobsbawm* (Hg.), Storia d'Europa, Bd. 5, Turin 1996, S. 675–751.

deshalb starren Klassifikationsschemata verweigern. Der Blick auf ökonomische Ressourcen einerseits, vor allem aber soziale Beziehungen andererseits erlaubt die Spezifik kleinbürgerlicher Lebensweisen zu erfassen. Durch die Kombination von persönlicher Mitarbeit und Besitz können sich die reichen Kleinbürger, die florierenden Kleinhändler und die beliebten Handwerksmeister gesellschaftlichen Erfahrungen annähern, die denen des Bürgertums ähnlich sind. Aber dies waren – wie sozialgeschichtliche Studien ergeben – lediglich zahlenmäßig begrenzte Erfolgsgeschichten, von denen sich jene Karrieren absetzen, in denen die Eröffnung eines Ladens oder einer Werkstatt Teil von Überlebensstrategien Arbeitsloser, älterer Männer und von Frauen waren. Diese waren enger mit einer proletarischen Nachbarschaft, mit den Sorgen ums Überleben und dem Ärger über steigende Lebensmittelpreise verbunden als mit dem bürgerlichen Lebensstil, mit Besitzerstolz und Bildungspatenten. Gewerblicher und kommerzieller Kleinbesitz nahm in seiner Mehrheit eher an der Kultur der Armut als an der bürgerlichen Kultur teil.

Zumindest die Organisationen der Handwerker und Kleinhändler, denen die Kleinstunternehmer in der Regel nicht angehörten, orientierten sich mehrheitlich eher an bürgerlichen Werten der Stabilität, des geordneten Familienlebens und des Schutzes des Eigentums. Deshalb wird immer auch ihr Anteil an dem Aufkommen faschistischer Bewegungen diskutiert und ihre Nähe zu sozialprotektionistischen Bewegungen, die in der Vergangenheit und in Europa eher auf der politischen Rechten als auf der Linken angesiedelt waren. Mit sozialen Klassen, deren Existenz auf Privateigentum an den Produktions-und Arbeitsmitteln beruhte und damit auch die Möglichkeit der Ausbeutung von Arbeitskraft einschloß, konnten die sozialistischen und kommunistischen Organisationen schwerlich politische Verbindungen eingehen oder Parolen und Programme formulieren, die den Interessen der Kleinbesitzer zugute kamen. Eher soziale Nachbarschafts- und Geschäftsbeziehungen, Geselligkeit und Lokalismus näherten Arbeitende und Kleinbesitzer einander an.

Soziale Fluidität eher als starre Strukturen charakterisierten das sozialökonomische Milieu des Kleinbürgertums. Selbst das Organisationsmodell der Zünfte, das diese Vielfalt und Veränderung in der frühen Neuzeit und in manchen Gesellschaften bis in das 19. Jahrhundert hinein organisieren wollte, bildete keine Einheit heraus. Denn die Funktionen der Zünfte variierten in den verschiedenen Städten und Gesellschaften Europas, ihre Praktiken und Rituale differierten und auch ihre Ordnungen unterschieden sich. Es ist deshalb nicht erstaunlich, daß je nach politischem und gesellschaftlichem Kontext Zünfte unterschiedlich lange im Europa des 19. Jahrhundert überlebten und verschiedene Funktionen hatten. Diese können in einem Vergleich zwischen Deutschland und Frankreich gezeigt werden. Die frühe Abschaffung der Zunftordnung in der französischen Revolution hat jenseits des Rheins die Lehrlingeausbildung und das duale System der Berufsausbildung verhindert, die in Deutschland durch die Überführung zünftiger Prinzipien in Innungen bis in die Gegenwart überlebten.

Konflikte zwischen Klassen oder sozialen Gruppen gehören zu den Grundbedingungen des sozialen Raumes. In ihnen geht es um die Durchsetzung der eigenen Interessen, um bestimmte Problemlösungsmodelle und um die Macht, die eigene Weltsicht als dominant durchzusetzen. Den Umständen, Zielen, Formen, Ergebnissen und Akteuren dieser Konflikte sind mehrere Beiträge des Bandes gewidmet. In der Regel stehen in ihnen die arbeitenden Klassen im Mittelpunkt, die sich wie im Fall der französischen Uhrenindustrie gegen Betriebsschließung und Arbeitslosigkeit wehrten, ihre Ernährung in Großstädten im Ersten Weltkrieg und in der Nachkriegszeit einforderten oder für einen arbeitsfreien Sonntag kämpften. Dabei konnten durchaus originelle Aktionsformen entwickelt werden, zu denen der aktive Streik, die Betriebsbesetzung und Inbetriebnahme der Produktion bei Lip zu rechnen sind. Wenig organisierte Arbeitende wie die Angestellten im Einzelhandel waren allerdings ohne institutionelle Hilfe kaum in der Lage, ihre Arbeitsbedingungen und Löhne gegen die Unternehmer zu verteidigen. Sie mußten deshalb in Deutschland wie in Frankreich auf die Hilfe der Kaufmannsgerichte, einer paritätisch zusammengesetzten Schlichtungsinstanz zurückgreifen oder auf die Intervention der Behörden hoffen, um bei der Durchsetzung der Sonntagsruhe ihren Ruheanspruch zu verteidigen. In Frankreich blieb diese Unterstützung allerdings gering.

Zu den politisch kontroversen Mitteln der Konfliktaustragung gehört und gehörte die Gewalt. Ihr Gebrauch wurde in der Regel strafrechtlich verfolgt, selbst wenn in Großbritannien zu Beginn des 19. Jahrhunderts noch das »bargaining by riot« akzeptiert wurde, das nicht nur einen symbolischen Gewalteinsatz vorsah sondern auch eine diesen positiv aufnehmende Obrigkeit. Andernorts reagierten Behörden und Regierungen repressiv auf gewaltsame Aktionen, ob diese nun – wie Charles Tilly unterschieden hat – interkommunalen, reaktiven oder proaktiven Charakter hatten.[16] Die Gewaltforschung hat sich in den letzten Jahrzehnten von der Protestforschung ausgehend weiterentwickelt. Unter dem Eindruck von terroristischen Angriffen in zahlreichen Gesellschaften der Gegenwart hat sie nicht nur versucht, die Akteure der Gewalttätigkeit zu bestimmen, sondern auch die sozialen Bewegungen zu charakterisieren, in denen Gewalt gebraucht wurde. Beide Fragestellungen sind in die ausgewählten Beiträge eingegangen, vor allem dominiert in ihnen aber die Frage nach den Reaktionen der staatlichen Instanzen, die in einem deutsch-französischen Vergleich diskutiert wird. In zahlreichen europäischen Gesellschaften stellten gewaltsame Aktionen mit der Ruhe und Ordnung stiftenden Aufgabe der staatlichen Herrschaft eine zentrale Legitimität des neuzeitlichen Staates in Frage. Dies erklärt die Heftigkeit der staatlichen Antworten auf Attentate oder auf politischen Mord. Diese Antworten tendierten aber auch dazu, die rechtsstaatlich fixier-

16 *E. Hobsbawm*, Politische Gewalt und »politischer Mord«: zu dem Beitrag von Franklin Ford, in: *W. J. Mommsen* u. *G. Hirschfeld* (Hg.), Sozialprotest, Gewalt, Terror. Gewaltanwendung durch politische und gesellschaftliche Randgruppen im 19. und 20. Jahrhundert, Stuttgart 1982, S. 24–32.

ten Grenzen der Staatsintervention zu verletzen und Freiheitsrechte der Bürger einzuschränken.

Ähnlich umfassend wie die Gewaltdiskussion in der Geschichtswissenschaft hat sich auch die Erforschung des Nationalismus verändert, die im Jahre 1983 durch die Werke von Ernest Gellner, Benedikt Anderson und Eric Hobsbawm neue Fragestellungen erhalten hat. Nicht mehr die Dynamik der Nationalstaatsbildung steht im Mittelpunkt, sondern jene kulturellen Prozesse, die der Nationsbildung zugrunde liegen. Die Konstruktion der Nation als verpflichtende Kategorie, die durch theoretische Schriften, Proklamationen, Symbole und Rituale aufgebaut wurde, ist eher in der deutschen Historiographie als in der französischen untersucht worden. Dieser Unterschied ist auf die unterschiedliche Chronologie und politische Problematik der Nationsbildung in beiden Gesellschaften zurückzuführen. Zur Sakralisierung der Nation, die zu Beginn des Ersten Weltkrieges transnational benutzt wurde, um die Bevölkerung zu mobilisieren, haben Entwicklungen innerhalb der einzelnen Konfessionen, aber auch Stellungnahmen und Praktiken von Theologen und Priestern beigetragen. Dieser Problematik sind Beiträge in dem Band gewidmet[17]. Die eruptive Kraft der nationalistischen Propaganda, die vor allem in kriegerischen Auseinandersetzungen, aber auch in innergesellschaftlichen Separationsbewegungen zum Ausdruck kam, ist detailliert auf ihre gesellschaftliche Breitenwirkung und ihre Bedeutung für unterschiedliche gesellschaftliche Milieus zu untersuchen. Selbst für das deutsche Bildungsbürgertum des 19. Jahrhunderts, dem oft eine nationalistische Haltung zugeschrieben wird, haben autobiographische Studien einen weitaus differenzierteren Bezug zur Nation nachgewiesen[18]. Kulturgeschichte des Nationalismus bleibt – so eine der Schlußfolgerungen aus den Aufsätzen – blass ohne eine detaillierte sozialgeschichtliche Wirkungsgeschichte nationalistischer Parolen, Werke und Manifestationen.

In einer akademischen Karriere, in der ich das Privileg gehabt habe, in unterschiedlichen Gesellschaften zu lehren und zu forschen, lag es nahe, dem historischen Vergleich einen besonderen Platz einzuräumen. Nicht nur relativiert der Blick von außerhalb die Maßstäbe für die Analyse der Herkunftsgesellschaft. Das methodische Instrumentarium des Vergleichs trägt mit der Frage nach Divergenz und Konvergenz auch zum besseren Verständnis von historischen Prozessen bei und sensibilisiert für alternative Lösungsmöglichkeiten politischer und gesellschaftlicher Probleme.

Eine Geschichte Europas ist ohne diese vergleichende Dimension ebensowenig möglich wie die Globalgeschichte, die – richtig betrieben – vergleichend und transnational sein sollte. In den vergangenen zwanzig Jahren ist der historische Vergleich immer wieder kritisiert worden als Methode, die das Selbstverständ-

17 Siehe etwa *H.-G. Haupt* u. *D. Langewiesche* (Hg.), Nation und Religion in Europa. Mehrkonfessionelle Gesellschaften im 19. und 20. Jahrhundert, Frankfurt a.M. 2004.

18 Immer noch einschlägig *D. Günther*, Das nationale Ich? Autobiographische Sinnkonstruktionen deutscher Bildungsbürger des Kaiserreichs, Tübingen 2004.

nis nationaler Gesellschaften reproduziere und damit auch die Nation als Analyseeinheit voraussetze. Diese Kritik hat in dem Maße an Überzeugungskraft verloren, als Vergleiche nicht nur auf nationaler Ebene, sondern auch zwischen Gemeinden, Städten und Regionen stattfanden und stattfinden. Gleichwohl bleibt der Vergleich ein anspruchsvolles Verfahren, das nicht nur die Kenntnis fremder Sprachen und Historiographien voraussetzt, sondern auch eine Fragestellung erfordert, die das historische Material innovativ erschließt. Vergleichende Geschichtswissenschaft bleibt in der Gegenwart deshalb auch in einer Minderheitenrolle und weiterhin ein Desiderat der historischen Arbeit.

Wenn man rückblickend eine Liste der wichtigsten selbst verfassten Beiträge erstellt, so steht man in der Gefahr, die Pierre Bourdieu treffend die »biographische Illusion« genannt hat,[19] nämlich retrospektiv dem eigenen Arbeiten und Forschen eine Logik und Kohärenz zu unterstellen, die nicht der Wirklichkeit entspricht, sondern ihrerseits eher das Produkt einer aktuellen Sichtweise ist. Um dieser Gefahr zu entgehen, ist es notwendig und sinnvoll auf die Vielfalt der Bezüge, Verbindungen und Zufälle hinzuweisen, von denen auch das akademische Leben voll ist und die in die Auswahl der Themen und Ansätze eingegangen sind. Zufälle der Berufungspolitik haben mich an intellektuell sehr anregende Orte wie das Europäische Hochschulinstitut in Florenz, die Universität Bielefeld und die Universität Lyon 2 geführt, an denen ich unterschiedliche Diskussionskulturen und wissenschaftliche Ansätze kennengelernt habe. An der im bundesdeutschen Kontext lange als »rote Kaderschmiede« verfemten Universität Bremen habe ich nicht nur am längsten gelehrt, sondern auch eine lebendige Diskussion vor allem mit den Sozialwissenschaften als fruchtbar erlebt. An all diesen Orten habe ich in der mich bis heute faszinierenden Lehre mit Studierenden und jungen Wissenschaftlerinnen und Wissenschaftlern meine Forschungsinteressen weiter verfolgen und Thesen diskutieren können. Viel habe ich von der fachlichen Zusammenarbeit profitiert, die innerhalb, aber auch außerhalb des Faches stattfand. Die Mitherausgeberschaft in der sozialwissenschaftlichen Zeitschrift »Leviathan« ist hier ebenso zu nennen wie die Arbeit in Forschungsprojekten gemeinsam mit Wolf-Dieter Narr, Donatella della Porta und Wilhelm Heitmeyer. Die oftmals jahrelange Zusammenarbeit mit Kolleginnen und Kollegen in Projekten und an gemeinsam veröffentlichten Büchern waren bereichernd. Sie hat meinem Denken und meiner Forschung oft neue Perspektiven eröffnet und hat mir viel Spaß gemacht. Es gehört zu den glücklichen Zufällen meiner Karriere, daß ich Yves Lequin und Geoff Crossick, Karin Hausen und Jürgen Kocka, Ute Frevert und Dieter Langewiesche getroffen habe. Mit ihnen habe ich Interessen und Ideen teilen und oft auch kollegiale Beziehungen zu Freundschaften entwickeln können.

19 *P. Bourdieu*, L'illusion biographique, in: Actes de la recherche en sciences sociales 62/63, 1986, S. 69–73.

# I. Historischer Vergleich

# Die Geschichte Europas als vergleichende Geschichtsschreibung

Geschichtsschreibung in europäischer Absicht und international vergleichende Geschichte sind vielfältig miteinander verbunden. Sowohl gehen Geschichten Europas implizit oder explizit vergleichend vor als auch bezogen jene Autoren, die den historischen Vergleich befürworteten und vorantrieben, die europäische Dimension ihrer Praxis in der Regel ein. Nahezu alle jüngst erschienenen Geschichten Europas bedienen sich des Vergleichsverfahrens. So stellt Lutz Raphael in seiner auf die Verwaltungsvorstellungen und administrative Praktiken konzentrierten Darstellung des 19. Jahrhunderts die napoleonische Entwicklung dem englischen *self-governement*, den dynastischen Militärstaaten und der bürokratischen Autokratie des zaristischen Rußlands entgegen, um aus dem Vergleich nicht nur eine breitere Argumentationsbasis zu gewinnen, sondern auch Entwicklungstypen herauszuarbeiten.[1] Aber nicht nur synchrone, sondern auch diachrone Vergleiche tauchen in Geschichten Europas auf. So listet Krzysztof Pomian in seinem einflußreichen Werk ›Europa und seine Nationen‹ unter den drei Konfigurationen, in denen Europa eine gewisse Kohäsion erfuhr, nicht nur die katholische Kirche des Mittelalters auf, sondern auch die *République des lettres* des 17. und 18. Jahrhunderts und ansatzweise auch das politische Europa nach 1949.[2] Aus dem Vergleich dieser drei chronologisch aufeinander folgenden Konstellationen gewinnt die Argumentation an Kraft und Kohäsion. Selbst wenn die Zugehörigkeit zu Europa wie etwa Hagen Schulze für das 19. Jahrhundert annimmt,[3] von der Zustimmung und Anerkennung von zwischenstaatlichen Verfahren und Konventionen abhängt, dann lassen sich die Staaten und ihre Regierungen untereinander daraufhin vergleichen, ob sie diese Abmachungen einhielten. Rußland würde nach Schulze dabei nicht zu dem derartig definierten europäischen Kontext gehören.

Aber auch die Ahnväter der historisch vergleichenden Methode hatten Europa vor Augen. Als der belgische Historiker Henri Pirenne auf dem internationalen Historikertag des Jahres 1924 für den Vergleich warb, stand ihm der erste Weltkrieg vor Augen, in dem die Priorität des nationalen Denkens und Argumentierens nach seiner Meinung die Basis einer europäischen Gesinnung zerstört ha-

1 *L. Raphael*, Recht und Ordnung, Herrschaft durch Verwaltung im 19. Jahrhundert, Frankfurt a.M. 2000.

2 *K. Pomian*, Europa und seine Nationen, Berlin 1990.

3 *H. Schulze*, Phönix Europa: die Moderne. Von 1740 bis heute, Berlin 1998.

be.[4] Auch für Marc Bloch sollte der Vergleich zwischen jenen Gesellschaften, die durch eine lange Geschichte und vielfältige Kontakte eng verwoben waren, Spannungen und national begrenzte Sichtweisen abbauen, und er bezog sein Plädoyer, das er vier Jahre später als Pirenne formulierte, ja nicht zufällig auf »eine vergleichende Geschichtsbetrachtung der europäischen Gesellschaften«.[5] Für Bloch, aber auch für Max Weber, der die vergleichende Methode vielfältig praktiziert hat, war Europa ein wichtiger Bezugspunkt, wenn sie nach Übersee, vor allem nach Asien blickten, um die Besonderheiten der Entwicklungen in Europa zu bestimmen. Ihnen ist dabei sogar vorgeworfen worden, die Bedingungen außerhalb Europas lediglich rein instrumentell als Folie benutzt zu haben, um die Spezifika Europas bestimmen zu können.[6]

Der Rekurs auf historische Komparistik ist sinnvoll, um die Bestimmungen des als jeweils ›europäisch‹ Bezeichneten durchsichtig und analytisch nachvollziehbar zu machen. Sie leitet ein Verfahren an, das zwei oder mehr Einzelfälle auf ihre Gemeinsamkeiten oder Unterschiede unter einer spezifischen Fragestellung befragt bzw. die Reichweite von theoretischen Aussagen für einzelne historische Fälle erprobt.[7] Das Verfahren strebt nicht primär danach, eine möglichst große Bandbreite an Erscheinungen zu erfassen, sondern diese in ihrer Spezifik und Relevanz für allgemeinere Kontexte zu bestimmen. Das komparatistische Vorgehen ist deshalb immer konstruierend; es durchbricht die historische Narration, geht systematisch und bisweilen sogar reduzierend, im schlimmsten Fall reduktionistisch vor. Es versucht, das an analytischer Durchdringung zu gewinnen, was es an empirischer Breite verliert. Gegenüber Synthesen zur europäischen Geschichte, die in der Regel weder ihre methodischen Prämissen und Vorgehensweise darstellen, noch die Auswahlkriterien für Ereignisse, Prozesse oder Strukturen diskutieren, haben explizit komparativ vorgehende Arbeiten einen deutlichen Vorteil. Selbst die großen gelungenen Synthesen zur europäischen Geschichte, die bisweilen von bedeutenden Historikern verfaßt werden, präsentieren mit dem Gestus des *common sense* und ihrer wissenschaftlichen Autorität Ergebnisse, deren Zustandekommen sie in der Regel nicht diskutieren, Dies gilt sowohl für Eric Hobsbawms beeindruckende Synthesen zum 19. und 20. Jahrhundert als auch für Kapitel in neueren Euro-

4 Siehe *H.-G. Haupt* u. *J. Kocka* (Hg.), Geschichte und Vergleich, Ansätze und Ergebnisse international vergleichender Geschichtsschreibung, Frankfurt a.M. 1996.

5 *M. Bloch*, Pour une histoire comparée des sociétés européennes, in: *ders.*, Mélanges historiques, Bd. 1. Paris 1963, S. 16–40.

6 *S. Kalberg*, Max Weber's Comparative-Historical Sociology, Cambridge 1994; siehe auch *J. Matthes* (Hg.), Zwischen den Kulturen? Die Sozialwissenschaften vor dem Problem des Kulturvergleiches, Göttingen 1992.

7 Siehe *H.-G. Haupt* u. *J. Kocka*, Einleitung, in: *dies.* (Hg.), Geschichte und Vergleich, S. 9–45; *H. Kaelble* u. *J. Schriewer* (Hg.), Diskurse und Entwicklungspfade. Der Gesellschaftsvergleich in den Geschichts- und Sozialwissenschaften, Frankfurt a.M. 1999; siehe auch *D. Cohen*, Comparative History: Buyer Beware, in: German Historical Institute Washington, DC, Bulletin 29 (2001), S. 23–33.

pageschichten. Die für den Vergleich notwendige Reflexion der Fragestellung, des methodischen Vorgehens, der benutzten Quellen- und Literaturbasis kann die Erstellung von Synthesen anleiten und diese zu methodisch anspruchsvolleren Werken machen. Dies erkannte einer der großen Synthetiker der französischen Historiographie des 20. Jahrhunderts, Fernand Braudel. Er schrieb in der Einleitung zu seinem Werk *L'Identité de la France*: »Die *longue durée* zuerst und besonders das Sechseck, Europa, die Welt, diese räumlichen und zeitlichen Dimensionen werde ich in Frage stellen. Diese Dimensionen erlauben es, über die Räume und Zeiten hinweg, unerläßliche Vergleiche, Arten von Experimenten vorzunehmen, ich will sagen, Experimente nach einem vorherigen Plan, die ich nach meinem Willen immer wieder neu beginnen kann, indem ich die dabei benutzten Elemente variiere.« Hiermit bezeichnet Braudel in einer metaphorischen Sprache die wesentlichen Merkmale des komparativen Verfahrens. Er führt fort: »In der Rückschau erscheint Frankreich als ein Laboratorium für Experimente, für ›interräumliche und interzeitliche‹ Vergleiche, die es uns erlauben, uns in der Perspektive von Kontinuitäten, von tendenziellen Regeln – ich sage nicht von Gesetzen –, von Wiederholungen zu verorten, die aus dieser tiefgründigen Geschichte eine retroperspektive Soziologie machen, die für die Gesamtheit der Sozialwissenschaften unerläßlich ist... Um diese Verbindung zu realisieren, gibt es nur ein einziges Mittel: eine vergleichende Geschichtswissenschaft, eine Geschichtsschreibung, die nach Ähnlichkeiten sucht – die Bedingung in der Tat jeder Sozialwissenschaft.«[8]

## Vergleiche unter der Annahme eines gegebenen ›europäischen Raumes‹

Wenn oberhalb der Vielfalt von nationalen, regionalen und lokalen Erscheinungsformen eine europäische Gemeinsamkeit angenommen wird, dann kann diese entweder philosophisch-essentialistisch als gemeinsamer Wert oder gemeinsame Norm angesetzt werden oder aber ist in einem empirischen Verfahren zu gewinnen, das vergleichend vorgeht. Wie die Vielzahl der Werke zeigt, die sich dem Studium einer europäischen Idee verschreiben,[9] wohnt den essentialistischen Bestimmungen zwar eine gewisse Faszination, aber auch ein Element von Willkür inne, das zwar aus bestimmten politischen Konstellationen erklärt werden kann, aber selten in einem Verfahren gewonnen wird, das wis-

8 *F. Braudel*, L'identité de la France, Bd. 1, Paris 1986, S. 15.

9 *F. Chabod*, Storia dell'idea d'Europa, Rom 1961; *J.B. Duroselle*, L'idée de l'Europe dans l'histoire, Paris 1964; *H. Timmermann* (Hg.), Die Idee Europa in Geschichte, Politik und Wirtschaft, Berlin 1998; *R. Girault*, (Hg.), Identité et conscience européenne au XXe siècle, Paris 1994; *K. Wilson* u. *W.J. van der Dussen* (Hg.), The History of the Idea of Europe, London 1993; weitreichender und konstruktivistischer *M. Malmbore* u. *B. Strath* (Hg.), The Meaning of Europe. Variety and Contention within and among Nations, Oxford 2002.

senschaftlichen Ansprüchen genügt. Ob nun Europa gleichgesetzt wird mit der Romania und deren Erbe oder ob das christliche Abendland als Kern Europas gilt, all diesen Konstruktionen eignet ein spekulativer und homogenisierender Zugriff auf die historische Vielfalt. Nun kann es zweifellos ideengeschichtlich reizvoll sein, die verschiedenen Verwendungszusammenhänge zu untersuchen, in denen diese Identifikationen Europas benutzt werden und inwiefern sie eher Zielen der politischen Inklusion als der politischen Exklusion folgen.[10] Aber sie werden nicht in einem wissenschaftlich überprüfbaren Verfahren gewonnen und sie bleiben in ihrem Erklärungswert immer partiell.

Verfahren, die versuchen, aus systematischen Vergleichen das europäisch Gemeinsame zu erfassen, stehen ihrerseits vor nicht unbeträchtlichen Schwierigkeiten. Bereits der Raum, den sie zugrunde legen, ist nicht unproblematisch. Es lassen sich Ansätze unterscheiden, die implizit oder explizit von einem konventionellen Verständnis Europas als geographischer Raum ausgehen, oder die den Raum Europa selbst zum Problem erheben. Jene konventionelle Sicht unterstellt in der Regel einen europäischen Raum, der vom Atlantik bis zum Ural, von Gibraltar bis zum Nordmeer reicht. Sie untersucht für bestimmte Zeiträume die Prozesse und Strukturen, die übernationale und europäische Bedeutung haben und in dem vorab angenommenen Raum stattfanden.[11] Diese Bestimmung ihrerseits, die in der Regel empirisch erfolgt, trifft schnell auf Grenzen. Denn unter bestimmten Fragestellungen fehlen für nicht unwichtige Teile des so definierten europäischen Raumes empirische Vorarbeiten, die sich vergleichen ließen. Will man etwa für das 19. Jahrhundert Europa als Konsumraum untersuchen, so klaffen zwischen den einzelnen Historiographien deutliche Lücken in der Intensität der Erforschung des Konsums.[12] Aber selbst innerhalb historiographisch konventionelleren Feldern wie dem Erziehungssystem oder der Verstaatlichung, läßt sich für die beiden letzten Jahrhunderte nicht auf einen gleichmäßig dicht bestellten Grundstock von Wissensbeständen aus verschiedenen Ländern zurückgreifen. Außerdem divergieren aufgrund der je spezifischen Ausrichtung der nationalen Historiographien die jeweils verfolgten Fragestellungen, und damit auch die erhobenen Datenbestände.

Den Ausweg aus diesem Dilemma schien man zeitweilig im Rückgriff auf quantitative Daten zu sehen, an denen man meinte, Entwicklungsstände und Prozessverläufe ablesen zu können.[13] Aber auch dieses Vorgehen stieß schnell an seine Grenzen. Nicht nur wiesen auch die nationalen Statistiken viele Lücken und unterschiedliche Methodiken auf, sondern dieses Verfahren selbst ist in

10 *R. Braque*, Europa. Eine exzentrische Identität, Frankfurt a. M. 1993.

11 Zur Kritik in neueren Publikationen zu dieser Praxis *H.-G. Haupt*, Auf der Suche nach der europäischen Geschichte; einige Neuerscheinungen, in: AfS 42 (2002), S. 544–556.

12 *Ders.*, Konsum und Handel, Europa im 19. und 20. Jahrhundert, Göttingen 2003.

13 *H. Kaelble*, Auf dem Weg zu einer europäischen Gesellschaft. Eine Sozialgeschichte Westeuropas. 1880–1980, München 1987; *S. Hradil* u. *S. Immerfall* (Hg.), Die westeuropäischen Gesellschaften im Vergleich, Opladen 1997; *G. Thernborn*, European Modernity and Beyond. The Trajectory of European Societies 1945–2000, London 1995.

dem Maße in die Kritik geraten, in dem mit Niklas Luhmann die Praktiken der Beobachter selbst Gegenstand der wissenschaftlichen Beobachtung geworden sind und die Interessenhaltigkeit der Gesellschaftsanalysen und Statistik von einer breiten internationalen Geschichtsschreibung stärker unterstrichen wurde.[14] In dieser Perspektive wurden eher Sichtweisen und Interessen erhoben, die sich in einzelnen nationalen Gesellschaften mit den statistischen Verfahren verbanden, als europäische Gemeinsamkeiten. Bezieht man schließlich die Grenzen der sprachlichen Kompetenz des einzelnen Forschers ein, so bleibt die Anwendung der Vergleichsmethodik für den konventionell definierten europäischen Raum begrenzt. Es ist deshalb kein Zufall, dass die meisten historisch ins 19. Jahrhundert zurückgehenden quantitativen Vergleiche ganze Teile des traditionell als ›europäisch‹ angenommenen Raumes ausschließen – häufig handelt es sich um Skandinavien, Teile Mittel- und Osteuropas, Irland – oder aber sich von vornherein auf West- oder Südeuropa konzentrieren.[15]

Vergleiche müssen auch deshalb besonders sorgfältig betrieben werden, weil die vergleichende Geschichtsschreibung in ihrem Wert steht und fällt mit der Kontextualisierung von Faktoren und Ergebnissen. Je stärker es gelingt, die im Einzelnen verglichenen Ereignisse oder Strukturen in ihrem jeweiligen Entstehungs- und Wirkungskontext zu verorten, desto signifikanter und aussagestärker sind die Ergebnisse des historischen Vergleichs.[16] Ein Vergleich, der Daten zu allen europäischen Gesellschaften einbezieht oder speichert, verliert deshalb viel an Aussagekraft, weil er in der Regel weder den Entstehungskontext der Daten rekonstruiert noch genauere Einblicke in ihren Bedeutungs- und Wirkungszusammenhang hat. Es ist deshalb auch kein Zufall, dass zahlreiche Vergleichsstudien von historisch arbeitenden Soziologen stammen, die sich mit der Analyse von Formalstrukturen leichter abfinden als Historiker.

Nun wird auch der historische Vergleich das Ziel der weitgehend vollständigen oder Totalerfassung aller europäischen Gesellschaften selten anpeilen. Da sein Wert steigt mit der Kontextualisierung, wird er sich auf vergleichende Fallstudien konzentrieren müssen, die relevante Prozesse oder Strukturen behandeln. Er wird etwa verschiedene Typen ländlicher Gemeinden von der russischen Gemeinde über Latifundien bis zur agrarisch-gewerblichen Pluriaktivität untersuchen und sie als Strukturmerkmale in Europa zu einer bestimmten Zeit erweisen können, ohne dass damit alle Erscheinungsformen ländlich-agrarischer Siedlungen erfaßt wären. Wenn man in der gegenwärtigen historiographischen Konjunktur nicht auf das Instrument des Vergleichs beim Schreiben einer europäischen Geschichte verzichten will, wird man es für die Sozial- und Wirtschaftsgeschichte als Untersuchung von methodisch und thematisch viel versprechenden Schneisen anwenden müssen, deren jeweilige Bedeutung zu bestimmen und zu diskutieren ist. Zumindest auf zwei methodisch viel ver-

14 *A. Desrosières*, La politique des grands nombres. Histoire de la raison statistique, Paris 1993.
15 Siehe *Haupt*, Suche (Anm. 11), S. 545 f.
16 *Haupt* u. *Kocka*, Einleitung, S. 22 f.

sprechende Beispiele sei hier verwiesen. In seinem Vergleich der Sozial- und Bewegungsgeschichte der Bergarbeiter in Nordfrankreich, Nordbelgien, dem Ruhrgebiet und Mittelengland hat sich Joël Michel nicht nur vom Nationalstaat als Untersuchungseinheit gelöst, sondern auch für die Industrie- und Arbeiterbewegungsgeschichte Westeuropas einen relevanten Zusammenhang beschrieben, der überdies durch ähnliche Konjunkturen, Strukturen und Prozesse gekennzeichnet war.[17] Geographisch weiter hat René Leboutte ausgegriffen, als er für die zweite Hälfte des 19. Jahrhunderts die Charakteristika und Veränderungen von *bassins industriels* in Europa untersuchte und dabei von Asturien bis Oberschlesien einen beeindruckend weiten Bogen spannte, der industrielle Produktion unter stark divergierenden Bedingungen erfaßte.[18] Ausgehend von derartigen Schneisen kann dann mit Hilfe der vorliegenden Sekundärliteratur auch diskutiert werden, für welche allgemeinen, europäischen Tendenzen die verglichenen lokalen, regionalen oder nationalen Phänomene stehen. Über eine Vervielfältigung derartig vergleichend vorgehender Fallstudien kann eine intensivere Erforschung jener Prozesse und Strukturen statffinden, die sich innerhalb des europäischen Raumes finden und empirisch auf die Frage antworten, was denn das Gemeinsame oder die Bandbreite an Gemeinsamkeit der untersuchten Bedingungen ist.

## Diskurs- und ideengeschichtliche Vergleiche

Sinnvoll vergleichend vorgehen läßt sich auch, wenn nicht Europa ein bestimmter geographischer Raum zugeschrieben, sondern gefragt wird, welcher Raum in bestimmten Konjunkturen als Europa bezeichnet oder erfahren wird. Mit dieser Fragestellung wird der Vergleich zwischen Prozessen der Grenzziehung Europas möglich. Diese Geschichte kann als Ideen- und Politik- oder als Wissenschaftsgeschichte geschrieben werden. Welche Autoren wann welche Länder Europa zurechneten bzw. aus Europa ausschlossen, welche Wissenschaftszweige sich daran beteiligten (Geographie, Geschichtswissenschaft, Anthropologie, Ethnologie etc), welche Begrifflichkeit dabei angewandt und wie der Ein- und Ausschluß begründet wurde, diese Fragen werden in ideengeschichtlichen und raumgeschichtlichen Werken diskutiert und beantwortet.[19]

17 *J. Michel*, Le Mouvement ouvrier chez les mineurs d'Europe occidentale. Etude comparative des années 1880–1914, Thèse d'Etat, Université Lyon 2, 7 Bde., Lille 1987.

18 *R. Leboutte*, Les bassins industriels en Europe. Production et mutation d'un espace, 1750–1914, Thèse d.'Etat, Université Lille 3,2 Bde., Lille 1997.

19 *J. Osterhammel*, Kulturelle Grenzen in der Expansion Europas, in; Saeculum 46 (1995), S.101–139; *V. G., Kiernan*, Europe in the Colonial Mirror, in: History of European Ideas I (1980), S. 39–61; *L. Wolff*, Inventing Eastern Europe: The Map of Civilization in the Mind of Enlightenment, Stanford 1994.

Europa wird dabei aus einer fixen Größe zu einem variableren Ensemble von Zuschreibungen, die sich je nach Interessenlage, Autoren und Konjunktur verändern. In dieser Perspektive gibt es nicht ein Europa, sondern unterschiedliche Europaentwürfe, deren Bedeutung auf dem Hintergrund der Werke und Autoren zu dekonstruieren ist. Die Grenzen Europas nach Osten oder Süden werden je nach Interessenkonstellation und Konjunktur anders gezogen.

Interessant ist auch, für welche Ziele Europa als Chiffre benutzt werden kann, bzw. welche Forderungen sich mit der Anrufung Europas einen Vorteil erwarteten. Diese waren keineswegs immer liberaler oder demokratischer Natur. Während Europa enthusiastische Autoren vor allem auf die Bedeutung der Europa-Referenz für Emanzipationsbewegungen verschiedener Provenienz im 19. und 20. Jahrhundert verweisen, ist daneben auch auf das Europakonzept einzugehen, das die Faschisten verschiedener Länder zur Rechtfertigung ihrer Expansionspläne entwickelten. Relevant ist auch der Vergleich jener Argumente, mit denen über die Jahrhunderte hinweg eine besondere Bedeutung Europas begründet wurde.[20] Für die politische Kultur der jeweiligen Zeit ist es von Bedeutung, wann kulturimperialistische und rassistische, politische und wissenschaftliche Kriterien herangezogen werden, um Europa diskursiv zu konstituieren. Bei diesen Untersuchungen ist es auch notwendig, nicht nur die einzelnen Äußerungen von Autoren in einen Werk- und Gattungskontext einzuordnen, um ihre jeweilige Bedeutung zu enthüllen, sondern auch danach zu fragen, ob sich die Europa-Referenz zu einem Diskurs verdichtet, der einen bestimmten Platz im politischen Raum besetzt, über Organe und Repräsentanten verfügt, sich zu einem Programm entwickelt, auf das andere Autoren reagieren – oder ob es sich um disparate Meinungsäußerungen handelt, die über keine signifikanten Bezüge untereinander verfügen.[21]

Es ist bezeichnend, dass diese Forschungen, die sich für Europa als Vorstellungszusammenhang und politisches Argument interessieren, in dem Moment an Bedeutung gewannen, in dem der Prozeß der europäischen Einigung stockte, an Fahrt und Dynamik verlor und auf zahlreiche nationalstaatliche Widerstände nachhaltiger Art traf. Während die Realisierung eines europäischen Zusammenhangs in Politik, Wirtschaft, Gesellschaft und Kultur mithin auf Blockaden traf, ließ sich in der reinen Luft der Vorstellungen, Ideen und Argumente um so trefflicher Europa ausmachen und untersuchen. Auch das neu gewonnene Interesse für europäische Raumvorstellungen, für *mental maps* partizipiert an dieser Konjunktur.

Die jeweils kulturelle und normative Besetzung von bestimmten Gesellschaften oder Gegenden kann in dieser Perspektive auch als Hindernis für die Errichtung von einem Europa von gleichberechtigten Partnern gewürdigt werden und

20 Siehe *H. Kaelble u. a.* (Hg.), Transnationale Öffentlichkeiten und Identitäten im 20. Jahrhundert, Frankfurt a. M. 2002.

21 Siehe dazu auch *ders.*, Europäer über Europa. Die Entstehung des europäischen Selbstverständnisses im 19. und 20. Jahrhundert, Frankfurt a. M. 2000.

zu den Faktoren gerechnet werden, die Imperialismus und Annexion rechtfertigten bzw. Feindschaften oder Freundschaften begründeten. Eine nicht unbeträchtliche Schwierigkeit derartig kulturgeschichtlicher Untersuchungen liegt darin, dass mit der Formulierung derartiger Vorstellungen noch wenig über deren Wirksamkeit ausgesagt ist. Der Nachweis der Breitenwirkung und Nachhaltigkeit von Raumvorstellungen, wie sie in Werken von Geographen, Historikern, Journalisten oder Reisenden entwickelt werden, ist in der Regel schwer zu führen ebenso wie die Demonstration, dass diese so geschaffenen Dispositionen sich über längere Zeiträume hinweg halten können.[22] Wenn diese Forschungen auch für die Vergangenheit schwierig zu realisieren sind, so hat dieser Ansatz für die Gegenwart Europas doch positive Folgen. In dem Maße, in dem Europa als positiv besetzter Raum erscheint, der Appell an den europäischen Zusammenhalt breit geteilt wird, entwickelt sich ein Diskurs- und Argumentationszusammenhang, der beständig aufrechterhalten wird und damit auch an aktueller Präge- und Wirkungskraft gewinnt. Selbst die historischen Forschungen, die sich mit Teilaspekten dieses Zusammenhangs beschäftigen, tragen dazu bei.

Der Vergleich selbst ist auch ein Faktor, mit dem ein europäischer Zusammenhang produziert wird. So ist in Studien zu den verschiedenen Weltausstellungen gezeigt worden, wie sehr diese versuchten, die europäische Überlegenheit aus dem Vergleich mit anderen Teilen der Welt zu demonstrieren. Dieses Anliegen steigerte sich in den Kolonialausstellungen zur brutalen Ausbeutung von afrikanischen oder südamerikanischen Völkern und dem Zurschaustellen von deren Gewohnheiten.[23] In Alexander Gerschenkrons berühmten Aufsatz ist aus dem Vergleich mit dem Pionierland der Industrialisierung die Wahrnehmung von Rückständigkeit abgeleitet worden. In Anlehnung an Edward Saids Studie ist das Bild des Anderen, des Nichteuropäischen als Teil der europäischen Selbstvergewisserung, Selbstbewaffnung und Selbstabgrenzung gedeutet worden.[24] Der in Barcelona lehrende Historiker Josep Fontana hat in einem universalhistorischen Werk versucht, den Nachweis zu führen, dass die europäische Überlegenheit sich auf Kosten der anderen Kontinente und Völker verwirklichte und eher Ausdruck der Schwäche Europas als von deren Stärke war. Mit Ignoranz und Brutalität habe sich Europa diskursiv von den Barbaren, Wilden, Primitiven, Armen und Arbeitenden abgesetzt und in dieser Abgrenzung Einheit und Zusammenhalt sowie Argumente dafür gefunden, dass die Ande-

22 So auch *H. Sundhausen*, Der Balkan: Ein Plädoyer für Differenz, in: GG 29 (2003), S. 608–624.

23 *M. Harbsmeier*, Schauspiel Europa, Die außereuropäische Entdeckung Europas im 19. Jahrhundert am Beispiel afrikanischer Texte, in: Historische Anthropologie 2 (1994), S. 331 f.; *R. Debusmann* u. *J. Ries* (Hg.), Kolonialausstellungen. Begegnungen mit Afrika, Frankfurt a. M. 1995; *V. Barth* (Hg.), Identity and Universality: A Commemoration of 150 Years of Universal Exhibitions, Paris 2002; *H. P. Bayerdörfer* u. *E. Hellmuth* (Hg.), Exotica. Inszenierung und Konsum des Fremden, Münster 2003.

24 *E. Said*, Orientalism, London 1978.

ren erobert, unterworfen und ausgebeutet werden dürften.[25] Die ikonoklastische Verve von Fontana hat zweifellos dazu beigetragen, dass sein Werk von der Kritik nahezu totgeschwiegen wurde. Sie kann aber auch analytische Mängel der Argumentationsführung nicht überdecken. Denn Fontana diskutiert nicht oder nur ansatzweise, wie umfangreich und einflußreich jene Schicht der Schriftsteller, Politiker oder Reisenden waren, die die diskursive In- und Exklusion der Fremden vornahm. Er konstruiert eine Einheit der Exkludierenden dort, wo bei genauerem Hinsehen unterschiedliche Diskursmilieus konkurrieren. Daher kommt in diesem Werk auch der Vergleich zu kurz, da Fontana auf die Gleichartigkeit der Argumente und der Richtung des Ausschlusses, nicht auf ihre sich in der historischen Entwicklung wandelnde Physiognomie abhebt. Gerade ein Vergleich der verschiedenen Diskursmilieus entweder diachroner oder aber synchroner Art hätte der Darstellung Mehrdimensionalität und Argumentationskraft verliehen.

## Internationale Vergleiche: Wegmarken zu einer Geschichte Europas

Die Methoden der international vergleichenden Geschichtswissenschaft in die europäische Geschichtsschreibung einzubringen, dieser Import hat den großen Vorteil, dass an die Stelle eines weithin undifferenzierten Syntheseverfahrens ein methodisch bewußtes Vorgehen tritt. Dieses ist keineswegs notwendig auf die Untersuchungseinheit des Nationalstaates konzentriert, wie eine weit verbreitete Kritik an der vergleichenden Geschichtsschreibung unterstellt hat, sondern hat und kann sehr wohl andere Untersuchungseinheiten wie Dörfer, Städte, Regionen, Klassen, Diskursgemeinschaften u. a. m. wählen. Selbst die Konstruktion von Bildern Europas, die politische Referenz auf den europäischen Zusammenhang oder die Grenzziehungen Europas lassen sich gewinnbringend vergleichend untersuchen, wenn es um die daran beteiligten unterschiedlichen Akteure, Medien, Interessen und Wirkungen dieser Konstrukte geht. Der Weg hin zu einer europäischen Geschichte, die sich auf eine ganze Batterie von Vergleichsstudien stützen kann, ist noch weit. Für einzelne Forscher ist der Anspruch, die Gesamtheit der europäischen Verhältnisse in den Blick zu nehmen, zu hoch gesteckt, zumal in wichtigen Bereichen der Forschung bis heute noch Studien fehlen, die über den westeuropäischen Zusammenhang hinaus vergleichend vorgehen. Diese Lücken sind das Resultat von bestimmten historiographischen Traditionen und Verhältnissen. Denn einzelne nationale Historiographien erweisen sich geradezu als resistent gegen das komparatistische Vorgehen, besonders dann, wenn in ihnen das nationale Paradigma vorherrscht, sie sich von

25 *J. Fontana*, Europa im Spiegel. Eine kritische Revision der europäischen Geschichte, München 1995.

sozialwissenschaftlichen Theorien abgrenzen und narrative Verfahren in ihnen privilegiert werden. Überdies scheint es so, als würden Infragestellungen von etablierten wissenschaftlichen Paradigmen in der Geschichtswissenschaft – sei es durch die *microstoria*, die Geschlechter-, Begriffs- oder Kulturgeschichte – zunächst im nationalen Rahmen erprobt, bevor sie sich dem Test des internationalen Vergleichs unterziehen.[26] Aufgrund dieser Situation wird auch die europäische Geschichte immer geographische Lücken aufweisen, die der Verbreitung des komparativen Verfahrens folgen. In dieser Situation scheint es angebracht, sich auf die Untersuchung von Schneisen konzentrieren, die keine geographische Vollständigkeit anstreben, aber für relevante Problemzusammenhänge aus mehreren Gesellschaften Konstellationen vergleichen, um unterschiedliche Ausgangssituationen, Ursachen, Akteursgruppen oder Wirkungen erfassen zu können. Im Anschluß an diese Schneisen, zu ihrer Bestätigung oder Infragestellung, lassen sich dann weitere komparative Untersuchungen ansetzen, die netzwerkartig mit der Zeit den europäischen Kontinent überziehen können.

Die Geschichtsschreibung zu Europa kann aber nicht nur von dem vergleichenden Verfahren profitieren, sondern auch von jenen Tendenzen, die aus der Kritik an der internationalen Komparatistik entstanden sind, nämlich von der Transfergeschichte und der transnationalen Geschichtsschreibung. Die Transfergeschichte ist aus zwei Überlegungen entstanden. Einmal hat sie das Galton-Problem aufgegriffen, mit dem für die Ethnologie bereits für das Ende des 19. Jahrhunderts gefragt wurde, ob die Untersuchungseinheiten unabhängig voneinander existierende Größen, oder ob sie durch Beziehungen und Abhängigkeiten geprägt seien.[27] Bei hoher Intensität der Beziehungen wäre ein Vergleich nicht angebracht, sondern eine Transferanalyse geboten. Zum anderen hat sie die Homogenität der Nationalstaaten unter dem Einfluß postkolonialistischer Forschungen in Frage gestellt und hat den Nachweis führen wollen, daß selbst Kulturen, die sich als universal und hegemonial definierten wie die französische, durch vielfältige Import- und Austauschbeziehungen charakterisiert würden. Diese trügen maßgeblich zu ihrer ›Hybridität‹ bei.[28] Der Methodik des internationalen Vergleichs wirft die Transfergeschichte vor, sie privilegiere den

26 Siehe *Haupt* u. *Kocka*, Einleitung, S. 26 f.

27 Siehe *H. Kleinschmidt*, Galtons Problem: Bemerkungen zur Theorie der transkulturell vergleichenden Geschichtsforschung, in: ZfG 39 (1991), S. 5–22; *J. Kocka*, Comparison and Beyond, in: History and Theory 42 (2003), S. 39–44; *J. Paulmann*, Internationaler Vergleich und interkultureller Transfer. Zwei Forschungsansätze zur europäischen Geschichte des 18. bis 20. Jahrhunderts, in: HZ 267 (1998), S. 649–685; *M. Werner* u. *B. Zimmermann*, Penser l'histoire croisée: entre empirie et réflexivité, Annales HSS (2003), S. 7–36; *S. Conrad*, Entangled Memories: Versions of the Past in Germany and Japan, 1945–2001, in: Journal of Contemporary History 38 (2003), S. 85–99; *M. Middell*, Kulturtransfer und Historische Komparatistik, in: Comparativ 10 (2000), H. 1, S. 7–41.

28 *H.K. Bhabha*, The Location of Culture, London 1994; siehe auch *E. Bronfen* u. *T. Steffen* (Hg.), Hybride Kulturen. Beitrage zur anglo-amerikanischen Multikulturdiskussionsdebatte, Tübingen 1997.

nationalen Rahmen und weise als Unterschiede vor allem das aus, was durch nationale Selbst- und Fremddefinition konstruiert sei, verbleibe mithin im Verblendungszusammenhang des Nationalen, den zu überwinden sie vorgebe.[29]

Wenn dieser Vorwurf auch manche komparative Arbeiten treffen kann, die sich auf die Bestimmung von ›nationalen Sonderwegen‹ konzentriert haben, so schießt sie doch weit über ihr Ziel hinaus und erfaßt neuere Überlegungen, Praktiken und Einheiten des methodischen internationalen Vergleichs nicht. Die jüngst aus der Taufe gehobene *histoire croisée* geht über die Transfergeschichte insofern hinaus, als sie emphatisch die kritische Selbstreflexion der Normen und Methoden des Analysierenden zur methodischen Maxime erhebt und mit den Verflechtungszusammenhängen, die *jeux d'échelles* (Jacques Revel), dem Vergleich ein neues Feld eröffnet.[30]

Beide Ansätze können sinn- und nutzbringend in eine europäische Geschichtsschreibung eingebracht werden. Die Frage, welche Mediatoren welche Vorstellungen auf welchem Wege und mit welchen Ergebnissen in Europa verbreiteten, kann für so unterschiedliche Bewegungen wie die Aufklärung, den medizinischen Hygienediskurs, den Sozialismus oder die Amerikanisierung gestellt werden.[31] Unter diesen Fragen wird es möglich, nicht nur ein strategisch agierendes Zentrum von einer eher rezipierenden Peripherie zu unterscheiden, ohne dass darüber die produktive Aneignung von zentral verbreiteten bzw. peripher umgesetzten Ideen und Vorstellungen unterschätzt werden sollte. Sondern es können auch die unterschiedlichen Interessenagglomerationen, die Wirksamkeit von Medien und ihren Benutzern und die spezifischen Wege der Verbreitung von Büchern und Broschüren, Übersetzungen und Pamphleten, Bildern und Karikaturen analysiert werden. Die Ideengeschichte kann auf institutionelle und soziale Füße gestellt werden; die Einflußforschung, die Klaus von Beyme bissig ›Einflußschnüffelei‹ genannt hat, wird zur Kommunikationsgeschichte erweitert.[32] Für die Europa Geschichte hätten diese Forschungen den Vorteil, dass sie die Modi und den Radius der Verbreitung von Ideen und Publikationen erfassen kann, mithin die Grenzen der Gebiete, die in einem bestimmten Zeitraum zu Europa gehören, bestimmen könnte. Außerdem wären jene sozialen Schichten zu benennen, die an diesen Transfers teilnahmen, die zumin-

29 *M. Espagne*, Sur les limites du comparatisme en histoire culturelle, in: Genèses 17 (1994), S. 102–121; *ders.* u. *M. Werner* (Hg.), Transfers culturels. Les relations interculturelles dans l'espace franco-allemand (XVII–XXe siècles), Paris 1988.

30 Siehe *Werner* u. *Zimmermann*, Penser; die empirische Umsetzung dieses Forschungsprogramms steht allerdings noch aus. Siehe zu Ansätzen *B. Zimmermann u. a.* (Hg.), Le Travail et la Nation: Histoire croisée de la France et de l'Allemagne, Paris 1999.

31 Siehe etwa *M. Adams* (Hg.), The Wellborn Science: Eugenics in Germany, France, Brazil and Russia, New York 1990; *A. Doering-Manteuffel*, Wie westlich sind die Deutschen? Amerikanisierung und Westernisierung im 20. Jahrhundert, Göttingen 1999.

32 *K. von Beyme*, Politische Ideengeschichte. Probleme eines interdisziplinären Forschungsbereiches, Tübingen 1969.

dest partiell aus parochialen Zusammenhängen heraustraten und die sich für die Verbreitung von europäischem Schrifttum und Gedankengut engagierten.

Mit den Formen der Verflechtung hat die *histoire croisée* dem Vergleich ein neues Feld geschaffen, ihn aber nicht ersetzt. Denn es gehört zu den Aufgaben des historischen Vergleichs, die Reichweite der Globalisierung im 19. Jahrhundert zu bestimmen, die Nationalisierung einzelner Gesellschaften auf ihre Phasen, wichtigsten Agenten und Medien sowie Wirkungen zu bestimmen, die Regionalisierungen in ihren Besonderheiten und Ähnlichkeiten herauszuarbeiten und nach der Konstruktion des Lokalen und seiner Pflege in unterschiedlichen Gesellschaften zu fragen. Mit diesen Fragestellungen können zweifellos historische Forschungen ergänzt werden; teilweise liegen aber dafür auch bereits wichtige Ergebnisse vor. Vor allem die Prozesse der Nationalisierung, Regionalisierung und Lokalisierung haben in den letzten fünfzehn Jahren im Zuge der konstruktivistischen Wende der Nationalismusforschung an Aufmerksamkeit gewonnen und sind in ihren Beziehungen untereinander ebenso wie in ihrer Eigenlogik vielfältig und oft auch vergleichend diskutiert worden.[33] Da sich dabei Selbst- und Fremdwahrnehmungen verbinden, einzelne Verflechtungsformen ihrerseits auch institutionell-bürokratisch verfestigt werden, bietet sich hier ein sicher weiterhin sinnvolles Gebiet für vergleichende historische Forschung.

In jüngster Zeit hat die transnationale Geschichte an Gewicht und Bedeutung gewonnen. Nach David Thelen besteht ihre Aufgabe darin, zu entdecken, wie Menschen, Ideen, Institutionen und Kulturen sich über den, unter dem, durch den, um den und inmitten des Nationalstaats bewegen, zu erforschen, wie sehr die nationalen Grenzen das enthalten und erklären, was Menschen als Geschichte erfahren.[34] Im Unterschied zum Vergleich, der allmählich beginnt, sich von seinen nationalstaatlichen Begrenzungen zu lösen, bleibt in der transnationalen Geschichtsschreibung der Nationalstaat zentrale Bezugsgröße. Der Nachweis, dass Außenbeziehungen die eigene Gesellschaft, Politik und Kultur maßgeblich prägen, dass auch die Kolonien nicht nur ein Export nationaler Modelle darstellen, sondern auch als Experimentierfeld für später zu importierende Verfahren dienen, steht im Mittelpunkt der transnationalen Geschichte, die die methodischen Konsequenzen aus den Erfahrungen der Globalisierung gezogen hat.[35] Als Teil des internationalen Geschehens hat bereits in der Vergangenheit Europa Aufmerksamkeit erhalten, sei es als Teil der internationalen

33 Siehe *H.-G. Haupt u. a.* (Hg.), Regional and National Identities, in 19th and 20th Century Europe, Leiden 1997; *C. Applegate*, A Europe of Regions: Reflections on the Sub-National Places in Modern Times, in: American Historical Review 104 (1999), S. 115 f.; *H.-U. Wehler*, Nationalismus, München 2000.

34 *D. Thelen*, The Nation and Beyond: Transnational Perspectives on United States History, in: Journal of American History 86 (1999), S. 965–975, hier S. 967.

35 Siehe auch *S. Conrad* u. *S. Randeria* (Hg.), Jenseits des Eurozentrismus. Postkoloniale Perspektiven in den Geschichts- und Kulturwissenschaften, Frankfurt a. M. 2002; *J. Osterhammel*, Transnationale Gesellschaftsgeschichte. Erweiterung oder Alternative? in: GG 27 (2001), S. 464–479.

Politik sei es als Ausgangspunkt für internationale Bewegungen, wie die drei Internationalen der sozialistischen und kommunistischen Arbeiterbewegung. Mit der Betonung des Transnationalen rücken aber eher Segmente der Gesellschaft, Einzelprobleme oder Milieus in den Mittelpunkt des Interesses.

Für eine Geschichte Europas wären in diesem Kontext besonders Migrationsprozesse von Bedeutung, die Herkunftsmilieu und Migrationsziel miteinander verbinden.[36] In dieser Geschichte wären auch Erfahrungspotentiale mit Migrationen, mit Transnationalität und vielleicht auch mit Europäisierung zu erfassen. Dazu einige kurze Hinweise. Die Geschichte jener Adeligen, die auf ihrer Grand Tour die exquisiten Orte adeliger Lebenskunst und Intellektualität besuchten, können in diesem Kontext ebenso aussagestark sein wie jene Pilgerfahrten, die Bewohner von Städten und vom Lande über mehrere Jahre durch verschiedene Länder zum Ziel ihrer Pilgerschaft führten: nach Rom, aber auch nach Lourdes oder nach Santiago de Compostela. Aber auch die Migrationen der Handwerksburschen, die an nationalen oder regionalen Grenzen nicht Halt machten oder aber die Reisen von Kaufleuten gehören in diesen Kontext transnationaler Erfahrungen. Zu ihnen zu rechnen sind außerdem Gelehrtenreisen und Studentenmobilität, auf denen sie über die eigene Nation hinaus Institutionen, Lebensweisen und Ideen sehen konnten. Zu transnationalen Kontexten zählten aber natürlich auch bestimmte Städte, Hafenstädte, Metropolen oder Handelszentren, bestimmte Orte wie Cafés, Theater und Oper, oder aber Institutionen wie Ausstellungen, Kongresse oder Lager.[37] Bei all diesen Gelegenheiten konnten transnationale Erfahrungen gemacht werden, die allerdings keineswegs notwendig zu europäischen mutierten. Nicht nur konnte aus der Konfrontation mit dem Anderen die Besinnung auf das Eigene, das Nationale, das Regionale oder das Lokale an Attraktivität gewinnen, sondern die transnational Aktiven konnten auch fühlen, denken und schreiben in Kontexten, in denen das Europäische als beherrschende Deutungskategorie nicht präsent war. Für eine europäische Geschichte gehört das Interesse für Migrationen und Migranten aber sicher zu den interessanten Feldern, da sich auf ihm Routen, Ziele, Räume und Interessen der Migranten fassen lassen. Das Europa, das sie dabei erfuhren, unterschied sich je nach sozialer Kategorie, Migration und Konjunk-

36 Siehe etwa *N. L. Green*, The Comparative Method and Poststructural Structuralism. New Perspectives for Migration Studies, in: *J.* u. *L. Lucassen* (Hg.), Migration, Migration History, History. Old Paradigms and New Perspectives, Berlin 1997, S. 57–72; *K. Bade*, Europa in Bewegung. Migration im späten 18, Jahrhundert bis zur Gegenwart, München 2000; *S. Sassen*, Migranten, Siedler, Flüchtlinge. Von der Massenauswanderung zur Festung Europas, Frankfurt a. M. 1996; *L. P. Moch* u. *D. Hoerder* (Hg.), European Migrants: Global and Local Perspectives, Boston 1996; als Schneise: *P. Lagrou*, the Legacy of Nazi Occupation. Patiotic Memories and National Recovery in Western Europe, 1945–1965, Cambridge 2000.

37 Siehe die Hinweise in: *H.-G. Haupt*, Erfahrungen mit Europa. Ansätze zu einer Geschichte Europas im langen 19. Jahrhundert, in: *H. Duchhardt* u. *A. Kunz* (Hg.), »Europäische Geschichte« als historiographisches Problem, Mainz 1997, S. 87–103; *ders.* (Hg.), Luoghi quotidiani nella storia d'Europa, Rom 1993.

tur. Aber vielleicht ist es ja ein Charakteristikum der Erfahrungen mit Europa, dass sie meist partiell waren und zumeist auch auf Generalisierungen beruhten, da eine vollständige Erfassung des Kontinents für ein Individuum nicht möglich war.

Nach alledem kann sowohl das methodische Verfahren des internationalen Vergleichs als auch die Kritik daran zur Bereicherung einer Geschichtsschreibung dienen, die Europa in seiner historischen Entwicklung erfassen will. Damit werden neue Fragestellungen aufgeworfen, gängige methodische Vorgehensweisen problematisiert und neue Forschungsfelder entworfen. Bei alledem gebietet sich allerdings, gegenwärtig eher von Beiträgen zu einer Geschichte Europas auszugehen, das Schreiben einer europäischen Geschichte aber erst nach substantiellen Fortschritten von international vergleichenden Forschungen in Angriff zu nehmen.[38]

38 Siehe zu dieser sinnvollen Unterscheidung *S. Woolf*, Europa und seine Historiker, in: *R. Petri* u. *H. Siegrist* (Hg.), Probleme und Perspektiven der Europa-Historiographie (zugl. Comparativ 14 [2004], H. 3), Leipzig 2004, S. 50–71.

# Historischer Vergleich: Methoden, Aufgaben, Probleme: Einleitung*

Heinz-Gerhard Haupt und Jürgen Kocka

## 1. Theoretische Grundfragen

Geschichtswissenschaftliche Vergleiche sind dadurch gekennzeichnet, daß sie zwei oder mehrere historische Phänomene systematisch nach Ähnlichkeiten und Unterschieden untersuchen, um auf dieser Grundlage zu ihrer möglichst zuverlässigen Beschreibung und Erklärung wie zu weiterreichenden Aussagen über geschichtliche Handlungen, Erfahrungen, Prozesse und Strukturen zu gelangen.

### 1.1 Abgrenzung

Indem man die Frage nach Ähnlichkeiten und Unterschieden von mindestens zwei Vergleichsfällen als zentrales Merkmal vergleichender Arbeiten sieht, grenzt man diese von solchen Arbeiten ab, die sich lediglich der Untersuchung und Darstellung eines – wenn möglicherweise auch sehr umfassenden – Zusammenhangs widmen. Zahlreiche wertvolle Arbeiten sind transnational und transkulturell angelegt, ohne damit schon vergleichend zu sein.[1]

Es geht beim Vergleich um Ähnlichkeiten und Unterschiede. Vergleichen heißt mithin nicht Gleichsetzen. Dieser Hinweis mag im wissenschaftlichen Diskurs überflüssig sein. Aber im allgemeinen Sprachgebrauch und in der öffentlichen Diskussion schwieriger Zeitfragen wird Vergleich des öfteren mit Gleichsetzen

* Eine aktualisierte Version des Aufsatzes in: H. G. Haupt u. J. Kocka (Hg.), Comparative and Transnational History. Central European Approaches and New Perspectives, New York u. Oxford 2009, 1–32.

1 Vgl. z. B. *E. Hobsbawm*, Die Blütezeit des Kapitals. Eine Kulturgeschichte der Jahre 1848–1875, München 1977; *F. Braudel*, Civilisation matérielle, économie et capitalisme, XVe–XVIIIe siècle, Paris 1979; *I. Wallerstein*, The Modern World-System, Bd. 1: Capitalist Agriculture and the Origins of the European World-Economy in the Sixteenth-Century, New York 1974; *ders.*, The Modern World-System, Bd. 2: Mercantilism and the Consolidation of the European World-Economy, 1600–1750, New York 1980; *ders.*, The Modern World-System, Bd. 3: The Second Era of Great Expansion of the Capitalist World-Economy, 1730–1840s, San Diego 1989.

verwechselt, wie sich an der Debatte um den Vergleich von Bolschewismus und Faschismus oder von erster und zweiter deutscher Diktatur zeigt.[2]

Vergleichende Arbeiten, so definiert, sind auch nicht mit beziehungsgeschichtlichen Arbeiten zu verwechseln. Diese fragen nicht notwendig nach Ähnlichkeiten und Unterschieden zwischen zwei Untersuchungseinheiten – z. B. Frankreich und Deutschland –, sondern nach den Wechselwirkungen zwischen ihnen. Sie richten z. B. besondere Aufmerksamkeit auf die mit Migration einhergehenden kulturellen Prozesse, in denen technische oder ökonomische Erfahrungen oder Normen übertragen werden. Wenn in der Praxis geschichtswissenschaftlicher Forschung auch Vergleich und Beziehungsstudien oft zusammen auftreten, so ist es doch wichtig, sie methodologisch voneinander zu trennen.[3]

Einer Vermischung beider hat Marc Bloch in seinem klassischen Aufruf für eine vergleichende Geschichte europäischer Gesellschaften Vorschub geleistet. Gleich am Anfang knüpfte er die Möglichkeit des Vergleichs an die Bedingung der Existenz eines Beziehungsgeflechts zwischen Gesellschaften, bevor er dann aber doch die Zielsetzung vergleichender Forschung folgendermaßen umschrieb:

> »Aus einem oder mehreren verschiedenen sozialen Milieus zwei oder mehrere Phänomene auszuwählen, die scheinbar auf den ersten Blick gewisse Analogien aufweisen, den Verlauf ihrer Entwicklungen zu beschreiben. Ähnlichkeiten und Unterschiede festzustellen und diese so weit wie möglich zu erklären.«[4]

2 Vgl. *R. Augstein* u. *K. D. Bracher* (Hg.), Historikerstreit. Die Dokumentation der Kontroverse um die Einzigartigkeit der nationalsozialistischen Judenvernichtung, München 1978; *J. Kocka*, Nationalsozialismus und SED-Diktatur im Vergleich, in: *ders.*, Vereinigungskrise. Zur Geschichte der Gegenwart, Göttingen 1995, S. 91–101.

3 Zu beziehungsgeschichtlichen Arbeiten s. den Aufsatz von *M. Espagne*, Sur les limites du comparatisme en histoire culturelle, in: Genèses 17 (1994), S. 102–121. Die französische Zeitschrift versucht in verschiedenen Heften, die Reichweite der auf Transferprozesse konzentrierten Forschung auszuloten – nicht ohne in Abgrenzung vom Strukturvergleich falsche Fronten aufzubauen, siehe die Einleitung zum o.gen. Heft von *P. Schöttler*, Einleitung, in: ebd. Als Beispiele für Beziehungsgeschichte s. *M. Espagne* u. *M. Werner* (Hg.), Transferts culturels. Les relations interculturelles dans l'espace franco-allemand (XVII–XXe siècles), Paris 1988; *M. Espagne* u. *M. Middell* (Hg.), Von der Elbe bis an die Seine. Kulturtransfer zwischen Sachsen und Frankreich im 18. und 19. Jahrhundert, Leipzig 1993; s. a. *A. Mitchell*, The Divided Path. The German Influence on Social Reform in France after 1870, Chapel Hill 1991, vergleichend und beziehungsgeschichtlich zugleich.

4 *M. Bloch*, Pour une histoire comparée des sociétés européennes (1928), in: *ders.*, Mélanges historiques, Bd. 1, Paris 1963, S. 17. Im folgenden wird nach dem französischen Text zitiert. Eine deutsche Übersetzung des Textes findet sich in *M. Middell* u. *S. Sammler* (Hg.), Alles Gewordene hat Geschichte. Die Schule der Annales in ihren Texten 1929–1992, Leipzig 1994, S. 121–168. Zu dem Blochschen Ansatz vgl. *H. Atsma* u. *A. Burguiere* (Hg.), Marc Bloch aujourd'hui. Histoire comparée et sciences sociales, Paris 1990; *A. O. Hili* u. *B. H. Hili jr.* (Hg.), Forum: Marc Bloch and Comparative History, in: American Historical Review 85 (1980), S. 828–857; *D. Romagnoli*, La comparazione nell'opera di Marc Bloch: pratica e teoria, in: *P. Rossi* (Hg.), La storia comparata. Approcci e prospettive, Mailand 1990, S. 110–128; siehe auch den Aufsatz von *W. H. Sewell jr.* u. *H. William*, Marc Bloch and the Logic of Comparative History, in: History and Theory 6 (1967), S. 208–218.

Die im Vollsinn vergleichenden Arbeiten sollen weiterhin von solchen abgegrenzt werden, in denen Vergleiche nur en passant, nebenbei oder implizit vorkommen, etwa durch angedeutete Vergleiche zwischen vorher und nachher. Solche impliziten Vergleiche finden sich häufig. Ganz ohne den Vergleich kommt die Sprache des Historikers offenbar selten aus. Hier dagegen soll es um Arbeiten gehen, in denen der Vergleich für die methodische Strategie zentral ist.

Schließlich verweist die Definition im ersten Absatz darauf, daß Vergleiche in der Geschichtswissenschaft selten Selbstzweck sind, sondern meist anderen Zielen dienen, wobei die durch vergleichende Untersuchungen geförderten Erkenntnisinteressen wechseln. Versucht man so, den historischen Vergleich in Hinsicht auf ihm übergeordnete Erkenntnisziele zu verorten, so wird plausibel, daß zunächst von seinen Zwecken, Funktionen und den mit ihnen verbundenen Absichten gesprochen werden muß.

### 1.2 Kontrast und Verallgemeinerung

Auf der allgemeinsten Ebene kann man – ausgehend von der obigen Definition – zwischen zwei Grundtypen des historischen Vergleichs unterscheiden, nämlich zwischen solchen, die eher der Kontrastierung, mithin der Einsicht in die Unterschiede und damit der genaueren Erkenntnis der einzelnen Vergleichsfälle (oder eines davon) dienen, und solchen, die eher die Einsicht in Übereinstimmungen, also die Generalisierung und damit die Erkenntnis allgemeiner Zusammenhänge befördern.

Diese Unterscheidung findet sich auch in der wissenschaftlichen Literatur immer wieder. Schon John Stuart Mill kontrastierte die »method of difference« und die »method of agreement«.[5] Zuletzt beruft sich auch A. A. van den Braembussche auf ihn sowie auf Autoren wie Theda Skocpol und Charles Tilly, um zwischen dem »contrasting type« und dem »universalizing type« des historischen Vergleichs zu unterscheiden und zwischen diesen Haupttypen dann mehrere Mischformen anzuordnen.[6] Eine entsprechende Unterscheidung findet sich bereits bei Otto Hintze in einer Schrift aus dem Jahre 1929:

> »Man kann vergleichen, um ein Allgemeines zu finden, das dem Verglichenen zugrunde liegt; man kann vergleichen, um den einen der möglichen Gegenstände in seiner Individualität schärfer zu erfassen und von den anderen abzuheben.«[7]

5 *J. S. Mill*, Philosophy of Scientific Method, hg. v. *E. Nagel*, New York 1881, S. 211–233.

6 *A. A. van den Braembussche*, Historical Explanation and Comparative Method: Towards a Theory of the History of Society, in: History and Theory 28 (1989), S. 2–24, bes. S. 13–15; *T. Skocpol* u. *M. Somers*, The Use of Comparative History in Macrosocial Inquiry, in: Comparative Studies in Society and History 22 (1980), S. 174–197, bes. S. 176, 181; *C. Tilly*, Big Structures, Large Processes, Huge Comparisons, New York 1984, S. 80.

7 *O. Hintze*, Soziologische und geschichtliche Staatsauffassung (1929), in: *ders.*, Soziologie und Geschichte. Gesammelte Abhandlungen, hg. v. *G. Oestreich*, Bd. 2, Göttingen 1964, S. 251.

Vergleichend arbeitende Historiker tun meist beides zugleich, jedoch mit sehr unterschiedlichem Gewicht. Die von Otto Hintze und anderen formulierte Unterscheidung ist grundlegend, und vergleichende Forschungen lassen sich dadurch nach ihren jeweiligen Schwerpunktsetzungen charakterisieren.

### 1.3 Methodische Funktionen

Auf einer zweiten Ebene, die eine etwas genauere Differenzierung erlaubt, lassen sich unterschiedliche methodische Zwecke ausmachen, denen der historische Vergleich dienen kann. Dieser selbst ist keine Methode im strengen Sinn, sondern eher eine Perspektive, ein Verfahren, ein Ansatz.

a. In *heuristischer* Hinsicht erlaubt der Vergleich, Probleme und Fragen zu identifizieren, die man ohne ihn nicht oder nur schwer erkennen oder stellen würde. Für diese Leistung des Vergleichs gab Marc Bloch, aufgrund eigener Forschungen, ein Beispiel aus der Agrargeschichte.[8] Nachdem er die englischen »enclosures« des 16. bis 19. Jahrhunderts untersucht und in ihren Funktionen gewürdigt hatte, lag die Annahme nahe, daß entsprechende Prozesse auch in Frankreich stattgefunden haben könnten, wenngleich die dortigen Forschungen sie noch nicht entdeckt hatten. Aufgrund dieser vom englischen Beispiel angeregten Frage nach französischen Analogien oder Äquivalenten deckte Bloch für die Provence des 15., 16. und 17. Jahrhunderts entsprechende, wenngleich nicht identische Veränderungen der agrarischen Besitzstruktur auf und trug damit zu einer tiefgreifenden Revision der Geschichtsschreibung über diese Regionen bei. Diese produktive wissenschaftliche Transferleistung ging von der Überzeugung aus, daß agrargesellschaftliche Problemlagen sich beiderseits des Kanals ähnlich stellten, die auf entsprechende, wenn auch nicht identische Lösungen drängen mußten, wenn denn vergleichbare Weiterentwicklungen – hier die Herausbildung einer kapitalistisch betriebenen Landwirtschaft – eintreten sollten, die in der Rückschau beobachtbar waren.[9]

b. In *deskriptiver* Hinsicht dient der historische Vergleich vor allem der deutlichen Profilierung der einzelnen Fälle, oft auch eines einzigen, besonders interessanten Falles. So drängt sich die Einsicht, daß die deutsche Arbeiterbewegung relativ früh als eigenständige Kraft einschließlich zugehöriger Partei auftrat, vor allem dann auf, wenn man sie mit anderen Arbeiterbewegungen vergleicht, etwa mit denen in England oder den Vereinigten Staaten. Die ungewöhnlich starke Stellung, ausgeprägte Kohäsion und die große historische Wirkungskraft des deutschen Bildungsbürgertums erkennt man erst im Vergleich mit anderen europäischen Gesellschaften. Um von der nationalen auf die lokale Ebene zu wechseln: die verspätete Entwicklung der Stadt Oberhausen wird erst im Un-

8 *Bloch*, Pour une histoire comparée.
9 Ebd., S. 20f.

terschied zu anderen vergleichbaren Städten klar.[10] Historische Besonderheiten wird man erst dann scharf erkennen, wenn Vergleichsbeispiele herangezogen werden, die in anderen strukturellen Hinsichten genügend ähnlich, in der besonders interessierenden Hinsicht jedoch unterschieden sind. Je nach Auswahl des Vergleichspartners, werden die Forschungen sich auf unterschiedliche Merkmale beziehen und diese hervorheben. Vergleicht man beispielsweise mit westeuropäischen Fällen, erscheint die deutsche Bourgeoisie als relativ schwach und unterentwickelt; vergleicht man sie mit dem östlichen Europa als stark und sehr bürgerlich.[11]

c. In analytischer Hinsicht leistet der Vergleich einen unersetzbaren Beitrag zur Erklärung historischer Sachverhalte. Selten bleibt er nämlich bei der schieren Deskription von Unterschieden stehen. Die Feststellung einer nicht erwarteten Besonderheit durch Vergleich drängt vielmehr meistens zur Frage nach deren Entstehungs-, Verlaufs- und Ausprägungsbedingungen. Der Vergleich dient außerdem der Kritik gängiger Erklärungen.

Für die Zurückweisung lokaler Pseudoerklärungen hat wiederum Marc Bloch gute Beispiele geliefert: Wenn man bemerkt, daß die Verschärfung des Drucks der mittelalterlich-frühneuzeitlichen Grundherrschaft in den meisten Gebieten Europas etwa gleichzeitig stattfand (freilich in unterschiedlicher Form), wird man örtlich spezifischen Erklärungen skeptisch gegenüberstehen, die der Lokal- oder Regionalhistoriker anbieten mag. Man wird vielmehr nach gesamteuropäischen Erklärungsmustern suchen und in diesem Fall auf die fallende Grundrente und ihre Ursachen stoßen.[12]

Auch dient der Vergleich der begründeten Zurückweisung generalisierender Pseudoerklärungen. Dies ist aus der älteren Debatte über den Zusammenhang zwischen Kapitalismus und Faschismus gut in Erinnerung. Die Krise des ersten führte nicht generell zum Aufstieg faschistischer Bewegungen, wie bisweilen unterstellt, sondern nur unter gewissen historischen Bedingungen, die manchen, aber bei weitem nicht allen und keineswegs den hochgradig kapitalistisch organisierten Industriegesellschaften eigen waren.[13]

Vergleiche können als indirekte Experimente dienen und das »Testen von Hypothesen« ermöglichen. Wenn ein Historiker das Auftreten eines Phänomens a in einer Gesellschaft der Bedingung oder Ursache b zurechnet, kann er diese Hypothese dann überprüfen, wenn er nach Gesellschaften sucht, in

10 *J. Kocka* (Hg.), Europäische Arbeiterbewegungen im 19. Jahrhundert. Deutschland, Österreich, England, Frankreich im Vergleich, Göttingen 1984; *H. Reif*, Die verspätete Stadt. Industrialisierung, städtischer Raum und Politik in Oberhausen 1846–1929, Köln 1993; *H.-U. Wehler*, Deutsches Bildungsbürgertum in vergleichender Perspektive. Elemente eines ›Sonderwegs‹?, in: *J. Kocka* (Hg.), Bildungsbürgertum im 19. Jahrhundert, Bd. 4: Politischer Einfluß und gesellschaftliche Formation, Stuttgart 1989, S. 215–237.

11 Vgl. *J. Kocka*, The Middle Classes in Europe, in: JMH 67 (1995), S. 783–506.

12 Vgl. *Bloch*, Pour une histoire comparée, S. 25.

13 Vgl. *J. Kocka*, Angestellte zwischen Faschismus und Demokratie. Zur politischen Sozialgeschichte der Angestellten: USA 1890–1940 im internationalen Vergleich, Göttingen 1977.

denen a ohne b auftrat oder b existierte ohne zu a zu führen, um entweder die Hypothese als bis auf weiteres erhärtet zu akzeptieren oder sie weiter zu differenzieren.[14] Allerdings stößt dieses Verfahren auf enge Grenzen, da der Historiker – anders als im naturwissenschaftlichen Experiment – nur sehr selten das Glück hat, die »ceteris paribus«-Bedingung als gegeben annehmen zu können. Immerhin läßt sich so, etwa bei der Prüfung der These vom Zusammenhang zwischen Protestantismus und der Entwicklung des Kapitalismus, erheblich weiterkommen.

Schließlich dient der Vergleich auch zur Erhärtung von raum- und zeitspezifischen Regelmäßigkeiten. So kann durch die vergleichende Betrachtung sozialer Protestformen in unterschiedlichen Gesellschaften der Zusammenhang zwischen der Struktur staatlicher Gewalt und dem unter bestimmten Bedingungen dadurch geförderten sozialen Protest bestimmt werden. Durch die Berücksichtigung verschiedener nationaler Fälle kann auch die Abhängigkeit der Selbstorganisationsfähigkeit der Hüttenarbeiter von den sich im Lauf des letzten Jahrhunderts wandelnden Betriebssystemen oder der Einfluß der Bergarbeitergemeinden auf die Organisationsformen der Kumpel demonstriert werden.[15]

d. In *paradigmatischer* Hinsicht hat der Vergleich oft verfremdende Wirkung. Im Licht beobachteter Alternativen verliert die eigene Entwicklung die Selbstverständlichkeit, die sie gehabt haben mag. Der Vergleich öffnet den Blick für andere Konstellationen, er schärft das Möglichkeitsbewußtsein des Historikers und läßt den jeweils interessierenden Fall als eine von mehreren Möglichkeiten erkennbar werden. Der ja weiterhin in der deutschen Geschichtswissenschaft übermächtige Germano- oder Eurozentrismus hat es unter dem Druck des Vergleichens etwas schwerer. Entprovinzialisierung findet statt. Dies hat Auswirkungen auf Atmosphäre und Stil, auf Stimmung und Kultur der geschichtswissenschaftlichen Arbeit, oft auch auf die Art, in der die gewählten Zentralbegriffe benutzt werden. Denn nur allzu oft zeigt der Vergleich deren kulturelle Spezifik und Historizität. Zur entsprechenden Kritik auch noch der allgemeinsten Begriffe empfiehlt sich der weitgespannte Vergleich mit sehr unterschiedlichen, etwa nichtwestlichen oder in der Zeit weit zurückliegenden Kulturen.[16] Ob und inwiefern es sinnvoll ist, Begriffe wie Klasse oder Kultur auf die orientalischen oder asiatischen Gesellschaften anzuwenden, wird dabei ebenso zum Problem wie die Frage, wie die kulturellen Rahmenbedingungen, die in strukturellen internationalen Vergleichen oft nicht thematisiert werden, in sinnvoller Weise einbezogen werden können.

14 Diese Leistung des Vergleichs wird sehr stark betont bei *Sewell jr.*, Marc Bloch.

15 Vgl. *C. Tilly u. a.*, The Rebellious Century 1830–1930, Cambridge 1975; *T. Welskopp*, Arbeit und Macht im Hüttenwerk. Arbeits- und industrielle Beziehungen in der deutschen und amerikanischen Eisen- und Stahlindustrie von den 1860er bis zu den 1930er Jahren, Bonn 1994; *J. Michel*, Le mouvement ouvrier chez les mineurs d'Europe occidentale. Etude comparée des années 1880–1914, 7 Bde., Lyon 1987.

16 Vgl. *E. W. Müller*, Plädoyer für die komparativen Geisteswissenschaften, in: Paideuma 39 (1993), S. 7–23, bes. S. 11–19.

Gleichzeitig fordert der Vergleich zur Reflexion über den kulturellen Standort des vergleichenden Forschers und über die Kultur der eigenen Wissenschaftsdisziplinen auf. In dem Maße, in dem diese etwa dem nationalen Rahmen verpflichtet ist und das Fremde lediglich als eine Variation feststehender Entwicklungsmuster wahrnimmt, dürften ihre Grundannahmen durch eine geographische und inhaltliche Ausweitung des Vergleichsrahmens selber in Frage gestellt werden. So kann der Vergleich auch eine wichtige Funktion für die Standortbestimmung und Weiterentwicklung einzelner Wissenschaftsdisziplinen haben.[17]

### 1.4 Beiträge zu unterschiedlichen Erkenntniszielen

Vergleiche werden in unterschiedliche Argumentationsfiguren eingebaut und innerhalb dieser für verschiedenartige Zwecke benutzt. Ohne Anspruch auf Vollständigkeit sollen im folgenden einige Verwendungsarten dargestellt werden.

Oft dient der Blick in das andere Land, in die andere Gesellschaft, in das andere Dorf oder den anderen Weltteil zur besseren Erkenntnis der eigenen Geschichte. Hier liegt eine asymmetrische Variante des kontrastierenden Vergleichs vor, die interessante wissenschaftliche Möglichkeiten und deutliche Probleme besitzt. Als Beispiel diene Max Weber. Letztlich war er an der Entwicklung der okzidentalen Zivilisation interessiert. Um zu begreifen, warum es im Westen zu kapitalistischer Wirtschaft, autonomen Bürgerstädten, bürokratischen Territorialstaaten, säkularisierter Kultur, moderner Wissenschaft und anderen Manifestationen rationaler Daseinsgestaltung gekommen ist, blickte er vergleichend auf asiatische Hochkulturen und fragte, warum sich dort ähnliche Probleme nicht herausbildeten. Aus westlicher Perspektive, mit den am westlichen Vorbild geschärften Fragen und Begriffen analysierte er nichtwestliche Kulturen im Vergleich, sicherlich auch, um diese selbst zu verstehen, vor allem aber, um indirekt den westlichen Entwicklungspfad besser begreifen zu können. Dazu benutzte er einen begrifflich reflektierten und wissenschaftlich fruchtbaren Vergleich, der allerdings etwas von der Instrumentalisierung des Fremden zwecks Erkenntnis des Eigenen an sich hat.[18] Die Frage nach der Besonderheit Europas oder des Westens generell hat in der Nachfolge Webers immer wieder zu vergleichenden Forschungen angeregt. Über die Probleme und die großen ungenutzten Möglichkeiten dieser Fragerichtung hat Jürgen Osterhammel berichtet.[19]

17 Siehe auch die Beiträge in *J. Matthes* (Hg.), Zwischen den Kulturen? Die Sozialwissenschaften vor dem Problem des Kulturvergleichs. Soziale Welt, Sonderbd. 8, Göttingen 1992; bes. *ders.*, The Operation Called ›Vergleichen‹, in: ebd., S. 75–99.

18 Vgl. *S. Kalberg*, Max Weber's Comparative-Historical Sociology, Cambridge 1994.

19 Vgl. *J. Osterhammel*, Transkulturell vergleichende Geschichtswissenschaft, in: *H.-G. Haupt* u. *J. Kocka* (Hg.), Geschichte und Vergleich. Ansätze und Ergebnisse international vergleichender Geschichtsschreibung, Frankfurt a.M. 1996, S. 271–314.

Eine zweite Variante des kontrastierenden Vergleichs, der die eigenen Besonderheiten besser erfassen will, ist mit der vieldiskutierten These vom »deutschen Sonderweg« gegeben. Es handelt sich um häufig nur angedeutete, zunehmend aber ausgeführte Vergleiche deutscher Entwicklungen des 19. und 20. Jahrhunderts mit entsprechenden Prozessen in einem oder mehreren westlichen Ländern (manchmal auch pauschal mit »dem Westen«), in der Regel mit der Folge oder im Zusammenhang einer kritischen Interpretation der deutschen Geschichte, deren Defizite (verspätete Parlamentarisierung, Schwächen des Liberalismus, obrigkeitsstaatliche Prägung) durch diese Vergleiche häufiger herausgearbeitet wurden als ihre relativen Stärken und Ressourcen (z. B. der frühe und beispielgebende Aufbau des Sozialstaates).[20]

Ähnlich angelegt ist nicht nur die Auseinandersetzung mit der unbestreitbaren These, daß England die »first industrial nation« war, sondern auch die Debatte um den »American exceptionalism«.[21] Immer geht es um kontrastive Vergleiche mit dem Ziel, den einen Fall, in der Regel die eigene Geschichte, besser zu erkennen, teils in affirmativer, teils in selbstkritischer, teils in distanziert-ambivalenter Hinsicht. Häufig wird der Vergleich dabei nur angedeutet und das zum Vergleich herangezogene Land lediglich als Hintergrund skizziert. Anstatt eines entfalteten Vergleichs handelt es sich dann um nationalgeschichtliche Untersuchungen in vergleichender Perspektive. Selbst diese reduzierte Form des komparativen Vorgehens kann außerordentlich fruchtbar sein und hat den Vorteil größerer Machbarkeit.[22] Sie befindet sich gleichwohl in der Gefahr, daß die Geschichte des »Vergleichslandes« übermäßig stilisiert, unerlaubt

20 Vgl. *J. Kocka*, German History before Hitler: The Debate about the German ›Sonderweg‹, in: JCH 23 (1988), S. 3–16; *ders.*, Ende des deutschen Sonderwegs?, in: *W. Ruppert* (Hg.), »Deutschland, bleiche Mutter« – oder eine neue Lust an der nationalen Identität?, Berlin 1992, S. 9–31 und *G. A. Ritter*, Der Sozialstaat. Entstehung und Entwicklung im internationalen Vergleich, München 1983; ein auf einzelne Politikfelder bezogener, gelungener Vergleich bei *S. Pederson*, Family, Dependance and the Origins of the Welfare State: Britain and France 1914–1945, Cambridge 1993.

21 Vgl. *A. R. Zolberg*, How many Exceptionalisms?, in: *I. Katznelson* u. *A. R. Zolberg* (Hg.), Working-Class Formation. Nineteenth-Century Patterns in Western Europe and the United States, Princeton 1986, S. 397–455; *B. E. Shafer* (Hg.), Is America Different? A New Look at American Exceptionalism, Oxford 1991; zur Schwäche der komparatistischen Geschichtsschreibung in den USA siehe *R. Grew*, The comparative Weakness of American History«, in: JIH 16 (1985/6), S. 87–101; zu England siehe den Beitrag von *G. Crossick*, And what should they know of England? Die vergleichende Geschichtsschreibung im heutigen Großbritannien, in: *Haupt* u. *Kocka*, Geschichte und Vergleich, S. 61–71 sowie *B. Weisbrod*, Der englische ›Sonderweg‹ in der neueren Geschichte«, in: GG 16 (1990), S. 233–252.

22 Als gelungenes Beispiel eines ungleichgewichtigen Vergleichs zuletzt *J. Requate*, Journalismus als Beruf Entstehung und Entwicklung des Journalistenberufs im 19. Jahrhundert. Deutschland im internationalen Vergleich, Göttingen 1995; als gelungene Beispiele eines gleichgewichtigen Zwei-Länder-Vergleichs: *G. Budde*, Auf dem Weg ins Bürgerleben 1840–1914. Kindheit und Erziehung in deutschen und englischen Bürgerfamilien, Göttingen 1994 und *C. Tacke*, Denkmal im sozialen Raum. Nationale Symbole in Deutschland und Frankreich im 19. Jahrhundert, Göttingen 1995.

homogenisiert und bisweilen geradezu systematisch verfehlt wird. Es ist auch auf die Gefahr hinzuweisen, daß der Vergleich implizit jenen »asymmetrischen Gegenbegriffen«[23] aufsitzt, mit denen sich Nationen, Klassen oder ethnische Gruppen selbst definiert und von anderen abgesetzt haben. Er würde dann nur politisch-kulturelle Selbst- und Fremdbestimmungen reproduzieren, ohne den ihnen zugrundeliegenden Mechanismus der Abgrenzung oder gar Feindschaft selbst zu Themen des Vergleichs zu machen. Nach Koselleck ginge es eher darum, die Bedeutung der Feindbilder bei der Selbstdarstellung einer Gesellschaft in einer gegebenen Situation zu erfassen und nachzuweisen, wie stark sie Wertungen von Außen aufnehmen, diese transformieren oder negieren.[24]

Gerade bei dieser Form der vergleichenden Charakterisierung einer Nation oder Gesellschaft hängen die Ergebnisse besonders deutlich von der Wahl des Vergleichspartners ab, die in der Regel nicht nur nach wissenschaftlichen Kriterien erfolgt. Was bliebe etwa von der Sonderweg-These, wenn die deutsche Entwicklung primär mit süd- oder ost- statt mit westeuropäischen Entwicklungen verglichen würde?

b. Wenn der Vergleich in die Erstellung einer Typologie münden soll, so ist es notwendig, mindestens drei Vergleichsfelder relativ gleichmäßig einzubeziehen. Als Beispiel für dieses Vorgehen kann Theodor Schieders Untersuchung der Nationalstaatsentwicklung in West-, Mittel- und Osteuropa dienen.[25] Indem Schieder nationale Bewegungen in Europa im 19. Jahrhundert verglich, kam er zu einer dreigliedrigen Typologie: Während sich die Nationalbewegungen im Westen des Kontinents auf der Grundlage bereits bestehender Territorialstaaten entwickeln konnten, fügten sie im mittleren Europa, etwa in Deutschland und Italien, bestehende kleinere territoriale Einheiten zu Nationalstaaten zusammen und wandten sie sich im Osten des Kontinents gegen bestehende supra-nationale Reiche, um Nationalstaaten zu bilden. Damit hingen tiefgreifende Unterschiede in der programmatisch-ideologischen Ausprägung und im »timing« der europäischen Nationalbewegungen zusammen, die durch den systematischen Vergleich herausgearbeitet werden.[26] Zu einer anderen Typologie gelangt man, wenn man mit Miroslav Hroch nicht nach Strukturtypen, sondern nach Verlaufstypen fragt. In seiner Untersuchung der kleinen Nationen Mittel-, Ost- und Nordeuropas setzt Hroch je nach sozialer Trägerschicht und je nach Verbreitungsgrad nationaler Ideen unterschiedliche Zäsuren und unterscheidet bis zur Herausbildung von Massenbewegungen drei Phasen. Beide An-

23 *R. Koselleck*, Zur historisch-politischen Semantik asymetrischer Gegenbegriffe, in: *ders.*, Vergangene Zukunft. Zur Semantik geschichtlicher Zeiten, Frankfurt a.M. 1979, S. 211–259.

24 Ebd.; siehe auch *M. Jeismann*, Was bedeuten Stereotype für die nationale Identität und politisches Handeln, in: *J. Link* u. *W. Wülfing* (Hg.), Nationale Mythen und Symbole in der zweiten Hälfte des 19. Jahrhunderts. Strukturen und Funktionen von Konzepten nationaler Identität, Stuttgart 1991, S. 84–93.

25 *T. Schieder*, Typologie und Erscheinungsformen des Nationalstaates in Europa, in: HZ 202 (1966), S. 58–81.

26 Ebd.

sätze gehen davon aus, daß im 19. Jahrhundert die Nationalstaatsbildung auf der Tagesordnung stand, je nach gesellschaftlichem Kontext jedoch eine höchst unterschiedliche Ausprägung erfuhr, die sich in der Vielfalt nationaler Typen und der Mannigfaltigkeit der chronologischen Entwicklung des Nationalismus niederschlug.[27]

In einen noch allgemeineren Kontext gehören jene Studien, die sich den Modernisierungskrisen des 19. und 20. Jahrhunderts widmen. Vor allem für die deutsche Entwicklung ist aus dem zeitlichen Zusammenfallen von sozialer, nationaler und konstitutioneller Krise um 1850 auf eine Überlastung des Systems geschlossen worden, die vielfache Probleme zur Folge gehabt habe. In diesem Kontext sind auch die Arbeiten von Reinhard Bendix zu nennen, der nach den Besonderheiten der »politischen Modernisierung« Westeuropas in einem Vergleich mit Rußland, Japan oder Indien fragt.[28] In einem allgemeinen, diffusen Sinne ist auch die Krise der Moderne der Jahre 1880 bis 1920 vor allem für die europäischen Großstädte wie Wien, Berlin, Paris oder London untersucht und verglichen worden. Neuerdings schließlich gilt die Aufmerksamkeit den Übergängen zwischen unterschiedlichen politischen Regimen, vor allem der »transition« von einem totalitär-traditionalistischen, autoritären Staatstypus in die moderne repräsentative Demokratie. In vergleichenden Untersuchungen über südeuropäische Entwicklungen ist vor allem nach der Funktion und Bedeutung einzelner Institutionen (wie der Armee), gesellschaftlicher Klassen (Bürgertum) oder Ideologien in dem Veränderungsprozess gefragt worden.[29]

Derartige Typologien werfen erhebliche Probleme auf. Sie neigen dazu, die spezifische Perspektive des typologischen Verfahrens als historische Zentralperspektive anzusehen und sie zu ontologisieren. Geschichtliche Prozesse erscheinen dann als »typenförmig«, als Phänomene mit typologischer Verlaufsform und Richtung. Die Vieldimensionalität, die Kontingenz und Offenheit geschichtlicher Situationen, die Chancen und die Reichweite von Widerstand gegen den Prozeß und von alternativen Entwicklungsmustern werden selten erwogen. Die Vorstellung, daß sich mit dem Nationalstaat im Gegensatz zu Stadt- oder Regionalstaaten die geschichtsmächtigste Form des Zusammenlebens im Europa des 19. Jahrhunderts durchsetzte, führt Theodor Schieder etwa dazu, alle von diesem Ziel abweichenden Bestrebungen als partikularistisch anzuse-

27 *M. Hroch*, Die Vorkämpfer der nationalen Bewegung bei den kleineren Völkern Europas, Prag 1968.

28 *R. Bendix*, Nation-Building and Citizenship, Berkeley 1977; *ders.*, Kings or People: Power and the Mandate to Rule, Berkeley 1978.

29 *H.-U. Wehler*, Modernisierungstheorie und Geschichte, Göttingen 1977; *S.N. Eisenstadt*, Transformation of Social, Political, and Cultural Orders in Modernization, in: *ders.* (Hg.), Comparative Perspectives and Social Change, Boston 1968, S. 256–279; *G. O'Donnell u. a.* (Hg.), Transitions from Authoritarian Rule, Baltimore 1986; *L. Diamond*, Persistence, Erosion, Breakdown, and Renewal, in: *ders. u. a.* (Hg.), Democracy in Developing Countries, Bd. 3., Boulder 1989, S. 1–52; *J. Linz*, Crisis, Breakdown and Requilibration, Baltimore 1978.

hen.[30] Die oft modemisierungstheoretisch begründete Annahme, daß im Zuge der Herausbildung der Moderne zentrale Probleme vom politischen System gelöst werden müssen, unterstellt häufig einen kohärenten und letztlich funktionierenden Systemzusammenhang. In diesem werde – so die Annahme – im Sinne von A. Toynbee auf jede »challenge« eine »response« gefunden, bzw. strategische Überlegungen derartig angelegt, daß die strukturell anstehenden Problemlagen auch politisch gelöst werden. Solche Ansätze vereinfachen bisweilen komplexe Entscheidungs- und Wirkungszusammenhänge und überschätzen die Steuerungsfähigkeit gesellschaftlicher Systeme. Sie lenken den Blick auf die Erfolgsbedingungen, nicht aber auf die Kosten und Opfer von Strukturentscheidungen und -entwicklungen. Schließlich tendieren typologisch vorgehende Studien dieser Art dazu, gewisse Entwicklungen oder Strukturen als »normal« zu unterstellen, wie die englische Industrialisierung, die angelsächsische Demokratie oder die revolutionäre Nationalstaatsbildung in Frankreich. Diese werden ihrerseits auf als wesentlich erscheinende charakteristische Merkmale reduziert, bisweilen gar idealisiert und dienen dann als Maßstäbe bei der Unterscheidung nationaler oder regionaler Fälle.[31] Oftmals gelingt es dabei, sofern »Idealtypen« entwickelt werden, die Besonderheiten nationaler Entwicklungen besser zu verstehen. Wenn allerdings lediglich der Abstand zwischen einem zum Prototyp stilisierten Fall und anderen nationalen Fällen ausgemessen wird, kommt es zu wenig aussagestarken Thesen über die angebliche Rückständigkeit des einen hinter dem andern. Manche Studien der »comparative politics« leiden unter solchen Mängeln. Dagegen hat sich die in der soziologischen Diskussion verbreitete Argumentationsfigur des funktionalen Äquivalents gewandt. Sie hat sich gegen Ablaufschemata gerichtet und auf die äquivalente Bedeutung verschiedener gesellschaftlicher oder politischer Subsysteme verwiesen. Ausgehend von den Existenzbedingungen moderner Industriesysteme hat etwa Arnold Heidenheimer nicht nur die unterschiedlich schnelle und weitreichende Herausbildung von sozialstaatlichen Strukturen in Frankreich und Deutschland unterstrichen, sondern auch auf die Tatsache verwiesen, daß die soziale Befriedung und Herstellung von Massenloyalität, die der Sozialstaat in Deutschland erreichen sollte, von französischen Politikern mit einem sozial geöffneten, meritokratisch organisierten Bildungssystem angestrebt wurde.[32]

30 *T. Schieder*, Partikularismen und nationales Bewußtsein im Denken des Vormärz, in: *ders.*, Nationalismus und Nationalstaat. Studien zum nationalen Problem im modernen Europa, Göttingen 1992, S. 166–196.

31 Siehe die Kritik daran in: *J. Bouvier*, Libres propos autour d'une démarche révisioniste, in: *P. Fridenson* u. *A. Strauss* (Hg.), Le Capitalisme français XIXe-XXe siècles. Blocages et dynamismes d'une croissance, Paris 1987, S. 11–27; *D. Blackbourn*, Marpingen. Apparitions of the Virgin Mary in Nineteenth-Century Germany, New York 1994.

32 *A. J. Heidenheimer*, The Politics of Public Education, Health and Welfare in the USA and Western Europe: How Growth and Reform Potentials Have Differed, in: BJPS 3 (1973), S. 315–340.

c. Vergleiche sind zentral für stufentheoretische Argumentationen, die von der Annahme ausgehen, daß Institutionen, Wirtschaftssysteme, Gesellschaften oder gar Zivilisationen gewissen regelmäßigen Entwicklungsmustern folgen und sich insofern im wesentlichen gleichen, obwohl sie sich nach Raum, Zeit und Einzelheiten unterscheiden. Stufentheorien sind zu Recht aus der Mode gekommen. Nicht zuletzt der genaue Vergleich hat geholfen, ihre Unhaltbarkeit zu demonstrieren. Ein spätes Beispiel dafür war Walt W. Rostows einflußreiche und interessante Industrialisierungstheorie, deren Kern in der Überzeugung bestand, daß jedes sich industrialisierende Land gleiche Phasen der Entwicklung mit gleichen Problemen und ähnlichen Lösungen durchlaufe.[33] Mit internationalen Vergleichen wurde Rostows Schema noch Anfang der 1960er Jahre verteidigt, mit internationalen Fragen ist es in Frage gestellt worden. Heute besitzt es nur noch begrenzte Bedeutung in der Forschung. In der Industrialisierungsgeschichte bleibt der Vergleich gleichwohl ein zentrales Verfahren, verlagert sich aber immer häufiger von der nationalen auf die regionale Ebene.[34]

d. Ehrgeizig und anspruchsvoll ist die Verwendung des Vergleichs als Kern analytischer Synthesen. Gemeint sind umfassende, empirisch abgesicherte, theoretisch durchdrungene, historisch-systematische Zusammenhangsanalysen mit komparativem Kern, die gleichwohl einem räumlich, zeitlich und thematisch begrenzten Gegenstand gelten. Es sind Untersuchungen, die eher von historisch arbeitenden Soziologen als von Historikern vorgelegt werden und im übrigen unterschiedliche Formen besitzen. Alexander Gerschenkron hat eine heute empirisch sicherlich im einzelnen zu kritisierende, umfassende Analyse – vielleicht kann man auch sagen: empirisch abgestützte Theorie – der industriellen Entwicklung Europas vorgelegt, die *in ihrer Struktur* eine einsame Spitzenleistung bleibt.[35] Im Zentrum stehen der Vergleich zwischen nationalen Industrialisierungsprozessen in Europa und dazu zunächst eine Auflistung ihrer grundsätzlichen Ähnlichkeiten und ihrer signifikanten Unterschiede, die vor allem mit Hilfe der Denkfigur »unterschiedliche Lösungen identischer Probleme und funktionale Äquivalente« identifiziert werden. Doch dabei bleibt Gerschenkron nicht stehen, sondern er begreift die untersuchten Vergleichsfälle als Teile eines umfassenden Systems europäischer Industrialisierung und erklärt die Unterschiede zwischen ihnen einerseits aus ihrer unterschiedlichen Stellung im Gesamtsystem (»relative Rückständigkeit«) und aus ihrem unterschiedlichen »timing«, andererseits aus ihrer gegenseitigen Beeinflussung, also aus der Geschichte der Beziehungen zwischen ihnen.[36]

33 *Walt W. Rostow*, The Stages of Economic Growth, Cambridge 1960.

34 Vgl. den regionalen Ansatz bei *S. Pollard*, Peaceful Conquest. The Industrialization of Europe, Oxford 1981; *P. K. O'Brien*, Do We Have a Typology for the Study of European Industrialization in the XIXth Century?, in: JEEH 15 (1986), S. 291–334.

35 *A. Gerschenkron*, Economic Backwardness in Historical Perspective, Cambridge 1962.

36 Ebd.; *ders.*, Wirtschaftliche Rückständigkeit in historischer Perspektive, in: *R. Braun u. a.* (Hg.), Industrielle Revolution, Köln 1972, S. 59–78.

Ein anderes hervorragendes Beispiel für die Analyse eines umfassenden Zusammenhangs mit komparativem Kern bietet Barrington Moores meisterhafte Untersuchung über unterschiedliche Wege Englands, Frankreichs, der USA, Chinas, Japans und Indiens in die Moderne unter dem Gesichtspunkt der Entstehung von Demokratie und Diktatur.[37] Beschreibung, Bedingungsanalyse und Interpretation der Folgen unterschiedlicher Entwicklungen werden verknüpft, beziehungsgeschichtliche Elemente fehlen nicht, doch ist der Vergleich der zentrale Motor einer umfassenden theoretisch-empirischen Argumentation. Die genannten Beispiele mögen genügen, um zu zeigen, daß Vergleiche in der Geschichtswissenschaft selten Selbstzweck sind, vielmehr Wege darstellen - manche meinen »Königswege« (Hans-Ulrich Wehler) - für vielfältige empirisch-theoretische Untersuchungen.

## 1.5 Eigenarten des Vergleichs in der Geschichtswissenschaft

Vergleichen spielt in den verschiedenen Kulturwissenschaften eine große Rolle, oft eine größere als in der Geschichtswissenschaft. In der Sprach- und Rechtswissenschaft, der Soziologie, Politikwissenschaft oder in der Ethnologie, selbst in der Literaturwissenschaft sind internationale Vergleiche zu Hause.[38] Je nach ihren nationalen Traditionen nehmen die Geschichtswissenschaften in den verschiedenen Ländern in unterschiedlich großem Ausmaß international vergleichende Fragestellungen auf. Bisher haben diese sich stärker in der Alten und der Neueren bzw. Neuesten Geschichte durchgesetzt, weniger bei der Erforschung der Frühen Neuzeit und des Mittelalters. In der deutschen Geschichtswissenschaft hat der internationale Vergleich insgesamt stärkere Verbreitung gefunden als in der französischen oder italienischen, in denen der regionale Rahmen bei der Konkretisierung allgemeiner Entwicklungstendenzen stärkere Aufmerksamkeit auf sich zog als das komparative Verfahren. In der Wirtschafts- und Sozial- aber auch der Politikgeschichte oder der historischen Demographie sind Vergleiche mit anderen nationalen Gesellschaften häufiger zentral geworden als in der historischen Frauenforschung, der Kultur-, Diskurs- oder Alltagsgeschichte.[39]

37 *B. Moore*, Social Origins of Dictatorship and Democracy. Lord and Peasant in the Making of the Modern World, Boston 1966 (dt. Ausg.: Soziale Ursprünge von Diktatur und Demokratie, übers. v. *G. H. Müller*, Frankfurt a. M. 1969).

38 Siehe die Bibliographie bei *Müller*, in: Paideuma 39 (1993), S. 7–23.

39 Zur italienischen Forschung siehe *M. Salvati*, Storia contemporanea e storia comparata oggi: il caso dell Italia, in: Rivista di storia contemporanea 2–3 (1992); siehe auch den Überblick über die internationale Forschung in: Passato e Presente 28 (1993) und die Beiträge von *G. Crossick*, And what should they know of England; *H.-G. Haupt*, Eine schwierige Öffnung nach außen: Die international vergleichende Geschichtswissenschaft in Frankreich, in: ebd., S. 77–90 und *J. Kocka*, Historische Komparistik in Deutschland, in: ebd., S. 47–60. Zum Vergleich in der historischen Geschlechtergeschichte, die mit dem Vergleich zwischen Frauen- und Männerrollen gleichwohl eine starke komparative Komponente besitzt, diese

Über diese allgemeinen Bestimmungen hinaus stellt sich jedoch die Frage: Gibt es Eigenarten des geschichtswissenschaftlichen Vergleichs, durch die er sich vor komparativen Verfahren in anderen Kulturwissenschaften auszeichnet? Dieses Problem kann hier nicht umfassend diskutiert werden, sondern lediglich im Hinblick auf unterschiedliche Erwartungen und Möglichkeiten, die die Geschichtswissenschaft und die systematischen Sozialwissenschaften hinsichtlich des Vergleichs besitzen. Dabei handelt es sich um graduelle, nicht um prinzipielle Unterschiede. Wir gehen von zentralen Eigenarten der Geschichtswissenschaft aus.

1. Seit der Spätaufklärung hat sich unter professionellen Historikern die Auffassung durchgesetzt, daß historische Forschungen und Aussagen quellennah sein müssen, wenn sie wissenschaftliche Geltung beanspruchen wollen. Damit verbindet sich die Hoffnung auf besondere Authentizität. Die kritische Rekonstruktion vergangener Zeiten aus der Vielfalt unterschiedlichster Quellen gehört seither zu den disziplinären Standards der modernen Geschichtswissenschaft. Vom Prinzip der Nähe zu den bearbeiteten Quellen her entwickeln Historiker kritische Skepsis gegenüber schnellen Generalisierungen. Ohne dies nun weiter begründen zu wollen, sehen auch wir darin ein unaufgebbares Prinzip der geschichtswissenschaftlichen Profession. Gleichwohl wechseln die Chancen seiner Realisierbarkeit. Es kann in Spezialuntersuchungen, kaum aber in großen Synthesen verwirklicht werden, und sein Stellenwert darf gegenüber anderen Grundprinzipien der Disziplin, z. B. dem Ziel der Erkenntnis überindividueller historischer Zusammenhänge, nicht einseitig überbetont werden.

2. Es geht Historikern und Historikerinnen immer um die Erfassung des Wandels der Wirklichkeit in der Zeit. Unsere Erkenntnisinteressen, Erklärungen und Darstellungsformen (auch wenn sie nicht primär erzählender sondern argumentierender Art sind) haben in aller Regel etwas mit der Struktur des Vorher-Nachher zu tun. Dies gilt selbst für historische Querschnitte. Das Fach ist durch ein besonderes Verhältnis zur Zeit gekennzeichnet. Genauer: Die Geschichte ist seit ihrer Entstehung als moderne Wissenschaftsdisziplin konstitutiv damit verbunden, den Wandel der Wirklichkeit in der Zeit als Entwicklung zu begreifen. Das heißt: Es gibt Neues im Laufe der Zeit, das Neue ist keine Wiederholung des Alten, aber das Neue geht aus dem Alten hervor. Das Alte enthält das Neue als Möglichkeit. Der Sinn von empirischen Befunden erschließt sich nicht, ohne daß diese in ihrem diachronen Zusammenhang ernst genommen werden. Geschichte ist keine Summe oder Aufeinanderfolge von Fällen, an denen allgemeine Gesetze exemplifiziert werden könnten. Aus diesem Zusammenhang ergibt sich die große Bedeutung des Individualitätsprinzips in der Geschichtswissenschaft.

aber nicht zum internationalen Vergleich ausweitet, siehe den Beitrag von *I. Blom*, Das Zusammenwirken von Nationalismus und Feminismus um die Jahrhundertwende: Ein Versuch zur vergleichenden Geschlechtergeschichte, in: ebd., S. 315–338; siehe auch den gelungenen politikgeschichtlichen Vergleich in: *G. Bock* u. *P. Thane* (Hg.), Maternity and Gender Politics, London 1991.

3. Historiker gehen davon aus, daß einzelne Teile der Wirklichkeit nur sehr begrenzt außerhalb ihres Zusammenhangs mit anderen Teilen der Wirklichkeit begriffen werden können. Der perspektivische Blick auf das unterschiedlich interpretierte Ganze gehört zum Verständnis der Teile, ohne deren Rekonstruktion umgekehrt keine zutreffende Vorstellung vom Ganzen möglich ist. Historische Befunde gewinnen ihren Sinn aus ihren Relationen im synchronen und diachronen Zusammenhang. Von daher sind dem Verfahren der Variablenisolierung und -verarbeitung in der Geschichtswissenschaft engere Grenzen gezogen als zum Beispiel in der Nationalökonomie oder in der empirischen Sozialforschung.[40]

Zu diesen grundlegenden Prinzipien der Geschichtswissenschaft steht das Verfahren des Vergleichs in einer gewissen Spannung. Denn:

1. Je mehr Vergleichsfälle einbezogen werden, desto geringer die Möglichkeit, quellennah zu arbeiten, desto größer die Abhängigkeit von der Sekundärliteratur. Je mehr Länder zum Vergleich herangezogen werden, desto gravierender stellt sich überdies das Sprachenproblem.

2. Vergleiche setzen voraus, daß die Vergleichsgegenstände isoliert werden können, daß der Entwicklungszusammenhang gewissermaßen in einzelne Teile zerschnitten werden kann. Das Verhältnis von zwei oder mehr Vergleichseinheiten zueinander kann in der Regel nicht als das Verhältnis von Stadien einer Entwicklung oder von Momenten eines wechselseitigen Bedingungsverhältnisses gedacht werden, sondern im Sinne voneinander unabhängiger Fälle, die über generelle Fragen – nach Ähnlichkeiten oder Unterschieden in gewissen Hinsichten – in Beziehung zueinander gesetzt werden. Wer vergleicht, faßt seine Untersuchungsgegenstände zumindest nicht ausschließlich als Individualitäten sondern eben als exemplarische Fälle eines Allgemeinen, die sich in gewisser Hinsichten ähneln oder gleichen und in anderen unterscheiden. Der Vergleich bricht Kontinuitäten und unterbricht den Fluß der Erzählung. Der Vergleich hat auch nicht notwendig etwas mit dem Wandel in der Zeit, sondern eben mit Ähnlichkeiten und Unterschieden zu tun.

3. Man kann Phänomene nicht in ihrer vielschichtigen Totalität – als volle Individualitäten – miteinander vergleichen, sondern immer nur in gewissen Hinsichten. Der Vergleich setzt mithin Selektion, Abstraktion und Lösung aus dem Kontext voraus. Diese Notwendigkeit wird vor allem beim Vergleich vieler Fälle sichtbar. Wer 20 Industrialisierungsprozesse oder die Sklaverei in 60 Ländern vergleicht, muß seine Vergleichsgegenstände unter weitgehender Abstraktion von ihrem synchronen und diachronen Kontext untersuchen. Dieses Verfahren stößt bei Historikern auf gewisse Vorbehalte. Das Problem wird geringer, entfällt jedoch nicht bei der Beschränkung auf zwei oder drei Vergleichsfälle. Vergleichen heißt immer auch: abstrahieren.

40 Vgl. *J. Rüsen*, Historische Vernunft. Grundzüge einer Historik I: Die Grundlagen der Geschichtswissenschaft, Göttingen 1983; *ders.*, Rekonstruktion der Vergangenheit. Grundzüge einer Historik II: Die Prinzipien der historischen Forschung, Göttingen 1986.

So erklärt sich, warum sich die Geschichtswissenschaft seit dem Historismus, der den oben genannten Grundprinzipien zum Durchbruch verhalf, dem Vergleich gegenüber eher reserviert verhält. Daraus erklärt sich auch warum Alltagshistoriker, die, meist mikrohistorisch, vergangene Wirklichkeit unter Betonung der Erfahrungen und Lebensweisen in ihrer Totalität zu rekonstruieren versuchen und analytischen Begriffen eher skeptisch gegenüberstehen, ebenfalls wenig Vergleiche hervorgebracht haben.[41] Vergleichen ist die Sache begrifflich expliziter, theoretisch orientierter, analytischer Geschichtswissenschaftler mit einer gewissen Distanz zur historistischen Tradition – und damit bisher die Sache einer Minderheit.

Aus dem Gesagten folgt aber auch, daß geschichtswissenschaftliche Vergleiche von bestimmter Art sein sollten, um die Spannungen zu den genannten Grundprinzipien der Geschichtswissenschaft zu minimieren. Insofern werden sie sich von Vergleichen in den systematischen Sozialwissenschaften – wenngleich meist nur graduell – unterscheiden. Historische Vergleiche tendieren dazu, sich auf wenige – oft nur zwei – Vergleichsfälle zu beschränken. Meist sind sie auf mittlerer Abstraktionsebene angesiedelt und folgen der Regel: so viel Abstraktion wie nötig, so viel Konkretion und Kontextbezug wie möglich. Sie legen meist auf das Kontrastieren mehr Wert als auf das Generalisieren und sind stärker an den Unterschieden als an den Gemeinsamkeiten der Vergleichsobjekte interessiert. Sie streben danach, Wandlungen in der Zeit und Dynamik mit einzubeziehen, sei es, indem sie Prozesse als Vergleichsobjekte wählen, sei es durch Einordnung nicht-prozessualer Vergleichsbefunde im Sinn eines Vorher und Nachher, sei es durch Ergänzung des Vergleichs durch andere Verfahren. Besonders häufig ist die Verknüpfung komparativer mit beziehungsgeschichtlichen Argumentationsweisen. Schließlich gehört es zu den Eigenarten geschichtswissenschaftlicher Vergleiche, daß sie versuchen, die strukturell-prozessuale Analyse mit der Rekonstruktion von Erfahrungen und Handlungsmustern zu verknüpfen.

Zwischen den Prinzipien der Geschichtswissenschaft und dem Vergleich bestehen jedoch keineswegs nur Spannungen, sondern auch Affinitäten. Je mehr die Geschichtswissenschaft in den letzten Jahrzehnten über ihre historistische Tradition hinauswuchs, desto offener wurde sie für den Vergleich und desto mehr war sie auf ihn verwiesen.[42] Es besteht eine enge und wechselseitig förderliche Beziehung zwischen Vergleich und analytischer Onentierung in der Geschichtswissenschaft.

Denn, recht verstanden, ist die Geschichtswissenschaft in ihren Verfahren immer gesichtspunktabhängig, selektiv und (re)konstruierend. Diese ihre Eigenarten werden im Vergleich nur besonders manifest. Historiker sind eigent-

41 Repräsentativ auch hierfür: *A. Lüdtke* (Hg.), Alltagsgeschichte. Zur Rekonstruktion historischer Erfahrungen und Lebensweisen, Frankfurt a. M. 1989.

42 Vgl. *G. G. Iggers*, New Directions in European Historiography, überarb. Ausg., Middletown, Conn. 1984.

lich immer darauf angewiesen, ihre Untersuchungseinheiten scharf zu definieren, um Mißverständnisse zu vermeiden und Klarheit zu erreichen. Im Vergleich wird ihnen dies besonders bewußt. Schon aus Gründen intellektueller Ehrlichkeit und maximaler Selbstaufklärung sind Historiker aufgefordert, die Wahl ihrer Begriffe und ihre Bezüge zu außerwissenschaftlichen Bedingungen und Folgen zu reflektieren. Der Vergleich verhilft dazu, weil er dazu zwingt.

Vergleichende Geschichte ist theoretisch anspruchsvoll. Ständig muß sie über die Bedingungen des eigenen Vorgehens reflektieren. Zu den Fragen, die sie zu bedenken und zu entscheiden hat, gehören die folgenden:

a. Welches sind die angemessenen Vergleichseinheiten (Nationen, Regionen, Kulturen, Epochen, Krisensituationen, Institutionen)? Ihre Wahl hängt sicherlich von der Verfügbarkeit der Quellen, vor allem aber von den leitenden Fragestellungen ab.

b. Womit mit wem soll verglichen werden? Es heißt, man dürfe nicht Äpfel mit Birnen vergleichen. Gemeint ist damit, daß man nicht Unvergleichbares vergleichen soll. Die Vergleichbarkeit zweier oder mehrerer Gegenstände wird aber primär durch die Fragestellung begründet. In bezug auf diese müssen die Vergleichsobjekte ein Minimum an Gemeinsamkeit aufweisen, um vergleichbar und das heißt immer auch: im Hinblick auf ihre Unterschiede untersuchbar zu sein. Äpfel und Birnen darf man nicht vergleichen, wenn man die Vorzüge und Nachteile verschiedener Apfelsorten gewichten will. Man darf und sollte dagegen Äpfel und Birnen vergleichen, wenn man Obst untersucht. Klar werden muß man sich vor oder zu Beginn des Vergleichs, *in welcher Hinsicht* man vergleichen will, ob diese Hinsicht unter der Fragestellung, die man verfolgt, relevant ist und ob die Auswahl der Vergleichspartner in der gewählten Hinsicht zu rechtfertigen ist.

c. Doch auch nach der Lösung des »Apfel- und Birnen-Problems« ist die Frage nach dem angemessenen »Vergleichspartner« meist nicht voll beantwortet. Soll man das deutsche Bürgertum des 19. Jahrhunderts mit westeuropäischen oder mit osteuropäischen »Vergleichspartnern« kontrastieren? Je nachdem welche Vergleichspersepktive man wählt, wird das Ergebnis differieren.[43] In die Wahl des Vergleichspartners gehen häufig vorwissenschaftliche Erfahrungen und Wertungen ein. Man wird dies nicht immer vermeiden wollen oder können. Aber die Reflexion auf diesen Zusammenhang – und damit seine Berücksichtigung – ist unabdingbar.

d. Häufig ist es nötig, »zeitversetzt« zu vergleichen. Auch in dieser Hinsicht hängt die Wahl der Vergleichsgegenstände von der Fragestellung und gewissen systematischen Vorüberlegungen ab. Wer zum Beispiel im deutsch-englischen Vergleich der Geschichte der Gewerkschaften nachgehen und dabei dem Zusammenhang zwischen Industrialisierung und Arbeiterbewegung besondere Aufmerksamkeit schenken will, der wird, besonders wenn er die Entstehungsphase der Gewerkschaften bearbeitet, bei der Wahl der Untersuchungszeit-

43 *J. Kocka*, Das europäische Muster und der deutsche Fall, in: *ders.* (Hg.), Bürgertum im 19. Jahrhundert, (Neuaufl. in Auswahl), Bd. 1, Göttingen 1995, S. 41–55.

räume die unterschiedliche Chronologie der englischen und der deutschen Industrialisierung in Rechnung stellen und »zeitversetzt« vergleichen.[44]

Vergleichenden Historikern ist klar, daß sie konstruieren, nicht im luftleeren Raum natürlich, sondern unter sorgfältiger Berücksichtigung des Eigengewichts der zu erkennenden Wirklichkeit, nicht im Sinne des Erfindens, aber doch in dem Sinn, daß ihre Resultate keine bloßen Nachbildungen vergangener Wirklichkeiten sind, sondern stark beeinflußt werden durch die Gesichtspunkte, die bei der Auswahl, der Verknüpfung und eben bei der Analyse des Forschers zugrunde gelegt werden. Daß diese (Re)konstruktion sich nicht zu stark von der jeweiligen Realität löst, kann z. B. durch eine sorgfältige Beachtung der sprachlichen und begrifflichen Besonderheiten gewährleistet werden, in denen diese sich jeweils äußern und darstellen.

Es besteht eine enge Affinität zwischen analytischer Geschichtswissenschaft und historischem Vergleich. So erklären sich die besondere Stärke, der besondere Reiz, die besondere Schwierigkeit und die besondere Wünschbarkeit der historischen Komparatistik. Die heutige Situation der Geschichtswissenschaft ist durch höchste Spezialisierung, Kleinschrittigkeit und – jedenfalls in Deutschland – nationalgeschichtliche Primärorientierung gekennzeichnet. Die Gefahr, daß zuviel verglichen und dabei die oben genannten Grundprinzipien der Geschichtswissenschaft verletzt werden, ist gering. Umgekehrt gilt: Um die Geschichtswissenschaft etwas weniger germano- und eurozentrisch, um sie theoretisch anspruchsvoller und analytisch stärker werden zu lassen, um sie offener und innovativer zu machen, verdient der historische Vergleich, einen größeren Stellenwert innerhalb der geschichtswissenschaftlichen Arbeit zu erhalten.

## 2. Varianten, Ergebnisse und Perspektiven des historischen Vergleichs

Während die bisherigen Bemerkungen sich auf den Vergleich in der Arbeit des Historikers generell konzentrierten, soll es nunmehr ausschließlich um den internationalen Vergleich gehen. Wenn auch alle Versuche eine dem internationalen Vergleich eigene Methodik zu entwickeln, entweder außerordentlich formal geraten sind oder aber über allgemeine Rezepte historischen Arbeitens kaum hinauskommen, so lassen sich aus der bisherigen vergleichenden Forschung doch Hinweise auf methodische Besonderheiten des Vergleichs gewinnen.[45]

44 Dieses Problem stellt sich und löst: *C. Eisenberg*, Deutsche und englische Gewerkschaften: Entstehung und Entwicklung bis 1878 im Vergleich, Göttingen 1986.

45 Siehe etwa *A. Etzioni* u. *F. L. Dubow* (Hg.), Comparative Perspectives. Theories and Methods, Boston 1970.

## 2.1 Vergleich von Global- und Partikularstrukturen

Das Problem, ob der historische Vergleich sich eher bei Global- als bei Partikularstudien, d. h. bei Arbeiten, die gesamtgesellschaftliche Struktur- und Wirkungszusammenhänge anpeilen oder die von einzelnen Berufen, Orten, Aktionen oder Praktiken ausgehen, bewährt, führt in die Debatte zwischen den Sozial- und Geschichtswissenschaften und kann auch in aktuellen geschichtstheoretischen Diskussionen um Struktur- und Alltagsgeschichte verortet werden. In der Tat hat der strukturgeschichtliche Ansatz in verschiedenen Varianten in der Vergangenheit versucht, die Untersuchung einzelner sozialer Klassen oder Berufe, Handlungs- oder Daseinsformen im Zusammenhang oder als Beispiele globaler Phänomene zu konzipieren und zu realisieren. Bei Studien zu Bürgern und Arbeitern ging es immer auch um den Zustand der jeweiligen bürgerlichen Gesellschaft, bei Stadtviertelanalysen um die Urbanisierung, bei der Nahrungsgeschichte um Merkmale der Industrialisierung. Dagegen konzentrierten sich theoretisch anspruchsvolle Varianten der Alltagsgeschichte eher auf die Deutung sozialer Praktiken in vielfältigen, nicht mit Makroprozessen traditioneller Art identischen Bedeutungswelten, auf die Perspektiven der Betroffenen und Beteiligten und deren Erfassung durch narrative Verfahren, die selten zu gesamtgesellschaftlichen Erklärungsmodellen führten.[46]

Ein typisches Beispiel für den Ansatz bei Globalstrukturen bietet das bereits erwähnte klassische Werk von Barrington Moore.[47] Während historische Arbeiten eher die Vielfalt der Agrarverhältnisse und der Beziehungen auf dem Land betont haben, geht es Moore um den Vergleich ganzer Gesellschaften in denen er unterschiedlichen Ausprägungen von ländlichen Strukturen nachspürt. Einer ähnlichen Logik verhaftet ist die anregende Skizze von Hartmut Kaelble, in der nach dem sozialhistorischen Unterfutter des politischen Einigungungsprozesses in Westeuropa im 20. Jahrhundert gesucht wird und aufgrund quantitativer Evidenzen die tendenzielle Ähnlichkeit der westeuropäischen Gesellschaften auf Gebieten wie Urbanisierung, Familie und Beschäftigungsstrukturen besonders im Kontrast zu den Vereinigten Staaten hervorgehoben wird.[48] Im Vergleich zwischen europäischen und nichteuropäischen Gesellschaften ist die Tendenz groß, bei der Bestimmung von ökonomischen, kulturellen oder politischen Charakteristika eine globale Charakterisierung des jeweiligen Systems anzupeilen. Diese kann dann – wie etwa Reinhard Bendix formuliert – den Kontext bilden, in dem »more detailed causal inference can be drawn.«[49] Der Vergleich

46 Siehe etwa die Beträge in *R. Habermas* u. *N. Minkmar* (Hg.), Das Schwein des Häuptlings. Beiträge zur Historischen Anthropologie, Berlin 1992.

47 *Moore*, Social Origins.

48 *H. Kaelble*, Auf dem Weg zu einer europäischen Gesellschaft. Eine Sozialgeschichte Westeuropas, 1880–1980, München 1987.

49 *Bendix*, Kings or People, S. 15.

dient hierbei eher der Ausbildung von Orientierungsmerkmalen oder Idealtypen für Einzelfallstudien als der Entwicklung von Erklärungsmodellen.[50]

Globalstrukturen erscheinen in vergleichenden historischen Arbeiten vor allem in Form von entwicklungslogischen Modellen oder allgemeinen Theorien. Der Bezug auf die bürgerlichen Revolutionen, in deren Rahmen einzelne revolutionäre Aufstände verglichen werden, gehört ebenso zum Werkzeug des vergleichenden Historikers wie der Rekurs auf die ständische oder bürgerliche Gesellschaft, den Modernisierungs- oder Industrialisierungsprozeß. Je weniger diese Modelle der Kritik und empirischen Revision enthoben werden und hermetisch abgeschlossen sind, desto größer ist die Chance, daß der historische Vergleich zu ihrer Präzisierung, Revision und Neuformulierung beitragen kann. Je geschlossener die theoretischen Grundannahmen, umso größer ist die Gefahr, daß der Vergleich allenfalls Illustrationen gleichgearteter Fälle präsentiert.

Der auf Globalbegriffe und gesellschaftliche Großgebilde bezogene Vergleich hat zweifellos eine wichtige Funktion darin, daß er die für die historisch-politische Orientierung und Hypothesenbildung notwendigen Unterscheidungen und Gesichtspunkte erarbeiten kann, ohne welche Einzelstudien oft systematisch unverbunden bleiben. Besonders die gelungenen Globalvergleiche bei B. Moore, R. Bendix u.a. haben unterschiedliche Felder historischer Praxis gleichsam vorstrukturiert und als systematische Hypothesenspender gedient. Für die Arbeit des Historikers zeichnen sich jedoch deutliche Grenzen ab. In dem global angelegten Vergleich droht die Empirie zur reinen Illustration theoretischer Vorentscheidungen zu werden und nur in jenem Ausschnitt zur Kenntnis genommen zu werden, der die Validität der Ausgangsprämissen bestätigt. Zum anderen kann eine holistische Sichtweise von Gesellschaften oder gesellschaftlichen Strukturen zwar die Geschlossenheit der Demonstration erhöhen, kann aber leicht die Feinstrukturen historischer Prozesse und Strukturen, die oftmals handlungs- und geschichtsrelevant sind, unterschätzen.

Historische Vergleichsstudien sind häufiger auf Teilbereiche bezogen, die thematisch, geographisch und zeitlich deutlich begrenzt sind. Dabei versteht es sich von selbst, daß diese Teilstudien nicht in einem additiven Verfahren zu allgemeinen Aussagen hochgerechnet werden können. Dies wäre nicht einmal dann möglich, wenn – wie L. Febvre für die französische Geschichtswissenschaft forderte[51] – für einen geographischen Raum alle Teilgebiete gleichmäßig untersucht wären – eine ebenso ambitiöse wie unrealistische Forderung. Im Begriff der Totalgeschichte schwingt in Frankreich bis heute dieses Programm mit.[52] Die Beziehung zwischen den begrenzten Fallstudien und dem ge-

50 Siehe auch *Skocpol* u. *Somers*, Comparative History.

51 *L. Febvre*, La terre et l'évolution humaine. Introduction géographique à l'histoire (1922), Paris 1970, S. 92f.

52 *M. Harsgor*, Total History. The Annales School, in: JCH 13 (1978), S. 1–13; *F. Furet*, Die Methoden der Sozialwissenschaften in der Geschichtsforschung und die ›histoire totale‹, in: *P. Rossi* (Hg.), Theorie der modernen Geschichtsschreibung, Frankfurt a.M. 1987.

sellschaftlichen Ganzen läßt sich indes analytisch herstellen, wenn jene – einer treffenden Formulierung Pierre Vilars in der Industrialisierungsdebatte folgend – als Ausdruck, Ergebnis oder Zeichen des gesellschaftlichen Gesamtzusammenhangs interpretiert werden. Fallstudien wären mithin daraufhin zu befragen, ob sie in Beziehung mit allgemeinen Prozessen und Strukturen stehen, durch diese bedingt sind, in Analogie zu diesen gesehen werden können oder in anderer Weise auf »das Ganze« bezogen sind. Diese systematische Ausrichtung und Zuordnung von vergleichenden historischen Arbeiten wäre auch für Lokalstudien zu bedenken, wenn diese nicht bei der naiven Annahme verbleiben wollten, daß alles Lokale ausschließlich lokale Ursachen habe.[53]

Wenn – was die Regel sein dürfte – Einzelphänomene oder Teilbereiche aus verschiedenen Gesellschaften miteinander verglichen werden, ist zu bedenken, daß der Ort – der »Stellenwert« – ein und desselben Phänomens in verschiedenen Systemen unterschiedlich sein kann und meist unterschiedlich ist. Beispielsweise ist nicht nur die Form sondern auch die Bedeutung des Rechts in der deutschen Gesellschaft von der in den USA oder in Großbritannien verschieden. Der Nachweis, daß vor 1914 in den wichtigsten mittel- und westeuropäischen Ländern Adelige Führungspositionen in Wirtschaft, Gesellschaft und Politik inne hatten, sieht über die unterschiedliche Bedeutung der Adeligen etwa in Galizien oder in Ungarn, in der entadelten französischen und der stark durch adelige Vorbilder und Modelle geprägten deutschen Gesellschaft hinweg. Hinter der von Arno Mayer behaupteten »Persistenz des Ancien Régimes«[54] sind überaus vielfältige Lebensweisen und Strategien, Einflußkanäle und Entwicklungsprozesse verborgen.[55] Was identisch aussieht, kann – je nach Systemzusammenhang – Unterschiedliches bedeuten. Dieses wird bisweilen als Indikatoren- oder als Nominalismusproblem diskutiert.

## 2.2 Einheiten des Vergleichs

Vergleiche sind weder an bestimmte Räume noch an bestimmte Zeiteinheiten gebunden. Dies hat bereits Marc Bloch mit folgenden Worten unterstrichen:

»Wenn man endlich künstliche Trennungen aufgeben will, muß man für jeden Aspekt des europäischen Soziallebens und für verschiedene Zeiträume den ihm entsprechenden geographischen Rahmen finden, der nicht von außen, sondern von innen zu bestimmen ist.«[56]

53 Siehe *Bloch*, Pour une historie comparée, S. 26; siehe auch *C. Fumian*, Le virtu della comparazione, in: *Meridiana* 4 (1988), S. 200f.

54 *A. Mayer*, Adelsmacht und Bürgertum. Die Krise der europäischen Gesellschaft 1848–1914, München 1984.

55 Siehe dagegen die Beiträge in: *H.-U. Wehler* (Hg.), Europäischer Adel 1750–1950, Göttingen 1990; Les noblesses européennes au XIXe siècle, Rom 1988 und *D. Lieven*, The Aristocracy in Europe 1815–1914, New York 1992.

56 *Bloch*, Pour une histoire comparée, S. 37.

Bislang hat die historische Forschung jedenfalls für das 19. und 20. Jahrhundert den Vergleich zwischen Nationalstaaten privilegiert, da wichtige geschichtliche Prozesse in diesem Rahmen stattfanden und die Historiker in nationale Diskussionszusammenhänge eingebunden waren. So haben französische Historiker je nach ihrer Haltung zu den Ergebnissen der französischen Revolution des Jahres 1789 ihre Forschungen auf bestimmte Probleme konzentriert und sie auf den nationalen Rahmen fixiert. Die Diskussion darüber, wie die Vernichtungspolitik der nationalsozialistischen Herrschaft zu erklären sei, hat in der Bundesrepublik nur selten mit dem Hinweis auf eine allgemeine Krise der Moderne oder auf den »europäischen Bürgerkrieg« übernationale Bezüge aufgeworfen, sondern sich auf die deutsche Geschichte und ihre Besonderheiten konzentriert. Sowohl aktuelle Erfahrungen als auch veränderte Interessenschwerpunkte der historischen Forschung stellen jene nationale Sichtweise in Frage. Im Zuge der Globalisierung von Zusammenhängen und Abhängigkeiten werden außereuropäische Finanzkrisen in einzelnen europäischen Ländern erfahrbar, hat der Raubbau von Naturressourcen in den europäischen Metropolen weltweite Folgen oder ziehen militärische Regionalkonflikte politische Konsequenzen für Europa nach sich. In dem Maße, in dem sich die historische Forschung für Migrationen, Grenzziehungen und Vertreibungen interessiert, wird der nationale Rahmen als ein wichtiger Faktor zwar nicht bedeutungslos, doch ist er notwendigerweise ins Übernationale zu erweitern. Die Geschichte des deutschen Nationalismus hat mithin notwendigerweise die Geschichte der von den deutschen Truppen besetzten Länder oder die der Emigration aus Deutschland zu umfassen.[57] Berglandschaften, Grenzräumen ebenso wie die Meeresstrände, die nicht einer nationalen Gesellschaft zuzuordnen sind, haben die Aufmerksamkeit der Forscher erregt.[58] Es sprechen gute Argumente dafür, im 19. Jahrhundert Teile Nordfrankreichs, Belgiens und des Rheinlands gemeinsam zu untersuchen, da sie durch ähnliche ökonomische und soziale Strukturen und Konjunkturen und den Einfluß der katholischen Kirche verbunden sind.[59] Neben die Ausweitung des Nationalen tritt jedoch je nach Fragestellung die Notwendigkeit, kleinere geographische Einheiten zu privilegieren. Wenn es um die Identifizierungsmuster von Bürgern und Bürgerinnen im 19. Jahrhundert geht, dann muß neben das Nationale notwendigerweise die Bindung an die Region und die Heimatstadt treten, die mit der nationalen Identität eine enge, keineswegs aber immer harmonische Beziehung eingingen.[60]

57 Siehe das Plädoyer von *M. Geyer*, Historical Fictions of Autonomy and the Europeanization of National History, in: Central European History 22 (1989), S. 316–342.

58 *P. Sahlins*, The Making of France and Spain in the Pyrenees, Berkeley 1989; *A. Corbin*, Meereslust. Das Abendland und die Entdeckung der Küste, Berlin 1991.

59 *G. Motzkin*, Säkularisierung, Bürgertum und Intellektuelle in Frankreich und Deutschland während des 19. Jahrhunderts, in: *J. Kocka* u. *U. Frevert* (Hg.), Bürgertum im 19. Jahrhundert, Bd. 3, München 1988, S. 141–174.

60 *A. Confino*, The Nation as a Local Metaphor. Heimat, National Memory and the German Empire, 1871–1918, in: History and Memory 5 (1993), S. 42–86; *D. K. Buse*, Urban and Na-

In der neuen Industrialisierungsforschung sind unter dem Einfluß von Sidney Pollard die Regionen als jene Räume hervorgehoben worden, in denen das industrielle Wachstum und die Transformation der wirtschaftlichen und sozialen Verhältnisse stattfanden.[61] Auch die Untersuchung von Familiengrößen und -strukturen erwies sich im regionalen Vergleich als sinnvoller als im nationalen. Dies gilt auch für die Geschichte von religiösen Praktiken und Mentalitäten. Andererseits haben neuere Arbeiten gezeigt, daß bei Studien zu einzelnen Berufen, Geselligkeitsformen oder kulturellen Praktiken, wie Festen, Umzügen oder Ausstellungen, eher lokale als nationale Vergleiche sinnvoll sind.[62] Gleichwohl bleibt der nationale Rahmen dann unerläßlich, wenn Gesetzgebungsprozesse oder Rechtsordnungen zur Debatte stehen. Aber auch in diesen Bereichen verschiebt sich die Analyseeinheit, wenn die Anwendung von Gesetzen untersucht wird. Während in der Vergangenheit eher nationale Vergleiche im Mittelpunkt der Forschung standen, wird zukünftig stärker zu variieren und nach der dem jeweiligen Forschungsinteresse angemessenen Vergleichsgröße zu fragen sein.[63]

Auch die Entscheidung für den synchronen oder diachronen Vergleich läßt sich nicht a priori treffen, sondern hängt vom Erkenntnisinteresse ab. Fragt man danach, wie einzelne Gesellschaften konkrete Probleme gelöst haben, so kann der zeitversetzte Vergleich notwendig sein. Geht es etwa darum, den Entwicklungsstand der europäischen Gesellschaften im 19. Jahrhundert und damit das Mischungsverhältnis von städtischen und bürgerlichen, industriekapitalistischen und vorkapitalistischen Strukturen, traditionellen und modernen Orientierungs- und Handlungsmustern zu vergleichen, dann ist es sinnvoll, die Sonde an bestimmten Zeitpunkten wie etwa 1848 oder 1890 anzusetzen und damit den synchronen Vergleich zu wählen. Als Beispiel des synchronen Vergleichens kann die von Hans-Ulrich Wehler diskutierte Frage gelten, warum in Deutschland am Ende des 18. Jahrhunderts kein revolutionärer Umschwung nach französischem Vorbild stattgefunden habe.[64] Zeitversetzt wäre zu untersuchen, was die einzelnen europäischen Gesellschaften als »soziale Frage« definierten und wie sie mit Massenarmut, Wohnungsproblemen, Unsicherheit der Existenz und Altersverarmung umgingen. Während für Deutschland die Sozialgesetzgebung der 1880er Jahre als Kernstück einer Entwicklung hin zum Wohlfahrtsstaat zu berücksichtigen wäre, müßten für Frankreich die ersten Jahrzehnte des 20. Jahrhunderts, das Ende der 1920er Jahre und der Zweite

tional Identity. Bremen, 1860–1920, in: JSH 26 (1993), S. 521–537; *D. Briesen u. a.*, Regionalbewußtsein in Montanregionen im 19. und 20. Jahrhundert. Saarland – Siegerland – Ruhrgebiet, Bochum 1994.

61 *S. Pollard* (Hg.), Region und Industrialisierung. Studien zur Rolle der Region in der Wirtschaftsgeschichte der letzten zwei Jahrhunderte, Göttingen 1980.

62 Siehe etwa *Tacke*, Denkmal.

63 *G. Crossick* u. *H.-G. Haupt*, The Petite Bourgeoisie in Europe, 1780–1914. Family, Enterprise and Independance, London 1995.

64 *H.-U. Wehler*, Deutsche Gesellschaftsgeschichte, 1700–1815, München 1987, S. 353–363.

Weltkrieg, für die USA die 1930er Jahre untersucht werden.[65] Je nach Erkenntnisinteresse und Gegenstandsbereich fällt die Wahl für die eine oder andere Zeitebene aus. Schließlich ist der Vergleich offen für die Untersuchung ebenso lang- wie kurzfristiger Prozesse, von dauerhaften wie schnell wechselnden Strukturen. So zeigt Christian Meier, wie sehr die unterschiedliche zeitliche Tiefe historische Betrachtungsweisen und Studien unterscheidet.[66] Sowohl die kurzen Volksaufstände vor 1848 oder die Unruhen des Jahres 1968 können gewinnbringend unter systematischen Fragestellungen verglichen werden als auch Industrialisierungs-, Urbanisierungs- oder Bürokratisierungsvorgänge in verschiedenen Ländern.

### 2.3 Der quantifizierende Vergleich

In seinem Aufsatz »Möglichkeiten und Grenzen vergleichender Methoden in der Geschichtswissenschaft« ist Theodor Schieder auf die Perspektive des quantifizierenden Vergleichs eingegangen: »Die Vergleichbarkeit von quantitativ bestimmten Mengen ist gegenüber der Vergleichbarkeit vorwiegend qualitativ bestimmter historischer Individualitäten enorm gesteigert«.[67] Vor allem in den 1960er und 70er Jahren hat sich die quantitative Wirtschaftsgeschichte ebenso wie die Demographie die Überzeugung zunutze gemacht, daß gestützt auf nationale Statistiken und in Besinnung auf ökonomische oder demographische Elementarformen und -strukturen ein internationaler Vergleich möglich und sinnvoll sei. Die elektronische Datenverarbeitung hat dann die dabei angewandten Verfahren verfeinert. In der sozial- wie in der wirtschaftsgeschichtlichen Forschung ist das Quantifizieren zwar als notwendig, aber nicht als ausreichend angesehen worden. Vor allem im Zuge der stärkeren kulturgeschichtlichen Ausrichtung der Geschichtswissenschaft ist über den Nachweis ähnlicher Wachstumsraten, Geburtenziffern oder Ungleichheitsmuster in verschiedenen Gesellschaften hinaus danach gefragt worden, welchen Wert das Wachstum in unterschiedlichen Gesellschaften besitzt, welchen Platz und welche Rolle etwa Kinder und Frauen in ihnen innehatten und wie Ungleichheiten formuliert und erfahren wurden.[68] Das Interesse hat sich in den letzten anderthalb Jahrzehn-

65 Siehe die Datierung in: *J. Alber*, Vom Armenhaus zum Wohlfahrtsstaat. Analysen zur Entwicklung der Sozialversicherung in Westeuropa, Frankfurt a.M. 1992; siehe auch *C. Conrad*, Wohlfahrtsstaaten im Vergleich: Historische und sozialwissenschaftliche Ansätze, in: *Haupt* u. *Kocka*, Geschichte und Vergleich, S. 155–180.

66 *C. Meier*, Aktueller Bedarf an historischen Vergleichen: Überlegungen aus dem Fach der Alten Geschichte, in: ebd., S. 239–270.

67 *T. Schieder*, Möglichkeiten und Grenzen vergleichender Methoden in der Geschichtswissenschaft, in: *ders.*, Geschichte als Wissenschaft. Eine Einführung, München 1965, S. 208.

68 Siehe die Diskussion und die teilweise andere Argumentation von *J. Ehmer*, Heiratsverhalten und sozialökonomische Strukturen: England und Mitteleuropa im Vergleich, in: *Haupt* u. *Kocka*, Geschichte und Vergleich, S. 181–206.

ten deutlich verschoben. Wurden über längere Zeit hinweg Wachstumszahlen, Heiratsdaten oder Angaben über die Binnenwanderung nach den Kriterien von mehr und wenig, höher und flacher, stärker und schwächer größeren statistischen Ensembles zugeordnet und diese zwischen Nationen und Regionen verglichen, so wird nunmehr stärker nach der Aussagekraft der Daten für Praktiken und Mentalitäten gefragt. Dabei ist es notwendig, kleinere Samples zu bilden und die erreichten Ergebnisse im jeweiligen Kontext zu interpretieren. Deutlich werden die Folgen dieser Verschiebung in den Arbeiten zur sozialen Mobilität. Ging es in ihnen anfangs darum, die soziale Durchlässigkeit verschiedener Gesellschaften, vor allem in Abgrenzung von den als besonders mobil unterstellten USA, zu bestimmen, so trat dann die Mobilität bzw. Fluktuation einzelner sozialer Gruppen, Klassen oder Räume in den Vordergrund. Gegenwärtig richtet sich das Interesse indes stärker auf den sozialen und kulturellen Wert einzelner Berufe in spezifischen Konjunkturen und Ortschaften, die Dichte der Interaktion und Kommunikation zwischen Bevölkerungsteilen und die Vorstellungen, die sich mit sozialen Standortveränderungen überhaupt verbanden.[69]

Vor allem ist das in den 1960er und 1970er Jahren verbreitete Vertrauen in die Signifikanz von quantitativen Daten für die Analyse historischer Zusammenhänge erschüttert worden. Die Frage, ob nicht Wachstumsdaten oder Angaben über soziale Ungleichheit und Alphabetisierung weitgehend Artefakte sind, die ebensosehr dem gewählten statistischen Verfahren entspringen wie dem begrenzten Material, kann für die international vergleichende Geschichtswissenschaft mit besonderer Schärfe gestellt werden. Die Verschiedenheit der statistischen Zahleneinheiten und Methoden macht Vergleiche oft unmöglich oder erfordert eine Homogenisierung der Quellen, die eine gewisse Willkür nicht ausschließt.

Gleichzeitig ist auch die Vergleichbarkeit der oftmals hoch aggregierten Daten und damit ein Verfahren in Frage gestellt worden, das durch zunehmende Abstraktionen nationale Strukturen konstruiert hat. Überdies hat man betont, daß die Zahlen ihrerseits Träger und Ergebnis eines komplexen Traditions- und Erfahrungszusammenhangs seien und mithin keinen unmittelbaren Zugriff auf die Realität zuließen. Es gelte vielmehr jenen Zusammenhang in die Analyse und den Vergleich einzubeziehen. Zum andern sind Statistiken als Produkte bestimmter Regierungsmaßnahmen, der Interessen der Statistiker und zeitgenössischer Konventionen, mithin eher als Sichtweisen der Realität denn als deren adäquater Ausdruck interpretiert worden. Sie würden mithin im Vergleich zumindest ebenso viel über die Perzeption der Wirklichkeit als über diese selbst Auskunft geben können.[70]

69 Siehe die Beiträge in: *H.-G. Haupt* (Hg.), Les mobilités dans la petite bourgeoisie du XIXe siècle, Sonderheft des Bulletin du Centre Pierre Léon d'histoire économique et sociale 4 (1993).

70 Siehe die systematischen Bemerkungen bei *W. Bonß*, Die Einübung des Tatsachenblicks. Zur Struktur und Veränderung empirischer Sozialforschung, Frankfurt a.M. 1982.

Ein ähnliches methodisches Problem stellt sich auch bei Vergleichen, die sich stark auf die Sekundärliteratur stützen. Dabei ist die Gefahr groß, daß nationale Besonderheiten in der Konzeptualisierung und Erforschung sozialer Prozesse mit Unterschieden in der historischen Realität gleichgesetzt werden. Anfang der 1970er Jahre kamen beispielsweise amerikanische Sozialwissenschaftler und Historiker zu dem Schluß, daß anders als in angelsächsischen Gesellschaften im Frankreich des 19. und 20. Jahrhunderts ein Vereinswesen gefehlt habe. Sie nahmen dabei allerdings – neben einer entsprechenden Äußerung Alexis de Tocquevilles – den Stand der französischen Forschung wahr, erfaßten aber nicht die Realität. Die von Maurice Agulhon angestoßenen Arbeiten haben später für Frankreich ein dichtes Netz von Geselligkeitsformen entdeckt.[71] Auch Forschungen, die von der Existenz und besonders deutlichen Ausprägung des deutschen Bildungsbürgertums im ausgehenden 18. und 19. Jahrhundert ausgehen und nach Entsprechungen dazu in anderen europäischen Gesellschaften suchen, sind gut beraten, die kontroverse Diskussion darüber zur Kenntnis zu nehmen, ob das Bildungsbürgertum – wie M. R. Lepsius meinte[72] – vor allem als Form ständischer Vergesellschaftung, oder vorwiegend als Konstrukt der Historiker aufzufassen sei. Schließlich wird noch zu diskutieren sein, ob der Unterschied zwischen dem in der deutschen Forschung benutzten Bürgertumsbegriff und dem in Frankreich üblichen Begriff der Elite eher auf unterschiedliche historiographische Traditionen verweist als auf soziale Realitäten.[73] Auf alle Fälle setzt der internationale Vergleich eine eingehende Beschäftigung mit den Paradigmen der jeweils anderen Historiographie voraus.

### 2.4 Struktur- und Kulturvergleich

Geht es nunmehr um die Analyse von kulturellen Deutungsmustern sozialer und wirtschaftlicher Praktiken, die Perspektive der Betroffenen und das Bemühen, auch der Fremdartigkeit vergangener Lebens- und Verhaltensweisen Rechnung zu tragen, so stellen sich dem Vergleich besondere Probleme. Einmal suchen derartige Untersuchungen nicht selten den Zugang zum Außergewöhnlichen und Singularen, das sie eher durch Empathie als analytisch ausgefeilte Konzepte zu erfassen suchen. Zum anderen können die verschiedenen narrativen Verfahren, mit denen Zusammenhänge erfaßt- und dargestellt werden, stark in den Mittelpunkt rücken. Bei all diesen Vorgehensweisen liegt ein

71 Siehe *E. François* (Hg.), Sociabilité et société bourgeoise en France, en Allemagne et en Suisse 1750–1850, Paris 1986.

72 *M. R. Lepsius*, Das Bildungsbürgertum als ständische Vergesellschaftung, in: *ders.* (Hg.), Bildungsbürgertum im 19. Jahrhundert, Teil 3: Lebensführung und ständische Vergesellschaftung. Stuttgart 1992, S. 9–18.

73 *C. Charle*, Intellectuels, Bildungsbürgertum et professions au XIXe siècle. Essai de bilan historiographique comparé (France, Allemagne), in: Actes de la Recherche en Sciences sociales 106–107 (1995), S. 85–95.

Spannungsverhältnis zur vergleichenden Geschichtswissenschaft vor, so wie sie oben definiert worden ist. Wenn diese sich ihrerseits aber der Möglichkeit begeben würde, neue Sensibilitäten der Historiker und Historikerinnen für kulturelle und anthropologische Probleme und Aspekte einzubeziehen, wenn sie sich darauf festlegte, den Bereich der vielfältigen Erfahrungen zugunsten von Strukturen auszublenden und die semantische Konstruktion von Wirklichkeit zu vernachlässigen, dann verlöre der Vergleich als methodisches Instrument viel von seiner Wirkung und Überzeugungskraft.

Bestimmte kulturelle Praktiken lassen sich relativ leicht in vergleichender Hinsicht untersuchen. Alphabetisierung, Marienkult oder Gewaltrituale können sehr wohl als soziale Prozesse analysiert werden, und es kann nach den Entstehungs- und Wirkungszusammenhängen in der jeweils anderen Gesellschaft gefragt werden. Auch bestimmte Ideologien wie Nationalismus, Liberalismus oder Faschismus können auf Programmatik, Wertekanon und Auswirkungen untersucht werden. Für diese Anwendungsfelder liegen in der Tat überzeugende komparative Studien vor.[74] Ein besonderes Problem tritt indes dann auf, wenn die Aufmerksamkeit der unterschiedlichen sprachlichen Prägung gesellschaftlicher Tatbestände gilt, mithin der Frage, mit welchen Metaphern, Begriffen und in welchen kulturellen Formen (Theater, Roman, Poesie...) in unterschiedlichen Gesellschaften z.B. die Krise der Moderne, die Folgen der Industrialisierung, die soziale Frage u.ä.m. wahrgenommen wird. Dabei müssen die Begriffe oder Bilder entweder in eine andere Sprache übersetzt werden, oder es ist nach Äquivalenten zu suchen. Reinhart Koselleck hat das Dilemma folgendermaßen beschrieben:

»Die Sprachzeugnisse müssen übersetzt werden, um semantisch vergleichbar zu werden. Aber ebenso müssen die daraus erschlossenen sozialen, ökonomischen und politischen Vorgänge ihrerseits vergleichbar gemacht werden – was ohne die sprachliche Vorgabe und ihre Übersetzung nicht möglich ist. Insoweit hängt jeder Vergleich von der Übersetzbarkeit sprachlich je verschiedenartig gespeicherter Erfahrungen ab, die aber als Erfahrungen an die Einmaligkeit der jeweiligen Sprache zurückgebunden bleiben.«[75]

Koselleck spricht in diesem Zusammenhang von einer aporetischen Situation und begründet die Notwendigkeit einer Metasprache. Wie plausibel dieser Ein-

74 Siehe *E. François*, Alphabetisierung und Lesefähigkeit in Frankreich und Deutschland, in: *H. Berding u. a.* (Hg.), Deutschland und Frankreich im Zeitalter der Französischen Revolution, Frankfurt a.M. 1989, S. 407–425; zum Marienkult auch in einer komparativen Perspektive jetzt: *D. Blackbourn*, Marpingen; zum Liberalismus siehe *D. Langewiesche*, Liberalismus und Bürgertum in Europa im 19. Jahrhundert, in: *J. Kocka* (Hg.), Bürgertum im 19. Jahrhundert, Bd. 3, Göttingen 1995 (Neuaufl.), S. 243–277; zum Faschismus: z.B. *E. Weber*, Varieties of Fascism. Doctrines of Revolution in the Twentieth Century, New York 1964.

75 *R. Koselleck u. a.*, Drei bürgerliche Welten? Zur vergleichenden Semantik der bürgerlichen Gesellschaft in Deutschland, England und Frankreich, in: *H.-J. Puhle* (Hg.), Bürger in der Gesellschaft der Neuzeit. Wirtschaft – Politik – Kultur, Göttingen 1991, S. 21 f.

wand auch ist, so überzeugend ist andererseits der Vergleich, der von Koselleck und anderen zwischen den in England, Frankreich und Deutschland benutzten Begriffen angestellt wird, die zur Kennzeichnung der bürgerlichen Welt benutzt wurden.[76] Wenn dem diskurstheoretisch angeleiteten Vergleich auch offensichtlich systematische Schranken gesetzt sein mögen, so bietet sich mit dem Vergleich der Begriffe und ihrer Inhalte ebenso wie ihres Verwendungskontextes doch in der Praxis ein lohnendes Feld für vergleichende Forschungen.

### 2.5 Reichweite und Agenda des Vergleichs

Vergleiche haben sich in der Geschichtswissenschaft vor allem dort verbreitet, wo anscheinend analoge Größen innerhalb eines allgemeinen europäischen Entwicklungsmodells für das 19. und 20. Jahrhundert verglichen werden konnten. In der Wirtschaftsgeschichte sind beispielsweise Wachstumsraten der Produktion, Größe und Struktur großer Unternehmen und die Verteilung der Beschäftigten auf die drei von Colin Clark unterschiedenen Wirtschaftssektoren oder Produktionszahlen einzelner Branchen untersucht worden. Das diesen einzelnen Berechnungen unterlegte Modell war das der westeuropäischen kapitalistischen Industrialisierung und ihrer kumulativen Entwicklung, die von Krisen zwar unter- aber nicht abgebrochen worden ist. Die Aufmerksamkeit galt dabei der Geschwindigkeit, mit der einzelne Gesellschaften die verschiedenen, zumeist europäisch festgesetzten Stufen oder Schwellen erreichten – und dies interessiert weiterhin, wenn man die Berichterstattung in den Medien über wirtschaftliche Prozesse verfolgt.

Daß eine derartige Betrachtungsweise, die das Beispiel einer Nation – in der Vergangenheit vor allem Großbritanniens, der USA oder neuerdings Japans – zur Leitfigur stilisiert, die ökonomischen Ressourcen und Entwicklungswege anderer Nationen systematisch verfehlen kann, ist immer wieder in der Diskussion der Industrialisierung Frankreichs oder Italiens deutlich geworden.[77] Die Differenz zwischen dem Industrialisierungspionier und den Nachfolgestaaten sagt mehr über Transfers und deren Bedingungen als über die Ressourcen einzelner Nationalökonomien aus. Überdies ist immer auch die Frage virulent, wie vergleichbar nationale Statistiken sind, wenn sie unter unterschiedlichen politischen und administrativen Strukturen entstanden und wenn ihr Zustandekommen durch verschiedenartige Motive diktiert war.

Auch in der historischen Demographie haben rein quantitative vergleichende Studien etwas von ihrer Faszination verloren. Gewiß bilden Gegenüberstellungen von Bevölkerungszahlen, durchschnittlichen Geburts- und Sterberaten,

76 Ebd., S. 14–58.

77 Zu Italien siehe auch *R. Romanelli*, Political Debate, Social History, and the Italian Borghesia: Changing Perspectives in Historical Research, in: JMH 63 (1991), S. 717–739.

Familiengrößen oder Bevölkerungsbewegungen wichtige strukturelle Parameter, an denen sich historische Analysen orientieren können und müssen. In dem Maße, in dem demographische Grundeinheiten wie die Familie als immer komplexer wahrgenommen und Verwandtschaftsbeziehungen in den Familienbegriff einbezogen werden, in dem überdies mit Kindheit, Jugend und Alter die kulturelle Definition einzelner Lebensabschnitte und -übergänge in den Mittelpunkt des Interesses rückt, wird die vergleichende Gegenüberstellung unterschiedlicher nationaler Entwicklungen zunehmend schwierig und muß sich das Interesse auf kleinere Vergleichsebenen verlagern. Deren Vergleich bedarf dann notwendig einer detallierten Analyse der sozialökonomischen und kulturellen Bedingungen, die zur Herausbildung spezifischer demographischer Muster geführt haben.

Vor allem politikwissenschaftlich relevante Erscheinungen wie der Sozialstaat, Streiks und Revolutionen sind häufig vergleichend untersucht worden. Klaus von Beyme hat die Verbreitung des Vergleichs unter Politologen dadurch erklärt, daß moderne Institutionen sowohl allgemein als auch singulär seien.[78] Sie seien einerseits einem »gemeinsamen Typ demokratischer Systeme zuzuordnen«, andererseits »bedingt durch historische Erfahrungen der Bürger und Entwicklungen der jeweiligen politischen Kultur.«[79] Diese Beschränkung auf demokratische Strukturen wäre für historische Studien zu eng, in denen es für lange Zeiten um vordemokratische Gesellschaften und für das 19. und 20. Jahrhundert um den Übergang von nichtdemokratischen zu demokratischen Verhältnissen bzw. um die Auseinandersetzung um den Verfassungsstaat geht. Vor allem in der vergleichenden Revolutionsforschung stand zur Debatte, unter welchen Bedingungen Revolutionen ausbrachen und durch Interventionen verhindert werden könnten. Wenn diese Arbeiten auch wichtiges Vergleichsmaterial erhoben haben, so gerieten die Ziele und Motivationen der Handelnden doch leicht in den Hintergrund.[80] In letzter Zeit hat das Interesse an derartigen Fragestellungen deutlich abgenommen, wie auch an der Analyse der Arbeiterbewegung, die in der Vergangenheit ebenso wie andere politische Bewegungen – ähnlich Liberalismus, Nationalismus oder Faschismus – häufig vergleichend untersucht worden ist.

Fragt man schließlich nach Problemstellungen, die für historische Vergleiche auch in Zukunft besonders interessant sein können, so lassen sich drei Komplexe angeben. Einmal steht weiterhin die vergleichende Untersuchung der europäischen Moderne auf der Tagesordnung, d.h. die Frage, ob, wann und in welcher Form sich in verschiedenen europäischen Gesellschaften Strukturen

78 *K. von Beyme*, Der Vergleich in der Politikwissenschaft, München 1988.

79 Ebd., S. 7.

80 Siehe den methodisch ausgefeilten Vergleich bei *T. Skocpol*, States and Social Revolutions: A Comparative Analysis of France, Russia and China, Cambridge 1979; auch als langsame Abwendung von orthodoxen Positionen interessant ist *M. Kossok* (Hg.), Vergleichende Revolutionsgeschichte. Probleme der Theorie und Methode, Berlin-O. 1988.

staatsbürgerlicher Gleichheit, wirtschaftlicher Innovation, kultureller Autonomie und rationaler Lebensführung durchgesetzt haben. Die unterschiedlichen Erscheinungsformen jenes Projekts zu benennen, das am Ursprung bürgerlicher Emanzipationsbewegungen stand, ohne es nationalgeschichtlich zu verengen bzw. auf eine Leitnation zu konzentrieren, ist eine Aufgabe, die bisher keineswegs erfüllt ist. Geht man überdies davon aus, daß dieses Projekt in der Gegenwart noch nicht eingelöst ist, so hat diese Fragestellung auch eine aktuelle, politisch relevante Dimension. Unter dieser Problematik sind Fragen nach den Staatsbürgerrechten und der kulturellen Definition des Bürgers und der Bürgerin ebenso wie die nach Strukturen und Wahrnehmungen von Ungleichheit oder Fremdheit weiterhin relevant. Die Problematik umfaßt sowohl wirtschaftshistorische als auch kulturgeschichtliche Fragestellungen und muß nicht in der Logik einer Erfolgsgeschichte verbleiben. Denn die Analyse von Kriegen und Verfolgungen, Ausgrenzung und Massenvernichtung gehört auch in diesen Kontext, wobei diese Phänomene daraufhin zu untersuchen sind, ob sie den Prinzipien der Moderne widersprechen oder lediglich deren inhumanste Steigerung sind. Gerade in der Ausweitung dieser Forschungen auf den Osten, aber auch den Süden und den Norden Europas lassen sich wesentliche Erkenntnisse für eine differenzierte Sichtweise jenes zentralen Entwicklungszusammenhangs erwarten, dessen Prinzipien und Wirkungsweise vor allem von Westeuropa ausgehend definiert worden sind.

Darüber hinaus spricht vieles sowohl für eine Globalisierung als auch für eine Begrenzung des Vergleichs. Der erste Programmpunkt stellt eine allenthalben zu beobachtende Ausweitung der politischen Arena in Rechnung, die in der Geschichtswissenschaft bisher noch nicht zureichend gewürdigt wurde. Dabei geht es nicht nur darum, Einsichten in die vielfältigen Varianten der in Europa zu beobachtenden Prozesse durch den Blick von außerhalb der europäischen Grenzen zu befördern, sondern auch um eine Relativierung dieses Blickes selbst. Schon die Einsicht, daß die Prozesse der Bürokratisierung, Industrialisierung oder Säkularisierung unter verschiedenartigen kulturellen Bedingungen, in unterschiedlichen Kontexten und mit differenzierenden Folgen stattfinden, kann die Fantasie der Historiker beflügeln und eine große Bandbreite von Erscheinungsformen in ihre Begriffs- und Theoriebildung einbringen. Durch die Einbeziehung außereuropäischer Kulturen und Strukturen kann sich – wie Clifford Geertz formulierte – eine »Erweiterung des menschlichen Diskursuniversums« ergeben. Gleichzeitig stellt die räumliche Ausweitung auch Eigenarten der historischen Sichtweise der Wirklichkeit in Frage. Selbst wenn die Geschichtsschreibung – wie neuerdings vorgeschlagen wird – von Entwicklungen in Asien und Afrika ausgeht und an diesen europäische Besonderheiten demonstriert, wird damit zwar die gängige, von Europa ausgehende Praxis umgedreht. Aber selbst dann wäre noch keineswegs die Perspektive verlassen, die den Vergleich auf der Folie eines verpflichtenden Modells gesellschaftlicher Entwicklungen vornimmt. Denn in die Bezeichnung des Eigenen und des Anderen gehen immer verinnerlichte Kategorien nationalstaatlichen Denkens ein und allzu leicht wird darauf verzichtet ein begriffliches tertium comparationis zu entwickeln.[81] Man beschränkt sich meist darauf, einen der Vergleichspartner – eine der Bezugsgrößen – zu einem abstrakten Begriff zu erheben und die anderen daran zu messen. Damit steht der Vergleich Europas mit außereuropäischen Entwicklungen immer im Verdacht, in die Fragestellung eine Wertehierarchie einzulassen, die bereits in der Konzeptionalisierung einen Modellimperialismus produziert.

Gleichwohl gehört der Vergleich zwischen Gesellschaften, die nach den Worten von Marc Bloch

»räumlich so weit entfernt sind, daß (...) in den einzelnen Gesellschaften beobachtbare Gemeinsamkeiten sich ganz offenkundig weder durch gegenseitige Beeinflussung noch durch irgendeinen gemeinsamen Ursprung erklären lassen«[82],

zu den intellektuell anspruchsvollsten und aufregendsten. Carlo Ginzburgs Buch über den Hexensabbat kann als anregendes Beispiel dienen.[83] Als Vorstufe zu diesem Vergleich können Forschungen zu intensiven Kontaktzonen zwischen verschiedenen Kulturen, zum Problem von Grenzräumen etwa oder Vergleiche zwischen einzelnen außereuropäischen Gesellschaften gelten, wie Jürgen Osterhammel sie vorschlägt.[84]

Schließlich wäre es eine unzulässige Beschränkung, wenn der Vergleich allein auf die Strukturanalyse festgelegt würde. Komparative Werke haben häufig auch Handlungs- und Deutungsbereiche mehr oder minder ausführlich einbezogen. Die Faschismusanfälligkeit verschiedener Agrarbevölkerungen bildete die Leitfrage bei Barrington Moore[85], während im Vergleich der amerikanischen und deutschen Angestellten die unterschiedliche Definition und Perzeption der Berufsrollen ein wichtiges Element in der Analyse der Unterschiede bildete. Die in solchen Arbeiten erprobte Verbindung von struktur-, sozial- und kulturgeschichtlicher Argumentation kann auch bei der Untersuchung von anderen Deutungsmustern von Nutzen sein. Ob es sich um die Symbolsprache nationaler Denkmäler oder um Gesellschaftsspiele im Bürgertum handelt, ob die Sicht und Darstellung der Natur im Alpinismus oder journalistisches Arbeitsethos zur Debatte steht, Werte, Normen und Symbole erhalten erst in ihrer Rückbindung an die sozialen Praktiken, ihre Träger und deren Handlungsbedingungen Konturen und erlauben im Vergleich Aufschlüsse über die historische Wirklichkeit einzelner Gesellschaften. Der historische Vergleich kultureller Deutungen oder Handlungsmuster fordert somit geradezu dazu auf, die Kontextabhängigkeit der Kultur ernst zu nehmen und die Verbindungsmöglichkeiten von Kultur- und Sozialgeschichte auszuloten.

81 Dazu jetzt weiterführend *T. Welskopp*, Hüttenwerk; anregend: *J. Breuilly*, Introduction: Making Comparisons in History«, in: *ders.*, Labour and Liberalism in Nineteenth-Century Europe. Essays in Comparative History, Manchester 1992, S. 1–25.

82 *Bloch*, Pour une histoire comparée, S. 18.

83 *C. Ginzburg*, Hexensabbat (dt. Übers. a. d. Ital.), Berlin 1990.

84 *Osterhammel*, Transkulturell vergleichende Geschichtswissenschaft.

85 *Moore*, Social Origins.

# Historische Komparatistik in der internationalen Geschichtsschreibung

Die Anwendung von international komparativen Verfahren hat in der Geschichtswissenschaft der letzten Jahrzehnte nicht zur Herausbildung einer eigenständigen Disziplin geführt, die analog zur vergleichenden Literaturwissenschaft, dem Rechts- und Sprachvergleich über eine lange Forschungsgeschichte, eine institutionelle Verankerung in Lehr- und Stellenplänen von Universitäten und einen allgemein anerkannten Set von Ansätzen und Methoden verfügt. Wenn auch die Vorgeschichte der historischen Komparatistik noch nicht detailliert wissenschaftsgeschichtlich untersucht und geschrieben ist, so fällt doch auf, wie wenig prominent unter Historikern des 19. Jahrhunderts vergleichende Verfahren vertreten waren, während sie unter Rechts- und Literatur-, Religions- und Sprachwissenschaftlern verbreitet und beliebt waren.[1] Der internationale Vergleich als legitimes Mittel wissenschaftlicher Erkenntnis erfuhr in der Historie erst später und vor allem in der Kritik an nationaler Engstirnigkeit und nationalstaatlicher Engführung nach 1918 und im Engagement für Internationalität eine Aufwertung. Marc Bloch sprach dieses Verständigungsproblem an, wenn er 1928 ausführte:

»En un mot, cessons, si vous le voulez bien, de causer éternellement d'histoire nationale à histoire nationale, sans nous comprendre. Un dialogue entre des sourds, dont chacun répond tout de travers aux questions de l'autre, c'est un vieil artifice de comédie, bien fait pour soulever les rires d'un public prompt à la joie; mais ce n'est pas un exercice intellectuel bien recommandable.«[2]

Die gemeinsame Anstrengung europäischer Historiker, eine Geschichte der Gesellschaften Europas zu schreiben, sollte für Bloch die Grundlage für einen wirksamen wissenschaftlichen Dialog und die Annäherung zwischen den Völkern legen. Dieses Programm ging allerdings nicht in einem nennenswerten

1 Aus Platzgründen kann die Literatur in ihrer Breite nicht zitiert werden. Eine gute Zusammenstellung relevanter Literatur findet sich in: *D. Cohen* u. *M. O'Connor* (Hg.), Comparison and History. Europe in Cross-National Perspective, New York 2004, S. 181–197. Zur Entwicklung der vergleichenden Geschichtswissenschaft vgl. *P. Mandler*, History and National Life, New York 2002; *H.-G. Haupt*, Comparative History, in: International Encyclopedia of the Social and Behavorial Sciences, Amsterdam 2001, Bd. 4, S. 2397–2403; *D. R. Kelley*, Grounds for Comparison, in: Storia della Storiografia 39 (2001), S. 3–16.

2 *M. Bloch*, Pour une histoire comparée des sociétés européennes, in: *ders.*, Mélanges historiques, Bd. 1, Paris 1963, S. 40. Siehe auch *H. Atsma u. a.* (Hg.), Marc Bloch aujourd'hui. Histoire comparée et sciences sociales, Paris 1990.

Umfang in historische Studien der Zwischen- und Nachkriegszeit ein. Erst auf dem Umweg über die historische Soziologie amerikanischer Provenienz entfaltete der Vergleich größere Werbekraft. In den Werken von Barrington Moore und Charles Tilly, Theda Skocpol und Jack Goldstone wurden international vergleichende Studien vorgelegt, die unter einer theoretischen Fragestellung in historischen Fallstudien nach den Ursachen von sozialen Bewegungen und revolutionären Ereignissen fragten. Während Barrington Moore aus dem jeweils spezifischen Verhältnis von Bauern und Grundeigentümern in einem Sechs-Länder-Vergleich die Entstehungsgründe von Demokratie, Faschismus und Bauernrevolten ableitete, rückten unter dem Eindruck der kollektiven Gewalterfahrungen der 1960er und beginnenden 1970er Jahre die Ursachen von sozialen Bewegungen generell, des revolutionären Umbruchs im Besonderen in den Mittelpunkt von soziologischen Studien, die sie im historischen Längsschnittvergleich angingen.[3]

Im engeren Sinn historische Arbeiten nahmen zunächst in der Wirtschaftsgeschichte und historischen Demographie, dann in sozial- und politikgeschichtlichen Studien das komparative Verfahren auf, kamen aber selten aus einer Minderheitenposition in der europäischen Historiographie oder in den verschiedenen nationalen Geschichtsschreibungen, einschließlich der amerikanischen, hinaus, zumal in den 1970er und 1980er Jahren der demographische und wirtschaftsgeschichtliche Ansatz an forschungspraktischer Relevanz und Gewicht innerhalb der internationalen Geschichtswissenschaft verlor. Selbst die Versuche, eine europäische Geschichte, zumindest aber eine Geschichte Europas zu schreiben, begünstigten eher historische Synthesen, die oft nationalgeschichtlich additiv vorgingen, als vergleichende Verfahren.[4] Vor allem in der gesellschaftsgeschichtlichen Forschung ist in einzelnen Historiographien der Vergleich breiter eingesetzt worden. Besonders dort, wo enge Beziehungen zu den Sozialwissenschaften bestanden, Formen einer analytisch angelegten Geschichtswissenschaft dominierten und narrative Formen der Geschichtsschreibung problematisiert wurden, hatte der Vergleich günstige Entwicklungschancen. Dies war, wie Hartmut Kaelble nachgewiesen hat, eher in Westdeutschland und Österreich, den Niederlanden und Skandinavien als in Frankreich oder Großbritannien der Fall. In den gesellschaftsgeschichtlichen Studien standen bestimmte Problematiken im Mittelpunkt des Interesses. In ihnen ging es nicht nur um Varianten der Industrialisierung und der Zivilgesellschaft in Europa, sondern auch um unterschiedliche Organisationsformen und Regierungs-

3 *B. Moore*, Social Origins of Dictatorship and Democracy. Lord and Peasant in the Making of the Modern World, Boston 1966; *C. Tilly u. a.*, The Rebellious Century, 1830–1930, Cambridge 1975; *T. Skocpol*, States and Social Revolutions. A Comparative Analysis of France, Russia and China, Cambridge 1979; *J. A. Goldstone*, The Comparative and Historical Study of Revolutions, in: Annual Review of Sociology 8 (1982), S. 187–207. Dazu auch *P. Baldwin*, Comparing and Generalizing. Why all History is Comparative, yet no History is Sociology, in: *Cohen* u. *O'Connor*, Comparison, S. 1–22.

4 *S. Woolf*, Europa und seine Historiker, in: Comparativ 14 (2004), H. 3, S. 50–71.

systeme.[5] Aber selbst jener Sommer des historischen Vergleichs blieb kurz und wurde alsbald von den Stürmen der Kultur- und Alltagsgeschichte bedroht.

Im Unterschied zum Sprach- oder Rechtsvergleich hat die vergleichende Geschichtswissenschaft nicht nur eine kürzere Geschichte, sondern hat sich auch nicht in eigenen Lehrstühlen an Hochschulen institutionalisieren können. Trotz dieser fehlenden Tradition und geringen Institutionalisierung macht es Sinn, von der Historischen Komparatistik als einer Herangehensweise an historische Epochen, Probleme und Interpretationen zu sprechen, die trotz aller Vielfalt gewisse Gemeinsamkeiten aufweist. Innerhalb der analytisch angelegten Geschichtsschreibung blickt sie über den nationalen Rahmen hinaus, verortet bestimmte Probleme, Konstellationen oder Strukturen in zumindest zwei verschiedenen Kontexten, die durch eine Fragestellung – zumeist das tertium comparationis – verbunden in ihrer Aussagekraft für diese zu vergleichenden Phänomene zu erweisen sind und beteiligt sich bei der Suche nach Ähnlichkeiten und Unterschieden an der Ursachenanalyse.[6] Der historische Vergleich steht mit dieser Schwerpunktsetzung in einem Spannungsverhältnis zu historistischen Individualitätspostulaten aber auch zu hermeneutischen Prinzipien der Kulturgeschichte, für die die Nähe zu den Quellen ebenso wie zu den untersuchten Phänomenen und deren Selbstbeschreibungen zentrale Bedeutung besitzt. Es geht ihm nicht notwendig um den Nachweis von Besonderheiten, sondern auch und häufiger um die Ein- und Zuordnung von Einzelphänomen zu allgemeinen Entwicklungen. Der Nachweis von Konvergenzen ist ebenso berechtigt wie der von Divergenzen. In Kaelbles Frankreich-Deutschland-Vergleich dient der Vergleich beiden Zielen. Er kann für die Belle Epoque die Dominanz von divergierenden Strukturen nachweisen, die sich im Laufe des 20. Jahrhunderts und vor allem nach 1960 dann ihrerseits einander annähern.[7] Auch die Quellennähe ist dem Vergleich zwar wichtig, aber er gewinnt gerade durch die durch eine Fragestellung angeleitete Selektion von einzelnen Gesichtspunkten und Faktoren eine durchaus konstruktivistische Dimension. Er folgt damit dem Weberschen Prinzip, nach dem »schon der erste Schritt zum historischen Urteil … ein *Abstraktionsprozeß* ist, der durch Analyse und gedankliche Isolierung der Bestandteile des unmittelbar Gegebenen … verläuft«.[8]

Der historische Vergleich ist insofern ein konstruktivistisches Unternehmen; er geht weder in der Vergleichslogik historischer Akteure auf, noch zeichnet er liebevoll die Mäander des benutzten Materials nach. Vielmehr bestimmen Fra-

5 *H. Kaelble*, Vergleichende Sozialgeschichte des 19. und 20. Jahrhunderts. Forschungen europäischer Historiker, in: *H.-G. Haupt* u. *J. Kocka* (Hg.), Geschichte und Vergleich. Ansätze und Ergebnisse international vergleichender Geschichtsschreibung, Frankfurt a.M. 1996, S. 91–130.

6 Siehe *Cohen* u. *O'Connor*, Comparison, S. XI f.

7 *H. Kaelble*, Nachbarn am Rhein. Entfremdung und Annäherung der französischen und deutschen Gesellschaft seit 1880, München 1991.

8 *M. Weber*, Objektive Möglichkeit und adäquate Verursachung in der historischen Kausalbetrachtung, in: *ders.*, Wissenschaftslehre, Tübingen 1988[7], S. 275.

gestellungen und theoretische Vorgaben das Vergleichsverfahren, nicht umgekehrt. Er folgt zumindest in dieser Hinsicht der Devise, die Emile Durkheim ausgegeben hat: »von den Ideen an die Dinge, nicht von den Dingen zu den Ideen zu gehen«.[9] Diese Priorität des Ansatzes hat auch van den Braembussche hervorgehoben, wenn er mit dem Scharfsinn eines Theoretikers folgende Typen des Vergleichs benennt: den kontrastierenden, den generalisierenden, den makrokausalen, den inklusiven und den universalisierenden.[10] Wenn sich in einzelnen Vergleichen diese Unterschiede auch verwischen, so schlägt sich die Option für einen Typus sowohl in der Zahl und Art der Vergleichsfälle wie im gewählten Argumentationstypus nieder.

Der historische Vergleich gewinnt dort an Aussagekraft, wo er an Einzelfallbeispielen allgemeine Aussagen über Bewegungen, Strukturen oder Entwicklungen überprüft und diese Hypothesen dann ihrerseits als Ergebnis der empirischen Arbeit auf eine höhere Plausibilitätsstufe stellen kann. Die Bedeutung des Drucks, der von der Arbeiterbewegung ausging und zur Entwicklung von Sozialgesetzen in Westeuropa führte, hat etwa Peter Baldwin in seinem Vergleich skandinavischer Beispiele mit westeuropäischen deutlich reduziert und dabei auch die Vorbildrolle des Skandinavischen für Westeuropa eingeschränkt.[11] Dabei geht der Vergleich keineswegs im Arsenal theoretischer Ansätze hausieren, um diese dann empirisch »anzuwenden«. Die theoretischen Vorgaben des Vergleichs können nicht a priori gesetzt und dann im empirischen Verfahren der Kontexterschließung durchgehalten werden, sondern sie sind ihrerseits in der empirischen Überprüfung, Veränderung und Präzisierung im Zuge der empirischen Arbeit ständiger Adjustierung ausgesetzt. Dies ist nicht nur eine Folge der Heterogenität und Lückenhaftigkeit des Materials, das in der Regel für verschiedene Gesellschaften nicht gleichartig und gleichmäßig dicht vorliegt. Selbst einfache statistische Angaben über Betriebsgrößen etwa werden je nach Nation anhand unterschiedlicher Kriterien erhoben und liegen nicht für dieselben Zeiträume vor.[12] Im Vollzug der empirischen Arbeit an Fallstudien werden in der Regel auch Hypothesen über Konstellationen, Entwicklungstrends und Ursachen fortlaufend den Ergebnissen angepasst. Dies trägt dazu bei, sowohl das empirische Material tiefer zu durchdringen, als auch die theoretischen Prämissen auf eine breitere Grundlage zu stellen. Weniger um eine Anwendung theoretischer Ansätze als um deren Weiterentwicklung geht es dabei.

Diese Aufgabe ist indes in der bisherigen vergleichenden Forschung – wie vor allem Thomas Welskopp mit guten Argumenten unterstrichen hat – oft unzu-

9 *E. Durkheim*, Die Regeln der soziologischen Methode, Neuwied 1961 (1895¹), S. 131.

10 *A. van den Braembussche*, Historical Explanation and Comparative Method. Towards a Theory of the History of Society, in: History and Theory 28 (1989), S. 2–24.

11 *P. Baldwin*, The Politics of Social Solidarity. Class Bases of the European Welfare State, 1875–1975, New York 1990.

12 Die Erkenntnismöglichkeiten, die sich aus dieser ungleichen Überlieferung besonders bei quellennah vorgehenden Vergleichen ergibt, betont *N. L. Green*, Forms of Comparison, in: *Cohen* u. *O'Connor*, Comparison, S. 41–56.

reichend einbezogen worden.[13] In dieser Tradition ist es nur konsequent, wenn Jürgen Kocka am Ende seiner die USA und Deutschland vergleichenden Arbeit über »Angestellte zwischen Faschismus und Demokratie« dazu aufruft, über den Angestellten-Arbeiter-Unterschied hinaus andere gesellschaftliche Konstellationen und Gruppen vergleichend zu untersuchen und damit die Basis für eine komplexere Formulierung der Faschismus-Theorie zu legen. »Erst dann«, schließt er, »wird man Theorien des Faschismus entwickeln und verfeinern können, die sowohl dessen transnationalen, allgemein-gesellschaftsgeschichtlichen wie seine spezifisch nationalen gesellschaftsgeschichtlichen Ursachen, Strukturen und Folgen auf den Begriff bringen.«[14]

Nicht alle theoretischen Ansätze eignen sich gleichermaßen gut als Hypothesen für den Vergleich. Makrotheorien, die auf den okzidentalen Kapitalismus, die westliche Zivilgesellschaft oder das europäische Modell abheben, haben den Nachteil, dass für sie Empirie oft nur zur Illustration dient. Ihre auf Universalisierung angelegte Zielrichtung entzieht sich oft dem empirischen Härtetest des Vergleichs. Universelle Modelle tendieren oft dahin, dass sie aus dem empirischen Material nur das aussuchen, was den Annahmen des Modells entspricht. Diese Gefahr hat Joachim Matthes scharfsinnig beschrieben.[15] Auch Jürgen Osterhammel, der mit überzeugenden Argumenten für die Überwindung einer Europa zentrierten Geschichtswissenschaft wirbt und dabei pragmatisch auch den Makrovergleich diskutiert, kommt zu dem Schluss:

> »Zwar wird die – nicht allzu selbstgefällig zu stellende – Frage nach den Ursachen des westlichen Entwicklungsvorsprungs am Horizont jeder vergleichenden Geschichtsbetrachtung sichtbar bleiben, doch liegt die Zukunft fürs erste bei Partialvergleichen. Sie sind weniger willkürlich, lassen sich besser an der Empirie kontrollieren und leichter mit den normalen Arbeitsinteressen professioneller Geschichtsforscher verbinden.«[16]

Die Überprüfung theoretischer Hypothesen, die in der Regel auf einer mittleren Abstraktionsebene und oberhalb individualisierender Vorgehensweisen angesiedelt sind ebenso wie deren Weiterentwicklung als Ergebnis Theorie geleiteter empirischer Arbeit sind dementsprechend genuine Bestandteil des methodischen Vergleichsverfahren. Unter diesen Prämissen sind Vergleiche zu den spezifischen Ausprägungen und Varianten von Klassenbildungsprozessen, Interaktionsverhältnissen, Netzwerken und Deutungsmustern Erfolg versprechend

13 *T. Welskopp*, Stolpersteine auf dem Königsweg. Methodenkritische Anmerkungen zum internationalen Vergleich in der Gesellschaftsgeschichte, in: AfS 35 (1995), S. 339–367.

14 *J. Kocka*, Angestellte zwischen Faschismus und Demokratie. Zur politischen Sozialgeschichte der Angestellten. USA 1890–1940 im internationalen Vergleich, Göttingen 1977, S. 336.

15 *J. Mattes*, The Operation Called ›Vergleichen‹, in: *ders.* (Hg.), Zwischen den Kulturen? Die Sozialwissenschaften vor dem Problem des Kulturvergleichs, Göttingen 1992, S. 75–99.

16 *J. Osterhammel*, Sozialgeschichte im Zivilisationsvergleich. Zu künftigen Möglichkeiten komparativer Geschichtswissenschaft, in: GG 22 (1996), S. 143–164.

in empirische Fallstudien umzusetzen und durchzuführen. Dabei liegt bisher – wie Jürgen Schriewer für die vergleichende Bildungsforschung nachgewiesen hat – die Funktion des Vergleichs eher darin, theoretische Hypothesen zu korrigieren als neue theoretische Annahmen zu produzieren.[17]

Einer der methodischen Vorteile des vergleichenden Verfahrens besteht gegenüber historischen Synthesen darin, dass er im Sinne einer Versuchsanordnung sowohl klare Aussagen über Ausgangshypothesen und die Kriterien der Wahl von Fallstudien als auch über die Logik des Vergleichs und die Kausalitätsrelationen liefert. Insofern ist relativ schnell zu erkennen, zu welchen Ergebnissen bestimmte Ausgangsannahmen oder die Wahl von Vergleichseinheiten führen. Wenn man so unterschiedliche Revolutionen wie die französische, russische und chinesische vergleicht, so liegt – wie bei Skocpol nachzulesen – eine Argumentation nahe, die die Rolle der Staatsapparate betont. Wenn man mit Charles Tilly nach Konstanten der kollektiven Gewalt in Westeuropa fragt, die nicht ihre Träger und deren Methoden in den Vordergrund rückt, so liegt ein Bezug zum Staatsbildungsprozess und eine funktionalistische Argumentation nahe.[18] Die Durchsichtigkeit des vergleichenden Verfahrens und der bis heute andauernde Begründungsbedarf für komparatistisches Arbeiten heben ihn von jenen historischen Darstellungen ab, die implizit vergleichend vorgehen, ohne aber die Kriterien, Methoden und Arbeitsschritte jenes Vergleichs angemessen zu diskutieren. Ein Teil der breiten Synthesen zur Weltgeschichte oder aber zur Geschichte Europas leiden darunter, dass sie die Prämissen ihres Vorgehens nicht zureichend problematisieren und vergleichend argumentieren, ohne dass der Vergleich selbst den methodischen Standards der historischen Komparatistik folgt.[19]

Wenn Ansätze, die von der Makroebene ausgehen, dem Vergleich nicht förderlich sind, so gilt es umgekehrt auch von jenen Ansätzen, die zu partikularisierend vorgehen. Als wenig innovativ haben sich Vergleiche erwiesen, die sich zu stark an einem nationalen Beispiel orientieren, dessen Merkmale als Modell formulieren, an dem dann andere Fälle gemessen werden. Die deutsche Sonderweg-Debatte hat bekanntlich von einer idealisierten Sicht der angelsächsischen Entwicklung ebenso gezehrt wie von Anleihen bei der Modernisierungstheorie. Sie ist deshalb auch zu Recht kritisiert worden und hat sich in den 1990er Jahren totgelaufen.[20] Ihre nicht zu bestreitende Anziehungskraft für vergleichende

17 *J. Schriewer*, Vergleich und Erklärung zwischen Kausalität und Komparatistik, in: *H. Kaelble* u. *J. Schriewer* (Hg.), Diskurse und Entwicklungspfade. Der Gesellschaftsvergleich in den Geschichts- und Sozialwissenschaften, Frankfurt a. M. 1999, S. 53–104.

18 *C. Tilly*, Hauptformen kollektiver Aktion in Westeuropa, 1500–1975, in: GG 3 (1977), S. 153–163.

19 *H.-G. Haupt*, Die Geschichte Europas als vergleichende Geschichtsschreibung, in: Comparativ 14 (2004), H. 3, S. 83–97.

20 *D. Blackbourn* u. *G. Eley*, The Pecularities of German History. Bourgeois, Society and Politics in 19th Century Germany, Oxford 1984; *J. Kocka*, Asymmetric Historical Comparison. The Case of the German Sonderweg, in: History and Theory 38 (1999), S. 40–50.

Forschung hat sie nicht so sehr in der Debatte um die Abgrenzung des deutschen Falls vom angelsächsischen Modell gewonnen, sondern in der empirisch komparativen Überprüfung von Entwicklungsannahmen. Gegenüber der holistischen Sicht eines nationalen Falles hat sich der Partialvergleich unter bestimmten Fragestellungen als weitaus anregender erwiesen. Einzelne Hypothesen wie nach dem Verhältnis von Adel und Bürgertum oder die Prägekraft bürokratischer Modelle unter Angestellten sind zum Ausgang von vergleichend angelegten empirischen Fallstudien genommen worden und haben weitergehende und fruchtbare Forschungsfragen aufgeworfen. Auf dieser Ebene hat die Debatte dann zur Entwicklung einer breiten und oft innovativen Forschung geführt. Die Entwicklung von Ausgangshypothesen, die zu eng historischen Beispielen folgt und zudem holistisch angelegt ist, kann oft dazu führen, dass sie die Logiken von abweichenden Entwicklungen verfehlt. Misst man ost- und ostmitteleuropäische Gesellschaften des 19. und 20. Jahrhunderts etwa an dem Modell einer Zivilgesellschaft, für deren Modell westeuropäische Gesellschaften Pate stehen, dann wird man deren Geschichte als die eines Mangels schreiben, die Westeuropas dagegen als Erfolgsgeschichte. Fragt man allerdings nach Elementen bürgerlicher Mitwirkung und Beteiligung im städtischen Kontext als einen wichtigen Faktor zivilgesellschaftlicher Strukturen, dann lassen sich interessante Ein- und Ausblicke gewinnen, die Auskunft über bürgerliche Selbstorganisation unter unterschiedlichen Bedingungen geben können.[21]

Mit dem konstruktivistischen Ansatz, der dem Vergleich eigen ist, liegt die Gefahr des Reduktionismus nahe, der komplexe historische Entwicklungen auf die Wirkung von einzelnen Faktoren zurückführt. Deborah Cohen hat auf dieses Risiko hingewiesen: »While national historians' arguments tend towards the multicausal, drawing upon all of the factors that can explain a particular phenomenon, comparatists are often caught in a mono- or bicausal trap.«[22] Wenn diese Argumentation auch den Grad an Selektivität unterschätzt, der aufgrund spezifischer Perspektiven und Fragestellungen auch die nationale Geschichtsschreibung begleitet, so weist er doch auf ein Problem hin, das vor allem bei Studien auftritt, die zahlreiche Vergleichseinheiten untersuchen. Die Kontextualisierung von Einzelfallstudien, die das Kernelement der Vergleichsarbeit ausmacht, ist in der Tat begrenzter, wenn die empirische Basis breiter und der Erklärungsanspruch universaler und globaler wird. Schlagartig wird diese Differenz deutlich, wenn man Orlando Pattersons Studie über die Sklaverei in der Welt dem Vergleich gegenüberstellt, den Peter Kotkin zwischen der amerikanischen Sklaverei und der russischen Leibeigenschaft angestellt hat.[23] Wäh-

21 Zu dieser Debatte siehe *M. Hildermeier u. a.* (Hg.), Europäische Zivilgesellschaft in Ost und West. Begriff, Geschichte, Chancen, Frankfurt a. M. 2000.

22 *D. Cohen*, Comparative History. Buyer Beware, in: *Cohen* u. *O'Connor*, Comparison, S. 57–70, S. 63.

23 *O. Patterson*, Slavery and Social Death, Cambridge, Mass. 1982; *P. Kolchin*, Unfree Labor. American Slavery and Russian Serfdom, Cambridge 1987.

rend Patterson als Charakteristikum der Sklaverei die Gewaltherrschaft über von Geburt an ausgeschlossenen und entrechteten Personen betont und mithin auf einer allgemeinen Ebene verbleibt, kann Kotkin Hypothesen über die Häufigkeit von Widerstand und mithin über Praktiken der Abhängigen in beiden Gesellschaften geben. Im zweiten Beispiel werden die unterschiedlichen Formen der Abhängigkeit Ernst genommen und ihre spezifischen Kontexte einbezogen. Als ein geeignetes Mittel, um dieser Verengung der Argumentation, die Deborah Cohen befürchtet, vorzubeugen, dient ja gerade beim Vergleich die breite Kontextualisierung der Einzelstudien, die in manchen soziologischen Studien fehlten. Wie breit die Kontextbedingungen einbezogen werden müssen, zeigt etwa die Studie von Susan Pedersen.[24] In ihrem Vergleich der Rolle der Frauen bei der Entwicklung des französischen und britischen Sozialstaats der Zwischenkriegszeit bezieht sie nicht nur Industrialisierung und Frauenbewegung ein, sondern arbeitet die spezifische Bedeutung der Familienpolitik in Frankreich heraus, die das Abrücken von einer in England gepflegten »male breadwinner logic« erklärt. Dieses Beispiel demonstriert, dass je breiter die Kontextualisierung angelegt ist, umso weitreichender und innovativer die dabei erzielten Ergebnisse sein können.

An dem Beispiel der Sklaverei wird deutlich, wie stark die vergleichende Geschichtswissenschaft zwischen einem generalisierenden und einem individualisierenden Anspruch steht. Sie soll Problematiken behandeln, die Einblicke in allgemeine Entwicklungstrends oder Strukturen erlauben, andererseits aber auch der Besonderheit der Einzelfälle gerecht werden und diese überdies in einer Perspektive anlegen, in der sie zu innovativen Ergebnissen führt. Selten wird ein Vergleichsverfahren, das kontrastiv ausgerichtet ist und von einem nationalen Einzelfall ausgeht, der vergleichend in seiner Besonderheit erwiesen werden soll, diesen Ansprüchen genügen. Denn das explicandum bleibt der nationale Fall, nicht aber die Antwort auf die allgemeine Fragestellung, die diese Einzelfälle verbindet und als tertium comparationis dient. Die Suche nach »Sonderwegen«, die sich von der deutschen Diskussion auch auf Frankreich, Italien oder Ungarn ausdehnte, gehört zu diesen Beispielen eines lediglich kontrastiven Vergleichs.

Der Vergleich hat eine Palette von Vorteilen vorzuweisen, von denen einige benannt werden sollen. Er kann Stereotypen nationaler Geschichtsschreibung überwinden und selbst bekannte Phänomene in einer neuen Beleuchtung darstellen. In den Worten von Nancy Green: »A comparative approach helps render the invisible visible; it aids us in questioning our own generalizations.« Er ist keineswegs auf eine strukturorientierte Gesellschaftsgeschichte begrenzt, sondern kann sehr wohl in anderen Feldern der historischen Forschung benutzt werden. Eine Kulturgeschichte, der es um Akteure, Kontexte und Deutungsangebote geht, kann ihrerseits vergleichend vorgehen. Dies zeigt nicht nur die neuere

24 *S. Pedersen*, Family, Dependance, and the Origins of the Welfare State. Britain and France 1914–1945, Cambridge, UK 1993.

Nationalismusforschung, die gerade die unterschiedliche Valenz von nationalistischen Diskursen in verschiedenen historischen Kontexten aufweist. Auch eine Forschung, die nach der Verwischung von Front und Heimatfront im Ersten Weltkrieg fragt und die Rolle der Luftangriffe dabei untersucht, kann den Vergleich zwischen einzelnen Ländern oder Städten Erfolg versprechend einsetzen.[25] Häufig wird gegen den internationalen Vergleich das Argument vorgebracht, dieser sei unauflöslich mit einer nationalgeschichtlichen Betrachtungsweise verbunden und neige dazu, nationale Stereotype der Selbst- oder Fremdbeschreibung zu bestätigen.[26] Dies war teilweise in der Vergangenheit der Fall und mag auch bei einem asymmetrisch angelegten Vergleich, bei dem einer der Fälle privilegiert wird, eine Gefahr sein. Bei symmetrischen komparativen Studien, die gleichgewichtig die ausgewählten Fallstudien angehen und beide auch auf Quellenstudien stützen, ist diese Gefahr geringer, zumal sie keineswegs notwendig auf eine Privilegierung des Nationalstaates hinauslaufen. Freilich wird dieser im Mittelpunkt stehen, wenn es um die Analyse allgemein verbindlicher politischer Entscheidungen geht, bei denen der staatliche Akteur zentral ist. Aber schon bei dem Vergleich der Umsetzung von Sozialgesetzen ist nach den lokal unterschiedlichen Bedingungen zu fahnden, die allgemeine Normen unterschiedlich prägen. Besonders aber bei dem Vergleich von sozialen Praktiken, Familienkonstellationen und der Industrialisierung bieten sich Räume an, die kleiner als der Nationalstaat sind. Unternehmen und Stadtviertel, Dörfer und Straßen, Regionen und Migrationsräume werden dabei wichtiger als der Nationalstaat. Das Mittel des historischen Vergleichs ist viel flexibler als es eine auf die nationale Betrachtungsweise reduzierende Kritik unterstellt. Außerdem sollte die Debatte um die geeigneten Räume des Vergleichs nicht prinzipiell, sondern eingedenk der folgenden Maxime von Paul Ricoeur geführt werden: »A chaque échelle on voit des choses qu'on ne voit pas à une autre échelle, et

25 *N. Green*, Forms of Comparison, in: *Cohen* u. *O'Connor*, Comparison, S. 42. Siehe etwa *C. Tacke*, Denkmal im sozialen Raum. Nationale Symbole in Deutschland und Frankreich im 19. Jahrhundert, Göttingen 1995; *J. Vogel*, Nationen im Gleichschritt. Der Kult der »Nation in Waffen« in Deutschland und Frankreich 1871–1914, Göttingen 1997; *S. O. Müller*, Die Nation als Waffe und Vorstellung. Nationalismus in Deutschland und Großbritannien im Ersten Weltkrieg, Göttingen 2002; *S. R. Gray*, Across Battle Fronts. Gender and the Comparative History of Modern European War, in: *Cohen* u. *O'Connor*, Comparison, S. 71–84. Siehe auch die neueren Ansätze zur vergleichenden Historiographiegeschichte u. a. *C. Conrad* u. *S. Conrad* (Hg.), Die Nation schreiben. Geschichtswissenschaft im internationalen Vergleich, Göttingen 2002. Siehe auch den Vergleich von Interpretationsmodellen: *N. Green*, Religion et ethnicité. De la comparaison spatiale et temporelle, in: Annales HSS (2002), S. 127–144. Siehe auch den Semantikvergleich in: *A. Reimann*, Der große Krieg der Sprachen. Untersuchungen zur historischen Semantik in Deutschland und England zur Zeit des Ersten Weltkrieges, Essen 2000.

26 *M. Espagne*, Sur les limites du comparatisme en histoire culturelle, in: Genèse 17 (1994), S. 112–121. Siehe auch die Kritik an der nationalen Verengung in: *M. Detienne*, Comparer l'incomparable, Paris 2000.

chaque vision a son bon droit.« Danach hängt die Wahl der Vergleichseinheit entscheidend von der jeweiligen Fragestellung ab.[27]

Die historische Komparatistik ist in den letzten zehn Jahren in die Kritik geraten. Die vor allem von Frankreich ausgehende kulturelle Transferforschung, die nach dem Einfluss, den Mediatoren und der Aneignung von fremden Einflüssen in einzelnen Gesellschaften fragt und dabei die Vielfalt der nationale Kulturen prägenden Faktoren unterstreicht, hat das Problem aufgeworfen, ob Unterschiede oder Ähnlichkeiten zwischen Gesellschaften nicht auch auf kulturelle Einflüsse und soziale und kulturelle Verbindungen zurückzuführen seien.[28] Damit stellt sich für den historischen Vergleich das Problem, das bereits am Ende des 19. Jahrhunderts Francis Galton für die Ethnologie formulierte.[29] Können ähnliche Strukturen aus exogenen Einflüssen und Beeinflussungen erklärt werden? Diese Frage ist bislang in komparativen Studien zweifellos zu wenig gestellt worden und ist stärker zu beachten. Die Zuordnung von Einzelphänomenen zu Transfers sind aber keineswegs einfach vorzunehmen und zweifellos leichter für einzelne gesellschaftliche Bereiche – wie Edition oder Universitäten – als für gesellschaftliche Großgruppen oder ganze Gesellschaften zu bestimmen. In dem Maße, in dem ausländische Einflüsse überdies unter unterschiedlichen Umständen angeeignet, damit auch transformiert oder gar in indigene Strukturen inkorporiert werden, wird der empirische Nachweis von Einflüssen schwierig.

Die kulturelle Transferforschung gehört zu einem Ensemble von verschiedenen Ansätzen, die auf die Internationalisierung des Lebens im Zeichen der weltweiten Globalisierung reagiert. Sie ersetzt nicht den historischen Vergleich, sondern kann diesen als beziehungsgeschichtliche Betrachtungsweise in einzelnen Fällen, in denen Beziehungen relevant sind, sinnvoll ergänzen. Auch das breite Feld der transnationalen oder »cross-national« Geschichtsschreibung orientiert sich eher an Methoden und Ansätzen einer erneuerten Geschichte der internationalen Beziehungen als an den methodischen Paradigmen der historischen Komparatistik. Sie ging aus von den wechselseitigen Beziehungen zwischen Metropolen und Kolonien und versucht gegenwärtig, das Netz der Verknüpfungen zwischen einzelnen nationalen Gesellschaften ebenso wie die Wirksamkeit von transnationalen Akteuren und Institutionen zu bestimmen. Sie ist wie der kulturelle Transfer aber auf die Vergleichsmethodologie angewiesen.

27 *T. Bender* u. *C. E. Schorske*, Budapest and New York. Studies in Metropolitan Transformation, 1870–1930, New York 1985; *D. Lehnert*, Kommunalpolitik. Parteiensystem und Interessenkonflikt in Berlin und Wien 1919–1932, Berlin 1991; *R. Liedtke*, Jewish Welfare in Hamburg and Manchester, c. 1850–1914, New York 1998 und, wenn auch nicht durchgängig komparativ: *J. Winter* u. *J.-L. Robert* (Hg.), Capital Cities at War. Paris, London, Berlin 1914–1919, Cambridge 1997; *P. Ricoeur*, zit. in: *R. Chartier*, La conscience de la globalité (commentaire), in: Annales HSS (2001), S. 119–123, hier S. 120.

28 *M. Espagne*, Les transferts culturels franco-allemands, Paris 1999.

29 *H. Kleinschmidt*, Galtons Problem. Bemerkungen zur Theorie der transkulturell vergleichenden Geschichtsforschung, in: ZfG 39 (1991), S. 5–22.

»Um als Historiker aber überhaupt erkennen zu können, was bei einem interkulturellen Transfer vor sich geht, muss man vergleichen: die Stellung des untersuchten Gegenstands im alten mit der in seinem neuen Kontext, die soziale Herkunft der Vermittler und der Betroffenen in einem Land mit der im anderen, die Benennung in einer Sprache mit der in einer anderen und schließlich die Deutung eines Phänomens in der nationalen Kultur, aus der es stammt, mit der, in die es eingeführt wurde.«[30]

Das von dem Germanisten Michael Werner und der Politologin Bénédicte Zimmermann entwickelte Konzept der »histoire croisée« gehört zu dem Ensemble jener Ansätze, die die Verflechtungen, die zwischen einzelnen nationalen Gesellschaften aber auch zwischen den Metropolen und den Kolonien bestanden, betonen. Sie gehen zu Recht viel stärker als die bisherige Vergleichsforschung davon aus, dass eine monadenhafte Konstruktion einer Vergleichseinheit unsinnig ist, da diese sich im Schnittpunkt verschiedenster Einflüsse und Verbindungen befindet, die beim Vergleich mit zu bedenken sind. Selbstreflexivität der Historikerinnen und Historiker ist mithin ebenso gefragt wie die Einbeziehung eines möglichen dichten Beziehungskontextes, in dem die Vergleichseinheiten stehen.[31] Ähnelt dadurch die *histoire croisée* einer erneuerten »connected history«, so teilt sie nach eigenem Verständnis doch mit dem historischen Vergleich zahlreiche Merkmale: sie geht nicht von festgelegten Einheiten, sondern von Problemen aus, berücksichtigt Institutionen verschiedenster Art oder Prozesse und privilegiert einen akteurszentrierten Zugang, der Konflikte und Strategien der Handelnden in den Mittelpunkt rückt. Darüber hinaus können Vorgehensweisen wie Ergebnisse der *histoire croisée* ihrerseits sinnvoll mit den Methoden der historischen Komparatistik verglichen werden.[32]

Beziehungs- und transfergeschichtliche Konzepte ersetzen nicht die historische Komparatistik. Sie siedeln sich auf einer anderen Analyseebene und Komplexität an als der historische Vergleich, da sie den direkten Kontakt zwischen Akteuren, Räumen oder Institutionen privilegieren. Sie richten stärker als bisher vergleichende Arbeiten das Augenmerk auf die Zirkulation von Modellen, die Aneignung von Einflüssen und auf »hybride« Strukturen.[33] Damit üben sie eine belebende Wirkung auf die international vergleichende Geschichts-

30 *J. Paulmann*, Internationaler Vergleich und interkultureller Transfer. Zwei Forschungsansätze zur europäischen Geschichte des 18. bis 20. Jahrhunderts, in: HZ 267 (1998), S. 649–685; *J. Kocka*, Comparison and Beyond, in: History and Theory 42 (2003), S. 39–44; *H.-G. Haupt* u. *J. Kocka*, Comparative History. Methods, Aims, Problems, in: *Cohen* u. *O'Connor*, Comparison, S. 23–40.

31 *M. Werner* u. *B. Zimmermann*, Penser l'histoire croisée. Entre empire et réflexivité, in: Annales HSS 58 (2003), S. 7–36; *dies.*, Vergleich, Transfer, Verflechtung. Der Ansatz der histoire croisée und die Herausforderung des Transnationalen, in: GG 28 (2002), S. 607–636; *dies.* (Hg.), De la comparaison à l'histoire croisée, Paris 2004.

32 Siehe die pointierten Festlegungen in: *Werner* u. *Zimmermann*, Vergleich, S. 617.

33 Siehe etwa *M. Miller*, Comparative and Cross-National History. Approaches, Differences, Problems, in: *Cohen* u. *O'Connor*, Comparison, S. 115–132.

schreibung aus, die das Feld ihrer empirischen Studien erweitern kann und zur Überprüfung ihrer Ansätze herausgefordert ist. Dennoch bleibt die historische Komparatistik in der internationalen Geschichtsschreibung unverzichtbar, da sie viel stärker als die neuen Formen der transnationalen Geschichtsschreibung theorieorientierte Problemgeschichte ist, die immer wieder – und Jürgen Kockas Werk ist ein überzeugendes Beispiel dafür – durch eine kritische Reflexion über ihre Kategorien und Ergebnisse begleitet ist.

# II. Nationalismus

# Die Kultur des Nationalen

## Sozial- und kulturgeschichtliche Ansätze bei der Erforschung des europäischen Nationalismus im 19. und 20. Jahrhundert

Heinz-Gerhard Haupt und Charlotte Tacke

Wenn auch kulturgeschichtliche Fragestellungen der modernen Nationalismusforschung innovative Felder eröffnen und größere politische Relevanz geben können, wird doch die sozialgeschichtliche Analyse des Nationalen damit keineswegs überflüssig. Im Gegenteil: Soll die Rekonstruktion nationaler Loyalität nicht in der Höhenluft traditioneller Geistesgeschichte verbleiben, benötigt sie die Kenntnis der sozialen Träger und der gesellschaftlichen Bedingungen ihrer Entstehung.[1] Sollen Studien zur Verbindung von Identitäten lokaler, regionaler oder nationaler Herkunft nicht politologisch abstrakt oder in einer Wiederaufnahme von Stufentheorien geführt werden, ist nach der gesellschaftlichen Verbreitung und Wirkung der jeweiligen Einstellungen und Konstruktionen zu fragen.[2] Auch in die Debatte über die Genesis des modernen Nationalismus, die wieder weit in die Frühe Neuzeit vorverlagert wird, sind die Schichten, die das nationale Pathos verbreitet und die nationale Außenabgrenzung gefordert haben, zu berücksichtigen, um den grundsätzlichen Unterschied zwischen einem Eliten- und einem Massenphänomen herausarbeiten zu können.[3] Schließlich hat sich auch bei einer genaueren Durchleuchtung von bislang als eindeutig national ausgewiesenen und interpretierten Phänomenen wie den Sammlungen für Nationaldenkmäler erwiesen, daß diese zumindest ebenso auf soziale Verbindungen und Netzwerke zurückzuführen sind wie auf nationale

1 Ähnlich argumentiert in einem eindrucksvollen Literaturbericht *D. Langewiesche*, Nation, Nationalismus, Nationalstaat: Forschungsstand und Forschungsperspektiven, in: NPL 40 (1995), S. 190–236. Dieser Aufsatz nimmt eine kritische Sichtung der Literatur vor, der wir in nahezu allen Urteilen zustimmen. Auf ihn wird mithin grundsätzlich verwiesen.

2 Zu einer modernisierungstheoretischen Sicht der Entwicklung siehe etwa *J. Kocka*, Fecondità e complessità del concetto di spazio come categoria storiografica, in: *F. Andreucci* u. *A. Pescarolo* (Hg.), Gli spazi del potere. Aree, Regioni, Stati: le coordinate territoriali della storia contemporanea, Florenz 1989, S. 225–229.

3 Das läßt sich als Quintessenz aus *W. Hardtwig*, Vom Einzelbewußtsein zur Massenbewegung. Frühformen des Nationalismus in Deutschland 1500–1840, in: *ders.*, Nationalismus und Bürgerkultur in Deutschland 1500–1914, Göttingen 1994, S. 34–54, ziehen. Vgl. auch *J. Ehlers* (Hg.), Ansätze und Diskontinuität deutscher Nationsbildung im Mittelalter, Sigmaringen 1989.

oder gar nationalistische Motive.[4] All diese Beispiele, die aus verschiedenen Gebieten der Nationalismusforschung gewonnen sind, rufen mithin dazu auf, Prozesse der nationalen Einigung wie der Nationsbildung, der Konstruktion nationaler Loyalität wie der nationalen Propaganda sowohl im Hinblick auf ihre gesellschaftlichen Ursachen, sozialen Träger und ihre Logik als auch ihre Folgen für Klassenkonstellationen und die Wahrnehmung von Gesellschaften detailliert zu untersuchen.

*1. Sozialgeschichtliche Forschungsdesiderate.* Ein Verzicht auf die Fortführung der sozialgeschichtlichen Erforschung des Nationalismus verbietet sich auch noch aus einem forschungspraktischen Grund. Noch sind die Kenntnisse über gesellschaftlich relevante Aspekte des Nationalen wie des Nationalismus unzureichend und dies selbst in einem Land, in dem die Forschung zur nationalen Frage eine lange Tradition besitzt wie etwa in Deutschland. Freilich haben die Prozesse der Nationalstaatsbildung in der Typologie von Theodor Schieder eine Formulierung gewonnen, die für monographische Studien noch immer einen interessanten Bezugspunkt abgeben können.[5] Aber damit sind die Bedingungen für die Zeit nach 1918 nur unzureichend erfaßt, in der der nationalstaatliche Rahmen zur Normalität europäischer Staatsbildung und Selbstdefinition gehörte und mit einer zunehmend ethnisch begründeten Nation auch breite Teile der Bevölkerung als Minoritäten definiert und damit häufig auch diskriminiert wurden.[6] Darüber hinaus bleibt selbst die Schiedersche Typologie deutlich der Entwicklungsgeschichte des deutschen Nationalstaats verhaftet. Daß die Konzentration auf den sich schließlich durchsetzenden Nationalstaat ihrerseits zu einer teleologischen Sicht historischer Wirklichkeit führen konnte, ist jüngst am Beispiel der kleindeutschen Geschichtsschreibung demonstriert worden. Mit der These, daß der jeweils realisierte Nationalstaat eine Möglichkeit war, andere aber nicht notwendig ausschloß, muß sich die Forschung entschiedener für jene »partikularistischen« Bewegungen und Einstellungen interessieren, die in einer nationalen Erfolgsgeschichte allenfalls Randphänomene waren.[7]

Weithin scheint aber Einigkeit darin zu bestehen, daß nicht die Nation den Nationalismus hervorgebracht habe, sondern daß dieser auf der Basis älterer

4 Vgl. *C. Tacke*, Denkmal im sozialen Raum. Nationale Symbole in Deutschland und Frankreich im 19. Jahrhundert, Göttingen 1995, S. 135f.

5 *T. Schieder*, Nationalismus und Nationalstaat. Studien zum nationalen Problem im modernen Europa, hg. von *O. Dann* u. *H.-U. Wehler*, Göttingen 1992$^2$.

6 Vgl. *X.M. Nuniez*, National Minorities in East-Central Europe and the Internationalisation of their Rights (1919–1939), in: *J.G. Beramendi u.a.* (Hg.), Nationalism in Europe. Past and Present, Bd. 1, Santiago de Compostela 1994, S. 505–536 (mit weiterführender Literatur).

7 *T. Schieder*, Partikularismus und Nationalbewußtsein im Denken des deutschen Vormärz 1818–1848, in: *ders.*, Nationalismus, S. 166–196; jetzt *D. Langewiesche*, Reich, Nation und Staat in der jüngeren deutschen Geschichte, in: HZ 254 (1992), S. 341–381.

Vorstellungen und Loyalitäten jene durchgesetzt habe.[8] Damit wendet sich notwendigerweise das Interesse den Trägern und Formen nationaler oder nationalistischer Bewegungen zu. Die Turner und die Sänger, die Burschenschaften und die Liberalen werden gemeinhin unter den wichtigsten Verbreitern nationalen Gedankenguts in Deutschland genannt.[9] Während die Geschichtsschreibung hierzulande in der guten Tradition der Differenzierung von Annahmen sowohl die Spielart des vertretenen Nationalismus als auch die Chronologie seiner Ausprägung detaillierter bestimmt, stehen für wichtige europäische Länder Arbeiten zu den Kommunikationsstrukturen nationaler Inhalte wie auch zu ihren Trägern immer noch aus. Sowohl in Frankreich als auch in Italien und Belgien ist für die erste Hälfte des 19. Jahrhunderts jener Stand der Nationalismusforschung noch nicht erreicht, über den die deutsche Forschung verfügt.[10] Gleichwohl bestehen auch hier Lücken fort. Die Frage, wie weit sich die Organisationen mit ihren Parolen auf die städtische Gesellschaft beschränkten oder auf das Land vordrangen, wird ebenso noch genauer zu klären sein wie die Beteiligung einzelner sozialer Gruppen und Klassen. Ob, unter welchen Bedingungen und in welchem Ausmaß Frauen zu den aktiven Trägern nationaler Bewegungen gehörten, ist ebenso wichtig zu wissen wie die Beteiligung von Mitgliedern

8 So – nach E. Gellner – zuletzt *H.-U. Wehler*, Der deutsche Nationalismus bis 1871, in: *ders.* (Hg.), Scheidewege der deutschen Geschichte. Von der Reformation bis zur Wende 1517–1989, München 1995, S. 118.

9 Vgl. *W. Hardtwig*, Studentische Mentalität – Politische Jugendbewegung – Nationalismus, in: *ders.* (Hg.), Nationalismus und Bürgerkultur, S. 108–148; *D. Langewiesche*, Die schwäbische Sängerbewegung in der Gesellschaft des 19. Jahrhunderts. Ein Beitrag zur kulturellen Nationsbildung, in: ZfWL 52 (1993), S. 257–301; *D. Düding*, Organisierter gesellschaftlicher Nationalismus in Deutschland (1808–1847). Bedeutung und Funktion der Turner- und Sängervereine für die deutsche Nationalbewegung, München 1984; *M. Meyer*, Freiheit und Macht. Studien zum Nationalismus süddeutscher, insbesondere badischer Liberaler 1830–1848, Frankfurt a. M. 1994; zur Rolle der Intellektuellen anregend: *B. Giesen* u. *U. Junge*, Vom Patriotismus zum Nationalismus. Zur Evolution der »Deutschen Kulturnation«, in: *B. Giesen* (Hg.), Nationale und kulturelle Identität. Studien zur Entwicklung des kollektiven Bewußtseins in der Neuzeit, Frankfurt a. M. 1991, S. 255–303.

10 Vgl. dazu *H.-G. Haupt*, Der Nationalismus in der neueren deutschen und französischen Geschichtswissenschaft, in: *E. François u. a.* (Hg.), Nation und Emotion. Deutschland und Frankreich im Vergleich (19. und 20. Jahrhundert), Göttingen 1995, S. 39–55 (siehe auch in diesem Band); zu Italien: *B. Tobia*, Una patria per gli Italiani. Spazi, itinerari, monumenti dell'Italia unita (1870–1900), Rom 1991; vgl. auch *J. Petersen*, The Transformation of the Italian National Consciousness during the 19th and 20th Century, in: *Beramendi u. a.* (Hg.), Nationalism in Europe, S. 677–690; *G. Pécout*, Feste unitarie e integrazione nazionale nelle campagne toscane (1859–1864), in: Memoria e Ricerca 5 (1995), S. 65–82; vgl. für andere europäische Länder die meistens bei der Nationalismusdiskussion nicht bedacht werden: *U. Wyrwa* (Hg.), Nationen in Europa (Werkstatt Geschichte, Bd. 8), Hamburg 1994, S. 3–58 (zu Portugal, Ungarn, Norwegen, Tschechoslowakei). Für einen europäischen Überblick, der allerdings Mittel- und Osteuropa ausblendet, vgl. *H. Schulze*, Staat und Nation in der europäischen Geschichte, München 1995²; vgl. *H.-G. Haupt u. a.* (Hg.), Regional and National Identities in 19th and 20th Century Europe, Leiden 1996.

des Adels, des Klerus und einzelner Konfessionen. Dabei könnte ermittelt werden, ob der Nationalismus eher als Ausdruck bestehender gesellschaftlicher Konfliktlinien seine Bedeutung gewann oder diese verwischen und eher als Integrationsmittel wirken konnte.[11] All diese sozialgeschichtlichen Informationen sind notwendig, wenn kulturelle Manifestationen und Konstruktionen in ihrer Bedeutung und Repräsentativität interpretiert werden sollen.

Auch die Bedeutung der Prozesse des »Nation-Building« sind noch nicht hinreichend untersucht worden. In der Aufnahme des Ansatzes von Karl W. Deutsch, nach dem der Nationalismus sich als Folge der im Zuge der Modernisierung intensivierten Kommunikation und der daraus resultierenden Komplementarität der sozialen Beziehungen entfalten konnte, ist sowohl die Nationalisierung des gesellschaftlichen Lebens als auch die Wirksamkeit nationaler Institutionen zu untersuchen.[12] Am französischen Beispiel hat Eugen Weber demonstriert, wie aus einer Vielzahl lokal- und regionalgeschichtlicher Details ein Mosaik zusammengesetzt werden kann, das zwar immer noch der Sichtweise bürgerlicher Gelehrter oder staatlicher Beamter verhaftet bleibt, aber doch die Langsamkeit demonstriert, mit der sich der nationale Markt für Waren, Nachrichten oder Arbeitskräfte durchsetzte und wie nationale Einrichtungen wie Schule oder Wehrdienst erst gegen Ende des 19. Jahrhunderts ihre integrierende Wirkung entfalteten.[13] Es ist erstaunlich, daß – abgesehen von einem Aufsatz Otto Danns[14] – dieser Ansatz von Deutsch in der deutschen Forschung nicht stärker rezipiert wurde, in der keine Eugen Webers Analyse vergleichbare

11 Vgl. zu diesem sozialgeschichtlichen Fragenkatalog die überzeugenden Bemerkungen in *Langewiesche*, Nation, S. 210 f.; u. a. auch *K. G. Hausmann*, Der Nationalismus einer Adelsgesellschaft am Beispiel Polen, in: *O. Dann* (Hg.), Nationalismus und sozialer Wandel, Hamburg 1978, S. 23–48.

12 Vgl. *K. W. Deutsch*, Nationalism and Social Communication, Cambridge 1953/1966²; *ders.*, Der Nationalismus und seine Alternativen, München 1972; *ders.*, Nationenbildung – Nationalstaat – Integration, Düsseldorf 1972; *ders.* u. *W. J. Foltz* (Hg.), Nation-Building, New York 1963; *S. Rokkan*, Dimensions of State Formation and Nation-Building, in: *C. Tilly* (Hg.), The Formation of the Nation State in Western Europe, Princeton 1965, S. 562–600; *ders.*, Nation-Building. A Review of Models and Approaches, in: Current Sociology 19 (1971), Nr. 3, S. 7–38; vgl. auch *T. Weiser*, Deutschs Modell der Nationswerdung und sein Beitrag für die historische Nationalismusforschung, in: *E. Schmidt-Hartmann* (Hg.), Formen des nationalen Bewußtseins im Lichte zeitgenössischer Nationalismustheorien, München 1994, S. 127–143.

13 *E. Weber*, Peasants into Frenchmen. The Modernisation of Rural France, 1870–1914, London 1979²; vgl. auch *ders.*, Comment la Politique Vint aux Paysans. A Second Look at Peasant Politicization, in: AHR 87 (1982), S. 357–389.

14 Vgl. *O. Dann*, Nationalismus und sozialer Wandel in Deutschland 1806–1850, in: *ders.* (Hg.), Nationalismus, S. 77–128, vor allem S. 89 f.; Hinweise auf die Relevanz von Kommunikationssystemen, die bereits vor 1866 die österreichische Entwicklung von der preußisch-deutschen trennten, auch bei *Langewiesche*, Reich; wenig begrifflich präzis und mit viel Bekanntem *H. Schulze* (Hg.), Nation-Building in Central Europe, Leamington Spa 1987; zu Italien jetzt *S. Soldani* u. *G. Turi* (Hg.), Fare gli Italiani. Scuola e cultura nell'Italia contemporanea, Bd. 1: La nascita dello Stato nazionale, Bologna 1993.

Arbeit vorliegt. Auch für andere europäische Länder steht sie noch aus, wenngleich in Italien erste Ansätze gemacht wurden.

Wie eng der Zusammenhang von Kriegs- oder Krisenerfahrungen im Nationalismus ist, ist jüngst von Dieter Langewiesche noch einmal betont und von Michael Jeismann für Deutschland und Frankreich demonstriert worden.[15] Zuvor hatte die Forschung lange Zeit der Konstruktion von Krisen des 19. und 20. Jahrhunderts als nationalen Ereignissen aufgesessen, ohne daß jeweils deutlich wurde, welche sozialen Gruppen oder Klassen als Initiatoren, Träger und Nutznießer der Umbruchsituationen in Frage kamen. Diese Tendenz ist erst unlängst bei der Bewertung der Anfangsmonate des Ersten Weltkrieges deutlich geworden. Während die Bücher inzwischen meterweise Bibliotheken füllen, die den August 1914 als Moment nationaler Einmütigkeit interpretieren, haben neuere Forschungen schärfer nach Phasen differenziert und jenes Neben- bzw. Nacheinander von Attentismus, Sorge und Begeisterung auch für Deutschland herausgearbeitet, das für Frankreich bereits Jean Jacques Becker betont hatte.[16] Deutlich wurde dabei auch, wie bemüht die staatlichen Instanzen um die Demonstrierung nationaler Einheit waren und dabei die gesamte Bandbreite von Propagandamitteln einsetzten.[17] Für eine andere Krisensituation, nämlich für die unterschiedlichen Befreiungsbewegungen gegen Napoleon I., kommt Hagen Schulze zu dem Schluß, »daß in der enormen sozialen wie geistigen Mobilisierung Europas im Kampf gegen Napoleon nicht die herkömmlichen Loyalitätsgefühle gegenüber dem angestammten Herrscherhaus im Vordergrund standen, sondern das Erlebnis einer Einheit, die eher dem Geist der Levée en Masse der Französischen Revolution ähnlich war«.[18] Aber Schulze schränkt selbst an mehreren Stellen diese These ein und bringt damit zum Ausdruck, wie wenig gesichert in der Forschung ist, daß nationale Parolen zu Beginn des 19. Jahrhunderts sich weit und in unterschiedlichen Bevölkerungsschichten verbreiteten. Auch über 1814 und 1871 hätte man gern präzisere Informationen hinsichtlich der genauen sozialen Konstellationen, Funktionen und sozialen Träger des Nationalismus.[19]

15 Vgl. *Langewiesche*, Nation, S. 193 f.; *M. Jeismann*, Das Vaterland der Feinde. Studien zum nationalen Feindbegriff und Selbstverständnis in Deutschland und Frankreich 1792–1918, Stuttgart 1992; vgl. auch *L. Hoffmann*, Die Konstruktion des Volkes durch seine Feinde, in: Jahrbuch für Antisemitismusforschung 2 (1993), S. 13–37.

16 Vgl. *J.-J. Becker*, Comment les Français sont entrés dans la guerre (1914), Paris 1977.

17 Zur Propaganda jetzt *U. Daniel* u. *W. Siemann* (Hg.), Propaganda 1789–1989, Frankfurt a. M. 1995.

18 *Schulze*, Staat und Nation, S. 200.

19 Zu 1814/15 vgl. *H.-G. Haupt*, Nationalismus und Demokratie. Zur Geschichte der Bourgeoisie im Frankreich der Restauration, Frankfurt a. M. 1974; *K. Luys*, Die Anfänge der deutschen Nationalbewegung von 1815 bis 1819, Münster 1992; zu 1870/71 für Frankreich vor allem *L. M. Geenberg*, Sisters of Liberty. Marseille, Lyon, Paris, and the Reaction to the Centralized State, Cambridge 1971. Eine monographische Aufarbeitung fehlt noch.

Nach alledem wäre es mithin fatal, wenn man vorschnell für die Nationalismusforschung einen Paradigmawechsel forderte, der die sozialgeschichtliche Analyse für obsolet erklärte und nunmehr die Aufmerksamkeit vor allem der kulturellen Nationsbildung und den kulturellen Praktiken, die durch nationalistische Bewegungen und in ihnen verbreitet wurden, zuwendete. Das hieße, das Kind mit dem Bade ausschütten und auf wesentliche Informationen und Erklärungen verzichten, die erst aus einer detaillierten Kenntnis der sozialen und politischen Bedingungen, Träger und Wirkungen von Nationalismus gewonnen werden könnten.

*2. Zur Konstruktion nationaler Identität.* Geht man von der Gegenwart aus, muß die historische Nationalismusforschung erklären können, warum nationalistische Argumentationen trotz der verheerenden Folgen, die sie häufig für das Außenverhältnis von Nationalstaaten wie für die Behandlung von Minderheiten im Innern und die Gewährung oder Verweigerung demokratischer Rechte hatten, bis heute eine emotionale Ausstrahlung besitzen und zu der Einsatzreserve gehören, auf die Regierungen und politische Parteien zurückgreifen können und immer wieder zurückgreifen.[20] Wie ist es verständlich zu machen, daß die Identifizierung mit der dem Einzelschicksal scheinbar weit enthobenen Nation offensichtlich in weiten Teilen der Bevölkerung Europas am Ende des 20. Jahrhunderts intensiver und nachhaltiger wirkt als die religiöse, regionale, konfessionale oder soziale Zuordnung? Damit stellt sich nicht nur die Frage nach den sozialen und politischen Gruppen und Klassen, die den Nationalismus verbreiten, sondern auch und vor allem nach der Verankerung nationaler Dispositionen und Loyalitäten in der Bevölkerung.

Einige der sozialwissenschaftlichen Theorieansätze, die in der Vergangenheit einflußreich waren und es auch in der Gegenwart noch sind, helfen in diesem Zusammenhang wenig weiter. Die Verbindung von Nationalismus als Bewegung und Disposition mit den Prozessen der Modernisierung, der Staatsbildung und der Industrialisierung kann zwar einige strukturelle Aspekte erklären, nicht aber das Phänomen in seiner Explosivität.[21] Bereits empirisch läßt sich nachweisen, daß sich nationalistische Bewegungen und Vorstellungen keineswegs auf moderne, d.h. hochgradig arbeitsteilig organisierte, komplexe Gesellschaften begrenzen, sondern sie sehr wohl außerhalb des Prozesses der Staatsbildung ihre Bedeutung gewinnen können und nicht nur auf industrialisierte Länder konzentriert sind.[22] Überdies leiden diese Erklärungen darunter, daß sie eher

20 Vgl. dazu u.a. *H.A. Winkler* u. *H. Kaelble* (Hg.), Nationalismus – Nationalstaaten – Supranationalität, Stuttgart 1993; vor allem aber *M. Jeismann* u. *H. Ritter* (Hg.), Grenzfälle. Über alten und neuen Nationalismus, Leipzig 1993.

21 Vgl. *E. Gellner*, Nationalismus und Moderne, Berlin 1991; *A. D. Smith*, Theories of Nationalism, London 1983; *ders.*, National Identities, Reno 1991; *E. Hobsbawm*, Nation und Nationalismus. Mythos und Realität seit 1789, Frankfurt a.M. 1991, München 1996.

22 Vgl. dazu etwa *H.-J. Puhle*, Nation States, Nations, and Nationalism in Western and Southern Europe, in: *Beramendi u.a.* (Hg.), Nationalism in Europe, Bd. 2, S. 13–38; *ders.*,

auf die Rahmenbedingungen als auf die Spezifika des Nationalismus achten und ihn eher als Teil der allgemeinen Geschichte, denn in seiner Besonderheit, als einen in ihr massiv wirksamen Faktor analysieren. Untersuchungen, die zu deduktiv vorgehen, können die Besonderheiten nationalistischer Bewegungen, Doktrinen und Vorstellungen nicht erfassen. Zu einem ähnlichen Schluß kommt John Breuilly: »I do not think any general theory is available which will command assent as having either provided a meaningful and general definition of nationalism as one kind of object or as having established that nationalism as one kind of object provides the key to understanding nationalism generally.«[23]

Ähnliches gilt auch für jene Ansätze, die die Ursachen des Nationalismus aus gesellschaftlichen Konstellationen und Umbrüchen zu erklären suchen. Beliebt ist die »Vakuumtheorie«, welche die Notwendigkeit nationaler Sinndeutung aus dem Umbruch der ständisch traditionellen Gesellschaft herleitet. Damit erhält der Nationalismus den Charakter einer Ersatzideologie. Besonders deutlich hat Hans-Ulrich Wehler diesen Befund angesprochen, als er aus der Erfahrung der Revolutions- und Kriegszeiten zu Beginn des 19. Jahrhunderts »eine Art von sozialpsychischem Vakuum, in der Sprache Freuds: ›eine tiefe Verstörung‹« herleitete und unter Intellektuellen »ein ausgeprägtes Bedürfnis nach neuer Orientierung und nach einer neuen Identität« ausmachte.[24] Wenn jener Zusammenhang auch für Deutschland maßgeblich gewesen sein mag, spielte er in England oder in Frankreich keineswegs die gleiche Rolle. Außerdem fand der Nationalismus etwa unter ungarischen Adeligen vor der Jahrhundertwende und unter strukturellen Bedingungen Verbreitung, die von den Krisen- und Umbrucherfahrungen deutscher Prägung weit entfernt waren.[25] Als generelle Erklärung wird man diese Vakuumsannahme mithin nicht akzeptieren können.

Aber auch Ansätze, die sich vor allem der Verbreitung nationalistischer Parolen widmen, bieten nicht genügend Erklärungen über deren Attraktivität an. All jene Studien, die sich im- oder explizit auf die Vorstellungen von Norbert

Staaten, Nationen und Regionen in Europa, Wien 1995, S. 13 f.; vgl. aber auch die breite Literatur zum Nationalismus in skandinavischen, asiatischen oder afrikanischen Gesellschaften etwa in *H. A. Winkler* (Hg.), Nationalismus, Königstein 1978, S. 189 f.; *J. Breuilly*, Nationalism and the State, Manchester 1993$^2$; *R. Emerson*, From Empire to Nation. The Rise of Self-Assertion of Asian and African Peoples, Cambridge 1960.

23 *J. Breuilly*, Culture, Doctrine, Politics. Three Ways of Constructing Nationalism, in: *Beramendi u. a.* (Hg.), Nationalism in Europe, Bd. 1, S. 127–134, hier S. 134; ähnlich, wenngleich anders akzentuiert: *Jeismann*, Vaterland, S. 16.

24 *Wehler*, Nationalismus, S. 121; vgl. auch *ders.*, Nationalismus und Nation in der deutschen Geschichte, in: *H. Berding* (Hg.), Nationales Bewußtsein und kollektive Identität. Studien zur Entstehung des kollektiven Bewußtseins in der Neuzeit, Frankfurt a. M. 1994, S. 163–175.

25 Für Großbritannien vgl. vor allem *L. Colley*, Britons. Forging the Nation 1707–1837, New Haven 1992; vgl. auch die Beiträge in *R. Samuel* (Hg.), Patriotism. The Making and Unmaking of British National Identity, 3 Bde., London 1989; zu Frankreich vgl. *Haupt*, Nationalismus; zu Ungarn vgl. *A. Gergely*, Der ungarische Adel und der Liberalismus im Vormärz, in: *D. Langewiesche* (Hg.), Liberalismus im 19. Jahrhundert. Deutschland im internationalen Vergleich, Göttingen 1988, S. 458–483.

Elias beziehen und das Einsickern nationaler Dispositionen in die Gesellschaft von den Oberklassen ausgehend beschreiben, werden der Vielfalt kultureller Deutungen und Praktiken nicht gerecht, die mit der nationalen Selbstwahrnehmung verwoben sind.[26] Je mehr nationalistische Schriften und Propaganda zu einer bestimmten Zeit nachweisbar sind, so könnte man ihr Leitmotiv vereinfachen, desto größer sei deren Erfolg. Für das 19. Jahrhundert ist freilich bekannt, wie gering über lange Zeit die Wirkungskraft staatlicher Maßnahmen, politischer Propaganda und Druckerzeugnisse war. Selbst in einer Phase umfangreicher Agitation und Mobilisierung der Bevölkerung, wie während der Französischen Revolution, sollen nur 10% der Bevölkerung aktiv mit den revolutionären Ereignissen in Verbindung gestanden haben.[27] Man muß auch auf die Vielfalt der Einflußkanäle und formende Verarbeitung kultureller Modelle hinweisen, die sich keineswegs entlang einer Einbahnstraße von der Eliten- zur Volkskultur anordnen lassen. Auch für den Nationalismus muß man mithin eher von der Annahme einer begrenzten Resonanz seiner Ideologie ausgehen. Die Tatsache, daß unterschiedliche Milieus mit der Nation verschiedenartige Projekte, Erfahrungen und Werte verbanden, trug sicherlich zur Wirkungskraft nationalistischer Propaganda bei, untersagt es aber auch, aus dem nationalen Diskurs wirtschaftlicher oder politischer Eliten umstandslos auf Dispositionen in der Bevölkerung zu schließen.

Schließlich raten auch autobiographische Zeugnisse davon ab, die Wirksamkeit nationaler Symbolpolitik und Selbstdarstellung überzubetonen. So nahm ein Wiesbadener Stadtbürger 1813 eher das Grauen als die nationale Begeisterung der Befreiungskriege wahr, und selbst unter deutschen Bildungsbürgern dominierte in der zweiten Jahrhunderthälfte offensichtlich der Bezug auf die Heimatstadt bei der Beschreibung jener territorialen Größen, die Lebensweise und Weltanschauung geprägt haben.[28] Auch in der französischen Landbevölkerung vermischten sich in spezifischen Konjunkturen Feindbilder auf eine derart originelle und unvorhersehbare Weise, daß in Südwestfrankreich im Jahr 1870 ein junger Adliger gelyncht wurde, weil er als Aristokrat, Preuße und Republikaner wahrgenommen wurde![29] Diese Beispiele rufen dazu auf, die Wirkungs- und Rezeptionsbedingungen der nationalistischen Propaganda im 19. Jahrhundert nicht nach den Erfahrungen des 20. Jahrhunderts zu modellieren, sondern stärker deren Grenzen zu reflektieren und auch jene archaischen Elemente im Nationalen einzubeziehen, auf die der französische Kultur-

26 Diese Tendenz ist vor allem in ideengeschichtlichen Ansätzen angelegt. Vgl. z.B. *M. Agulhon*, Conscience nationale et conscience régionale en France de 1815 à nos jours, in: *ders.*, Histoire vagabonde, Bd. 2, Paris 1988, S. 144–174.

27 *M. Vovelle*, Die französische Revolution – Soziale Bewegung und Umbruch der Mentalitäten, München 1982, S. 117.

28 *J. Dollwert* u. *T. Weichel* (Bearb.), Das Tagebuch des Friedrich Ludwig Buck. Aufzeichnungen eines Wiesbadener Bürgers und Bauern 1806–1866, Wiesbaden 1993, dazu laufende eigene Forschung.

29 *A. Corbin*, Le village des »Cannibales«, Paris 1990.

historiker Alphonse Dupront für das 19. Jahrhundert mit Nachdruck verwiesen hat, wenn er die französische Gesellschaft beschreibt als »encore puissamment dominée ... par les forces paniques de l'irrationnel, et extraordinairement dépendante d'elles l'image de la patrie affective et charnelle«.[30]

Bei dem Versuch schließlich, die Explosivität und Wirkungskraft nationalistischer Parolen zu erklären, helfen auch manche typologischen Erklärungsversuche nicht viel weiter. Die Unterscheidung zwischen einem linken, aufklärerischen, egalitären Nationalismus des beginnenden 19. Jahrhunderts und der Wendung hin zum konservativen, ständischen und xenophoben seit 1870 überbetont die Zäsur und unterschlägt die Kontinuität, die auch Dieter Langewiesche in der im Nationalismus immanenten Gleichzeitigkeit von Egalisierungs- und Abgrenzungsfunktionen gesehen hat.[31] Die typologische Differenz zwischen der westlichen Staats- und der östlichen Kulturnation verweist eher auf eine einflußreiche historiographische Konstruktion der Wirklichkeit, als daß sie sich als Erklärung der Wirklichkeit bewährt hätte. In nahezu allen Nationalismen vermischen sich nämlich politisch-staatliche mit kulturellen Begründungen und Faktoren.[32] Selbst für das Land, das als Prototyp staatsnationalistischer Legitimation dargestellt wird, in Frankreich, spielten Sprache und Geschichte als Ausdruck und Indikator nationaler Zugehörigkeit und als Teil nationalistischer Propaganda im 19. Jahrhundert eine wichtige Rolle.[33] Schließlich erklärt die Hrochsche Typologie zwar die Ausweitung der sozialen Basis nationalistischer Bewegungen, bleibt aber eher bei ihrem kulturpolitischen Programm stehen, als daß sie seine Wirksamkeit analysiert.[34]

Wenn nach den Kanälen gefragt wird, auf denen der Nationalismus zum »abgesunkenen Kulturgut« wurde, nach den kulturellen Besonderheiten der nationalen Loyalität, ihrer Breitenwirkung und Verankerung, können einige neuere Ansätze weiterhelfen, die eher bestimmte narrative Strategien betonen als Funktions- und Strukturzusammenhänge in den Vordergrund rücken. Damit gewinnt die Frage nach den Mythen und Symbolen, Normen und Metaphern an

30 *A. Dupront*, Du sentiment national, in: *M. François* (Hg.), La France et les Français, Paris 1972, S. 1432.

31 Vgl. etwa *H. A. Winkler*, Vom linken zum rechten Nationalismus. Der deutsche Liberalismus in der Krise von 1878/79, in: GG 4 (1978), S. 5–28; ähnlich auch für Frankreich *R. Girardet*, Le nationalisme français. Textes choisis, Paris 1966; dagegen *D. Langewiesche*, Nationalismus im 19. und 20. Jahrhundert: zwischen Partizipation und Aggression, Bonn-Bad Godesberg 1994; gegen die Betonung von 1870 auch: *J. R. Llobera*, The God of Modernity. The Development of Nationalism in Western Europe, Oxford 1994, 197f.; sowie *H.-G. Haupt*, Nationalismus als Emanzipationsideologie? Zur neueren Nationalismusforschung, in: AfS 24 (1984), S. 576–588.

32 Vgl. vor allem die Begriffspaare bei *F. Meinecke*, Weltbürgertum und Nationalstaat, Frankfurt a. M. 1962; dazu *H. A. Winkler*, Der Nationalismus und seine Funktionen, in: *ders.* (Hg.), Nationalismus, S. 5–48, hier 7f.

33 *C. C. Ford*, Which Nation? Language, Identity and Republican Identity in Post-Revolutionary France, in: History of European Ideas 17 (1993), S. 31–46.

34 *M. Hroch*, Social Preconditions of National Revival in Europe, Cambridge 1985.

Bedeutung, die im Zuge einer kulturellen Konstruktion der Nation maßgeblich würden. Konstruktivistische Ansätze, wie etwa Benedict Andersons berühmte Interpretation der Nationen als »imagined communities«,[35] gehen von der Annahme aus, daß die Nation keine aus der Geschichte hervorgegangene objektive Einheit ist, sondern vielmehr interaktiv erzeugt wird, daß sie durch den Glauben und die Vorstellung eines Gemeinschaftsgefühls der sie bildenden Individuen ins Leben tritt. »Nationalism is not the awakening of nations to self-consciousness; it invents nations where they do not exist.«[36] Nationale Identität erscheint, in diesem Licht betrachtet, nicht als statische und stabile Größe, sondern als Teil eines ständigen Prozesses der Definition und Neudefinition sozialer Beziehungen. In diesem Prozeß erhält sowohl die Geschichte als auch die Geschichtsschreibung eine wichtige Funktion. Nationale Gesellschaften definieren sich immer durch den Bezug auf eine gemeinsame Geschichte, die jedoch – wie die Nation selbst – nicht statisch ist, sondern durch die Gegenwart benutzt, beschworen, kreiert und wiedererinnert wird. Der vor allem von Terence Ranger und Eric Hobsbawm in die geschichtswissenschaftliche Debatte geworfene Begriff der »Invention of Tradition«[37] betont dabei vor allem den zweiten Aspekt, indem er zeigt, wie die Nationalstaaten des 19. Jahrhunderts ein eigenes Repertoire an Mythen, Symbolen und Ritualen erfunden und damit die Gegenwart als direktes Ergebnis der Vergangenheit und die Nation als historisch vorgegebene Größe legitimiert haben.

Der Begriff blendet jedoch aus – und das hat auch zu Mißverständnissen geführt –, daß die Vergangenheit nicht aus dem Nichts erfunden werden kann, sondern daß Traditionen aus historischen Versatzstücken konstruiert werden, also nicht völlig beliebig sein können. »Erfundene Traditionen« müssen den in einer Gesellschaft vorhandenen Rahmenbedingungen, kulturellen Werten und Bedürfnissen Rechnung tragen, wenn sie erfolgreich sein wollen. Der Begriff lenkt das Interesse der Forschung auf die Prozesse, in denen sich bestimmte Konstruktionen der nationalen Vergangenheit durchsetzen können, während andere scheitern oder zweitrangig bleiben.[38] In diesem Sinne müßte sich die Forschung allerdings auch neben der mémoire,[39] der Erinnerung, dem oubli, dem Vergessen, zuwenden.

35 Vgl. *B. Anderson*, Die Erfindung der Nation. Zur Karriere eines folgenreichen Konzepts, Frankfurt a. M. 1988/1993²; siehe dazu etwa auch *U. Ram*, Narration, Erziehung und die Erfindung des jüdischen Nationalismus. Ben-Zion-Dinur und seine Zeit, in: ÖZG 5 (1994), S. 151–177, hier S. 153 f.

36 *E. Gellner*, Thought and Change, London 1972³, S. 168.

37 Vgl. *E. Hobsbawm* u. *T. Ranger* (Hg.), The Invention of Tradition, Cambridge 1983; *T. Rathmann*, Nation und Geschichte: Zur Entstehung nationalen Bewußtseins in der frühen Neuzeit, in: Germanisch-Romanische Monatsschrift, NF 43 (1993), S. 267–278.

38 Vgl. etwa *A. D. Smith*, The Ethnic Origins of Nations, Oxford 1986.

39 Vgl. *P. Nora* (Hg.), Les lieux de mémoire. 1: La République, Paris 1986; 2: La Nation, 3 Bde., Paris 1986; 3: Les France, 3 Bde., Paris 1992; *ders.*, Zwischen Geschichte und Gedächtnis, Berlin 1990.

Aber nicht nur die nationale Geschichte ist in diese merkwürdige Mischung aus Erinnern und Vergessen, aus »Invented Traditions« und historischen Versatzstücken eingebunden, sondern gleichermaßen alle im Jahrhundert erfundenen nationalen Mythen, Symbole und Rituale haben historische Vorläufer und bedienen sich keineswegs neuer Formen der symbolischen Sprache. Seien es die einzelnen ikonographischen Elemente von nationalen Denkmälern, die in ihrer Formensprache traditionelle, oft religiöse Ausdrucksweisen transportierten, seien es nationale Feste und Rituale, deren einzelne Elemente Vorläufer im politischen Herrschaftszeremoniell der Vormoderne, in stadtbürgerlichen Festkulturen oder religiösen Formen der Heiligenverehrung fanden, immer wieder stoßen wir auf Mischungen historischer Erinnerung und aktueller Erfindung.[40]

Mit dieser Erkenntnis ist die historische Forschung in das Gebiet der Kulturanthropologie eingedrungen, die das Auffinden stabiler, wiederkehrender symbolischer und ritueller Erscheinungen zu einer ihrer zentralen Aufgaben zählt. Während es Aufgabe der Geschichtswissenschaft ist, diese anthropologischen Strukturen zu historisieren, mithin zu zeigen, wie sich mit gleichbleibenden symbolischen Formen ganz unterschiedliche soziale Vorstellungen verbinden können, sollte jedoch auch reflektiert werden, wie sich die Grenzen der »Erfindung« im Repertoire fester symbolischer Ausdrucksformen niederschlagen. Inwieweit sind »vormoderne« Symboltraditionen offen für die Symbolisierung moderner gesellschaftlicher Beziehungen? In welchen Bereichen bleiben sie sprachlos oder stoßen auf ihre Grenzen, so daß ihre Übersetzung zu Fehlinterpretationen durch Historiker führen könnte?[41] Je fruchtbarer die Analyse des Nationalismus mithilfe eines konstruktivistischen Ansatzes ist, desto mehr verpflichtet sie zu methodischer und theoretischer Zurückhaltung gegenüber Ansätzen, die einzelne Symbole isoliert interpretieren. Nur der historische Vergleich, der das ikonographische, symbolische und rituelle Repertoire eines Landes in Verbindung zu demjenigen anderer Länder setzt und dadurch die nationalen Besonderheiten von den allgemeinen Grenzen symbolischer Ausdrucksfähigkeit trennt, kann zu gesicherten Aussagen gelangen.

Vor allem der Begriff »Identität« hat seinen Nutzen bei der Beschreibung und Erfassung jener Dispositionen erlangt, die sich mit der Nation verbanden.[42] Wenn er nicht als eine feste, definierte, mit Werten und Eindeutigkeiten ver-

40 Vgl. *K. Tenfelde*, Adventus. Zur historischen Ikonologie des Festzugs, in: HZ 235 (1982), S. 45–84; vor allem *M. Ozouf*, La fête révolutionnaire (1789–1799), Paris 1976.

41 Vgl. etwa *P. Jelavich*, Poststrukturalismus und Sozialgeschichte – aus amerikanischer Perspektive, in: GG 21 (1995), S. 286.

42 Gegen den Begriff der Identität argumentiert etwa *H.-J. Puhle*, Vorbemerkung, in: GG 20 (1994), S. 323, wenn er formuliert: »daß die Erforschung neuer Nationalismen oder Regionalismen und deren Verarbeitung in politischen Systemen weniger mit unbestimmten – und sich zudem vielfach überlagernden – nationalen oder regionalen ›Identitäten‹ zu tun hat, sondern wesentlich mehr mit ökonomischen und politschen Prozessen und Konstellationen, mit Machtverhältnissen, Interessen (folglich auch Ideologie und Fiktionen) und Akten bewußter Gestaltung…«.

sehene Größe verstanden wird, die es zu akzeptieren oder zu verändern gilt, sondern als ein Prozeß, in dem immer neue Werthaltungen und Sichtweisen konstruiert und ausbalanciert werden, eröffnet er der Nationalismusforschung ein wichtiges neues Feld. Er verbindet kollektive Konstrukte mit ihrer individuellen Verarbeitung und fragt danach, wie kollektive Strukturen – Region, Nation usw. – für die Individuen erfahrbar werden und wie sie sich mit anderen Formen von Loyalität und Identität verbinden. Da der Begriff Identität nach einer glücklichen Formulierung von Jan Assmann ein »plurale tantum« ist,[43] fordert er dazu auf, nicht die Priorität des Nationalen in einer Wertehierarchie zu akzeptieren – wie es die Nationalisten und manche Nationalismusforscher vorschlagen –, sondern die jeweils spezifischen Verbindungen territorialer, klassenmäßiger, geschlechtlicher, religiöser Identitäten zu bestimmen.[44] Im folgenden soll die These vorgetragen werden, daß die spezifische Wirksamkeit der nationalen Identität darin besteht, daß sie mit anderen Loyalitäten und Dispositionen vereinbar ist und in diesen und durch diese wirkt. Sie konnte sich auch dadurch im Laufe des 19. und 20. Jahrhunderts mit zentralen sozialökonomischen Entwicklungsprozessen verbinden und in ihnen bzw. durch sie an Ausstrahlungskraft gewinnen.

*3. Nationale Symbolsprache.* Der Appell zu einer stärker kulturgeschichtlichen Erforschung des Nationalismus hat zur vermehrten Hinwendung der historischen Forschung zur nationalen Symbolsprache, vor allem zur Analyse von Denkmälern und Denkmalsbewegungen geführt. Allerdings ist die Aussagekraft nationaler Symbole und Denkmäler in einer sozialgeschichtlichen Perspektive noch nicht befriedigend bestimmt worden. So hat sich die Forschung zwar in den letzten Jahren verstärkt der Analyse von nationalen Denkmälern fast aller europäischer Länder zugewandt,[45] um »durch die Analyse der

43 Siehe auch *A. Assmann*, Zum Problem der Identität aus kulturwissenschaftlicher Sicht, in: *R. Lindner* (Hg.), Die Wiederkehr des Regionalen. Über neue Formen kultureller Identität, Frankfurt a. M. 1994, S. 13–35.

44 Vgl. *L. W. Wurgraft*, Identity in World History. A Postmodern Perspective, in: HT 34 (1995), S. 67–85; *P. Bhikhu*, Discourses on National Identity, in: Political Studies 42 (1994), S. 492–504; *S. N. Eisenstadt* u. *B. Giesen*, The Construction of Collective Identity, in: Archives Européennes de Sociologie 36 (1995), S. 959–965; *B. Ostendorf*, Identitätsstiftende Geschichte. Religion und Öffentlichkeit in den USA, in: Merkur 49 (1995), S. 205–216.

45 Vgl. etwa *M. Agulhon*, Marianne au combat. L'imagerie et la symbolique républicaine de 1789 à 1880, Paris 1979; *ders.*, Marianne au pouvoir. L'imagerie et la symbolique républicaine de 1880 à 1914, Paris 1989; *W. Hardtwig*, Nationsbildung und politische Mentalität. Denkmal und Fest im Kaiserreich, in: *ders.*, Geschichtskultur und Wissenschaft, München 1990, S. 264–301; *ders.*, Bürgertum, Staatssymbolik und Staatsbewußtsein im Deutschen Kaiserreich 1871–1914, in: *ders.*, Nationalismus und Bürgerkultur in Deutschland, Göttingen 1994, S. 191–218; *R. Koselleck* u. *M. Jeismann* (Hg.), Der politische Totenkult. Kriegerdenkmäler in der Moderne, München 1994; *J. Traeger*, Der Weg nach Walhalla. Denkmallandschaft und Bildungsreise im 19. Jahrhundert, Regensburg 1987; *B. Tobia*, Una patria; *M. Corgnati u. a.* (Hg.), Il lauro e il bronzo. La scultura celebrativa in Italia 1800–1900, Turin 1990.

Nationaldenkmäler Aufschlüsse über die Struktur von Nationalbewegungen zu gewinnen«[46] Doch wurde vor allem der Interpretation ikonographischer Formen großer Raum gegeben und dabei die Frage nach den Wirkungen dieser symbolischen Ausdrucksmittel weitgehend vernachlässigt.

Der rein ikonographische Zugang zur Symbolsprache läuft überdies Gefahr, nationale Symbole und Denkmäler zu statisch zu betrachten und sie auf eindeutige und einheitliche Aussagen zurechtzustutzen. Abweichende Interpretationen durch unterschiedliche soziale Gruppen können dabei ebenso unterschätzt werden wie der Wandel der Inhalte. Um die Ausstrahlungskraft und Wirkungsmacht nationaler Symbole präziser bestimmen zu können, ist es geboten, danach zu fragen, ob nationale Denkmäler in ihren Aussagen ein Eigenleben entwickeln konnten, das sich auch von den Intentionen der sie errichtenden Initiatoren ablösen konnte. Wenn auch die Trägergruppen und die Finanzierung von Nationaldenkmälern, zumindest für Deutschland, relativ gut erforscht sind,[47] bleibt die Frage, wie die nationalen Identifikationsangebote von unterschiedlichen sozialen Gruppen verstanden und rezipiert wurden, noch weithin unbeantwortet[48] – dies um so mehr, als Zeitgenossen und Forscher für die Interpretation der benutzten Stilelemente einer bürgerlichen, kunsthistorischen Bildung bedurften. Die touristische Erschließung und Vermarktung nationaler Denkmäler und Ausflugsziele und der damit verbundene Wandel der Wahrnehmung und Interpretation durch immer breitere Schichten der Bevölkerung ist noch wenig erschlossen. Über der Entstehungs- ist die Wirkungsgeschichte ziemlich vernachlässigt worden.

Bereits Thomas Nipperdey hat auf zwei grundlegende Probleme bei der Interpretation von Nationaldenkmälern hingewiesen, daß sie nämlich erstens im wesentlichen »von etablierten Kräften, vom Staat oder von staatstragenden Kräften gebaut« wurden, also nicht die nationale Idee der Opposition oder gar der breiten Bevölkerung vertraten, und daß man zweitens nicht vom Stil eines Denkmals direkt auf die Sicht und Besetzung der Nation schließen könne, sondern die autonome Entwicklung der Kunst berücksichtigen müsse.[49] Die Hinwendung zu den Konflikten um Ausgestaltung und Inhalt nationaler Denkmäler, aber auch die Suche nach nicht realisierten oder gescheiterten Denkmalsinitiativen könnten vor Augen führen, daß die nationale Idee keine von allen Bevöl-

46 *T. Nipperdey*, Nationalidee und Nationaldenkmal in Deutschland im 19. Jahrhundert, in: HZ 206 (1968), S. 531; vgl. ebenso die programmatischen Aufsätze von *M. Agulhon*, La statuomanie et l'histoire, in: *ders.*, Histoire, S. 137–185; *ders.*, Imagerie civique et décor urbain, in: ebd., S. 101–136.

47 Vgl. etwa *L. Tittel*, Das Niederwalddenkmal 1871–1883, Hildesheim 1979; *S.-L. Hoffmann*, Sakraler Monumentalismus um 1900. Das Leipziger Völkerschlachtdenkmal, in: *Koselleck* u. *Jeismann*, Totenkult, S. 249–280; *Tacke*, Denkmal.

48 Vgl. grundlegend dazu bereits *M. Halbwachs*, La mémoire collective (1925), Paris 1968; *ders.*, Les cadres sociaux de la mémoire, Paris 1952.

49 *Nipperdey*, Nationalidee, S. 531.

kerungsgruppen einheitlich aufgefaßte Größe darstellte, sondern in ihrem Inhalt stark variierte.

Außerdem fehlt es auch der Denkmalsforschung am internationalen Vergleich. Bleibt die Interpretation eines Symbols oder eines Symbolfeldes auf einen nationalen Fall beschränkt, kann die Besonderheit nationaler Symboltraditionen nicht bestimmt werden. Die Analyse läuft nicht nur Gefahr, in spezifisch nationalen historiographischen Traditionen gefangen zu bleiben. Darüber hinaus ergeben sich auch methodische Probleme, versucht man die in einem nationalen Kontext entwickelten Erklärungsmodelle und -kategorien auf einen anderen nationalen Kontext zu übertragen.[50] Daß Denkmäler nicht isoliert, sondern in einem Symbolfeld von Denkmal und Ritual untersucht werden müßten, stellt eine ebenso häufig betonte wie vernachlässigte methodische Forderung dar.[51] So muß der Frage verstärkt nachgegangen werden, welchem Wandel der Inhalt nationaler Symbole durch die auf sie gerichtete symbolische Praxis und ihre Verbindung mit anderen Symbolen auch nach ihrer Fertigstellung ausgesetzt war. Dabei muß auch reflektiert werden, ob Denkmäler einen über den Augenblick ihrer festlichen Inszenierung hinausreichenden Einfluß ausüben konnten. Zwar sind nationale Feste als Ausdruck vor allem einer bürgerlichen Selbstvergewisserung relativ gut erforscht.[52] Jedoch stellt sich auch für die Analyse nationaler Feste das Problem, daß sie in erster Linie als Ausdruck einer dominanten nationalen Idee oder als Selbstvergewisserung einer sozialen Gruppe interpretiert werden und darüber abweichende soziale Praktiken aus dem Blick geraten. Über die der bürgerlichen Ordnung der Feste entgegenstehenden Formen der Festkultur, wie zum Beispiel sie begleitende spontane Äußerungen von Freude, übermäßiger Alkoholkonsum sowie Formen der Unordnung oder gar des Protestes

50 Vgl. *P. Nora*, Das Abenteuer der Lieux de Mémoire, in: *E. François u. a.* (Hg.), Nation und Emotion, S. 83–92; und – kritisch abwägender – *E. François*, Von der wiedererlangten Nation zur »Nation wider Willen«. Kann man eine Geschichte der deutschen »Erinnerungsorte« schreiben? in: ebd., S. 93–110. Nur oberflächlich ist der Vergleich bei *J. Bauer*, Gehalt und Gestalt in der Monumentalsymbolik. Zur Ikonologie des Nationalstaats in Deutschland und Italien 1860–1914, München 1992.

51 Vgl. *Nipperdey*, Nationalidee, S. 530; *Hardtwig*, Nationsbildung.

52 Vgl. *M. Hettling* u. *P. Nolte* (Hg.), Bürgerliche Feste. Symbolische Formen politischen Handelns im 19. Jahrhundert, Göttingen 1993; *D. Düding u. a.* (Hg.), Öffentliche Festkultur. Politische Feste in Deutschland von der Aufklärung bis zum Ersten Weltkrieg, Reinbek 1988; *V. Ackermann*, Nationale Totenfeiern in Deutschland von Wilhelm I. bis Franz Josef Strauß. Eine Studie zur politischen Semiotik, Stuttgart 1990; *L. Cole*, Province and Patriotism. German National Identity in Tirol in the Years 1850–1914, Diss. Florenz, Europäisches Hochschulinstitut, 1995; *C. Rearick*, Festivals in Modem France. The Experience of the Third Republic, in: JCH 12 (1977), S. 435–460; *R. Sanson*, Les 14 juillet. Fêtes et conscience nationale 1789–1975, Paris 1976; *P. Ory*, Une nation pour mémoire. 1889, 1939, 1989, Trois jubilés révolutionnaires, Paris 1992; *Tobia*, Una Patria; vgl. auch die Beiträge im Themenheft: Le trasformazioni della festa. Secolarizzazione, politicizzazione e sociabilità nel XIX secolo (Francia, Italia, Spagna), in: Memoria e Ricerca 5 (1994); wenig nützlich dagegen: *M. Isnenghi*, L'Italia in piazza. I luoghi della vita pubblica dal 1848 ai giorni nostri, Mailand 1994.

und deren Wahrnehmung durch unterschiedliche soziale Gruppen ist noch wenig bekannt.

*4. Der Nationalismus als Ersatzreligion.* Mit Hilfe religionssoziologischer Ansätze sind Analogien zwischen nationalen und religiösen Deutungsmustern und Praktiken herausgearbeitet worden. Dabei wurde einerseits deutlich, daß der europäische Nationalismus eine Vielzahl von Ausdrucksmitteln christlicher Provenienz übernahm, also ein direkter Transport christlicher Begriffe und Ausdrucksmittel stattgefunden hat.[53] Andererseits bediente sich der Nationalismus sakraler Vorstellungen, Symbole und Rituale und erfüllte quasireligiöse Funktionen, so daß es naheliegt, ihn als eine säkulare Religion oder als Ersatzreligion aufzufassen. Zuletzt hat Hans-Ulrich Wehler die Analogie zwischen Religion und Nation systematisch aufgestellt: »Wegen seines umfassenden Anspruchs auf Ordnung der menschlichen Existenz, auf Weltdeutung und Sinnstiftung, wegen seiner Fähigkeit, Hingabe und Gläubigkeit, Mobilisierung und Integration zu bewirken, gilt der Nationalismus als »politische Religion«, die wegen eben dieser Eigenschaften die Klassen- und Milieugrenzen, ja beim Export aus Europa die Grenzen zwischen Kulturkreisen zu überspringen vermochte – und vermag.«[54]

Das Konzept des Nationalismus als Säkularreligion dient vor allem dazu, die starke Anziehungskraft und emotionale Bindung zu erklären, die vom Nationalen ausgehen, wobei meist – in expliziter oder impliziter Anlehnung an Emile Durkheim[55] – von einer direkten Beziehung zwischen sakralen Handlungen, Vorstellungen, Symbolen und Ritualen einerseits und der Produktion, ja sogar Manipulation von Gefühlen und Emotionen andererseits ausgegangen wird. So wichtig jedoch die Konstatierung von Ähnlichkeiten und Korrelationen zwischen sakralen und nationalen Praktiken und Weltdeutungen sein mag, erklärt doch die Herstellung von Analogien zwischen beiden Bereichen zunächst recht wenig. In diesem Sinne kritisiert Mary Douglas zu Recht den Durkheimschen Ansatz. »Die These, wonach Rituale bestimmte Gefühle auslösen, steht auf schwachen Füßen. Wer hätte sich nicht schon einmal in der Kirche gelang-

53 Offenbar gab es jedoch auch umgekehrt eine Beeinflussung des Religiösen durch das Nationale; vgl. *D. Blackbourn*, Marpingen. Apparitions of the Virgin Mary in Bismarckian Germany, Oxford 1993, S. 168.

54 *H.-U. Wehler*, Deutsche Gesellschaftsgeschichte III: Von der »Deutschen Doppelrevolution« bis zum Beginn des Ersten Weltkrieges 1849–1914, München 1995, S. 938–946, Zit. S. 944; vgl. auch *C. J. H. Hayes*, Nationalism. A Religion, New York 1960; *D. Klenke*, Nationalkriegerisches Gemeinschaftsideal als politische Religion. Zum Vereinsnationalismus der Sänger, Schützen und Turner am Vorabend der Einigungskriege, in: HZ 260 (1995), S. 395–448; *E. François u. a.*, Die Nation. Vorstellungen, Inszenierungen, Emotionen, in: *dies.* (Hg.), S. 24–27; *E. Gentile*, Il culto del Littorio. La sacralizzazione della politica nell'Italia fascista, Rom 1993. Auf das Verhältnis von Konfession und Religion soll hier nicht eingegangen werden; vgl. dazu den Überblick bei *Langewiesche*, Nation, S. 214 f.

55 *E. Durkheim*, Les formes élémentaires de la vie réligieuse. Le système totémique en Australie, Paris 1960[4].

weilt.« Es ist wenig plausibel anzunehmen, daß »die öffentlichen Äußerungen über Solidarität auch zu deren Festigung führen.«[56]

Der Versuch, Religion durch ihre praktische Wirkung zu erklären, ist ein tautologisches Unterfangen und hört genau da auf, wo die historische Erklärung ansetzen müßte. »Die Erforschung der sozialen und psychologischen Rolle von Religion erschöpft sich daher nicht in der Suche nach Korrelationen zwischen bestimmten Handlungen und bestimmten säkularen sozialen Beziehungen ... Sie soll vielmehr darüber hinaus zu einer Klärung der Frage führen, wieso die Vorstellung der Menschen vom ›wirklich Wirklichem‹ ... und die Dispositionen, die diese Vorstellungen in ihnen wecken, ihre Auffassung vom Vernünftigen, Praktischen, Humanen und Moralischen beeinflussen können – inwieweit sie das tun, wie tiefgreifend sie das tun und wie wirkungsvoll sie es tun.«[57]

Darüber hinaus, das hat vor allem die historische Anthropologie der Vormoderne gelehrt, kann Religion – ebenso wie eine nationalistische Weltdeutung – nicht als ein einheitliches Gedankengebäude aufgefaßt werden, sondern bestehen neben der ›offiziellen Lehre‹ immer auch Häresien, Götzentum, Aberglaube, ja sogar Gottlosigkeit und Heidentum.[58] Diese Vielfalt erfordert einen Ansatz, der außer der offiziellen nationalen oder gar nationalstaatlichen Doktrin das Eigenleben von nationalem Inhalt erfaßt und außerdem erklären könnte, warum sich nationale Stimmungen zwar herrschaftstechnisch nutzen, aber nicht, weder vom Staat noch von einer sozialen Klasse, erzeugen lassen.[59]

Die der These vom Nationalismus als politischer Religion zugrundeliegende anthropologische Annahme, daß ein hinreichend weit entwickeltes symbolisches Orientierungsschema eine Notwendigkeit menschlicher Gesellschaften darstellt, um ihre wechselseitigen Beziehungen in Zeit und Raum zu stabilisieren, läßt sich jedoch für eine kulturgeschichtlich argumentierende Erforschung des Nationalen mit Gewinn anwenden. Die Analyse von Religionen, sakralen Ritualen und Symbolen ist eine der klassischen Sphären der Kulturanthropologie, aus der sie Rückschlüsse zieht auf die soziale Organisation menschlicher Gesellschaften, seien sie Stammeskulturen oder Industriegesellschaften. Das methodische Instrumentarium der Anthropologie auf diesem Gebiet ist von der neueren Nationalismusforschung, die sich mit Mythen, Denkmälern, Festen usw. beschäftigt, noch lange nicht ausgeschöpft worden. Um eine anthropologisch orientierte Analyse der Nation als »Säkularreligion« zu ermöglichen, wäre es jedoch zunächst notwendig, die Bildung dieser Analogie zu reflektieren. Ist es nicht Ausdruck eines »ethnozentrischen« und das heißt verklärten Blicks auf die moderne Gesellschaft, daß sich die historische Forschung ausschließlich darauf

56 *M. Douglas*, Wie Institutionen denken, Frankfurt a. M. 1991, S. 63, 65.

57 *C. Geertz*, Dichte Beschreibung. Beiträge zum Verstehen kultureller Systeme, Frankfurt a. M. 1987, S. 93 f.

58 Vgl. *C. Ginzburg*, Der Käse und die Würmer. Die Welt eines Müllers um 1600, Frankfurt a. M. 1979; *E. Le Roy Ladurie*, Montaillou. Ein Dorf vor dem Inquisitor, Berlin 1980.

59 *Jeismann*, Vaterland, S. 51.

beschränkt, Analogien zwischen Religion und Nation herauszuarbeiten, gleichzeitig aber den säkularen, modernen Charakter dieser »Ersatzreligion« betont? Während Anthropologen in Religionen Magie, magische Rituale und Totemismus ausmachen, sehen Historiker in der Moderne nur nationale Praktiken, Feste, Umzüge, Symbole, höchstens »Emotionen« am Werke. Es soll hier selbstverständlich nicht hinter eine Historisierung anthropologischer Erkenntnisse zurückgegangen werden. Jedoch könnte ein »entfremdeter Blick« auf eine zunächst bekannt erscheinende Welt zu einem schärferen und tieferen Verstehen des Sinngehalts symbolischer Praktiken führen.[60]

Darüber hinaus könnte die Kulturanthropologie zu einer fruchtbaren Ausdehnung der historischen Nationalismusforschung anregen. Während jene bei der Analyse von Kollektivritualen zwischen Solidaritätsriten und Übergangsriten unterscheidet und beide als zentral für soziale Bindungen analysiert,[61] hat sich die neueste kulturgeschichtlich orientierte Nationalismusforschung fast ausschließlich den offiziell inszenierten nationalen Ritualen zugewandt und individuelle Riten, die viel stärker die Verbindung von Individuum und Gemeinschaft markieren – und dabei vor allem die Rolle der geschlechtspezifischen Sozialisation betonen[62] –, außer acht gelassen. So wie sich die christliche Religion einem Anthropologen nicht allein aus der Beobachtung der Sonntagsmesse erschließt, sondern die Analyse der Formen familiärer und individueller Religionsausübung ebenso verlangt wie die der magischen und abergläubischen Handlungen, muß sich auch die Nationalismusforschung verstärkt anderen Formen nationaler Selbstvergewisserung und Sozialisation zuwenden, um die Überzeugungskraft des Nationalen für das Individuum zu verstehen. Außerdem lehrt die anthropologische Analyse von Ritualen, die feste Verbindung von sakralem Ritual einerseits und Festfreude und Ausgelassenheit andererseits in den Blick zu nehmen und nicht ausschließlich die eigentlichen heiligen Handlungen zu betrachten,[63] das heißt die Tatsache, daß einem Symbol gleichzeitig mehrere Bedeutungen anhaften und es nur im Bezug zu anderen Symbolen eines Symbolfeldes eindeutig entschlüsselt werden kann, verweist auf die Notwendigkeit einer holistischen Interpretation ganzer Symbolfelder. Außer einzelnen Symbolen müssen auch die an sie gebundenen sozialen Praktiken analysiert werden. Auf die Nationalsymbolik bezogen heißt das, wie bereits erwähnt, nationale Mythen, Symbole und Rituale als ein Symbolfeld und nicht einzelne Symbole – wie etwa Bismarck, die Marianne oder Garibaldi – isoliert zu betrachten. Die Polysemie der Symbole erklärt darüber hinaus auch die relative Begrenztheit der symbolischen Sprache, deren einzelne Elemente in unterschiedlichen Zeiten und Ländern sehr ähnlich sein können, aber in ihrer

60 Vgl. *M. Douglas*, Ritual, Tabu und Körpersymbolik. Sozialanthropologische Studien in Industriegesellschaft und Stammeskultur, Frankfurt a. M. 1986, S. 20.

61 Vgl. etwa *M. Harris*, Kulturanthropologie, Frankfurt a. M. 1989, S. 292 f.

62 Vgl. *A. van Gennep*, Les rites de passage (1909), Paris 1981, S. 96, 271 f.

63 *V. Turner*, Das Ritual. Struktur und Antistruktur, Frankfurt a. M. 1994, S. 46 f.

spezifischen Verbindung eindeutige, zeitlich und räumlich begrenzte Aussagen machen. Das heißt dann aber auch, daß die Symbole christlicher Provenienz im nationalen Symbolfeld ganz neu zu interpretieren sind.

Als offenes Problem stellt sich schließlich die Frage, ob sich im Hinblick auf die religiöse Sinnstiftung sozialer Beziehungen eine Auseinanderentwicklung entlang der Geschlechterdifferenz vollzogen hat. Die sich im 19. Jahrhundert abzeichnende Feminisierung der Religion[64] legt es nahe, davon auszugehen, daß Frauen und Männer durch die nationale Ersatzreligion unterschiedlich erfaßt wurden. Es bleibt zu untersuchen, ob die Tatsache, daß Frauen in stärkerem Maße als Männer an traditionelle Formen religiöser Praktiken gebunden blieben, ein Indiz für ihre schwächere Erfassung von nationalen Ideen darstellt. Besonders in Frankreich scheint sich eine Aufteilung der Öffentlichkeit in einen männlichen Bereich der Nation und einen weiblichen Bereich der Religion vollzogen zu haben.[65]

*5. Konstruktion des Nationalen und der Geschlechterrollen.* Die vorn formulierte These, daß das Nationale nicht als unabhängige Größe betrachtet und erklärt werden kann, sondern immer in Beziehung zu anderen Formen von Identität erfaßt werden muß, weist der Kategorie »Geschlecht« einen zentralen, aber bisher in der Nationalismusforschung sträflich vernachlässigten Platz in der Erklärung nationaler Identitäten zu. Zunächst ist auf die enge Verbindung von Geschlechtscharakter und nationaler Weltdeutung hinzuweisen, die vor allem an der Verbindung von Feindschaft, Krieg und Geschlecht zu erfassen ist. Die Forschung hat zwar in den letzten Jahren auf die enge Verbindung von Nationalismus und Feindschaft hingewiesen.[66] Jedoch ist aus der Erkenntnis, daß die Nation ohne Feindschaft nicht denkbar ist, die ihr immanente Ungleichheit der Geschlechter in der Nation nicht abgeleitet worden. Feindschaft und Krieg sind nicht nur zentrale Aspekte des Nationalismus, sie schaffen auch eine interne Differenz zwischen den Geschlechtern, aus der soziale Hierarchien und politische Herrschaft erwachsen.

So wurden mit der Verteidigung der Nation nach außen und der damit verbundenen »levée en masse« nicht nur männliche Partizipationsrechte im Innern der Nation begründet, sondern aus dem Kampf wurden auch nationale Tugenden und eine nationale Kultur entwickelt, die wie der Kampf selbst geschlechtsspezifisch unterschieden waren. Während männliche Tugenden – Tapferkeit, Unerschrockenheit und Stärke – aus der Notwendigkeit, sich im Krieg zu be-

64 Vgl. *H. McLeod*, Weibliche Frömmigkeit – männlicher Unglaube? Religion und Kirchen im bürgerlichen 19. Jahrhundert, in: *U. Frevert* (Hg.), Bürgerinnen und Bürger. Geschlechterverhältnisse im 19. Jahrhundert, Göttingen 1988, S. 134–156; *S. Paletschek*, Frauen und Dissenz. Frauen im Deutschkatholizismus und in den freien Gemeinden 1841–1852, Göttingen 1990; *B. Weiter*, »Frauenwille ist Gottes Wille.« Die Feminisierung der Religion in Amerika 1800–1860, in: *C. Honegger* (Hg.), Listen der Ohnmacht. Zur Sozialgeschichte weiblicher Widerstandsformen, Frankfurt a.M. 1981, S. 326–355; *Blackbourn*, Marpingen, S. 46f., 401.

65 Vgl. *Tacke*, Denkmal, S. 126f., 131f.

66 Vgl. *Jeismann*, Vaterland; *Langewiesche*, Nationalismus; *ders.*, Nation.

währen, abgeleitet wurden, wurden die konträren weiblichen Tugenden – Treue, Demut und Selbstaufopferung – auf die Unterstützung des Mannes im Krieg hin konstruiert. Die Tatsache, daß die Geschlechtscharaktere mit nationalen Stereotypen verbunden wurden, die deutsche, englische und französische Frau immer als das Gegenteil der jeweils anderen dargestellt wurde, und die Feindschaft zwischen den Nationen auch mit Hilfe dieser Differenz untermauert wurde, ist ein ebenso zentraler wie noch wenig erforschter Aspekt, der die enge Verbindung von Nation und Geschlecht unterstreicht.[67]

Vor allem fehlt es jedoch an Studien, die zeigen, daß der dem Nationalen immanente Gegensatz zwischen Krieg und Frieden, männlich und weiblich, öffentlich und privat nicht nur ein Konstrukt der Nationalideologie war,[68] sondern sich in vielfältiger Weise in der Nationalbewegung abbildete und nicht nur das Denken beeinflußte, sondern auch in erheblichem Maße den Handlungsspielraum von Frauen und Männern bestimmte.

Während des gesamten 19. Jahrhunderts, aber auch noch darüber hinaus, stellte die Nationalbewegung eine von Männern und damit auch von potentiellen Kriegern dominierte Bewegung dar. Turn- und Kriegervereine trugen nicht nur die Erinnerung der Nation in Waffen in die Friedenszeiten herüber, sondern pflegten auch in ihren Geselligkeits- und Umgangsformen den Mythos der Männerkameradschaft im Krieg.[69] Körperertüchtigung, militärische Übungen,[70] aber auch starkes Trinken und exzessives Feiern unter Männern waren ein zentraler Bestandteil des männlich-kriegerischen Charakters – Frauen störten. Die Militärzeit oder gar die direkte Kriegsteilnahme, deren Erinnerung in den Kriegervereinen und in öffentlichen Ritualen gepflegt und bekundet wurde, umschlang eine Erfahrung, die nur erwachsene Männer teilten, und stellten einen zentralen Initiationsritus auf dem Weg zur Mannwerdung dar. Unter dem Druck von Kameraden und den Erwartungen der jeweiligen Bezugsgruppe wurden in der Kaserne und auf dem Schlachtfeld männliche Tugenden erlernt und bewiesen. Vor allem in der Todesverachtung scheint sich die Hingabe für

67 Vgl. *Colley*, Britons, S. 250–317; *Tacke*, Denkmal, S. 44f.

68 Die meisten Arbeiten, die sich mit dem Problem »Nation und Geschlecht« beschäftigen, beschränken sich auf die Analyse des nationalen Diskurses. Vgl. *G. L. Mosse*, Nationalismus und Sexualität. Bürgerliche Moral und sexuelle Normen, München 1985, sowie die Beiträge in den Themenheften: Gender, Nationalism, and National Identities, in: Gender & History 5 (1993), Nr. 2, und Nationalism and National Identities, in: Feminist Review 44 (1993).

69 Vgl. etwa *T. Rohkrämer*, Der Militarismus der »kleinen Leute«. Die Kriegervereine im Deutschen Kaiserreich 1871–1914, München 1990; *Düding*, Nationalismus (Düding geht allerdings so gut wie gar nicht auf die Rolle der Geschlechtertrennung in der Nationalbewegung ein.); *R. Chickering*, We Men Who Feel Most German. A Cultural Study of the Pan-German League 1886–1914, London 1984; *A. Prost*, Les anciens combattants et la société française 1914–1939, Bd. 2, Paris 1977, S. 199; zur Männlichkeit von Geselligkeit allgemein vgl. *U. Frevert*, Männergeschichte oder die Suche nach dem »ersten Geschlecht«, in: *M. Hettling u. a.* (Hg.), Was ist Gesellschaftsgeschichte, München 1991, S. 31–43.

70 Vgl. *J. Vogel*, Militärfeiern in Deutschland und Frankreich als Rituale der Nation (1871–1914), in: *E. François u. a.* (Hg.), Nation und Emotion, S. 199–214.

das Vaterland mit der Hoffnung, Ehre und Ruhm zu erwerben und damit dem Image soldatischer Männlichkeit zu entsprechen, zu vermischen.[71]

Nationale Feste und Feiern waren durch militärische Rituale und Symbole gekennzeichnet – und das nicht nur im deutschen Kaiserreich[72] –, mit denen die Vorstellung der Nation als eines Männerbundes von Kriegern unterstrichen wurde. Die Frage, inwieweit es den Mitgliedern nationaler Vereine darauf ankam, in diesen Ritualen ihren männlich-kriegerischen Charakter in der Öffentlichkeit – und auch vor einer weiblichen Zuschauerschaft – darzustellen und zu bestärken, sich hier also nationale und geschlechtliche Identität mischte, ist noch kaum beantwortet worden.[73] Dabei spielt, neben dem Geschlecht auch das Alter und das Verhältnis zwischen den Generationen für die Ausprägung von nationalen Ideen eine wichtige Rolle.[74]

Wie auch in ihrer unterstützenden Rolle im Krieg traten Frauen in der Nationalbewegung nur in einer untergeordneten, beigeordneten Rolle auf. Zwar wurden sie nicht grundsätzlich ausgeschlossen, aber innerhalb der Nation wurde ihnen ein eigener privater Raum zugesprochen, der die geschlechtliche Trennung der Gesellschaft nicht in Frage stellte, sondern symbolisch überhöhte. Zwar gründeten bürgerliche Frauen eigene Vereine, doch waren diese sowohl in ihren Tätigkeitsfeldern als auch in ihren Umgangsformen von denen ihrer Ehemänner oder Väter strikt getrennt. So pflegten Frauen die Verwundeten und Kranken der Befreiungs- und späteren Kriege. Während sich Geselligkeit für Männer in Wein und Pfeife ausdrückte, taten das für Frauen Nadel und Faden: Sie stickten Fahnen für Krieger-, Turn-, Schützen- und Sängervereine, die sie bei öffentlichen Festen ihren Männern überreichten; Frauen stellten Handarbeiten her, mit deren Erlös sie die Subskriptionen für Nationaldenkmäler unterstützten. Auch wenn es für die betroffenen Frauen sicherlich einen Unterschied machte, ob sie Socken für ihren Ehemann strickten oder Kissen mit dem Abbild eines Nationalhelden stickten – und das in geselliger Runde mit ihren Freundinnen und anderen bürgerlichen Frauen –, blieb der öffentliche Raum, den die Frauen zaghaft betraten, immer durch die private Sphäre vermittelt und deutlich anders geprägt als der ihrer Ehemänner.[75] Auch bei öffentlichen Festen nahmen Frauen

71 Vgl. v. a. *Rohkrämer*, Militarismus.

72 Vgl. *Vogel*, Militärfeiern, S. 210.

73 Vgl. *Becker*, Comment les Français, S. 309–312.

74 Vgl. ebd., S. 30 f.; *G. L. Mosse*, Gefallen für das Vaterland. Nationales Heldentum und namenloses Sterben, Stuttgart 1993.

75 Vgl. *C. Lipp*, Liebe, Krieg und Revolution. Geschlechterbeziehungen in der Revolution 1848/49, in: *dies.* (Hg.), Schimpfende Weiber und patriotische Jungfrauen. Frauen im Vormärz und in der Revolution 1848/49, Moos 1986, S. 353–384; *R. Chickering*, »Casting Their Gaze More Broadly«. Women's Patriotic Activism in Imperial Germany, in: PP 118 (1988), S. 156–185; *Colley*, Britons, S. 250–317; *D. A. Reeder*, »Natur und Sitte verbieten uns, die Waffen der Zerstörung zu führen...«. Patriotische Frauen zwischen Frieden und Krieg, in: *J. Dülffer* (Hg.), Kriegsbereitschaft und Friedensordnung in Deutschland 1800–1814, Münster 1995, S. 170–185; *Tacke*, Denkmal, S. 105 f., 126 f., 222 f., 257 f. Inwieweit das Engagement der

kaum eine aktive, sondern immer eine unterstützende und vermittelnde Rolle ein. Frauen betrachteten die Feiern aus sicherer Entfernung von eigens für sie errichteten Tribünen. Wenn sie im Ritual selber eine Rolle spielten, traten sie in weißen Kleidern und mit Blumen geschmückt auf: Diese Symbole drückten ihre Keuschheit und Treue aus, sie ließen sie auch als leuchtendes, reines Gegenteil eines Kriegers in Uniform erscheinen. Bei Festessen, die sich an nationale Feiern anschlossen, begleiteten Frauen gelegentlich ihre Ehemänner, lauschten aber still den Toasts, die auf die Nation und ihre politischen Vertreter ausgesprochen wurden. Darüber hinaus führten Mütter ihre minderjährigen Söhne bei Nationalfeiern oder zu nationalen Anlässen und bereiteten sie auf ihre zukünftige Rolle in nationalen Ritualen vor.

Alle diese Beispiele belegen, wie zentral das Geschlecht eine durch die Nation vermittelte Kategorie ist, aber auch wie stark die nationale Identität durch die geschlechtliche bestimmt und gestützt wurde. Abgesehen davon, daß von einer systematischen Analyse der Verbindung von nationaler und geschlechtlicher Identität bisher kaum gesprochen werden kann, ist es dringend notwendig, diesen Aspekt international vergleichend in den Blick zu nehmen. Es scheint nicht nur, als gebe es in der Symbolisierung geschlechtlicher Unterschiede deutliche nationale Unterschiede, sondern auch, als sei die Rolle, die geschlechtlicher Identität im nationalen Selbstverständnis und Ritual zukam, von Nation zu Nation unterschiedlich.[76]

Damit stellt sich eine Frage, die neue Forschungsgebiete des Nationalen erschließen könnte. Wenn die nationale Geselligkeit, die nationalen Rituale und Symbole einen in erster Linie männlichen »Ort« darstellen, in dem Frauen nur eine unterstützende, komplementäre Rolle innehatten und aus den meisten »heiligen Handlungen« ausgeschlossen blieben oder an ihnen nur am Rande teilnahmen, bleibt ausgesprochen unklar, ob und wo Frauen im 19., aber auch im 20. Jahrhundert »nationalisiert« wurden. Immerhin setzt die wichtige Funktion, die ihnen die nationale Gesellschaft zuwies – die nationale Erziehung der neuen Generation – nicht nur voraus, daß sie sich als Teil der Nation definierten, sondern auch, daß ihre geschlechtliche Identität – wie die der Männer – eng mit der nationalen Identität verknüpft war.[77] Muß es dann nicht möglich sein,

Frauen in der Nationalbewegung zu ihrer Emanzipation beitragen konnte, wie es die meisten dieser Studien nahelegen, bleibt fraglich, da es den durch die Geschlechtscharaktere vorgegebenen Raum nicht verließ.

76 Vgl. *Tacke*, Denkmal, S. 44–50, 131 f., 199.

77 Diese Frage ist auch zentral in der Debatte um die Rolle der Frauen im Nationalsozialismus: vgl. *C. Koonz*, Mütter im Vaterland. Frauen im Dritten Reich, Freiburg 1991 (New York 1986); *G. Bock*, Die Frauen und der Nationalsozialismus: Bemerkungen zu einem Buch von *C. Koonz*, in: GG 15 (1989), S. 563–579; *ders.*, Erwiderung auf Bocks Rezension von »Mothers in the Fatherland«, in: GG 18 (1992), S. 394–399; *G. Bock*, Ein Historikerinnenstreit?, in: ebd., S. 400–404; *J. Gehmacher*, Kein Historikerinnenstreit. Fragen einer frauen- und geschlechtergeschichtlichen Erforschung des Nationalsozialismus in Österreich, in: Zeitgeschichte 22 (1995), S. 109–123.

in Analogie zu den männlichen auch weibliche Initiationsriten aufzufinden, die das Mädchen zur Frau und gleichzeitig zur nationalen Frau machten? Entsprechend der der Nation immanenten Trennung der privaten und öffentlichen Sphäre für Frauen und Männer müssen diese Riten, aber auch andere Formen nationaler Symbolik, im Bereich der, »weiblichen« Sphäre gesucht werden. Gibt es daher eine nationale Symbolik des Privaten, die entsprechend der des öffentlichen Raumes, in dem der private als komplementär mitgedacht wird, die private Sphäre an die nationale, öffentliche Sphäre anbindet, und so auch Frauen an »heiligen Handlungen« teilhaben läßt?

Einige Hinweise sollen hier genügen, die es sinnvoll machen, die nationale Symbolik auch außerhalb der offiziellen Symbolik und außerhalb des öffentlichen Raumes zu erforschen. Private Feste, vor allem Weihnachts- und Hochzeitsfeiern, scheinen in ihrer Bedeutung und Erfahrung über den engen Kreis der Familie hinaus auch mit nationaler Symbolik aufgeladen zu sein.[78] Die Tatsache, daß Weihnachtsfeiern nicht nur in der Familie begangen wurden, sondern z.B. auch von Kriegervereinen als Familienfeiern verstanden wurden,[79] läßt die Verbindung des Privaten und Nationalen erahnen, wenn es sich hier auch nicht um national*staatliche* Identität handelt. Darüber hinaus ist auffällig, welche Bedeutung Soldaten der Weihnachtsfeier an der Front zuschrieben. Die deutsche Weihnacht, fern der Heimat und der Familie, spielte eine zentrale Rolle in Kriegsbriefen von Soldaten und verweist darauf, daß die Verbindung von Nation, Heimat und Familie dem Weihnachtsfest immanent sein könnte.[80] Folgendes Zitat aus einem Kriegsbrief aus dem Ersten Weltkrieg setzt Weihnachten mit Nation, Familie und Geschlecht in enge Verbindung: »Gestern Christfeier in der Kirche mit Kerzenschein und trauten deutschen Weihnachtsliedern. Text: seid männlich, seid stark. – Es war eine ergreifende unvergessliche Feier. Nachher Weihnachtsfeier im Zuge, kurze Ansprache: Heimat, Haus, Vater, Mutter, Weib und Kind, Liebe, Ernst der Zeit, Feind. Aber keine weichliche Stimmung. Klar das Auge, fest das Herz. Wenn Weihnacht einkehrt, wenn der Sternenhimmel über Dir leuchtet, Du deutscher Mann, Hand am Eisenschwert und den Finger am Abzugbügel! Alle Augen waren feucht geworden, so standen wir im ärmlichen Raum um den Baum und sangen doch mit feuchtem Blick und fester Stimme: Stille Nacht, hl. Nacht – wer könnte das je vergessen.«[81]

Zu untersuchen ist, wie Rituale und Symbole des Weihnachtsfestes – auch hier handelt es sich um ein Symbolfeld christlicher Provenienz –, deren Inszenierung doch in erster Linie Frauen zustand, im privaten und öffentlichen Be-

78 Vgl. *H. Bausinger*, Anmerkungen zum Verhältnis von öffentlicher und privater Festkultur, in: *Düding u. a.*, Festkultur, S. 399f.; *I. Weber-Kellermann*, Das Weihnachtsfest. Eine Kultur- und Sozialgeschichte der Weihnachtszeit, Frankfurt a. M. 1978; *dies.*, Die deutsche Familie. Versuch einer Sozialgeschichte, Frankfurt a. M. 1974, S. 223–243.

79 Vgl. *Rohkrämer*, Militarismus, S. 71.

80 Vgl. ebd., S. 113f.

81 Universitätsarchiv Halle, Rep. 4, Nr. 1977, Pol. 23, Auszüge aus den Kriegsbriefen unseres lieben Siegfried, gefallen am 23. Juni 1916, an Lüders, 25.12.1914.

reich national aufgeladen wurden. Obwohl die hier genannten Beispiele aus der männlichen Sphäre, aus Vereinen und Kriegserlebnissen, stammen, dürfte eine Untersuchung auf diesem Gebiet erfolgversprechend sein, um zumindestens eine Form weiblicher nationaler Inszenierung zu erfassen und um die enge Verknüpfung der nationalen mit anderen Formen von Identität zu belegen.

Ein weiterer vielversprechender Ansatz dürfte die Interpretation von Hochzeiten als nationalen Initiationsriten sein. Indizien, die darauf verweisen, finden sich zunächst in der offenbar hohen erotischen Anziehungskraft, die männliche Krieger auf Frauen ausgeübt haben oder zumindest auszuüben versprachen.[82] Die in der Nation symbolisierte Differenz der Geschlechter trennte diese nicht voneinander, sondern erhöhte die gegenseitige Anziehungskraft. Männliche Krieger in Uniform – mit enggeschnittener Taille und Schulterklappen – wirkten wohl ebenso erotisch auf Frauen, wie die weiß und mit Blumen geschmückten Frauen auf Männer.[83] Da Weiblichkeit im nationalen Diskurs über Ehe, Familie und Fortpflanzung definiert wurde, ist zu untersuchen, ob der Eintritt in die Ehe – analog zur männlichen Wehrpflicht – von Frauen auch als nationaler Initiationsritus erfahren wurde. Thomas Rohkrämer führt Beispiele an, die zeigen, wie der Initiationsritus des Militär- oder Kriegsdienstes den Jungen nicht nur zum Mann, sondern auch zum heiratsfähigen Mann machte.[84] Die durch die soldatischen Tugenden symbolisierte Männlichkeit zielte auch darauf ab, dem weiblichen Geschlecht zu gefallen. Darüber hinaus weist die Tatsache, daß Kriegervereine bei der Hochzeit ihrer Mitglieder geschlossen auftraten oder daß Nothochzeiten am Beginn der Kriege des 19. und 20. Jahrhunderts inszeniert wurden,[85] auf die zentrale Rolle der Eheschließung als nationalem Ritual hin. Das würde auch erklären helfen, warum Frauen bei öffentlichen nationalen Festen weiß gekleidet und mit Blumen geschmückt auftraten.

Schließlich muß erforscht werden, ob es eine weibliche Analogie zur männlichen Todesverachtung gibt. Der nationale Diskurs vermittelt ein Bild der Frau, die die nationale Pflichterfüllung und ihren nationalen Stolz zu Beginn des Ersten Weltkrieges höher bewertete als die Gefahr, ihren Sohn oder Ehemann für das Vaterland zu opfern. Ist der weibliche nationale Stolz nur insofern ein über den Mann vermittelter, als die Frau stolz ist auf ihren kriegerischen Mann oder Sohn, sich nicht dem Drang der männlichen Selbstbewährung widersetzen kann? Oder gibt es eine eigene Form der weiblichen nationalen Sinnstiftung, die den Tod ihrer Angehörigen für das Vaterland legitimiert? Während sich die historische Forschung der öffentlichen Todesverarbeitung in Form von Kriegerdenkmälern angenommen hat,[86] wissen wir über die private Verarbei-

82 Vgl. etwa *L. Barthas*, Les carnets de guerre de Louis Barthas, tonneliers 1914–1918. Introduction de Remy Cazals, Paris 1992, S. 21.

83 Vgl. *Rohkrämer*, Militarismus, S. 164f., 166.

84 Vgl. ebd., S. 33, 141, 149, 156, 168, 251, 263.

85 Vgl. *M. Hirschfeld* (Hg.), Sittengeschichte des Weltkrieges, Bd. 1, Leipzig 1930, S. 94f.; *Rohkrämer*, Militarismus, S. 206.

86 Vgl. *Koselleck* u. *Jeismann*, Totenkult, S. 12; *Mosse*, Vaterland.

tung oder Sinnstiftung des Verlustes eines Sohnes oder Angehörigen im Kriege nichts. Die Untersuchung des nationalen Dilemmas von Frauen, die ihre Söhne zu Männern und Kriegern erzogen, dabei aber Gefahr liefen, sie dem Kriegstod zu überantworten, oder die Beantwortung der Frage, ob die nationale Stilisierung der Mutterschaft[87] in der Lage war, eine Sinnstiftung des Todes zu vermitteln, stellen einen wichtigen, aber noch völlig unbearbeiteten Bereich nationaler Identitätsforschung dar. Vielleicht könnte z. B. eine Untersuchung des Volkstrauertags,[88] der private und öffentliche Todesverarbeitung zu verbinden versprach, hier nähere Auskunft geben.

Wenn die Nation historisch nicht von der Vorstellung eines Feindes und damit von kriegerischen Auseinandersetzungen getrennt werden kann, kann sie auch nicht geschlechtsneutral definiert werden, sondern transportiert immer die Ungleichheit der Geschlechter. Wenn man unter politischer Herrschaft nicht nur den Ausschluß von politischen Partizipationsrechten versteht, sondern auch alle ungleichen sozialen Beziehungen, weil diese eine ungleiche Verteilung von Macht bedeuten, ist zu fragen, wie diese ungleichen Beziehungen etabliert, reproduziert und verändert werden.[89] In diesem Kontext wird deutlich, daß die Ungleichheit der Geschlechter in der Nation keineswegs mit der Gewährung von politischen Partizipationsrechten an Frauen aufgehoben wurde, sondern bis heute durch nationale Vorstellungen weitergetragen wird. Die Verweigerung des Wahlrechts an Frauen im 19. und frühen 20. Jahrhundert bzw. die Vorstellung von allgemeinem Wahlrecht, Demokratie und Republik, die Frauen meist ganz selbstverständlich und unreflektiert von der politischen Gestaltung der Nation ausschloß, muß sicherlich auch auf die Vorstellung von der Nation als einem Männerbund von Kriegern zurückgeführt werden. Jedoch ist der Umkehrschluß nicht zulässig. In dem Moment, als Frauen politische Partizipationsrechte erhalten, ist die Trennung der Nation in einen männlichen und einen weiblichen, einen öffentlichen und einen privaten, einen staatlichen und einen familiären Bereich keineswegs aufgehoben. Die »Demokratisierung der Nation«, die sich 1918, so formuliert es Otto Dann, mit dem allgemeinen Wahlrecht für »die Arbeiterbevölkerung wie die Frauen«[90] – man beachte die Reihenfolge – durchgesetzt hat, konnte keineswegs die soziale Ungleichheit der Geschlechter in der Nation beseitigen. Die Vorstellung der Nation als einer Emanzipations-

87 Vgl. *T. Sandkühler* u. *H.-G. Schmidt*, ›Geistige Mütterlichkeit‹ als nationaler Mythos im Deutschen Kaiserreich, in: *J. Link* u. *W. Wülfing* (Hg.), Nationale Mythen und Symbole in der zweiten Hälfte des 19. Jahrhunderts. Strukturen und Funktionen von Konzepten nationaler Identität, Stuttgart 1991, S. 237–255; *K. Offen*, Depopulation, Nationalism and Feminism in Fin-de-Siècle-France, in: AHR 89 (1984), S. 648–676; *A. Davin*, Imperialism and Motherhood, in: *R. Samuel*, Patriotism, Bd. 1, London 1989, S. 203–235.

88 Vgl. für Frankreich die Feiern des 11. November, *Prost*, Les anciens combattants, Bd. 2, S. 183 f., Bd. 3, S. 55 f.

89 Vgl. *J. W. Scott*, Gender and the Politics of History, New York 1988, S. 26.

90 *O. Dann*, Nation und Nationalismus in Deutschland 1770–1990, München 1993, S. 235.

ideologie und die Perpetuierung dieser Vorstellung in der historischen Forschung verschleiert vielmehr gerade die fundamentale Ungleichheit der Geschlechter, die ihr immanent ist.

Die vielzitierte Definition der Nation von Benedict Anderson als »imaginärer Gemeinschaft« verdeutlicht diesen Befund in doppelter Weise. Anderson stellt fest, daß die Nation als eine Gemeinschaft vorgestellt wird, weil sie unabhängig von realer Ungleichheit und Ausbeutung immer als »›kameradschaftlicher‹ Verbund von Gleichen verstanden wird«. Er fährt fort: »Es war diese Brüderlichkeit, die es in den letzten zwei Jahrhunderten möglich gemacht hat, daß Millionen von Menschen für so begrenzte Vorstellungen weniger getötet haben als vielmehr bereitwillig gestorben sind.«[91] Einerseits wird die Nation in dieser Definition als eine im Kampf gegen einen Feind – im Männerkampf – entstandene und erfahrbare Einheit vorgestellt. Andererseits wird diese einseitige geschlechtliche Definition verallgemeinert und absolut gesetzt. Hier wird nicht nur sichtbar, wie die Nation historisch als ein Männerbund wahrgenommen und legitimiert wurde, sondern *auch* wie die Nation bis heute als ein Männerbund in der historischen Forschung reproduziert wird.

6. *Nationalisierung des Alltags.* Auch wenn es unmittelbar einleuchtend ist, daß nationale Identität nicht nur bei nationalen Ritualen und durch offizielle nationale Symbole und Mythen transportiert, sondern auch im alltäglichen Leben, in der Familie, im Freundeskreis, in der Schule und der Armee eingeübt und erprobt wird, ist das Problem der Entkulturation im Bereich der nationalen Identität noch völlig unbeleuchtet. Nimmt man die These ernst, daß die nationale Identität mit anderen Formen sozialer, geschlechtlicher, lokaler und regionaler Identität verwoben ist, muß nicht nur untersucht werden, wo sich im einzelnen Verbindungen zwischen verschiedenen Formen von Identität ausmachen lassen, sondern auch, welche Sozialisationsinstanzen diese Verbindungen stützen. Das heißt aber auch, das Verständnis nationaler Rituale und Symbole zu erweitern und zu fragen, welche Formen und Objekte der Alltagskultur, aber auch Umgangs- und Geselligkeitsformen Träger eines nationalen Identifikationsangebots darstellen können.

In dem Maße, in dem eine spezifische Kultur als eine nationale wahrgenommen und definiert wurde, konnten auch Elemente ihres kulturellen Inhalts zu nationalen Symbolen und Ritualen aufsteigen und je nach Kontext und Zeitbedingungen als solche abgerufen werden. Das gilt für familiäre Feste, für Formen des Konsums und der Ernährung ebenso wie für alltägliche Objekte wie

91 *Anderson*, Erfindung der Nation, S. 17. In der englischen Originalausgabe (Imagined Communities. Reflections on the Origins and Spread of Nationalism, London 1991², S. 7) steht der Begriff »comradeship« nicht wie in der deutschen Übersetzung in Anführungszeichen. War sich der deutsche Übersetzer, Benedikt Burkard, der männlichen Konnotation des Begriffs Kameradschaft bewußt und hat versucht, sie durch Anführungszeichen abzuschwächen?

Kleidungsstücke[92] und Einrichtungsgegenstände oder Formen der Freizeitgestaltung und des Sports. Vor allem das Reisen und die Ausdehnung des Reisens auf immer breitere Schichten, durch das immer mehr Individuen mit ihnen fremden Formen der Kultur konfrontiert und sich gegebenenfalls eines Mangels ihnen bekannter Kulturformen bewußt werden konnten, könnte ein wichtiger Indikator für die Untersuchung des Inhalts und der Symbole nationaler Identität darstellen.[93] In diesem Zusammenhang ist auch zu untersuchen, wie nationale Stereotypen gebildet und bestätigt werden. Die Wahrnehmung von Sauberkeit und Ordnung bzw. Schmutz und Unordnung könnte, in Anlehnung an Mary Douglas, eine Kategorie darstellen, um den Inhalt und die Strukturen nationaler Identität zu beleuchten.[94] Nur in dem Maße, in dem die nationale Identitätsbildung als Teil der individuellen Sozialisation erkannt und analysiert wird, kann auch der der Nation immanente Ausschließlichkeitsanspruch sowie der hohe Grad der mit ihr verbundenen Emotionalisierung verstanden werden. In diesem Kontext stellt sich allerdings die Frage, auf welche Weise Formen kultureller nationaler Identität mit nationalstaatlicher Identifikation verwoben sind.

Die Herausbildung und Konstituierung der Wohlfahrtsstaaten in Europa wurde nicht nur begleitet von ihrer Konstruktion als nationaler Errungenschaft, sondern auch durch die Bindung sozialer Leistungen an die Staatsbürgerschaft.[95] Die Debatte darüber, welche Antwort auf die soziale Frage gegeben werden sollte, fand im letzten Viertel des 19. Jahrhunderts auch unter den Bedingungen einer intensiven Konkurrenz zwischen den Nationalstaaten statt. Zwar bestand ein Kommunikationsfluß über die Grenzen hinweg zwischen Statistikern, Beamten und Juristen, aber er verhinderte nicht, daß die Begründung der jeweils gefundenen Lösungen für soziale Probleme national kodiert war. Dem Zwangscharakter des deutschen Sozialversicherungssystems stellten französische Vertreter die gallische Freiwilligkeit gegenüber und versuchten, eher aus dem republikanischen Charakter als aus der Wirksamkeit sozialpolitischer Institutionen Kapital zu schlagen. Internationale Konferenzen, Vergleichsstudien über Sozialversicherungsinstitutionen und Weltausstellungen waren daher auch immer

92 Vgl. etwa zum nationalen Charakter des Matrosenanzuges im Kaiserreich: *I. Weber-Kellermann*, Der Kinder neue Kleider. Zweihundert Jahre deutsche Kindermoden, Frankfurt a. M. 1985, S. 105–119.

93 Vgl. *H. Bausinger u. a.* (Hg.), Reisekultur. Von der Pilgerfahrt zum modernen Tourismus, München 1991; auch: *ders.*, Regional and National Orientations in the 19th Century Tourism, in: *Haupt u. a.*, Regional and National Identities.

94 Vgl. *M. Douglas*, Reinheit und Gefährdung. Eine Studie zu Vorstellungen von Verunreinigung und Tabu, Frankfurt a. M. 1988.

95 Vgl. *T. H. Marshall*, Bürgerrechte und soziale Klassen. Zur Soziologie des Wohlfahrtsstaates, Frankfurt a. M. 1992; *D. Gosewinkel*, Staatsbürgerschaft und Staatsangehörigkeit, in: GG 21 (1995), S. 533–556; *ders.*, Die Staatsangehörigkeit als Institution des Nationalstaats. Zur Entstehung des Reichs- und Staatsangehörigkeitsgesetzes von 1913, in: *R. Grawert u. a.* (Hg.), Offene Staatlichkeit. Fs. E.-W. Böckenförde, Berlin 1995, S. 1–21.

Medien nationaler Auseinandersetzung und nationaler Selbstdarstellung. In dem Maße, in dem die Sozialleistungen an Staatsbürgerrechte geknüpft wurden, erhielt die nationale Zugehörigkeit einen materiellen Aspekt und war mit bestimmten Privilegien verbunden: »On a maintenant un intérêt évident à être national (puisque c'est l'un des principaux critères définissant l'ayant droit),« schrieb G. Noiriel in seiner Analyse der französischen Rentenversicherung des Jahres 1910.[96] Im Zuge zunehmender Internationalisierung der Arbeitskräfte und verstärkter Arbeitsmigration waren Verträge zwischen den Staaten notwendig, um die Berechtigung für Leistungen der Sozialversicherung zu regeln. Dieser Zusammenhang von Nationalität und sozialen Rechten ist bislang nicht konzentriert untersucht worden, spielt aber selbst innerhalb der Europäischen Union auch heute noch eine wichtige Rolle. Wenn Ralf Dahrendorf diese Bedeutung auch provokant übertreibt, erkennt er sie doch in ihrer Bedeutung: »Wer den Nationalstaat aufgibt, verliert damit die bisher einzige effektive Garantie seiner Grundrechte.«[97]

Nach alledem liegen die interessanten Fragen und Forschungsperspektiven der gegenwärtigen Nationalismusforschung einmal in der kulturgeschichtlichen und anthropologisch informierten Vertiefung von Arbeiten zur Symbolik, zu Ritual und Mythos, zum anderen in der Analyse der spezifischen Verschränkung unterschiedlich konstruierter Identitäten einerseits, mit wichtigen Entwicklungsmustern und -prozessen des 19. und 20. Jahrhunderts andererseits. Dabei ist die Kulturgeschichte ebenso auf die Sozialgeschichte angewiesen wie die Sozialgeschichte auf die Kulturgeschichte.

96 Vgl. *G. Noiriel*, »Etat-providence« et »colonisation du monde vécu«: L'example de la loi de 1910 sur les retraites ouvrières et paysannes, in: Prévenir, Cahier XIX, 1989, II, S. 99–112, hier S. 111; siehe auch *ders.*, La question nationale comme objet de l'histoire sociale, in: Genèse 4 (1991), S. 72–94.

97 In: *Jeismann* u. *Ritter*, Grenzfälle, S. 106.

# Der Nationalismus in der neueren deutschen und französischen Geschichtswissenschaft

## I.

Unter den bestimmenden Parametern der deutschen und französischen Geschichtswissenschaft gehörten die gegenseitigen intellektuellen und kulturellen Beziehungen nicht zu den bekanntesten, aber doch zu den entscheidenden Faktoren. Stereotype beeinflußten das jeweilige Bild des Nachbarn, das in historischen Werken benutzt und fortgeschrieben wurde. In der Aufnahme von älteren Völkercharakteristiken entstanden nationale Selbst- und Fremdbezeichnungen, die durch das 19. Jahrhundert hindurch und bis in die Zwischenkriegszeit hinein weiterentwickelt, national angereichert und in historische Entwicklungsmodelle eingebaut wurden. Sie dienten der nationalen Selbstvergewisserung ebenso wie der Abgrenzung von anderen Völkern, vor allem jedoch vom jeweiligen Nachbarn.[1] Wenn dieser Prozeß für Frankreich auch noch weniger bekannt ist als für Deutschland, so deuten Forschungen darauf hin, daß – wie Gérard Noiriel formuliert hat – die Definitionen von Nation und Volk allmählich von Individuen gebildet wurden, die in politischen und sozialen Auseinandersetzungen engagiert waren, deren zentrales Anliegen gerade in der Definition beider Worte bestand.[2] In liberal-bürgerlichen Kreisen der konstitutionellen Monarchie Frankreichs ging es dabei um eine Abgrenzung vom Adel, der die Nation im Rückgriff auf die monarchische Vergangenheit definierte. Dagegen behaupteten Liberale die Offenheit der nationalen Gesellschaft für Veränderungen auf sozialem und politischem Gebiet. Im Unterschied zu diesem universalisierbaren Nationsverständnis bei Augustin Thierry, François Guizot oder Jules Michelet grenzten nach 1870 vor allem Fustel de Coulanges, Ernest Renan und Hippo-

1 Siehe etwa *R. Blomert u. a.* (Hg.), Tranformationen des Wir-Gefühls. Studien zum nationalen Habitus, Frankfurt a. M. 1993, darin vor allem den Aufsatz von *M. Maurer*, Nationalcharakter in der frühen Neuzeit. Ein mentalitätsgeschichtlicher Vergleich, in: ebd., S. 45–84. Zum Zusammenhang von Fremd- und Selbstthematisierung siehe *A. Hahn* u. *V. Kapp* (Hg.), Selbstthematisierung und Selbstzeugnis. Bekenntnis und Geständnis, Frankfürt a. M. 1987, insbes. *A. Hahn*, Identität und Selbstthematisierung, in: ebd., S. 9–24; sowie *M. Jeismann*, Was bedeuten Stereotype für nationale Identität und politisches Handeln, in: *J. Link* u. *W. Wülfing* (Hg.), Nationale Mythen und Symbole in der zweiten Hälfte des 19. Jahrhunderts, Stuttgart 1991, S. 84–93.

2 Vgl. die Bemerkungen von *G. Noiriel*, Population, immigration et identité nationale en France XIXe-XXe siècle, Paris 1992, S. 5; *ders.*, La tyrannie du national. Le droit d'asile en Europe (1793–1993), Paris 1991.

lyte Taine ihr Bild Frankreichs einerseits vom revolutionären Erbe, andererseits vom deutschen Nachbarn defensiv argumentierend ab.[3] Dabei wurden Selbst- und Fremddefinitionen herausgebildet, mithin jene »asymmetrischen Gegenbegriffe« (R. Koselleck), die phasenweise und für Teile der Geschichtswissenschaft sowie der Publizistik maßgeblich in die Ausformulierung von ›nationalen‹ Positionen, Wertungen und Methoden eingingen.[4] Eine genauere Analyse der Begriffe, die jeweils verbreitet waren, um die eigene nationale Gruppe von der anderen abzugrenzen, kann nicht nur dazu dienen, die Referenzhorizonte der jeweiligen Gruppe und ihrer Initiatoren auszuloten, sondern auch herauszuarbeiten, wie komplementär in beiden Ländern die Bestimmungen waren, mit denen die Besonderheiten der eigenen Nation charakterisiert wurden. Die Begriffspaare ›Staats- und Kulturnation‹, ›Zivilisation und Kultur‹ erhalten in diesem Zusammenhang ihre Bedeutung. Eine naive Benutzung einzelner Wertungen, die die transnationalen Argumentationsfiguren unterschlüge, müßte in die Irre führen. Unter der Metapher der »Transferleistungen« wird in neueren, vor allem französischen Arbeiten diesen Zuschreibungsmechanismen wieder mehr Aufmerksamkeit gewidmet.[5]

Versucht man die Ansätze, die sich in der historiographischen Beschäftigung mit dem Nationalismus nach 1945 ausmachen lassen, zu sortieren, so lassen sich vier Perspektiven unterscheiden. Die erste war maßgeblich geistesgeschichtlich bestimmt und mit dem Ziel verbunden, die Übersteigerung des Nationalismus im Nationalsozialismus in eine historische Entwicklungslinie einzuordnen. In seinen Arbeiten unterschied Carlton Hayes vor der nationalsozialistischen Instrumentalisierung des Nationalismus eine jakobinische, liberale, konservative und integrale Version des Nationalen, Hans Kohn den rationalen westlichen vom irrationalen östlichen Nationalismus.[6] Geistesgeschichtliche Zusammenhänge standen im Mittelpunkt jener einflußreichen Typologien. Eine zweite Richtung betonte die soziale Zusammensetzung, politische Programmatik und organisatorischen Strukturen der verschiedenen Nationalbewegungen. Nationale Organisationen wurden dabei nach den gleichen Kriterien analysiert wie politische Parteien oder Interessengruppen. Dieser Ansatz dominierte in Forschungen,

3 Siehe die Ausführungen bei *Noiriel*, Population, S. 5 f.; sowie *W. Leiner*, Das Deutschlandbild in der französischen Literatur, Darmstadt 1989.

4 *R. Koselleck*, Zur historisch-politischen Semantik asymmetrischer Gegenbegriffe, in: *ders.*, Vergangene Zukunft. Zur Semantik geschichtlicher Zeiten, Frankfurt a. M. 1979, S. 211–259.

5 Siehe *M. Espagne* u. *M. Werner* (Hg.), Transferts culturels. Les relations interculturelles dans l'espace franco-allemand (XVIII–XXe siècles), Paris 1988; siehe auch *G. Noiriel*, Transferts culturels: l'exemple franco-allemand. Entretien avec M. Espagne, in: Genèses 8 (1992), S. 146–154; *M. Christadler* (Hg.), Deutschland-Frankreich. Alte Klischees – Neue Bilder, Duisburg 1981.

6 *C. J. H. Hayes*, Essays on Nationalism, New York 1926; *ders.*, Nationalism. A Religion, New York 1960; *H. Kohn*, Die Idee des Nationalismus, Frankfurt a. M. 1962; *ders.*, Prelude to Nation States. The French and German Experience 1789–1815, Princeton 1967. Zur Forschungsentwicklung vgl. immer noch: *H. A. Winkler*, Der Nationalismus und seine Funktion, in: *ders.* (Hg.), Nationalismus, Königstein 1978, S. 5–48, hier S. 7 f.

die an der Universität Köln im Umkreis von Theodor Schieder entstanden sind. Er zeigt sich aber auch in Arbeiten, die nach der jeweiligen Funktion und nach dem Funktionswandel des Nationalismus fragen.[7] Eine dritte Tendenz nahm die Thesen des amerikanischen Sozialwissenschaftlers Karl W. Deutsch auf und fragte nach dem Prozeß der Nationsbildung, der nicht nur auf die Intentionen der »Nationbuilder« zurückgeführt, sondern mit der Komplementarität gesellschaftlicher Kommunikations- und Modernisierungsvorgänge verbunden wurde.[8] Neuerdings schließlich steht die Kultur des Nationalismus im Mittelpunkt, das heißt das Problem, auf welchen Wegen staatstheoretische Entwürfe, gesellschaftliche Dynamisierungsstrategien und politische Interessenorganisationen in die Wertehorizonte der Bevölkerung eingingen und wie breit dabei das Nationale als Grundlage kollektiver Identität akzeptiert wurde.[9]

Fragt man nunmehr, ob und in welchem Ausmaß die Geschichtswissenschaft in Frankreich und in der Bundesrepublik an diesen Forschungstendenzen teilgenommen haben, so sticht ein Unterschied zwischen den beiden Historiographien ins Auge. Während sich in der Bundesrepublik, wo alle vier Richtungen – wenn auch in unterschiedlicher Stärke – vertreten waren, ein insgesamt beeindruckendes Ensemble von Forschungen dem Nationalismus in Deutschland und in Westeuropa widmete,[10] fehlte in Frankreich – sieht man von weg-

7 Vgl. jetzt die Aufsatzsammlung *T. Schieder*, Nationalismus und Nationalstaat, Göttingen 1992; *ders.* (Hg.), Staatsgründungen und Nationalitätsprinzip, München 1974; *ders.* (Hg.), Sozialstruktur und Organisation europäischer Nationalbewegungen, München 1971. Dieser Richtung ordnet sich auch O. Dann mit seinen Forschungen zu. Siehe *O. Dann* (Hg.), Nationalismus in vorindustrieller Zeit, München 1986; *ders.* u. *J. Dinwiddy* (Hg.), Nationalism in the Age of Revolution, London 1988; *ders.*, Nation und Nationalismus in Deutschland 1770–1990, München 1993. Siehe auch *P. Alter*, Nationalismus, Frankfurt a. M. 1985.

8 *K. W. Deutsch*, Nationalism and Social Communication, Cambridge 1953; *ders.*, Der Nationalismus und seine Alternativen, München 1972. Mit dem Modell von Deutsch arbeitet *O. Dann*, Nationalismus und sozialer Wandel, Hamburg 1978.

9 Siehe *M. Jeismann*, Das Vaterland der Feinde. Studien zum nationalen Feindbegriff und Selbstverständnis in Deutschland und Frankreich 1792–1918 (Sprache und Geschichte, Bd. 19), Stuttgart 1992; aber auch *E. Hobsbawm*, Nationen und Nationalismus. Mythos und Realität seit 1780, Frankfurt a. M. 1991. In diesen Kontext gehören die Arbeiten zu nationalen Denkmälern und Festen. Siehe etwa: *M. Hettling* u. *P. Nolte* (Hg.), Bürgerliche Feste, Symbolische Formen politischen Handelns im 19. Jahrhundert, Göttingen 1993. Vgl. vor allem die innovative Studie von *C. Tacke*, Denkmal im sozialen Raum. Nationale Symbole in Deutschland und Frankreich im 19. Jahrhundert, Göttingen 1995.

10 Siehe auch: *H. A. Winkler* (Hg.), Nationalismus in der Welt von heute, Göttingen 1982, darin vor allem: *M. R. Lepsius*, Nation und Nationalismus, S. 12–27. Stimulierend: *H. Mommsen*, Nationalismus als weltgeschichtlicher Faktor. Probleme einer Theorie des Nationalismus (1971), in: *ders.*, Arbeiterbewegung und nationale Frage, Göttingen 1979, S. 15–60; *ders.*, Nation und Nationalismus in sozialgeschichtlicher Perspektive, in: *W. Schieder* u. *V. Sellin* (Hg.), Sozialgeschichte in Deutschland, Bd. 2, Göttingen 1986, S. 162–185. Siehe auch die Einarbeitung der deutschen Forschung in: *W. Hardtwig*, Nationalismus und Bürgerkultur in Deutschland 1500–1914, Göttingen 1994, vor allem aber in: *D. Langewiesche*, Nationalismus im 19. und 20. Jahrhundert. Zwischen Partizipation und Aggression, Bonn Bad Godesberg 1994 (Gesprächskreis Geschichte 6).

weisenden Arbeiten zur Kultur des Nationalismus ab – eine explizite Beschäftigung mit dem Problemkreis nahezu völlig. Wer sich einen Überblick über den französischen Nationalismus verschaffen will, ist immer noch auf eine aus den 1960er Jahren stammende, von Raoul Girardet eingeleitete Anthologie angewiesen. Diese konzentriert sich in ihrem Textteil ausschließlich auf die nationalistischen Manifestationen, die im Zusammenhang der Krise der Dritten Republik in den 1880er und 1890er Jahren ausbrachen und steuert mithin Elemente zu einer Vorgeschichte der 1900 gegründeten »Action Française« bei. Selbst das Werk Gerard Noiriels mit dem vielversprechenden Titel »Immigration, territoire et identité nationale en France XIXe–XXe siècle« ersetzt eine Geschichte des französischen Nationalismus nicht, da sich Noiriel auf die Abgrenzung und Assimilierung von Fremden und die damit verbundenen administrativen Prozesse konzentriert und fragt, ob und inwiefern diese die nationalistische Ideologie prägten.[11] Auch Michel Winocks Band, der bereits zuvor publizierte Aufsätze zusammenfaßt, verbleibt wie Girardet in den Kreisen der Nationalisten des Fin de siècle, wenn man von kurzen Ausflügen in die 1930er Jahre einmal absieht.[12] Zu den meisten zentralen Problemkreisen der Geschichte des Nationalismus in Frankreich fehlen französische Studien nahezu gänzlich. Die wenigen vorhandenen stammen zumeist von nicht-französischen Historikern.

In allgemeinen Darstellungen zur Geschichte des Nationalismus ist unbestritten, daß sich der moderne Typus des nationalen Denkens, der nationalistischen Politik und Mobilisierung in der Französischen Revolution des Jahres 1789 herausgebildet hatte. George L. Masse spricht in diesem Zusammenhang vom Beginn einer »Nationalisierung der Massen«.[13] Sieht man von einer Geschichte des französischen Patriotismus von der Renaissance bis zur Reaktion ab, die der französische Revolutionshistoriker Alphonse Aulard bereits 1921 verfaßt hat, sowie von einem Artikel Jacques Godechots aus den 1970er Jahren, so schreckte die französische Revolutionshistoriographie offensichtlich vor der Analyse der Dynamik der Veränderungen durch die nationale Mobilisierung zurück. Selbst im »Dictionnaire critique de la Révolution française«, der zur 200-Jahrfeier eine die traditionellen Grundannahmen revidierende Version der Französischen Revolution präsentierte, ist nicht der Begriff Nationalismus, sondern lediglich die Nation vertreten.[14] Dieser Artikel konnte sich zum einen

11 *G. Noiriel*, Immigration, territoire et identité nationale en France XIXe-XXe siècle, Paris 1991.

12 Siehe *R. Girardet* (Hg.), Le nationalisme français. 1871–1914. Textes choisis, Paris 1966; *ders*, Pour une introduction à l'histoire du nationalisme français, in: Revue française des sciences politiques 8 (1958), S. 505–528; *M. Winock*, Nationalisme, antisémitisme et fascisme en France, Paris 1990.

13 *G. L. Mosse*, The Nationalization of the Masses. Political Symbolism and Mass Movements in Germany from the Napoleonic Wars through the Third Reich, New York 1975.

14 *F. Furet* u. *M. Ozouf*, Dictionnaire critique de la Révolution Français, Paris 1988, S. 801 f.; *A. Aulard*, Le Patriotisme français de la Renaissance à la Révolution, Paris 1921; *J. Godechot*, Nation, patrie, nationalisme, patriotisme en France au 18e siècle, in: Annales historiques de la Revolution française 206, 1971.

auf Forschungen stützen, die Elisabeth Fehrenbach zur Geschichte des Begriffs vom Ende des Ancien Régime bis ins frühe 19. Jahrhundert angestellt hat, sowie zum anderen auf eine bereits in den 1930er Jahren publizierte Auswertung der »Cahiers de Doléance« durch die amerikanische Historikerin Beatrice Hyslob. Ein Kenner der Revolution wie François Furet hat diese Forschungslücke erkannt, als er schrieb: »Wenig erforscht und einer genaueren Betrachtung würdig ist die soziale Resonanz des Diskurses des nationalen Messianismus im revolutionären Frankreich und der Übergang vom ›Patriotismus‹ von 1789, der sich aus dem gewaltsamen Bruch mit der Aristokratie speiste, zu jenem von 1792, der von der Idee einer universellen Mission der Nation angereichert wurde.«[15]

Selbst auf wesentliche Probleme des französischen Nationalismus am Ende des 19. und zu Beginn des 20. Jahrhunderts haben zuerst ausländische Historiker hingewiesen, ohne daß ihre französischen Kollegen diese Forschungen weitergeführt hätten. So hat Eugen Weber die Staats- und Nationsbildung im Frankreich der zweiten Hälfte des 19. Jahrhunderts thematisiert, Gilbert Ziebura den nationalistischen »revival« vor 1914 untersucht und die »Action Française« mit Eugen Weber ihren ersten Historiker gefunden. Auch bei einer jüngst auf Initiative britischer Historiker organisierten Tagung über Nationalität und Nationalismus in Frankreich blieben die französischen Autoren gegenüber angelsächsischen Forschern deutlich in der Minderheit.[16]

Selbst zentrale Phasen der französischen Nationsbildung und wichtige Theoretiker und Protagonisten des Nationalismus haben ihre Bearbeitung entweder außerhalb Frankreichs oder bislang überhaupt noch nicht gefunden. Ebensowenig wie der jakobinische Nationalismus, der in seiner Verbindung von politischen Idealen und propagandistischem Missionsbewußtsein wichtige Spuren im 19. Jahrhundert hinterließ, ist die nationalistische Agitation in der Julimonarchie oder zu Beginn der Dritten Republik monographisch untersucht worden. Wichtige theoretische Entwürfe des Nationalismus etwa bei Maurice Barres sind nicht von französischen Forschern, sondern vom israelischen Historiker Zeev Sternhell eingehend untersucht worden.[17] Detaillierte Arbeiten über Ernest Renan, Jules Michelet oder Raymond Poincare, die vor 1914 in verschiede-

15 *F. Furet*, La Révolution, 2 Bde., Paris 1988, hier Bd. 1, S. 191; *E. Fehrenbach*, Nation, in: *R. Reichhardt* u. *F. Schmitt* (Hg.), Handbuch politisch-sozialer Grundbegriffe in Frankreich 1680–1820, München 1986, S. 75–107; *B. F. Hyslob*, French Nationalism in 1789 according to the General Cahiers, New York 1934.

16 *E. Weber*, Peasants into Frenchmen. The Modernization of Rural France, 1870–1914, Stanford 1976; *G. Ziebura*, Die deutsche Frage in der öffentlichen Meinung Frankreichs 1911–1914, Berlin 1955; *E. Weber*, L'Action française, Paris 1964; *R. Tombs* (Hg.), Nationhood and Nationalism in France. From Boulangism to the Great War. 1889–1918, London 1991. Eine Ausnahme bildet das allerdings in der Forschung wenig beachtete Werk von *J. P. Rioux*, Nationalisme et Conservatisme. La ligue de la patrie française 1899–1904, Paris 1977.

17 Zur Verbindung von Nationalismus und Liberalismus in der Restaurationszeit vgl. *H.-G. Haupt*, Nationalismus und Demokratie. Zur Geschichte der Bourgeoisie im Frankreich der Restauration, Frankfurt a. M. 1974. Siehe auch *Z. Sternhell*, Maurice Barrès et le nationalisme français, Paris 1972; *ders.*, La Droite révolutionnaire, Paris 1984; jetzt auch *J.-F. Sirinlli*

ner Hinsicht eine entscheidende Rolle bei der Definition und Verbreitung der nationalistischen Ideologie spielten, stehen in Frankreich noch aus. Die Frage schließlich, ob, unter welchen Bedingungen und mit welchen Folgen Parteien und Interessenorganisationen nationalistisch aufgeladene Themen und nationale Loyalitäten in der Tagespolitik bemühten, ist in der französischen Historiographie keineswegs ein so durchgängiges Thema wie in der bundesrepublikanischen Forschung.

## II.

Nun könnte man allerdings argumentieren, daß die politische Instrumentalisierung des Nationalen in der französischen Geschichte des 19. und 20. Jahrhunderts geringer war als in der deutschen und daß nationalistische Thesen politisch eingebunden und gleichsam neutralisiert waren.[18] Solange aber die Aufmerksamkeit der französischen Forschung für diesen politischen Gebrauch des Nationalismus so gering ist, bleibt diese Argumentation wenig überzeugend. Denn es fehlt keineswegs an Beispielen für den massiven Einsatz nationalistischer Parolen in der französischen Innenpolitik am Rande des republikanischen Spektrums oder gegen es. So ist beispielsweise die Bewegung des General Boulanger zwar bereits in den 1950er Jahren erforscht worden, der Akzent lag dabei aber weniger auf der Wirksamkeit des »Mouvement« als auf dessen sozialen Strukturen und der ökonomischen Situation, in der es dem General gelang, sich mit revanchistischen Parolen eine Massenbasis auch in den arbeitenden Klassen zu erobern. Hingegen stehen detaillierte Analysen etwa zu dem Nationalisten Paul Déroulède aus, der als Herold dafür warb, daß Frankreich für die Niederlage im deutsch-französischen Krieg Revanche suche. Auch die Versuche von Marcel Déat zu Beginn der 1930er Jahre, Sozialismus und Nationalismus so zu verquicken, daß den faschistischen Bewegungen der Wind aus den Segeln genommen werden könne, haben erst in jüngster Zeit vor allem bei nicht-französischen Autoren Beachtung gefunden.[19]

Die Ursachen für die vergleichsweise geringe Aufmerksamkeit, die die französische Geschichtswissenschaft dem Nationalismus widmete, sind zum einen in der historischen Entwicklung Frankreichs selbst, zum anderen in Besonderheiten der Geschichtsschreibung zu suchen. Da die französische Nation bereits in der frühen Neuzeit politisch konstituiert, das Gewalt- und Steuermono-

u. *E. Vigne* (Hg.), Histoire des droites en France, 3 Bde., Paris 1993; *M. Winock*, Histoire de l'extrême droite en France, Paris 1993. In dem Klassiker von *R. Remond*, Les Droites en France, Paris 1982, spielt der Nationalismus kaum ein Rolle.

18 Diese Position scheint etwa durch in: *P. Nora* (Hg.), Les lieux de mémoire, Bd. 2: La Nation, 3 Bde., Paris 1986.

19 Das Werk des Schweizer Historikers: *P. Burrin*, La Dérive fasciste: Doriot, Déat, Bergerey, Paris 1986.

pol des zentralistischen Staates deutlich früher als in Deutschland durchgesetzt war, stellte der Prozeß der Nationalstaatsbildung ein geringeres Problem als in Deutschland dar. Die Aufmerksamkeit richtete sich nicht so sehr auf die Notwendigkeit der nationalen Einigung, als auf die unterschiedlichen Konstitutionsprinzipien des Nationalstaats. Die politischen und intellektuellen Auseinandersetzungen des 18. und 19. Jahrhunderts fanden bereits in einem Rahmen statt, in dem die Staatlichkeit Frankreichs nicht mehr zur Disposition stand.[20] Vor allem aber hat die Durchsetzung der modernen, auf die Zustimmung der Aktivbürger gegründeten Nation in der Französischen Revolution von 1789 die Wahrnehmung nationaler Probleme geprägt. Da diese Nation prinzipiell offen war für all diejenigen, die die politischen Werte der Revolution annahmen, konnte sie als keineswegs national eingeengtes Prinzip verstanden werden. Da die Werte universalistisch definiert wurden, wurde die Forderung nach rechtlicher, sprachlicher und kultureller Homogenität während der Jakobinerzeit eher als Ausdruck eines republikanischen Kredos, denn als nationalistische Gleichmacherei oder tendenziell terroristisches Programm angesehen. In der Verbindung von Republikanismus, Nationalismus und Universalismus bot die Französische Revolution einen Werthorizont, in dem dem Nationalismus eine untergeordnete, durch republikanische und universelle Prinzipien entschärfte Bedeutung zukam.[21] In dem Maße, in dem die politisch vereinigte Nation zum Gründungsmythos des liberalen und später dann des republikanischen Frankreich gehörte, wurden nationale Traditionen eher beschworen als differenziert analysiert. Der legitime Verteidigungskampf der »Nation en armes« (»Nation in Waffen«) und der »Patrie en danger« (»Vaterland in Gefahr«), hatte dabei mehr Gewicht als Xenophobie und nationale Verengung.[22] Das Nationale, das man begrifflich deutlich vom Chauvinismus absetzte, wobei man den Nationalismus als Bewegung gänzlich aussparte, war derartig im Republikanischen aufgehoben und entschärft, daß es keine dynamische Kraft oder zerstörerische Wirkung mehr entfalten konnte.

Überdies spiegeln sich in der Vernachlässigung der Nationalismusforschung gewisse Tendenzen der französischen Historiographie wider. Diese hat bekanntlich viel weniger Anregungen in den systematischen Sozialwissenschaften gesucht als die deutsche und hat vor allem in den 1950er und 1960er Jahren in einer An- und Ablehnung des von der Kommunistischen Partei Frankreichs formulierten orthodoxen Marxismus ihre Ansätze legitimieren und durchsetzen müssen. Dabei spielte die Auseinandersetzung um den Nationalismus keine Rolle.[23]

20 *O. Dann*, Der Durchbruch der modernen Nation. Deutschland und Frankreich im Vergleich, in: *J. Schlobach* (Hg.), Médiations/Vermittlungen. Aspekte der deutsch-französischen Beziehungen vom 17. Jahrhundert bis zur Gegenwart, Bern 1992, S. 47–50.

21 Siehe *P. Nora*, Nation, in: *F. Furet* u. *M. Ozouf*, Dictionnaire, S. 801 f.

22 Siehe *D. Richet*, Frontières naturelles, in: ebd., S. 742–750.

23 Siehe *G. Noiriel*, La question nationale comme objet de l'histoire sociale, in: Genèses 4 (1991), S. 72–94; enttäuschend: *B. Jenkins*, Nationalism in France: Class and Nation since 1789, London 1990.

Jene historische Schule, die sich in ihrer methodischen Offenheit und Interdisziplinarität des Problems hätte annehmen können, die »Annales«-Schule, hat nach 1945 der Zeitgeschichte und der Erforschung von Ideologien wenig Aufmerksamkeit gewidmet. Da überdies Studien zu staatlichen Strukturen lange Zeit eher in den juristischen Fakultäten gemacht wurden, blieb auch eine breite Beschäftigung mit der Geschichte des Nationalstaats in Frankreich aus.

Ein Aufbrechen der hier sicherlich überpointiert geschilderten Blockaden der Forschung setzte in dem Augenblick ein, in dem zentrale Bestimmungselemente des nationalen Modells Frankreich in Frage gestellt wurden. Erst dann setzten auch historiographische Veränderungen ein. Mit dem Zweifel an der Fortschrittlichkeit der französischen Geschichte, der zunehmenden Suche nach ihren Schattenseiten und dem Verlust der Großmachtstellung wurde das bisher unbefragt übernommene Modell Frankreich in sich brüchig, oder wie Pierre Nora formulierte: »Ein Absturz vom Eingedenken zur Historie, von einer Welt, in der man Vorfahren hat zu einer Welt mit zufälliger Beziehung zu dem, was uns gemacht hat, Übergang von einer totemistischen Geschichte zu einer kritischen Geschichte: Das ist der Augenblick der Gedächtnisorte. Man feiert nicht mehr die Nation, sondern studiert ihre Feierstunden.«[24]

In der kulturgeschichtlichen Analyse jener »lieux de mémoire« liegt zweifellos eine wichtige Innovationsleistung der französischen Geschichtswissenschaft. Wenn das ihr zugrundeliegende Programm auch als eine Kompensation für die verlorene politische Weltmachtstellung Frankreichs zu interpretieren ist, so sind die einzelnen Aufsätze oft beeindruckende Forschungsleistungen, die demonstrieren, wie sich kumulativ und kontinuierlich ein Bestand an nationalen Größen, Bezugspunkten und Symbolen herausbildete. Sozial-, kultur- und mentalitätsgeschichtliche Ansätze werden in den gelungensten Analysen überzeugend verbunden. Es entsteht das Bild einer Nation, die sich – nach der Formulierung von Fernand Braudel – »mit dem Besten und Wesentlichsten, über das sie verfügt, identifiziert, sich also in Markenzeichen und Losungsworten wiedererkennt, die allen Eingeweihten bekannt sind«.[25] In der Vergangenheit bildete sich dieser Konsens über die »Markenzeichen und Losungsworte« erst in Auseinandersetzungen heraus. Schon bald wurde er aber auch wieder brüchig. Die »lieux de mémoire« Noras versuchen indes nicht nur jenen Prozeß nachzuzeichnen, sondern auch den Augenblick zu erfassen, in dem die Orte der Er-

24 Siehe *P. Nora*, Zwischen Geschichte und Gedächtnis, Berlin 1990, S. 18; *ders.*, Les lieux, 7 Bde., Paris 1984–1992. Zur »Annales«-Schule jetzt: *L. Raphael*, Die Erben von Bloch und Febvre: Annales-Geschichtsschreibung und nouvelle histoire in Frankreich 1945–1980, Stuttgart 1994.

25 *F. Braudel*, L'identité de la France, Paris 1986, hier: Bd. 1, S. 17. Siehe kritisch zu Noras politischem Programm: *S. Eglund*, The Ghost of National Past, in: Journal of Modern History 64 (1992), S. 299–320; siehe auch den vergleichenden Aufsatz von *R. von Thadden*, Aufbau nationaler Identität. Deutschland und Frankreich im Vergleich, in: *B. Giesen* (Hg.), Nationale und kulturelle Identität. Studien zur Entwicklung des kollektiven Bewußtseins in der Neuzeit, Frankfurt a. M. 1991, S. 493–512.

innerungen ihre trennende Wirkung verloren haben, ohne bereits obsolet oder antiquiert zu erscheinen. Vergleicht man etwa diesen Ansatz mit bundesrepublikanischen Forschungen zu Nationaldenkmälern, so fällt auf, daß dort den sich verändernden Verwertungsbedingungen keineswegs eine ähnliche Wirkung zugeschrieben wird, wie es in Frankreich geschieht. Vielmehr werden sie in den Tagesstreit der politischen Parteien gestellt und mit allgemeinen Tendenzen in der deutschen Gesellschaft in Verbindung gebracht. Eher ihre politische Aussagekraft als ihre Wirkung auf Einstellungen standen daher bisher im Mittelpunkt der meisten Arbeiten in der Bundesrepublik.[26]

## III.

Ebenso wichtig wie der Vergleich der vorhandenen Forschungen ist die unterschiedliche Bedeutung, die die Nation vor allem in der Gegenwart in den beiden Historiographien erlangt hat. Im Unterschied zur deutschen Geschichtswissenschaft wird in Frankreich der Zusammenhang von Bürgertum und Nationalismus weitgehend ausgeblendet. Der Nationalismus und die nationale Idee werden kaum als Ausdruck, Mittel und Ergebnis bürgerlicher Interessen und Konstellationen analysiert und systematisch entfaltet, sondern – von wenigen Ausnahmen abgesehen – eher geistes- und mentalitätsgeschichtlich und damit sozialgeschichtlich ungenau verortet. In diesem Punkt unterscheidet sich die französische Historiographie deutlich von der deutschen, die gerade die Rolle des Nationalismus in der Politik der bürgerlich-liberalen Bewegung und die Rolle des Nationalen bei der Selbstdarstellung bürgerlicher Herrschaft thematisiert hat.[27] Nicht nur kam in Frankreich die Darstellung des Nationalismus des 19. und 20. Jahrhunderts ohne die Kategorie des Bürgertums aus, sondern auch die Geschichte des Bürgertums ohne die Einbeziehung des Nationalen. Dies wird an den großen Arbeiten zum Bürgertum von Adeline Daumard, Jean-Pierre Chaline und Christophe Charle deutlich.[28] Dabei ist keineswegs ausgemacht, daß dieser Unterschied in der Behandlung auch eine Differenz der realhistorischen Entwicklung bedeutet. Denn die liberalen Bürger der Restaurationszeit und der Julimonarchie benutzten in ihrer Abgrenzung vom Adel sehr wohl nationale Parolen, gaben diesen aus der herrschenden Revolutionsfurcht

26 Siehe etwa *T. Nipperdey,* Nationalidee und Nationaldenkmal in Deutschland im 19. Jahrhundert, in: *ders.*, Gesellschaft, Kultur, Theorie. Gesammelte Aufsätze zur neueren Geschichte, Göttingen 1976, S. 133–173; *W. Hardtwig,* Bürgertum, Staatssymbolik und Staatsbewußtsein im Deutschen Kaiserreich 1871–1914, in: *ders.*, Nationalismus, S. 191–218.

27 Siehe etwa neuerdings *Hettling* u. *Nolte,* Bürgerliche Feste.

28 *A. Daumard,* La bourgeoisie parisienne de 1815 à 1848, Paris 1963; *J.-P. Chaline,* Les bourgeois de Rouen: une élite urbaine au XIXe siècle, Paris 1982; *C. Charle,* Les élites de la Republique (1880–1900), Paris 1987.

heraus indes keine aggressive Wendung.[29] Die Frage, ob die Tatsache, daß wenig über die Rolle von Vereinen für die Durchsetzung nationaler Werte in bürgerlichen Kreisen Frankreichs im 19. Jahrhundert bekannt ist, nun ein Ausdruck der Realität oder der historiographischen Tendenzen ist, muß offen bleiben.

Die Beschäftigung mit dem Nationalismus in der französischen Historiographie ist sehr stark auf den »état national unitaire«, auf den Nationalstaat bezogen. Dieser Bezugspunkt wird in den »Lieux de mémoire« von Pierre Nora deutlich, der als Fluchtpunkt die Orte des republikanischen und sich als Einheit konstituierenden Staates und die Phasen der Herausbildung der politischen Identität Frankreichs, nicht aber der einzelnen Gruppen verwandte.[30] Die Erinnerungstypen, die in dem Werk schließlich behandelt werden, entwickelten sich von der »königlichen Erinnerung« (»mémoire royale«) über die »staatliche Erinnerung« (»mémoire état«) zur »staatsbürgerlichen Erinnerung« (»mémoire citoyen«) und verblieben mithin im Rahmen der staatlichen Konstruktionen. Auch Maurice Agulhon untersucht die nationale Ikonographie und Symbolik in ihrer Bedeutung für die Herausbildung der französischen Republik und der politisch konstitutierten Nation. Schließlich verengt Gérard Noiriel in einem jüngst erschienenen Aufsatz zur Sozialgeschichte des Nationalen seinen Ansatz auf die Identifikations- und Assimilationsprozesse im Nationalstaat, dessen Existenz vorgegeben und nicht hinterfragt wird.[31] Stärker die Probleme des Nationalismus als der Nationalismus selbst stehen mithin in jenen Ansätzen im Mittelpunkt.

Analog dazu hat sich der politische Regionalismus in Frankreich selbst als Angriff oder Auf- bzw. Abweichung vom Nationalstaat verstanden, der in seiner republikanischen Variante die Existenz von Zwischengewalten ablehnte. Auch die Historiographie ist teilweise dieser Einschätzung gefolgt.[32] Es bedeutet einen deutlichen Fortschritt, wenn in den letzten Jahren die spezifischen Konstruktionsprinzipien regionalen Sonderbewußtseins stärker herausgearbeitet werden und die Region, die keineswegs mit den alten Provinzen identisch zu sein brauchte, wie etwa im Falle der Bretagne als Konstrukt eines heterogenen Ensembles von Notabeln, Klerus und Intellektuellen interpretiert wird.[33] Die

29 Siehe *H.-G. Haupt*, Nationalismus. Vgl. auch: *A. M. Banti*, Borghesia e natione nell'Ottocento italiano e tedesco, in: Italia contemporanea 189 (1992), S. 749–753.

30 Siehe *Nora*, Les lieux.

31 *M. Agulhon*, Marianne au pouvoir, Paris 1989; *G. Noiriel*, La question nationale.

32 Siehe *H.-G. Haupt*, Die Konstruktion der Regionen und die Vielfalt der Loyalitäten in Frankreich, in: *G. Lottes* (Hg.), Region, Nation, Europa, Heidelberg 1992, S. 121–126; *C. Tacke*, Les lieux de mémoire et la mémoire des lieux. Mythes et monuments entre nation et région en France et en Allemagne au XIXe siècle, in: *D. Julia* (Hg.), Culture et société dans l'Europe moderne et contemporaine, in: HEC. Annuaire du Département d'Histoire et la Civilisation 1 (1992), S. 131–161.

33 Siehe *M. Agulhon*, Conscience nationale et conscience régionale en France de 1815 à nos jours, in: *J. C. Boogmann* u. *G. N. van der Plaat* (Hg.), Federalism. History and Current Significance of a Form of Government, La Haye 1980, S. 243–266; *C. Bertho*, L'invention de la

teleologische Tendenz und die Fixierung auf den Nationalstaat ist der deutschen Historiographie auch nicht fremd und wurde in ihr zudem oft in modernisierungstheoretische Überlegungen eingebettet. Daß die historische Entwicklung notwendigerweise auf die Gründung eines Nationalstaates hinauslaufen müsse, diese Meinung teilten nicht nur die Liberalen und Karl Marx, sondern auch die Historiker in Deutschland nach 1945.

Ein in beiden Ländern verbreitetes Begriffspaar war die Gegenüberstellung von ›Kultur- und Staatsnation‹, die oftmals unhinterfragt als Paradigma in die Nationalismusforschung eingegangen ist. Bekanntlich hat Friedrich Meinecke in seinem erstmals 1907 erschienenen Buch »Weltbürgertum und Nationalstaat« den Unterschied zwischen Frankreich, das sein Nationalbewußtsein auf dem »Geiste von 1789, dem Gedanken der Selbstbestimmung und Souveränität der Nation« gegründet habe, und Deutschland herausgearbeitet, wo die Zugehörigkeit auf der gemeinsamen Kultur, Sprache und Geschichte fußte.[34] In einer Ausweitung dieser These ist der Gegensatz vom »subjektiven«, westlichen Nationalismus und dem »objektiven«, ost- bzw. mitteleuropäischen Nationsbegriff entfaltet worden. Die Kategorien sind zwar immer wieder kritisiert worden, weil sie zu sehr aus der Geistesgeschichte entwickelt wurden und Mischungsverhältnisse zwischen den verschiedenen Typen ausschlössen, aber sie sind doch als zentrale Bezugsgrößen relevant geworden. Dabei hat sich die Vorstellung eingeschliffen, als sei der Unterschied eine der Forschung vorgelagerte Realität, nicht aber ein Konstrukt historischer Forschung und Rekonstruktion. Schon ein Blick auf die politische Geschichte der ersten Teile des 19. Jahrhunderts lehrt das Gegenteil. Denn die Betonung einer auf die Teilnahme der Bürger gegründeten Nation gehörte generell zu den Leitmotiven einer liberalen Geschichts- und Gesellschaftssicht, während konservative, gegenrevolutionäre Denker und Politiker die objektiven Grundlagen der Nation akzentuierten. Selbst Ernest Renan hat in seinem berühmten Vortrag in der Sorbonne am 11. März 1882, der als Manifest des subjektiven Nationsbegriffs galt, sehr wohl die Bedeutung von Rasse, Sprache und natürlichen Gegebenheiten für die Herausbildung eines Gemeinschaftsgefühls diskutiert.[35] Mithin ist es notwendig, die intellektuellen und politischen Bedingungen zu bestimmen, unter denen das antinomische Begriffspaar entwickelt, umformuliert und angewandt wurde. Eine Ineinssetzung der deutschen Entwicklung mit dem einen, der französischen mit dem anderen Weg ist wenig sinnvoll.

Bretagne. Genèse sociale d'un stéréotype, in: Actes de la recherche en sciences sociales 35 (1980), S. 45–62. Siehe auch zur Konstruktion des Konzepts Nation: *J. Y. Guiomar*, La Nation entre l'histoire et la raison, Paris 1989.

34 *F. Meinecke*, Weltbürgertum und Nationalstaat (1907), in: *ders.*, Werke, Bd. 5, München 1962. Siehe jetzt auch aus moderner, kritischer Sicht: D. Langewiesche, Reich, Nation und Staat in der jüngeren deutschen Geschichte, in: HZ 254 (1992), S. 341–381.

35 *E. Renan*, Qu'est-ce qu'une nation? et autres essais politiques, ND Paris 1992, S. 45–53. Allerdings gelangt Renan zu der Schlußfolgerung »Une Nation est une âme, un principe spirituel … une grande solidarité« (ebd., S. 54).

Überdies hat sich jene Gegenüberstellung als zu schematisch erwiesen, da selbst der französische Nationalismus sich sowohl auf subjektive als auch auf objektive Begründungselemente stützte und auch im deutschen Nationalismus das subjektive Element keineswegs fehlte. Gerade in der Mischung aus Beteiligungsrechten und Abgrenzungsstrategien scheint das Charakteristikum des Nationalismus zu liegen.[36] Zudem ist in diesem Kontext die Aussage von Ernest Renan wohl überinterpretiert worden. Bei einer genaueren Lektüre erweist sich nämlich, daß Renan die subjektive Begründung der Nation sehr wohl gleichberechtigt neben andere eher objektive Begründungen des Nationalen stellt. Er sieht sie keineswegs als Grundlage jeglicher Nationsbildung, sondern ausschließlich als Mittel an, um das Problem Elsaß-Lothringen zwischen Deutschland und Frankreich durch eine Volksbefragung aus der Welt zu schaffen.[37] Gleichwohl ist es bezeichnend, wie in Anlehnung an Renans Aussage und durch deren Herauslösung aus dem Argumentationszusammenhang ein bestimmter Typus der nationalen Zuordnung hochstilisiert worden ist. Die Geschichte des Erfolgs jenes einflußreichen Satzes von Ernest Renan: »Die Nation ist ein tägliches Plebiszit« (»La nation, c'est un plébiscite de tous les jours«) bleibt in ihrem Einfluß auf Mentalitäten und Stilisierungen nationaler Eigenarten zu schreiben.

Während in den 1960er und 1970er Jahren die Untersuchung der Verbindung von Nationalismus und geistesgeschichtlichen Strömungen etwas aus der Mode gekommen ist, hat vor allem die Suche nach den sozialen Gruppen und politischen Formen zugenommen, die den Nationalismus getragen und strukturiert haben. Vor allem der Nationalismus am Ende des 19. Jahrhunderts ist als Teil einer breiten Sammlungsbewegung interpretiert worden, in der die herrschenden Kräfte nicht nur in Deutschland, sondern auch in Frankreich versucht haben, die durch die soziale Frage erschütterte Gesellschaft zu einen und die Herrschaftspositionen der traditionellen Eliten in einem Rückgriff auf ständische Modelle abzusichern. So ist etwa für Deutschland das Jahr 1878 als Wende von einem eher liberalen, mit emanzipatorischen Zielen durchsetzten Nationalismus zu einem konservativen, auf die Bewahrung bestehender Herrschaftsstrukturen konzentrierten Nationalismus des Jahrhundertendes beschrieben worden. Aber auch in Frankreich ist die Boulanger-Krise der Jahre 1886 bis 1889 als entscheidende Zäsur in dem allgemeinen Übergang zu einem in der Rechten verankerten Nationalismus angesehen worden.[38] Gegen solche Thesen hat Dieter Langewiesche mit Recht und guten Argumenten formuliert, daß die Ausgrenzung von Anfang an zum Nationalismus gehörte und daß der Nationalismus keineswegs vollständig in einem allein auf Mitwirkung und Zusammenspiel

36 *Langewiesche*, Nationalismus.

37 Siehe Einleitung von *J. Roman* in: *E. Renan*, Qu'est-ce qu'une Nation?, S. 22f. Wie die Mentalitätsgeschichte bestimmter Bilder und Topoi geschrieben werden kann, demonstriert am Beispiel des Chauvinismus *G. de Puymège*, Chauvin, le soldat-laboureur. Contribution à l'étude des nationalismes, Paris 1993.

38 *H.A. Winkler*, Vom linken zum rechten Nationalismus. Der deutsche Liberalismus in der Krise von 1878/79, in: GG 4 (1978), S. 5–28; siehe *Girardet*, Nationalisme.

gegründeten liberalen Gesellschaftsmodell aufging. Auch Michael Jeismann hat herausgearbeitet, wie stark Feindbilder als konstitutive Elemente in dem französischen und deutschen Nationalismus des 19. und 20. Jahrhunderts eingegangen sind.[39]

Die Frage, welche sozialen Schichten vor allem für die Verbreitung des Nationalismus und seine Aufnahme verantwortlich waren, hat besonders stark die Forschungen bestimmt, die im Umkreis von Theodor Schieder in Köln unter anderem von Gerhard Brunn, Peter Alter und Otto Dann durchgeführt wurden. Ihre Forschungen galten der Sozial- und Organisationsstruktur nationaler Organisationen. Eine Fülle von sehr detaillierten Untersuchungen zu Katalonien, Galizien, Polen und Irland sind in diesem Kontext entstanden. Miroslav Hroch hat diese Forschungen für die kleinen Nationen vor allem Ostmitteleuropas und Nordeuropas erweitert und die These vertreten, daß den Intellektuellen in einer Dreiphasenentwicklung der nationalen Bewegungen eine entscheidende Rolle bei der Initiierung und Verbreitung der Massenbasis nationalistischer Organisationen zukamen.[40] Jene Forschungen, die eine direkte Beziehung zwischen sozialen Gruppen und Klassen und politischem Engagement herstellen, sind in der gegenwärtigen Diskussion allerdings daraufhin befragt worden, ob sie nicht den Nationalismus zu reduktionistisch erklären, die Komplexität der Beziehungen zwischen sozialen Gruppen und politischen Organisationen und Programmen und das Eigengewicht nationaler Symbole, Begriffe und Rituale unterschätzen.[41]

Schließlich ist der Nationalismus als Teil allgemeiner sozialer Prozesse untersucht worden. Unter diesen standen die Modernisierungs- und Staatsbildungsprozesse im Mittelpunkt. Diese Forschungen sind inbesondere durch die Überlegungen von Karl W. Deutsch angeregt worden, der den Nationalismus auf eine besonders dichte Kommunikation und die Komplementarität von Verkehrs- und Organisationsformen in verschiedenen Gesellschaften zurückführte. In historischen Studien u.a. von Otto Dann sind in dieser Perspektive die Vereine in ihren Verbindungen, der Grad der Schulbildung und Alphabetisierung sowie die Verbreitung der Zeitungen als sozialgeschichtliche Prozesse untersucht worden, um die Etappen und das Ausmaß der Nationsbildung in Deutschland zu bestimmen. Für Frankreich hat das klassische Werk von Eugen Weber »Peasants into Frenchman« – wenn auch auf teilweise problematischer Quellenbasis – nachgewiesen, wie langsam sich die Nation als Erfahrungsraum und -horizont in der Alltagspraxis von Franzosen durchsetzte und wie spät einzelne Teile der Bevölkerung in einen nationalen Kontext integriert wurden.[42]

39 *Langewiesche*, Nationalismus; *Jeismann*, Vaterland.

40 Siehe *M. Hroch*, Social Preconditions of National Revival in Europe, Cambridge 1985. Siehe auch *Hobsbawm*, Nationen.

41 Siehe dagegen den konstruktivistischen Ansatz in: *Giesen*, Identität.

42 *Weber*, Peasants.

Diesen Forschungen liegt in der Regel ein teleologisches Modell zugrunde, da es ihnen darum geht, die einzelnen Phänomene an dem Grad ihrer Nähe zum Nationalen und als Etappen auf dem Weg zur nationalen Integration zu erforschen. Sie gehen – ähnliche Vorstellungen von Norbert Elias aufnehmend – von der Diffusion von kulturellen Modellen von oben aus, die sich gleichsam tröpfchenweise in der Gesellschaft verbreiten, und sind der Meinung, daß Strukturen die Verhaltensweisen prägen. Dabei unterschlagen sie ein wichtiges Problem der Nationalismusforschung, nämlich daß es nicht nur eine Herausbildung des Nationalen, sondern auch eine *Zurückbildung* nationaler Zusammenhänge geben kann und gegeben hat.

Die Rolle der Region als Etappe und Widerpart des Nationalen ist in dieser Sichtweise wenig relevant geworden. Sie wird eher als Teil des Weges zum Nationalstaat gesehen oder als Partikularismus gewertet, kaum aber in ihrer Eigenständigkeit gewürdigt.[43] In den historischen Forschungen, die sich an Modernisierungstheorien anlehnen, wird geradezu in der Überwindung der parochialen Sichtweise und der regionalen Begrenzung eine Voraussetzung für die Herausbildung von nationalen Loyalitäten gesehen.[44] Da die Erklärung und Typologisierung der Nationalstaatsbildung Ziel jener Konstruktionen ist, können die Regionen als eigenständige, in sich durchaus widersprüchliche und komplexe Formen der Identitätsbildung nicht zureichend gewichtet werden. Schließlich ist die Gefahr nicht von der Hand zu weisen, daß zu schnell Regionen mit Regionen gleichgesetzt werden. Regionen eines dynastischen Reiches haben eine andere Bedeutung als imaginäre Regionen oder Regionen in zentralistischen oder dezentral organisierten Staaten.

Nation und Region rücken indes in den neueren, insbesondere von Benedict Andersons These der »imagined community« angeregten Arbeiten als Vorgänge in den Mittelpunkt, in denen Werte und Symbole geschaffen, organisiert und verbreitet werden.[45] Diese Werte und Symbole besitzen im Unterschied zu anderen historischen Wertkonstruktionen einige Besonderheiten. Beim Nationalismus handelt es sich um Werte, die Legitimität beanspruchen, ohne sich selbst legitimieren zu müssen. Diese Werte konstruieren durch die Stilisierung kultureller Eigenarten Abgrenzungen bzw. Überlegenheiten. Sie beziehen sich auf einen Gründungsmythos, eine unerhörte Begebenheit oder eine besondere Tradition.

43 Siehe *T. Schieder*, Partikularismus und nationales Bewußtsein im Denken des Vormärz, in: *ders.*, Nationalismus, S. 166–196.

44 Siehe etwa *J. Kocka*, Fecondita e complessita del concetto di spazio come categoria storiografica, in: *F. Andreucci* u. *A. Pescarolo* (Hg.), Gli spazi del potere. Aree, regioni, stati: le coordinate territoriali della storia contemporanea, Florenz 1989, S. 225–229.

45 *B. Anderson*, Die Erfindung der Nation. Zur Karriere eines erfolgreichen Konzepts, Frankfurt a.M. 1993. Siehe auch *W. Kaschuba*, Nationalismus und Ethnozentrismus, in: *M. Jeismann* u. *H. Ritter* (Hg.), Grenzfälle. Über neuen und alten Nationalismus, Leipzig 1993, S. 239–274.

## IV.

Ausgehend von jenen Überlegungen scheinen folgende Wege der historischen Analyse gegenwärtig sinnvoll. Einmal sind nationale und regionale Identitäten als Prozesse der Zuschreibung einer bestimmten Eigenart zu untersuchen. Die Fragen nach nationalem und regionalem Habitus und nach den Bedingungen, unter denen sich diese herausbildeten, sind in der Vorurteilsforschung für die Gegenwart untersucht worden. Sie wären aber auch im historischen Bereich zu verlängern. Insbesondere wäre dabei jene Korrespondenz von Zuschreibungen herauszuarbeiten, die Reinhart Koselleck in dem Konzept der »korrespondierenden Gegenbegriffe« erfaßt hat. Region und Nation sind darüberhinaus als Ergebnis der Strategien unterschiedlicher sozialer Gruppen zu interpretieren. In die Konstruktion der Besonderheit einer bestimmten Region können überaus unterschiedliche Strategien eingehen. Dies ist am Beispiel der Bretagne nachgewiesen worden, deren Eigentümlichkeiten in der Zeit zwischen 1815 und 1840 sowohl von lokalen Gelehrten und dem Klerus als auch von Adligen und Pariser Schriftstellern festgelegt und verbreitet worden sind. Eine Vielfalt teilweise divergierender, teilweise konvergierender Strategien kann mithin in die Konstruktion des Regionalen wie des Nationalen eingehen.[46] Es handelt sich nicht um *eine,* sondern um unterschiedliche soziale Gruppen, die Loyalitätsbildung betreiben. Die relevante Frage dabei lautet, welche soziale Gruppe welches nationale oder regionale Ereignis im Rückgriff auf welche Mythen, Geschichte, Vorbilder in Szene setzt. Bei der Untersuchung der Region und Nation als öffentliche Inszenierung ist immer auch zu fragen, ob das Engagement für das nationale Ereignis tatsächlich als Ausdruck von nationalen Loyalitäten zu interpretieren ist, oder ob das Nationale als Metapher für andere Prozesse und andere Zuordnungen steht oder aus anderen Zusammenhängen entsteht. In einer neueren Arbeit hat zum Beispiel Charlotte Tacke nachweisen können, daß die Sammlungen, die den Bau des Hermannsdenkmals bei Detmold begleiteten, keineswegs schlicht als Ausdruck nationaler Gesinnung zu interpretieren sind, da Geschäftsbeziehungen und individuelle Kontakte für die Verbreitung der Sammlung relevant waren und Beamte geradezu verpflichtet waren, ihr Scherflein zum Denkmalsbau beizutragen.[47] Eher ein Netz von Verpflichtungen und Geselligkeitsstrukturen als ein mitreißender Strom von nationaler Gesinnung kann offensichtlich aus jenen Sammlungen abgelesen werden. Auch die Feste, die ein derartiges als national ausgegebenes Symbol begleiteten, waren eher lokale und regionale als nationale Feierstunden. In dem Maße, in dem die sozialen Bezüge und Mechanismen hinter den nationalen Aufmärschen erscheinen, verliert damit das Nationale seinen Ausschließlichkeitsanspruch. Es ist Teil eines komplexen Wirkungszusammenhanges, jedoch keineswegs notwendigerweise dessen Motor.

46 *Bertho,* L'invention de la Bretagne.
47 *Tacke,* Denkmal.

# Nation und Religion aus westeuropäischer Perspektive: Einige einleitende Bemerkungen

In jenem Paradigmenwechsel, den die moderne Nationalismusforschung der letzten 20 Jahre vollzogen hat, ist dem Verhältnis von Nation und Religion größere Bedeutung zugekommen. In dieser Entwicklung hat sich die Forschung vor allem auf die kulturelle Kodierung der Nation konzentriert. Nation wurde nicht mehr als ein einheitlicher, in sich geschlossener Begriff, sondern als vielfältig anschlussfähig an unterschiedliche kulturelle Deutungen verstanden. In ihn gingen unterschiedliche Werte ein, die aus dem Geschlechterdiskurs, ethnischen Selbst- und Fremdzuschreibungen oder religiösen Vorstellungen stammen konnten. In diese diskursiven Bestimmungen der Nation konnten Konflikte eingehen, die in einzelnen Gesellschaften ausbrachen und in denen es um kulturelle Hegemonie, den politischen Einfluss und die Deutungsmacht der beteiligten Gruppen und Instanzen ging.[1] Die Nationsvorstellung selbst gehört nach Pierre Bourdieu zu den zentralen gesellschaftlichen Kategorien und kann als Teil eines Feldes bezeichnet werden, auf dem kulturelle und politische Kontroversen um Deutungshoheit in Einzelgesellschaften ausgetragen werden.[2]

Diese neue Begriffsdefinition ist weit entfernt sowohl von jener Vorstellung, die die Nation als natürliche Abstammungsgemeinschaft versteht, als auch von den Ansprüchen nationalistischer Theoretiker oder Bewegungen, die die Nation als Letztwert bezeichnen, dem gleichsam automatisch handlungsleitende Kompetenz zukommt. Auch das Bild einer homogenen Nation erfährt in diesem Kontext eine Revision, da der Akzent auf die Vielfalt der kulturellen Bezüge und auf Auseinandersetzungen um die Geltung von Vorstellungen und Begriffen gelegt wird.[3] Den religiösen Deutungssystemen, die die Definition der Nation in unterschiedlichen Phasen der historischen Entwicklung prägen, ist dabei besondere Aufmerksamkeit zugekommen. Denn in dem Maße, in dem die Breitenwirkung des Nationalismus zur Diskussion steht, ist auch die Frage nach der Anschlussfähigkeit der nationalen Vorstellungen an in der Bevölkerung ver-

1 Siehe dazu die einleitenden Sammelbände von *H.-G. Haupt* u. *D. Langewiesche* (Hg.), Nation und Religion in der deutschen Geschichte, Frankfurt a.M. 2001; *dies.* (Hg.), Nation und Religion in Europa: Mehrkonfessionelle Gesellschaften im 19. und 20. Jahrhundert, Frankfurt a.M. 2004.

2 *P. Bourdieu*, Die verborgenen Mechanismen der Macht: Schriften zu Politik und Kultur, Bd. 1, Hamburg 1992.

3 *D. Langewiesche* u. *G. Schmidt* (Hg.), Föderative Nation, München 2000; *U. von Hirschhausen* u. *J. Leonhard* (Hg.), Nationalismen in Europa: West- und Osteuropa im Vergleich, Göttingen 2001.

breitete religiöse Haltungen und Dispositionen relevant und sind die Formen und Folgen der gegenseitigen Beeinflussung zu studieren.[4] Diese ist nicht nur in einzelnen Kontexten wirksam, sondern erfasst unterschiedliche Problemkreise.

Adrian Hastings hat sieben Dimensionen unterschieden, in denen er eine Prägung nationaler Vorstellungen durch christliche Religionen wahrnimmt:

»first, sanctifying the starting point; second, the mythologization and commemoration of great threats to national identity; third, the social role of the clergy; fourth, the production of vernacular literature; fifth, the provision of a biblical model for the nation; sixth, the autocephalous national church; seventh, the discovery of a unique national destiny«.[5]

Religiöse Gefühle und Praktiken in der Bevölkerung gehen freilich nicht direkt und unvermittelt in Nationsvorstellungen ein, sondern werden unter anderem durch die Konfessionen gefiltert. Diese bestimmen durch ihren Anspruch, ein Monopol der religiösen Weltdeutung zu besitzen, darüber mit, welche Elemente der religiösen Weltsicht auf den Nationalstaat übertragen werden und ob und wie die Religiosität selbst national charakterisiert und wahrgenommen wird. Im 19. Jahrhundert gewann der Bezug der Konfessionen auf die Nation an Bedeutung. Sie beteiligten sich aktiv an der Definition der Nation, trugen die Konflikte untereinander im Medium des Nationalen aus und versuchten, die Geschichte und Aufgaben, Rituale und Symbole des Nationalstaats auch deshalb konfessionell zu prägen, um ihre Position in den jeweiligen Nationalstaaten abzusichern.[6]

Dennoch würde die Konzentration auf die einzelnen Konfessionen die Problematik zu sehr einschränken. Denn diese verloren im Zuge der Säkularisierung an Breiten- und Tiefenwirkung in den westeuropäischen Gesellschaften. Dieser Rückgang ist aber nicht mit einem generellen Verlust an Religiosität identisch. Diese prägte weiterhin Weltdeutungen und konnte deshalb auch von den Vertretern der Nation für ihre Belange in Anspruch genommen werden. Peter Walkenhorst beschreibt diesen Prozess folgendermaßen: »Zu einer das individuelle Leben übersteigenden Gemeinschaft stilisiert, erlangte die Nation transzendente Qualität und wurde durch vielfältige Formen nationaler Rhetorik und Symbolik sakralisiert.«[7]

Als Wendepunkt zwischen der älteren und der neueren Nationalismusforschung wird gemeinhin das – wie Hans-Ulrich Wehler treffend formulierte –

4 *H. Lehmann* u. *G. Krumreich* (Hg.), Gott mit uns: Nation, Religion und Gewalt im 19. und frühen 20. Jahrhundert, Göttingen 2000, S. 285–317.

5 *A. Hastings*, The Construction of Nationhood, Ethnicity, Religion and Nationalism, Cambridge 1987, S. 187 f.

6 *P. Walkenhorst*, Nationalismus als »politische Religion«? Zur religiösen Dimension nationalistischer Ideologie im Kaiserreich, in: *O. Blaschke* u. *F.-M. Kuhlemann* (Hg.), Religion im Kaiserreich: Milieus – Mentalitäten – Krisen, Gütersloh 1996, S. 503–529.

7 Ebd., S. 503.

annus mirabilis 1983 angesehen, in dem sowohl Ernest Gellners Studie über Nation und Modernität als auch Benedikt Andersons stimulierende Arbeit über die *Imagined Community* erschienen.[8] Zuvor hatte sich die Forschung auf folgende Probleme konzentriert:

1) Sie rückte den Nationalstaat in ihren Mittelpunkt und fragte nach, wie jener sich mit Nationsvorstellungen verband. Aus der Terminologie der Zeitgenossen entlehnte die Forschung dabei Begriffe wie »das Erwecken der Nation«, das dann als Vorgeschichte der Nationalstaatsgründung interpretiert wurde.
2) Sie privilegierte die Studie der Nationalbewegungen, die aufgrund der ihr besonderen geografischen, sozialen und politischen Besonderheiten die Forderung nach Gründung eines Nationalstaats vorantrieben und dessen Struktur prägten. Nicht so sehr der Nationalismus dieser Bewegung im Sinne eines Deutungssystems, als seine mobilisierende, durch heterogene Elemente gespeiste Qualität stand im Mittelpunkt.
3) Sie verband die Entstehung des Nationalstaats mit der Studie sozialer, politischer und kultureller Prozesse der Nationsbildung, auf deren Bedeutung der aus Prag stammende amerikanische Sozialwissenschaftler Karl Wolfgang Deutsch schon 1956 mit seiner programmatischen Studie *Nationalism and Social Communication* hingewiesen hatte. Aus der Komplementarität der Kommunikation, der Verdichtung des Transportsystems, der Verbreitung von Zeitungen und Vereinen, den Marktbeziehungen, aber auch aus staatlichen Eingriffen wie Wehr- und Schulpflicht wurden die Kohäsion der Nation und ihre Bedeutung für die Lebenswirklichkeit ihrer Mitglieder abgeleitet.[9]
4) Die ältere Nationalismusforschung hatte sich seit den 1920er Jahren immer auch für jene Ideen interessiert, mit denen die Nation gerechtfertigt, ihre Vergangenheit verherrlicht und ihre Zukunftsaufgaben formuliert wurden. Der Unterschied zwischen dem humanitären und jakobinischen, liberalen, traditionalen und integralen Nationalismus Carlton Hayes' gehört in diesen Zusammenhang. Aber auch die Gegenüberstellung Hans Kohns zwischen einem subjektiven, aufklärerischen und liberalen westeuropäischen und dem objektiven, antiaufklärerischen und reaktionären östlichen Nationsverständnis ist hier zu nennen. Der Begriff Nationalismus bürgerte sich dabei für alle jene Ideensysteme ein, in denen der Nation eine zentrale Bedeutung zukam,

8 Siehe *H.-U. Wehler*, Nationalismus: Geschichte, Formen, Folgen, München 2001; *B. Anderson*, Die Erfindung der Nation: Zur Karriere eines folgenreichen Konzepts, Frankfurt a.M. 1988; *E. Gellner*, Nationalismus und Moderne, Berlin 1991; siehe auch den exzellenten Forschungsüberblick in *D. Langewiesche*, Nation, Nationalismus, Nationalstaat: Forschungsstand und Forschungsperspektiven, in: Neue politische Literatur 40 (1995), 190–236; *ders.*, Nation, Nationalismus, Nationalstaat in der europäischen Geschichte seit dem Mittelalter – Versuch einer Bilanz, in: *ders.* (Hg.), Nation, Nationalismus, Nationalstaat in Deutschland und Europa, München 2000, S. 14–34.

9 *K. W. Deutsch*, Nationalism and Social Communication: An Inquiry into the Foundations of Nationality, Cambridge $1966^2$.

während zugleich aber immer auch Autoren versuchten, einen exzessiven, pejorativen, xenophoben und militanten Nationalismus von dem die nationale Einheit fordernden Patriotismus oder einem gleichsam natürlichen Nationalgefühl zu unterscheiden.[10]

Aus all diesen hier verkürzt wiedergegebenen Tendenzen der Forschung wird deutlich, dass die ältere Nationalismusforschung vor 1983 weder einen methodisch rückständigen Block bildet, den es global zu verwerfen gilt, noch eine Einheit. Sie hat weiterhin wichtige Erkenntnisse zur Typologie des entstehenden Nationalstaats hervorgebracht. Man denke an Theodor Schieders Unterscheidung des revolutionären, unitarischen und sezessionistischen Ursprungs von Nationalstaaten.[11] Aber auch wichtige Aufschlüsse über die Sozialstruktur der nationalen Bewegungen und die Geistesgeschichte des Nationalen sind dabei gewonnen worden. In dieser Forschung verbanden sich ideen- und strukturgeschichtliche Problemstellungen mit bewegungs-, kommunikations- und sozialgeschichtlichen Aspekten. Viele der in der sogenannten älteren Forschung angesprochenen Probleme harren auch heute noch der wissenschaftlichen Analyse.

Welcher Platz kommt nun dem Verhältnis von Nation und Religion in dieser älteren Forschung zu? Es ist für ihre Fragestellungen – dies sei vorab gesagt – nicht zentral. Natürlich spielte der Unterschied zwischen der protestantischen Oberschicht und dem sich unter Daniel O'Conell auf die katholische Kirche stützenden konstitutionellen Nationalismus bei der Analyse der irischen Nationalbewegung eine wichtige Rolle. Auch bei der Untersuchung polnischer Emigrantenvereine sind die religiösen und messianistischen Vereinigungen zu nennen.[12] Unter den spezifischen Erkenntnisinteressen der Bewegungsforschung ging es aber nicht um das Verhältnis von Nation und Religion, sondern lediglich um den Anteil der Religion beziehungsweise Konfession an der Konstituierung von nationalen Vereinen. In den von Karl Wolfgang Deutsch angeregten Studien wurden Veränderungsprozesse privilegiert, die mit den vielfältigen Modernisierungsprozessen seit dem Ende des 18. Jahrhunderts verbunden waren. Der Religion oder Konfession kam dabei keine Modernisierung fördernde, sondern diese hemmende Wirkung zu und wurde selten berücksichtigt. Schließlich geriet Religion in der ideengeschichtlichen Forschung vor allem dann ins analytische Visier, wenn sie von den Publizisten und Theoretikern selbst in ihrer Bedeutung angesprochen und unterstrichen wurde. Bei Hayes erschien sie etwa bei der Kennzeichnung des traditionalen und des integralen Nationalismus, da

10 So *O. Dann*, Nation und Nationalismus in Deutschland 1770–1990, München 1993; *H. Kohn*, Die Idee des Nationalismus: Ursprung und Geschichte bis zur Französischen Revolution, Heidelberg 1950.

11 Siehe mit etwas anderen Akzenten auch *M. Mann*, The Sources of Power: Vol. 2. The Rise of Classes and Nation-States, 1760–1914, Cambridge 1993, S. 218 f.

12 Siehe auch *P. Alter*, Nationalismus, Frankfurt a. M. 1985.

es beiden um die Restauration vormoderner Zustände und des Einflusses der Kirche ging.[13]

Gleichwohl hätte eine verstärkte Aufmerksamkeit auf die religiösen und konfessionellen Zusammenhänge selbst innerhalb des Fragespektrums der traditionellen Nationalismusforschung eine wichtige Funktion haben können. Auf zwei Gebieten ließen sich Erkenntnisse erwarten:

1) Zum Verständnis der Nationalbewegungen
Über die Studie der Sozialstruktur und der Organisation der Nationalbewegungen hinaus hätte es Sinn gemacht, nach dem Anteil und den Aktivitäten von Pfarrern und Priestern in ihnen zu fragen. Sie waren diejenigen, denen vor allem in den ländlichen Gesellschaften des 19. Jahrhunderts eine wichtige meinungsbildende Funktion zukam. Dadurch konnten sie die Verbreitung von nationalistischen Parolen befördern oder behindern. So ist bekannt, wie sich im Verlauf der Französischen Revolution von 1789 die Verteidigung der Institution Kirche mit der Opposition westfranzösischer Bauern gegen den Militärdienst verbanden. Religiöse Parolen und die Verteidigung der traditionellen bäuerlichen Gemeinden gingen zusammen. Religiöse Zeichen wie das Herz Jesu wurden in der Vendée benutzt, Kirchenlieder zu Marschmusik umgewandelt und Banden als »Christliche Armeen« verherrlicht. In dieser Ablehnung des revolutionären, interventionistischen Nationalstaats der Französischen Revolution stellten sich sogar überkonfessionale Solidaritäten her. In der Gegend von Montbéliard halfen etwa protestantische Pfarrer ihren katholischen Kollegen und reagierten Protestanten ähnlich wie Katholiken auf staatliche Eingriffe. Wenn es darum geht, die Vermittler von nationalistischen Parolen gerade im 19. Jahrhundert und in bäuerlichen Gemeinden zu bestimmen und die Verbreitungsformen von nationalen Vorstellungen zu erforschen, dann ist der Klerus von entscheidender Bedeutung.[14]

Dass man dabei aber nicht von der Teilnahme der Pfarrer und Priester an nationalen Bewegungen und Kampagnen auf die Verbreitung nationalistischer Einstellungen unter allen Geistlichen schließen kann, zu dieser Vorsicht hat Frank Kuhlemann am Beispiel der protestantischen Pfarrer in Deutschland gewarnt. Er sprach für die Zeit zwischen 1815 und 1914 von »deutlichen Vorbehalten gegenüber einer nationalen Pervertierung des Glaubens, die unter liberalen wie konservativen protestantischen Geistlichen zu finden sind«. Die Ursachen und Begründungen dieser Reserviertheit konnten indes variieren.

»Ob es die Besinnung auf das Universale im Christentum oder eine ›konfessionelle Wahrheit‹, ob es die ›Religion des Kreuzes‹ oder die Klage über die nationale Absage der europäischen Völker an Gott bzw. die Verwerfung eines unchristlichen Nationalismus war, der sich mit der Überlegenheit der Rasse brüstete – in vielen der

13 *C. J. H. Hayes*, Nationalism: A Religion. New York 1960.

14 *F. Becker*, Konfessionelle Nationsbilder im Deutschen Kaiserreich, in: *Haupt* u. *Langewiesche*, Nation und Religion, S. 389–418.

pastoral-professionellen Positionsbeschreibungen ließen sich die Ansprüche eines gewissermaßen übernational zu denkenden nicht primär auf Gewalt und Ausgrenzung disponierten oder aber auch bekenntnisorientierten Christentums nicht vollständig verdrängen.«[15]

Mit diesem Hinweis wird auch die Untersuchung der Grenzen des nationalen Einflusses unter evangelischen und katholischen Geistlichen zu einer Notwendigkeit. Diese können sowohl in universalen Glaubensüberzeugungen als auch in innerkirchlichen oder kirchenpolitischen Einflüssen liegen. Italienische Priester der 1850er Jahre schlossen sich zum Beispiel dem Risorgimento-Nationalismus nicht an, weil dieser die Existenz des Kirchenstaats infrage stellen konnte.[16] Außerdem muss die Haltung der Geistlichkeit weder als konstant noch ihr nationales Engagement als gleichmäßig stark unterstellt werden. Es wandelte sich in Kriegs- und Krisenzeiten. In Konjunkturen wie dem Ersten Weltkrieg, in dem – wie es bei Max Weber heißt – »das ganze bisherige Leben verblasst«, gewannen nationale Werthaltungen auch unter Geistlichen beider Konfessionen in Deutschland und Frankreich an Gewicht, führten zum Abbruch internationaler und friedenspolitischer Beziehungen und zur Integration der Geistlichen in den Nationalstaat.[17] Kriegspredigten sind in dieser Hinsicht eine deutliche Demonstration nationalistischen Gedankenguts. Über diesen Mainstream des Denkens wären aber auch Abweichler, Außenseiter und Oppositionelle stärker zu berücksichtigen und der Blick über die herrschenden Konfessionen hinaus auch auf andere sich religiös verstehende Richtungen auszudehnen. Für die Theosophen hat etwa Ulrich Linse selbst für die Zeit des Ersten Weltkriegs das Nebeneinander von nationalistischer Engführung der Argumentation und Pflege internationaler, übernationaler Denk und Sichtweisen nachgewiesen, während die Freimaurer – Stefan Hoffmanns Analyse zufolge – der spaltenden Wirkung der nationalen Propaganda im Ersten Weltkrieg nicht widerstehen konnten.[18]

2) Auch kann die Diskussion um das *nation-building* aufgenommen und durch den Bezug auf die Religion vertieft werden. Unter dem Gesichtspunkt der Modernisierung werden konfessionelle Loyalitäten eher als retardierende Faktoren angesehen, die im Zuge der Säkularisierung aufgelöst und als Einstellungen

15 *F.-M. Kuhlemann*, Pastorennationalismus in Deutschland im 19. Jahrhundert: Befunde und Perspektiven der Forschung, in ebd., S. 574.

16 *I. Porciana*, La festa della nazione: Rappresentazione dello Stato e spazi sociali nell'Italia unita. Bologna 1997, S. 169f.

17 *M. Weber*, Max Weber: Ein Lebensbild, Heidelberg 1950², S. 568.

18 Siehe *U. Linse*, Universale Bruderschaft oder nationaler Rassenkrieg – die deutschen Theosophen im Ersten Weltkrieg, in: *Haupt* u. *Langewiesche*, Nation und Religion, S. 602–651; *S.-L. Hoffmann*, Die Politik der Geselligkeit: Freimaurerlogen in der deutschen Bürgergesellschaft 1840–1918, Göttingen 2000.

Teile größerer Milieus werden.[19] Der Prozess der Relativierung und Verlagerung religiöser Bindungen, der der Modernisierungstheorie zufolge vom Zentrum ausgehend sich in der Peripherie verbreitet, verläuft nach vorliegenden Fallstudien aber sehr viel komplexer. Religion wird nämlich durchaus als Widerstand gegen die Modernisierung, die Nationsbildung und den mit ihr verbundenen Nationalstaat eingesetzt und dadurch konserviert. David Blackbourn hat dies am Beispiel der Wallfahrt nach Marpingen zeigen können, die ihre Bedeutung auch aus dem Widerstand gegen die Zugriffe des Nationalstaats gewann.[20] Vor allem hat Caroline Ford für das bretonische Departement Finistère auf die verschlungenen Pfade hingewiesen, in denen die Religion als Mittel wirkte, um lokale Sprache und Besonderheiten gegen den Zugriff des republikanischen Nationalstaats und seiner nationalistischen, auf Homogenisierung drängenden Propaganda am Ende des 19. Jahrhunderts zu verteidigen. Vor allem der niedrige Klerus schloss sich dem sozialen Katholizismus an, stellte die zentralistische Version der Republik infrage und entwickelte eine dezentrale, spezifische Variante des Nationalgefühls.[21] Hier wird deutlich, wie sich die Nation im *nation-building*-Prozess nicht automatisch verallgemeinert, sondern wie ihre Durchsetzung über den Konflikt zwischen Zentralstaat und Kirche und deren lokale Ausprägung vermittelt und gebremst wird.

Diese beiden Beispiele mögen genügen, um zu illustrieren, dass für die westeuropäische Geschichte sowohl eine genauere Kenntnis der nationalen Aktivitäten und Einstellungen vom Geistlichen ein Desiderat der Forschung bleibt, als auch die Einbeziehung religiöser Aktivitäten und Konflikte in einzelnen Gegenden für ein Verständnis des allgemeinen Prozesses der Nationsbildung unerlässlich ist. Fragestellungen der älteren Nationalismusforschung haben in diesem Kontext keineswegs ihre Berechtigung und Fruchtbarkeit verloren.

Die neuere Nationalismusforschung hat seit 1983 die Nation als natürlich vorgegebene Größe infrage gestellt und deren Konstruktion unterstrichen. Sie ist zunächst eine »gedachte Ordnung«[22], ein utopischer Einwurf, der im Zuge der historischen Entwicklung politisch verwirklicht und umgesetzt wird. Nach Ernest Gellner ist es »der Nationalismus, der sich seine Nation schuf«. Mit diesem Ansatz wird nicht nur die Nation als *imagined community* verbunden, sondern auch die erstaunliche Flexibilität und Mannigfaltigkeit akzentuiert, die sich bei der inhaltlichen Definition und Vorstellung der Nation und dem diese

19 Siehe *O. Chadwick*, The Secularization of the European Mind in the Nineteenth Century, Cambridge, UK 1975; als Einstieg etwa *H. Knoblauch*, Religionssoziologie, Berlin 1999; siehe mit einer überzeugenden Gegenargumentation *F. W. Graf*, Die Wiederkehr der Götter: Religion in der modernen Kultur, München 2004.

20 *D. Blackbourn*, Marpingen: Apparitions of the Virgin Mary in Bismarckian Germany, Oxford 1993.

21 *C. Ford*, Creating the Nation in Provincial France: Religion and Political Identity in Britanny, Princeton 1993.

22 *E. K. Francis*, Wissenschaftliche Grundlagen soziologischen Denken, München 1957.

prägenden Nationalismus zeigt. Damit wird Nationalismus als Prozess in Bewegung gedacht und nicht als eine Entwicklung, die an ein Ende oder ein Ziel kommt.[23] Auch nach der Konstituierung des Nationalstaats bleibt Nationalismus mithin als Faktor der europäischen Geschichte präsent und wirksam.[24]

Der Nationalismus wird aber auch als Teil der Identitäten in einer Gesellschaft und in Verbindung mit anderen Identitätselementen, wie Konfession, Geschlecht, Ethnie, Klasse wahrgenommen. Da Identität nach einer glücklichen Formulierung von Jan Assmann eine »plurale Tantum« ist, geht es mithin darum, den Platz des Nationalen in einem Konglomerat anderer Bezüge und Loyalitäten zu ermessen. Man kann auch mit Dieter Langewiesche fragen, ob, wann und mit welchen Folgen er als »Letztwert« innerhalb einer Hierarchie von Wertbezügen wahrgenommen wird. Zugleich ist der Platz des Nationalen in der Identitätsbildungspolitik einzelner Gesellschaften zu verorten. Die Praktiken der Errichtung von Denkmälern, Schaffung von Festtagen, Organisierung von Umzügen werden damit wichtig.[25] Schließlich richtet sich das Augenmerk auch auf die Legitimationsfunktion des Nationalismus, mithin auf die Frage, ob er und wenn ja, unter welchen Bedingungen und unter Mobilisierung welcher Elemente die bestehende Gesellschaft oder zukünftige Ordnungen rechtfertigt. Dabei kommt der *invention of tradition,* den Gründungsmythen und Geschichtsbildern eine wichtige Rolle zu.[26]

Bei alledem ist auch die Homogenität der Nation und des Nationalstaats nicht überzubetonen. Sie existiert zweifellos als Teil nationaler Begründungsdiskurse oder politischer Programme. Vor allem das republikanische Idealbild der *nation une et indivisible* spielte als Bezugspunkt in zeitgenössischen Debatten Frankreichs oder als Hinweise für staatliches Handeln eine nicht zu unterschätzende Rolle, konnte sich im 19. und 20. Jahrhundert in der gesellschaftlichen Wirklichkeit aber nicht durchsetzen. Selbst in den Zeiten nationaler Geschlossenheit, wie im August 1914, reagierte die Bevölkerung in Frankreich, wie in Deutschland, je nach Region, Konfession, Gesellschaft und Klassen unterschiedlich auf die Situation. Das Bild des homogenen Nationalstaats unterschätzt die Differenzierungsprozesse, die auch in einem sich vereinheitlichenden Nationalstaat wirksam waren und die gesellschaftliche sowie politische Wirklichkeit in Westeuropa bis ins 20. Jahrhundert hinein prägten.

23 *E. Gellner,* Thought and Change, London 1972, S. 168; für den Ersten Weltkrieg hat vor allem *S. O. Müller,* Die Nation als Waffe und Vorstellung: Nationalismus in Deutschland und Großbritannien im Ersten Weltkrieg, Göttingen 2002, nachgewiesen, wie sehr die Nation selbst als Argument und Legitimation in Deutschland und in Großbritannien umkämpft war.

24 Siehe auch *E. Hobsbawm,* Nationen und Nationalismus: Mythos und Realität seit 1780. Frankfurt a. M. 1991; wenngleich Hobsbawm für das Jahrhundertende und aufgrund der zunehmenden Globalisierung von einem Bedeutungsverlust des Nationalismus ausgeht.

25 Siehe die einschlägige Studie von *C. Tacke,* Denkmal im sozialen Raum: Nationale Symbole in Deutschland und Frankreich im 19. Jahrhundert, Göttingen 1995; sowie *Porciani,* La festa.

26 Siehe *N. Buschmann* u. *D. Langewiesche* (Hg.), Der Krieg in den Gründungsmythen europäischer Nationen und der USA, Frankfurt a. M. 2003.

Fragt man erneut, welche Bedeutung dem Verhältnis von Nation und Religion unter den Ansätzen der neueren Nationalismusforschung zukommt, so ist diese kaum zu übersehen. Untersuchungen zur diskursiven Konstruktion der Nation nennen nicht nur Vorbilder aus dem Alten Testament als Bezugsgrößen, sondern auch religiöse und konfessionelle Modelle.[27] Als eines der bekanntesten Beispiele kann dafür die Aufschrift auf der Fahne gelten, an der die preußischen Truppen nach ihrem Sieg im Jahre 1871 vorbeidefilierten. Dort heißt es: »Welch eine Wandlung durch Gottes Fügung«[28]. In welchen Mustern und mit welcher Breitenwirkung diese Entwicklung verlief, muss Teil von Diskursstudien sein, von denen erst einige vorliegen.[29] Unter den identitätsbildenden Wirkungen des Nationalismus wird immer auch die Religion als eine Loyalität genannt, die mit Klasse, Geschlecht und ethnischer Herkunft Verbindungen eingehen, aber auch mit diesen in Widerspruch treten kann.[30] Vor allem am irischen Beispiel, aber auch für die Konflikte im ehemaligen Jugoslawien sind für die Jahre nach 1989 die dramatischen Folgen beschrieben worden, die die Verbindung von Religionszugehörigkeit mit Individualität und Staatsangehörigkeit gewinnt.[31] Dabei wird – nach Alois Hahns Bemerkung – »die Unversöhnlichkeit dadurch gesteigert, (...) dass der religiös definierte ›Fremde‹ nicht auf einem anderen Territorium lebt, sondern auf dem eigenen, so dass die religiöse Identität und die territorial begrenzte, nationale nicht konvergieren«.[32] Bei der Identitätsbildungspolitik, die sich in öffentlichen Demonstrationen äußert, ist nach dem Transfer von religiösen Vorbildern in dem säkularen Bereich zu fragen. Schließlich spielen unter den Gründungsmythen und Geschichtsbildern religiöse Vorbilder eine zentrale Rolle und sind verschiedene Nationalstaaten bestrebt, sich in der direkten Nachfolge des Volkes Israels zu konstituieren.[33]

27 Zum Beispiel *H. Lehmann*, The Germans as a Chosen People: Old Testament Themes in German Nationalism in: German Studies: A Review 14 (1991), S. 261–273.

28 Siehe dazu jetzt *F. Becker*, Bilder von Krieg und Nation: Die Einigungskriege in der bürgerlichen Öffentlichkeit Deutschlands, 1864–1913, München 2001.

29 Siehe *A. Reimann*, Der große Krieg der Sprachen: Untersuchungen zur historischen Semantik in Deutschland und England zur Zeit des Ersten Weltkriegs, Essen 2000, S. 91 f.; siehe auch die begriffsgeschichtliche Studie von *W. Steinmetz*, Die Nation in konfessionellen Lexika und Enzyklopädien (1830–1940), in: *Haupt* u. *Langewiesche*, Nation und Religion, Frankfurt a. M. 2001, S. 217–292.

30 Siehe dazu auch *E. Saurer* (Hg.), Die Religion der Geschlechter: Historische Aspekte religiöser Mentalitäten, Wien 1995.

31 Siehe *H. Sundhaussen*, Nationsbildung und Nationalismus im Donau-Balkan-Raum, in: Forschungen zur osteuropäischen Geschichte 48 (1993), S. 233–258

32 *A. Hahn*, Religion, Säkularisierung und Kultur, in: *H. Lehmann* (Hg.), Säkularisierung, Dechristianisierung, Rechristianisierung im neuzeitlichen Europa: Bilanz und Perspektiven der Forschung, Göttingen 1997, S. 22.

33 Siehe auch *M. Flacke* (Hg.), Mythen der Nationen: Ein europäisches Panorama, München 1998; *W. R. Hutchinson* u. *H. Lehmann* (Hg.), Many Are Chosen: Divine Election and Western Nationalism, Harrisburg 1994.

In dieser neuen Perspektive der Nationalismusforschung drohen zumindest zwei Gefahren. Vor allem wenn die Vorstellungswelten, Wertsysteme und Loyalitäten in den Mittelpunkt rücken, kann der Nationalismus generell mit Prozessen der Staatsbildung verwischt und verwechselt werden. Denn bereits in der Phase der Herausbildung des modernen Territorialstaats lassen sich nationale Stereotype, religiöse Überhöhungen des Nationalen und die Exaltierung des Nationalgefühls vorfinden. Im vorrevolutionären Frankreich des 18. Jahrhunderts vervielfachte sich seit der Mitte des Jahrhunderts der Gebrauch des Begriffs »Nation« und nach einem Bericht aus dem Jahre 1789 soll sogar eine Fruchthändlerin auf der Straße ihre Ware mit den Ausrufen angepriesen haben: »Nationale Pflaumen, nationale Äpfel!«[34] Diese Vermischung von Staatsbildungs- und Nationalstaatsprozessen findet sich auch in dem jüngst erschienenen Überblick von René Rémond. Aber nur wenn zwischen Staatsbildung und Nationalstaatsbildung klar getrennt wird, ist es möglich, sowohl Kontinuitäten als auch Brüche zwischen den beiden Prozessen herauszuarbeiten.[35] Als Unterscheidungsmerkmale hat Dieter Langewiesche Folgendes vorgeschlagen:

1) Der Nationalstaat konstituiert sich als Staatsbürgergesellschaft, das heißt auf der Basis rechtlicher Gleichheit und politischer Partizipation, die zwar nicht überall bereits zu Beginn des 19. Jahrhunderts realisiert wird, aber sehr wohl eine Zielperspektive bleibt. Nur deshalb kann er als Bezugspunkt für emanzipatorische Bewegungen, wie die Arbeiter-, Frauen- und Sklavenbewegung, dienen.
2) Der Nationalstaat entfaltet sich im Kontext eines Prozesses der Nationsbildung, da er mit der Entwicklung von Öffentlichkeit, der administrativen Durchdringung der Gesellschaft und deren nationaler Formierung einhergeht.[36]
3) Dabei werden die Konfessionen als dem Nationalstaat entgegenstehende Organisationsformen in ihrer institutionellen Unabhängigkeit und in ihrem Monopolanspruch, die Priorität der Werte festzusetzen, infrage gestellt. Der Nationalstaat verlangt von allen in Krisensituationen oder in der als solchen definierten Konjunktur die Orientierung an der Priorität der Nation. Er setzt die Legitimität nationaler Interessen gegen andere legitime Ordnungen ab und durch. Für Westeuropa wird man für das 19. und 20. Jahrhundert vom Nationalstaat ausgehen müssen, der sich auf Prozesse der staatlichen Monopolbildung der Frühen Neuzeit bezieht, in diesen aber keineswegs aufgeht.[37]

34 Siehe Fallstudien in *H. Berding* (Hg.), Nationales Bewußtsein und kulturelle Identität (Studien zur Entwicklung des kollektiven Bewußtseins in der Neuzeit, Bd. 2), Frankfurt a. M. 1994.

35 *R. Rémond*, Religion und Gesellschaft in Europa von 1789 bis zur Gegenwart, München 2000.

36 Siehe auch zu Deutschland: *J. Echternkamp*, Der Aufstieg des deutschen Nationalismus (1770–1840), Frankfurt a. M. 1998.

37 Siehe die Einleitung in *Langewiesche* u. *Schmidt*, Föderative Nation.

Staats- und Nationalstaatsbildungsprozesse besitzen darüber hinaus ein unterschiedliches Verhältnis zu Religion und Nation. In Staatsbildungsprozessen ist die Religion integraler Bestandteil sowohl der Gründungsmythen wie individueller und kollektiver Identitäten. Die Bezeichnung des schwedischen Königs der Frühen Neuzeit als »Löwe des Nordens« griff etwa auf Vorbilder des »Alten Testaments« zurück, und die Religionszugehörigkeit ging in die ständische Konstitution des Individuums ein. Im Nationalstaatsbildungsprozess verquickten zwar nationale und religiöse Mythen, individuelle und kollektive Loyalitäten konnten sich aber sehr wohl gegen religiöse oder konfessionelle Deutungsmuster definieren, da bis weit in das 20. Jahrhundert hinein nationalistische Akteure die dominanten Konfessionen auch als Bedrohung wahrnahmen und der Laizismus sich in einzelnen Gesellschaften gegen die etablierten Kirchen richtete.

Zum anderen besteht die Gefahr, dass der Nationalismus als Teil einer Verlustgeschichte interpretiert wird. Hans-Ulrich Wehler führt ihn etwa auf eine »Identitätskrise«, eine »Art von sozialpsychischem Vakuum, in der Sprache Freuds eine tiefe Verstörung« zurück, in der »der Nationalismus beansprucht, wie vorher die Kirche die Sinngebungs- und Rechtfertigungsinstanz des nachrevolutionären säkularisierten Menschen zu sein«. Diese Vorstellung geht zu sehr von einer Abfolge von Loyalitäten – von der Religion zur Nation – und vom absoluten Bedeutungsverlust des Religiösen aus. Gegen die erste These hat Hans-Peter Walkenhorst unterstrichen, dass Religion und Nationalismus im 19. Jahrhundert nicht notwendig in einem Gegensatz zueinander stehen mussten, sondern sich auch gegenseitig beeinflussen konnten. Um dieses Wechselverhältnis zu erfassen, sei es notwendig, einerseits die religiösen Elemente der nationalistischen Ideologien, aber auch die nationalen Inhalte traditioneller Religionen zu bestimmen. Die Nationalisierung von Heiligen gehört in den ersten, die besondere Aufmerksamkeit der katholischen Liturgie durch Nationalisten in den zweiten Zusammenhang.[38] Zum zweiten Argument hat die Säkularisierungsforschung auf die fortbestehende geschlechts- und klassenspezifische Wirkungskraft konfessioneller Zugehörigkeiten auch im 19. und 20. Jahrhundert hingewiesen und trotz des Rückgangs kirchlicher Praktiken die Persistenz von Religiosität unterstrichen.[39] Wenn diese These richtig ist, kann sie auf eine nachlassende Bedeutung der Konfessionalisierung der Nation – etwa im protestantischen Sinn – hindeuten, nicht aber auf einen Rückgang religiöser Motive in der Selbstdefinition der Nation überhaupt. Untersuchenswert ist mithin nicht, ob die Nation die Religion verdrängt hat, sondern wie sich beide verbunden haben und wie sich religiöse Elemente mit der Selbstdarstellung der Nation verbanden.

In der Aufnahme von Fragestellungen der neueren Nationsforschung, vor allem ausgehend von der These der multiplen Identitäten, sind Arbeiten zu einzelnen Personen oder Organisationen entstanden, die monografisch die Ver-

38 *Walkenhorst*, Politische Religion; *Wehler*, Nationalismus.
39 Siehe zusammenfassend *Lehmann*, Säkularisierung.

quickung von nationalen Parolen und religiösen Deutungen untersucht haben. Am Beispiel von Friedrich von Bodelschwinghs Haltung zum Sedanfest hat etwa Hartmut Lehmann nachgewiesen, dass der deutsche Pietismus die nationale Einigung als notwendige Voraussetzung für eine sittlich-religiöse Erneuerung des deutschen Volkes ansah. Dabei seien »religiöse und politische, christliche und nationale Gehalte eine Symbiose eingegangen«. Es ist stilistisch reizvoll, die gleichgewichtige Verbindung aller Loyalitäten zu unterstreichen. Offen bleibt dabei aber, ob sich Akzentuierungen und Prioritätensetzungen ausmachen lassen. Diese Frage wird nicht nur für die Interpretation von Stellungnahmen zum Zeitgeschehen, sondern auch für die Analyse von autobiografische Retrospektiven zu stellen sein, in denen der eigene Lebensweg beschrieben und systematisch rekonstruiert wird.[40] Auf alle Fälle werden dabei Nation und Religion nicht als isolierte Variablen, sondern als Teil eines umfassenden Wert- und Ideenhorizonts zu analysieren sein. Der französische Nationalist Maurice Barrès setzte zwar Katholizismus und französische Nation gleich. Mit dem Katholizismus verband er aber eine deutliche Absage an die Demokratie und den Liberalismus, die beide das Individuum verherrlichten und gemeinschaftliche Bande zerstörten. In die Abwehr demokratischer und universalistischer Ideen mischte sich dabei auch die Ablehnung des jüdischen und protestantischen Glaubens.[41] Aber auch für die Stellungnahmen von Organisationen und Verbänden kann die Frage aufgenommen werden, welche Identitäten sie als dominant und verpflichtend auswählten. So hat Birgit Sack in einer Untersuchung des Katholischen Frauenbundes in der Weimarer Republik nachweisen können, wie sehr von dessen Mehrheit das Religiöse als Teil eines überwölbenden Nationalen verstanden, dieses aber seinerseits einem ständischen Staatsideal untergeordnet war.[42]

Kontrovers diskutiert wird auch der »Transfer des Sakralen«, der zur Analyse von nationalen Festen, Umzügen, Denkmälern und Feiern benutzt wird. Die Analogie von Elementen der kirchlichen Liturgie, biblischen Vorstellungen und nationalen Inszenierungen ist kaum zu übersehen und von George Mosse frühzeitig benannt und analysiert worden.[43] Ob es allerdings dabei zu einem Übergang von Affekten und Emotionen, die zuvor mit kirchlichen Zeremonien, Ritualen und Symbolen verbunden waren, auf nationale Ziele kommt, ist nicht sicher. Diese Wirkungsvermutung ist zwar in der Nationalismusforschung prominent, aber kaum nachgewiesen. So wichtig der Nachweis von Ähnlichkeiten und Korrelationen zwischen säkularen und nationalen Praktiken und Welt-

40 Siehe *D. Günther*, Das nationale Ich? Autobiographische Sinnkonstruktionen deutscher Bildungsbürger des Kaiserreichs, Tübingen 2004.

41 Siehe *Ford*, Creating the Nation.

42 *B. Sack*, Zwischen religiöser Bindung und moderner Gesellschaft: Katholische Frauenbewegung und politische Kultur in der Weimarer Republik (1918/19–1933), Münster 1998.

43 *G. L. Mosse*, Die Nationalisierung der Massen: Politische Symbolik und Massenbewegungen in Deutschland von den Napoleonischen Kriegen bis zum Dritten Reich, Frankfurt a. M. 1976.

deutungen sein kann, so erklärt diese Analogie jedoch recht wenig. In diesem Sinne kritisiert Mary Douglas zu Recht: »Die These, wonach Rituale bestimmte Gefühle auslösen, steht auf schwachen Füßen. Wer hätte sich nicht schon einmal in der Kirche gelangweilt.« Sie unterstreicht, dass es sehr wenig plausibel ist anzunehmen, dass »die öffentlichen Äußerungen über Solidarität auch zu deren Festigung führen«. Auch Clifford Geertz fordert

> »eine Klärung der Frage, wieso die Vorstellung der Menschen vom ›wirklich Wirklichen‹ (…) und die Dispositionen, die diese Vorstellungen in ihnen wecken, ihre Auffassungen vom Vernünftigen, Praktischen, Humanen und Moralischen beeinflussen können – inwieweit sie das tun, wie tiefgreifend sie das tun und wie wirkungsvoll sie es tun«.[44]

Für den Zusammenhang von Nation und Religion lassen sich, ausgehend von der Kulturanthropologie, zwei Anregungen übernehmen: Neben den Solidaritätsriten, die in der Nationalismusforschung bisher im Mittelpunkt standen und stehen, nicht die Übergangsriten, die Formen individueller und familiärer Religionsausübung ebenso wie magische und abergläubische Haltungen zu vergessen. Erst in der Ausweitung der Forschung in diese Richtung kann die Überzeugungskraft des Nationalen für das Individuum und für Kleingruppen erfasst werden. Zum anderen rät die Anthropologie, und vor allem Victor Turner, nicht einzelne Symbole – wie das Kreuz – isoliert, sondern als Teil eines Symbolfeldes zu verstehen, zu dessen Beschreibung eine relativ begrenzte Symbolsprache zur Verfügung steht. Mithin ruft die Anthropologie dazu auf, Symbole christlicher Provenienz innerhalb des nationalen Symbolfeldes anders zu interpretieren.

Am Ende dieses schnellen Überblicks stehen weniger feste Ergebnisse als Anregungen für weitere Forschungen: Die Priester und Pfarrer in ihrer Bedeutung für Nationalbewegungen zu verschiedenen Zeiten zu untersuchen; die Stärkung der Religion in der Reaktion auf die nationalstaatliche Modernisierung zu bestimmen, die wohl stärker in katholischen als in protestantischen Bereichen Westeuropas war; die Konflikte zwischen Kirche und der modernen, mit dem Nationalstaat verbundenen Staatsbürgergesellschaft sowie die Widerstandskraft der Konfession in der Auseinandersetzung mit nationalstaatlichen Prioritätsansprüchen zu bestimmen. Es scheint, als ob diese Widerstandskraft in Deutschland wohl eher unter Frauen als unter Männern, eher auf dem Land als in der Stadt, unter Katholiken eher als unter Protestanten anzutreffen ist. Aber auch dies bleibt eine Hypothese, die zu überprüfen ist.

44 Siehe *S. M. Douglas*, Wie Institutionen denken, Frankfurt a. M. 1991, S. 63; *C. Geertz*, Dichte Beschreibung: Beiträge zum Verstehen kultureller Systeme, Frankfurt a. M. 1987, S. 93 f.; *V. Turner*, Das Ritual: Struktur und Antistruktur, Frankfurt a. M. 1994, S. 46 f.; *H.-G. Haupt* u. *C. Tacke*, Die Kultur des Nationalen, in: *W. Hardtwig* u. *H.-U. Wehler* (Hg.), Kulturgeschichte heute, Göttingen 1996, S. 255–283.

# III. Gewalt

# Zur historischen Analyse von Gewalt: Charles Tilly/Louise Tilly/Richard Tilly, The Rebellious Century 1830–1930

»Es sind einige gewichtige Gründe für die Annahme gegeben worden, da die kollektive Gewalt in Europa ein Nebenprodukt des Kampfes um Macht war, daß das Ausmaß und der Charakter der Gewalt maßgeblich von den Reaktionen der Regierungen auf die Ziele abhängen, die von verschiedenen Machtbewerbern formuliert worden sind und daß die aktiven Kämpfer um Macht – wie die aktiven Teilnehmer an kollektiver Gewalt – sich vom Rest der Bevölkerung unterscheiden durch das Ausmaß ihrer Organisation, ihrer Orientierung an gemeinsam geteilten Standards von Rechten und Pflichten und ihre gemeinsame Kontrolle von politisch signifikanten Ressourcen« (S. 300). Die in der Ergebnisaussage angesprochenen Schwerpunkte der Analyse dieses Buches der drei Tillys lassen Erkenntnisse auf folgenden Gebieten vermuten: Ursachen, Motive und Mittel des Gewalteinsatzes, Adressaten, Träger und Folgen von Gewalt. Damit verspricht die historische Untersuchung der Manifestationen kollektiver Gewalt in Deutschland, Frankreich und Italien aufzuräumen mit folgenden Gewaltinterpretationen: Einer lediglich moralischen Verurteilung von Gewalt, die deren sich wandelnde Bedeutung seit dem Ende des 18. Jahrhunderts verkennt,[1] wie auch mit jenen soziologischen und politologischen Ansätzen, für die Gewalt in den Formen staatlich institutionalisierter Herrschaft stillgelegt und negiert war,[2] oder die sie an einem zum gesellschaftlichen Normalzustand erhobenen Konsensus maßen und mit Unordnung identifizierten.[3] Ursachenanalysen, die über psychologische Aggressionsforschungen hinaus auch gesellschaftliche Strukturen als Problemgenerator erfassen, bleiben bis zur Untersuchung der »urban riots« in den USA und auch in dieser noch relativ selten.[4] Die von den Tillys vorgeschlagene Betrachtungsweise ist allerdings keineswegs neu. Denn immerhin haben die Untersuchungen der marxistischen Historiker Rude, Hobsbawm und Thompson wichtige Beiträge zu der Problematik geleistet, indem sie das einer konterrevolutionären Tradition entstammende Bild vom

1 *O. Negt*, Politik und Gewalt, Sonderdruck der Zeitschrift »Neue Kritik« 1968, S. 8.

2 Siehe dagegen die Beiträge in: *K. Horn u. a.*, Gewaltverhältnisse und die Ohnmacht der Kritik, Frankfurt a. M. 1976.

3 Dazu *S. Papcke*, Progressive Gewalt. Studien zum sozialen Widerstandsrecht, Frankfurt a. M. 1973.

4 Siehe die unterschiedlichen Interpretationen in: *T. R. Gurr* u. *H. D. Graham* (Hg.), Violence in America, New York 1969; dazu und zu diesem gesamten Problemkreis siehe den vorzüglichen Aufsatz von *W.-D. Narr*, Gewalt und Legitimität, in: Leviathan 1 (1973), S. 7–42.

blindwütigen Mob zerstört, selbst im Luddismus organisatorische Strukturen, bewußten Einsatz von Gewalt als Surregat für mangelnde Artikulationsmöglichkeiten nachgewiesen und die politischen Konsequenzen von Massenaktionen verdeutlicht haben.[5] Die Behandlung kollektiver Gewalt in der deutschen, französischen und italienischen Entwicklung zwischen 1830 und 1930, die die Tillys vornehmen, wird an den Standards und Ergebnissen der genannten Forschung zu messen sein.

Sie ist weiterhin danach zu beurteilen, ob sie folgende Problemkreise behandelt, die für die Analyse kollektiver Gewalt wichtig sind:

1. Geht die Analyse der Ursachen und Motive von Gewalt über den jeweils relativ zufälligen Anlaß hinaus auf die Strukturen und Funktionen einer Gesellschaft ein, in der Gewalt sich manifestiert? Damit wird die »Sozialverhältnisgewalt«,[6] die Handlungs- und Denkmöglichkeiten jedes einzelnen, die die ungleiche Verteilung von wirtschaftlichen Ressourcen, Beteiligungsrechten und Informationsmöglichkeiten begrenzt, als Mutterboden für gewaltsame Auflehnung zum notwendigen Gegenstand der Forschung.[7]

2. Unterstellen die Autoren die Ubiquität von Gewalt oder arbeiten sie für jede gesellschaftliche Entwicklungsstufe spezifische Gewaltformen und -funktionen heraus? Diese Frage richtet sich einmal auf die gesellschaftlichen Gruppen, die in bestimmten organisatorischen Zusammenhängen und mit konkreten Zielsetzungen sich gewaltsam manifestieren, zum anderen auf die Reaktionsformen staatlicher Gewalt. Unter dem ersten Aspekt steht eine Analyse der verschiedenen Fraktionen der sog. »Unterklassen« an. Lediglich in Lokalstudien behandelt sind die Zusammenhänge und Lernschritte, die zwischen der Herkunft der Lohnarbeiter, der Organisation der jeweiligen Arbeit, den Erfahrungen der Solidarität oder Konkurrenz am Arbeitsplatz oder im Wohnort, den lokalen oder nationalen politischen Ereignissen, sowie dem politischen bzw. gewerkschaftlichen Engagement bestehen.[8] Analysen sind somit ein dringendes Desiderat, die einmal die Struktur der Branchen, die durch Arbeitsorganisation und Arbeitsmarktlage eingegrenzten Aktionsmöglichkeiten verschiedener Berufe, die professionelle Tradition herausarbeiten, zum anderen die konkrete wirtschaftliche Konjunktur, Ausbeutungspraktiken, Wohnverhältnisse, gewerkschaftliche Organisationsformen und Angebote an politischen Interpretationsmustern ermit-

5 Siehe *G. Rude*, The Crowd in History, New York 1964; *ders.*, English Rural and Urban Disturbances on the Eve of the First Reform Bill, 1830–1831, in: Past and Present 37 (1967), S. 87–102; *E. Hobsbawm* u. *G. Rude*, Captain Swing, London 1969; *E. P. Thompson*, The Making of the English Working Class, London 1964; jetzt auch *ders.*, Whigs and Hunters. The Origin of the Black Act, London 1975.

6 *Papcke*, Progressive Gewalt, S. 16.

7 Zum hier angesprochenen Zustand der »strukturellen Gewalt« siehe *J. Galtung*, Strukturelle Gewalt. Beiträge zur Friedens- und Konfliktforschung, Reinbek 1975, bes. S. 7–36; kritisch dazu u. a. *Narr*, Gewalt und Legitimität, S. 17 f.

8 Wegweisend für derartige Analysen ist immer noch *R. Trempé*, Les mineurs de Carmaux, 2 Bde., Paris 1971.

teln. In diesem Zusammenhang können kollektive Gewaltmanifestationen der Unterklassen dann Hinweise auf die politischen Dispositionen und Aspirationen einer Bevölkerungsgruppe geben, die über lange Zeit nur in ihrer Aristokratie sich öffentlich und schriftlich artikulieren konnte.[9]

Neben der »Änderungs«- gehört die »Ordnungsgewalt«[10] in ihrer spezifischen Konfiguration in den Rahmen einer derartigen Untersuchung. Staatliche Reaktionen auf Massenbewegungen sind in der Forschung zwar in ihrem repressiven oder präventiven Charakter bekannt, deren Formen wurden jedoch kaum behandelt.[11] Die Organisation, Stärke, Einsatzform und -breite der Ordnungskräfte prägen als tägliche Gewalt – wie Weber für die Bürokratie generell feststellt – das Gesicht des Alltags, bilden Verhaltensweisen heraus, definieren strafrechtliche Normen, vereinen rechtsetzende und -erhaltende Gewalt,[12] sichern die staatlichen Funktionen mit Säbel und Pistole ab, durchziehen als Einsatzreserve und Exekutivorgan zahlreiche Aufgabenfelder des Staates, in die sie bei Bedarf gewaltförmig eingreifen. Der Prozeß der Ablösung des Militärs durch die Polizei seit dem 19. Jahrhundert, die Ausdifferenzierung der ursprünglichen Polizeifunktionen, die Entpolizeilichung besonders im Bereich der Sozialpolitik bei gleichzeitiger Verpolizeilichung von Teilen des öffentlichen Lebens, dieser hier nur pauschal angedeutete Prozeß kann in seinen Konsequenzen auf die Verhaltensweisen der Bevölkerung,[13] wie auch auf den Charakter des jeweiligen Staates nicht unterschätzt werden.

3. Weiterhin stellt sich bei jeder Behandlung der Gewaltproblematik die Gretchenfrage nach der Legitimität, wie auch nach den Kosten von Gewalt.[14] Da Gewalt in unterschiedlichen historischen Epochen nicht die gleiche Form und Funktion hat – wie systematisch vermutet wurde – ist die Antwort auf die Frage nur historisch zu geben. Die von Frantz Fanon im nationalen Unabhängigkeits-

9 Dies unterstreichen *J. Stevenson* u. *R. Quinault* (Popular Protest and Public Order. Six Studies in British History, 1790–1920, London 1974, S. 19) gegen C. Tillys Position.

10 *Papcke*, Progressive Gewalt, S. 16.

11 Neuere Arbeiten zur Entwicklung, Struktur und Funktion der Polizei in den einzelnen Staaten sind Raritäten. Für Deutschland siehe etwa die insgesamt enttäuschende, die Repressionsorgane nicht genau untersuchende Arbeit von *D. Pricke*, Bismarcks Prätorianer. Die Berliner politische Polizei im Kampf gegen die deutsche Arbeiterbewegung, Berlin 1962; *H.-H. Liang*, The Berlin Police Force in the Weimar Republic, London 1970 (eine zwar materialreiche, aber nicht auf systematische Fragen bezogene Arbeit). Zu Frankreich siehe den Überblick *M. Je Clère*, Histoire de la Police, Paris 1973$^4$; die »These« von Jean Tulard über die Pariser Polizei in der ersten Hälfte des 19. Jahrhunderts ist in Arbeit; siehe in bälde auch den Bd. 2 der Société d'histoire de la Révolution de 1848, der sich mit der Repression in der 1848er Revolution beschäftigen wird. Zum anglo-amerikanischen Raum siehe *G.L. Mosse* (Hg.), Police Forces in History, London 1975.

12 *W. Benjamin*, Zur Kritik der Gewalt und andere Aufsätze, Frankfurt a.M. 1971$^2$, S. 43f.

13 Siehe etwa die Hinweise in dem Sammelband von *J. Feest* u. *R. Lautmann* (Hg.), Die Polizei. Soziologische Studien und Forschungsberichte, Opladen 1971.

14 Siehe etwa *K. von Beyme* (Hg.), Empirische Revolutionsforschung, Opladen 1973, S. 27f.; dazu auch *Narr*, Gewalt und Legitimität.

kampf des algerischen Volkes vorgetragene Apologie der Gewalt der Kolonisierten rechtfertigte er aus dem Unterdrückungs- und Gewaltcharakter des Kolonialismus, gegen den das algerische Volk erst dann erfolgreich kämpfen und seine Identität zurückgewinnen könne, wenn es Gewalt mit Gewalt beantworte.[15] Verweist seine Argumentation auf die »strukturelle Gewalt« des Kolonialismus und damit auf die Notwendigkeit, Gewaltmanifestationen der Ausgebeuteten und politisch Unterprivilegierten als Gegengewalt zu untersuchen, so stellt sich bei seiner Wertschätzung der emanzipatorischen Gewalt das Problem, mit welchen Kosten und in welchen Formen sie eingesetzt wurde.[16] Formen der Gewaltanwendung sind somit daraufhin zu untersuchen, ob sie ziellos, willkürlich und grausam oder begrenzt, selektiv und reaktiv waren. Denn selbst gerechte Ziele legitimieren keineswegs den Einsatz aller Mittel, und schließlich können bestimmte Mittel den Charakter einer politischen Bewegung präjudizieren. Schließlich ist die Kosten-Nutzen-Analyse von Gewalt nicht nur für die Arbeiterklasse, sondern auch für die Bourgeoisie zu leisten. Kann die Gewalt – wie Sorel mutmaßt – »in mittelbarer Weise auf die Bürger einwirken, um sie zum Gefühl ihrer Klasse zurückzurufen«?[17] Im Unterschied zu Sorel, der die produktive Mission des Bürgertums im Auge hat, ist jedoch nach den Folgen des Gewalteinsatzes auf die bürgerliche Sozialpolitik, auf Reformen im staatlichen Bereich, auf die Kohäsion der Klasse zu fragen, die nicht ohne Folgen für die Arbeiterklasse und deren Bereitschaft zur Gewaltanwendung bleiben kann.

4. Es ist mittlerweile eine Binsenweisheit, daß das politische System im Austausch, wie auch in Auseinandersetzung mit anderen Subsystemen steht. Für die Reichweite eines Ansatzes ist jedoch von entscheidender Bedeutung, ob das politische System als Zentrum der jeweiligen Gesellschaft betrachtet wird, alle gesellschaftlichen Entwicklungen als Gegenstände, Voraussetzungen oder Funktionen auf es bezogen sind, oder ob die politischen Strukturen zwar eigene Ressourcen und damit eine »relative Autonomie« besitzen, in ihrer Handlungsbreite und -richtung aber nicht ohne eine detaillierte Analyse der ökonomischen Verhältnisse und der Klassenkonstellation zu erklären sind.[18] Werden in der vorliegenden Untersuchung das politische System zum Zentrum, andere Wirklichkeitsbereiche zu Rahmenbedingungen oder aber führt der Ansatz bei der Politik hin zu einer Analyse der gesellschaftlichen und ökonomischen Strukturen, die sie in ihren spezifischen Konfigurationen und Funktionen prägen? Auf das Problem der kollektiven Gewalt bezogen ist die Frage folgendermaßen zu formulieren: Wird Gewalt ausschließlich aus Defiziten des politischen Systems erklärt oder aber als Ausdrucks- und Protestform von bestimmten gesellschaft-

15 *F. Fanon*, Les damnés de la terre, Paris 1968, S. 5 f.

16 Siehe *H. Marcuse*, Ethik und Revolution, in: *Beyme*, Empirische Revolutionsforschung, S. 124 f.

17 *G. Sorel*, Über die Gewalt, Frankfurt a. M. 1969, S. 96.

18 Siehe zu diesem Zusammenhang u. a. *N. Poulantzas*, Pouvoir politique et classes sociales, Paris 1970.

lichen Gruppen, die aufgrund ihrer wirtschaftlichen Lage Interessen und Ziele formulieren, die mit den Standards der bestehenden gesamtgesellschaftlichen Organisation nicht übereinstimmen?

Die drei Autoren gehen in ihrer Studie von folgendem Problem aus: Läßt sich kollektive Gewalt aus dem Prozeß der Industrialisierung und Urbanisierung erklären, der mit unterschiedlichem Tempo und verschiedenartigen Folgen in den einzelnen nationalen Gesellschaften stattgefunden hat? Mit dieser Fragestellung wollen sie die Grundpositionen kritisch überprüfen, die zwei Theoriebündeln zugrunde liegen. In das Paket der sog. »Zusammenbruchstheorie« verschnüren sie sowohl die Anomiethese Durkheims, als auch Ted Gurrs These von der »relativen Deprivation«. Denn beide sollen von direkten Auswirkungen des Industrialisierungsprozesses auf menschliches Verhalten und Bewußtsein ausgehen. Unterschiede im methodischen Vorgehen oder in der Relevanz der Arbeitsergebnisse der beiden Autoren arbeiten die Verfasser nicht heraus. Unter den sog. »Solidaritätstheorien« nennen sie sowohl die von ihnen vulgärmarxistisch genannte Vorstellung, als bildeten sich mit gleicher sozialökonomischer Lage auch gleiche politische Verhaltensmuster heraus, als auch E. P. Thompsons Ansatz, nach dem die Abhängigen in einem Lernprozeß zum Bewußtsein ihrer solidarischen Interessen gelangen können. Dadurch, daß sie derart unterschiedlich begründete, ausdifferenzierte und politisch folgenreiche Ansätze auf einen kleinsten gemeinsamen Nenner bringen, wollen die Verfasser ihre Vorgehensweise von zwei Auffassungen absetzen: einmal von der konservativen These, die in den marginalen, verarmten und politisch desorganisierten Bevölkerungsteilen die Hefe der Gesellschaft sehen, zum anderen von Erklärungen, die nicht zureichend die Protestformen erfassen, die vom Polizeieinsatz herrühren und die darüber hinaus Gewalt nicht als Teil des normalen politischen Prozesses begreifen. Der Hinweis der Tillys auf die US-amerikanische Diskussion über die Rassenunruhen macht deutlich, daß die beiden zur Diskussion gestellten Positionen eine wichtige Bedeutung innerhalb der inneramerikanischen Auseinandersetzung besaßen und die Kritik an ihnen nicht nur akademische Bedeutung hat.[19]

Gegenstand ihrer Untersuchungen sind gewaltsame kollektive Aktionen in Italien, Frankreich und Deutschland. Unter kollektiver Gewalt verstehen sie Aktionen, in denen ein je nach Land festgesetztes Minimum von Bürgern gewaltsam gegen Personen oder Sachen vorgeht. Gewaltsam nennen die Verfasser Demonstrationen, an denen in Deutschland eine Gruppe von mindestens 20, in Italien und Frankreich von mindestens 50 Menschen teilnimmt.[20] Diese Definition wirft jedoch drei methodische Probleme auf. Einmal existiert kein Königsweg aus dem Dilemma heraus, auf Polizei- oder Zeitungsberichte ange-

19 *J. B. Manheim* u. *M. Wallace*, Political Violence in the United States 1875–1974: A Bibliography, New York 1975.

20 Siehe über den eher zufälligen Ursprung dieser Unterscheidung *C. Tilly u. a.*, Rebellious Century, S. 318.

wiesen zu sein, die zumeist nur vage oder teilweise auch einander widersprechende Angaben über die Größe von »Störergruppen« geben. Zum anderen berücksichtigen die Verfasser die Wirkungen von kriegerischen Ereignissen auf gewaltsame Aktionen nicht. Diese Einschränkung stellt jedoch gerade in einem besetzten Land – etwa im Frankreich der Jahre 1870/71 sowie 1940/44 – schwierige Probleme, da etwa im Zweiten Weltkrieg durchaus Franzosen als Agenten der faschistischen Okkupationsmacht auftraten: Gehören somit die Konflikte zwischen Widerstandskämpfern und Kollaborateuren noch zu den kollektiven gewaltsamen Aktionen?[21] Schließlich unterscheiden die Verfasser im Laufe ihrer Untersuchung nicht mehr zwischen Gewalt gegen Personen und gegen Sachen.[22] Um jedoch die Kosten und Nutzen von politischen Aktionen zu kalkulieren, ist es von entscheidendem Gewicht, ob diese primär symbolischen Charakter tragen oder Personen attackieren.

Nach der Definition der Autoren fallen unter die Kategorie der gewaltsamen kollektiven Aktionen sowohl Streiks, als auch Hungerunruhen, Steuerverweigerungen oder gewalttätige Konflikte zwischen Dörfern. Gemeinsam haben die definitorisch ausgesonderten Aktionen, daß sie durchweg von den Unterschichten ausgehen, mit gewaltsamen Mitteln außerhalb der existierenden Rechtsordnung stattfinden und die öffentliche Ordnung stören. Von vornherein steckt die Definition des Gegenstandes der Untersuchung in zwei Punkten enge Grenzen. Einmal sind die Initiatoren und Träger von gewaltsamen Aktionen breit gestreut und umfassen Bauern, Industriearbeiter, Heimarbeiter, Frauen u.a. Eine Analyse der Gewalttaten erlaubt kaum Aussagen über die Struktur der Unterschichten oder die besondere Situation von einzelnen Teilen, etwa von Tagelöhnern oder Handwerksgesellen zu machen. Zum anderen blendet die referierte Bestimmung des Untersuchungsgegenstandes die staatliche Definitionsmacht aus.[23] Da gewaltsame Aktionen außerhalb der bestehenden rechtlichen Ordnung ausbrechen, müssen sie sich in ihrem Ausmaß und ihren Zielsetzungen in dem Maße verändern, in dem sich die rechtlichen Verkehrsformen einer Gesellschaft wandeln. Das staatliche Monopol, Legales und Illegales zu definieren, kann je nach Konjunktur die Notwendigkeit illegaler gewaltsamer Aktionen ausweiten oder diese durch Verrechtlichung von vormals konfliktträchtigen und Gewalt provozierenden Situationen begrenzen. Es liegt die Vermutung nahe, daß eine Untersuchung, die sich auf gewaltförmige Aktionen konzentriert, für das 20. Jahrhundert nur das Residuum an Streiks und Manifestationen erfaßt, das außerhalb der bestehenden rechtlichen Konfliktre-

21 Siehe auch die Schwierigkeiten für die italienische Entwicklung ebd., S. 317.

22 Siehe hingegen in einem anderen Zusammenhang *M. Perrot*, Les ouvriers en grève. France 1871–1890, Paris 1974, S. 547f.

23 Dieser Begriff, den die handlungstheoretisch orientierten Kriminalitätstheorien verwenden, kann in diesem Kontext sinnvoll benutzt werden. Siehe etwa *F. Sack*, Neue Perspektiven in der Kriminologie, in: *ders.* u. *R. König* (Hg.), Kriminalsoziologie, Frankfurt a.M. 1968, S. 431f.

gelungsmechanismen stattfindet.[24] Entgehen würden einem derartigen Ansatz die gesellschaftlich dominanten, durchweg legalen Formen der Auseinandersetzung zwischen Staat und Bürgern, Unternehmern und Arbeitern in Europa, die jedoch auf dem Hintergrund der verschiedenen Dimensionen der Ungleichheit und Abhängigkeit im Sinne des Begriffs der »strukturellen Gewalt« als gewaltförmig zu bezeichnen sind.

Die Autoren untersuchen die Aktionen, in denen in Deutschland, Frankreich und Italien in den hundert Jahren zwischen 1830 und 1930 Protest und Ansprüche sich gewaltsam manifestiert haben. Nicht systematische Erwägungen, sondern die Forschungsschwerpunkte der Verfasser scheinen für die Auswahl der drei Länder verantwortlich zu sein, die durch einen kurzen Ausblick auf die englische Entwicklung ergänzt wird. Das Jahrhundert, das sie als Untersuchungszeitraum auswählen, hat offensichtlich nicht aufgrund gemeinsamer Strukturmerkmale, sondern aus pragmatischen Gründen ihre Aufmerksamkeit erregt. Der Hinweis, der Übergang von einer weitgehend agrarischen Wirtschaft zum industriellen Wachstum charakterisiere die Entwicklung in den drei Ländern, bleibt ebenso unausgeführt wie die Etikettierung der hundert Jahre als »rebellious«. Da die Studie sowohl in die Gegenwart aus-, als auch ins 18. Jahrhundert zurückgreift, die untersuchten Jahrzehnte je nach Land differieren (Italien: 1850/60; 1880/90; 1913 ff.; Deutschland: 1830–1930; Frankreich: 1830–1960), geht es den Verfassern nicht um einen Vorschlag zur Periodisierungsdiskussion, sondern um eine bequeme zeitliche Begrenzung des untersuchten Zeitraums. Aus diesem können sie somit sowohl die französische Revolution, als auch den deutschen Faschismus ausgrenzen, obwohl gerade die Folgen, die der italienische Faschismus auf die gewaltsamen kollektiven Aktionen gehabt hat, sinnvoll mit der Entwicklung in Deutschland nach 1933 hätten verglichen werden können.

Die Untersuchung stützt sich vorwiegend auf Zeitungsmaterial. Anhand großer nationaler Zeitungen, partiell auch mit Archivmaterial oder Sekundärliteratur, haben Charles und Richard Tilly für Frankreich und Deutschland versucht, die gewaltsamen Manifestationen zu registrieren. Diese Beschränkung auf die Pressenachrichten zumal nationaler Zeitungen hat zur Folge, daß – wie die Autoren selbstkritisch feststellten – die lokalen und ländlichen Aufstände unterrepräsentiert sind. Für Italien hat Louise Tilly zwar auch Zeitungen herangezogen, sich für die von ihr untersuchten Jahrzehnte jedoch schwerpunktmäßig auf zeitgenössische Werke oder Sekundärliteratur gestützt. Bei der Kritik ihres Materials gehen die Autoren weder auf den Unterschied in der Zahl und Informationsfülle der Nachrichten über Streiks ein, den Michelle Perrot zwi-

24 Es ist erstaunlich, daß im vorliegenden Werk dieser Aspekt fehlt, da Charles Tilly ihn in einem Aufsatz mit Edward Shorter für die Entwicklung der gewaltsamen Streiks in Frankreich zumindest implizit berücksichtigt. Siehe *C. Tilly* u. *E. Shorter*, Le déclin de la grève violente en France de 1890 à 1935, in: Mouvement sociale 76 (1971), S. 95 f.

schen Zeitungsmeldungen und Archivmaterial festgestellt hat,[25] noch auf die Möglichkeit, daß Zeitungen aus politischen Gründen Unruhe und Unordnung nicht registrieren. Das von den Tillys erhobene Material ist für Frankreich und Deutschland mit EDV-Methoden verarbeitet worden. Die Korrelation zwischen Datenreihen, die Isolierung von Variablen, die Längsschnittanalyse bilden dazu das methodische Handwerkszeug der Autoren,[26] um die Zusammenbruchs- und Solidaritätsthese empirisch zu widerlegen. Es geht ihnen darum, Informationen über Ablauf und lokale Auswirkungen von Urbanisierung und Industrialisierung, Veränderungen in den politischen Konflikten und dem Ausmaß devianten Verhaltens zu gewinnen, um diese in einer Längsschnittanalyse mit Daten über gewaltsame Aktionen zu korrelieren und die beiden Interpretationsmuster zu kritisieren. Die Aussagekraft der Indikatoren, ihr Zusammenhang, die Ebene der Untersuchung werden über den Erfolg dieses Ansatzes entscheiden. Neben der Quantifizierung gehört der Vergleich zum Arsenal der Tillys. Dabei werden die Ergebnisse, die sie dabei erzielen, davon abhängen, ob sich das komparative Vorgehen darauf reduziert, Monographien durch allgemeine Aussagen zu verbinden, oder ob es unterschiedliche Probleme und Problemlösungen aus der jeweils spezifischen Konfiguration einer Gesellschaft erklären und mit anderen Formen und Strukturen in Beziehung setzen kann.[27]

Mit diesem methodischen Vorgehen kommen die Verfasser zu dem Schluß, daß es keinen direkten und mechanischen Zusammenhang zwischen Urbanisierung und Industrialisierung einerseits und gewaltsamen kollektiven Handlungen andererseits gibt. Gleichwohl hätten diese durchaus Folgen auf die Kontrahenten, den Stil und das Ziel des Machtkampfes wie auch auf die Ressourcen der bestehenden Ordnung. Um diese These zu belegen, korreliert Charles Tilly für Frankreich, das wir hier exemplarisch untersuchen wollen, Zahlen über wirtschaftliches Wachstum, Bevölkerungsentwicklung und Preisindizes mit den von ihm erhobenen Daten über Manifestationen, in denen sich Gruppen gewaltsam artikulierten. Dabei unterscheidet er jedoch nicht konsequent zwischen längerfristigen Entwicklungen und den Auswirkungen konjunktureller Krisen. So fällt zwar auf, daß die Kondratieffschen Wellen wohl nicht den Phasen der kollektiven Gewaltanwendung parallel laufen, daß aber konjunkturelle Krisen sehr wohl als Konfliktgenerator fungieren. Denn die Jahre, in denen die meisten Gewaltakte mit hoher Teilnehmer- und Verhaftetenzahl stattfanden (1848, 1871, 1907, 1935/36), standen entgegen Tillys These unter dem Eindruck von wirtschaftlichen und gesellschaftlichen Krisen.[28] Bei einer weitergehenden Diskussion des Verhältnisses von Wirtschaftskrise und Massenaktion hätte die

25 *Perrot*, Les ouvriers, S. 15 f.

26 Siehe dazu *R. Wirtz*, Sozialer Protest und Collective Violence in Deutschland im 19. Jahrhundert, in: SOWI 4 (1975), S. 6–12; hier S. 7 f.

27 Zum Vergleich immer noch aktuell: *M. Bloch*, Pour une histoire comparée des sociétés européennes (1928), in: *ders.*, Mélanges historiques, Bd. 1, Paris 1963, S. 16–40.

28 Siehe dazu auch die Rezension von *S. Elwitt* in: AHR 81 (1976), S. 577 f.

Analyse der Tillys zu folgender, freilich hypothetischen Überlegung kommen können: Während die französische Arbeiterbewegung im letzten Drittel des 19. Jahrhunderts zunehmend versuchte, in Konjunkturlagen, die der Arbeiterklasse ungünstig waren, keine Arbeitskämpfe zu führen,[29] müssen die gewaltsamen Aktionen wohl jenen Verzweiflungsausbrüchen beigeordnet werden, in denen Arbeiter oder Arbeitslose trotz der Existenz einer Reservearmee in Krisen um Löhne oder Arbeitsplätze kämpften.

Über den Zusammenhang zwischen dem Rhythmus des wirtschaftlichen Wachstums und dem der gewaltsamen Aktion hinaus steht das Verhältnis zwischen Veränderungen der Sozialstruktur Frankreichs und Gewalt im Mittelpunkt von Tillys Interesse. Er nennt bei dieser Analyse Zahlen, die den seit 1871 langsam anwachsenden Reichtum attestieren, und stellt fest, daß die Industrialisierung erst spät den Agrarsektor erfaßt, die Urbanisierung die Pariser Bevölkerung vergrößert und kleine Ortschaften in das nationale System der Beschäftigung um Politik eingebunden habe. Frankreich habe sich aber in dem behandelten Zeitraum aus einem armen, vorwiegend agrarischen zu einem reichen, industriellen Land gemausert, in dem nicht mehr der Landbesitz, sondern das mobile Kapital die Klassen trenne, traditionelle Honoratioren an Gewicht verloren hätten und parochiale durch nationale Strukturen abgelöst worden seien. Charles Tilly analysiert ausschließlich Trends der französischen Gesellschaftsentwicklung, die zu den Gemeinplätzen der Forschung gehören, nicht jedoch die spezifischen Formen, in denen sich Makroprozesse unterschiedlich durchgesetzt und ausgeprägt haben. Die gesellschaftliche Verteilung der Früchte des wirtschaftlichen Wachstums unter den Klassen und Regionen,[30] die Ungleichzeitigkeiten der kapitalistischen Entwicklung, werden als Ursachen für Gewalteinsatz nicht erfaßt. Die Folgen, die die Industrialisierung als Prozeß der Kapitalakkumulation und -konzentration mit seinen Begleiterscheinungen der verschärften Ausbeutung auf kollektive Aktionen hat, fallen durch das grobe Interpretationsraster Tillys. Auch können folgende Fragen nicht behandelt werden: Wie haben Methoden der Mehrwertprodukion Aktionsformen und Ziele der Klasse der Lohnabhängigen beeinflußt?[31] Bildet die zahlenmäßig

29 Siehe *J. Bouvier*, Arbeiterbewegung und Wirtschaftskonjunkturen, in: *G. Ziebura* unter Mitarbeit von *H.-G. Haupt* (Hg.), Wirtschaft und Gesellschaft in Frankreich seit 1789, Köln 1975, S. 250–265.

30 So berücksichtigen die Tillys die regionale Disparitäten Frankreichs nicht als Ursache für gewaltsame Konflikte. Deren Bedeutung belegen aber nicht nur die gewaltsamen Auseinandersetzungen im heutigen Frankreich, die zwischen regionalistischen Bewegungen und der Zentralgewalt sowohl um Kreditvergabe als auch um die kulturelle Autonomie der Regionen stattfinden, sondern auch die provinziellen Communeaufstände, die dem Pariser 18. März 1871 vorgelagert waren. Siehe dazu *J. Gaillard*, Communes de province, Commune de Paris, Paris 1971 und wenn auch etwas überzeichnet: *L. M. Greenberg*, Sisters of Liberty, Marseille, Lyon, Paris, and the Reaction to a Centralized State, 1868–1871, Cambridge 1971.

31 Exemplarisch für eine derartige Analyse: *R. Trempé*, Carmaux. Beitrag zur Genesis der Arbeiterklassen, in: *Ziebura*, Wirtschaft und Gesellschaft, S. 237–249.

starke Agrarbevölkerung dann spezifische Formen des Protestes heraus, wenn es in der Phase ihrer Bedrohung durch die Kapitalisierung bereits eine funktionierende Arbeiterbewegung gibt?[32]

Charles Tilly interessieren nicht so sehr die gesellschaftlichen Wirkungen des von ihm beschriebenen Veränderungsprozesses, sondern seine politischen Konsequenzen. Diese sieht er in der Organisation von Gruppen, ihrer Mobilisierung und ihren Handlungen, die ihrerseits entweder in kollektive Gewalt münden oder an eine Regierung adressiert sind, die durch Repressionen mobilisierend wirkt und gewalttätige Reaktionen provoziert. Nicht die Interessen und Motivationen der Handelnden, sondern die strukturellen Veränderungen im politischen Bereich führt Tilly als Variable ein, um kollektive gewaltsame Aktionen zu erklären. Parallel zu den oben skizzierten sozialökonomischen Trends konstatiert er eine Zentralisierung der Macht und Nationalisierung der Politik. Die erste Entwicklung habe das staatliche »Monopol legitimer physischer Gewaltsamkeit«, das Normgebungsmonopol und die staatlichen Möglichkeiten durchgesetzt, via Schul- und Wehrpflicht sowie Sozialgesetzgebung die Physiognomie des Landes zu verändern. In der zweiten werden lokale Solidarität durch nationale Ziele, örtliche Gebundenheit durch allgemeines Wahlrecht aufgelöst. Auch die Zahl, Größe und Komplexität formaler Organisationen hätten nicht nur in dem Maße zugenommen, in dem sich Frankreich nach 1840 urbanisiert und industrialisiert habe, sondern diese hätten sich im Zuge der Nationalisierung und Zentralisierung der Politik spezialisiert und formalisiert, seien Koalitionen eingegangen und hätten zur Ermutigung der Basis und zur Formulierung neuer Forderungen beigetragen.

Gewaltsame kollektive Aktionen entständen dann aus normalen kollektiven Handlungsformen, wenn die Anstrengungen der staatlichen Instanzen, zunehmend alle gesellschaftlichen Bereiche unter ihre Kontrolle im Staats- und Nationsbildungsprozeß zu bringen, zusammentreffen mit Versuchen von Teilen der Bevölkerung, sich gegen diese Übergriffe zu wehren und ihrerseits die Staatsmacht zu übernehmen. Sie seien dann unausweichlich, wenn die Betroffenen keine institutionellen Möglichkeiten hätten, Interessen zu artikulieren und durchzusetzen. Entscheidend für die Unterscheidung von drei Reaktions- und Aktionstypen der Unterklassen ist für die Tillys der Prozeß, in dem sich das staatliche Monopol gegen lokale oder partikulare Interessen durchsetzt. Die Durchsetzung des modernen Staates habe im Bereich wie Steuer, Wehrpflicht, Kontrolle des Landes und staatliches Gewaltmonopol zu reaktiven Formen der Gewaltanwendung geführt. Steuerverweigerer, Fahnenflucht, Aufstände gegen die Beseitigung der Gemeinheiten sowie gegen die Entwaffnung der Bevölkerung seien die Reaktionen der Massen gewesen. Nachdem seit der Mitte des 19. Jahrhunderts die staatliche Regulierungs- und Interventionstätigkeit zurückgegangen sei, hätten proaktive kollektive Aktionen die reaktiven abgelöst, habe nicht mehr die Abwehr, sondern die Forderung nach mehr politischen

32 Siehe etwa *P. Gratton*, Les luttes de classes dans les campagnes, Paris 1971.

Rechten die Szenerie bestimmt. Diese Veränderung der Typen kollektiver Aktionen, denen nach Meinung der Autoren eine »kompetitive« Anfangsphase, d. h. Kämpfe zwischen lokalen rivalisierenden Gruppen vorangegangen sei, verstehen die Verfasser nicht als zeitliches Nach- sondern Nebeneinander. Allerdings dominierten ab 1850 die proaktiven Aktionsformen. Die kollektiven Aktionen seien anfangs außerhalb der staatlich-nationalen Gewalt, dann gegen und schließlich um sie ausgebrochen. Nicht nur unterscheide sie jedoch ihre Zielsetzung, sondern auch ihre Organisationen und Gewaltformen. Im ersten Stadium sei die Gewalt primitiv gewesen; Faustkämpfe rivalisierender Dorfbevölkerungen symbolisieren sie am besten. Die Kontrahenten hätten in kleinen, traditionellen Gruppen gelebt. Reaktive Aktionen hätten zufällig Betroffene vereint, die entweder reaktionäre oder defensive Gewalt einsetzten. Proaktiv handelnde Gruppen schließlich seien zahlreich, spezialisiert und organisiert gewesen. Ihre Gewalt sei modern, zukunftsgewandt, auf Werte ausgerichtet, die sie bisher nicht besessen hätten.

Entgegen der Ausgangsthese der Autoren werden bei dieser Typologie die Chancen der Bevölkerung, ihre Interessen zu artikulieren und zu organisieren, nicht mehr berücksichtigt. Um ihre These stützen zu können, daß gewaltsame kollektive Aktionen als Ersatz für politische Beteiligung dienten, hätten die Autoren in Einzelanalysen den Nachweis bringen müssen, daß die Partizipationschancen auf nationaler, lokaler und administrativer Ebene je nach Klassenlage unterschiedlich verteilt waren und daß diese sich je nach Epoche verändern.[33] Der Hinweis auf die Einführung des allgemeinen gleichen Wahlrechts reicht in diesem Zusammenhang nicht aus.

Stattdessen legen sie den Akzent auf die staatlichen Interventionsmöglichkeiten, denen Gewaltreaktionen antworteten. Aber selbst auf dieser von ihnen gewählten Ebene der Argumentation bleiben sie den Nachweis schuldig, daß die Staatsunmittelbarkeit den ausschlaggebenden Faktor für kollektive gewaltsame Aktionen bildet. Da sie gebannt auf die Durchsetzung des staatlichen Gewaltmonopols starren und darüber die mit der kapitalistischen Entwicklung gekoppelte Klassendifferenzierung vernachlässigen, können sie etwa nicht herausarbeiten, daß im Ancien Régime weder die Dorfquerelen, noch die Opposition gegen die staatliche Fiskalpolitik, sondern mit der Konsolidierung der absoluten Monarchie die gewaltsamen Konflikte zwischen Bauern und Grundherren bürgerlicher oder adliger Herkunft um die Nutzung des Gemeindelandes vorherrschten.[34] In der Analyse der Tillys treten bei der Erklärung von gewaltsamen Reaktionen die soziale und ökonomische Lage der Betroffenen hinter die Formen staatlicher Reglementierung zurück.

33 Anregend dazu: *C. Offe*, Politische Herrschaft und Klassenstrukturen. Zur Analyse spätkapitalistischer Gesellschaftssysteme, in: *G. Kress* u. *D. Senghaas* (Hg.), Politikwissenschaft. Eine Einführung in ihre Probleme, Frankfurt a. M. $1970^2$, S. 155–189.

34 *E. Le Roy Ladurie*, Révoltes et contestations rurales en France de 1675 à 1750, in: Annales 29 (1974), S. 6–22.

Privilegieren die Autoren somit in ihrer Analyse bereits die staatlichen Eingriffe in das individuelle und soziale Leben, so erzeugen sie darüber hinaus den Anschein, als sei mit Abschluß des Nationsbildungsprozesses die Bedeutung staatlicher Regelungen zurückgegangen. Nach der Defensive gegen den Leviathan-Staat stehe nunmehr dessen Eroberung auf der Tagesordnung. Abgesehen davon, daß gerade in Frankreich staatlich geförderte Kapitalisierungsmaßnahmen im Agrar- und Kleingewerbebereich bis in die Gegenwart hinein zu heftigen und gewaltsamen Abwehrschlachten der Betroffenen führten, ist die staatliche Intervention in das Leben des einzelnen und der Gesellschaft in der sog. proaktiven Phase keineswegs zurückgegangen. Die These der Autoren, daß nunmehr Aktionen der Eroberung der staatlichen Macht gelten, ist selbst für eine Klasse wie die Industriearbeiter, die keine Reservate gegen staatliche Monopolisierungstendenzen zu bewahren hatten, schwer zu halten. Denn die Geschichte der Arbeiterbewegung ist voll von Phasen der Mobilisierung, in denen wichtige soziale und politische Errungenschaften durchgesetzt werden konnten und von Zeitabschnitten, in denen gewerkschaftliche Rechte beschnitten, Arbeitszeiten verlängert, Löhne gekürzt wurden. In ihr verbanden sich defensive und offensive Stoßrichtungen der Aktionen, gingen mit der Bewahrung des Erreichten Vorstellungen von einer gesellschaftlichen Ordnung einher, in der diese Erfolge flankiert und abgesichert wurden. Eine genauere Analyse der Ziele, die in kollektiven Aktionen artikuliert wurden, hätte die Autoren davor bewahrt, alle gewaltsamen Manifestationen ins Prokrustesbett der Staatsbezogenheit zu pressen.

Anstatt die Struktur der Gesellschaft, gegen die Gewalt gerichtet ist, ihre Dimensionen der Ungleichheit in der Verteilung wirtschaftlicher Macht, gesellschaftlichen Einflusses und politischer Artikulierungs- und Aggregationsmöglichkeiten zu behandeln und die Zielsetzungen der gewaltsamen Aktionen herauszuarbeiten, beschränken sich die Autoren auf den engeren politischen Bereich. Den Typen der Aktionen, der Machtposition der Herrschenden, den Unterschieden in Aktionstypen und Repressionen gilt ihr Interesse. Dementsprechend behandeln sie Gewalt nicht als moralisches, sondern als politisches Problem. Gewaltsame Aktionen gehören bei ihnen zur Anatomie der bürgerlichen Gesellschaft, nicht in deren Pathologie. Durch diese Behandlung der Gewalt als politisches Problem kommen die Autoren auch zu Ergebnissen, die unter Historikern des 19. und 20. Jahrhunderts keineswegs zu den Binsenweisheiten gehören. Gewalt sei im behandelten Zeitraum zumeist staatliche Gewalt gewesen, die Opfer durchweg Opfer von Polizei und Militär. Gegen eine heilige Legalität, die in manchen Untersuchungen bereits die Legitimität einer gesellschaftlichen und politischen Ordnung ausweist und staatliche Gewalt leicht als Gegengewalt entschuldigt, drehen die Tillys den Spieß herum und zeigen, wie erst repressive Reaktionen der staatlichen Instanzen auf Forderungen nach mehr Gerechtigkeit Gewalt der Beherrschten hervorrufen. Sie betonen weiterhin, daß ohne den Rekurs auf die Gewalt als ultima ratio wichtige politische Rechte im behandelten Zeitraum nicht errungen worden wären. Für die Unterprivilegierten sei Gewalt das einzige Mittel gewesen, ihre Interessen anzumelden. Jene Bevölkerungsgruppen, die nicht in der Lage gewesen seien, sich gewalthaft zu manifestieren, seien historisch und politisch wirkungslos geblieben. Die Ergebnisse der Tillys beinhalten jedoch keine Apologie der Gewalt. Sie verweisen vielmehr darauf, daß Gewalt keineswegs immer Mobilisierung fördere, diese häufig vielmehr verhindere. Anhand der Ergebnisse der vorliegenden Studie kann man auch davor warnen, im Ausmaß der jeweiligen Repression gleichsam kontrafaktisch eine Bestätigung für die Stärke der Systemgegner zu sehen. Diese Argumentation unterstellt fälschlich, daß der Einsatz repressiver Mittel immer proportional der Bedrohung des Status quo ist und vergißt die präventive Funktion von Repressionsmaßnahmen. Für die Autoren hat schließlich Gewalt keinen Wert an sich, sondern sie ist die historisch notwendige, politisch legitime Konsequenz aus einer Situation, in der es keine anderen Möglichkeiten gibt, Interessen zu artikulieren. Umgekehrt nimmt nach ihrer These die Effektivität gewaltsamer kollektiver Aktionen in dem Maße ab, in dem das politische System es erlaubt, daß jeder Teil der Bevölkerung die seiner Größe entsprechenden Chancen hat, Ziele zu formulieren und an den Ressourcen des Systems teilzuhaben. Da dieses demokratische Postulat aber in keinem größeren Gesellschaftssystem der Gegenwart eingelöst ist, dauere kollektive Gewalt an und sei unter bestimmten, von den Autoren nicht spezifizierten Umständen, legitim. Ruft diese Schlußfolgerung dazu auf, sorgsam zwischen den legal vorhandenen und zu benutzenden Möglichkeiten der Artikulierung von Interessen und realiter vorherrschenden Machtverhältnissen und Ressourcenverteilungen zu unterscheiden, die Rechte für bestimmte Klassen aushöhlen und auf einen nicht durchsetzbaren Anspruch reduzieren, so überrascht sie doch als Ergebnis der Analyse. Denn diese spart nicht nur die detaillierte Beschreibung und Erklärung von klassenmäßig unterschiedlichen Artikulierungsmöglichkeiten und -hindernissen aus, sondern geht auch das Problem der Ressourcen der bestehenden Ordnung ebensowenig an wie die Ziele der Unterprivilegierten.

Neben der quantitativen und politikzentrierten Ausrichtung gehört als drittes Merkmal zur Untersuchung der Vergleich. Dient er dazu, Aussagen auf höchster Allgemeinheitsstufe zu treffen, neben denen Monographien einzelner Länder stehen, oder aber wirft er durch das Aufzeigen anderer struktureller und politischer Entwicklungen Problemstellungen für die Analyse nationaler Gesellschaften auf? In der Studie der Tillys erfüllt die komparative Behandlung der deutschen, italienischen und französischen Entwicklung den ersten Zweck. Gemeinsam sei den drei Ländern, daß die strukturellen Veränderungen nur indirekte Folgen auf die kollektive Gewalt hätten, da sie die Gründung, den Einsatz und die Zerstörung von Gruppen mit gemeinsamen Interessen und hoher Mobilisierungsfähigkeit beeinflußt hätten. Der Verlauf der Gewaltkurve entspreche in allen drei Ländern nicht dem Rhythmus der Industrialisierung. Wenn auch in den untersuchten Staaten die kompetitive Aktion als Ursache der Gewalt Anfang, die reaktive Handlungsform Mitte des 19. Jahrhunderts zurückgehe und die proaktive sich Anfang des 20. durchsetze, so habe doch die italienische hinter der deutschen und französischen Entwicklung hergehinkt. An weiteren maßgeblichen Unterschieden nennen die Autoren, daß die proletarisierte Landbevölkerung gewaltsame Aktionen in stärkerem Maße in Italien als in Frankreich und Deutschland getragen habe, der religiöse Faktor in diesen Ländern hingegen wichtiger als in Italien gewesen sei. Sie dringen allerdings nicht zu einer Untersuchung der unterschiedlichen gesellschaftlichen Strukturen der drei Länder oder zu der Aussagekraft der von ihnen zitierten Faktoren für die Interpretation kollektiver Gewalt vor. Erklärungen für die unterschiedliche Stabilität der politischen Herrschaftsformen in den drei Staaten, für die differierende Kampfkraft und Erfolge der Arbeiterbewegung oder für die interne Struktur und Strategie der herrschenden Klassen erwartet man vergebens. Der Vergleich erhärtet einige allgemeine Aussagen zur Funktion und zum Ausmaß kollektiver Gewalt, gibt jedoch keine neuen Hinweise auf die unterschiedlichen Entwicklungsmuster der drei europäischen Staaten.

Die Autoren haben mit einer Diskussion der Zusammenbruchs- und Solidaritätstheorie begonnen und enden mit theoretischen Überlegungen. Sie wiederholen ihre Zweifel daran, daß die durch Strukturveränderungen bewirkten individuellen Verhaltensmodifikationen direkt auf die kollektive Gewalt einwirken können und unterstreichen ihre These, daß die Haltung der betroffenen Bevölkerung durch den Kampf um Macht bestimmt sei und die Struktur wie auch die Dynamik der politischen Macht die Entwicklungsmuster des kollektiven gewaltsamen Protests beeinflussen. Als Kronzeuge für ihre Ergebnisse dient ihnen Karl Marx – ein seltener Gast in historischen Werken! Allerdings haben die Tillys das Marxsche Werk auf einige allgemeine Rezepte reduziert, die man zweifellos auch bei Marx finden kann, die jedoch dessen Besonderheit nicht ausmachen: Marx habe betont, daß die Industrialisierung organisatorische Formen und kollektive Aktionen stark beeinflusse. Er habe weiterhin gesagt, daß Klassenkoalitionen für Revolutionen wichtig seien. Wenn es auch wenig sinnvoll ist, Marx gegen eine derartige Interpretation retten zu wollen, so ist diese partielle Rezeption doch ein deutlicher Hinweis auf die Grenzen und Lücken der vorliegenden Untersuchung. Die Studie der Tillys beschränkt sich auf statistisch erfaßbare Entwicklungsprozesse auf der Makroebene, mit denen sie dann die Verlaufsformen der kollektiven Gewalt erklären wollen. Schon die Indikatoren, die z. B. den Industrialisierungsprozeß erfassen sollen, sind jedoch zu grob, um eine so differenzierte Erscheinung auf der politischen Ebene wie gewaltsame Aktionen zu erfassen, für deren Erklärung spezifische historische Strukturen und Motivationen eine zentrale Rolle spielen. Die gesellschaftlichen Vermittlungsschritte zwischen hochaggregierten ökonomischen Daten über den nationalen Reichtum oder die Preise und den Verlaufsformen der kollektiven Gewalt werden nahezu gänzlich ausgespart. Die Folgen der kapitalistischen Akkumulation auf die Gesellschaftsstruktur der behandelten Staaten, die Verwerfungen in der Klassenstruktur, der durch die sozialökonomischen Bedingungen abgesteckte Rahmen des politischen Systems, alle diese Probleme verblassen bei den Tillys in kargen Längsschnitten gegenüber denen sowohl die entwicklungslogischen als auch die historischen Ausführungen bei Marx von einer üppigen Fülle und großen Aussagekraft sind. Dadurch daß die Verfasser Widersprüchlichkeiten säkularen Tendenzen opfern, können sie auch in dem von ihnen privilegierten politischen Bereich die unterschiedlichen Funktionen von Organisationen wie Gewerkschaften, Parteien oder Vereine nicht diskutieren, noch die unterschiedlichen Möglichkeiten angeben, die Organisationen aufgrund ihrer Struktur für die Artikulierung von Interessen bieten. Die Angaben über die Herausbildung von Organisationen sagen wenig über deren Bedeutung und politische Relevanz aus. Die Autoren opfern die Analyse der krisen- und konfliktreichen Verschränkung von wirtschaftlichen Strukturen, gesellschaftlichen Interessen und politischen Prozessen nicht nur der Konzentration auf das politische Leben, sondern beschränken sich bei dessen Untersuchung auch auf Globalangaben. Sozialprofil und Interessen der Machtinhaber, Struktur und Funktion von Organisationen, die Handelnden und ihre Interessen werden ausgeblendet. Die Analyse erstarrt dadurch teilweise in abstrakten Schemata, die realen Konflikte werden zu der Auseinandersetzung zwischen Machtinhabern und -bewerbern zurechtgestutzt.

Mißt man nach dieser globalen Mängelangabe nunmehr die Reichweite der Analyse daran, welchen Beitrag sie zu den oben skizzierten Problemen leistet, so ist die Bilanz durchweg negativ.

1. In der Untersuchung der drei Tillys fehlt zwar der Rekurs auf die »strukturelle Gewalt« nicht, diese bleibt jedoch beschränkt auf den politischen Bereich: Gewalt fungiert als Surregat für politische Beteiligungsrechte. Eine detaillierte Analyse der je nach Klassenzugehörigkeit unterschiedlichen Handlungsmöglichkeiten, die dieser These hätte Gewicht geben können, fehlt jedoch bei den Autoren. Die Gewaltsamkeit, die Gegengewalt der Beherrschenden provoziert, liegt bei ihnen nicht in den sozialökonomischen Strukturen, in der kumulativ nachteilig wirkenden Ungleichheit, die je nach Konjunktur dann in Klassenkonflikten bewußt und bekämpft wird, sondern entweder in dem Nationsbildungsprozeß, der private Nischen zugunsten des staatlichen Monopols beseitigt oder in dem Einsatz nackter staatlicher Gewalt.

2. Die Konturen der gesellschaftlichen Gruppen, die Gewalt benutzen, sind ebenso verschwommen wie die Anlässe, Ziele und Mittel der Gewaltsamkeit. Charles Tilly konstatiert zwar für Frankreich, daß im Gegensatz zu der Zusammenbruchstheorie die gewaltsam agierenden Bevölkerungsteile nicht unter den vom Land vertriebenen marginalen und desorganisierten Existenzen zu suchen sind. Genauere Angaben über die Qualifikation, die Herkunft, die politische Tradition und die spezifischen Lebensbedingungen der sich gewaltsam Manifestierenden können die Autoren jedoch nicht geben.[35] Dieses Ergebnis ist kein

35 Zur Erhellung dieser Zusammenhänge führen Detailuntersuchungen weiter, die entweder sich auf die Repressionsakten stützen können (siehe *A. Kriegel u. a.*, Sources et méthodes pour une histoire sociale de la classe ouvrière, in: Le Mouvement sociale 40 (1962), S. 1 f.) oder aber auch demographische Materialien auswerten, siehe *W. H. Sewell jr.*, La classe ouvrière de Marseille sous la Seconde République: structure sociale et comportement politique, in: Le Mouvement sociale 76 (1971), S. 27–66.

Zufall, sondern die Konsequenz ihres heterogenen Untersuchungsgegenstandes und der Makroebene, auf der ihre Analyse ansetzt. Dadurch daß die Autoren die gewaltsamen Handlungen nahezu monokausal aus der Reaktion auf staatliche Maßnahmen oder dem Streben nach staatlicher Macht erklären, trennen sie zwischen Bourgeois und Citoyen. Die Produzenten- und Konsumentenfunktion der gewaltsam Handelnden tritt hinter ihre Rolle als Staatsbürger zurück. Damit können die Autoren die spezifischen Beziehungen zwischen sozialökonomischer Situation, Konfliktursachen und Protest nicht deutlich machen. So führen sie etwa die Proteste gegen die Enclosures nicht auf die Bedeutung zurück, die Gewohnheitsrechte für das Überleben von Kleinbauern haben. Aus ihrer Untersuchung fallen auch die jeweils aktuellen Anlässe und Bedingungen heraus, die gewaltsame Aktionen hervorbringen. Da sie diese lediglich im langfristigen Staatsbildungsprozeß behandeln, können sie eine so relevante Frage wie die nach den ökonomischen und politischen Bedingungen nicht beantworten, unter denen sich Kleinbürger, die in ihrer Existenz bedroht sind, progressiv oder reaktionär artikulieren und Gewalt gebrauchen.[36] Die Typologie der kollektiven Aktionen kann eine differenzierte Ursachenanalyse nicht ersetzen.

Da die Autoren die sozialen Träger und Ursachen kollektiver Gewalt nichtdifferenziert analysieren, können sie auch die Ziele des Gewalteinsatzes nicht zureichend erklären. Trotz der in einzelnen Punkten etwas detaillierteren Angaben bei Richard Tilly (S. 229 f.) versuchen die Autoren nicht, die gewaltsamen Aktionen als Informationsquelle für aktuelle Bedürfnisse und längerfristige programmatische Zielsetzungen der Handelnden auszuwerten. Sie begnügen sich damit, Gewalt deshalb als politisches Phänomen zu deuten, weil diese sich in der reaktiven und proaktiven Phase auf den Staat bezogen habe. Über diese objektiv politische Funktion von kollektiver Gewalt hinaus sagt aber erst das Bewußtsein und Selbstverständnis der Handelnden etwas über ihre politische Ausrichtung aus, gehört der Bereich der politischen Programmatik notwendigerweise zu einer historischen Analyse der Ziele kollektiver Gewalt. Denn ohne diese Ausweitung der Untersuchung läßt sich in der sog. proaktiven Phase etwa nicht zwischen faschistisch oder sozialistisch orientierten Versuchen unterscheiden, qua Gewalteinsatz die politische Macht zu übernehmen.

Weiterhin fehlen differenzierte Angaben über die Mittel, die die auf Gewalt rekurrierenden Bevölkerungsteile benutzten, um ihren Protest oder ihre Ansprüche anzumelden. Gerade für eine Beurteilung der Kosten und Nutzen gewaltsamer Aktionen hat diese Mittelanalyse eine hervorragende Bedeutung. Ob sich Gewalt gegen Sachen oder Personen richtet, symbolischen Charakter trägt oder auf physische Vernichtung abzielt, die Antwort auf diese Fragen entscheidet auch über die politische Qualität von Aktionen. Denn über die jeweiligen Zielsetzungen und ihre Legitimität hinaus gehören die Aktionsformen zu den

36 Erste Hinweise bei: *H.-G. Haupt*, Die »schwankende Klasse«. Zur Bedeutung des Kleinbürgertums für die Arbeiterbewegung am Beispiel der Pariser Commune, in: Kursbuch 45 (1976), S. 171–188.

wichtigen Bewertungskriterien kollektiver Aktionen. Denn gewaltsam anvisierte Ziele, die aufgrund der herrschenden gesellschaftlichen Ungleichheit und fehlender Artikulierungsrungsmöglichkeiten als legitim gelten können, können durch den undifferenzierten pauschalen Einsatz von Gewalt diskrediert werden.

Ebenso wie für eine Analyse der Struktur, Dispositionen und Aktionen der Unterklasse sind die Erträge der Studie auch für eine Untersuchung der staatlichen Repression begrenzt. Bereits der Begriff der Repression schillert bei den Autoren. Verstehen sie darunter das Verhindern von Ausdrucksmöglichkeiten schlechthin oder deren Einschränkung? Ist er identisch mit dem Verbot politischer Organisationen oder mit deren Behinderung? Verstehen die Autoren darunter die nackte Gewaltsamkeit im Faschismus oder eine schleichende Aushöhlung von Rechtspositionen? Die Repression, einer der Grundsteine der Interpretation der Tillys, wird in ihren Ursachen und Anlässen nicht aus einer Funktionsbestimmung des Staates in einer spezifischen gesellschaftlichen Organisation erklärt, sondern als gleichsam automatische, interessenneutrale staatliche »response« auf den »challenge« der Beherrschten unterstellt. Zwar geben die Tillys hier und da einige Informationen über die staatlichen Repressionskräfte. Aber sie gehen nicht auf folgende Probleme ein, die den undifferenzierten Repressionsbegriff zu einer Analyse der rechtserhaltenden und -durchsetzenden Funktion des Staates hätte zuspitzen können: Wo liegen die Reizschwellen für das staatliche Eingreifen? Wie verändern sich diese im Zuge der kapitalistischen Entwicklung? In welchen Bereichen wird die Notwendigkeit, sich gewaltsam zu manifestieren, durch rechtliche Regelungen verringert? Welches Ausmaß an Anomie und Gewalt ist von den unterschiedlichen politischen Organisationsformen zu verkraften? Bestehen zwischen verschiedenen Regimen und Regierungen Unterschiede in dem Ausmaß, in dem sie gewaltsame Aktionen tolerieren? Hängen diese mit der sozialen Basis der jeweiligen Regierungen zusammen? Werden sich gewaltsam manifestierende Bevölkerungsgruppen unterschiedlich behandelt? Alle diese hier angeschnittenen Fragen zielen darauf ab, den Zusammenhang zwischen den Staatsfunktionen und dem Einsatz repressiver Mittel historisch genauer zu erfassen.

Außerdem greift eine Analyse zu kurz, die gewaltsame Veränderungen nur als Ursache für staatliche Repression interpretiert. Sie erfaßt freilich den Gewaltkern des bürgerlichen Staates, der als ultima ratio eingesetzt den Bestand der bürgerlichen Gesellschaft garantiert und deshalb auch in liberalen Staatstheorien allen nachtwächterlichen Programmerklärungen zum Trotz seinen festen Platz hatte.[37] Ihr entgeht aber der Bereich der Reformpolitik, die auf gesellschaftliche Konfliktsituationen und -zustände reagiert und die Revoltierenden pazifizieren will. Gewaltsame Aktionen können sowohl Repression als auch Reform rechtfertigen und initiieren. Während im Bismarckschen System die Pa-

37 Siehe *A. Wolfe*, Political Repression and the Liberal Democratic State, in: Monthly Review, Dezember 1971, S. 18–37; siehe auch *M. Weber*, Rechtssoziologie, Neuwied 1967², S. 97–104: Bedeutung und Grenzen des Rechtszwangs für die Wirtschaft.

riser Commune als Beispiel für die rote Gefahr verteufelt wurde und als Rechtfertigung für das Sozialistengesetz diente, leitete sie in Frankreich nach einer repressiven Phase erste Ansätze der Sozialpolitik ein. Diese Mischung aus Repression und Prävention, mit der der bürgerliche Staat auf gewaltsame Aktionen reagiert, ist deshalb zu unterstreichen, weil sie davor warnt, den bürgerlichen Staat nur als repressives Instrument zu begreifen.

3. Da die Untersuchung sich mit langfristigen, auf hochaggregierte Daten und auf einfache Indikatoren bezogenen Prozessen beschäftigt und diese in einer Längsschnittanalyse korreliert, können Ergebnisse vorwiegend auf der Makroebene zustande kommen. Da die politische Szenerie zum Dreh- und Angelpunkt der historischen Entwicklung wird, sie mit ökonomischen Trends, nicht jedoch mit der gesellschaftlichen Struktur des Kapitalismus in Verbindung gesetzt wird, liegt der wesentliche Gewinn der Studie nicht in einer Analyse der gesellschaftlichen Entstehungsgründe von kollektiver Gewalt, sondern in Aussagen über die allgemeine Bedeutung von Gewalt im politischen Geschehen in der Geschichte Frankreichs, Deutschlands und Italiens in dem Jahrhundert zwischen 1830 und 1930. In diesem Zusammenhang stellen die Autoren auch die Frage nach der Legitimität von Gewalt und beantworten sie positiv für eine Gesellschaft, in der die Beherrschten keine oder wenige politische Artikulierungs- und Partizipationsmöglichkeiten besitzen. Über diese prinzipielle Aussage hinaus werden Bedingungen, Formen und Folgen von gewaltförmigen Handlungen, ihr pauschaler oder selektiver Einsatz für restaurative oder progressive Ziele nur gestreift. Eine systematische, auf Kriterien bezogene Kosten-Nutzen-Analyse gewaltsamer Aktionen bleibt ein Desiderat der Forschung.

4. Eine gravierende Schwäche der Analyse der Tillys liegt in ihrem politikzentrierten Ansatz. Dieser konzentriert sich dann noch spezieller auf die Veränderungen des politischen Bereichs. Seine Ausdehnung auf Kosten parochialer Strukturen, seine Zentralisierung auf Kosten lokal-zentrifugaler Kräfte, seine Spezialisierung und Formalisierung charakterisieren für sie die westeuropäische Entwicklung seit der Mitte des 18. Jahrhunderts. über dieser Trendangabe vergessen sie, sowohl die spezifischen Formen und Konflikte anzugeben, mit denen die allgemeinen Entwicklungen sich durchsetzten, als auch die Funktionen und Ressourcen des politischen Systems zu einem bestimmten Zeitpunkt zu präzisieren. Ökonomische und gesellschaftliche Prozesse fungieren allenfalls als Rahmenbedingungen des politischen Lebens, werden jedoch nicht in ihrer Bedeutung als Konfliktgenerator gewürdigt. Durch diese Vorgehensweise wird die kollektive Gewalt von ihren strukturellen Wurzeln abgeschnitten, ihre Erklärung allein mit Hilfe der oben referierten Globalprozesse versucht. Könnte aber die Untersuchung der Tillys durch eine erweiterte Skala von Indikatoren verbessert werden? Ist es möglich, die von ihnen genannten Bedingungen, unter denen Teile der Bevölkerung zu gewaltsamen Aktionen Zuflucht nehmen, zu erweitern und zu verfeinern? Wissenschaftliche Untersuchungen, die von der nationalen Ebene auf die regionale und lokale, von der Industrie als Untersuchungsgegenstand zur Branche bzw. Fabrik hinabsteigen, könnten neue Indikatoren liefern.

Es ist jedoch zweifelhaft, ob die Korrelation dieser isolierten Faktoren mit dem Verlauf der kollektiven Gewalt den Zusammenhang erstellen könnte, in dem singuläre kollektive Aktionen entstehen und ihre politisch-gesellschaftliche Bedeutung erhalten. Sollen dabei nicht funktionale Grundannahmen allgemeiner Natur empirisch bestätigt werden, so gilt es sowohl die Variablen zu spezifizieren als auch ihre Beziehungen untereinander zu gewichten. Eine derartige Hierarchisierung setzt aber genaue Vorstellungen über die Struktur des Systems, die Autonomie bzw. Heteronomie einzelner Subsysteme sowie über die Funktionshierarchien im Gesamtsystem voraus, die einer statistischen Verarbeitung von Daten vorgelagert sein müssen und die in den Tillyschen Primat der Politik nicht eingegangen sind.

Am ehesten könnte man der Funktion, Träger, Ursachen und Adressaten von kollektiver Gewalt in einer »disziplinierten konfigurativen Analyse« (Sidney Verba) beikommen. Diese müßte unter allgemeinen Fragestellungen, die einer theoretischen Auseinandersetzung mit den in der Diskussion über Gewalt ausgebildeten Positionen entnommen sind, historische Einzelfälle auf ihre Aussagekraft für die behandelte Problematik untersuchen und die Plausibilität theoretischer Ansätze am empirischen Fall testen. Eine derartige Untersuchung für das 19. und 20. Jahrhundert hätte neben der durch die Entwicklung des Kapitalismus geprägten Klassenkampfsituation und seinen Folgen für das politische System die Kosten des ökonomischen, gesellschaftlichen und politischen Prozesses für die Klasse der Lohnabhängigen zu bestimmen. Deren Organisationsformen müßten aus der Struktur des jeweiligen Arbeitsprozesses, den Formen des kollektiven urbanen bzw. dörflichen Lebens hergeleitet werden, die Anlässe für Lernprozesse und die tradierten historischen Muster, in denen diese ablaufen, müßten umrissen werden, das Ausmaß, der Anlaß, die Ursachen und Folgen des Gewalteinsatzes aus der Arbeits- und Lebenssituation der Handelnden erklärt werden.

Sticht ein derartiger Ansatz bereits von dem Tillyschen Vorgehen ab, signifikante Unterschiede in den Ursachen, der Ausrichtung, der sozialen Basis und den Folgen von gewaltsamen Aktionen aus Gründen der statistischen Bearbeitung einzuebnen, so müßte ihm auch ein Gewaltbegriff zugrunde liegen, der differenzierter ist als jener pauschale Repressionsbegriff, der bei den Tillys zu finden ist. Die Gewalt, die die Beherrschten gegen Eingriffe des bürgerlichen Staates in ihr Privat- oder Berufsleben einsetzen, ist als Gegengewalt sowohl gegen das staatliche »Monopol legitimer physischer Gewaltsamkeit« (Weber) als auch gegen die Gewaltförmigkeit staatlichen Handelns in anderen gesellschaftlichen Bereichen zu sehen. Zum ersten Aspekt gehört eine Analyse des negativen inneren Sanktionsapparates, zu dem zweiten eine Untersuchung der Mittel, die in der Sozialverwaltung etwa eingesetzt werden. Dabei die staatliche Tätigkeit auf repressive Akte zu reduzieren, hieße, die positive Funktion staatlicher Intervention zu übersehen. Gleichwohl hat die Gewaltförmigkeit staatlicher Mittel bei der Durchsetzung der Rechtsnormen in einer historischen Analyse von Gewalt ihren Platz, auch wenn diese sich etwa im Strafvollzug von unmittelbaren körperlichen zu symbolischen Bestrafungen im Übergang vom 18. zum 19. Jahrhundert gewandelt haben.[38] Neben den Institutionen, die Gewalt einsetzen, und den gewaltsamen Mitteln, die auch in gesellschaftlichen Bereichen von staatlicher Seite eingesetzt werden, die nicht direkt mit dem Schutz des Eigentums oder der Wahrung der öffentlichen Ruhe und Ordnung betraut sind, sind auch die Indikatoren heranzuziehen, die jene gesellschaftlichen Zwangsverhältnisse untersuchbar machen, die man mangels eines besseren Begriffs als »strukturelle Gewalt« bezeichnet hat. Wenn dieser Begriff auch unscharf ist, so verweist er doch zu Recht auf die Notwendigkeit, die sozialökonomischen und politischen Strukturen zu analysieren, die je nach Klassenangehörigkeit unterschiedliche Chancen schaffen, Interessen zu artikulieren und durchzusetzen und die damit der Selbstbestimmung der Individuen aus den Unterklassen strukturelle und gewaltsame Grenzen setzen. Diese Gewaltverhältnisse dürfen schon deshalb nicht aus einer historischen Analyse kollektiver Gewalt ausgeschlossen werden, weil das staatliche Gewaltmonopol ihre Fortexistenz sichert und weil sie die Mehrzahl der Bürger eines Staates betreffen: »Wir sehen aber allenthalben Menschen, die nicht weniger verunstaltet aussehen, als wenn sie mit Stahlruten geschlagen worden wären, Menschen die im Alter von 30 Jahren wie Greise aussehen, und doch ist keine Gewalt sichtbar. Menschen wohnen in Löchern jahraus, jahrein, die nicht freundlicher sind als die Kerker, und es gibt für sie nicht mehr Möglichkeit, aus ihnen herauszukommen als aus Kerkern. Freilich stehen keine Kerkermeister vor diesen Türen. Derjenigen, denen diese Gewalt angetan wird, sind unendlich mehr als derer, die an einem bestimmten Tag geprügelt oder in bestimmte Kerker geworfen werden.«[39]

38 *M. Foucault*, Surveiller et punir. Naissance de la prison, Paris 1975.
39 *B. Brecht*, Meti. Buch der Wendungen, Baden-Baden 1965, S. 39.

# Gewalt als Praxis und Herrschaftsmittel

## Das Deutsche Kaiserreich und die Dritte Republik in Frankreich im Vergleich

Weder in Forschungen zum Deutschen Kaiserreich noch zur Dritten Republik spielt die Struktur der inneren Gewalt eine wichtige Rolle. Innerhalb einer liberalen Interpretation der politischen Kultur und Entwicklung des Kaiserreichs erhalten eher Reichstag, einzelstaatliche Entwicklungen oder zivilgesellschaftliche Strukturen Bedeutung, und auch in der kultur- und politikgeschichtlichen Interpretation der französischen Republik gehören Armee und Polizei nicht zu den zentralen Akteuren. Eine Ursache für diese relative, beiden Historiographien gemeinsame Bedeutungslosigkeit der inneren Gewalt mag sein, daß »governance« in beiden Gesellschaften unter strukturell ähnlichen Bedingungen stattfand. Der Prozeß der Staatsbildung mit der Durchsetzung des staatlichen Monopols legitimer physischer Gewaltsamkeit war weitgehend abgeschlossen, die Durchdringung der Gesellschaften mit Polizei- und Ordnungskräften im vollen Gang und damit war Gewaltanwendung – sofern sie nicht durch oder im Auftrag von staatlichen Organen erfolgte – verboten und wurde verfolgt.[1] Mit der Betonung dieser Strukturanalogie wird aber die analytisch interessante Frage ausgeblendet, ob die monarchische Ordnung sich von der republikanischen Staatsform durch ihr Verhältnis zur politischen Gewalt unterschied und wie beide auf unterschiedliche Gewaltmanifestationen reagierten. Denn in beiden wurden nicht nur Arbeitskämpfe gewaltsam ausgetragen, sondern brachen auch bei der Trennung von Staat und Kirche bisweilen von Gewaltakten begleitete Konflikte aus.[2] Beide schließlich hatten sich mit terroristischen Anschlägen auseinanderzusetzen.

Einige systematische Überlegungen lassen vermuten, daß die republikanische Gesellschaft anders mit diesen Herausforderungen umging als das monarchische Deutschland. Zu den Konstruktionsbedingungen der Republik gehörte die politische Partizipation, die über liberale Freiheitsrechte hinausging und den Akzent auf die Einlösung dieser Rechte legte. Erziehung zur Teilnahme

1 *W. Knöbl*, Polizei und Herrschaft im Modernisierungsprozeß. Staatsbildung und innere Sicherheit in Preußen, England und Amerika 1700–1914, Frankfurt a. M. 1998.

2 *M. Borutta*, »Pflanzstätten des Aberglaubens, der Dummheit und des Verbrechens«: Moabiter Klostersturm und deutscher Kulturkampf, in: Comparativ 12 (2002), S. 63–80; *J.-P. Chantin* u. *D. Moulinet* (Hg.), La séparation de 1905. Les hommes et les lieux, Paris 2005; *C. Clark* u. *W. Kaiser* (Hg.), Culture Wars. Secular-Catholic Conflict in Nineteenth-Century Europe, Cambridge 2003.

am politischen Leben war in dieser Perspektive ein Kernelement des Republikanismus, das in einem Spannungsverhältnis zum gewaltsamen Ausschluß aus dem politischen Raum stand. Gleichzeitig haben Republikaner aber – wie Pierre Rosanvallon vielfach wiederholt hat – mit dem allgemeinen gleichen Männerwahlrecht seit 1848 weniger ein Instrument zur Austragung von Interessengegensätzen entwickelt als dieses symbolisch als Faktor und Element politischer und sozialer Einheit interpretiert.[3] In diesen Zwiespalt zwischen einem Kohäsion versprechenden Einheitsritual und gesellschaftlicher Partizipation gestellt, konnten republikanische Regierungen entweder Einheit gegen gewaltsame und die Gesellschaft spaltende Kräfte verteidigen oder aber Gewalthandlungen als Teil der legitimen Handlungsmöglichkeiten der Bürger wahrnehmen. Im Juniaufstand des Jahres 1848 hatten sie die Republik gegen eine diese in Frage stellende soziale Bewegung verteidigt, mit der Amnestie der an der Pariser Kommune Beteiligten aber 1880 die Zeichen eher auf Verständnis für vergangenes Gewalthandeln als für dessen rigorose Verfolgung gestellt.[4] Sowohl der Partizipations- und Erziehungsgedanke als auch die Wahrnehmung des politischen Raumes und die Haltung zu vergangenen Gewalttaten unterschieden die Dritte Republik vom Deutschen Kaiserreich, in dem – um Begriffe von Hans-Ulrich Wehler zu benutzen – Obrigkeitspolitik betrieben wurde, Herrschaftsstrategien traditioneller Eliten tonangebend waren und Sozialmilitarismus vorherrschte.[5]

Hatten Republik und Monarchie ein unterschiedliches Verhältnis zur politischen Gewalt? Unter dieser Fragestellung können Reaktionen auf Gewalthandlungen in der Dritten Republik in Frankreich und im Deutschen Kaiserreich untersucht werden. Diese sind nicht nur in repressiven staatlichen Gegenreaktionen auf gewalthafte Akte zu suchen, sondern auch in diskursiven Strategien, mit denen die Legitimität bestimmter Gewaltformen hergestellt oder negiert wurde. Damit stehen folgende Probleme im Mittelpunkt.

Wie reagierten die staatlichen Instanzen im republikanischen Frankreich und im Deutschen Kaiserreich auf gewaltsame Formen der Auseinandersetzung zwischen Arbeitern und Unternehmern? Wie und wann griffen Polizei, Gendarmerie und Armee ein? Bestehen zwischen den beiden Gesellschaften Unterschiede in der Häufigkeit, den Einsatzschwellen und den Intentionen der Einsätze? Und wenn ja, wie lassen sie sich erklären?

In beiden Gesellschaften wurde das staatliche Gewaltmonopol durch terroristische Akte in Frage gestellt. Wurden diese – wie die neue Terrorismusforschung suggeriert – als auf Kommunikation abzielende Provokationen oder aber als

3 *P. Rosanvallon*, La démocratie inachevée: histoire de la souveraineté du peuple en France, Paris 2000.

4 *C. Latta* (Hg.), La commune de 1871: l'évènement, les hommes et la mémoire, St. Etienne 2004; *P. Starr*, Commemorating Trauma: The Paris Commune and Its Cultural Aftermath, New York 2006.

5 Vgl. dazu *H.-U. Wehler*, Das Deutsche Kaiserreich, 1871–1918, Göttingen 1977[3]; sowie *ders.*, Deutsche Gesellschaftsgeschichte, Bd. 3, 1849–1914, München 1995.

Kriegserklärungen an den jeweiligen Staat interpretiert? Welche Mittel setzten in beiden Ländern staatliche Instanzen ein, und welche Konsequenzen hatte dieser Einsatz für die Struktur und Grenzen des politischen Raumes?

Mit diesen Fragen werden Probleme aufgenommen, deren Bedeutung die neuere Gewaltforschung unterstreicht. Diese rückt nicht mehr die Bestimmung der Gewaltmotive und Gewaltursachen in den Mittelpunkt, sondern interessiert sich stärker für die Gewaltformen und den gesellschaftlichen Umgang mit Gewalt. Sie verortet Gewaltaktionen in dem Verhältnis von Akteuren, Opfern, Zuschauern und Gesellschaft.[6] Gleichzeitig bedienen sich die folgenden Ausführungen des Vergleichs. In einer Gegenüberstellung von Deutschland und Frankreich sollen nicht nur nationale Besonderheiten kontrastiert werden, sondern wird auch analytisch nach dem Platz von Gewalt im Staats- und Gesellschaftsverständnis zweier unterschiedlicher Regierungsformen gefragt. Die Aufmerksamkeit konzentriert sich dabei auf das Problem, ob der staatliche Gewaltapparat in beiden Gesellschaften ähnlich oder unterschiedlich stark entwickelt war, ob und in welchem Maße Gewalt als Mittel der politischen Auseinandersetzungen im Sinne eines »bargaining by riot« (Eric J. Hobsbawm) funktionierte und ob sich bereits am Ende des 19. Jahrhunderts der Beginn einer bis in die Gegenwart fortdauernden Entwicklung abzeichnete, in der in Frankreich bei gesellschaftlichen Konflikten gewalthafte Formen der politischen Auseinandersetzung verbreiteter waren und von den Akteuren häufiger akzeptiert wurden. Darüber hinaus gilt das Augenmerk aber auch in einer transnationalen Betrachtungsweise den Gemeinsamkeiten, die zwischen den an der Bekämpfung des Terrorismus teilnehmenden Staaten bestanden, so daß sich die nationalstaatlichen Reaktionen in einen breiteren Kontext eingeordnet finden.[7]

Mit den Arbeitskämpfen wird auf jene Auseinandersetzungen eingegangen, die nicht nur besonders zahlreich waren, sondern immer auch zu gewalthaften Konflikten zwischen Ordnungskräften und Unternehmensleitung sowie Streikenden führten. Da sie immer im Verdacht standen, nicht nur punktuell zur Durchsetzung von spezifischen Interessen zu dienen, sondern auch auf eine allgemeinere Veränderung der Verhältnisse abzuzielen, die von der Arbeiterklasse als revolutionärem Subjekt erwartet oder gefürchtet wurde, stehen die Streiks und die in ihnen erprobten Formen der Interessenabwägung und -durchsetzung an einer systemisch neuralgischen Stelle sowohl in Deutschland wie in Frankreich. In ihnen galt es, den Grad der Gefährdung der öffentlichen Ruhe und Ordnung ebenso wie die Notwendigkeit eines Militäreinsatzes zu bestimmen. So hieß es in Deutschland in einer behördeninternen Besprechung am 7. Juli

6 *T. von Trotha*, Zur Soziologie der Gewalt, in: *ders.* (Hg.), Soziologie der Gewalt, Opladen 1997 (Kölner Zeitschrift für Soziologie und Sozialpsychologie, Son. 37 [1997]), S. 9–58.

7 *H.-G. Haupt*, Comparative History – a Contested Method, in: Historisk Tidskrift 4 (2007), S. 697–716; vgl. *B. Anderson*, Under Three Flags. Anarchism and the Anti-Colonial Imagination, London 2005.

1904, das Militär sei dann einzusetzen, »wenn sich überblicken lasse, daß die erfahrungsgemäß im Anfang von Streiks ruhige Haltung der Arbeiterbevölkerung in eine derartige Gärung gekommen sei, daß Gewalttätigkeiten zu größerem Umfange zu befürchten und eine Zügelung der Leidenschaft durch die zivilpolizeilichen Kräfte nicht mehr zu erhoffen sei«.[8]

Die terroristischen Attentate in beiden Ländern rücken andere Formen der Gewaltanwendung in den Mittelpunkt. In ihnen ging die Aktion nicht primär von Interessenorganisationen aus, sondern von einzelnen Personen, die dann von den Behörden mit bestehenden oder fiktiven Verbänden in Verbindung gebracht wurden. Terroristische Gewalt machte öffentliche Auftritte der Herrscher oder auch Orte wie Cafés oder Plätze unsicher und provozierte auf diese Weise staatliche Reaktionen, die für Ruhe und Sicherheit sorgten. Ob diese dann innerhalb der bestehenden Rechts- und Verfassungsordnung verblieben oder aber Ausnahmecharakter trugen, wird im Einzelnen zu klären sein.

Folgt man den Angaben der vergleichenden Streikforschung, so waren die Zahlen der Arbeitskämpfe und der in ihnen verlorenen Arbeitstage im Deutschen Reich zwischen 1899 und 1914 deutlich zahlreicher als in der Dritten Republik. Friedhelm Boll hat berechnet, daß in Deutschland an 4,6 Millionen Arbeitstagen gestreikt wurde, in Frankreich nur an 3,5 Millionen. Während im Durchschnitt im Deutschen Reich 2.058 Streiks pro Jahr stattfanden, waren es nur 976 in Frankreich, die allerdings mit 215 Beteiligten pro Streik stärker mobilisierten als diesseits des Rheins (109 Streikende pro Arbeitskampf). Die Dauer der Auseinandersetzungen war indes mit durchschnittlich 21 Tagen in Deutschland länger als in der französischen Republik, wo sie 15 Tage betrug. Der höhere Grad der Industrialisierung und die weitaus stärker entwickelte deutsche Großindustrie schlagen sich in diesen unterschiedlichen Zahlen nieder.[9]

Wenn auch die Arbeitskämpfe im Deutschen Reich zahlreicher, länger und wirtschaftlich nachhaltiger waren als in Frankreich, so waren sie doch weniger von Gewaltaktionen begleitet. Nach den zweifellos verbesserungswürdigen Statistiken, die Charles und Richard Tilly über gewaltsame Protestaktionen erstellt haben, an denen mehr als zwanzig Personen teilnahmen und in denen materieller oder Personenschaden entstand, fanden in Frankreich 500 gewaltsame Proteste statt, während es in Deutschland nur 214 waren.[10] In diesem Unterschied spiegeln sich unterschiedliche Rahmenbedingungen in beiden Gesellschaften wider. In ihm wird man einerseits die Bestätigung für jene Thesen finden können, die die Gewalt in Arbeitskämpfen abhängig macht vom Grad der Verrechtlichung von Arbeitsbeziehungen und dem Bestehen von korporativen Verhandlungsstrukturen. Der höhere Grad der friedlichen und einvernehmlichen

8 Zit. nach *A. Funk*, Polizei und Rechtsstaat. Die Entwicklung des staatlichen Gewaltmonopols in Preußen 1848–1914, Frankfurt a. M. 1986, S. 310.

9 *F. Boll*, Arbeitskämpfe und Gewerkschaften in Deutschland, England und Frankreich. Ihre Entwicklung vom 19. zum 20. Jahrhundert, Bonn 1992, S. 101 f.

10 *C. Tilly* u. *R. Tilly*, The Rebellious Century, London 1975, S. 62 f., 212 f.

Beilegung von Arbeitskonflikten würde in diesem Kontext auf den Entwicklungsstand des deutschen Sozial- und Rechtsstaats hindeuten, der in Frankreich vor 1914 nicht erreicht wurde.[11] Er kann aber auch ein Kräfteverhältnis zwischen Kapital und Arbeit ausdrücken, das in Deutschland den Unternehmern erlaubte, das Mittel der Aussperrung viel umfangreicher und massiver einzusetzen.[12] Andererseits ließe sich dieser Unterschied auch als Ausdruck einer stärkeren Akkulturation deutscher Arbeiter in Gewalt verpönende Verkehrs- und Umgangsformen oder gar als Ausdruck ihrer Staatsgläubigkeit interpretieren, würden nicht körperliche Angriffe auf Streikbrecher und die vielfältigen Formen der Gewalt, die Thomas Lindenberger für die Straßenpolitik im Berlin vor 1914 festgestellt hat, gegen diese These sprechen.[13] Für Frankreich hat Michelle Perrot für die Zeit zwischen 1867 und 1890 unterstrichen, wie sehr die Akzeptanz der Zwänge der Industriearbeit selbst, aber auch die Erfahrungen von Streiks dazu beigetragen haben, daß Gewaltaktionen in Arbeitskämpfen minoritär blieben. Nach ihren Forschungen fanden diese vor allem am Ende langer Arbeitskämpfe statt und kamen vor allem in der Textilindustrie, dem Bergbau und unter Erdarbeitern vor. Wie auch Lindenberger unterstreicht Michelle Perrot, daß Gewalt unter Arbeitern selbst häufiger war als in ihren Auseinandersetzungen mit Ordnungskräften und daß symbolische und verbale Gewaltäußerungen eine wichtige Rolle in der Protestkultur spielten.[14]

Schließlich ließe sich in dieser unterschiedlichen nationalen Entwicklung auch der mäßigende Einfluß der deutschen Sozialdemokratie und der freien Gewerkschaften nachweisen, die sich schon während des Sozialistengesetzes von Formen der Volksgewalt distanzierten und Gewaltaktionen verurteilten. So hieß es etwa im »Vorwärts« am 15. April 1892 zu dem Attentat von Ravachol: »bei dem Widerwillen, welchen die *einzige revolutionäre Klasse:* das Proletariat, für Verbrechen und Verbrecher empfindet, ist niemals auch nur entfernt daran zu denken, daß die Arbeiter mit Burschen à la Ravachol sympathisieren und ihnen als Führer folgen. Die Arbeiter haben im Gegentheil das lebhafteste Interesse, sich diese kompromittierende Gesellschaft recht kräftig von den Rockschößen zu schütteln.« Wenn sich auch in Frankreich Sozialisten ihrerseits deutlich von Gewalt als Mittel der Politik distanzierten, so waren die sozialistischen Organisationen untereinander doch zu gespalten, um vor 1900 eine einheitliche Position in der Frage zu vertreten. Vor allem gelang es ihnen nicht, die revolutionären Syndikalisten, die sich dem Ziel des Generalstreiks verschrieben hatten, zu einer klaren und unzweideutigen Ablehnung von Gewalt zu bewe-

11 Vgl. *G. A. Ritter*, Der Sozialstaat. Entstehung und Entwicklung im internationalen Vergleich, München 1991.

12 *Boll*, Arbeitskämpfe, S. 109.

13 *T. Lindenberger*, Straßenpolitik. Zur Sozialgeschichte der öffentlichen Ordnung in Berlin 1900–1914, Bonn 1995.

14 *M. Perrot*, Jeunesse de la grève. 1871–1890, Paris 1984, S. 568f.

gen.[15] In dieser Frage waren die Positionen innerhalb der französischen Arbeiterbewegung uneinheitlicher und breiter gestreut als in der deutschen.

Neben dem Ausmaß der Gewalt bestanden aber auch Unterschiede in der Art und Weise der Gewaltbekämpfung. Da gewaltsame Aktionen in Frankreich zu mehr Opfern als in Deutschland führten – 39 Protestler und fünf Polizisten kamen jenseits des Rheins, 19 Protestierende und zwei Offiziere diesseits um –, ist ein Blick auf das staatliche Gewaltmonopol notwendig. Dieses war in Frankreich stärker ausgebildet als in Preußen, das hier pars pro toto stehen soll. 1907 standen 26.000 französischen Gendarmen 5.597 in Preußen gegenüber, wobei die Zahl der lokalen Polizisten in beiden Gesellschaften am Ende des 19. Jahrhunderts deutlich zunahm, in der Regel in französischen Städten aber höher als in preußischen war.[16]

Wenn man den Einsatz von Militär bei Arbeitskämpfen aus dem Mangel an Polizeikräften verstehen will, dann könnte man mutmaßen, daß das Deutsche Reich stärker auf das Militär zurückgriff als die Dritte Republik. Dies war aber nicht der Fall. Vielmehr kommt Anja Johansen in ihrer Studie, der ich hier folge, zu dem Ergebnis, daß die zivilen Behörden in Frankreich viel häufiger und schneller auf eine stärkere und längere Militärpräsenz setzten als die preußischen. Von Einzelfällen abgesehen zögerten die preußischen Beamten, Truppen anzufordern. Hinter diesen unterschiedlichen Methoden standen verschiedene Erfahrungen und spezifische Herrschaftsstrategien. Im französischen Fall scheint die Furcht durch, daß lokale Unruhen wie in der Vergangenheit – die Pariser Commune war sehr präsent – schnell der Kontrolle entgleiten könnten und daher durch repressive Mittel frühzeitig eingedämmt werden müßten. Behördliches Handeln wurde von einer Präventionslogik geprägt. Es wollte mit der Präsenz des Militärs erzieherisch und mäßigend auf die Protestierenden einwirken und das Vertrauen in eine vermittelnde Rolle des republikanischen Staates nicht zerstören. Im Gegensatz dazu forderten preußische Behören lediglich als *ultima ratio* Militär an, das dann in der Regel nicht Gewehr bei Fuß verblieb, sondern aktiv eingriff. Damit folgten sie einer repressiven Logik. Ob diese verschiedenen Strategien dann zu unterschiedlichen Gewaltformen führten, müßten Einzelfallstudien klären.[17] Es ist zu vermuten, daß in der Dritten Republik das massive Auftreten von Militär nicht nur pazifizierend wirkte, sondern sei-

15 *J. Juillard*, Fernand Pelloutier et les origines du syndicalisme d'action directe, Paris 1971; *G. Heuré*, Gustave Hervé, itinéraire d'un provocateur, Paris 1997.

16 Zu den Zahlen vgl. *A. Johansen*, Policing and Repression: Military Involvement in the Policing of French and German Industrial Areas, 1889–1914, in: European History Quarterly 34 (2004), S. 69–98; vgl. auch *dies.*, A Process of Civilisation? Legitimisation of Violent Policing in Prussian and French Police Manuals and Instructions 1880–1914, in: European Review of History 14 (2007), S. 49–71.

17 Vgl. *A. Johansen*, Soldiers as Police. The French and Prussian Armies and the Policing of Popular Protest, 1889–1914, Aldershot 2005; *R. Jessen*, Polizei im Industrierevier. Modernisierung und Herrschaftspraxis im westfälischen Ruhrgebiet 1848–1914, Göttingen 1991.

nerseits Gewaltreaktionen förderte. Auf diese Dialektik der Repression hat die historische Protestforschung wiederholt verwiesen.[18]

Die Dritte Republik wie auch das Deutsche Reich erlebten zu unterschiedlichen Zeiten ähnliche Wellen terroristischer Attentate. Nach den beiden Anschlägen auf Wilhelm I., die den Anlaß zur Verabschiedung des Sozialistengesetzes gaben, setzten vor allem 1882 mit der Ermordung des Schuhfabrikanten Merstallinger terroristische Gewaltakte ein, die in den folgenden Jahren anhielten und in dem gescheiterten Sprengstoffanschlag bei der Einweihung des Niederwalddenkmals und der Ermordung des Frankfurter Polizeirats Rumpf, der als »Anarchistenfresser« bekannt war, ihre Höhepunkte fanden.[19] In Frankreich waren die Jahre zwischen 1892 und 1894 durch terroristische Attentate geprägt. Diese sind nicht nur verbunden mit dem Namen Ravachol, der Anschläge auf Richter verübte, sondern auch mit dem von Emile Henry, der eine Bombe in das Café Terminus der Gare St. Lazare warf. Santo Geronimo Caserio ermordete schließlich am 24. Juni 1894 den französischen Staatspräsidenten Sadi Carnot in Lyon. Insgesamt kamen in Frankreich bei elf Dynamitexplosionen neun Personen ums Leben.[20] Die Terrorwelle hatte dort mithin einen größeren Umfang als im Deutschen Reich.

Trotz dieser Unterschiede zeigten sich zwischen den Terroranschlägen Gemeinsamkeiten. In beiden Gesellschaften blieb der individuelle, von Anarchisten ausgeübte und legitimierte Terror auf eine bestimmte historische Phase begrenzt. In beiden setzten enttäuschte Sozialisten, die mit dem legalen Kurs der sozialistischen Partei oder Parteien nicht einverstanden waren, nicht mehr auf das Mittel des kollektiven Aufstandes, sondern auf die Symbolwirkung des individuellen Terrors. Die Ermordung des Zaren Alexander II. diente ihnen dabei als positive Referenz. Sowohl in Deutschland als auch in Frankreich blieben diese terroristisch orientierten Sozialisten eine verschwindend kleine Minderheit in der Arbeiterbewegung und verloren nach den Attentaten alsbald an politischem Einfluß.[21]

Beide Regierungen setzten nicht nur auf eine nationale Bekämpfung des Terrorismus, sondern organisierten sich auch international. Im Reichsamt des In-

18 *C. Tilly*, The Politics of Collective Violence, Cambridge 2003.

19 *R. Jensen*, Daggers, Rifles and Dynamite: Anarchist Terrorism in Nineteenth Century Europe, in: Terrorism and Political Violence 16 (2004), S. 116–153; *U. Linse*, »Propaganda by the Deed« and »Direct Action«, two Concepts of Anarchist Violence, in: *W. J. Mommsen* u. *G. Hirschfeld* (Hg.), Social Protest, Violence and Terror in Nineteenth Century Europe, London 1982, S. 201–229.

20 *J. Maitron*, Le movement anarchiste en France, 2 Bde., Paris 1975, Bd. 1, S. 75–85, S. 151–250; *ders.*, Ravachol et les anarchistes, Paris 1992.

21 *M. Fleming*, Propaganda by the Deed. Terrorism and Anarchist Theory in Late Nineteenth-Century Europe, in: Terrorism and Political Violence 4 (1980), S. 1–23; einen neuen interessanten Zugang wählt *A. Sedlmaier*, The Consuming Visions in Late Nineteenth and Early Twentieth Century Anarchists: Actualising Political Violence Transnationally, in: European Review of History 14 (2007), S. 283–300.

nern wurden umfangreiche Dossiers über »die Bekämpfung und den Stand des Anarchismus im Auslande« angelegt, die nicht nur die Gesetzgebung in Frankreich und Spanien aufmerksam verfolgte, sondern auch die USA, Argentinien und Mexiko einbezog. Der Terrorismus wurde nicht als nationale Erscheinung, sondern als internationales Phänomen angesehen.[22] So schrieben die »Hamburger Nachrichten« am 12. Dezember 1892: »Bei der internationalen Verzweigung des Anarchismus wird die internationale Bekämpfung desselben als erste Voraussetzung jedes wirklichen Erfolges zu betrachten sein.« Internationale Zusammenarbeit der Polizei sollte mit einer Verschärfung der inneren Sicherheit Hand in Hand gehen. Mit Befriedigung kommentierte so der deutsche Botschafter in Paris, Graf Münster, die verschärften Strafgesetze in Frankreich: »Das energische Vorgehen der Regierung hat guten Eindruck hervorgebracht und wird als ein glücklicher und nachahmungswerter Anfang zur Bekämpfung des Anarchismus angesehen« (12. Dezember 1893).[23] Es war deshalb kein Zufall, daß das Deutsche Reich und Frankreich in der internationalen antianarchistischen Konferenz des Jahres 1898 zu den Hardlinern gehörten, die Auslieferungen, gegenseitige Informationspolitik und vereinheitlichte Fahndungsbilder forderten.[24]

Trotz internationaler Zusammenarbeit und transnationaler Beobachtung blieben die Reaktionen auf die Attentate aber nationalstaatlich unterschiedlich. Dies läßt sich sowohl an der rechtlichen Behandlung als auch an der öffentlichen Diskussion ablesen. In Deutschland erfolgte die Bekämpfung des Terrors im Rahmen des mehrfach verlängerten Sondergesetzes gegen die »gemeingefährlichen Bestrebungen der Sozialdemokratie«. Die Behörden beriefen sich in der Abwehr des Terrorismus mithin auf ein Ausnahmegesetz, das ihnen erlaubte, die Ziele und Methoden der Sozialdemokratie mit denen der anarchistischen Terroristen zu vermischen und eine Fortsetzung der Verfolgung der Sozialdemokratie zu rechtfertigen. Dieses Sondergesetz diente dazu, die bestehende Ordnung gegenüber einem Gefahrenzustand zu sichern, der von der Obrigkeit angenommen wurde. Es konnte sich auf einzelne strafrechtliche Bestimmungen stützen: entweder auf § 130 des Strafgesetzbuches, der Geld- und Gefängnisstrafen für denjenigen vorsah, der »in einer den öffentlichen Frieden gefährdenden Weise verschiedene Klassen der Bevölkerung zu Gewaltthätigkeiten gegeneinander öffentlich anreizt« oder aber auf § 86, der die Verfolgung einer ein hochverräterisches Unternehmen vorbereitenden Handlung festlegte.[25] Auf den letzteren Paragraphen stützte sich auch das seit 1879 eingerichtete Reichsgericht in dem Verfahren gegen Dave und Genossen, das 1881 stattfand. Wenn es

22 BA Reichsministerium des Innern, R 13581/7, Stand des Anarchismus im Auslande (1886–1909).

23 BA, R 13581, Graf von Münster an Caprivi, 12.12.1893.

24 *R. Bach Jensen*, The International Anti-Anarchist Conference of 1898 and the Origins of Interpol, in: Journal of Contemporary History 16 (1981), S. 323–347.

25 Vgl. zu diesem Kontext: *D. Blasius*, Geschichte der politischen Kriminalität in Deutschland, 1880–1980. Eine Studie zu Justiz- und Staatsverbrechen, Frankfurt a.M. 1983; *J. Wagner*, Politischer Terrorismus und Strafrecht im Deutschen Kaiserreich von 1871, Hamburg 1981.

auch sorgfältig die Zugehörigkeit zu der Gruppe der »Hochverräter« prüfte und einzelne Angeklagte freisprach, konstruierte es doch einen Gesinnungszusammenhang. Es ging von Johann Most und dessen Vorstellungen aus und sah allein in dem Faktum der Gruppenbildung bereits einen hochverräterischen Akt: »da die Gruppenbildung nach Ausweis der Geschichte der Revolutionen an sich ein geeignetes Mittel ist, gewaltsame Verfassungsänderungen vorzubereiten und mit dieser Zweckdienlichkeit von Most gewählt ist und von der Mehrzahl der Mitglieder akzeptiert ist.«[26] Nicht so sehr die konkreten Ziele der Gruppe bzw. die Handlungen der Gruppenmitglieder, sondern der mit ihrer Existenz gegebene revolutionäre Zweck rückte auf diese Weise in das Zentrum der Rechtsprechung.

In Frankreich versuchten die Behörden und Gerichte, Terroristen im Rahmen des bestehenden Strafrechts zu verurteilen. Als jedoch im sogenannten Prozeß der Dreißig sowohl über anarchistische Aktivisten als auch Verbrecher unter dem Vorwurf, sie seien Mitglieder einer kriminellen Vereinigung, geurteilt werde sollte, waren die Beweise so dürftig, daß 27 der 30 Angeklagten freigesprochen wurden. Erst in der Schlußphase des Terrorismus wurden 1893 drei Gesetze, die die kritische Öffentlichkeit »lois scélérates« nannte, unter Mißachtung parlamentarischer Praktiken von der Regierung im Parlament durchgepeitscht. In ihnen wurden Zeitungen verboten, zu Gewalt aufzurufen oder Gewalttaten zu rechtfertigen. Sie bestraften bereits kriminelle Vereinigungen, nicht mehr ausschließlich kriminelle Taten. Diese Vereinigungen waren bereits dadurch kriminell, daß sie anarchistische Propaganda betrieben.[27] Die Grenzen zwischen einer strafrechtlichen Verfolgung von Tätern und von Gesinnung wurden dabei verwischt. Im Unterschied zur Verfolgung der Terroristen auf der Grundlage eines zuvor bestehenden Sondergesetzes – wie in Deutschland – setzte sich diese Verschärfung der Strafgesetze erst ex post durch. In beiden Gesellschaften ging es aber darum, nicht nur die strafrechtliche Verfolgung der potentiell terroristisch Aktiven zu ermöglichen, sondern auch präventiv tätig zu werden.

Sowohl in Deutschland wie in Frankreich reagierte die Öffentlichkeit auf die terroristischen Attentate. Dabei herrschte in Deutschland die Vermischung von Sozialdemokratie und Terrorismus vor, während in Frankreich die Sozialisten als Teil einer breiten Kritik an terroristischen Akten aktiv waren. In der neueren Gewaltdiskussion und vor allem unter dem Eindruck der *cultural studies* in Großbritannien ist für diese Reaktionen der Begriff der *moral panics* eingeführt worden. Darunter versteht Stanley Cohen das in Konjunkturen auftretende Phänomen, daß Ereignisse, Personen oder Gruppen von den Medien als eine Gefahr für die Gesellschaft dargestellt und diskreditiert werden.[28] Dabei kann sehr wohl – wie Kenneth Thompson unterstrichen hat – die Gefahr für die

26 Zit. in: ebd., S. 341.

27 Vgl. *Maitron*, Mouvement, S. 252f.

28 *S. Cohen*, Moral Panics, London 1972, S. 9.

Gesellschaft selbst von der Gefahr unterschieden werden, die für einzelne und in ihrer Bedeutung idealisierte Teile ausgeht. Gekoppelt mit dieser öffentlichen und medialen Darstellung der Bedrohung ist die Diskriminierung einer Person oder Gruppe:»There should be a high level of ›concern‹ over the behaviour of a certain group or category of people and that there is an increased level of hostility toward the group or category regarded as a threat.«[29]

Diese mediale Inszenierung von Gefahren und Feindgruppen kann sehr wohl von bestimmten Gruppen, von »influential claim-makers, each with a set of interests or a political agenda« beeinflußt werden.[30] Dieser Ansatz erlaubt es einmal, die öffentlichen Diskurse auf zentrale Muster der Darstellung zu untersuchen, zum anderen die Akteure zu benennen, die für diese öffentlich wirksamen Bilder verantwortlich sind. Die historische Forschung in beiden Ländern ist noch nicht weit genug fortgeschritten, um gesicherte Aussagen zu erlauben. Es scheint aber, daß in Deutschland die Terroristen vor allem zu einer *moral panic* gegen angebliche Sozialrevolutionäre instrumentalisiert wurden, während die Presse in Frankreich in erster Linie die Hysterie vor weiteren Gewaltakten schürte.[31] Genauere Recherchen zu den Initiatoren, Botschaften und der Rezeption der jeweils inszenierten *moral panic* versprechen Aufschlüsse über die Wirkung der Terroranschläge innerhalb der politischen Öffentlichkeit zu geben.

Nach alledem kann nicht behauptet werden, daß sich Republik und Monarchie zentral im Einsatz von Gewalt unterschieden. Die Wahrung von Ruhe und Ordnung sowie die Verteidigung des staatlichen Gewaltmonopols waren zentrale Bestandteile der jeweiligen Politik. Unterhalb dieses allgemeinen Konsensus zeichneten sich jedoch Unterschiede ab, die für die Handlungs- und Lebensbedingungen der Bürger durchaus wichtige Folgen hatten und Unterschiede zwischen Republik und Monarchie erfahrbar machten. Dem Militäreinsatz gegen Streikende wohnte in der Dritten Republik eine erzieherische, präventive Intention inne, während sie im Deutschen Reich repressiven Charakter hatte. In der Verfolgung der Terroristen band sich die französische Justiz an die bestehenden Strafrechte und griff nicht auf obrigkeitsstaatliche Ausnahmegesetze zurück. In der öffentlichen Diskussion um Terrorakte stand in Frankreich eher der Gewaltakt als seine politische Diskriminierung im Mittelpunkt; die Panikmache bezog sich dabei stärker auf die körperliche Unversehrtheit der Bürger als auf allgemeine staatliche und gesellschaftliche Werte. Über diese Ergebnisse hinaus sind die angerissenen Fragestellungen geeignet, die Ähnlichkeiten und Unterschiede zwischen den Konstruktionsprinzipien des politischen Raumes im Kaiserreich und in der Dritten Republik zu bestimmen.

29 *K. Thompson*, Moral Panics, London 2001, S. 9.

30 Ebd., S. 15.

31 Vgl. *Maitron*, Mouvement, S. 257 f.; *F. Chauvand*, De Pierre Rivière à Landru. La violence apprivoisée au XIXe siècle, Paris 1991; *A. Owzar*, Reden ist Silber, Schweigen ist Gold. Konfliktmanagement im Alltag des wilhelminischen Obrigkeitsstaates, Konstanz 2006.

Für das Deutsche Kaiserreich, das in diesem Band im Mittelpunkt steht, widersprechen die Ergebnisse einer zu liberalen Interpretation seiner Entwicklung. Das staatliche Gewaltmonopol wurde nicht nur kontinuierlich ausgebaut, sondern auch massiv eingesetzt. Die realen und vermeintlichen Bedrohungen waren immer auch Anlaß zu einer staatlichen Eingrenzung von bürgerlichen Freiheits- und Partizipationsrechten und lieferten Brennstoff für die Repression, die gegen die Sozialdemokratie ausgeübt wurde.

# Gewalt in Teuerungsunruhen in europäischen Großstädten zu Beginn des 20. Jahrhunderts: Ein Überblick

»Die Geschichte ist voll von diesen Verbrechen ... Der offizielle Historiker wird von seinem vergoldeten Palast aus skeptisch und abfällig lachen, sich seinen dicken Bauch halten – bis die neue historische Wahrheit seine Sicht der alten Welt erschüttert. Fünf Jahre blutiger Geschichte liegen hinter uns ... Von Kreuzungen, Plätzen, Straßen und dem Untergrund breitet sich diese unaufhaltsame Kloake aus, die die Grundlagen einer schwachen und blutrünstigen Gesellschaft erschüttert. Die Verbrechen der vielfarbigen und vielfältigen Menge treten über die Ufer und dehnen sich wie ein schlammiger Fluss aus. Meine Herren der alten Gesellschaftsschicht, Philosophen der politischen Aristokratie, Mumien der Diplomatie, treten Sie zurück und verbeugen sie sich. Gavroche geht vorüber.«[1] Mit dieser Figur aus Victor Hugos Roman »Les Misérables« vergleicht eine Zeitung aus Livorno am 27. Juli 1919 die Teilnehmer an den in ganz Italien stattfindenden Teuerungsunruhen. Mit dem Tribut an Gavroche, der als typischer Pariser Straßenjunge an den Kämpfen nach der Julirevolution 1830 teilnahm, krönte die Zeitung ihre katastrophische Sicht der italienischen Nachkriegsgesellschaft und betonte, dass die Aktionen gegen steigende Preise und die fehlenden staatlichen Maßnahmen dagegen zwar von den Herrschenden als Ausdruck des Abhubs der Gesellschaft gesehen werden, in Wirklichkeit aber gerechtfertigte Protestaktionen einer aufgebrachten Menge seien.

Die von der Zeitung angesprochene Überraschung, die diese Proteste gegen zu teure Lebensmittel hervorriefen, wird die heutige Geschichtswissenschaft nicht mehr teilen, zu sehr ist doch in den letzten zwanzig Jahren die These erschüttert worden, Lebensmittelkrawalle – um die behördliche Lesart zu benutzen – seien mit der Mitte des 19. Jahrhunderts zu Ende gegangen. Dies hatte die historische Protestforschung lange Zeit angenommen,[2] und auch die sozialwissenschaftliche soziale Bewegungsforschung um Charles Tilly hat diese These

1 »Crimini« in: La Parola dei Socialisti (Livorno 27. Juli 1919).

2 Siehe *M. Gailus* u. *H. Volkmann* (Hg.), Der Kampf um das tägliche Brot. Nahrungsmangel, Versorgungspolitik und Protest 1770–1990, Opladen 1994; *M. Gailus*, Was macht eigentlich die historische Protestforschung? Rückblicke, Resümee, Perspektive, in: Mitteilungsblatt des Instituts für soziale Bewegungen 34 (2005), S. 127–154; siehe auch die jüngeren Fallstudien zum 19. Jahrhundert: *M. Engelns*, Bierpreis, Brauer und Behörden. Teuerungsproteste 1844 bis 1866 in München, in: *N. Bulst u. a.* (Hg.), Gewalt im politischen Raum. Fallanalysen vom Spätmittelalter bis ins 20. Jahrhundert, Frankfurt a. M. 2008, S. 164–193; *M. Streng*, »Gewalt« als Argument in der Marktkommunikation. Marktpolizei, Kornhandel und Versorgungssi-

vertreten. Dafür sprachen nach Tilly zwei allgemeine und sozialökonomische Entwicklungen. Mit der Herstellung eines nationalen Marktes für Agrarprodukte werde die ungleiche Verteilung von Lebensmitteln zwischen Städten und Landesteilen beendet und damit ein zentraler ökonomischer Grund für Mangel und Mangelerfahrungen benannt. Daneben macht Tilly auch die fortschreitende Staatsbildung und die zunehmende Verpolizeilichung der Gesellschaft für das Ende der »food riots« verantwortlich.[3] Sowohl für die Jahre vor Ausbruch des Ersten Weltkrieges als auch während des Krieges und in der unmittelbaren Nachkriegszeit versammelten sich jedoch Frauen und Männer in der Öffentlichkeit von großen und kleinen Städten in Deutschland und Frankreich, Italien und Spanien, Russland und Großbritannien, um gegen steigende Lebensmittelpreise zu demonstrieren.[4] Es ist zu vermuten, dass auch in anderen europäischen Ländern und Großstädten ähnliche Bewegungen stattfanden, diese aber bislang von der internationalen Geschichtsschreibung nicht beachtet wurden. Die folgenden Bemerkungen können mithin nicht Ursachen der geographischen Verbreitung der Revolten erörtern, sondern auf der Basis der Sekundärliteratur und unter Berücksichtigung meiner limitierten Sprachkenntnisse Hinweise auf Charakteristika der Protestbewegungen geben. Diese Quellenbasis begrenzt auch die Breite und Tiefe der folgenden Übersicht. Einblicke in Rituale und Symbole, Parolen und Aktionsformen der an Teuerungsunruhen Teilnehmenden bleiben oft deshalb verwehrt, weil die vorliegenden Forschungen diese nicht nachgefragt und detailliert untersucht haben. In vielen Fällen wären intensive Archivstudien notwendig.[5] Deshalb bleiben wichtige Fragen unbeantwortet. Die protestgeschichtlich relevante Unterscheidung zwischen ritualisierten Teuerungsprotesten, die festen Regeln und Konventionen folgen, und den Hungerunruhen, die sich auf Selbsthilfe und schnelle Aneignung von Lebensmitteln konzentrieren, dabei aber auch die Grenze zur Eigentumskriminalität durchaus überschreiten, kann nicht immer empirisch vorgenommen werden. Auch Erosionen von Ritualen und Ergebnissen von Subsistenzprotesten seit dem Anfang des 19. Jahrhunderts bleiben ebenso unbehandelt wie nationale oder lokale Unterschiede in den Formen und Ergebnissen der Aktionen. Die stadtgeschichtlich wichtige symbo-

cherheit im französischen Departement Finistère 1846–1867, in: *N. Bulst u. a.* (Hg.), Gewalt im politischen Raum. Fallanalysen vom Spätmittelalter bis ins 20. Jahrhundert, Frankfurt a. M. 2008, S. 194–228.

3 *C. Tilly u. a.*, The Rebellious Century, 1830–1930, London 1975; *ders.*, The Politics of Collective Violence, Cambridge 2003.

4 Immer noch lesenswert: *L. Taylor*, Food Riots Revisited, in: Journal of Social History 30 (1996), Nr. 2, S. 484–496; *P. R. Brass* (Hg.), Riots and Pogroms, New York 1996; interessant über Plünderungen *J. Auyero*, Routine Politics and Violence in Argentina. The Grey Zone of State Power, Cambridge 2007.

5 Siehe exemplarisch dazu: *M. Streng*, »Vie chère«, Violent Protest, and Visions of Protection. The »VIE CHERE«-Controversy on the Eve of WWI in France (1905–1914), in: *W. Steinmetz u. a.* (Hg.), Writing Political History Today (Historische Politikforschung, Bd. 21), Frankfurt a. M. 2013, S. 317–348.

lische Besetzung und Verteidigung von Räumen in Protesten steht nicht im Mittelpunkt der vorliegenden Literatur und kann deshalb auch nur am Rande erwähnt werden.

## 1. Konjunkturen der Teuerungsproteste

Im europäischen Kontext zeichnen sich drei Konjunkturen ab, in denen Teuerungsunruhen ausbrachen: die Jahre vor dem Ersten Weltkrieg, die Kriegszeit und die unmittelbare Zeit nach dem Ersten Weltkrieg. Vor 1914 stiegen in zahlreichen europäischen Gesellschaften und oft in der Folge von Zöllen zum Schutz der einheimischen Agrarier die Preise.[6] Dies war sowohl in Frankreich und Spanien als auch im Deutschen Reich der Fall. Gewaltsame Proteste gegen die Preissteigerungen fanden aber nicht überall statt. Für Berlin hat etwa Thomas Lindenberger unter den rund 400 städtischen Unruhen seit 1900 mit dem Konflikt um den Fleischverkauf im Wedding lediglich einen Konsumentenprotest vor Ausbruch des Krieges ausgemacht.[7] Wenn diese Proteste auch an anderen Orten zahlreicher gewesen sein mögen, so prägten sie nicht die deutsche Politik und Protestkultur vor dem Ersten Weltkrieg. Die günstige Entwicklung der Reallöhne, aufmerksame Stadtverwaltungen, das nicht bedrohte staatliche Gewaltmonopol und eine um ihre Respektabilität bemühte Sozialdemokratie mögen dazu beigetragen haben, dass kollektive Proteste über hohe Preise in friedlichen Formen angemeldet wurden.[8] In Frankreich und in Spanien nahmen diese aber gewaltsame Formen an, die entweder traditionelle Muster trugen oder aber mit modernen Arbeitskämpfen in Verbindung standen. Von der nordfranzösischen Hafenstadt Le Havre ausgehend, in der auch die Metall- und Textilindustrie vertreten war, und in der Folge von Gewerkschaftsaktionen gegen steigende Brotpreise im Jahre 1910 breiteten sich traditionelle Praktiken der Preisfestsetzung durch Konsumentinnen, aber auch Plünderungen von Läden vor allem in der nördlichen Hälfte Frankreichs aus. In Le Havre zogen 1911 z. B. 400 Frauen von Geschäft zu Geschäft und forderten drohend Preissenkungen

6 *A. Offer*, The First World War. An Agrarian Interpretation, Oxford 1989.

7 *T. Lindenberger*, Die Fleischrevolte am Wedding. Lebensmittelversorgung und Politik in Berlin am Vorabend des Ersten Weltkrieges, in: *Gailus* u. *Volkmann* (Hg.), Kampf, S. 282–315; *C. Nonn*, Fleischteuerungsprotest und Parteipolitik im Rheinland und im Reich 1905–1914, in: ebd., S. 305–315; *T. Lindenberger*, Straßenpolitik. Zur Sozialgeschichte der öffentlichen Ordnung in Berlin 1900 bis 1914 (Politik und Gesellschaftsgeschichte, Bd. 39), Bonn 1995; *B. Davis*, Home Fire Burning. Food, Politics, and Everyday Life in World War I, Berlin 2000.

8 *C. Nonn*, Verbraucherprotest und Parteiensystem im wilhelminischen Deutschland, Düsseldorf 1996; in Roger Chickerings Studie über Freiburg im Breisgau wird deutlich, wie diese Bedingungen auch den Alltag während des Krieges prägten. *R. Chickering*, Freiburg im Ersten Weltkrieg. Totaler Krieg und städtischer Alltag 1914–1918, Paderborn 2009.

vor allem von Milch und Butter. Den drei Kaufleuten, die diesen Preisnachlass ablehnten, wurden die Läden angesteckt.[9] Auch in der südspanischen Stadt Badajoz waren Teuerungspraktiken verbreitet. In den Jahren 1912 und 1913 forderte die lokale Bevölkerung, einem traditionellen Skript der Proteste folgend, einen niedrigen Brotpreis und das Verbot, das lokal geerntete Getreide in andere Landesteile zu transportieren.[10] Einen anderen Charakter nahmen indes die Konsumentenproteste in der katalanischen Hauptstadt Barcelona an, in der soziale Gegensätze und Interessenkonflikte seit den 1880er Jahren militant ausgetragen wurden. Die Generalstreiks der Jahre 1902 und 1909 endeten dort mit Angriffen auf Bäckereien und Märkte und mischten Preisfestsetzungsaktionen mit Plünderungen.[11]

Im Ersten Weltkrieg verschlechterte sich in ganz Europa die Versorgung der Konsumenten. An die Stelle von Protesten gegen zu hohe Preise traten dabei in einzelnen Gesellschaften auch Hungerrevolten. Unzureichende Vorbereitungen für einen Krieg, der länger als geplant dauerte, Folgen der Blockade des deutschen Marktes, Torpedierungen von Versorgungsschiffen aus Übersee, Mobilisierung vor allem der bäuerlichen Bevölkerung für den Kriegsdienst verbunden mit teilweise schlechten Ernten und der Priorität, die der Versorgung der Frontsoldaten eingeräumt wurde, schufen eine angespannte Situation vor allem auf dem städtischen Nahrungsmittelmarkt. Diese war katastrophaler in Berlin als in Paris und London und verschlechterte sich seit 1916 zunehmend. Im internationalen Vergleich brachen in deutschen Großstädten aber sehr viel häufiger und gewaltsamer Hungerunruhen und Teuerungsproteste aus als in französischen oder britischen.[12] Diese folgten nicht mehr einem »protocol of riot« der Teuerungsproteste, das durch symbolische Akte wie Drohungen und massiver Präsenz auf dem Markt oder in Läden eine Anpassung der Warenpreise an die Einkommenssituation anstrebte. Vielmehr griffen sowohl im Krieg wie danach die Unterschichtenmitglieder, deren materielle Existenz bedroht war,

9 Diese bislang unbekannte Episode berichtet John Barzman gestützt auf Presseberichte und Archivalien: *J. Barzman*, Entre l'émeute, la manifestation et la concertation. La »crise de la vie chère« de l'été 1919 au Havre, in: Le Mouvement social 170 (1995), S. 61–84, hier S. 71 f.; *J.-M. Flonneau*, Crise de vie chère et mouvement syndical 1910–1914, in: Le Mouvement social 72 (1970), S. 49–81; *P. R. Hamon*, The »Vie chere« Riots of 1911. Traditional Protests in Modern Garb, in: Journal of Social History 21 (1988), S. 463–481; *A. Chatriot*, Marion Fontaine, Contre la vie chère, in: Cahiers Jaurès 187–188 (2008), S. 97–116.

10 *M. Baumeister*, Am Rande Europas. Subsistenzproteste in Süd-West Spanien 1880–1923, in: *Gailus* u. *Volkmann* (Hg.), Kampf, S. 65–82; siehe auch *C. G. Andrès*, Protesta popular y movimientos sociales en la Restauración. Los Frutos de la ruptura, in: Historia Social 23 (1995), S. 121–135; *F. S. Pérez*, La protesta de un pueblo. Acción colectiva y organización obrera. Madrid 1901–1923, Madrid 2005.

11 *C. Ealham*, Anarchism and the City. Revolution and Counter-Revolution in Barcelona, 1898–1933, Oakland 2010, S. 36 f.

12 *T. Bozon* u. *B. Davis*, Feeding the Cities, in: *J. Winter* u. *J.-L. Robert* (Hg.), Capital Cities at War. Paris, London, Berlin 1914–1919, Cambridge 1997, S. 305–341, hier S. 308.

in Hungerrevolten selbst auf gewaltsame Mittel zurück, um ihre Notlage zu beheben und die vermeintlichen Urheber ihrer Situation in einem Akt der Selbsthilfe zu bestrafen.[13]

Schon seit 1915 protestierten im Deutschen Reich Teile der Stadtbevölkerung gegen Preissteigerungen oder ein mangelhaftes Angebot. In Berlin und Stuttgart fanden erste Teuerungsunruhen statt, an denen vor allem Frauen teilnahmen, ebenso wie in der mittelfranzösischen Stadt St. Etienne.[14] Vor allem seit der zweiten Hälfte des Jahres 1916 wurden in Hamburg Hungermärsche und Angriffe auf Bäckereien organisiert, die nur durch den Einsatz von Militär niedergeschlagen werden konnten. Bergarbeiterstreiks waren in Deutschland seit 1916 – wie Petra Weber formuliert – »häufig nur eine andere, bewusstere Form der Lebensmittelproteste und gaben nicht selten wie in Harnborn oder Barmen den Anstoß zu Plünderungen und Lebensmittelkrawallen«.[15] Selbst im englischen West Cumberland gingen Arbeiterfrauen und Bergarbeiter auf die Straße, um gegen die hohen Brotpreise zu demonstrieren. Im März 1916 versammelten sich die Hausfrauen in der spanischen Stadt Badajoz Nächte hindurch, um Druck auf die Stadtverwaltung auszuüben und einen niedrigen Brotpreis durchzusetzen.[16] Besonders gewaltsamen Charakter nahmen die Teuerungsproteste in Russland an. Dies stellte bereits Trotzky fest: »From criticism the masses pass over to action. Their indignation finds expression first of all in food disturbances, sometimes rising to the height of local riots.«[17] Preissteigerungen und die unzureichende Versorgung der Städte trotz vorhandener Lebensmittel auf dem Lande waren dort die Ursachen der zahlreichen gewaltsamen Auseinandersetzungen, wie das folgende Beispiel zeigt: »A nasty example occured in Pereiaslavl' in Ocrober 1917. A longline of people was standing outside a shop, waiting to buy galoshes. On being told that the shop had sold out, the queue started to disperse. Then a cart, laden with boxes, was spotted coming out of the building. Some of those who had been waiting stopped the driver and, to their fury, discovered that the boxes contained galoshes. The crowd stormed the shop,

13 *M. H. Geyer*, Teuerungsprotest und Teuerungsunruhen 1914–1923. Selbsthilfegesellschaft und Geldentwertung, in: *Gailus* u. *Volkmann* (Hg.), Kampf, S. 319–345.

14 *U. Daniel*, Arbeiterfrauen in der Kriegsgesellschaft. Beruf, Familie und Politik im Ersten Weltkrieg, Göttingen 1989, S. 246 f.; *M. Zancarini-Fournel*, Saint-Etienne pendant la Première Guerre mondiale, in: *P. Causarano u. a.* (Hg.), Le XXe siècle des guerres, Paris 2004, S. 213 f.

15 *P. Weber*, Gescheiterte Sozialpartnerschaft – Gefährdete Republik? Industrielle Beziehungen, Arbeitskämpfe und der Sozialstaat. Deutschland und Frankreich im Vergleich (1918–1933/39), München 2010, S. 165; zu Hamburg *V. Ullrich*, Vom Augusterlebnis zur Novemberrevolution. Beiträge zur Sozialgeschichte Hamburgs und Norddeutschlands im Ersten Weltkrieg, Bremen 1999.

16 *A. J. Coles*, The Moral Economy of the Crowd: Some Twentieth-Century Food Riots, in: Journal of British Studies 17 (1978), Nr. 1, S. 157–176; *Baumeister*, Am Rande Europas, S. 73.

17 Zit. in: *B. Alpern Engel*, Not by Bread Alone. Subsistence Riots in Russia during World War I, in: The Journal of Modern History 69 (1997), S. 696–721, hier S. 698.

killing the owner, and then turned on adjacent shops and stalls, leaving eight proprietors dead and 20 wounded.«[18]

Die Proteste blieben in der Regel nicht auf den Versorgungsbereich begrenzt, sondern politisierten sich zunehmend, wenn auch stärker im Deutschen Reich und in Russland als in Frankreich. Eine Verständigung über die Ursachen der Mangelsituation konnte umso leichter stattfinden, als Frauen, Kinder und Alte in Städten oft stundenlang Schlange standen, um begrenzt verfügbare Waren auf Marken zu erwerben. Dies war eine international verbreitete Praxis, die Kommunikationsmöglichkeiten schuf. Am letzten Sonnabend im »Januar 1918 vermutete etwa die lokale Polizei, dass in London eine halbe Million Konsumenten Schlange stünden«.[19]

Dabei konnten Lageeinschätzungen ausgetauscht und über Schuldige diskutiert werden. Die Frontstellung zwischen den hungernden Städten und den Bauern, denen man Hortung von Getreide und Preistreiberei vorwarf, wurde schnell zu einem Gegensatz zwischen Schiebern, Kriegsgewinnlern und Reichen auf der einen Seite, der hungernden Mehrheit der Bevölkerung auf der anderen ausgeweitet. Tyler Stovall spricht selbst für Paris, wo keine gewaltsamen Hungerunruhen stattfanden, von »consumers' wars«.[20]

Diese Feindbilder verbanden sich mit politischen Forderungen vor allem gegen den Krieg und nach dessen Ende. So riefen bereits im Dezember 1915 die Teilnehmer an einer Gewerkschaftsversammlung zu Konsumfragen in Paris aus: »It's the war that has caused the rise of the price of sugar and wheat! Therefore, let's make peace!«[21] Schärfer gegen die Regierung gerichtet war die Interpretation, die der Gouverneur im Jahre 1915 aus der Moskauer Bevölkerung berichtete. Dort sei folgende Meinung verbreitet: »They are slaughtering our husbands and sons at the front, while at home they want to do us with hunger.«[22]

Nach dem Ende des Ersten Weltkrieges normalisierte sich die Ernährungslage keineswegs sofort. Während der Demobilmachung traten immer wieder Versorgungsengpässe auf, die unter anderem auf die Fortsetzung der britischen Blockade Deutschlands im Jahre 1919 zurückzuführen waren, aber auch mit Reallohneinbußen, inflationären Entwicklungen, wirtschaftlicher Rezession und dem Ende der staatlichen Zwangsbewirtschaftung zusammenhingen. Im Krieg ausgebildete Feindbilder lebten fort, der Gegensatz zwischen Stadt und Land gewann neue Bedeutung, und soziale Gegensätze wurden in der Agitation gegen Wucherer, Schieber und Kriegsgewinnler von einer Arbeiterbevölkerung formuliert, die sich von ihrer Teilnahme am Krieg soziale und politische Reformen erwartet hatte. Dabei konnten sich mit der Wucherrhetorik leicht antisemitische

18 *S. A. Smith*, Popular Culture and Market Development in Late-Imperial Russia, in: *G. Hosking* u. *R. Service* (Hg.), Reinterpreting Russia, London 1999, S. 149f.

19 *Bozon* u. *Davis*, Feeding the Cities, S. 330.

20 *T. Stovall*, The Consumers' War: Paris, 1914–1918, in: French Historical Studies 31 (2008), S. 293–324.

21 Zit. in: ebd., S. 294.

22 Zit. in: *Engel*, Bread, S. 717.

Parolen verbreiten. Unter den von Manfred Gailus ermittelten 200 Subsistenzunruhen in Deutschland, die zwischen 1914 und 1923 stattfanden, hatte »ein Sechstel ... antijüdische Färbungen und Untertöne«.[23]

Seit Juni 1919 erfasste eine breite und gewaltsame Mittel benutzende Protestbewegung Italien, die von der Hafenstadt La Spezia ausging, bald sowohl die norditalienischen Großstädte als auch Süditalien und Sizilien erreichte. »Jamais dans l'Italie unifiée on n'avait assisté à une mobilisation de cette grandeur«, konstatiert der Historiker der Bewegung Roberto Bianchi. Auch in Malaga und in Barcelona forderten Frauen 1918 in gewaltsamen Aktionen die Kontrolle der Preise von Lebensmitteln und Kohle.[24]

Die gewaltsamen Proteste blieben nicht auf den Süden Europas begrenzt. Sie brachen sowohl in Bulgarien aus, wo die Häuser von Reichen erobert und geplündert wurden, als auch im Sommer 1919 in London und Liverpool.[25] In Frankreich führte das Ende der Preiskontrolle zu steigenden Preisen und gewaltsamen Protesten dagegen. In den Monaten Juli und August 1919 ging erneut eine Protestwelle von Le Havre aus, erreichte die Pariser Gegend und erstreckte sich bis Lyon und Grenoble. In ihr wurden vor allem Preissenkungen gefordert, die – wie das Beispiel der Bauarbeiter aus Rouen zeigt – durchaus substantiell sein konnten. Diese erreichten im Juli 1919 eine Senkung der Preise um 50 %.[26] In Hamburg weckten die Proteste im Juni 1919 sogar die Befürchtung, eine zweite Revolution stünde bevor.[27]

Während die Bewegungen in Italien, Frankreich und Großbritannien aber ab 1920 abebbten, dauerten sie in Deutschland bis 1923 an. Die neue Regierung hatte bereits im Juni 1919 auf Lebensmittelproteste in Gotha, Eisenach, Hamburg und anderen Städten mit dem Ausnahmezustand reagiert. Besonders ab 1920, als mit der Inflation fluktuierende und tendenziell sinkende Lohneinkommen verbunden waren, kam es in Großstädten zu gewaltsamen Zusammenstößen mit der Polizei. Diese waren seltener in München, aber verbreiteter in Zentren der Arbeiterbewegung. Bis Ende 1923 setzte sich dort »die Praxis der Preissenkungen nach dem Ermessen des ›Publikums‹, die sogenannten Zwangsverkäufe,

23 Siehe v.a. *M. H. Geyer*, Verkehrte Welt. Revolution, Inflation und Moderne: München 1914–1924, Göttingen 1998 und *D. Schumann*, Politische Gewalt in der Weimarer Republik 1918–1933. Kampf um die Straße und Furcht vor dem Bürgerkrieg, Essen 2001, S. 64 f., 171 f.; *Gailus*, Protestforschung, S. 138.

24 *T. Kaplan*, Female Consciousness and Collective Action: The Case of Barcelona 1910–1918, in: Signs 7 (1982), Nr. 3, S. 545–566.

25 Siehe Überblick in: *R. Bianchi*, Les mouvements contre la vie chère en Europe au lendemain de la Grande Guerre, in: *P. Causarano u. a.* (Hg.), Le XXe siècle des guerres, S. 238 f.

26 *J. Barzman*, L'émeute, in: Le Mouvement social 170 (1995), S. 61–84, hier S. 75; *T. Stovall* u. *C. Friedlander*, Du vieux et du neuf: économie morale et militantisme ouvrier dans les luttes contre la vie chère à Paris en 1919, in: Le Mouvement social 170 (1995), S. 85–113.

27 *U. Schulte-Varendorff*, Die Hungerunruhe in Hamburg im Juni 1919 – eine zweite Revolution?, Hamburg 2010.

fort«.[28] Zunehmend stärker wurden aber auch Hungerrevolten, da mit sinkenden Arbeitereinkommen steigende Preise verbunden waren, die das schiere Überleben vor allem von Kurzarbeitern, Kriegsinvaliden und Hinterbliebenen sowie Rentnern zu einem täglichen Problem machten. In den Jahren 1920 und 1921 konnten in Berlin Arbeitslose mit der Erwerbslosenfürsorge nicht einmal die Hälfte ihrer Lebenshaltungskosten decken.[29] Angesichts der Unfähigkeit staatlicher und kommunaler Stellen und der Wirkungslosigkeit von traditionellen Arbeitsniederlegungen nahmen ihre Proteste oft gewaltsame und radikale Formen an.[30] Auch in der Sowjetunion führte der Bürgerkrieg zur Kumulation von Gewalt. Der »instrumental use of state violence«, um die Versorgungslage zu verbessern, traf auf Bauernaufstände gegen diese Praxis und auf Hungerrevolten.[31]

Fragt man nach den Ursachen für diese Proteste, so bietet die sozialwissenschaftliche Protestforschung einen nützlichen und systematischen Zugang. Betrachtet man ihre Ansätze aus der Vogelflugperspektive, so unterscheiden sie zwischen Konflikten, die aus Interaktionen von Akteuren resultieren und denen, die ihre Ursachen in Strukturen haben.[32]

## 2. Frauen als Protestierende

In allen drei Konjunkturen bildeten Frauen den Kern der Protestierenden. Sie forderten niedrige Preise für Butter und Milch und lieferten sich zu Tausenden in den größeren Städten gewaltsame Kämpfe mit der Polizei und der Armee. Sie gehörten in West Cumberland zu jenen, die für niedrige Brotpreise eintraten und Bauern und Händler wegen ihrer Preispolitik angriffen. Zwischen Juni 1917 und März 1919 protestierten sie in Barcelona und anderen spanischen Städten gegen Preiserhöhungen und erreichten substantielle Preissenkungen.[33]

28 *K. Hartewig*, »Eine sogenannte Neutralität der Beamten gibt es nicht«. Sozialer Protest, bürgerliche Gesellschaft und Polizei im Ruhrgebiet (1918–1924), in: *A. Lüdtke*, »Sicherheit« und »Wohlfahrt«. Polizei, Gesellschaft und Herrschaft im 19. und 20. Jahrhundert, Frankfurt a.M. 1992, S. 310.

29 *Weber*, Sozialpartnerschaft, S. 506.

30 *K. Tenfelde*, La riscoperta dell'autodifesa collettiva: protesta sociale in Germania durante l'inflazione del 1923, in: *P. Hertner* u. *G. Mori* (Hg.), La transizione dall'economia di guerra all'economia di pace in Italia e in Germania dopo la prima guerra mondiale, Bologna 1983, S. 379–422.

31 *P. Holquist*, Violent Russia, deadly Marxism? Russia in the Epoch of Violence, 1905–21, in: Kritika 4 (2003), S. 627–652, hier S. 646; *S. Badcock*, Politics and the People in Revolutionary Russia, Cambridge 2007, S. 211 f.

32 Siehe z. B. *S. Tarrow*, Power in Movement. Social Movements and Contentious Politics, Cambridge 1998.

33 *Coles*, Food Riots; *Kaplan*, Case of Barcelona; *D. Ramos*, Crisis de subsistencias y conflictividad social en Malaga: los sucesos de enero de 1918, in: Baética. Estudios de Arte, Geograffa e Historia 6 (1983), S. 441–466, hier S. 450 f.

Sie standen in der ersten Reihe bei den Marktkrawallen, die in der Inflationszeit in Deutschland versuchten, niedrigere Preise festzusetzen.[34] In diesen Aktionen brachten sie ihre Verantwortung für den Haushalt und für das Budget der Arbeiterfamilien zum Ausdruck, das, angesichts knapper Margen, bei Preiserhöhungen besonders dann aus dem prekären Gleichgewicht geriet, wenn Arbeitslosigkeit oder Lohnsenkungen drohten. Dann war es nicht mehr möglich, ökonomisch über die Runden zu kommen. In der zeitgenössischen Ratgeberliteratur, aber auch in offiziellen Verlautbarungen wurde – wie Gunilla Budde betont hat – die »Hausfrau als Konsumexpertin« bezeichnet, und in dieser Funktion intervenierte sie auf den Märkten und in der Diskussion um Preise, Qualität der Waren und Versorgung mit Produkten.[35] Sie setzte dabei auch eine Protesttradition fort, die in der frühen Neuzeit begonnen hatte.

Verbunden mit den Aktionen für Preissenkungen waren in den Gesellschaften, in denen indirekte Steuern vorherrschten, auch Proteste gegen diese die Nahrungs- und Kleidungsmittel verteuernden Steuerpraktiken. Unter den 200 Unruhen, die Martin Baumeister für Badajoz zwischen 1880 und 1923 festgestellt hat, standen zwar die Konflikte um den Brotpreis in Zweidrittel aller Fälle im Zentrum, aber ihnen folgten Mobilisierungen gegen indirekte Steuern und Arbeitslosigkeit.[36] Auch die Sorge um den Preis der Wohnung, die sich in Paris, in München und in Barcelona mit den Nahrungsmittelprotesten verband, gehörte zu den traditionellen Obliegenheiten der Hausfrauen. Sie setzten sich für Mietmoratorien während des Ersten Weltkrieges ebenso ein wie in Kämpfen gegen den sog. »Mietwucher«. In Paris wie in Barcelona engagierten sich Frauen für Senkungen der Mieten, die sie ihren verfügbaren Einkommen anpassen wollten.[37]

Aber Hausfrauen agierten nicht allein. Sie verbanden sich in russischen Städten und in Barcelona 1918 mit den Textilarbeiterinnen, um gemeinsame Belange zu verteidigen und organisierten sich vor allem in Frankreich im Zuge der Proteste gegen die Nahrungsmittelknappheit im Ersten Weltkrieg auch mit streikenden Arbeiterinnen. Dies war in Paris ebenso der Fall wie in Berlin, wo während des Krieges die meisten Arbeitskämpfe stattfanden.[38] Diese Protestak-

34 *K. Hagemann*, Men's Demonstrations and Women's Protest. Gender in Collective Action in the Urban Working-Class Milieu during the Weimar Republic, in: Gender and History 5 (1993), S. 101–119.

35 *G.-F. Budde*, Des Haushalts »schönster Schmuck«. Die Hausfrau als Konsumexpertin des deutschen und englischen Bürgertums im 19. und 20. Jahrhundert, in: *H. Siegrist u. a.* (Hg.), Europäische Konsumgeschichte. Zur Gesellschafts- und Kulturgeschichte des Konsums (18. bis 20. Jahrhundert), Frankfurt a.M. 1997, S. 411–440. Siehe auch für das 19. Jahrhundert: *V. E. Thompson*, The Virtuous Marketplace. Women and Men, Money and Politics in Paris 1830–1870, Baltimore 2001, S. 86–130.

36 *Baumeister*, Am Rande Europas, S. 68 f.

37 *M. H. Geyer*, Teuerungsprotest, Konsumentenpolitik und soziale Gerechtigkeit während der Inflation: München 1920–1923, in: AfS 30 (1990), S. 181–215, hier S. 209; siehe *Stovall*, Paris, S. 305; *Ealham*, Barcelona, S. 39 f. Für die Analyse sozialer Konflikte ist der Artikel von *S. Magri*, Housing, in: *Winter* u. *Robert* (Hg.), War, S. 374–418 enttäuschend.

38 *Kaplan*, Barcelona; *Weber*; Sozialpartnerschaft, S. 148 f.

tivitäten der Frauen waren nicht der staatlichen Repressionspraxis ausgesetzt, durch Einberufungen an die Front die Streikenden und Protestler zu bestrafen. Junge Männer, Arbeitslose, aber auch Arbeiter gehörten an verschiedenen Orten gleichwohl zu den sozialen Gruppen, die die Hausfrauen unterstützten. Die Aktionen, mit denen in der Berliner »Straßenpolitik« Hauswirte, Kneipenwirte, Dienstherren und Ladenbesitzer angegriffen wurden, konnten Hausfrauen und Arbeiter vereinigen.[39] Die Präsenz politischer oder gewerkschaftlicher Organisationen musste nicht notwendig die Selbsthilfeaktionen der Frauen beschneiden. In Barcelona waren radikal republikanische Frauen und weibliche Anarchosyndikalisten zentrale Teilnehmerinnen der Aktionen, bei denen sich nach Temma Kaplan sogar die Männer ausschlossen. Die Auswertung von Gerichtsurteilen aus der Toskana und aus Dortmund aus dem Jahr 1919 zeigt, dass zwar Frauen zu den wegen Gewaltaktionen festgenommenen Personen gehörten, sie neben jugendlichen Arbeitern, Soldaten und Handwerksgesellen aber in der Minderheit blieben.[40]

Durch die Teilnahme am öffentlichen Diskurs über die Teuerung und an Selbsthilfeaktionen entwickelten Frauen Selbstbewusstsein und politische Ansprüche. So hat Belinda Davies für den Ersten Weltkrieg in Berlin nachgewiesen, wie entschieden Frauen die staatliche Interpretation der Versorgungskrise zurückwiesen.[41] Nach dieser sollten es die Hausfrauen sein, die durch maßloses und ungeschicktes Einkaufen die Versorgungsengpässe produziert hätten. In Reaktion auf den weiblichen Protest gerieten in der offiziellen Lesart der Krise Ladenbesitzer und Bauern stärker in die öffentliche Kritik. Für die Frauen, die sich 1918 in Barcelona für niedrige Preise einsetzten und deren Aktionen blutig von der Polizei niedergeschlagen wurden, hat Temma Kaplan gezeigt, dass ihre Rolle als »defenders of community rights« sie zu militanten Aktionen motivierte.[42] Auch in den vorrevolutionären Lebensmittelunruhen in Russland findet man ähnliche Motive: »Women of the lower classes demonstrated their capacity to recreate collective ties in order to defend their perception of justice, not only in small rural towns but even in the setting of a major city such as Moscow.«[43] Auf einer anderen Ebene versuchten bürgerliche Frauen, die an der Organisation der Berliner Lebensmittelrationierung teilnahmen, aus dieser Mitwirkung politische Rechte für die Frauen zu begründen, allerdings vergeblich.[44]

39 *Lindenberger*, Fleischrevolte, S. 291.

40 *R. Bianchi*, Bocci-Bocci. I tumulti annonari nella Toscana nel 1919, Florenz 2001; *Hartewig*, Sozialer Protest, S. 305.

41 *B. Davis*, Food Scarcity and the Empowerment of the Female Consumer in World War I Germany, in: *V. de Grazia* (Hg.), The Sex of Things: Gender and Consumption in Historical Perspective, Berkeley 1996, S. 287–310.

42 *Kaplan*, Barcelona, S. 562 f.

43 *Engel*, Bread, S. 703.

44 *K. Allen*, Sharing Scarcity: Bread Rationing and the First World War in Berlin, 1914–1923, in: Journal of Social History 32 (1998), S. 371–398.

Im Zuge ihrer Aktionen eroberten sich die Frauen auch städtische Räume, die sie vorher nicht kannten. Sie zogen aus den Außenbezirken von Barcelona und Badajoz in die Stadtmitte, um vor dem Rathaus zu demonstrieren oder den lokalen Autoritäten Protesterklärungen zu überreichen. Dabei hatten sie zwar ihre Bastionen in den einzelnen Stadtvierteln, in denen sie sich organisierten und Petitionen verfassten. Chris Ealham spricht für Barcelona von einer »expansion of a specifically anarchist counter-culture« und Temma Kaplan von »grèves communales«.[45] Aber mit dem Verlassen der »barrios« gewannen die Demonstrationen einen stärker politischen Charakter. Die jeweiligen Stadtverwaltungen reagierten mit Polizeieinsätzen auf diese symbolischen Besetzungen der Stadtmitte. Diese führten im Sommer 1920 in Würzburg, Ulm und Ravensburg zum Tod von Demonstranten, die Rathäuser oder Oberamtmanngebäude stürmen wollten. In Bajadoz waren diese Aktionen indes erfolgreich.[46]

Die historische Forschung hat vor allem die Rationalität der Protestformen betont. Dies ist seit George Rudé ein Standardargument.[47] Das »repertoire of action« war seit der frühen Neuzeit etabliert. In der Tat sollte durch massive Präsenz Druck auf die Händler oder verkaufenden Bauern ausgeübt und die Preise der Waren gesenkt werden. Wo dies nicht gelang, wurden ausgestellte Waren gestohlen oder in einem Handgemenge Verkaufsstände umgeworfen, wie etwa in Dortmund, wo Kirschen und Erdbeeren entweder zertreten oder mitgenommen wurden. In Le Havre zogen kurz vor Ausbruch des Ersten Weltkrieges etwa 400 Personen von Geschäft zu Geschäft und forderten die Inhaber auf, ihre Preise zu reduzieren.[48] Diese Aktionen sollten die normalen Bedingungen der Distribution von Waren wiederherstellen. Sie sollten die durch Knappheit oder Verknappungsstrategien beeinträchtigte, bisweilen »gerecht« genannte Verteilung der Waren wiederherstellen. Sofern sie aber punitive Züge annahmen und der Bestrafung von Kriegsgewinnlern oder Schwarzmarktbetreibern galten, hatten sie auch zerstörerischen Charakter. So wurden Wein-, Zigarren- und Hutläden im Ruhrgebiet nach dem Ersten Weltkrieg geplündert und zerstört, Bauernhöfe ausgeraubt und angesteckt.[49] Die von Arlette Farge und Jacques Revel für Paris herausgearbeitete »logique des foules« fand in derartigen, Plünderungen und Brandschatzung umfassenden Strafaktionen ihre Grenzen.[50] Es macht Sinn, in zukünftigen Forschungen stärker zwischen den ritualisierten Subsistenzprotesten und den diese Rituale in Frage stellenden, zumeist gewaltsamen

45 *Ealham*, Anarchism, S. 39; *Baumeister*, Am Rande Europas, 63.

46 *Baumeister*, Am Rande Europas, S. 78 f.; *Weber*, Sozialpartnerschaft, 561 f.

47 *G. Rudé*, The Crowd in History. France and England, New York 1964.

48 *Barzman*, L'émeute, S. 72; *Hartewig*, Sozialer Protest, S. 301 f.

49 *Hartewig*, Sozialer Protest, S. 307. *A. Lefevre*, Lebensmittelunruhen in Berlin 1920–1923, in: *Gailus* u. *Volkmann*, Kampf, S. 446–460; *G. D. Feldman*, The Great Disorder. Politics, Economics, and Society in the German Inflation, New York 1993, S. 63 f., 701 f., 705 ff.

50 *A. Farge* u. *J. Revel*, Logiques de la foule: l'affaire des enlèvements d'enfants, Paris 1988; vgl. *D. Julia*, La violence des foules: peut-on élucider l'inhumain?, in: *P. Boutier* u. *D. Julia* (Hg.), Passés recomposés. Champs et chantiers de l'histoire, Paris 1995, S. 208–223.

Hungerprotesten zu unterscheiden. Diese waren zu Beginn der 1920er Jahre in Berlin vor allem in den Arbeiterbezirken Neukölln, Wedding und Prenzlauer Berg in der Mehrheit, erfassten 1923 aber die ganze Stadt. Glaubt man Zeitungsberichten, wurden am 5. November 1923 mehr als tausend Geschäfte angegriffen und geplündert.[51] Leider wissen wir nur wenig über die Parolen und Rechtfertigungen der Akteure, wenn man von den Diskursen über Wucher und manche antisemitischen Anklänge in Deutschland einmal absieht.[52]

## 3. Interaktionen der Protestierenden

In allen drei Phasen erwuchs in Großstädten der Konflikt aus der Beziehung zwischen dem Konsumenten oder der Konsumentin und den Händlern. Diesen wurde vorgeworfen, die Waren zu teuer zu verkaufen bzw. nicht genügend Waren anzubieten. Damit wird ein traditionelles Muster der Konflikte um Marktpreise wiederbelebt. Kaufleute und Händler wurden seit der frühen Neuzeit in Krisenzeiten wegen egoistischer Praktiken der Warenverknappung, der Günstlingswirtschaft und der Preistreiberei angeklagt.[53] Im Ersten Weltkrieg ist dieses Feindbild von den Behörden zumindest im Deutschen Reich wieder belebt worden. Als Klagen und Proteste über das geringe Angebot an Waren in den Jahren 1914 und 1915 laut wurden, versuchten die staatlichen Instanzen, zunächst die Hausfrauen für ihren nicht ökonomischen Umgang mit den Ressourcen verantwortlich zu machen, um dann aber als Verursacher Waren hortende Bauern und wucherische Kaufleute zu benennen. In dem mit Dekreten und Gesetzen nach 1918 eingeleiteten und an mehreren Orten verbreiteten Kampf gegen den Wucher, der insgesamt wenig erfolgreich war, wurden diese Schuldzuschreibungen aufgenommen. Sie gehörten aber auch zu dem Standardrepertoire von protestierenden Frauen in Paris, West Cumberland, Barcelona oder in russischen Städten.[54] In Russland gehörte das Misstrauen gegenüber den Händlern zu der bäuerlichen Kultur und war mit Antisemitismus verbunden: »Commercial intermediairies of all types tended to be seen as *spekulianty*, and attitudes towards them were coloured by antisemitism.«[55]

51 *A. Lefevre*, Lebensmittelunruhen in Berlin 1920–1923, in: *Gailus* u. *Volkmann*, Kampf, S. 346–360, hier S. 353.

52 Dazu die Studie von *Geyer*, Verkehrte Welt.

53 *J. R. Ruff*, Violence in early Modern Europe 1500–1800, Cambridge 2001; *M. Eriksson* u. *B. Krug-Richter* (Hg.), Streitkulturen. Gewalt, Konflikt und Kommunikation in der ländlichen Gesellschaft (16.–19. Jahrhundert), Köln 2003. Über ländliche Zwischenhändler: *T. Nadau*, Itinéraires marchands du goût moderne. Produits alimentaires et modernisation rurale en France et en Allemagne (1870–1914), Paris 2005.

54 *Davis*, Empowerment; *Stovall*, Paris, passim; *Engel*, Bread, passim; *Kaplan*, Barcelona, passim.

55 *S. A. Smith*, Popular Culture, S. 145.

Die Konflikte brachten auch zum Ausdruck, wie wenig ökonomisch belastungsfähig der Detailhandel und die kleinen Werkstätten der Lebensmittelherstellung in den Städten waren. In der Regel waren die Kleinbetriebe unterkapitalisiert, funktionierten nur dank extensiver Selbstausbeutung der Detaillisten und bestanden lediglich einige Jahre lang.[56] Herbe Verluste bei Preisnachlässen oder bei ausstehenden Konsumentenkrediten nach Streiks erschütterten die Existenzbasis der kleinen Läden. Wenn in Duisburg nach 1918 Bäcker Polizeischutz verlangten, um ihre Existenz zu verteidigen, so war das Argument, das sie anführten, durchaus plausibel. Man hatte ihnen tags zuvor 300 bis 400 Brote entwendet und damit einen massiven Einkommensverlust zugefügt.[57]

Der Austragungsort dieses gewaltsamen Konfliktes ist häufiger der Markt als der Laden. Dies lässt vermuten, dass die Konflikte weniger bei den im Stadtviertel ansässigen Nachbarschaftshändlern ausbrachen, die wegen der Gewährung von Konsumentenkredit in Krisenzeiten und der Verbreitung von Informationen eine zentrale Rolle für das Funktionieren von Arbeiterhaushalten und Stadtvierteln spielten und eine gewisse gesellschaftliche Anerkennung genossen. Sie können auch unter jenen Kaufleuten gewesen sein, die auf Forderungen positiv reagierten, die Preise senkten und bei Plünderungen keinen Widerstand leisteten. Denn bei nahezu allen Unruhen gibt es Hinweise auf jene Händler, die, um Gewalt abzuwenden, den Protestierenden nachgaben und deren Preisvorstellungen annahmen. Unter ihnen fanden sich wahrscheinlich auch jene Detailhändler, die bei Arbeitskämpfen die Streikenden materiell unterstützten.[58] Markt- oder Innenstadthändler waren weniger eng mit den Lebensverhältnissen der Vorstadt- oder Stadtviertelbewohner verbunden und verflochten und hatten weniger Gründe, diesen bei Forderungen nach Preissenkungen entgegenzukommen. Unter ihnen sind wahrscheinlich diejenigen Kaufleute zu suchen, die bei Preissenkungsaktionen die Polizei alarmierten – oder aber sich für eine gewisse Zeit vom Handel zurückzogen. Auf diese Rückzugspraxis deutet folgender Befund hin: »Auf dem Sterkrader Markt fanden sich am 13.10.1923, einem Samstag, aus Angst vor Plünderungen ganze zwei Gemüsehändler und vier Fleischverkäufer ein, denen (im Urtext falsch) etwa 1000 Marktbesucher gegenüberstanden. In dieser Situation verließen die Metzger den Marktplatz in Panik …«[59] Da die Detaillisten in den meisten Gesellschaften unterorganisiert waren, konnten sie nicht auf Repräsentativorgane zurückgreifen, die in England vor 1850 nach John Bohstedt die Diskussion von Preisen mit der lokalen Bevölkerung moderiert hatten.[60] Deshalb appellierten sie in Konfliktfällen an die lokalen Behörden und vor allem an die Polizei.

56 Siehe *G. Crossick* u. *H.-G. Haupt*, The Petite Bourgeoisie in Europe 1780–1914, New York 1995, S. 64f., 112f.

57 *Hartewig*, Sozialer Protest, S. 311.

58 *M. Rébérioux*, Les socialistes français et le petit commerce au cournant du siècle, in: Le Mouvement social 4 (1981), S. 57–70.

59 *Hartewig*, Sozialer Protest, S. 311.

60 Zum Organisationsgrad siehe auch *Crossick* u. *Haupt*, Petite Bourgeoisie, S. 133f.

Neben der Beziehung zwischen Lebensmittelhändlern und Kleinproduzenten bestimmte auch das Verhältnis zwischen lokalen Behörden, Polizei und Protestierenden den Verlauf der Aktionen und ihren Charakter. Die Polizei griff ein, um die Regeln des freien Marktes und der Gewerbefreiheit durchzusetzen. Nach herrschender offizieller Meinung waren alle Behinderungen des freien Austauschs nicht nur illegal, sondern auch schädlich, da sie Zulieferer davon abhalten konnten, in die Großstädte Waren zu liefern. In der Regel waren die Aktionen der Ordnungskräfte bei länger andauernden Hungerunruhen oder gut organisierten Teuerungsprotesten gewaltsamer als bei Blitzaktionen, in denen Brot gestohlen oder Preise gesenkt wurden. Die Interventionen der Polizei differierten, je nachdem ob sie nach dem Legalitätsprinzip oder dem Opportunitätsprinzip handelten. Im ersten Fall schützten sie die Händler und sorgten dafür, dass das Marktgeschehen ungehindert verlief. Konnten sie dies nicht gewährleisten, so appellierten sie an Gendarmerie oder Armee. Diese Interventionen fanden unter dem Druck lokaler Behörden oder Regierungen statt. Der Oberpräsident aus Münster rechtfertigte diese mit folgenden Worten: »Die Wahrung der Staatsautorität und der Schutz des Eigentums muss unter allen Umständen gesichert sein, wenn nicht in den folgenden Monaten Teuerungskrawalle zur Tagesordnung werden sollen.«[61] Diese Konstellation führte zu zahlreichen blutigen Zusammenstößen zwischen Protestierenden und Ordnungskräften. Im Juli 1919 schoss die Sicherheitspolizei in die Menge der Protestierenden in Dortmund. Der Konflikt endete mit dem Tod von drei Protestlern, vier Schwer- und etlichen Leichtverletzten und der Festnahme von 155 Personen. Im Inflationsjahr 1923 kulminierten die gewaltsamen Auseinandersetzungen. Bei dem Versuch, wegen Lebensmittelplündereien in Aachen Inhaftierte zu befreien, wurden mehr als zehn Demonstrierende erschossen. Bei Protesten kamen auch in Essen, Zeitz oder Krefeld mehrere Personen ums Leben.[62] Auch in Saint-Quentin in der Picardie führte die Teuerung zu gewaltsamen Protesten. Nach dem Angriff von Frauen auf die Markthallen, bei dem niedrige Preise gefordert wurden, dauerte die Konfrontation zwischen Polizei und Protestlern drei Tage lang sowohl tagsüber als auch nachts an und endete mit zahllosen Verletzten und Verhafteten. Fünfzig Läden wurden dabei verwüstet.[63]

Wandten die Polizisten hingegen das Opportunitätsprinzip an, so suchten sie Absprachen mit den Protestlern zu treffen. Eine Polizei, die wie die Gendarmerie in Frankreich vor Ort wohnte und seit den 1890er Jahren versuchte, eher gute Beziehungen zu der lokalen Bevölkerung herzustellen, probierte eher zu diskutieren und zu vermitteln als rein repressiv vorzugehen. Auch im Ruhrgebiet hatte sich nach Ralph Jessen diese Haltung am Ende des 19. Jahrhunderts

61 Zit. in: *Hartewig*, Sozialer Protest, S. 310.

62 Ebd., S. 301 f.

63 *Barzun*, S. 471.

eingebürgert.[64] Nach 1918 und den im Frühjahr 1919 stattfindenden blutigen Zusammenstößen in Berlin und anderen deutschen Großstädten zwischen linken Arbeitern, Reichswehr, Sicherheitspolizei und Freikorps hatte sich allerdings die politische Lage so zugespitzt, dass eine derartige Kompromisshaltung nur schwer durchzuhalten war.[65] Auch in Frankreich hatten die zahlreichen blutigen Zusammenstöße zwischen Ordnungskräften und streikenden Arbeitern dazu geführt, dass bei den Hungerunruhen im Jahre 1911 Polizei und Gendarmerie äußerst gewaltsam einschritten.[66] Aber nicht nur der Platz der Ereignisse innerhalb einer breiteren Gewaltkonjunktur spielte eine Rolle, um das Ausmaß der blutigen Repression zu erklären, sondern auch der gesamtgesellschaftliche Kontext, in dem die Teuerungsunruhen stattfanden.

Sie wurden von den Behörden nach 1918 als Teil jener Umsturzbewegungen in Deutschland gesehen, die von der rechten, vor allem aber von der linken Seite versuchten, die staatliche Ordnung zu erschüttern und Aufstände vorzubereiten. In Barcelona waren sie Teil jener blutig geführten Kämpfe zwischen Arbeitern und Ordnungskräften, die sich massiv auf die Seite der Unternehmer stellten.[67] In Italien gehörten sie zu jener breiten sozialen Protestbewegung, die auf dem Lande mit Landbesetzungen die Einlösung von politischen Versprechen einforderte, in Betrieben zu Lohnbewegungen führte und sich symbolisch in einem internationalen Generalstreik ausdrückte. Dieser war grenzüberschreitend für den 21. Juli 1919 geplant, fand aber nur in Italien, Rumänien und anderen Ländern des ehemaligen Habsburger Reiches tatsächlich statt, um die Solidarität mit der Oktoberrevolution auszudrücken. Die Bedrohung, die für die jeweilige Gesellschaft von den Teuerungsprotesten als Teil einer breiten Protestbewegung ausging, ist in Italien mit der negativen Bezeichnung »Bocci-Bocci« ausgedrückt worden. In ihr zog man zwei vermeintliche Charakteristika der Aktionen zusammen: die Referenz auf die Bolschewiki und den Florentiner Ausdruck »fare i cocci«, d.h. alles zerschlagen.[68] Mit diesen Feindbildern ließ sich der Einsatz von staatlicher Gewalt gegen die unbewaffneten Protestierer, die angesichts gravierender Mangelsituationen zur Selbsthilfe griffen, leicht legitimieren. Vor allem in der Nachkriegszeit wurden diese Rechtfertigungen be-

64 *R. Jessen*, Polizei im Industrierevier. Modernisierung und Herrschaftspraxis im westfälischen Ruhrgebiet 1848–1914, Göttingen 1991; *A. Johansen*, Violent Repression or Modern Strategies of Crowd Management: Soldiers as Riot Police in France and Germany, 1890–1914, in: French History 15 (2001), S. 400–420.

65 *M. W. Jones*, Violence and Politics in the German Revolution 1918–19, Diss. EHI, Florenz 2011.

66 *J.-M. Berlière*, L'Institution policière en France sous la Troisième République (1875–1914), 3 Bde., Lille 1991.

67 *T. Kaplan*, Female Consciousness and Community Struggle, 1910–1918, in: *dies.*, Red City, Blue Period, Social Movements in Picasso's Barcelona, Berkeley 1992, S. 106–125; *Ealham*, Anarchism, S. 16f.; *P. Gabriel*, Red Barcelona in the Europe of War and Revolution, 1914–1930, in: *A. Smith* (Hg.), Red Barcelona. Social Protest and Labour Mobilization in the Twentieth-Century, London 2002, S. 44–65.

68 *Bianchi*, Bocci-Bocci; *ders.*, Pace, Pane, Terra. Il 1919 in Italia, Rom 2006.

nutzt. Während des Ersten Weltkriegs konnte aus der Bedrohung der nationalen Unabhängigkeit und aus der Bedeutung, die die sog. Heimatfront für die kämpfenden Truppen hatte, die auch gewaltsam herzustellende Ruhe und Ordnung begründet werden.[69]

Wenn jedoch die Hungersnot in breiten Kreisen erfahren wurde, war es schwer, die Ordnungskräfte zu gewaltsamen und brutalen Interventionen zu motivieren. Aber auch das Verständnis für die Sorgen und Nöte der Bevölkerung hinderte die Behörden nicht daran, gewaltsame Protestaktionen unnachgiebig niederzuschlagen. So hatte im Mai 1923 der sächsische Innenminister im Landtag gedroht, er werde gegen jeden Polizeibefehlshaber vorgehen, der Gewalt gegen Erwerbslose befehle. Die sächsische Regierung erließ sogar eine Amnestie für Notdelikte. Trotzdem wurden zwei Teilnehmer einer Hungerdemonstration in Bautzen getötet, fünf schwer verletzt, und bei einem Protest gegen zu hohe Preise in Leipzig wurden im Juni 1923 sechs Teilnehmer erschossen und 22 verletzt.[70] Sobald sie das staatliche Gewaltmonopol in Frage gestellt fühlten, griffen die Regierenden zu gewaltsamen Mitteln gegen Protestierende.[71]

Die Beziehung zwischen den Teilnehmern an Teuerungsprotesten und Hungerrevolten einerseits und den Arbeiterparteien andererseits prägte auch den Verlauf und den Ausgang der Proteste. Sieht man von der anarchistischen CNT in Spanien ab, so unterstützten in anderen europäischen Gesellschaften lediglich lokale Niederlassungen der Arbeiterparteien oder kleine syndikalistische Gruppen die Revolten, während die Zentralen der Gewerkschaften und Parteien in Westeuropa sich davon distanzierten.[72] Sowohl die weibliche Mehrheit unter den Akteuren als auch deren präsentistisches Politikverständnis machten sie den Parteien suspekt, die auf die Mobilisierung der Arbeiterklasse und die Vorbereitung einer zukünftigen Revolution setzten.[73] Innerhalb der SFIO bewertete Compère Morel am 30. September 1912 die gewaltsamen Proteste als negativ, mit denen Frauen auf hohe Butter- und Eierpreise in Nordfrankreich reagierten. Er verglich sie abwertend mit Bauernaufständen: »La doctrine socialiste est empreinte d'un caractère philosophique trop élevé pour pouvoir inspirer des scènes de jacquerie … Nous avons été les premiers à pointer le problème, nous avons été les premiers à lancer un manifeste tiré à des milliers et des milliers d'exemplaires où nous exposions les causes de la crise et les remèdes à y apporter afin de soulager les millions d'êtres humains qui en étaient victimes. Mais de là à nous faire les champions de la guerre des œufs, et à conseiller aux braves ouvriers de

69 *Chickering*, Freiburg, S. 347f.

70 *Weber*, Sozialpartnerschaft, S. 587f.

71 *H.-G. Haupt*, Gewalt und Politik im Europa des 19. und 20. Jahrhunderts, Göttingen 2012.

72 Siehe zu Deutschland *C. Nonn*, Verbraucherprotest und Parteiensystem im wilhelminischen Deutschland, Düsseldorf 1996.

73 In ihrer frühneuzeitlichen Studie haben Arlette Farge und Jacques Revel implizit die divergierenden Zukunftsvorstellungen zwischen Revolutionären und Protestlern folgendermaßen angesprochen: »l'émeute ne regarde pas vers l'avenir«, in: *Farge* u. *Revel*, Logiques de la foule, S. 137.

descendre dans la rue afin de saboter les étalages des marchands et de lapider les paysans producteurs il y a tout un abîme.«[74] Parallel zu dieser Distanzierung findet im Deutschen Reich eine an Konsuminteressen orientierte Politik der SPD statt, die in Petitionen und Wahlkämpfen gegen die proagrarische Politik der jeweiligen Reichsregierung protestierte und damit versuchte, die durch die Teuerung von Lebensmitteln empörten Bürger zu mobilisieren.[75] Neben der Distanzierung von gewaltsamen Manifestationen waren die Arbeiterorganisationen aber auch in der Organisation von Konsuminteressen präsent. Dazu gehörte nicht nur ihre Unterstützung von Konsumgenossenschaften, sondern auch ihre Teilnahme an der staatlichen Versorgungspolitik im Ersten Weltkrieg.[76] Dabei gerieten vor allem in Deutschland die in lokalen und nationalen Versorgungsinstitutionen mitarbeitenden Gewerkschaftler oder Sozialdemokraten in eine schwierige Lage, da sie auch für die katastrophale Versorgungslage im Land mitverantwortlich gemacht wurden. Auch die Kommunisten distanzierten sich ihrerseits von den gewaltsamen Protesten der Inflationszeit und sahen in ihnen Provokateure oder Faschisten am Werk. Sie versuchten im Herbst 1923 gleichwohl, in lokalen Kontrollausschüssen und mithin auf friedlichem Wege Preise zu senken und verbindlich zu machen.[77] In dem Maße, in dem Arbeiterorganisationen in Proteste und Konflikte eingriffen, ging der Anteil der Frauen zurück oder diese spielten nur noch eine nachgeordnete Rolle. Die Erfahrungen der Gewerkschaftler und Sozialisten waren dann wichtig, wenn es darum ging, durch kontrollierte gemeinsame Aktionen wie Boykotte Druck auf Ladeninhaber auszuüben oder Proteste so zu organisieren, dass sie – wie in Frankreich im Jahre 1919 – nicht zu blutigen Konflikten mit der Polizei führten.[78]

## 4. Strukturen der Lebensmittelproteste

Neben den Interaktionen sind die Strukturen zu nennen, die in den gewaltsamen Konflikten zum Ausdruck kamen. Hier sollen drei diskutiert werden: die Versorgungspolitik, die moral economy und die community-These.

Vor allem im und nach dem Ersten Weltkrieg führten die Protestierenden die Mangelsituation auf gescheiterte oder eine einseitig die Besitzenden fördernde Regierungspolitik zurück. Während des Krieges hatte vor allem in Deutsch-

74 Zit. in: *Chatriot* u. *Fontaine*, Contre la vie chère, S. 106.

75 Dies ist das zentrale Argument von *Nonn*, Fleischteuerungsprotest.

76 *Stovall*, Paris; *A. Roerkohl*, Hungerblockade und Heimatfront. Die kommunale Lebensmittelversorgung in Westfalen während des Ersten Weltkriegs, Stuttgart 1991.

77 Konzise Zusammenfassung in: *Weber*, Sozialpartnerschaft, S. 586 f.

78 Siehe Beispiel in Berlin: *T. Lindenberger*, Straßenpolitik, S. 225–233; *Barzun*, passim; aber auch vor 1914 intervenierten Gewerkschaftler während der Subsistenzproteste, die von Frauen getragen wurden, um diese gegen Verfolgungen und Polizeieingriffe zu schützen. Vgl. *Flonneau*, Crise, passim.

land die mangelnde Vorsorge für eine Blockadesituation zur dramatischen Verschlechterung der Ernährungssituation vor allem in Großstädten geführt. Aber auch in England und Frankreich waren Rationierungen an der Tagesordnung. Die Umstellung der Kriegs- auf die Friedenswirtschaft nach 1919 schuf immer wieder Engpässe in der Versorgung, und die Wiedereingliederung der demobilisierten Soldaten verlief nach 1918 nicht ohne Arbeitslosigkeit. Die jeweiligen nationalen Regierungen gerieten deshalb wegen ihrer fehlenden Vorsorge und politischen Unfähigkeit in die Kritik, die Gesamtbevölkerung nicht ausreichend zu versorgen. Immer weniger überzeugte offensichtlich das Argument der Gewerbefreiheit und des freien Marktes, da sich nicht alle Marktteilnehmer danach verhielten. Die Attacken gegen Wucherer und Spekulanten, Schwarzhändler und Preistreiber drückten diese Protestrichtung aus. Mit Gesetzentwürfen und Kontrollinstitutionen, die indes wenig effektiv waren, versuchten die Nationalstaaten dieser Kritik zu begegnen.[79] Allein in Italien geht die Forschung von einem Fehlen derartiger Initiativen offizieller Stellen und staatlicher Untätigkeit aus. Deshalb versuchten die Protestierer, an ihre Stelle lokale sogenannte »Versorgungssowjets«, Requisitionskomitees oder Wohlfahrtsausschüsse zu setzen und verwiesen dafür nicht nur auf das Beispiel der russischen Oktoberrevolution, sondern auch der Französischen Revolution.[80] Eine Versorgungspolitik, wie sie in England im 18. Jahrhundert unter den beteiligten Akteuren lokal ausgehandelt wurde, kam dabei selten zustande. Erfahrungen mit schwachen, unfähigen oder parteiisch handelnden Beamten und Behörden führten nicht nur zu gewaltsamen Selbsthilfeaktionen, sondern auch zur Herausbildung von regierungs- oder systemkritischen Positionen. »Eine Regierung, die das staatliche Monopol legitimer Gewaltsamkeit nicht mehr verteidigen und Rechtssicherheit nicht mehr garantieren konnte, die sich als unfähig erwies, wirtschaftliche und soziale Verhältnisse herzustellen, die der Masse der Bevölkerung zumindest das Existenzminimum sicherte, die auf Hungerdemonstrationen und Lebensmittelkrawalle mit dem Einsatz der Polizei antwortete, verlor jedes Vertrauen und raubte dem Staat die Autorität und der Demokratie die Legitimität.«[81]

Der Begriff der »moralischen Ökonomie« ist häufig benutzt worden, um die Ziele von gewaltsamen Protesten zu charakterisieren. Er wurde bekanntlich von E.P. Thompson in die Diskussion eingeführt, um gegen die Vorstellungen der liberalen politischen Ökonomie lokal wirksame traditionelle Austausch- und Solidarisierungsstrukturen zu setzen.[82] Im Begriff des »gerechten Preises« schwangen im England des 18. Jahrhunderts Vorstellungen der Gerechtigkeit mit, die nicht nur von den gesellschaftlichen Unterschichten, sondern auch von

79 *C. Torp*, Konsum und Politik in der Weimarer Republik, Göttingen 2011, S. 169f.

80 *Bianchi*, Bocci-Bocci.

81 *Weber*, Sozialpartnerschaft, S. 586.

82 *E.P. Thompson*, The Moral Economy of the English Crowd in the Eighteenth Century, in: Past and Present 50 (1971), S. 76–136; *ders.*, The Moral Economy Reviewed, in: *ders.*, Customs in Common, New York 1991, S. 259–351; *D. Fassin*, Les économies morales revisitées, in: Annales HSS (nov.-dec. 2009), S. 1237–1266.

den anderen Teilen der Gesellschaft geteilt wurden. Bei dessen Umsetzung kam es zu einem gesellschaftlichen Konsens.

Der Vorstellungshorizont, aus dem heraus die Teilnehmerinnen und Teilnehmer an Hungerunruhen im 20. Jahrhundert handelten, ist uns nur selten bekannt. Es scheint aber, als habe eher die Höhe als die Gerechtigkeit der Preise, ihr Vorkriegs- statt ihr Nachkriegsniveau im Mittelpunkt der Diskurse gestanden. Die Vorstellung von einem gerechten und gleichen Zugang zu Waren und ihres Verzehrs spielte zweifellos eine Rolle, wurde aber nicht durch alle gesellschaftlichen Gruppen gleich definiert. Ebenso wie im Paris des Ersten Weltkrieges der Bezug auf die »union sacrée« reiche Bürger aus der Gesellschaft ausschloss, richteten sich die Vorstellungen eines gerechten Austausches zwischen Konsumenten und Kaufleuten gegen die letzteren.[83] Anstelle des gemeinsamen Bezugs auf Werte und Vorbilder entwickelten sich Konfrontationen zwischen beiden Gruppen. Der Bezug auf die »moralische Ökonomie« entfaltete in den städtischen Teuerungsprozessen des 20. Jahrhunderts stärker eine sozial exklusive Bedeutung als die von Thompson betonte inklusive.

In der Absetzung von Thompsons Ansatz hat John Bohstedt auf die Bedeutung von Aushandlungsmechanismen in den jeweiligen lokalen »communities« hingewiesen.[84] Diese waren horizontal durch geteilte Werte geeint, vertikal durch bestehende Klientelbeziehungen. Im England des 18. Jahrhunderts funktionierten diese Mechanismen besonders in mittelgroßen Städten wie Oxford und Nottingham, in denen soziale Netzwerke intakt und Klientelbeziehungen lebendig blieben. In ihnen konnten die Auswirkungen der zwischen 1740 und 1801 stattfindenden 700 »food riots« begrenzt und ihre Austragung in einem »protocol of riots« ritualisiert werden. In den größeren Manufakturstädten bestanden diese »community«-Strukturen jedoch nicht mehr, und Lebensmittelunruhen wurden gewaltsam ausgetragen.

Wendet man dieses Erklärungsmuster auf die Hungerunruhen in Großstädten des 20. Jahrhunderts an, so lenkt es die Aufmerksamkeit auf die Rolle der lokalen Behörden und Bürgermeister bei der Behebung des Mangels und der Reaktion auf gewaltsame Proteste. Sie konnten ebenso wie Gewerkschaften oder linke Parteien in Konfliktfällen intervenieren und Kompromissangebote unterbreiten. Freilich war ihr Handlungsspielraum zwischen staatlichen Weisungen zur Ordnungserhaltung und Druck der Protestierer nicht sehr groß. Er war größer für die meist aus der Arbeiterbewegung stammenden Organisationen, die in der Regel die gewaltsamen Formen des Protestes bekämpften. Gleichwohl sind unterschiedliche Gesellschaften den Herausforderungen des Mangels im Ersten Weltkrieg unterschiedlich gut begegnet. Besonders in Paris wurde durch Kommissionen, an denen Arbeiterführer und die Stadtverwaltung teil-

83 *Stovall,* Paris passim.

84 *J. Bohstedt,* Riots and Community Politics in England and Wales 1790–1810, Cambridge 1983; *ders.*, The Politics of Provision. Food Riots, Moral Economy, and Marker Transition in England, c. 1550–1850, Farnham 2010, S. 235 f.

nahmen, wirksame städtische Strukturen zur Bekämpfung der Hungersnot geschaffen. Städtische Bäckereien waren eines der Mittel. Im Vergleich dazu waren die Berliner Institutionen und Maßnahmen weniger wirkungsvoll.[85] Strukturen der »community« kamen auch in den Aktionen und Aktionsformen der Protestierenden zum Ausdruck. Sie kannten sich oft entweder von ihrem Arbeitsplatz oder vom Wohnort. Besonders dann, wenn sie darauf abzielten, Aktionen der Preisfestsetzung so schnell durchzuführen, dass die Polizei nicht eingreifen konnte, waren Absprachen zwischen ihnen notwendig. Und diese fanden in der Regel bei den Selbsthilfemaßnahmen im Stadtviertel oder an der Arbeitsstelle statt. Ging es um Boykottmaßnahmen, so war die Koordinierung ebenso wichtig wie die Festlegung von Sanktionen gegen Boykottbrecher, denen – wie während des Weddinger Fleischkrawalls des Jahres 1912 – auf der Straße die gekauften Waren abgenommen wurden. Achtung und Ansehen im Stadtviertel hingen – wie Thomas Lindenberger betont hat – maßgeblich auch von der Haltung zu Selbsthilfemaßnahmen gegen Kaufleute und zu Polizeieinsätzen im Stadtviertel ab. »Gegenüber dem Rest der in Stadtviertel Wohnenden war der Entzug von ›Achtung und Ansehen‹ das entscheidende Druckmittel, um die prekäre Geschlossenheit der Nachbarschaft aufrechtzuerhalten.«[86]

85 *Stovall*, Paris; *Bozon* u. *Davis*, Feeding the Cities, S. 330f.
86 *Lindenberger*, Straßenpolitik, S. 231.

# IV. Kleinbürgertum und Mittelstand

# Neue Wege zur Geschichte der Zünfte in Europa

Das Ende des Ancien Régimes in der Stadt ist weithin identisch mit dem Ende der Zunftordnung. Das Monopol der Herstellung und des Vertriebs wurde durch die Gewerbefreiheit, die rechtlichen Privilegien der Meister in der Stadt durch die Einwohnergemeinde und die zünftig geregelten Beziehungen zwischen Meistern und Gesellen durch die Vertragsfreiheit abgelöst. Diese Veränderungen fanden in den europäischen Gesellschaften zu unterschiedlichen Momenten im 18. und 19. Jahrhundert statt. Auf diesem Weg zur modernen bürgerlichen Gesellschaft sind die Zünfte als Hindernisse für die kapitalistische Entwicklung, als beharrendes, in sich geschlossenes System und als Faktor der Immobilität bezeichnet und wahrgenommen worden. Schon Gustav Schmoller hatte für die Historische Schule der Nationalökonomie »Stumpfsinn und Apathie, kleinlichen Spießbürgergeist und beschränkte Indolenz« in den Zünften ausgemacht, während in einer neuen Übersichtsdarstellung Helga Schultz von der »unübersehbaren Verkrustung des Zunftwesens während der frühen Neuzeit« spricht, die sie auf den »Ehrenkodex und die eigene Gerichtsbarkeit« zurückführt.[1]

Diese negativen Sichtweisen, die oft aus einer Modernisierungsperspektive gewonnen sind, provozieren Widerspruch. Sollen die Zünfte als Institutionen derartig lange die europäische Stadtwirtschaft geprägt haben, ohne dass in ihnen Veränderungen möglich waren, ohne dass sie sich in die veränderten ökonomischen und sozialen Bedingungen der Stadt einbrachten und ohne dass sie positive Funktionen für die Wirtschaft, Gesellschaft und Selbstverwaltung der Stadt oder der territorialstaatlichen Ordnung wahrnahmen? Aus anderen Forschungsbereichen, ebenso wie aus theoretischen Überlegungen, lassen sich sehr wohl Hinweise auf die angedeuteten mannigfaltigeren Erscheinungsformen und Wirkungsweisen der Zünfte gewinnen.

So hat die Bürgertumsforschung der letzten zehn Jahre die Fähigkeit von Stadtbürgern zur Modernisierung unterstrichen und ihre durchaus aktive Rolle in den Städten und bei deren Verwaltung bis ins 19. Jahrhundert hinein be-

1 *G. Schmoller*, Zur Geschichte der deutschen Kleingewerbe im 19. Jahrhundert. Statistische und nationalökonomische Untersuchungen, Halle 1870, S. 14f.; *H. Schultz*, Handwerker, Kaufleute, Bankiers. Wirtschaftsgeschichte Europas 1500–1800, Frankfurt a.M. 1997, S. 112f. Differenzierter hingegen *M. Stürmer*, Herbst des Alten Handwerks. Quellen zur Sozialgeschichte des 18. Jahrhunderts, München 1979, S. 13, der von »Spätblüte, Krise und Agonie der Zunftwirtschaft am Ende des 17. und während des 18. Jahrhunderts« als Teil »jenes Ablösungsprozesses, in dem Untergang und Fortschritt sich untrennbar miteinander verbanden« schreibt. Siehe jetzt auch *K. Schulz* (Hg.), Handwerk in Europa. Vom Spätmittelalter bis zur Frühen Neuzeit, München 1999.

tont. Auch in seinem provokanten Argument, bis zum Ersten Weltkrieg sei von einer »persistence of the Old Regime« zu sprechen, hat Arno Mayer zurecht auf die Kontinuität sozialer und politischer Herrschaftsgruppen im 19. Jahrhundert verwiesen.[2] Schließlich rät auch die politische Anthropologie dazu, traditionelle Strukturen und Institutionen nicht als Hindernis auf dem Weg zur Moderne zu verharmlosen, sondern sie in ihrer Prägekraft für moderne Verhältnisse zu würdigen. Diesen Aspekt hat der Anthropologe Georges Balandier mit folgenden Hinweisen unterstrichen: Tradition könne für restaurative Ziele benutzt werden, in geänderten Kontexten eine neue Funktion erhalten, zu Widerstandsaktionen führen oder zur Rechtfertigung der Gegenwart beitragen.[3] Legt man diesen Ansatz zugrunde, so ist im 19. Jahrhundert das Fortwirken der Zunftidee und der Zunftinstitution zu beobachten. Die deutsche Handwerkerbewegung des Kaiserreiches griff etwa auf die Zunft zurück, um die Gewerbefreiheit zu kritisieren, den staatlichen Schutz ihres »Standes« zu fordern und die Restauration vorindustrieller Verhältnisse zu fordern. Der französische Soziologe Emile Durkheim seinerseits sah die zünftig geregelten Beziehungen im Industriebetrieb als ein geeignetes Mittel an, um die »Anomie« der modernen Industriegesellschaft zu überwinden. Organisations- und Aktionsmodelle des zünftigen Handwerks gingen auf vielfältige Weise in die moderne Arbeiterbewegung des 19. Jahrhunderts ein, wie Jürgen Kocka für Deutschland und William Sewell für Frankreich eindrucksvoll demonstriert haben. Schließlich gehörte der Rückgriff auf die häufig idealisierten Zünfte zu Strategien der »Invention of tradition«, mit denen Handwerkerverbände, aber auch politische Parteien im Deutschen Reich ihre Ziele und Interessen legitimierten.[4]

All diese Hinweise raten dazu, in den zünftigen Institutionen eher anpassungsfähige und vielfältige Gebilde als starre Relikte der Vergangenheit zu sehen.

2 *A. J. Mayer*, The Persistence of the Old Regime. Europe to the Great War, New York 1981.

3 *G. Balandier*, Anthropologie politique, Paris 1984, passim.

4 Zur deutschen Handwerkerbewegung: *P. John*, Handwerk im Spannungsfeld zwischen Zunftordnung und Gewerbefreiheit. Entwicklung und Politik der Selbstverwaltungsorganisation des deutschen Handwerks bis 1933, Köln 1987; *D. Georges*, 1810/11–1993: Handwerk und Interessenpolitik. Von der Zunft zur modernen Verbandsorganisation, Frankfurt a. M. 1993. Zu Emile Durkheim siehe *A. Black*, Guilds and Civil Society in Europe. Political Thought from the Twelfth Century to the Present, Ithaca/New York 1984; *J. Kocka*, Traditionsbindung und Klassenbildung. Zum sozialhistorischen Ort der frühen deutschen Arbeiterbewegung, in: HZ 241 (1986), S. 333–376; *W. H. Sewell*, Work and Revolution in France: The Language of Labor from the Old Regime to 1848, Cambridge 1980; kritisch dazu: *L. Hunt* u. *G. Sheridan*, Corporatism, associationism and the language of labor in France, 1750–1850, in: JMH 58 (1986), S. 813–844.; *F. Lenger*, Beyond Exceptionalism: Notes on the Artisanal Place of the Labor Movement in France, England, Germany and the United States, in: International Review of Social History 36 (1991), S. 1–23; *J. Breuilly*, Artisan Economy, Ideology and Politics: The Artisan Contribution to the Mid-Nineteenth Century European Labour Movement, in: *ders.*, Labour and Liberalism in Nineteenth-Century Europe, Manchester 1992, S. 76–114; *E. Hobsbawm* u. *T. Ranger* (Hg.), The Invention of Tradition, Cambridge 1974.

Ob die Zünfte am Ende des 18. Jahrhunderts in verschiedenen europäischen Ländern eher durch Statik als Dynamik charakterisiert waren, ob sie sich der modernen gesellschaftlichen Entwicklung widersetzten oder sich dieser anpassten, ja sie gar befürworten und in welchen nationalen Formen sie sich ausbildeten, soll diskutiert werden. Diese Diskussion greift mithin neue Forschungsansätze auf. Vor allem die Bedeutung, die die Zünfte für die sie jeweils gründenden oder verändernden Berufsgruppen besaßen, ist in der neueren Zunftforschung in den Mittelpunkt gerückt worden. Sie geht nicht von der Institution und ihrem Platz im Institutionengefüge, sondern von den einzelnen Meistern und ihren Interessen aus, für die die Zunft dann innerhalb einer bestimmten Strategie relevant wird. Diese neue Perspektive scheint in einzelnen Länderberichten durch, wird in diesem Band aber noch nicht im Mittelpunkt stehen. In ihm geht es vor allem darum zu überprüfen, ob die negativen Urteile der Zeitgenossen und der Historiker über die Zunft einer kritischen Analyse standhalten, welche Bandbreite von Aufgaben die Zünfte im 18. Jahrhundert erfüllten und welche nationalen Entwicklungen, Unterschiede und Besonderheiten sich am Beispiel der Zunft erfassen lassen.

Das Ende des Ancien Régimes ist für die ländlichen Gesellschaften Europas besser als für die städtischen bekannt. Die Abschaffung der Grundlasten, der Verkauf oder die Verteilung des Gemeindelandes und die Beseitigung von Gewohnheitsrechten sind für die verschiedenen europäischen Länder detailliert untersucht und in ihren Voraussetzungen und Folgen analysiert worden. Dabei wurden auch die Entwicklungen in Ost- wie in West- und Südeuropa einbezogen. Jerome Blum verdankt die Forschung eine eindrucksvolle Synthese, welche die zentralen Veränderungen für die Agrarverfassung und die Lage der sozialen Klassen auf dem Land benennt.[5] Für das städtische Europa ist hingegen die Aufhebung des Zunftzwanges und die Einführung der Gewerbefreiheit weit weniger genau analysiert worden. Selbst die Gesetze, welche die Zünfte beseitigten, erscheinen selten in Handbüchern zur europäischen Geschichte.[6] Diese Vernachlässigung mag man damit rechtfertigen, dass sich die Agrargeschichte mit dem Schicksal des überwiegenden Teils der Bevölkerung um 1800 beschäftigt, während die Städte nur einen, in seiner Bedeutung allerdings je nach Gesellschaft deutlich unterschiedlichen Anteil der Bevölkerung beherbergten. Gleichwohl prägten die Städte als Orte des Gewerbes und der Kommunikation die gesellschaftlichen Prozesse im 18. und 19. Jahrhundert, und die Zünfte als verbreitete, örtliche sogar dominante Organisationsform der gewerblich tätigen Männer waren in der städtischen Wirtschaft ebenso wie in der städtischen Selbstverwaltung des 18. und 19. Jahrhunderts präsent. In den stark urbanisierten

5 *J. Blum*, The End of the Old Order in Rural Europe, Princeton 1978; jetzt auch *W. Rösener*, Die Bauern in der europäischen Geschichte, München 1993.

6 Dies gilt auch für eine der jüngsten Europa-Geschichten: *M. Aymard* (Hg.), Storia d'Europa, Bd. 4: L'età moderna. Secoli XVI–XVIII, Turin 1995.

Gesellschaften der südlichen Niederlande sollen von ihrer Existenz sogar bis zu 40 % der Gesamtbevölkerung abhängig gewesen sein.[7]

Als Zünfte werden in den europäischen Gesellschaften meistens aus dem Spätmittelalter stammende Zusammenschlüsse von Handwerksmeistern, oft auch von Gesellen bezeichnet. Wenn ihre Existenz auch im Zuge der Entwicklung des Wirtschaftsliberalismus und des modernen Staates in Frage gestellt wurde, so erlebten sie im 17. und 18. Jahrhundert keineswegs eine allgemeine Krise, sondern nahmen spezifische, häufig auch stabile Formen an und erfüllten wichtige Funktionen innerhalb der jeweiligen Städte. Um 1800, bisweilen später, schufen staatliche Gesetze sie ab oder begrenzten ihre Kompetenzen.[8] Die Zünfte organisierten im Ancien Régime die Produktion in den Städten, teilweise auch auf dem Lande; ihnen gehörten – in ihrer Blütezeit – zwar die Mehrheit der Handwerksmeister an, aber auch Kaufleute und Einzelhändler organisierten sich ihrerseits zünftig. Sie besaßen ihre Rechte als Privilegien in einer sich auf Sonderrechte gründenden ständischen Gesellschaft und verteidigten diese gegen die Zugriffe des Territorialstaats, der Stadtverwaltungen und der Konkurrenz. Diese Monopolisierung der gewerblichen Produktion hat Max Weber in das Zentrum seiner Definition gestellt: »Zunft ist eine nach der Art der Berufsarbeit spezialisierte Vereinigung von Handwerkern. Sie funktioniert, indem sie zwei Dinge in Anspruch nimmt: Regelung der Arbeit nach innen und Monopolisierung nach außen. Sie erreicht das, indem sie verlangt, dass jeder der Zunft beitritt, der an dem betreffenden Ort das Handwerk ausübt.«[9] Er hat damit zwar die wirtschaftliche Rolle und die Abschließungsmechanismen umrissen, welche die Zünfte besaßen, aber von anderen Funktionen abgesehen, die sie zugleich erfüllten und auf die die neueren Forschungen den Akzent gelegt haben. Zu diesen hat Maurice Aymard für Westeuropa auch das Monopol und die Kontrolle des Marktes gezählt und vor allem ihre moralisierende und sozialpolitische Funktion unterstrichen: »Dans toute l'Europe occidentale et sans doute au-delà se sont mises en place des institutions comparables ayant pour fonction de contrôler et d'organiser le fonctionnement du marché, de le moraliser et d'y éviter ce qui était perçu comme socialement inacceptable.«[10] Schließlich haben

7 Vgl. *C. Lis* u. *H. Soly*, Die Zünfte in den Österreichischen Niederlanden, in: *H.-G. Haupt* (Hg.), Das Ende der Zünfte. Ein europäischer Vergleich (Kritische Studien zur Geschichtswissenschaft, Bd. 151), Göttingen 2002, S. 155–180; siehe auch *M. Berg*, The Age of Manufactures. Industry Innovation and Work in Britain. 1700–1920, London 1985; *S. C. Oglivie*, Soziale Institutionen und Proto-Industrialisierung, in: *M. Cerman* u. *S. C. Oglivie* (Hg.), Proto-Industrialisierung in Europa. Industrielle Produktion vor dem Fabrikzeitalter, Wien 1994, S. 35 f. Für den deutschen Kontext siehe *W. Reininghaus*, Gewerbe in der Frühen Neuzeit, München 1990.

8 Zu einem Überblick der europäischen Entwicklung: *H.-G. Haupt* u. *G. Crossick*, Die Kleinbürger. Eine europäische Sozialgeschichte des 19. Jahrhunderts, München 1998, S. 29 f.

9 *M. Weber*, Wirtschaftsgeschichte, München 1924, S. 127.

10 *M. Aymard*, zit. in: *J. P. Hirsch*, Histoires de marchés. Essai de transcription partielle des débats, in: Revue du Nord 76 (1994), S. 869–879, 870.

in einer revisionistischen Sicht Steve Kaplan, Simona Cerutti, Josef Ehmer und Philippe Minard vorgeschlagen, die Zünfte von den Strategien ihrer Mitglieder her zu definieren, mit denen diese ihre ökonomischen und politischen Ziele verwirklichen wollten. Sie lenkten damit das Interesse der Forschung auf die einzelnen Mitglieder, ihre Interessen und die Formen, in denen sie diese artikulierten und durchsetzen wollten.[11]

Dieser Ansatz wurde in der Forschung allerdings nur allmählich aufgegriffen. Er darf trotz seiner Bedeutung auch nicht verabsolutiert werden. Denn Studien verdeutlichen, dass die neue Wahrnehmung der Zünfte zwar neue Fragestellungen aufwirft, von der traditionellen Institutionengeschichte aber nicht ganz absehen kann. Die methodische Herausforderung an eine neue Zunftforschung liegt vielmehr in dem Nachweis, ob, wie und warum unter dem Einfluss sich verändernder rechtlicher Bedingungen, einer sich differenzierenden städtischen Wirtschaft und der Auseinandersetzung um die Herrschaft in den Städten einzelne Meister, Gesellen oder Kaufleute weiterhin an den Zünften als Organisationsform festhielten, wie das Innenleben der Zünfte aussah und ob und wie diese die Interessen der Meister vertraten.

Kurioserweise scheinen in diesen verschiedenen Ansätzen jene Positionen auf, die bereits die im 19. Jahrhundert in Deutschland geführte Diskussion um die Entstehungsbedingungen der Zünfte geprägt hatten. Wird die herrschaftliche Genese unterstrichen, so richtet sich das Augenmerk auf die verfassungs- und wirtschaftlichen Funktionen, gewinnen die normativen Quellen der Handwerkerordnung ebenso wie in Lokal- und Berufsstudien die wirtschaftlichen Aktivitäten an forschungspraktischer Bedeutung. Diese Arbeiten bleiben indes in einer Institutionengeschichte traditionellen Zuschnitts befangen und konzentrieren sich auf den Platz der Zünfte innerhalb des städtischen Herrschafts- und Wirtschaftsgefüges und auf ihre Bedeutung innerhalb der Territorialherrschaft. Geht man jedoch mit Otto von Gierke auf die genossenschaftlichen

11 *S. Kaplan*, Le meilleur pain du monde. Les boulangers de Paris au XVIIIe siècle, Paris 1996; *ders.*, Réflexions sur la police du monde du travail, 1700–1815, in: Revue historique CCLXI (1979), S. 17–77; *ders.*, The Character and Implications of Strife Among Masters Inside the Guilds of Eighteenth Century Paris, in: JSH 19 (1986), S. 631–648; *ders.*, Les corporations, les faux ouvriers et le faubourg Saint-Antoine, in: Annales E.S.C. 43 (1988), S. 253–288; *ders.*, La lutte pour le contrôle du marché du travail à Paris au XVIIIe siècle, in: Revue d'histoire moderne et contemporaine 36 (1989), S. 361–412; *S. Cerutti*, Mestieri e privilegi. Nascita delle corporazioni a Torino secoli XVII–XVIII, Turin 1992; *P. Minard*, Die Zünfte am Ende des 18. Jahrhunderts: Analyse ihrer Abschaffung, in: *Haupt*, Ende der Zünfte, 181–196; *J. Ehmer*, Traditionelles Denken und neue Fragestellungen zur Geschichte von Handwerk und Zunft, in: *F. Lenger* (Hg.), Handwerk, Hausindustrie und die historische Schule der Nationalökonomie, Bielefeld 1998, S. 19–76; auch G. Crossick neigt dieser revisionistischen Sicht zu, vgl. *G. Crossick*, Past Masters: In Search of the Artisan in European History, in: *ders.* (Hg.), The Artisan and the European Town, 1500–1900, Aldershot 1997, S. 1–40.

Ursprünge zurück, so richtet sich das Interesse auf die einzelnen Berufsgruppen, ihre Ziele und Strategien.[12]

Damit kann sich die Zunftgeschichte sehr wohl an neuere Debatten der Geschichtswissenschaft anschließen und deren Fragestellungen aufnehmen. Das gilt einmal für die neuere Institutionengeschichte, welche die Institutionen einbettet in einen breiteren Rahmen sozialer, wissenschaftlicher und politischer Praktiken. In diesem Sinn können Zünfte als soziale Institutionen verstanden werden, deren Besonderheit Gerhard Göhler folgendermaßen definiert hat: Sie »sind relativ auf Dauer gestellt, durch Internalisierung verfestigte Verhaltensmuster und Sinngebilde mit regulierender und orientierter Funktion.«[13] Diese Definition lenkt das Interesse sowohl auf den Beitrag, den die Zünfte über Jahrhunderte hinweg für die städtische Wirtschaft leisteten, als auch auf ihre Bedeutung für das Alltagshandeln und die Selbstdefinition der Meister. Mit der »Internalisierung« von Normen und Verhaltensweisen wurden der Forschung neue, bislang nur selten ausgeleuchtete Probleme gestellt, die die sich entwickelnde Kulturgeschichte aufgriff. Von dieser geht nicht nur das Interesse für die Wahrnehmungsformen und Selbstinszenierung der zünftigen Meister und Gesellen aus, die zu einer breiten Sichtung autobiographischer Selbstzeugnisse geführt hat, sondern auch die Aufmerksamkeit für die sich in Ritualen und Symbolen ausdrückenden Normen und Ordnungsvorstellungen der zünftigen Welt. Mit den Fragen, ob und wie diese religiösen Praktiken aufnahmen und einsetzten, welche Rolle Reinlichkeitsrituale, Feste, Umzüge und Mahlzeiten für den inneren Zusammenhalt spielten und welche Symbole aus welchen Zusammenhängen benutzt und tradiert wurden, eröffnet der kulturgeschichtliche Ansatz der Zunftforschung neue Felder.[14] Der Blick auf die kulturellen Praktiken, ihre Verbreitung und ihre Definition könnte auch helfen, das Bild der in sich geschlossenen Lebensform ›Zunft‹ zu relativieren. Josef Ehmer hat überzeugend darauf hingewiesen, dass die Autobiographien von Meistern und Gesellen im ausgehenden 18. und beginnenden 19. Jahrhundert »ein buntes Bild voller Individualität, voller widersprüchlicher Motive und Strategien und voller Bezugspunkte zur sozialen und kulturellen Welt außerhalb des Handwerks« zeich-

12 Zur Forschungsgeschichte: *O. G. Oexle*, Die mittelalterliche Zunft als Forschungsproblem. Ein Beitrag zur Wissenschaftsgeschichte der Moderne, in: Blätter für deutsche Landesgeschichte 118 (1982), S. 1–44; siehe auch *ders.*, Die mittelalterlichen Gilden: Ihre Selbstdeutung und ihr Beitrag zur Formung sozialer Strukturen, in: *A. Zimmermann* (Hg.), Soziale Ordnungen im Selbstverständnis des Mittelalters, 1. Hbd., Berlin 1979, S. 203–226.

13 *G. Göhler*, Politische Institutionen und ihr Kontext. Begriffliche und konzeptionelle Überlegungen zur Theorie politischer Institutionen, in: *ders.* (Hg.), Die Eigenart der Institutionen. Zum Profil politischer Institutionenlehre, Baden-Baden 1994, S. 22.

14 *J.F. Farr*, Cultural Analysis and Early Modern Artisans, in: *Crossick* (Hg.), Artisan, S. 56–75; *L. Edgren*, Craftsmen in the Political and Symbolic Order: The Case of Eighteenth-Century Malmö, in: ebd., S. 131–150; *T. Ericcson*, Cults, Myths and the Swedish Petite Bourgeoisie, 1870–1914, in: European History Quarterly 23 (1993), S. 231–251, 245 f.

neten.[15] Auch das Interesse an Erinnerung und Erinnerungspolitik, das die Kulturgeschichte ausdrückt und befördert hat, lässt sich erfolgversprechend in Fragestellungen umsetzen. Dabei geht es einmal um den Kontext und die Gruppen, die im Rückgriff auf historische Traditionen die vom Wirtschaftsliberalismus angegriffenen zünftigen Institutionen rechtfertigten und ihnen eine historische Weihe zusprachen, als auch um Publikationen und »Erinnerungsorte«, in und an denen die Vergangenheit des Handwerks inszeniert wurde.[16]

Die neue politische Geschichte hat sich unterhalb der politischen Institutionen und dem rechtlichen Entscheidungshandeln zunehmend für Kommunikationsprozesse und den Einfluss zivilgesellschaftlicher Strukturen interessiert. In dem Maße, in dem nicht von der Abschaffung der Zünfte ausgehend ihre Dysfunktionalität behauptet wird, steht die Teilnahme der Zunftvertreter nicht nur an politischen Organen und Verhandlungen in der Stadt, sondern auch an der Entwicklung von neuen Formen politischer Kommunikation zur Diskussion. Die in Zürich möglichen ›Anzüge‹, in denen Zunftmeister der Stadt auf Missstände hinweisen oder Wünsche formulieren konnten, sind als Vorform der Petitionen zu verstehen und in ihrer Bedeutung für die politische Partizipation zu interpretieren. Auch im Binnenraum der Zünfte fanden Diskussionen und Konflikte zwischen Meistern und zwischen diesen und Gesellen statt, so dass diese als Experimentierfelder politischer Öffentlichkeit angesehen werden können. In der politikwissenschaftlichen Perspektive ist die Zunft als Beispiel für Selbstorganisation und mithin als zivilgesellschaftliches Element zu würdigen. Wenn sie auch hierarchisch strukturiert und elitär konzipiert war, bildete sie doch einen Ort, an dem sich Meister und Gesellen trafen, Kommunikation und Entscheidungsprozesse stattfanden, die in der städtischen Selbstverwaltung eine Rolle spielten.[17]

Schließlich bietet die Untersuchung der Zunft am Ende des 18. Jahrhunderts auch ein gutes Experimentierfeld für Ansätze international vergleichender Forschung. Sowohl der Strukturvergleich als auch der Transfer von Erfahrungen zwischen verschiedenen Ländern, aber auch der Zivilisationsvergleich können diskutiert werden.[18] Allerdings steht der Vergleich in der Gefahr, einem nominalistischen Irrtum aufzusitzen und lediglich Gebilde, die in den verschiedenen europäischen Sprachen als Zünfte bezeichnet werden, einzubeziehen. Deshalb

15 *Ehmer*, Traditionelles Denken, S. 54.

16 Siehe den Klassiker: *P. Nora* (Hg.), Les lieux de mémoire, 7 Bde., Paris 1984–1992.

17 Zu Zürich siehe *R. Braun*, Das ausgehende Ancien Régime in der Schweiz. Aufriss einer Sozial- und Wirtschaftsgeschichte des 18. Jahrhunderts, Göttingen 1984, S. 162 f. Zu Diskussionsansätzen in der zivilgesellschaftlichen Forschung jetzt vor allem *F. Trentmann* (Hg.), Civil Society: New Perspectives on Modern German and British History, Oxford 2000.

18 Zu den verschiedenen Vergleichsperspektiven siehe *H.-G. Haupt* u. *J. Kocka* (Hg.), Geschichte und Vergleich. Ansätze und Ergebnisse international vergleichender Geschichtsschreibung, Frankfurt a. M. 1996; kritisch und weiterführend dazu vor allem *J. Paulmann*, Internationaler Vergleich und interkultureller Transfer. Zwei Forschungsansätze zur europäischen Geschichte des 18. bis 20. Jahrhunderts, in: HZ 267 (1998), S. 649–683.

wird hier von einer Minimaldefinition ausgegangen, nach der Zünfte Organisationen des wirtschaftlichen Monopols von Meistern waren. Mit der Fragestellung, wie sich dieses Monopol im 18. Jahrhundert und damit in einer Zeit kapitalistischer Entwicklung, territorialstaatlicher Souveränitätsansprüche und sich wandelnder städtischer Selbstverwaltung hielt oder veränderte, sollen die verschiedenen nationalen Fallstudien verknüpft werden. Je nach Vergleichsebene rücken dabei unterschiedliche Fragestellungen in den Mittelpunkt. In Strukturvergleichen geht es darum zu untersuchen, ob die Zünfte im 18. Jahrhundert noch einen wichtigen Teil der frühneuzeitlichen Stadtwirtschaft und -gesellschaft prägten und welche Rolle sie in ihr spielten. Die Frage nach dem Platz, den die Zünfte in dem Durchsetzungsprozess des modernen Territorialstaates besaßen, wie sie in dessen Finanzierungs- und Modernisierungspolitik eingingen, von dieser instrumentalisiert und verändert wurden, ist auf territorialstaatlicher Ebene zu stellen. Daher gerät die Vielfalt staatlicher Strategien in das Blickfeld. Geht es um die Bedeutung der Zünfte für die Meister oder Gesellen einzelner Berufe, so bietet sich ein Vergleich von Orten oder von lokalen Berufsgruppen an, bei dem etwa die Konfektions-, Bau- oder Nahrungsmittelgewerbe, die unterschiedlich stark zünftig organisiert waren, berücksichtigt werden könnten.[19]

Aber auch Konzepte des in den letzten Jahren stärker geforderten interkulturellen Vergleichs oder des Kulturtransfers sind sinnvoll zu nutzen. So zeigt ein Vergleich mit den Zünften der chinesischen Hafenstadt Hankow, dass diese dort in nahezu allen Bereichen ähnliche Aufgaben besaßen und erfüllten wie in Westeuropa. Darüber hinaus waren sie allerdings auch für die Integration der Migranten in die Stadt zuständig, die sie je nach ihrer Herkunft in Gebietszünften zusammenfassten. Auf einer breiteren empirischen Basis ließen sich sicherlich Erkenntnisse über die Physiognomie und die Funktion der Zünfte in unterschiedlichen Kulturkreisen ermitteln.[20]

Da Migrationen der Gesellen, ihre Modalitäten und Regelungen wesentlich zur Zunftgeschichte gehören, ist die Untersuchung des Kulturtransfers, der mit ihnen verbunden war, möglich und sinnvoll. Nach dem Sieg über die Türken nahmen deutsche Handwerker in Ungarn an der Wiederbesiedelung und dem Aufbau des Landes teil und importierten dort mit den Zünften Elemente deutscher Handwerkerkultur, deren Einfluss und Ausprägung zu untersuchen wäre. In Schweden gehörten Meister und Gesellen aus dem Alten Reich zu den Mediatoren, die Organisations- und Aktionsformen zünftiger Herkunft bekannt

19 Vgl. etwa die lokalen Fallstudien in: *J. R. Farr*, Hands of Honor. Artisans and Their World in Dijon, 1550–1650, Ithaca 1988; *M. Garden*, Lyon et les Lyonnais au XVIIIe siecle, Paris 1975; *J. C. Perrot*, Genèse d'une ville moderne. Caen au XVIIIe siècle, Paris 1975; *I. Prothero*, Artisans and Politics in Early Nineteenth Century London. John Gast and his Times, London 1979. Zu Deutschland siehe die Bibliographie zu Überblicksdarstellungen, regionalen und lokalen Studien in *W. Reininghaus*, Gewerbe, S. 110 f.

20 Vgl. *W. T. Rowe*, Hankow. Commerce and Society in a Chinese City, 1796–1889, Stanford 1984, S. 252 f.

machten und offensichtlich auch verbreiteten. In beiden Fällen bietet es sich an, die Migrationsströme zu rekonstruieren und dabei zu fragen, wie sich zünftige Vorstellungen veränderten – sofern das die Quellen zulassen. Zugleich kann für Gesellschaften, in denen, wie in den Niederlanden, die Wanderungen wenig verbreitet waren, gefragt werden, wie mit einer stabilen Gesellschaft den Anforderungen des sich verändernden Arbeitsmarktes entsprochen werden konnte. Mit dem Transfer kultureller Vorstellungen waren oft zwei andere Mechanismen in den Zünften verbunden. Einmal ging es bei den Gesellenwanderungen, die vor allem im deutschsprachigen Raum stattfanden, immer auch um das Erlernen anderer handwerklicher Praktiken und Organisationsformen, so dass in diesem Prozess eine in ihrer Richtung keineswegs eindeutige Verbreitung von Fertigkeiten und Vorstellungen stattfand. Zum anderen trug die Praxis einzelner, vor allem wohl süddeutscher und österreichischer Zusammenschlüsse, in Konfliktfällen das Votum der als institutionelles Zentrum angesehenen Zünfte in einzelnen Städten anzurufen, dazu bei, die Normen dieser städtischen Organisationen zu verbreiten. Ob das zu einer Vereinheitlichung der Normen oder aber zu jeweils unterschiedlichen lokalen Aneignungen führte, wäre dabei noch zu ermitteln.[21]

Diese Ergebnisse der Transfergeschichte tragen vor allem dazu bei, das Bild parochial organisierter und begrenzter Zünfte zu relativieren und sie in ein lokal übergreifendes Netz von Austauschbeziehungen einzuordnen. Sie sind bislang aber nicht geeignet, die Konstitution und Konstruktion der Zünfte selbst aus dem Austausch zu entwickeln, wie es die neuere Transferforschung für andere Problemkomplexe vorschlägt. All jene Ansätze können dazu beitragen, das im 19. und 20. Jahrhundert verbreitete Negativbild der Zünfte zu revidieren, dem eine bestimmte Logik zugrunde lag. Einmal hatten die Zünfte in der Entwicklungsperspektive des Wirtschaftsliberalismus keine Existenzberechtigung, sondern wurden schon von den Zeitgenossen zu den Hindernissen der Entfaltung von Handel und Gewerbe gezählt. Zum anderen wurde Zunftgeschichte

21 *D. Keene*, Continuity and Development in Urban Trades: Problems of Concepts and the Evidence in: *P. J. Corfield* u. *D. Keene* (Hg.), Work in Towns 850–1850, Leicester 1990, S. 10f.; *U. C. Pallach*, Fonctions de la mobilité artisanale et ouvrière-compagnons, ouvriers et manufacturiers en France et en Allemagne (17e–19e siècles), in: Francia 11 (1983), S. 365–406; *K. Roth* (Hg.), Handwerk in Mittel- und Südosteuropa. Mobilität, Vermittlung und Wandel im Handwerk des 18. bis 20. Jahrhunderts, München 1987; in einem deutsch-belgischen Vergleich und unter extensiver Auslegung von Selbstzeugnissen jetzt auch *S. Steffens*, Untersuchungen zur Mentalität belgischer und deutscher Handwerker anhand von Selbstzeugnissen (spätes 18. bis frühes 20. Jahrhundert), 2 Bde., Diss. ULB Brüssel 2000; sehr kritisch gegenüber dem Forschungsstand: *S. Wadauer*, Der Gebrauch der Fremde. Wanderschaft in der Autobiographik von Handwerkern, in: ÖZfG 9 (1998), S. 159–187; *C. M. Truant*, The Rites of Labor. Brotherhoods of Compagnonnage in Old and New France, Ithaca 1994; vgl. auch *R. Reith*, Zünfte im Süden des Alten Reiches: Politische, wirtschaftliche und soziale Aspekte, in: *Haupt*, Ende der Zünfte, S. 39–70; *J. Ehmer*, Zünfte in Österreich in der frühen Neuzeit, in: ebd., S. 87–126.

häufig aus der Perspektive derjenigen geschrieben, die in Gesellschaften ohne Zünfte lebten und in der Regel von der Notwendigkeit ihrer Beseitigung überzeugt waren.

## 1. Zunftordnung und die Herausbildung einer bürgerlichen Gesellschaft

Besonders wurde den Zünften vorgeworfen, sie seien ebenso verkrustet wie starr und stünden damit auch im absoluten Gegensatz zu der modernen mobilen bürgerlichen Erwerbsgesellschaft. Das Bild, das sich aus den verschiedenen Länderstudien ergibt, widerspricht jedoch dieser verbreiteten These. Die Zünfte befanden sich im 18. Jahrhundert vielmehr in einem beständigen Prozess der Um- und Neubildung. So kam es über das gesamte Jahrhundert hinweg immer wieder zur Schließung, Veränderung und auch Neugründung von Zünften. Wenn auch in den österreichischen Niederlanden seit 1750 die neu entstehenden Berufsgruppen sich nicht mehr zünftig organisierten, suchten in Süddeutschland, aber auch in Spanien selbst am Ende des 18. Jahrhunderts einzelne Berufsgruppen noch immer um das zünftige Privileg nach. Der Prozess der zünftigen Selbstorganisation der Meister war mithin nicht eingefroren, sondern setzte sich bei bestimmten Anlässen fort. Vor allem versuchten bestehende Zünfte, ihren Einflussbereich auszudehnen. Sie wollten Teile der ländlichen Handwerker an Zunftregeln binden und diese damit entweder zu Mitgliedern städtischer Zünfte machen oder auf dem Lande Zünfte gründen – wie dies in Österreich, in Galizien, in Süd- und Westdeutschland der Fall war.[22] Ihnen ging es vor allem darum, den Markt und die Herstellung von gewerblichen Produkten zu kontrollieren. Außerdem verschwanden im 18. Jahrhundert bestehende Zünfte und wurden in anderer Form neu gegründet, wie sich am Beispiel der Niederlande zeigen lässt. Da mit der zunehmenden Ausdifferenzierung der Berufe im Verlauf des 18. Jahrhunderts auch neue Berufe entstanden, mussten diese sich entscheiden, entweder großen und höchst heterogenen zünftigen Zusammenschlüssen anzugehören oder aber neue, kleinere spezialisiertere Zünfte zu schaffen. Je nach Konjunktur und Gesellschaft fiel die Wahl unterschiedlich aus. Fiel sie auf große Einheiten, etwa auf die zwölf Zünfte in Zürich, war eine Untergliederung in sogenannte »Handwerker«, d.h. in kleinere überschaubare Organisationszusammenhänge notwendig.[23]

22 *B. Habicht*, Stadt- und Landhandwerk im südlichen Niedersachsen im 18. Jahrhundert, Göttingen 1983; *A. M. Dubler*, Handwerk, Gewerbe und Zunft in Stadt und Landschaft Luzern, Luzern 1982; siehe auch *Reinighaus*, S. 62f.; zusammenfassend *Schultz*, Handwerker, S. 97f.

23 *A. von Moos*, Zünfte und Regiment. Zur Zunftverfassung Zürichs im ausgehenden 18. Jahrhundert, Zürich 1995, S. 118f.; *R. Farr*, On the Shop Floor: Guilds, Artisans, and the European Market Economy, 1350–1750, in: JEMH 1 (1997), S. 24–54, hier S. 32f.; siehe auch

Im 18. Jahrhundert veränderte sich überdies je nach Berufsgruppe der verpflichtende Charakter der Zünfte. So wurde in Schweden das Textilgewerbe bereits vor der Jahrhundertmitte vom Zunftzwang ausgenommen oder dieser für exportorientierte Berufsgruppen gelockert, während jener auf dem Balkan oder in den österreichischen Niederlanden weiterhin für die städtischen Gewerbe erhalten blieb, die auf den lokalen Markt konzentriert waren. Nicht nur variierte der Umfang der Zünfte und ihre Formen, sondern auch ihr legaler Status. Neben die durch örtliche Privilegien ausgezeichneten Organisationen traten jene, die beim Landesherrn oder Herrscher um Vorrechte nachsuchten, dann allerdings gezwungen waren, bei jedem Herrscherwechsel sich ihre privilegierte Situation erneut bestätigen zu lassen. Diese zunehmende Bedeutung landesherrlicher Privilegien spiegelt den Prozess der Territorialisierung von Herrschaft wider, ist aber auch als Strategie zu interpretieren, mögliche Blockaden für Zunftgründungen und veränderungen durch städtische Eliten zu umgehen. Die Zunftorganisation variierte auch je nach ethnischen Strukturen. Während diese – folgt man Sventja Ianeva – auf dem Balkan weniger prägend waren, als eine nationalistisch argumentierende Historiographie behauptet, so arbeiteten in Preßburg etwa die Kupferschmiede in einer ungarischen und einer deutschen Zunft getrennt. Die erste stellte Messer mit Perlmutt-, die zweite mit Holzgriffen her.[24] All diese Differenzierungen zeigen das 18. Jahrhundert keineswegs als »Herbst« eines unbeweglichen Handwerks – um das elegische Bild von Michael Stürmer zu benutzen –, sondern als Phase intensiver Neu- und Umordnung innerhalb der Gruppe zünftig organisierter Meister.

Keineswegs überall blieben Zünfte auf eine Stadt konzentriert, sondern sie waren in Süddeutschland, Österreich, Ungarn und Spanien etwa auch auf dem Land verbreitet. In den grundherrlich organisierten Gebieten Österreichs, Ungarns, Polens und Ostdeutschlands hing ihre Zulassung und ihr Status allerdings von der Zustimmung der jeweiligen Grundherrn ab, die keineswegs durchgängig zunftfreundlich eingestellt waren. In Gebieten, in denen aufgrund dörflicher oder kleinstädtischer Besiedlung die lokalen Zünfte einzelner Berufe zu wenig Mitglieder organisierten, konnten diese sich freilich städtischen Zünften anschließen oder – wie in Südwestdeutschland – eine Gebietszunft bilden. Als Beispiel für diesen Prozess kann man die Zunft der Kupferschmiede aus Preßburg nennen, die nicht nur Meister aus der Stadt, sondern auch aus Truva und Zilina, Sopron und Köszeg organisierte.[25]

*E. Wiest*, Die Entwicklung des Nürnberger Gewerbes 1649 bis 1806, Stuttgart 1968. Vgl. auch *M. T. Mailluari*, Associazioni e mestieri nelle vicende di tre porti del Mediterraneo stentrionale, Marsiglia, Tolone e Genova, fra Sette e Ottocento, Diss. San Marino 1992, S. 163 f.

24 *S. Ianeva*, L'artisanat et les corporations de métier dans la partie centrale des Balkans pendant la première moitié du XIXe siècle, Diss. EHI Florenz 1996, S. 39 f. Siehe auch *L. Nemeskürthyová*, Die Zünfte in Preßburg im 18. Jahrhundert, Beitrag zur Tagung: Das Zunftsystem im 18. Jahrhundert, Halle 1995; siehe auch *V. Bácskai*, Artisans in Hungarian Towns on the Eve of Industrialization, in: *Crossick* (Hg.), Artisans, S. 200–217.

25 *Nemeskürthyová*, Zünfte.

Diese verschiedenen Hinweise raten dazu, die Zünfte des 18. Jahrhunderts weniger als starre Gebilde, denn in Bewegung zu sehen und stärker die Prozesse der Veränderung in den Mittelpunkt zukünftiger Forschungen zu stellen. Dabei sind wichtige Grundannahmen infrage zu stellen. Die These, Zünfte organisierten vor allem städtische Gewerbe, wird in vielen Regionen durch ihre Verbreitung auf dem Land eingeschränkt. Auch die allgemeine Behauptung, Zünfte seien ausgesprochen handwerkliche Interessenvertretungen, ist zu allgemein, da sich auch Einzelhändler und Kaufleute in ihnen zusammenschlossen. In Spanien etwa waren die Kleinhändler in der »allgemeinen Zunft des Handelns« organisiert, und in deutschen Städten bildeten die Kramer eine eigenständige zünftige Organisation.[26] Schließlich lässt sich auch die »Monopolpolitik« (Max Weber) der Zünfte nicht mehr als ihr allgemeines Kennzeichen verteidigen. Denn besonders in den exportorientierten Gewerben der südlichen Niederlande oder auf dem Balkan, die in Zünften organisiert waren, hatten diese für die Kaufleute nicht mehr die Funktion, die Konkurrenz auszuschalten, sondern dienten der Selbstverwaltung und der Qualitätskontrolle, die für die reibungslose Organisation der Produktion und des Austauschs notwendig waren. Die Liller Kaufleute setzten deshalb 1791 nach der Abschaffung der Zünfte alles daran, diese durch neue Formen des Zusammenschlusses und der Produktkontrolle zu ersetzen.[27]

Der häufig unterstellte Antagonismus zwischen Handelskapital und Protoindustrialisierung einerseits, Zunftordnung andererseits löst sich – in mehreren europäischen Gesellschaften – in ein funktionales Nebeneinander auf.[28] Einer der zentralen Vorwürfe gegen die Zünfte, nämlich die Entfaltung kapitalistischer Strukturen nachhaltig behindert zu haben, müsste deshalb erneut überprüft und differenziert diskutiert werden. Selbst innerhalb jener für den lokalen Markt produzierenden Gewerbe der Städte, die nach den bisherigen Forschungen als eigentliche Bastionen der Zünfte gelten können, war – wie Steve Kaplan gezeigt hat – das Festhalten an zünftigen Strukturen der Stadt mit der Benutzung von Heim- und Lohnarbeitern extra muros kein Widerspruch, sondern Teil der komplexen wirtschaftlichen Strategien von Meistern. Helga Schultz schlussfolgert zutreffend: »Die Zünfte veränderten sich in diesem Anpassungs-

26 Siehe etwa das Beispiel in *S. Cerutti*, Mestieri, S. 237 f.: La confraternita dei mercanti e dei negozianti; sowie *H. Sasse*, Das bremische Krameramt, Teil 1, in: Bremisches Jahrbuch 33 (1931), S. 108–157; Teil 2, in: ebd., 34 (1933), S. 63–102; Teil 3, in: ebd., 35 (1935), S. 254–270.

27 Grundlegend *J. P. Hirsch*, Les deux rêves du commerce, entreprise et institution dans la région Lilloise (1780–1860), Paris 1991; siehe auch *G. Bossenga*, Capitalism and Corporations in Eighteenth-Century France, in: *A. Plessis* (Hg.), Naissance des libertés économiques, Paris 1993, S. 13–31.

28 Vgl. *G. Bossenga*, The Politics of Privilege: Old Regime and Revolution in Lille, Cambridge 1991; *M. P. Gutmann*, Toward the Modern Economy: Early Industry in Europe 1500–1800, New York 1988; zur bereits frühen Anpassung der Kleingewerbe an die sich verändernden Marktbedingungen siehe *R. S. DuPlessis* u. *M. C. Howell*, Reconsidering the Early Modern Urban Economy: The Cases of Leiden and Lille, in: Past and Present 99 (1982), S. 49–84.

prozess an kapitalistische Produktionsweisen, sie gerieten unter die Herrschaft der Verleger.«[29] In dieser Perspektive kann auch das Nebeneinander von zünftigen und unzünftigen Meistern neu betrachtet werden. Die »Bönhasen«, »Störer« oder »chambrelans« – wie je nach Gesellschaft diese zunftfreien Handwerker genannt werden – erscheinen in den Eingaben der städtischen Zünfte unter den Missständen, die zu beseitigen seien. Sie sind aber zugleich auch in ihrer Bedeutung für die Versorgung einer sozial differenzierten städtischen Bevölkerung zu würdigen. Offensichtlich spielten sie besonders bei der Versorgung der städtischen Unterschichten mit billigen Produkten eine Bedeutung, denn diese widersetzten sich etwa in Bordeaux den Versuchen der Zunftmeister, billige, nicht zünftig gefertigte Waren zu konfiszieren. Außerdem gehörten die »Störer« zu dem städtischen Arbeitsmarkt und konnten als zusätzliche Arbeitskräfte sowohl von Meistern als auch von Verlegern benutzt werden.[30] Der vermutete Antagonismus zwischen Kapitalismus und Zunft [illegible], wenn stärker die wirtschaftlichen Transaktionen der städtischen Zünfte selbst betrachtet werden, die bislang nicht ausreichend untersucht sind. Denn diese traten häufig als Grundstücks- und Immobilienbesitzer in Erscheinung, in Zürich aufgrund ihres reichen Silberschatzes sogar als Kreditgeber und als Reservefond der Stadt. In der holländischen Republik hing die Überlebensdauer der als Krankenversicherungsinstitution fungierenden Zünfte von ihrem Geschick ab, ihre Gelder in Anleihen und im Kreditwesen gewinnbringend anzulegen. Am Beispiel der chinesischen Stadt Hankow ist detailliert nachgewiesen worden, wie sehr sich die Zünfte für den Ausbau der städtischen Infrastruktur einsetzten und als Initiatoren der ersten Geschäftsbank fungierten. Es würde sich für europäische Städte lohnen, diesen, dem Rentabilitätsprinzip folgenden Praktiken der Zünfte innerhalb der Stadtwirtschaft stärker nachzugehen.[31]

Zum Genre-Bild zünftiger Praktiken gehört der Hinweis auf ihre mobilitätshemmende Wirkung. Der Abschluss der Zünfte gegenüber Neuankömmlingen und die Privilegierung der Meistersöhne bei den Nachfolgeregelungen im Handwerk werden in diesem Kontext besonders häufig genannt. In der Tat versuchten die Zünfte überall dort, wo man wie in Österreich oder in München die Gewerbeberechtigung als eine Realie mit Tauschwert verstand, die Zahl der Neuaufnahmen zu begrenzen, weil mit jeder Neuaufnahme der Wert des Privilegs reduziert wurde. Gegen diese exklusiven Strategien gingen aber die Zünfte in Lyon vor, die ihren Besitz durch die Öffnung für neue Meister periodisch konsolidierten oder vergrößerten. Auch trieb Finanznot Städte und Landesherren immer wieder dazu, Gewerbelizenzen an diejenigen zu verkaufen, die sich der Ochsentour der handwerklichen Qualifikation nicht unterwerfen

29 *S. Kaplan*, Les corporations; *Schultz*, Handwerker, S. 104; *S. C. Oglivie*, Soziale Institutionen und Proto-Industrialisierung, in: *Cerman* u. *Oglivie* (Hg.), Proto-Industrialisierung, S. 35–49.

30 *Ehmer*, Traditionelles Denken, S. 65 f.

31 Siehe etwa *Von Moos*, Zünfte, S. 44 f.; *Rowe*, Hankow, S. 301 f.

wollten.[32] Der Numerus Clausus blieb unter diesen Bedingungen für einen Teil der Zünfte nur eine Wunschvorstellung. Auch darf die Bevorzugung der Meistersöhne beim Zugang zur Zunft, die unter den mobilitätshemmenden Mechanismen immer wieder genannt wird, nicht überschätzt werden. Schon Michael Mitterauer hat darauf verwiesen, dass in jenen Berufen, in denen der Wanderzwang vorherrschte, die direkte Nachfolgeregelung eher selten war.[33] Aber selbst in jenen Territorien, in denen wie in der niederländischen Republik, Schweden, Ungarn oder Norditalien die Gesellen nicht zum Wandern gezwungen wurden, blieb offensichtlich die Selbstrekrutierung des Handwerks geringer, als bisher angenommen wurde. Freilich bildeten sich in manchen Berufen und Städten Spaniens und Schwedens wahre Handwerkerdynastien heraus, aber diese Struktur war nicht allgemein verbreitet. Überdies wäre zu bestimmen, ob und in welchem Ausmaß die Zunftregeln dafür verantwortlich waren. Denn auf dem Balkan privilegierten Nachfolgeregelungen nur in einem Fünftel aller Fälle Meistersöhne.[34]

Auch innerhalb der Zünfte war die soziale Fluktuation keineswegs eingefroren. Verstanden sie sich auch als Institution, die auf der Gleichheit der Genossen ruhte, trugen doch die unterschiedlichen Geschäftsgebaren dazu bei, dass sich innerzünftige soziale Hierarchien herausbildeten und dass die Rangordnung sich während des 18. Jahrhunderts veränderte. Für die Lyoner Zunft hat Maurice Garden diese tiefe und sich oft verbreitendere Kluft zwischen den reichen und armen Meistern an der Jahrhundertwende als Strukturmerkmal beschrieben und in ihr die Ursache ihrer späteren Auflösung gesehen. Aus belgischen Städten ist bekannt, dass die reicheren Meister ihrerseits sogar Interesse daran hatten, in der Zunft ärmere Handwerker zu organisieren, um diese bei Bedarf

32 Zu München siehe die Auseinandersetzung um die »Gerechtigkeiten«, den Gewerbekonzessionen, die die Stadt im Zusammenhang mit dem Bürgerrecht vergab. Die Montgelasschen Reformen schränkten dann diese Eigentumsrechte ein. Vgl. *U. Puschner*, Handwerk zwischen Tradition und Wandel. Das Münchener Handwerk an der Wende vom 18. zum 19. Jahrhundert, Göttingen 1988, S. 117–149. Vgl. *S. M. Garden*, Ouvriers et artisans au XVIIIe siècle. L'exemple lyonnais et les problèmes de classification, in: Revue d'histoire économique et sociale 48 (1970), S. 40 f.

33 *M. Mitterauer*, Zur familienbetrieblichen Struktur im zünftischen Handwerk, in: *H. Knittler* (Hg.), Wirtschafts- und sozialhistorische Beiträge. Festschrift für Alfred Hofmann zum 75. Geburtstag, Wien 1979, S. 190–219; siehe auch *J. Ehmer*, The Artisan Family in Nineteenth-Century Austria: Embourgeoisement of the Petite Bourgeoisie?, in: *G. Crossick* u. *H.-G. Haupt* (Hg.), Shopkeepers and Master Artisans in Nineteenth Century Europe, London 1984, S. 195–219.

34 *S. Ianeva*, L'artisanat, S. 150 f.; *Kaplan*, Pain, S. 293 f., der für die Bäcker in Paris vielfältige Wege des sozialen Aufstieges betont. Wenn er auch auf die Privilegierung der Meistersöhne hinweist, setzt er sich von der These ab, die Zünfte seien sozial geschlossene Institutionen gewesen: »La communauté était une institution relativement ouverte« (S. 322). Auch für das Berlin des 18. Jahrhunderts stellt Helga Schultz »keine eigentliche Schließung der Zünfte« fest. Vgl. *H. Schultz*, Das ehrbare Handwerk. Zunftleben im alten Reich zur Zeit des Absolutismus, Weimar 1993.

als Zulieferer einspannen zu können.[35] Es spricht viel dafür, nach den unterschiedlichen Interessen zu fragen, die arme und reiche Meister mit der Zunft verbanden. Denn die Beziehung zwischen diesen vermag auch Aufschluss über die Funktion der Zünfte zu geben und damit auch eine Antwort auf die Frage, ob »innerhalb der Zünfte nicht auch Umverteilungsprozesse von unten nach oben stattfanden; ob nicht die Auflagengelder, Meistergebühren usw., die alle zu zahlen hatten… vor allem den wirtschaftlichen Interessen und Repräsentationsbedürfnissen der zünftigen Oberschicht nützten.«[36] Unter diesen Umständen sind die Zünfte des 18. Jahrhunderts als Institution zu bezeichnen, die sehr wohl von sozialen Differenzierungen erfasst wurde und die Teil der Strategien unterschiedlicher Handwerkergruppen war.

In der Ablehnung der Zünfte, die der Wirtschaftsliberalismus des 18. Jahrhunderts formulierte, schwingt der Vorwurf mit, diese verharrten in einer egoistischen Nabelschau und seien gesellschaftlich [illegible], ja sogar für die gesellschaftliche Entwicklung schädlich. Die Fallstudien vermitteln indes ein anderes Bild: Zünfte trugen als Selbsthilfeorganisation des Handwerks oft zur Verminderung sozialer Risiken und damit auch zur Befriedung der Stadtgesellschaft bei. Vor allem in Deutschland und der holländischen Republik entwickelten sie Unterstützungskassen für Kranke, Invalide und Arme, besonders für Witwen und Hinterbliebene. Je nachdem, wie effektiv das städtische Unterstützungssystem war, mussten diese Kassen einen mehr oder weniger großen Umfang annehmen. Ihre Prosperität hing deshalb vom Wohlstand des jeweiligen Gewerbes und ihrer Mitglieder ab sowie von dem Geschick der Vorsteher, die eingezahlten Summen zu kapitalisieren und damit einen Reservefond zu bilden. Mit diesen Institutionen füllten die Zünfte Lücken im öffentlichen System der Armenfürsorge. An ihre Stelle traten in manchen Gesellschaften – wie in Frankreich und in Neapel – allerdings kirchliche Laienorganisationen wie die Bruderschaften. Die Reichweite dieser sozialen Selbsthilfe ist nicht zu überschätzen. Selbst in der holländischen Republik, in der die zünftigen Selbsthilfekassen verbreitet waren, über 1800 hinaus fortbestanden und teilweise noch am Anfang des 20. Jahrhunderts nachzuweisen sind, waren sie doch oft finanziell so schwach, dass sie nur im Todesfall gewisse Ausgaben übernehmen konnten.[37] Nicht nur durch soziale

35 *M. Garden*, Lyon, passim; ähnlich argumentiert auch *M. Sonenscher*, Work and Wages: Natural Law, Politics, and Eighteenth-Century French Trade, New York 1989; *Farr*, Hands, S. 122f.; zu Deutschland siehe die Strukturanalyse in: *K. H. Kaufhold*, Die Gewerbe in Preußen um 1800, Göttingen 1978.

36 *Ehmer*, Tradionelles Denken, S. 65; *E. J. Shepherd Jr.*, Social and Geographical Mobility of the Eighteenth-Century Guild Artisan: An Analysis of Guild Receptions in Dijon 1700–1790, in: *S. Kaplan* u. *C. J. Koepp* (Hg.), Work in France: Representations, Meanings, Organization and Practice, Ithaca 1995, S. 97–130.

37 Siehe *S. Fröhlich*, Die soziale Sicherung bei Zünften und Gesellenverbänden, Berlin 1976. Fröhlich betont die »gemeinschaftliche Selbsthilfe« der Zunft (S. 223). In einzelnen Gebieten – wie in Westfalen – ging diese soziale Funktion aber im Verlauf des 18. Jahrhunderts

Fürsorge, sondern auch durch Ordnungserhaltung trugen die Zünfte zur Stabilität der Städte bei. Konflikte zwischen Meistern und Gesellen regelten sie oft, wenn im Paris des 18. Jahrhunderts auch immer weniger, selbst. Sie besaßen im Rahmen ihrer Statuten eine eigene Gerichtsbarkeit und Polizeifunktionen. Sie konnten – in der Regel nach Zustimmung des Magistrats – auch diejenigen, die außerhalb der Zünfte produzierten oder in die Städte unzünftig gefertigte Waren einführten, verfolgen. Aufgrund dieser öffentlichen Funktion nannten sie sich im niederdeutschen Raum »Ämter«.[38]

Nach alledem beruhen die bis in die Gegenwart gängigen Negativurteile über die Zünfte in Europa eher auf vorgefertigten Meinungen und vorschnellen Verallgemeinerungen als auf der Auswertung empirischer Forschungen. Sie müssen in ihrer Globalität revidiert werden. Weder erwiesen sich die Zünfte des 18. Jahrhunderts als unüberwindliche Hindernisse für die Entfaltung der handelskapitalistischen Strukturen und der Protoindustrialisierung, noch schränkten sie die soziale und geographische Mobilität so ein, dass die städtischen Gesellschaften erstarrten. Schließlich leisteten sie einen allerdings regional unterschiedlichen Beitrag zur Bearbeitung sozialer Problemlage in den Städten. Die »extravaganten, tyrannischen und obskuren Zunftformen«, von denen der spanische Ökonom Forunda in den 1780er Jahren sprach, erfüllten durchaus verschiedene Funktionen in den städtischen Gesellschaften, die nicht in dem verbreiteten Genrebild aufgingen.[39]

## 2. In- und Exklusionsmechanismen der Zünfte

Bestimmte Funktionen der Zünfte lassen sich mit dem Konzept In- und Exklusion erfassen, das die Systemtheorie entwickelt hat.[40] Sie bezeichnet damit einen Prozess, in dem im Rahmen von Kommunikationsbeziehungen bestimmte Gruppen innerhalb einer Gesellschaft berücksichtigt bzw. ausgeschlossen werden und interessiert sich für die Integrations- und Schließungsvorgänge. In der Zunftforschung ist in den letzten Jahren zunehmend die Verbreitung und Wirkung der In- und Exklusionsmechanismen diskutiert worden. Die Geschlossenheit der Zunft als »polyfunktionales« Ordnungsgebildes, in dem alle

zurück, siehe *G. Deter*, Rechtsgeschichte des westfälischen Handwerks im 18. Jahrhundert. Das Recht der Meister, Münster 1990, S. 237 f., siehe auch *C. Giardano*, Handwerker- und Bauernverbände in der sizilianischen Gesellschaft 1750–1890, Tübingen 1975, S. 20 f.

38 *H. Schultz*, Handwerker, S. 114; die Ordnungsfunktion betont auch *Kaufhold*, Gewerbe, S. 437 f.; zu Paris vgl. *Kaplan*, Réflexions; *ders.*, Character; zu Deutschland siehe vor allem *A. Griesinger*, Das symbolische Kapital der Ehre. Streikbewegungen und kollektives Bewusstsein deutscher Handwerksgesellen im 18. Jahrhundert, Berlin 1981, S. 87 f.

39 Siehe den Beitrag von *P. M. Ribalta* in: Haupt (Hg.), Ende der Zünfte.

40 Siehe *N. Luhmann*, Inklusion und Exklusion, in: *H. Berding* (Hg.), Nationales Bewusstsein und kollektive Identität, Frankfurt a. M. 1994, S. 15–45.

Funktionen harmonisch aufeinander bezogen waren, schloss indes keineswegs Konflikte, Hierarchien und Veränderungen aus.[41]

In seiner Außendarstellung und in seinem Selbstverständnis verstand sich das zünftige Handwerk als Ausbildungsinstitution, die teilweise noch gegen Bezahlung Lehre und Gesellenzeit organisierte, berufliches Wissen vermittelte und unter dem Dach des Meisterhauses zunftgemäße Normen des Zusammenlebens und der Ehrbarkeit einübte. Dieses harmonische Bild einer den Interessen der Lehrenden und Lernenden Rechnung tragende Ordnung hält der kritischen Überprüfung nur teilweise stand. Die Betonung der Ausbildung ist etwa in den südlichen Niederlanden sehr gering und unterscheidet sich deutlich von dem Akzent, den deutsche Autoren auf sie legen. Besonders aus autobiographischen Zeugnissen treten auch unmotivierte Lehrlinge, resigniert den Handwerksberuf ergreifende Gesellen, unfähige und unwillige Meister und die Beschäftigten drangsalierende Meisterinnen hervor. Der Inhalt der Ausbildung erscheint oft rudimentär und überflüssig.[42] Nun sind diese Selbstzeugnisse keine Beschreibung der Realität, aber sie vermitteln einen Eindruck von der Kluft, die zwischen dem Anspruch und der Realität der Zunft bestand. Zahlreiche Konflikte brachen deshalb im Handwerk sowohl um Lohn und Arbeitszeit, aber auch um jenes »symbolische Kapital der Ehre« aus. Mit diesem Begriff hat A. Griesinger die gegenseitigen Pflichten und Rechte der Meister und Gesellen beschrieben, die zumindest in Teilen der Handwerksberufe noch einen gemeinsamen Bezugspunkt der zünftig Organisierten darstellten.[43] Offen bleibt dabei, ob die gemeinsame Organisation in der Zunft für Meister und Gesellen Vorteile brachte, oder ob die Meister sie einseitig als Herrschaftsinstrument benutzten. In interessanten Forschungen hat Jan Lucassen zumindest für die Niederlande nachweisen können, welche wichtige Rolle die Zünfte bei der Verteidigung der Löhne, der Beschäftigung, der Arbeitsbedingungen und der Versicherung der Gesellen gespielt hat.[44]

Der Inklusionsmechanismus des strengen Cursus honorum, der über Lehrlings- und Gesellenzeit bis zur Ablegung des Meisterstücks reichte, blieb oft allerdings Fiktion. Er wurde nicht nur von einzelnen Meistern und Gesellen, sondern auch von Städten und Territorialherren durchbrochen. In einzelnen europäischen Gesellschaften übersprangen die Regierungen die handwerklichen Laufbahnvoraussetzungen, wenn sie aus Finanznot Lizenzen an kaufkräftige

41 *I. Bergmann*, Das Berliner Handwerk in den Frühphasen der Industrialisierung, Berlin 1973; zur Selbstbeschreibung siehe *M. Prak*, Individual, Corporation, and Society: The Rhetoric of Dutch Guilds (18th Century), in: *ders.* u. *M. Boone* (Hg.), Individual, Corporate, and Judicial Status in European Cities, Leuven 1996, S. 255–279.

42 *A. Dörfer*, Autobiographische Schriften deutscher Handwerker im 19. Jahrhundert, Diss. Halle/Saale 1998, S. 129–232; *Steffens*, Untersuchungen, Bd. 1, S. 117 f.

43 *Griesinger*, Kapital.

44 *J. Luccasen*, Labor and Early Modern Economic Development, in: *ders.* u. *K. Davids* (Hg.), A Miracle Mirrored. The Dutch Republic in European Perspective, Cambridge 1995, S. 367–409.

Bürger vergaben, die damit – den Zunftmeistern gleichgestellt – einen Handwerksberuf ausüben konnten, ohne eine handwerkliche Ausbildung erhalten zu haben. In Bordeaux besaß etwa keiner der zwischen 1776 und 1789 vom König mit Privilegien versehenen 25 Goldschmiedemeister eine Ausbildung![45] Ob dieses Privileg de facto aber Bürger erwarben, die überhaupt keine einschlägige Berufserfahrung besaßen, wird man tunlichst bezweifeln dürfen – es sei denn, es handelte sich um den Erwerb von Gewerberechten in einem Bereich, in dem sich die verlagsmäßige Produktion oder die Trennung von Handel und Produktion verbreitete. Bestimmte Berufe wie auch bestimmte Gegenden konnten auch von dem Zwang ausgenommen werden, sich durch Ausbildung und Zunftmitgliedschaft für die handwerkliche Produktion zu qualifizieren. Bisweilen genossen – wie in Schweden – Soldaten das Recht, nebenbei einen Handwerksberuf zu betreiben oder privilegierten die Territorialherren bestimmte Berufe, die direkt für die Bedürfnisse ihres Hofes arbeiteten. Die Zunft erfasste mithin keineswegs alle Handwerke und auch nicht das gesamte Stadtgebiet. In Bordeaux blieben Straßenzüge um Kasernen und die Börse ebenso wie im Umkreis bestimmter Kirchen vom Zunftzwang ausgenommen.[46] Nicht nur durch diese Mechanismen, sondern auch durch die Befreiung einzelner Gewerbe von zünftigen Strukturen ordnete der moderne Territorialstaat, teilweise auch die Städte, die Welt der handwerklichen Produktion und beeinflussten deren Binnenstruktur.

Einen weiteren wichtigen In- und Exklusionsmechanismus stellte das Bürgerrecht dar. Denn oft ging mit dem Meistertitel der Erwerb des Bürgerrechts einher, ohne das niemand Zunftmeister werden konnte, wie umgekehrt niemand ohne die Bestätigung eines ausreichenden Einkommens Bürger einer Stadt wurde. Städtischer Magistrat und Zünfte verfügten mithin über ein Instrument, um den städtischen Markt für die Zunftmeister zu reservieren.[47] Aber es konnte dabei durchaus Interessendivergenzen geben, wenn z.B. die Städte sich für eine Politik gewerblicher Expansion und technologischer Innovation engagierten, die Zünfte aber am Status quo festhalten wollten. Bisweilen trieb auch Finanzmangel Zünfte dazu, die traditionelle Praxis zu durchbrechen, erst nach längerer Ortsanwesenheit den Meistertitel zu gewähren, wenn sie Zureisenden gegen Zahlung einer höheren Aufnahmegebühr die Mitgliedschaft in der Zunft erlaubten.

Zu den Ausschlussmechanismen gehörte auch die Ablehnung der Juden in Städten, in denen man ihnen weder das Bürgerrecht noch die Mitgliedschaft in den Zünften erlaubte und ihnen nur beschränkte Erwerbsmöglichkeiten bot.

45 *J. Pontet*, Craftsmen and Revolution in Bordeaux, in *Crossick* (Hg.), Artisan, S. 116–130, hier S. 117; die staatlichen Maßnahmen betont in der Tradition kameralistischer Forschungen: *M. Stürmer* (Hg.), Herbst. Der begrenzte Einfluss der Zunftgesetzgebung steht im Mittelpunkt bei *D. Peitsch*, Zunftgesetzgebung und Zunftverwaltung Brandenburg-Preußens in der frühen Neuzeit, Frankfurt a.M. 1985, S. 115f.

46 *Pontet*, Craftsmen, S. 117.

47 Zu dieser Struktur vor allem *M. Walker*, German Home Towns, Community, State and General Estate 1648–1871, Ithaca 1971.

Bis zum Ende des 18. Jahrhunderts spielten sie in den niederländischen Städten Delft, Utrecht und Deventer diese Außenseiterrolle. In polnischen Städten des 17. Jahrhunderts gehörten sie zu den gefürchteten Konkurrenten und wurden deshalb ausgeschlossen. Andernorts gingen die Behörden selektiver vor. In Amsterdam hatten Juden Zugang zu der Zunft der Chirurgen, der Trödler und der Buchhändler, bevor sie 1796 voll bürgerlich gleichgestellt wurden. Generell scheint es, als handhabe man auf dem Balkan diese Ausschlusspraxis weniger strikt. In Bukarest existierten Anfang des 19. Jahrhunderts nicht nur rein jüdische, sondern auch Zünfte, in denen Juden gemeinsam mit Christen und Moslems produzierten. Diese Öffnung hing wahrscheinlich mit der Zusammensetzung der städtischen Bevölkerung zusammen, die in Mitteleuropa generell aus verschiedenen ethnischen und religiösen Minderheiten bestand.[48]

Neben den Juden waren in den europäischen Städten die Frauen vom Wahlrecht und in der Regel auch aus den Zünften ausgeschlossen. Wenn sie auch im Köln des 15. und 16. Jahrhunderts noch Zunftmitglieder waren und selbst eigene Zünfte besaßen, so verfügten sie gleichwohl nicht über die politischen Rechte, die die Meister auszeichneten. Im 17. Jahrhundert verbannten Zunftorganisationen in den österreichischen Niederlanden Frauen, die später allerdings in der Händlerzunft Aufnahme fanden. Auch im 18. Jahrhundert gab es hier und dort zünftig organisierte Berufe wie unter den Pariser Frisösen oder Leinenmacherinnen oder aber weibliche Sektionen innerhalb der Zünfte. Auch in Spanien öffnete man am Ende des 18. Jahrhunderts Frauen einige Zünfte. Aber immer blieb ihr rechtlicher Status dem der Männer unterlegen, und sie verfügten über keine politischen Partizipationsrechte.[49]

Dieser Ausschluss aus der Zunft entsprach der jeweiligen rechtlichen und staatsbürgerlichen Stellung der Frauen in Europa, drückte aber auch die Dominanz eines männlichen Selbstverständnismodells aus. Zur zünftigen Selbstdarstellung und Rechtfertigung gehörte das Selbstbewusstsein, durch Ausbildung und Qualität der Arbeit einer beruflichen Elite anzugehören. Das Meisterstück

48 *S. Schultz*, Handwerker, S. 108; den Beitrag *S. Bos u. a.* in: Haupt (Hg.), Ende der Zünfte; *Ianeva*, L'artisanat, S. 39 f.

49 *J. G. Coffin*, Gender and the Guild Order: The Garment Trades in Eighteenth-Century Paris, in: JEH 54 (1994), S. 768–793, 782 f.; *E. Musgrave*, Women in the Male World of Work: The Building Industries of Eighteenth-Century Brittany, in: FH 7 (1993), S. 37 f.; *dies.*, Women and the Crafts Guilds in Eighteenth-Century Nantes, in: *Crossick* (Hg.), Artisan, S. 151–171; siehe auch *M. Wiesner*, »Wandervogels« and Women: Journeymen's Concept of Masculinity in Early Modern Germany, in: JSH 24 (1991), S. 767–782; *ders.*, Women and Gender in Early Modern Europe, Cambridge 1993, S. 103 f.; *O. Hufton*, The Prospect Before Her. A History of Women in Western Europe, Bd.1: 1500–1800, London 1995, S. 162 f. *J. H. Quartaert*, The Shaping of Women's Work in Manufacturing, Guilds, Households, and the State in Central Europe, 1648–1870, in: AHR 90 (1985), S. 1122–1148; *K. Simon-Muscheid* (Hg.), Was nützt die Schusterin dem Schmied? Frauen und Handwerk vor der Industrialisierung, Frankfurt a. M. 1998; interessant in diesem Zusammenhang: *K. McClelland*, Some Thoughts on Masculinity and the »Representative Artisan« in Britain, 1850–1880, in: Gender and History 1 (1989), S. 164–177.

ebenso wie die Kontrolle der Qualität der Produkte symbolisierten dieses Bestreben. Handarbeit charakterisierte die handwerkliche Produktion, die durchaus als Domäne der Männer dargestellt und wahrgenommen wurde. Diese Dominanz galt es auch gegen die Frauen zu verteidigen, die dann im 19. Jahrhundert von den Gesellen- und frühen Arbeiterbewegungen als Lohndrücker bekämpft wurden.[50]

Die besondere Aufmerksamkeit, mit der sich die Zünfte der Witwen annahmen, widerspricht nicht der nachgeordneten Rolle, die Frauen in ihnen besaßen. Teilweise trug die Zunft zu den Kosten der Beerdigung des Meisters bei und unterstützte die Hinterbliebenen materiell und finanziell. Es ging ihnen vor allem darum, die Kontinuität der Werkstatt zu garantieren, nicht aber die Witwe zu ermuntern, sie in eigener Regie fortzuführen. Zahlreiche restriktive Bedingungen sollten sie – wie für Nantes gezeigt wurde – von diesem Alleingang abhalten. Zugleich setzten die meisten Zünfte alles daran, dass nach dem Tod eines Zunftmeisters die Witwe möglichst umgehend wiederheiratete, um damit die Kasse von den Kosten der Versorgung zu entlasten.[51]

Zu den Mechanismen der Inklusion gehörte der Bezug auf gemeinsame Werte, Rituale und Symbole. Unter ihnen besaß in vielen Gesellschaften die Religion eine zentrale Rolle. Die Teilnahme an Fronleichnamsprozessionen – *dem* Festtag der österreichischen Handwerker – oder an bestimmten Messen sowie die Verehrung von Heiligen gehörten zu den Pflichten der Zunftmitglieder in zahlreichen Berufen und europäischen Gesellschaften. Diese Pflichten ebenso wie das Stellen von wertvollen Tüchern für die Fronleichnamsprozession wurden in Cremona sogar als so belastend empfunden, dass sie zu Klagen der Zünfte führten.[52]

Nun sagen die Ordnungen nur bedingt etwas über die Praktiken aus, die sie einfordern. Zumindest aber deuten sie auf die gültigen Normen innerhalb der Zünfte hin. Vielerorts – in Österreich, den österreichischen Niederlanden, in Spanien und Italien – gehörte die katholische Konfession zu den Voraussetzungen, um in die Zunft aufgenommen zu werden. In der holländischen Republik schloss man indes Katholiken aus. Auch mehrere deutsche Städte banden das Bürgerrecht und damit auch die Mitgliedschaft in der Zunft an konfessionelle Voraussetzungen. Besonders in Frankreich und Spanien organisierten sich Meister und Gesellen parallel zur Zunft in Bruderschaften, die religiösen Charakter trugen und sich auch karitativen Zielen widmeten. Als Laienorganisationen im Spätmittelalter gegründet, gerieten sie in der Gegenreformation unter Beschuss durch die kirchliche Hierarchie und waren vor allem den Jesuiten

50 Zur Bedeutung des Meisterstückes siehe *R. Wissel*, Des alten Handwerks Recht und Gewohnheit, Bd. 7, Berlin 1971, S. 125 f.; jetzt einschränkend *Steffens*, Untersuchungen, S. 285 f.

51 *Musgrave*, Nantes.

52 Siehe den Beitrag von *D. Frigo* in: Haupt (Hg.), Ende der Zünfte; zu Österreich siehe *G. Danninger*, Das Linzer Handwerk und Gewerbe vom Verfall der Zunfthoheit über die Gewerbefreiheit bis zum Innungszwang, Linz 1981, S. 72 f.

suspekt, da sie religiöse Normen in alltägliche Praktiken umsetzten und umdeuteten. Im 18. Jahrhundert spielten sie in den Gewerben der Städte gleichwohl eine wichtige Rolle. Sie wirkten nicht nur lokal und regional, sondern auch international. In Frankreich wie in Spanien bezog sich die Bruderschaft der Schuhmacher etwa auf den heiligen Crispin. Ob allerdings generell von einer stärkeren Kohäsion der Zünfte in katholischen als in protestantischen Regionen auszugehen ist – wie Philippe Guignet vermutet –, wird zu überprüfen sein.[53]

Selbst dort, wo die Zünfte nicht mehr an die Kirche und kirchliche Rituale gebunden waren, blieben sie offensichtlich doch religiösen Formen verhaftet. Besonders lange hielt sich bis ins 19. und 20. Jahrhundert hinein die obligatorische Teilnahme an Begräbnissen der Zunftgenossen, zu denen manchmal ein finanzieller Beitrag geleistet wurde, die aber vor allem Anlässe waren, um die Bedeutung der Organisation der Meister oder Gesellen nach außen zu demonstrieren. In dem Maße, in dem sie zur Wiederholung des teilweise religiös eingefärbten Aufnahmeeides in die Zunft benutzt wurden, trugen sie zur Kohäsion der Gemeinschaft bei. Eine Ausnahme von dieser religiösen Prägung machten die Zünfte in der niederländischen Republik, in der seit der Reformation die Behörden offensichtlich mit Erfolg versuchten, die kirchlichen Rituale zugunsten einer innerweltlichen aktiven Rolle zurückzudrängen und anstelle von Heiligenverehrung und Gottesdienst den Aufbau von sozialen Selbsthilfeorganisationen zu setzen.[54]

Über Abgrenzungs- und Einschlussmechanismen hinaus ist immer wieder die Geschlossenheit des zünftigen Handwerks als Lebensform betont worden. Die Handwerker – schrieb Rudolf Braun – »sind in ihrem Tun und Lassen von einer ganzen Fülle von Wert- und Verhaltensnormen geleitet, in deren Mittelpunkt die Handwerksehre steht.«[55] Diese prägten nicht nur die berufliche Tätigkeit, sondern auch den außerberuflichen Bereich. Sie standen im Mittelpunkt jenes Drittels der Konflikte im deutschen Handwerk des 18. Jahrhunderts, die Jürgen Kocka untersucht hat.[56] Bestimmte Tätigkeiten und Gesten wurden dabei als unvereinbar mit der Ehre angesehen. Wenn diese mithin

53 Dieser Aspekt harrt noch weiterer Forschungen, siehe etwa *M. Garrioch* u. *M. Sonenscher*, Compagnonnages, Confraternities and Associations of Journeymen in Eighteenth-Century Paris, in: EHQ 16 (1986), S. 25–45.

54 Zu den Begräbnisritualen siehe *P. Löffler*, Studien zum Totenbrauchtum in den Gilden. Bruderschaften und Nachbarschaften Westfalens vom Ende des 15. bis zum Ende des 19. Jahrhunderts, Münster 1975, S. 292 f.; zur religiösen »Intransigenz des Frankfurter Rates« und der Zünfte siehe *H. Duchhardt*, Frankfurt a. M. im 18. Jahrhundert, in: *Frankfurter Historische Kommission* (Hg.), Frankfurt am Main. Die Geschichte der Stadt in neun Beiträgen, Sigmaringen 1991, S. 293 f., die im Widerspruch zu Tendenzen in anderen Territorien standen, im Zeichen der Aufklärung religiöse Unterschiede weniger zu betonen; vgl. zur niederländischen Republik den Beitrag von *S. Bos u. a.*, Die Zünfte in der niederländischen Republik, in: *Haupt*, Ende der Zünfte, S. 127–154.

55 *Braun*, Ancien Régime, S. 169.

56 *J. Kocka*, Craft Traditions and the Labour Movement in Nineteenth-Century Germany, in: *P. Thane u. a.* (Hg.), The Power of the Past, London 1984, S. 95–117, 110 f.

auch ein Kampfmittel in dem Konflikt zwischen Meistern und Gesellen um Arbeitsbedingungen und Lebensformen im Meisterhaushalt war, so diente sie auch zur sozialen Abgrenzung des Handwerks gegenüber den Unterschichten. In Zürich war es Zunftmeistern bei Strafe des »Verrufs« nicht gestattet mit Abdeckern oder Henkern zu verkehren, aus dem Becher einer schwangeren Frau zu trinken oder einen toten Hund zu berühren. Diese Reinlichkeitsrituale zogen – wie in der frühen Neuzeit üblich – scharfe soziale Grenzen und schlossen bestimmte Gruppen von der ehrbaren Gesellschaft aus.[57]

Neben der Teilnahme an den Mechanismen und der Rhetorik des Ausschlusses entwickelte das zünftige Handwerk sehr wohl Formen der Integration. Zu diesen gehörten die entwickelten Initiationsriten, die den Übergang vom Lehrlings- zum Gesellenstatus markierten. Diese waren nicht nur mit der Anfertigung von handwerklich hochwertigen Gesellenstücken verbunden, sondern auch mit rituellen Gesten, die im Verlauf des 18. und 19. Jahrhunderts in Deutschland offensichtlich zunehmend gewalthaft ausfielen.[58] Der Integration der Mitglieder, aber auch der gesellschaftlichen Selbstdarstellung dienten die Umzüge in der Stadt, bei denen die Zünfte ihren gesellschaftlichen Rang und ihre politische Bedeutung demonstrierten. Sie waren in den süddeutschen Home Towns oder in den Niederlanden verbreitet. In Schweden waren sie allerdings für die zünftige Außendarstellung nicht zentral, da die Umzüge den militärischen Charakter der Städte, nicht aber ihren zünftigen betonten. In Turin gewannen sie erst im 18. Jahrhundert für die Zünfte an Bedeutung, als es der geschwächten Munizipalität nicht mehr gelang, die Einheit der Stadt darzustellen.[59]

Der Blick auf Aus- und Einschlussmechanismen der Zünfte darf nicht zu dem Schluss verleiten, diese überlebten als erratische Blöcke innerhalb der frühneuzeitlichen Gesellschaft mit scharf gezogenen Außengrenzen und starken Bindungskräften im Innern. Vielmehr wird die Verschiedenartigkeit der Zunftordnungen in den europäischen Gesellschaften, die Fluidität des zünftigen Milieus und die Distanz zwischen der Ausschluss- und Integrationsrhetorik und der Realität der Lebens- und Arbeitsformen deutlich. Zahlreiche Normen und Regeln des zünftigen Zusammenlebens wurden im 18. Jahrhundert durch Ausnahmen durchlöchert und relativiert. Angesichts der verschiedenen Zwänge

57 *A. Lutz*, Handwerkerehre und Handwerksgerichte im alten Zürich 1336–1798, in: Zürcher Taschenbuch für das Jahr 1962, Zürich 1961, S. 35–60. Zu der Bedeutung von Reinheit siehe allgemein *M. Douglas*, Reinheit und Gefährdung. Eine Studie zu Vorstellungen von Verunreinigungen und Tabu, Frankfurt a. M. 1988.

58 *A. van Gennep*, Übergangsriten, Frankfurt a. M. 1986; siehe die vielen Beispiele in: *R. Wissell*, Handwerk, bes. Bd. 3, 4 und 5, Berlin 1973–86; aber auch in *W. Fischer*, Quellen zur Geschichte des deutschen Handwerks. Selbstzeugnisse seit der Reformationszeit, Göttingen 1957; sowie in: *Griesinger*, Kapital, passim; *Dörfer*, Autobiographische Schriften; sowie *H. J. Zerwas*, Altes Handwerk als ritualisierte Lebensform. Zeremonie und Ritual, Brauchtum und Welterfahrung in der handwerklichen Lebenswelt bis 1850, in: Euphorion, Bd. 86, 1992, S. 429–444; siehe auch *Truant*, The Rites of Labor, S. 148 f.

59 *Cerutti*, Mestieri, S. 14 f.; *Edgren*, Craftsmen, passim.

und sich wandelnden Bedingungen erwiesen sich die Zünfte dabei als flexible, kreative Institutionen, die sich durchaus anpassen und verändern konnten.

## 3. Territorialstaatliche Souveränität und Zünfte

Die Zünfte als effiziente Interessenvertretung der Meister und als ein durch In- und Exklusionsprozess funktionierendes System gerieten in einem regional unterschiedlichen Ausmaß im 18. Jahrhundert in die Kritik. Es zeigten sich Erosionserscheinungen, die aus der Intervention des Territorialstaats und aus den Interessendivergenzen zwischen Meistern und Gesellen resultierten.[60] Eine generelle Haltung des Territorialstaats gegenüber den Zünften gab es allerdings nicht in Europa. Je nachdem, wie stark dieser sich auf die Zünfte gegenüber dem städtischen Patriziat oder dem Adel stützte, wie sehr er auf zusätzliche Einkünfte angewiesen war und wie stark er den Handelskapitalismus fördern wollte, unterstützte er die Forderung nach Erhalt und sogar nach Stärkung der Zünfte oder jene, die auf ihre Reform oder Abschaffung drängten.

Für die Macht der Zünfte als staatlicher und städtischer Ordnungsorganisation ist allerdings bezeichnend, dass vor 1789 beide Versuche, sie abzuschaffen scheiterten. Nachdem der französische Staat noch im 17. Jahrhundert die Zunftordnung explizit bestätigt und die Vergabe von Privilegien und Monopolen auch als fiskalische Ressource benutzt hatte, beschloss Turgot im Jahre 1776 ihre Auflösung. In dieser spezifischen Konstellation wurden die Zünfte von den Reformern als Teil des Ancien Régimes und der Ständegesellschaft wahrgenommen und als solche im Zuge der Liberalisierung des Getreidehandels und der Neuordnung der Städte und ihrer Finanzen angegriffen. Mit diesen Maßnahmen rief Turgot eine doppelte Opposition auf den Plan: Einmal die der Zunftmeister, die in zahlreichen Eingaben eindringlich und publikumswirksam argumentierten, dass diese Maßnahmen zu einem Umsturz der gesellschaftlichen Verhältnisse führten, gleichsam zu einem Karneval in Permanenz. Zum anderen auch das Pariser Parlament, das sich ausdrücklich auf die Zünfte bezog, um das gesamte Reformwerk Turgots zu kritisieren, die Revision der Maßnahmen zu verlangen und Turgots Absetzung vorzubereiten. Es betonte dabei, wie notwendig die Zünfte zur Bewahrung der ständischen Ordnung seien, dass sie dem Schutz des Monarchen direkt unterstünden und dass mit ihrer Freiheit das Ende jeder zwischenmenschlichen Solidarität einhergehe. Auf diesen doppelten Druck hin nahm die Regierung das Dekret zurück. Die Zünfte wurden zwar nicht restauriert, aber in einer reformierten Version wieder zugelassen.[61] Auch Joseph II.

60 Siehe zu diesem Kontext zusammenfassend: *Haupt* u. *Crossick*, Kleinbürger, S. 29 f.

61 Grundlegend siehe *S. L. Kaplan*, Social Classification and Representation in the Corporate World of Eighteeenth-Century France: Turgot's Carnival, in: *Kaplan* u. *Koepp* (Hg.), Work, S. 176–228.

ging daran, die Kompetenz der Zünfte zu beschränken, und setzte dabei eine Politik des Reformabsolutismus fort, die schon seit 1750 begonnen hatte. Er gab die Zahl der Beschäftigten in jedem Zunftbetrieb frei, und löste einzelne Bruderschaften der Berufe zugunsten eines allgemeinen Armeninstituts auf. Vor allem das Dekret des 17. März 1787 wurde jedoch als Kampfansage in den österreichischen Niederlanden verstanden, da es die wirtschaftlichen Kompetenzen der Zünfte beschnitt und ihre Eigenständigkeit einschränkte. Auf Druck der Zünfte und der städtischen Eliten war jedoch auch Joseph II. gezwungen, diese Maßnahmen zurückzunehmen. Er konnte damit aber nicht den Ausbruch der Brabanter Revolution verhindern.[62]

Wenn zweimal die Abschaffung der Zünfte auch scheiterte, war die zweite Hälfte des 18. Jahrhunderts doch in zahlreichen europäischen Ländern eine Zeit der Infragestellung und Beschneidung der Zunftrechte. So wurde – wie in der Toskana 1770 – die Zunftgerichtsbarkeit aufgelöst und in verschiedenen polnischen Städten wie Warschau, Krakau und Lemberg in der Mitte der 1760er Jahre eine »Kommissionen für die Gute Ordnung« gegründet, die das Zunftleben reorganisieren sollte. Einzelnen Berufen gewährte man die Gewerbefreiheit oder begrenzte generell die Monopolstellung der Zünfte. Andernorts legte man verwandte Organisationen zusammen. Auf deutliche Grenzen stieß diese Reformpolitik aber dann, wenn die Zünfte ein wichtiges Element staatlicher Gestaltungspolitik blieben oder aber sich in den Städten mit dem Patriziat gegen den Territorialstaat verbündeten.[63] Vor allem Josef Ehmer hat darauf hingewiesen, dass der frühneuzeitliche Staat nicht nur gegen die Zünfte, sondern auch mit ihnen agierte, da er sie für die Steuereintreibung benutzte. So zogen sie die 1748/49 beschlossene Einkommensteuer in Österreich ein und waren auch in Meiningen und Reutlingen als Steuerbehörde tätig. In Spanien bediente sich die Monarchie ihrer, um sie die Triumphzüge bei der Proklamation eines Herrschers auf ihre Kosten ausrichten zu lassen. Die finanzielle Belastung, die sie dabei übernahmen, war so hoch, dass sie zu Klagen der Meister führte.[64]

Vor allem bei der Disziplinierung der abhängig Arbeitenden setzte die Obrigkeit auf die Zünfte. Von ihnen erwartete sie die Organisation des Arbeits-

62 *W. T. Brake*, Regents and Rebels: The Revolutionary World of an Eighteenth-Century Dutch City, Oxford 1989.

63 Vgl. etwa zu den verschiedenen Phasen der Zunftpolitik die Beiträge in *Haupt*, Ende der Zünfte, aber auch *Schultz*, Das ehrbare Handwerk, S. 121 f.; *Peitsch*, Zunftgesetzgebung, passim; sowie zu München und dem dort gefundenen Kompromiß zwischen Zünften, städtischem Magistrat und bayerischem Staat, *Puschner*, Handwerk, S. 128–148. Siehe auch den Vergleich von *P. Guignet*, Le pouvoir dans la ville au XVIIIe siècle. Practiques politiques, notabilité et éthique sociale de part et d'autre de la frontière franco-belge, Paris 1990, S. 477 f.

64 Siehe *Ehmer*, Zünfte in Österreich; *Reith*, Zünfte im Süden des Alten Reiches; *P. Molas Ribalta*, Die Zünfte in Spanien des 18. Und beginnenden 19. Jahrhunderts: Gesellschaftliche, politische und ideologische Aspekte, in: *Haupt*, Ende der Zünfte, S. 215–230. In den ottomanischen Gesellschaften fehlte diese öffentliche Funktion der Zünfte, siehe *Schultz*, Handwerker, passim.

marktes ebenso wie die Bindung der Gesellen an Regeln und Normen des Zusammenlebens. Diese Funktion konnten am besten Zünfte erfüllen, die sowohl Meister als auch Gesellen umfassten. Sie waren im 17. Jahrhundert in Österreich verbreitet, gingen dort aber in ihrer Bedeutung zurück. Eigenständige Gesellenverbände bildeten sich im 18. Jahrhundert in den südlichen Niederlanden, in Österreich und in Deutschland, nicht aber in Schweden oder auf dem Balkan. Sie verlagerten Konflikte zunehmend aus der Zunft hinaus. In ihnen verbündeten sich nur in einer Minderheit der Fälle Meister und Gesellen gemeinsam gegen Verlagskapitalisten. Am häufigsten trugen sie indes Divergenzen um Entlohnung, Kost- und Arbeitsorganisation oder aber den Respekt des »symbolischen Kapitals der Ehre« untereinander aus. Angesichts der deutlich werdenden Unfähigkeit der Zünfte, Konflikte beizulegen, war im 18. Jahrhundert und vor allem ab 1750 die Intervention des Staates notwendig, um Ruhe und Ordnung herzustellen, aber auch um die Wanderungen der Gesellen zu kontrollieren, da die Zünfte die »Police du travail« (S. Kaplan) nicht mehr in eigener Regie leisten konnten.[65] Es wäre allerdings wichtig, das Ausmaß zu ermitteln, in dem die Zünfte auf diesem Feld versagten. Vieles deutet darauf hin, dass sie lokal und punktuell nicht in der Lage waren, den sozialen Frieden zu erhalten, andernorts aber sehr wohl diese Aufgabe erfüllten. Dies könnte erklären, dass noch in der ersten Hälfte des 19. Jahrhunderts die ordnungspolitische Funktion der Zünfte zu den Argumenten ihrer Befürworter gehörte. Dort, wo es den Zünften allerdings nicht mehr gelang, ihre internen Auseinandersetzungen zu regeln, verloren sie diese Rechtfertigung ihrer Existenz.

Der Platz der Zünfte im Kräfte-Parallelogramm zwischen Stadtregiment und Territorialherrschaft war ausschlaggebend für ihre Möglichkeit, den Kampf für ihre Vorrechte erfolgreich zu führen. Dabei ist freilich zwischen den freien Städten oder Stadtstaaten in der niederländischen Republik, in Südwestdeutschland oder Italien und den Mediatstädten zu unterscheiden, die in Osteuropa, Ostdeutschland und Österreich unter der Oberherrschaft der Grundherren standen oder von der Krone abhingen.[66] In den letzteren waren die Beteiligung der Zünfte an der Stadtregierung und ihre politischen Einflusschancen gering, wie auch das schwedische Beispiel zeigt. Aber selbst in den freien Städten hatten die Zunftrevolten gegen das Patriziat selten zu einer effektiven Mitwirkung von Handwerksmeistern am Stadtregiment geführt, in kleineren Städten Süddeutschlands offensichtlich stärker als in größeren, in den Stadtstaaten Genua und Venedig mehr als in den Territorialstaaten Lombardei und Toskana, in der holländischen Republik mehr als in den österreichischen Niederlanden oder in

65 Siehe auch den Überblick bei *C. Lis u. a.* (Hg.), Before the Unions: Wage Earners and Collective Action in Europe, 1300–1850, Cambridge 1994.

66 Siehe die Beiträge von *D. Frigo, S. Bos u. a.*, Die Zünfte in der niederländischen Republik; zu östlichen Städten siehe *J. Kochanowicz*, The Polish Economy and the Evolution of Dependancy, in: *D. Chirot* (Hg.), The Origins of Backwardness in Eastern Europe. Economics and Politics from the Middle Ages until the Early Twentieth Century, Los Angeles, S. 111 f.

Spanien.[67] Aber selbst wenn die Zünfte keine effektive politische Vertretung im Rat besaßen oder diese sehr beschränkt war, konnten sie versuchen, das Patriziat für ihre Ziele einzunehmen – wie in den österreichischen Niederlanden – oder aber gegen das Patriziat die Unterstützung des Territorialherren zu mobilisieren – wie in bestimmten Teilen Italiens. In Frankreich ist die Situation in Lyon, wo die Zunftmeister etwa die Ratsherren mitwählten, die »marchands fabricants« aber die Oberherrschaft in der Stadt besaßen, von der in Lille zu unterscheiden, wo der Magistrat aus Staatsbeamten und Juristen zusammengesetzt war, gleichwohl sich aber für die Interessen der Zünfte einsetzte. Eher vielfältige lokale Situationen als eine einheitliche Struktur kennzeichneten die Situation der Zünfte in den Städten. Gingen sie dort auch in den österreichischen Niederlanden, in Venedig oder in Genua eine Allianz mit dem Patriziat ein, so war der Territorialstaat in vielen anderen Städten als Bezugsgröße und Bündnispartner wichtiger für die Zukunft der Organisationen. Er entschied nämlich über die Rahmenbedingungen.

Im internationalen Vergleich wird sowohl die Ausnahmeentwicklung in Großbritannien als auch die besondere Lage Deutschlands deutlich. In Großbritannien spielten seit dem 17. Jahrhundert die Konflikte zwischen städtischen, regionalen und territorialstaatlichen Autoritäten, in denen den Zünften in vielen europäischen Gesellschaften ein unterschiedlicher Platz eingeräumt wurde, keine wichtige Rolle. In dem Maße, in dem parallel dazu auch das Handelskapital die Zünfte dominierte, verlor das zünftig organisierte Handwerk ebenso an Bedeutung wie die Zunft für die Interessenvertretung von Meistern. Am Ende des 18. Jahrhunderts waren zünftige Strukturen zwar in Großbritannien nicht verschwunden, aber sie gehörten nicht zu den prägenden Elementen der Gesellschaft.[68] Die Zunftorganisation in deutschen Städten befand sich gleichsam in einer Zwischenlage. Während im Osten des Reiches die Zahl der Freistädte begrenzt war und die Zünfte mithin vom Grundherren abhingen, gehörten sie im Süden und Südwesten zu den Strukturen der »Home Towns«, in denen eine starke Tradition lokaler Selbstverwaltung vorherrschte. Damit rückte die ostdeutsche Entwicklung an die in den österreichischen Kronlanden oder Polens heran, während die süddeutsche der in der Schweiz, in den österreichischen Niederlanden und in der niederländischen Republik ähnelte.

Bei allen diesen vergleichenden Aussagen ist freilich zu beachten, dass sie immer auf der Basis der vorliegenden Literatur getroffen werden und daher oftmals eher erlauben, die von der jeweiligen nationalen Historiographie gesetzten

67 Siehe die Beiträge in *Haupt*, Ende der Zünfte.

68 Siehe etwa *C. R. Dobson*, Masters and Journeymen: A Prehistory of Industrial Relations 1717–1800, London 1980, S. 127 f.; *G. Unwin*, The Guilds and Companies of London, London 1908, S. 342 f.; *J. R. Kellelet*, The Breakdown of Guild and Coproration Control over the Handicraft and Retail Trade in London, in: EHR, New Series 10 (1957–58), S. 381–394; siehe auch den Überblick in: *Haupt* u. *Crossick*, Kleinbürger, S. 38 f.; sowie *M. Berlin*, ›Broken All in Pieces‹: Artisans and the Regulation of Workmanship in Early Modern London, in: *Crossick* (Hg.), Artisan, S. 75–91.

Schwerpunkte als realhistorische Prozesse zu vergleichen. Wenn auch ein Fragebogen die Aufmerksamkeit der an der Enquete teilnehmenden Wissenschaftlerinnen und Wissenschaftler auf eine Reihe gemeinsamer Fragestellungen richtete, spiegelt die Aufnahme einzelner Probleme und deren Behandlung doch den Forschungsstand und damit dominante Tendenzen in der nationalen Historiographie wider. Wenn kulturelle Aktivitäten der Zünfte nicht erwähnt werden, dann kann das ebenso an der mangelnden Existenz, wie an den fehlenden Vorarbeiten liegen.[69] Unter diesen Bedingungen ist der Vergleich nur dann vorgenommen worden, wenn die Texte explizit auf Praktiken der Zünfte eingingen.

Möglich ist es, unter diesen Bedingungen das unterschiedliche Ende der Zunftordnung in Europa zu bezeichnen, wenn man darunter die Verabschiedung jener gesetzlichen Bestimmungen versteht, die entweder die Zünfte beseitigten oder aber die Gewerbefreiheit einführten. Im zweiten Fall ist damit zu rechnen, dass die Abschaffung der Zünfte längere Zeit beanspruchte, vor allem dann, wenn es galt, Gewerberechte finanziell zu entschädigen, und wenn die Städte die dafür notwendigen Mittel aufzubringen hatten. Das preußische Beispiel illustriert diesen langen Prozess, da dort das Gewerbe-Edikt des Jahres 1810 erst nach mehreren Jahrzehnten de facto zur Beseitigung der Zünfte führte. Auch in der Toskana und in Spanien wurde durch die Proklamation der Gewerbefreiheit erst ein Prozess eingeleitet, der mit der Abschaffung der Zünfte endete.[70]

Lässt man diese notwendigen Differenzen einmal außer Betracht, lassen sich drei Konstellationen unterscheiden, in denen die Zünfte in Europa aufgehoben wurden. Die französische Revolution von 1789 erschütterte nachhaltig das Zunftsystem in mehreren europäischen Staaten: Erstaunlicherweise ging die Mailänder Entwicklung (1787) der französischen voran, da erst 1791 die Legislative mit den Gesetzen Allard und Le Chapelier den Zunftzwang aufhob. In Belgien (1798) und in Venedig (1807), aber auch in den Rheinprovinzen und in Westfalen wurde während der französischen Besatzung die Gewerbefreiheit eingeführt.[71] Zu der nächsten Gruppe sind jene Staaten zu zählen, die in der Zeit der Restauration und des Wirtschaftsliberalismus für die Gewerbefreiheit

69 Zu diesem in der Forschung nicht immer zureichend reflektiertem Problem siehe *H.-G. Haupt* u. *J. Kocka*, Historischer Vergleich: Methoden, Aufgaben, Probleme. Eine Einleitung, in: *dies.* (Hg.), Vergleich, S. 9–46, 33f.

70 *J. Bergmann*, Das Zunftwesen nach der Einführung der Gewerbefreiheit, in: *B. Vogel* (Hg.) Preußische Reformen 1807–1820, Königstein 1980, S. 150–167; *B. Vogel*, Allgemeine Gewerbefreiheit. Die Reformpolitik des preußischen Staatskanzlers Hardenberg (1810–1820), Göttingen 1983.

71 *H. Burstin*, La loi Le Chapelier et la conjoncture révolutionnaire, in: *A. Plessis* (Hg.), Naissance, S. 63–76; *J. Imbert*, Le ›décret‹ d'Allarde et ses suites immédiates, in: ebd., S. 103–113; *J. J. Heirwegh*, Les coporations dans les Pays-Bas autrichien (1738–1784), Thèse de doctorat Bruxelles 1980–81; *S. Schama*, Patriots and Liberators. Revolution in the Netherlands, 1780–1813, New York 1992, S. 524f.; *S. Woolf*, A History of Italy, 1700–1860. The Social Constraints of Political Change, London 1979, S. 155f. Zu dem allgemeinen Kontext der französischen Umgestaltung Europas: *S. Woolf*, Napoléon et la conquête de l'Europe, Paris 1990, S. 123f.

optierten. In der niederländischen Republik (1818), in Spanien (1813/1834), aber auch in Neapel (1821), Turin (1844) und in Schweden (1847) fielen nach 1815 die Beschränkungen, die Zünfte der Produktion auferlegt hatten.[72] Zu den Nachzüglern in Europa gehörten schließlich die süddeutschen Staaten, die Hansestädte Bremen und Hamburg, aber auch Österreich, die alle erst unter dem Eindruck der Industrialisierung in der Mitte des 19. Jahrhunderts auf die Institutionen des Ancien Régimes verzichteten.[73]

Mit dem Ende der Zünfte als öffentlich-rechtliche Institutionen war zwar das Ancien Régime beendet, nicht aber die Geschichte der Zünfte. Diese lebten in Organisationsformen, Symbolen und Ritualen in der Arbeiter- und Handwerkerbewegung des 19. Jahrhunderts fort und gehörten zu den Palliativmitteln, mit denen Gesellschaftstheoretiker nicht nur konservativ-reaktionärer Ausrichtung die soziale Frage lösen wollten. Selbst der republikanische Soziologe Emile Durkheim erwog, ihre heilende Kraft einzusetzen, um die »Anomie« zu bekämpfen. Da die Motive, die zur Schaffung und Bewahrung der Zünfte geführt hatten, mit ihrer formalen Beseitigung nicht verschwanden, tauchten im 19. Jahrhundert die Zünfte immer dann auf, wenn Kaufleute, Meister und Kleinhändler die berufliche Selbstorganisation, die Kontrolle des Arbeitsmarktes und die Qualität der Waren organisieren wollten. Aber das ist eine andere Geschichte.[74]

72 Siehe *Mailluari*, Assocoiaioni, S. 476 f.; zu Spanien siehe *A. Shubert*, A Social History of Modern Spain, London 1990; zu Portugal, wo in den 1830er Jahren die Zünfte beseitigt wurden, siehe *M. H. Pereira*, Révolution libérale et milieu artisanal et ouvrier au Portugal (1820–1823), in: *G. Gayot* u. *J. P. Hirsch* (Hg.), La Révolution française et le développement du capitalisme, Lille 1989, S. 415–424.

73 *F. W. Henning*, Die Einführung der Gewerbefreiheit und ihre Auswirkungen auf das Handwerk in Deutschland, in: *W. Abel u. a.* (Hg.), Handwerksgeschichte in neuer Sicht, Göttingen 1978, S. 142–172; *K. H. Kaufhold*, Gewerbefreiheit und gewerbliche Entwicklung im 19. Jahrhundert, in: BfdL 118 (1982), S. 73–114.

74 Zu den unterschiedlichen »responses« auf diese »challenges« siehe *Haupt* u. *Crossick*, Kleinbürger, passim.

# Kleinhändler und Arbeiter in Bremen zwischen 1890 und 1914[1]

Waren die Beziehungen zwischen Detaillisten und Proletariern antagonistisch, oder aber bestanden zwischen ihnen aufgrund von ähnlichen Lebens- und Arbeitsbedingungen, sozialen Beziehungen und politischen Optionen Strukturähnlichkeiten, Kontaktfelder und Möglichkeiten der Kooperation? Antworten auf diese Frage sind weniger in historischen Untersuchungen zum Kleinhandel oder zur Arbeiterklasse als in klassenanalytischen Überlegungen zu finden. Denn die Forschungen zum »Mittelstand« blieben insgesamt zu stark auf die Verlautbarungen und Aktivitäten von Interessenverbänden bezogen, als daß sie eine über globale Zuordnung hinausgehende Verortung der Klasse hätten leisten können.[2] In neueren Arbeiten zur Sozialgeschichte der Arbeiterklasse gewinnt zwar vor allem für die Mitte des 9. Jahrhunderts das Problem des Übergangs bzw. der Distanz zwischen Handwerk und Proletariat an Bedeutung, aber für den Detailhandel sind derartige Überlegungen noch nicht angestellt worden.[3]

1 Der Aufsatz fußt teilweise auf Ergebnissen, die im Rahmen eines von der Stiftung Volkswagenwerk und der Universität Bremen geförderten Forschungsprojekts mit dem Titel »Die politische und ökonomische Bedeutung des Kleinhandels in Frankreich und Deutschland vor 1914« entstanden sind. An diesem Projekt nahmen Charlotte Niermann, Achim Saur, Peter Schöttler und Eugen Sinner teil, denen ich für ihre Anregungen und Kritik danke. Ein erster Entwurf des Textes wurde mit den Teilnehmern des Forschungskolloquiums von Karin Hausen, Wolfgang Hoffmann, Volker Hunecke und Reinhard Rürup (Technische Universität Berlin) diskutiert. Auch ihnen danke ich für die kritische Lektüre.

2 Siehe etwa *H.A. Winkler*, Mittelstand, Demokratie und Nationalsozialismus. Die politische Entwicklung von Handwerk und Kleinhandel in der Weimarer Republik, Köln 1972; *R. Gellately*, The Politics of Economic Despair: Shopkeepers and German Politics 1890–1914, London 1974; *S. Volkov*, The Rise of Popular Antisemitism in Germany. The Urban Master Artisans, 1873–1896, Princton 1978; dies gilt auch für ältere Arbeiten, siehe *K. Puderbach*, Die Entwicklung des selbstständigen Mittelstandes seit Beginn der Industrialisierung, Jur. Diss. Bonn 1967.

3 Siehe vor allem *W. Renzsch*, Handwerker und Lohnarbeiter in der frühen Arbeiterbewegung, Göttingen 1980; *J. Kocka*, The Study of Social Mobility and the Formation of the Working Class in the 19th Century, in: Le Mouvement social 111 (1980), S. 97–118; *ders. u. a.*, Familie und soziale Plazierung. Studien zum Verhältnis von Familie, sozialer Mobilität und Heiratsverhalten an westfälischen Beispielen im späten 18. und 19. Jahrhundert, Opladen 1980; zur Entwicklung und Diskussion in Frankreich siehe: *Yves Lequin*, Les ouvriers de la région lyonnaise (1848–1914), 2 Bde., Lyon 1977, bes. Bd. 1, S. 221 f.; zur englischen Situation vgl. *E. Hobsbawm*, Soziale Ungleichheit und Klassenstrukturen in England: Die Arbeiterklasse, in: *H.-U.Wehler* (Hg.), Klassen in der europäischen Sozialgeschichte, Göttingen 1979, S. 53–65; *G. Crossick*, An Artisan Elite in Victorian Society. Kentish London, 1840–1880, London 1978.

Da für klassenanalytische Bestimmungen des Kleinbürgertums, zu dem der Kleinhandel gerechnet wird, die Abgrenzung gegenüber der Klasse der Arbeiter und der Bürger konstitutiv ist,[4] versprechen sie eher als die historiographische Tradition, die Ausgangsfrage zu beantworten.

Obwohl die Klassenanalysen durchaus unterschiedliche Akzente setzen, entweder auf die ökonomische Situation und den Prozeß der Klassenbildung oder aber auf das Selbstverständnis abheben, betonen sie insgesamt stärker die Gegensätzlichkeit als die Komplementarität proletarischer und kleinbürgerlicher Interessen. Bereits in die Bestimmung der gemeinsamen ökonomischen Interessen, die die Klassenlage prägen, geht mit dem Besitz an Produktionsmitteln der Handwerker und Detaillisten und dem Nichtbesitz der Arbeiter eine fundamentale Differenz ein.[5] Diese haben sowohl Karl Marx als auch Max Weber betont: »Es ist die allerelementarste ökonomische Tatsache, daß die Art, wie die Verfügung über sachlichen Besitz innerhalb einer sich auf dem Markt zum Zweck des Tausches begegnenden und konkurrierenden Menschenvielheit verteilt ist, schon für sich allein spezifische Lebenschancen schafft.«[6] Wenn die Lebenschancen des einzelnen auch maßgeblich durch den Produktionsmittelbesitz beeinflußt werden, so hängen sie darüber hinaus auch von zusätzlichen Gütern ab, die für Kleinbürger und Arbeiter auf dem Markt verwertbar sind. Diese Überlegung rät dazu, über die Verteilungsmuster der Produktionsmittel hinaus zusätzliche Komponenten der Lebensführung einzubeziehen. Hier bieten sich neben der Arbeitszeit und dem Einkommen die Existenzsicherheit, das Vermögen und die Autonomie am Arbeitsplatz an.[7] Zu klären wäre dabei, ob entlang der Trennungslinie des Produktionsmittelbesitzes sich auch die Lebensweise von Kleinhändlern und Arbeitern unterschied, oder ob vielfältige Überschneidungen zwischen ihnen festzustellen sind.

Zu der These, daß die Klassenlage von Kleinbürgern und Arbeitern in zentralen Elementen auseinanderstrebte, kommen auch Untersuchungen, die nicht einzelne Faktoren in den Mittelpunkt rücken, sondern diese als Teile eines Entwicklungstypus behandeln. So ordnet Annette Leppert-Fögen das Kleinbürgertum der Produktionsweise »einfache Warenproduktion« zu, die in der Zeit der

4 Siehe u.a. *A.J. Mayer*, The Lower Middle Class as a Historical Problem. in: JMH 47 (1976), S. 409–436; *F. Maybach*, Theorie des Mittelstandes, Bern 1942; *Emil Grünberg*, Der Mittelstand in der kapitalistischen Gesellschaft. Eine ökonomische und soziologische Untersuchung, Leipzig 1932.

5 Auf dieser ökonomisch-kategorialen Ebene verbleiben folgende Untersuchungen: IMSF. Klassen- und Sozialstruktur in der BRD 1950–1970. T. 1, Frankfurt a.M. 1973; Projekt Klassenanalyse, Materialien zur Klassenstruktur der BRD, T. 1, Berlin 1973. bes. S. 301 f.

6 *M. Weber*, Wirtschaft und Gesellschaft. Grundriss der verstehenden Soziologie, Tübingen 1972$^5$, S. 531. Siehe auch *K. Marx*, Das Kapital, in: MEW, Bd. 23–25, insbes. Bd. 23, S. 603 und passim, Bd. 25, S. 742.

7 Gute systematische und auf Empirie bezogene Überlegungen zu den Organisationsverhalten beeinflussenden Faktoren stellt an: *W.H. Schröder*, Arbeitergeschichte und Arbeiterbewegung. Industriearbeit und Organisationsverhalten im 19. und frühen 20. Jahrhundert, Frankfurt a.M. 1978, bes. S. 78 f.

Zünfte ihre ideale Ausprägung erhalten habe und nunmehr in die kapitalistische Produktionsweise hineinrage. Von dieser unterscheide sie sich durch das Überwiegen der lebendigen Arbeit über die sachlichen Produktionsmittel sowie durch das Fehlen von freier Lohnarbeit. Nach dieser Definition ist der Gegensatz von Lohnarbeit und Kapital für die Charakterisierung des Kleinbürgertums insofern irrelevant, als sie nur jene Handwerker und Kleinhändler als Kleinbürger gelten läßt, die keine Lohnarbeit vernutzen. Sie führt aber doch einen strukturellen Unterschied zwischen Arbeitern und Kleinbürgern ein. Da der gesellschaftliche Zusammenhang zwischen Kleinproduzenten und -händlern erst durch den Produktentausch und damit über den Markt hergestellt werde, konzentriere sich ihr politisches Bewußtsein auf die Zirkulationssphäre und müsse notwendigerweise die Vorgänge im Produktionsbereich ausblenden. Somit bestehe zwar kein Antagonismus zwischen beiden Klassen, aber sehr wohl eine so unterschiedliche strukturelle [illegible], daß gleiche Interessenlagen und Aktionen nicht möglich seien.[8] Die empirische Überprüfung der Behauptung, daß unterschiedliche Produktionsweisen eine soziale Differenz zwischen Kleinbürgern und Arbeitern ausmachen, ist eher in einer Studie des Handwerks als des Kleinhandels zu leisten. Denn die »einfache Warenproduktion« ist per definitionem eine handwerkliche Produktionsform, zu der der Detailhandel nur bedingt gezählt werden kann.[9]

Aus dem gesamtgesellschaftlichen Prozeß der Klassenbildung und der Durchsetzung des Klassenprinzips, nicht so sehr aus der Klassenlage, leitet Theodor Geiger den Platz und die Ausrichtung der einzelnen Teile des Mittelstandes ab. Er definiert den »alten Mittelstand« als jene heterogene Gruppe, die von der Klassenstruktur noch nicht endgültig erfaßt worden ist und die als »retardierendes Moment im Prozeß der vollen Entfaltung zur Klassengesellschaft« anzusehen ist.[10] In den fortbestehenden ständischen Strukturen wurzele das Interesse des von Geiger auf Handwerk und Kleinhandel begrenzten alten Mittelstandes, seine Existenz zu wahren und möglichst viele Sonderinteressen durchzusetzen. Im Unterschied zur Arbeiterklasse sei der »alte Mittelstand« kein Produkt der Klassengesellschaft und orientiere sich in seinem Handeln

8 *A. Leppert-Fögen*, Die deklassierte Klasse. Studien zur Geschichte und Ideologie des Kleinbürgertums, Frankfurt a.M. 1974, bes. S. 10f.; *dies.*, Arbeiterbewegung und Kleinbürgertum vor dem deutschen Faschismus, in: Faschismus und Kapitalismus. Arbeiterbewegung, Theorie und Geschichte 4 (1976), S. 44–65; zur Kritik an dieser Analyse vgl. *H.-G. Haupt*, Einleitung zu: *ders.*, (Hg.), »Bourgeois und Volk zugleich«? Zur Geschichte des Kleinbürgertums im 19. und 20. Jahrhundert, Frankfurt a.M. 1978, S. 15f.

9 Siehe etwa *M. Mauke*, Die Klassentheorie von Marx und Engels, Frankfurt a.M. 1970, bes. S. 40f.; als Sammlung von Zitaten aus den Werken von Marx und Engels nützlich ist auch: *Autorenkollektiv*, Handelskapital. Geschichte und Gegenwart. Berlin-O. 1980.

10 *T. Geiger*, Panik im Mittelstand, in: Die Arbeit 7 (1930), S. 637–654. hier S. 639; *ders.*, Die soziale Schichtung des deutschen Volkes. Soziographischer Versuch auf statistischer Grundlage, Stuttgart 1932 (Neudruck Darmstadt 1967), S. 85f.

auch nicht an ihr.[11] Dieses Prozeßmodell trägt bereits implizit den Bedenken Rechnung, die Pierre Bourdieu gegen eine statische Momentaufnahme der Klassengrenzen geäußert hat. Diese könne nämlich nicht erfassen, aufgrund welcher sozialen Kämpfe sich die Klassen in ihren Besonderheiten herausgebildet haben.[12] Geiger führt darüber hinaus die Bedeutung ständischer Faktoren in die Diskussion ein. Während er damit das Fortbestehen von strukturellen Besonderheiten anspricht, sieht Heinrich August Winkler im ständischen Denken das Charakteristikum des Mittelstandes überhaupt.[13] Die Begrifflichkeit wird auch auf Formen sozialer Beziehungen angewandt, die Menschengruppen erhalten. Wenn mit Max Weber unter ständischer Lage »jene typische Komponente des Lebensschicksals von Menschen« verstanden wird, »welche durch eine spezifische, positive oder negative, soziale Einschätzung der ›Ehre‹ bedingt ist, die sich an irgendeine gemeinsame Eigenschaft vieler knüpft«,[14] so geraten zwei Problemkreise in das analytische Visier: einmal die Intensität der sozialen Kontakte, die soziale Gruppen untereinander unterhalten und die sich in ähnlichen Formen der Lebensführung ausdrücken, zum anderen die durch Selbst- oder Fremdeinschätzung gebildeten Barrieren zwischen Schichten und Klassen, deren Mechanismen Pierre Bourdieu für die Gegenwart unter dem Begriff »La Distinction« zusammengefaßt hat.[15] Für das soziale Verhältnis zwischen Kleinhändlern und Arbeitern soll vor allem ermittelt werden, ob der Klassenlage auch spezifische Muster der Beziehungen entsprachen oder ob diese anderen Bruchlinien folgten.

Trotz allen Anregungen sind diesen hier nur kurz skizzierten Ansätzen drei Mängel gemeinsam. Über die Betonung einzelner Merkmale des Kleinbürgertums vergessen sie eine Analyse der kleinbürgerlichen Lebensweise im Vergleich mit der proletarischen.[16] Die Frage, ob gleichsam unterhalb der strukturellen Existenzbedingungen Ähnlichkeiten zwischen beiden Klassen bestanden, bleibt ungestellt. Für eine klassenanalytische Herangehensweise ist diese Lücke insofern gravierend, als sie andeutet, daß die Untersuchung sich zu stark auf die sozial-ökonomischen Faktoren beschränkt und nicht danach gefahndet hat, ob diesen auch Lebensformen und Handlungspotentiale entsprachen. Ob der Pri-

11 *Geiger*, Panik, S. 640: »Der entscheidende Kampf der Epoche zwischen Großkapital und Lohnarbeit um die Gesellschaftsform geht über die Köpfe dieser Gruppen hinweg.«

12 *P. Bourdieu*, La Distinction. Critique sociale du jugement, Paris 1979, S. 272 f. Allerdings kann Geiger Bourdieus Anspruch nicht einlösen, da er die Vergangenheit des Kleinbürgertums zu statisch sieht.

13 *Winkler*, Mittelstand, S. 25.

14 *Weber*, Wirtschaft, S. 534.

15 *Bourdieu*, La Distinction. Siehe auch *ders.* u. *J. C. Passereron*, La reproduction. Éléments pour une théorie du système d'enseignement, Paris 1971².

16 Diesen Mangel von Klassenanalysen hebt besonders nachdrücklich und überzeugend hervor: *A. Lüdtke*, Alltagswirklichkeit, Lebensweise und Bedürfnisartikulation, in: Gesellschaft. Beiträge zur Marxschen Theorie, hg. von *H.-G. Backhaus*, Bd. 11, Frankfurt a. M. 1978, S. 311–350.

vatbesitz an Produktionsmitteln etwa die entscheidende Komponente war, die eine Klassenlinie zwischen Arbeitern und Detaillisten auszeichnet, wird erst die sozialgeschichtliche Analyse erweisen müssen. Weiterhin sind die umrissenen Theorien von einem zu holistischen Bild des Kleinbürgertums ausgegangen. Interne Differenzierungen zwischen Handwerk und Kleinhandel einerseits, zwischen einer »Kleinbürger-Aristokratie« und den »Proletaroiden« (Th. Geiger) fehlen oft, wären aber für eine Bestimmung des Verhältnisses zwischen Meistern, Krämern und Proletariern wichtig.[17] Der Hinweis von Max Weber, daß »die Einheit der sozialen Klasse daher sehr verschieden ausgeprägt sei«, ist ernster als bisher zu nehmen.[18] Deshalb ist darauf zu achten, welcher Teil des Kleinhandels welche Beziehungen zu welcher Fraktion der Arbeiterklasse aufnimmt. Schließlich geht in die Charakterisierung des Kleinbürgertums ein Bild ein, das zu stark von der politischen Ausrichtung von Verbänden geprägt ist.[19] Angesichts fehlender sozialgeschichtlicher Forschungen ist die Versuchung sehr groß, entweder in den politischen Optionen der Kleinbürger ihre Besonderheit zu sehen oder aber das politische Engagement der aus entwicklungslogischen Perspektiven gewonnenen Klassenlage kontrapunktisch entgegenzusetzen. Der erste Ansatz wird von Heinrich August Winkler vertreten,[20] der zweite von Ernst Bloch, der das Kleinbürgertum durch die »Ungleichzeitigkeit« zwischen Struktur und Aktion kennzeichnet.[21] Die jeweilige Funktion dieser traditionalen ideologischen Elemente wird allerdings nicht einbezogen. Insgesamt bleiben die Analysen zu stark auf die Spitzen der Klasse und zu wenig auf ihre »Basis« bezogen. Nicht nur fehlt in der Regel eine Reflexion darüber, ob die Organisationen die Gesamtheit der Berufs- und Klassenmitglieder oder nur eine Minderheit umfaßten[22], sondern auch über das Problem, ob die Stellung-

17 Zum nützlichen Begriff »proletaroid« siehe *Geiger*, Schichtung, S. 31: »Der Proletaroide ist zwar rechtlich und arbeitsorganisatorisch ›Herr seines Arbeitslebens‹, d.h. er disponiert selbst über seine berufliche Leistung, ist nicht den Arbeitsanweisungen eines Patrons unterworfen. Das unterscheidet ihn vom Lohnproletariat. Aber der Proletaroide teilt mit dem Lohnproletar das Schicksal, daß er ›unter Angebot-Druck steht‹, d.h. von Tag zu Tag zur Reproduktion seiner Arbeitsleistung gezwungen, von der Hand in den Mund lebt.« Mit dem Klassenschema Geigers arbeitete erfolgreich: *G. Hollenberg*, Bürgerliche Sammlung oder sozialliberale Koalition? Sozialstruktur, Interessenlage und politisches Verhalten der bürgerlichen Schichten 1918/19 am Beispiel der Stadt Frankfurt am Main, in: VfZ 3 (1979), S. 392–430.

18 *Weber*, Wirtschaft, S. 223.

19 Siehe insbesondere die Kritik daran in: *D. Blackbourn*, The ›Mittelstand‹ in German Society and Politics, 1871–1914, in: Social History 4 (1977), S. 409–433.

20 Siehe *Winkler*, Mittelstand, S. 25; vgl. auch *ders.*, Vom Sozialprotektionismus zum Nationalsozialismus: Die deutsche Mittelstandsbewegung in vergleichender Sicht, in: *Haupt* (Hg.), Bourgeois, S. 143–161.

21 *E. Bloch*, Erbschaft dieser Zeit (1935), Frankfurt a.M. 1973, S. 108–111.

22 Eine Ausnahme von der Regel bildet: *J. Wein*, Die Verbandsbildung im Einzelhandel. Mittelstandsbewegung, Organisationen der Großbetriebe, Fachverbände, Genossenschaftswesen und Spitzenverband, Berlin 1968.

nahmen der Organisationen alle Lebens- und Meinungsäußerungen der Mitglieder geprägt haben. Forschungen über reproduktive Verhaltensweisen von Angestellten raten zur Vorsicht, soziales Verhalten vor allem aus vorindustriellen Traditionen und Argumentationsstrukturen zu erklären. Reinhard Sprees Aufforderung, möglichst detailliert und umfassend die aktuellen Bezüge, Konflikte und Widersprüchlichkeiten der Klassen zu untersuchen[23], ist in der folgenden Untersuchung zu berücksichtigen.

Diese kann aus den klassenanalytischen Überlegungen zwei allgemeine Fragerichtungen gewinnen: Entsprach der unterschiedlichen Klassenlage von Kleinhändlern und Arbeitern, die durch den Besitz- bzw. Nichtbesitz an Produktionsmitteln charakterisiert ist, eine unterschiedliche Lebensweise, oder aber deuten ähnliche Lebensverhältnisse auf eine begrenzte Aussagefähigkeit des grundlegenden Klassenkriteriums hin? Zum anderen ist der Bereich der sozialen Beziehungen zu berücksichtigen. Konzentrieren sich die Kontakte, die Arbeiter und Kleinhändler aufnahmen, vorwiegend auf Klassengenossen, oder griffen sie darüber hinaus? Bestanden zwischen beiden Wert- und Prestigeunterschiede, die als Barriere wirkten, oder aber gleitende Übergänge? Diese Fragen sollen vor allem im familiären Umfeld diskutiert werden. Sie gewinnen darüber hinaus auch in der Gesellschaft an Bedeutung. Prägten etwa Konflikte zwischen dem Lohnarbeiter beschäftigenden Prinzipal und dem Kommis oder die zwischen dem Kaufmann und dem Arbeiterkunden maßgeblich das Verhältnis zwischen Kleinhändlern und Arbeitern, oder aber bestanden, wenn auch keine harmonischen, so doch widersprüchliche Verhältnisse, die jedoch zu keinen offenen Konfrontationen führten? Damit setzt die Untersuchung unterhalb der dritten Dimension an, die in jeder Klassenanalyse zu behandeln ist: die der politischen Organisation und Aktion.[24] Sie konzentriert sich vor allem auf die Frage, welche politischen Optionen aufgrund der sozialökonomischen Beziehungen zwischen Arbeitern und Kleinhändlern überhaupt *möglich* waren.

Drei Grundentscheidungen beschränken die Aussagekraft der Studie. Sie behandelt nicht das Kleinbürgertum insgesamt, sondern nur den Kleinhandel. Unter diesem Begriff wird die Gesamtheit der Betriebe verstanden, die, ohne selbst an der Produktion teilzunehmen, direkt an den Endverbraucher Waren verkaufen.[25] Ausgeschlossen werden damit sowohl der Groß- als auch der Handwerkshandel. Dieser ist aufgrund seiner rechtlichen Prägung eher dem Handwerk zuzurechnen. Mit dieser Schwerpunktsetzung wird jener Teil des Kleinbürgertums behandelt, der sich historisch später als das Handwerk herausgebildet hat, über geringere korporative Traditionen verfügt und in der Mehrzahl der Fälle

23 *R. Spree*, Angestellte als Modernisierungsagenten. Indikatoren und Thesen zum reproduktiven Verhalten von Angestellten im späten 19. und frühen 20. Jahrhundert, in: *J. Kocka* (Hg.), Angestellte im europäischen Vergleich, in GG 7 (1981), Sonderheft, S. 279–308.

24 Siehe etwa die Hinweise bei *Kocka*, Social Mobility, S. 104f.

25 Zum Kleinhandel vgl. vor allem *J. Hirsch*, Der moderne Handel, seine Organisation und Formen und die staatliche Binnenhandelspolitik, Berlin 1925²; *J. Wernicke*, Kapitalismus und Mittelstandspolitik, Jena 1922², S. 220f.

ökonomisch instabiler war.[26] Weiterhin soll das Verhältnis Arbeiter und Detaillisten von der Seite der Kleinhändler her angegangen werden. Freilich wäre die Analyse befriedigender, wenn bereits eine Untersuchung der Bremer Arbeiterklasse vorläge, auf die sich dann die der Krämer und Kaufleute beziehen könnte. Da zwar die politische, nicht aber die Sozialgeschichte der Bremer Arbeiter vor 1914 geschrieben ist[27], muß bei dem Vergleich häufig auf disparate Daten bzw. hilfsweise auf Forschungsergebnisse zurückgegriffen werden, die für andere Städte vorliegen. Damit besteht zweifellos die Gefahr, daß die soziale und ökonomische Situation der Arbeiter zu stark vereinfacht wird. Dieser Nachteil ist in Kauf zu nehmen, da er aufgewogen werden kann durch eine neue Optik, nämlich die Grenzen der Arbeiterklasse vom Kleinbürgertum her zu skizzieren. Um allzu groben Vereinfachungen zu entgehen, wird bei Vergleichen der Industriearbeiter herangezogen. Schließlich wird die Studie mikroanalytisch vorgehen und die Bremer [illegible] allgemeine Bedeutung beanspruchen, war Bremen doch zumindest in zweifacher Hinsicht vom Gros der deutschen Städte unterschieden. Einmal bestand in Bremen nicht jener Gegensatz zwischen Industriebourgeoisie und Kleinbürgertum, aus dem David Crew für Bochum politische Konflikte zwischen beiden Klassen abgeleitet hat.[28] Vielmehr waren trotz gelegendlicher Friktionen und der organisatorischen Abspaltung des Kleinhandels in der »Kleinhandelskammer« (1907) Klein- und Großhandel sich politisch so nahe, daß eine Mehrheit von ihnen in der freisinnigen Partei eine politische Heimat fand.[29] A priori ist mithin nicht von einer Interessenallianz zwischen Arbeitern und Kleinhändlern auszugehen. Zum anderen hat die Industrialisierung in Bremen erst in den 1890er Jahren und damit später als in anderen deutschen Großstädten eingesetzt.[30] Trotz dieser beschränkten Repräsentativität Bremens erlaubt eine Lokalstudie, über globale Zuschreibungen und Betrachtungen hinauszugelangen und detailliert die gesellschaftliche Wirklichkeit zu erfassen.

26 Diese Unterschiede innerhalb des »Mittelstandes« oder des Kleinbürgertums sind bislang noch nicht zureichend in ihrer Bedeutung für klassenanalytische Überlegungen gewürdigt worden.

27 Siehe *K.-E. Moring*, Die Sozialdemokratische Partei in Bremen 1890–1914. Reformismus und Radikalismus in der Sozialdemokratischen Partei Bremens, Hannover 1968.

28 *D. F. Crew*, Bochum. Sozialgeschichte einer Industriestadt 1860–1914, Frankfurt a. M. 1980, bes. S. 146f.

29 *H. Schwarzwälder*, Geschichte der Freien Hansestadt Bremen, Bd. 2, Bremen 1976.

30 *W. R. Baumann* u. *R. Wallentin*, Die Ursachen für den späten Beginn und den besonderen Verlauf der Industrialisierung in Bremen und die Bedeutung dieses Industrialisierungsprozesses für die Arbeiterbewegung in Bremen, Dipl.-Arb. Bremen 1976; *D. Herms*, Die Anfänge der bremischen Industrie vom 17. Jahrhundert bis zum Zollanschluß 1888, Bremen 1952.

## 1. Vergleich zwischen der Klassenlage von Bremer Kleinhändlern und Arbeitern

Daß der Besitz an Produktionsmitteln kein zureichendes Kriterium ist, um die Klassenlage des Kleinbürgertums und damit auch des Kleinhandels zu bestimmen, kann sowohl an empirischen Beobachtungen abgelesen als auch der wissenschaftlichen Diskussion entnommen wer den. Wenn mit Produktionsmitteln nicht nur die Verfügung über die Arbeitskräfte, sondern auch eine gewisse materielle Sicherheit garantierende Besitztitel verbunden sind, so fehlten bei einem Teil der Bremer Kleinhändler diese Bedingungen. Fast ein Drittel aller Läden waren nämlich Alleinbetriebe, in denen keine familienfremde Lohnarbeiter beschäftigt waren[31], und 52 % aller Kleinhändler, die im 1. Bezirk der Bremer Neustadt steuerlich erfaßt wurden, besaßen ihren Laden nicht, sondern hatten ihn gemietet.[32]

Der Produktionsmittelbesitz prägte nur einen Teil der Bremer Detaillisten. In klassenanalytischen Überlegungen vor allem zum Kleinbürgertum ist die Relevanz des Kriteriums »Besitz der Produktionsmittel« auch relativiert worden. So führte Karl Marx aus: »Allerdings kann er selbst, gleich seinem Arbeitgeber unmittelbar Hand im Produktionsprozeß anlegen, aber er ist dann auch nur ein Mittelding zwischen Kapitalist und Arbeiter, ein ›kleiner Meister‹.«[33]

Neben der Art der Arbeit und ihrer Dauer können andere Faktoren benannt werden, an denen sich der unterschiedliche Platz in der Produktion und Reproduktion ablesen läßt. Mit dem Einkommen und der Existenzsicherheit sollen zwei zentrale Dimensionen des Kleinhändler- und Arbeiterdaseins erfaßt werden. Die Untersuchung leitet folgende Frage: Erweisen die Verteilung der Einkommen, die Zukunftsperspektiven, die Länge und die Art der Arbeit, daß zwischen dem Bremer Kleinhandel und den Industriearbeitern ein Klassenunterschied bestand, oder aber lassen sich keine wesentlichen Differenzen in der konkreten Lebensweise beider Gruppen feststellen?

31 Diese Angabe stützt sich auf eine Erhebung der Bremer Handelskammer aus dem Jahre 1904, in der zwischen den Großhandels- und Kleinhandelsbetrieben unterschiedcn wird. Da in zahlreichen anderen Statistiken der Vor- und Zwischenkriegszeit diese Trennung nicht gemacht wird, ist dieser Quelle ein hoher Wert beizumessen. Siehe Handelskammerarchiv Bremen (HKABr)-St.III.6. Die Ergebnisse der Umfrage werden kurz vorgestellt und kommentiert in: *C. Niermann u. a.*, Petit commerce et apprentissage à Brême au début du XXe siècle, in: Le Mouvement social 108, 1979, S. 131–150, hier S. 133.

32 Staatsarchiv Bremen (STAB) 4, 26–326. Die Akte überliefert die Höhe der bei der Einkommensteuerveranlagung angegebenen Einkommen aller berufstätigen Personen aus dem Bezirk I der Bremer Neustadt aus den Jahren 1903–1905, sofern ihre Familiennamen mit den Buchstaben M bis Z begannen.

33 *K. Marx* u. *F. Engels*, Werke, Berlin-O. 1957–1968, Bd. 23, S. 326; siehe dazu auch *Leppert-Fögen*, Die deklassierte Klasse, S. 63 f.

Die Dauer der Arbeit gibt nicht nur Hinweise auf den Handlungsspielraum, sondern auch auf Organisationsmöglichkeiten.[34] Je länger der Arbeitstag war, desto geringer waren auch die Chancen der Beschäftigten, in der Freizeit ihre Arbeitskraft zu reproduzieren, an Vergnügungen teilzunehmen oder sich beruflichen oder politischen Verbänden anzuschließen. Folgerichtig bestand eine der wichtigsten Forderungen der Arbeiterbewegung darin, eine Verringerung der täglichen Arbeitszeit durchzusetzen.[35] Glaubt man den vorliegenden Daten, so war die Dauer der täglichen Beschäftigung für das Gros der Bremer Kleinhändler nicht viel geringer als für die Industriearbeiter.

Die Arbeitszeit von Prinzipalen ist vor 1914 nicht systematisch erforscht worden. Die Aufmerksamkeit der staatlichen Stellen galt eher der Beschäftigungsdauer von Handlungsgehilfen und Lehrlingen. Zu ihrem Schutz wurden die Sonntagsruhe (1891) und der obligatorische Ladenschluß (1900) eingeführt.[36] Die tägliche Beschäftigung der Prinzipale kann allerdings an der Präsenz ihrer Angestellten abgelesen werden. Denn vor allem in kleineren Geschäften war die Funktionsdifferenzierung noch nicht so weit fortgeschritten, daß der Inhaber nicht mehr selbst mitbediente. Nach einer Enquete der Bremer Handelskammer aus dem Jahre 1904, in der die Trennung zwischen Klein- und Großhandel am sorgfältigsten vorgenommen wurde, waren 32 % aller Läden Allein-, 52 % Klein- (1–3 Angestellte), 13 % Mittel- (4–10 Angestellte) und 3 % Großbetriebe (über 10 Angestellte).[37] Selbst wenn in den mittelgroßen Läden der Inhaber bisweilen nicht mehr selbst im Laden gestanden hat, so ist doch in der überwiegenden Mehrheit aller Bremer Geschäfte von der Mitarbeit der Prinzipale auszugehen.[38] Das Resultat einer 1892 vorgenommenen »Ladenenquête« suggeriert sogar, daß die Arbeitszeit der Gehilfen geringer war als die Öffnungsdauer der Geschäfte.

Die Zahlen drücken nur die Verhältnisse in 143 Geschäften der westlichen Altstadt aus und beschönigen – wie zeitgenössische Kritiker vermerkten[39] – eher

34 *Schröder*, Arbeitergeschichte, S. 194f.

35 Siehe etwa *C. Schmitz*, Die Welt der modernen Fabrik, Jena 1929, S. 33f.; vgl. auch *J. Reulecke*, Vom blauen Montag zum Arbeiterurlaub. Vorgeschichte und Entstehung des Erholungsurlaubs für Arbeiter vor dem Ersten Weltkrieg, in: AfS 16 (1976), S. 205–248.

36 Siehe *P. Lange*, Die Sonntagsruhe in Kontoren und Läden, Berlin 1913; Die Streitfrage der Abkürzungen der Arbeitszeit im Handelsgewerbe. Diskussion von *Schmoller u. a.*, in: Jahrbuch für Gesetzgebung, Verwaltung und Volkswirtschaft 20 (1896), S. 989–1023; *O. Thief*, Die Sozialpolitik der deutschen Kaufmannsgehilfen, Hamburg 1926; *R. Schoneweg*, Ladenzeiten im Einzelhandel. Entwicklung und Probleme, Köln 1955.

37 Siehe Anm. 30.

38 Dies bestätigen u. a. die im Rahmen des oben genannten Forschungsprojektes geführten Befragungen der Söhne von Kleinhändlern, die vor 1914 einen Laden führten. Danach war selbst in größeren Geschäften die Mitarbeit des Prinzipals die Regel.

39 Da die Befragung schriftlich erfolgte, konnten die Fragebögen für Gehilfen auch vom Prinzipal ausgefüllt werden. Obwohl in der Endauswertung ein Mittelwert aus den Angaben der Prinzipale und Kommis errechnet wurde, spiegelten die Resultate eher die Meinung der Ladenbesitzer wider. Siehe dazu den Protest von *H. Molkenbuhr* in: Drucksachen der Kommission für Arbeiterstatistik, Verhandlungen, Nr. 2, Sitzung vom 3. Februar 1893, sowie

Tab. 1: Ladenzeit und Arbeitszeit im Bremer Kleinhandel (1892)*

| *Arbeitszeit bzw. Ladenzeit* | *Ladenzeit* % | *Arbeitszeit Gehilfen* % | *Arbeitszeit Lehrlinge* % |
|---|---|---|---|
| Bis zu 12 Std. | 21,7 | 26,6 | 20,8 |
| 12–13 Std. | 15,4 | 15,2 | 16,6 |
| 13–14 Std. | 25,9 | 17,7 | 16,6 |
| 14–15 Std. | 21,7 | 16,4 | 16,6 |
| 15 und mehr Std. | 15,4 | 24,0 | 29,1 |

* Erhebung über Arbeitszeit, Kündigungsfristen und Lehrlingsverhältnisse im Handelsgewerbe 1892, bearb. vom Kaiserlichen Statistischen Amt, Berlin 1893, Bd. 1, S. 28–43 nach eigenen Berechnungen; siehe auch den ausführlichen Kommentar dieser Enquete von *K. Oldenberg* in: Jahrbuch für Gesetzgebung, Verwaltung und Volkswirtschaft im Deutschen Reich 1893, S. 1231–1250.

die Situation, als daß sie ein realistisches Bild vermittelten. Wurde im Bremer Kleinhandel die Arbeitszeit der Gehilfen auch unterschätzt, so verdeutlicht die Statistik doch, daß eine tägliche Präsenz der Prinzipale von 13 Stunden keine Seltenheit war. Das Ergebnis der Enquete wurde im gleichen Jahr von einem Kolonialwarenhändler bestätigt, der in einem Brief an die Bremer Handelskammer schrieb: »In wohl sämtlichen Detailgeschäften, namentlich der Colonialwarenbranche beginnt die Arbeitszeit morgens zwischen 6 und 7 Uhr und dauert ununterbrochen bis abends zwischen 10 und 11 Uhr. Die verschiedenen Mahlzeiten sind keine Ruhepausen, da sofort nach dem Essen wieder zu arbeiten begonnen wird und häufig das Essen unterbrochen werden muß.«[40] Diese überlangen Geschäftszeiten waren vor allem im Kolonialwarenhandel die Regel, während sich die Gebrauchswaren- und Bekleidungsläden bei längeren Mittagspausen auf eine tägliche Ladenöffnung zwischen 8 und 21 Uhr »beschränkten«. Selbst in den relativ günstigen Branchen lag damit aber die Arbeitszeit über den 10,5 Stunden (63,5 Std. wöchentlich), die Wilhelm Heinz Schröder für den gleichen Zeitraum für die Industriearbeiter festgestellt hat.[41]

Mit der Einschränkung der Sonntagsarbeit und dem obligatorischen Ladenschluß, der 1900 auf 21, acht Jahre später auf 20 Uhr festgesetzt wurde[42], legten die staatlichen Instanzen zwar Grundlagen, um auch die Beschäftigten und

*M. Quarck*, Das Ergebnis der amtlichen Erhebung über die Arbeitsverhältnisse im deutschen Handelsgewerbe, in: Socialpolitisches Centralblatt 2, Nr. 39, vom 26.6.1893, S. 463.

40 HKABr Sz I/7, 1 vom 11.6.1890. Die Aussagen der Handelskammer und der Behörden bestätigten diese Meinung. Siehe STAB 3-M.6.e 11 b.2., Vol. l-4a-33 und ebd. 4a-57 und 58.

41 *W. H. Schröder*, Die Entwicklung der Arbeitszeit im sekundären Sektor in Deutschland 1871 bis 1933, in: Technikgeschichte 47 (1980), S. 252–302, hier S. 292.

42 Nach einer Umfrage des »Vereins Bremer Ladeninhaber« aus den Monaten April/Mai 1896 war gegenüber 1892 die durchschnittliche tägliche Arbeitszeit im Handel um 0,9 Stunden zurückgegangen; siehe auch *Schoneweg*, Ladenzeiten.

Inhaber im Einzelhandel an der allgemeinen Tendenz zur Arbeitszeitverkürzung teilnehmen zu lassen. Da aber die Bremische Verordnung, die die Einführung der Sonntagsruhe regelte, bis 1914 eine fünfstündige sonntägliche Ladenöffnung ermöglichte und überdies durch zahlreiche Ausnahmebestimmungen durchlöchert und der Ladenschluß auch nur zögernd eingeführt wurde[43], deutet alles darauf hin, daß sich die Arbeitszeiten im Handelssektor zwar auch verringerten, daß er bis zum Ersten Weltkrieg aber hinter der allgemeinen Entwicklung herhinkte. Angesichts dieser exzessiven Arbeits- und Ladenzeiten ist es nicht verwunderlich, daß die Organisationen der Handlungsgehilfen die Metapher vom »übermüdeten Geschlecht« benutzten, um die Lage der Kommis zu charakterisieren.[44]

Die Länge des Arbeitstages ist freilich nur ein Faktor, die Intensität der Arbeit und die Autonomie bei der Bestimmung von Arbeitsinhalt und -vollzug ein anderer Faktor, der die Arbeitssituation charakterisiert. Wenn in der überwiegenden Mehrzahl der kleinen Läden oder in den Alleinbetrieben die zeitliche Belastung des Prinzipals kaum geringer war als die seiner Angestellten, auf alle Fälle aber höher als die der Industriearbeiter war, so kann gleichwohl das höhere Ausmaß an Selbstbestimmung am Arbeitsplatz eine entscheidende soziale Differenz zwischen dem Ladeninhaber und dem Proletarier ausgemacht haben. Die Selbstständigkeit blieb aber vor allem in Kleinbetrieben eine Fiktion, in denen der Zwang vorherrschte, mit möglichst geringen Nebenkosten zu verkaufen und deshalb auch nur wenige Angestellte zu beschäftigen. Aufgrund der durchweg niedrigen Kapitalausstattung der Läden und ihres geringen Umsatzes war deshalb die Mitarbeit des Inhabers und seiner Familie besonders in Nachbarschaftsläden die Regel.[45] An die Stelle der Fremdbestimmung des Arbeitstages durch das Kapital war die durch die Rentabilität und die Marktzwänge getreten. Angesichts dieser Verpflichtung der Kleinkaufleute, selbst mit Hand anzulegen und dem Kundenstamm lange Öffnungszeiten anzubieten, ist es nicht erstaunlich, daß der Mehrheit der Inhaber wenig Zeit für Verbandsaktivitäten verblieb und daß die Bremer Kleinhandelskammer über die geringe Beteiligung ihrer Mitglieder an Kammerwahlen und ihre fehlende Bereitschaft klagte, Verant-

43 Siehe etwa *H. Schuon*, Der Deutschnationale Handlungsgehilfenverhand zu Hamburg, Jena 1914; Die Sonntagsruhebestimmungen im Handelsgewerbe, hg. vom Verband deutscher Handlungsgehilfen, Leipzig 1914. Daß das Problem der Durchsetzung der Sonntagsruhe bis 1914 fortbestand und auf den Deutschen Handlungsgehilfentagen einen breiten Raum einnahm, wird bestätigt in: Epochen der deutschen Angestelltenbewegung, hg. vom Gewerkschaftsbund der Angestellten, Berlin 1930, S. 67 und passim.

44 Zit. bei *Thiel*, S. 2. Der Ausdruck stammt von Adolf Stoecker.

45 Siehe zu den Nachbarschaftsläden den Überblick bei *K. Jasper*, Die Lage des Lebensmitteldetailhandels zur Zeit der industriellen Urbanisierung (1870–1914) unter besonderer Berücksichtigung der kleinen Nachbarschaftsgeschäfte, dargestellt am Beispiel der Stadt Köln, in: Scripta mercaturae 1977, S. 57–76; zur prekären materiellen Situation der Detaillisten siehe auch *Blackbourn*, S. 421 f.

wortung in der Kammer zu tragen.[46] Keineswegs zufällig stammten die Vorstandsmitglieder der neben Hamburg einzigen Kleinhandelskammer des Deutschen Reichs aus zentral gelegenen und gutgehenden größeren Geschäften, in denen die Abwesenheit des Besitzers wirtschaftlich möglich war.[47]

Ebensowenig wie Fremd- und Selbstbestimmung zu unterschiedlichen Arbeitszeiten führten, waren auch die beiden unterschiedlichen Einkommensquellen, die nach klassenanalytischen Kriterien Kleinhändler und Arbeiter besaßen, waren Profit und Lohn die Trennungsmerkmale, an Hand derer zwischen einer kleinbürgerlichen und einer proletarischen Lebenswirklichkeit unterschieden werden kann. Dieser Befund läßt sich erhärten, wenn nicht nur die Einkünfte des Mannes, sondern das Familieneinkommen zugrunde gelegt wird. Dieses bestand bei Detaillisten wie bei Arbeitern oft aus einer Mischung aus Handelsgewinn und Lohn.

Statistisch lassen sich die aus unterschiedlichen Quellen gespeisten Einkommen vor allem am Anteil der Nebenerwerbsbetriebe und an der Zahl der Ladeninhaberinnen fassen. Die Betriebs- und Berufszählung des Jahres 1907 wies 31 % der Kleinhandelsläden als Nebentätigkeiten aus, d. h. als Betriebe, für die keine Person hauptberuflich eingetragen war.[48] Hinter dieser Angabe verbarg sich oft die Strategie von Arbeiterfamilien, mit Hilfe dieses Ladens ein ausreichendes Einkommen zu verdienen oder eine Sicherheit für Arbeitslosigkeit, Krankheit, Invalidität und Alter zu schaffen. Da diese Läden zumeist mit geringem Anfangskapital eröffnet wurden und sich auch eher in Neben- als in Geschäftsstraßen niederließen, konnten sie von Berufen gegründet werden, die über keine hohen Ersparnisse oder Einkünfte verfügten.[49] Nach in den Steuer-

46 Siehe etwa die wenn auch verschleierten Klagen in: Jahresbericht der Kammer für Kleinhandel 1907/08, S. 8, 13; oder ebd. für 1911, S. 56: »Jetzt ist es aber auch die Pflicht der Detaillisten […] ihrerseits diesem Institute das Interesse entgegen zu bringen, das für seine dauernde gedeihliche Arbeit unbedingt erforderlich ist.«

47 Zur Kammer für den Kleinhandel vgl. *Gellately*; die gehobenere soziale Herkunft der Vorstandsmitglieder sowohl im Verein Bremer Ladeninhaber als auch in der Kleinhandelskammer betonten bereits die Zeitgenossen; siehe Jahresbericht der Kammer für den Kleinhandel 1907/08, S. 8; siehe auch die Petition von Detaillisten vom 22.2.1894 in: STAB 3-M.6.e.11.b.2., Vol. 1–10.

48 Bremisches Statistisches Amt (Hg.), Berufs- und Betriebszählungen vom 12.6.1907 im Bremischen Staate, 4 Bde., Bd. 1, S. 131. Gemessen an der Gesamtzahl der Nebenerwerbsbetriebe der Warenhandel betreibenden Läden lag der Kolonialwarenhandel mit 9 % Nebenerwerbsbetrieben unter dem Durchschnitt von 24 %. Diese Zahlen beziehen sich auf den Bremer Staat; siehe ebd., S. 42 f.

49 Untersuchungen anhand der Adreßbücher machen deutlich, daß die Zukunftsaussichten der Frisch- und Gemischtwarenläden gering, die der Kolonial-, Kurz-, Weißwaren- und Wolläden besser und die der Textilien am besten waren. Die ersteren siedelten sich vor allem in eher proletarischen Stadtvierteln an, in denen die Mieten niedriger waren. Auf der gleichen Quelle beruhen die Berechnungen der Nebenerwerbsbetriebe in drei Stadtvierteln für das Jahr 1910. Dabei wurden 258 Geschäfte erfaßt. Angesichts der geringen Präzision der Adreßbücher ist im Einzelfall jedoch nicht zu unterscheiden, ob es sich um einen Nebenerwerbsbetrieb oder um einen von der Frau geleiteten Laden handelte. Immerhin zeigt diese

listen der Bremer Neustadt vorgefundenen Angaben war die doppelte Beschäftigung notwendig, um der Familie ein über dem Existenzminimum liegendes Einkommen zu verschaffen. Ein wahrscheinlich von der Ehefrau betriebener Laden half einem Bierfahrer, ein Einkommen von 1.500 RM zu erreichen, während ein Wächter, der gleichzeitig als offizieller Leiter eines Detailgeschäftes erwähnt wurde, es nur auf 1.000 RM Einkünfte brachte.[50] Nach den Bremer Berufs- und Betriebszählungen des Jahres 1907 waren die Nebenerwerbsbetriebe weniger in den eine höhere Kapitalanlage erfordernden Geschäften der Kolonialwarenbranche verbreitet als in leicht zu gründenden Gemischt- und Frischwarengeschäften. Damit waren sie beständig vom Konkurs bedroht bzw. konnten sich selbst bei geringem Ertrag nur halten, weil gleichzeitig durch Lohnarbeit ein weiteres Einkommen die Familien ernähren half. Leistete mithin die kaufmännische Zusatzbeschäftigung einen Beitrag zur Haushaltsführung, so bot die bezahlte Arbeit die Gewähr dafür, daß selbst ein Konkurs die Familie nicht ruinierte. Lohn und Handelsgewinn trugen zum Familieneinkommen bei.

Während bei den Nebenerwerbsbetrieben die Bedeutung der weiblichen Mitarbeit nicht ausgewiesen wurde, trat sie bei jenen Ladeninhaberinnen deutlich zutage, die verheiratet waren. Insgesamt ist deshalb anzunehmen, daß das Ausmaß der Frauenarbeit statistisch unterrepräsentiert ist, weil sich hinter manchen nominell vom Ehemann geleiteten Kleinbetrieben durchaus ein von ihren Frauen geführter Handel verbergen konnte, der dann beim Tod des Mannes auch legal in ihre Verantwortung überging. Immerhin 37% aller Kleinhandelsläden Bremens hatten im Jahre 1904 offiziell eine Frau als Leiterin.[51] Von den Kleinhändlerinnen, die zwischen 1890 und 1914 im Bremer Adreßbuch als Ladeninhaberinnen ausgewiesen wurden, waren zu Beginn der 1890er Jahre je ein Viertel verheiratet und ledig, die Hälfte aber Witwen.[52] Bis zum Ersten Weltkrieg stieg der Anteil der Ehefrauen auf die Hälfte, während der der ledigen Frauen konstant blieb und der der Witwen zurückging. Die verheirateten Frauen, die zwischen 1890 und 1914 einen Laden eröffneten, vertrieben in 75%

Auswertung, daß in der Gemischt- und Frischwarenbranche 56 bzw. 37,9% der Betriebe als Nebenerwerbsbetriebe geführt wurden, während nur 5,8% aller Kolonialwaren- und 4,9% aller Textilhändler der drei Stadtviertel laut Adreßbuch noch einem anderen Beruf nachgingen.

50 Siehe STAB 4, 26–326.

51 Siehe HKABr-St.III.6.

52 Zum Quellenwert des Adreßbuches, das angesichts des fehlenden Zugangs zum Personenstandsregister eine wichtige Quelle ist, siehe auch *K. van Eyll*, Stadtadressbücher als Quelle für die Wirtschafts- und sozialhistorische Forschung – das Beispiel Köln, in: Zeitschrift für Unternehmensgeschichte 24 (1979), Nr. 3, S. 12–26; siehe auch *H. Zwahr*, Das deutsche Adreßbuch als orts- und sozialgeschichtliche Quelle, in: Jahrbuch für Regionalgeschichte, Bd. 3, Weimar 1968, S. 204–229. Die Zahl der Kleinhändlerinnen in Bremen entwickelte sich vor 1914 folgendermaßen: 1895: 250, 1904: 432, 1910: 591. Bezogen auf die Gesamtzahl der Erwerbstätigen und der erwerbstätigen Frauen, erhöhte sich der Anteil der Kleinhändlerinnen an ihnen insgesamt erst nach 1910. Quelle: Berufs- und Betriebszählung vom 12.6.1907, Bd. 1, S. XVI f., sowie für 1910 eigene Auszählungen anhand des Adreßbuches.

aller Fälle Nahrungsmittel des alltäglichen Bedarfs.[53] Damit arbeiteten sie in einem Bereich, in dem das Anfangskapital in der Regel niedrig und die Lebensdauer der Läden kurz war. Bezeichnenderweise waren unter den 22 von Frauen geleiteten Geschäften, die überhaupt fünfundzwanzig Jahre lang bestanden, nur zwei von Ehefrauen geführte. Von den 25 Kleinhändlerinnen, die im Jahre 1905 in der Neustadt einkommensteuerpflichtig waren, wurden 32 % mit weniger als 500 RM und 72 % mit weniger als 1.000 RM veranlagt.[54] Diese Einkünfte lagen im unteren Bereich der Kleinhändlerbezüge und reichten – wie zu zeigen ist – kaum zum Erwerb des Lebensnotwendigsten aus. Es ist, wie gesagt, zu vermuten, daß die Gründung eines Kolonialwaren- oder eines Gemüseladens vor allem dazu diente, das Familienbudget aufzubessern. Diese Funktion war kein Spezifikum der Bremer Situation, sondern ein allgemeines Merkmal der Frauenmitarbeit, wie J. Scott und L. Tilly in ihrer Darstellung für Westeuropa im 19. Jahrhundert unterstrichen haben: »Often women's work meant the difference between subsistence and near starvation.«[55]

Daß Frauenarbeit erforderlich war, um die Familie zu unterhalten, machen auch die Berufe der Ehemänner deutlich. Zwei Drittel von ihnen gingen Lohnarbeit oder handwerklichen Tätigkeiten nach. Nur mit Hilfe eines doppelten Einkommens konnten sie sich offensichtlich eine halbwegs gesicherte Existenzgrundlage verschaffen. Im Fall der Familie Undütsch aus der Bremer Neustadt verdiente der Mann Ernst als Arbeiter im Jahre 1905 1.250 RM, während seine Frau als Detaillistin 1.160 RM versteuerte.[56] Da nach einer Berechnung des Bremer Arbeitersekretariats aus dem Jahre 1900 936 RM notwendig waren, damit sich eine vierköpfige Arbeiterfamilie auch nur das Lebensnotwendigste leisten konnte[57], trug in dem zitierten Fall die Tätigkeit der Frau zu einem bescheidenen Wohlstand bei. Die Arbeitsteilung zwischen Mann und Frau folgte nicht

53 Nach den Berechnungen, die auf den Adreßbüchern beruhen, nahmen die Geschäfte, die Nahrungsmittel wie Obst und Gemüse, Milch, Butter und Kolonialwaren vertrieben, von 1891 bis 1914 um 661 % zu, d.h. 172 neue Läden wurden in diesem Bereich gegründet. Demgegenüber hatten die Läden, die für den »gehobeneren Bedarf« verkauften (d.h. Lederwaren, Uhren-, Möbel-, Eisenwarengeschäfte) den niedrigsten absoluten Zuwachs. Im Vergleich zu den weiblichen Angestellten im Handel ist die Situation der Kleinhändlerinnen weder von den Zeitgenossen noch von der späteren sozialhistorischen Forschung angemessen berücksichtigt worden. Eine wichtige Ursache für diese Vernachlässigung liegt sicher darin, daß die Frauen nicht verbandspolitisch aktiv wurden und oft auch juristisch nicht aus dem Schatten des nominell den Laden führenden Mannes heraustraten. Zu den weiblichen Angestellten siehe jetzt *U. Nienhaus*, Von Töchtern und Schwestern. Zur vergessenen Geschichte der weiblichen Angestellten im deutschen Kaiserreich, in: *Kocka* (Hg.), Angestellte, S. 309–330.

54 STAB 4, 26–326.

55 *J. W. Scott* u. *L. A. Tilly*, Women, Work and Family, Winston 1975, S. 46; vgl. auch dazu *U. Gerhard*, Verhältnisse und Verhinderungen. Frauenarbeit, Familie und Rechte der Frauen im 19. Jahrhundert, Frankfurt a.M. 1978, S. 40, 71 und passim; außerdem die Beiträge im Schwerpunktheft der Zeitschrift »Geschichte und Gesellschaft« 3/4 (1981).

56 STAB 4, 26–326.

57 Jahresbericht des Arbeiter-Sekretariats, Bremen 1900, S. 92.

strikt dem Gegensatz von Produktion und Distribution. Denn die Frau konnte in Heimarbeit beschäftigt sein, während der Mann im Laden stand. Dies zeigt das Beispiel eines Schiffausstatters. In diesem Haushalt besuchte der Ehemann einlaufende Schiffe und bediente im Laden, während die Ehefrau neben ihrer Hausarbeit Hemden für den Verkauf nähte.[58] Viele Frauen standen unter dem Zwang, außerhäusliche Lohnarbeit und familiäre Aufgaben verbinden zu müssen.[59] Die Trennung von Haushalt und bezahlter Arbeit war für die meisten kleinen Läden, die verheiratete Frauen betrieben, jedoch nicht erforderlich; denn nur in ganz seltenen Ausnahmefällen befand sich das Geschäft nicht in der eigenen Wohnung oder im Wohnhaus. Dadurch konnten die Kleinhändlerinnen, die in ihrer Mehrheit über dreißig Jahre alt waren und wohl auch Kinder hatten, diese beaufsichtigen, sie zur durchaus üblichen Mitarbeit anhalten und den Haushalt versorgen. Der Kleinhändlerinnenberuf war für Ehefrauen neben der Heimarbeit oder der Mitarbeit im Handwerksbetrieb eine weitere Möglichkeit, im Haus selbst zu arbeiten.

Da die Lohnarbeit selten so viel einbrachte, daß eine Person das für die familiäre Subsistenz Notwendige verdienen konnte, war in Arbeiterkreisen die Mitarbeit der Ehefrau wichtig. Für diese bot die Eröffnung eines Ladens eine bessere Chance als die Lohnarbeit, ihren vielfältigen Verpflichtungen nachzukommen. Somit bestand vor allem im Bereich der ephemeren und kapitalschwachen Kleinläden eine direkte Verbindung zwischen proletarischer Lebenswelt und Kleinhandelsaktivitäten.

Auch in der Höhe der Einkommen unterschieden sich Proletarier und Detaillisten nicht grundlegend. Vergleicht man das durchschnittliche Einkommen, das bei der Bemessung der Einkommensteuer zugrunde gelegt wurde und das sowohl Einkünfte aus selbständiger und unselbständiger Arbeit, aber auch aus Hausbesitz umfaßte[60], so lagen die als Händler und Detaillisten[61] bezeichneten Kleinstgeschäfte mit ihrem breiten, nicht spezialisierten Sortiment in der Nähe der Einkünfte von Industriearbeitern, die Inhaber von Putzgeschäften sogar darunter. Handlungsgehilfen des Klein- und Großhandels wiesen sogar ein höheres Durchschnittseinkommen als Zigarren-, Lebensmittel- und Textilhändler auf.[62]

58 *C. Niermann* u. *P. Schöttler*, ›n lütjen Herrn is better as'n groten Knecht, in: Bremen ist 'ne schöne Stadt. Sichten und Ansichten, Bremen 1981, S. 35 f.

59 Siehe zu einer überzeugenden Diskussion dieser Probleme am Wiener Beispiel *J. Ehmer*, Familienstruktur und Arbeitsorganisation im frühindustriellen Wien, Wien 1980.

60 Siehe zur Finanz- und Steuerproblematik insgesamt *P.-C. Witt*, Die Finanzpolitik des Deutschen Reiches, 1903–1913, Lübeck 1970.

61 Als Detaillisten wurden in Bremen jene Läden bezeichnet, die kein besonderes Sortiment besaßen, sondern eher als Gemischtwarenhändler anzusehen waren. Der Begriff Händler, der im Unterschied zu dem der Kaufleute gebraucht wurde, deutete auf den niederen Status des Ladeninhabers hin.

62 Eine Aufstellung der Einkommen der Mitglieder der Handelskrankenkasse in Bremen aus dem September 1906 verdeutlicht über die Neustadt hinaus, daß Teile der Kommis mehr als eine Fraktion der Prinzipale verdienten. Danach verdienten nämlich 41 % aller Gehilfen zwischen 1.000 und 1.500 RM pro Jahr. 19,8 % zwischen 1.500 und 2.000, 6,2 % zwischen

Tab. 2: Durchschnittseinkommen im Jahre 1905 in Teilen der Bremer Neustadt

| | |
|---|---|
| Kaufleute | 4.026 RM |
| Lederwarenhändler | 3.822 RM |
| Tierhändler | 3.302 RM |
| Möbelhändler | 2.000 RM |
| Krämer | 1.800 RM |
| Handlungsgehilfen | 1.473 RM |
| Textilwarenhändler | 1.343 RM |
| Zigarrenhändler | 1.310 RM |
| Lebensmittelhändler | 1.104 RM |
| Händler und Detaillisten | 950 RM |
| Arbeiter | 933 RM |
| Putzgeschäfte | 650 RM |

Diese Statistik berücksichtigt freilich nur 3.500 Steuerzahler aus dem 1. Bezirk der Bremer Neustadt und kann deshalb kein vollständiges Bild der Bremer Einkommensverhältnisse bieten. Da der Anteil der Arbeiter an der Bevölkerung in der Neustadt etwas über dem der Bremer Gesamtbevölkerung lag, während der der Dienstmädchen, an dem sich der Umfang des gutsituierten Bürgertums ablesen läßt, zu Beginn des 20. Jahrhunderts etwas darunterlag, kann die Neustadt wohl als ein handwerklich-kleinhändlerisch und proletarisch geprägter Stadtteil gelten.[63] Im Vergleich zu Einkommensdaten, die etwa für den gleichen Zeitraum aus Bochum, aber auch aus Bremen vorliegen, fehlten in dem Bremer Bezirk allerdings die Facharbeiter, die vor dem Ersten Weltkrieg über 1.500 RM verdienten.[64] Schließlich ist das für die Steuer berücksichtigte Einkommen nicht mit dem realen identisch. Da die erhobenen Daten aber mit einzelnen anderen für

2.000 und 2.500 und 3,7 % über 2.500 RM. Bezeichnenderweise konnte nur knapp ein Viertel der weiblichen Angestellten auf ein Einkommen über 1.000 RM verweisen. Siehe HKABr Sz II 10: Jahres- und Monatsberichte der Handelskrankenkasse. – Unter dem Begriff »Arbeiter« wurden in der folgenden Statistik nur die in der Steuerliste (STAB 4, 26–326) ausdrücklich als Arbeiter geführten Personen berücksichtigt, dabei handwerklichen Berufen die Terminologie zu unsicher war, um zwischen Selbständigen und Lohnarbeitern unterscheiden zu können.

63 Siehe dazu *H. Schwarzwälder*, Bremen im Wandel der Zeiten. Die Neustadt, Bremen 1973, S. 26 f. sowie die Zahlenangaben in der Berufs- und Betriebszählung von 1907.

64 Vgl. *Crew*, S. 153.

ganz Bremen geltenden übereinstimmen, sind sie aussagekräftig und können Relationen zwischen einzelnen Berufen angeben.[65]

Deuten bereits die Durchschnittswerte an, daß zwischen Lohnarbeitern und Teilen der Selbständigen keine ökonomische Kluft bestand, so verstärkt der Vergleich zwischen einzelnen Einkommensgrößenklassen diesen Eindruck. Drei von sieben Textilhändlern, fünf von elf Lebensmittelhändlern und drei von fünf Zigarrenhändlern verdienten im Jahre 1905 weniger als 1.000 RM und rückten damit in die Nähe der meisten Industriearbeiter. Von diesen wies immerhin ein Viertel ein Einkommen zwischen 1.000 und 1.500 RM auf. Da überdies ein Textil-, zwei Lebensmittelhändler und zwei Detaillisten nicht einmal 500 RM im Jahre 1905 eingenommen hatten, lebten sie unter subproletarischen Bedingungen, unter denen auch 7,48 % aller Arbeiter, aber bezeichnenderweise alle Arbeiterinnen existierten. Während offensichtlich die Einkünfte von ungelernten Arbeitern mit denen zu vergleichen waren, die Inhaber von Kleinläden in ungünstigen Geschäftsstraßen und einem wenig spezialisierten Sortiment erwirtschaften konnten, standen sich ein Teil der gut verdienenden Industriearbeiter und die 20 % der Handlungsgehilfen, die im Großhandel mit über 2.000 RM pro Jahr entlohnt wurden, deutlich besser.

Diese Einkommenssituation mag sich im Fall der Kleinhändler durch Vermögenswerte verbessert haben. Der Hausbesitz erhöhte zwar das jährlich zu versteuernde Einkommen nur dann, wenn er auch zu Mieteinnahmen führte. Aber er stellte in jedem Fall eine Mietersparnis und zudem eine Sicherheit für das Alter und für Notzeiten dar. In der Tat machte der Hausbesitz eine soziale Distanz zwischen Kleinhändlern und Industriearbeitern aus, die sich im Einkommen nicht notwendigerweise niederschlug. So verdiente der Schreibwarenhändler Karl Holtmann in der Schulstraße 1 mit 1.200 RM nur unwesentlich mehr als der im selben Haus wohnende Buchbinder Karl Berthold, der der Steuerbehörde 1.000 RM angab. Von den steuerpflichtigen Kleinhändlern der Neustadt besaßen aber 47 % ein Haus, während der Anteil der hausbesitzenden Arbeiter mit 8 % deutlich niedriger ausfiel.[66] In Notzeiten konnte somit fast die Hälfte der Detaillisten auf Sachwerte zurückgreifen, während nur ein Bruchteil der Arbeiter derartig abgesichert war.

Verschränkte auch die Notwendigkeit, ein Familieneinkommen zu erwirtschaften, Arbeiterexistenz und Kleinhandelstätigkeiten und näherten auch die Durchschnittseinkommen die Situation der Kleinstlädeninhaber und die der

65 Diese methodische Einschränkung findet sich auch bei *V. Hentschel*, Erwerbs- und Einkornmensverhältnisse in Sachsen, Baden und Württemberg vor dem Ersten Weltkrieg (1890–1914), in: VSWG 66 (1979), S. 26–73, hier S. 27.

66 Damit mag die Neustadt sehr wohl eine Ausnahme in Bremen gewesen sein. Immerhin raten diese Zahlen aber davon ab, die Besonderheit Bremens auf dem Wohnungsmarkt überzubetonen. Vgl. auch *K. Schwarz*, Wirtschaftliche Grundlagen der Sonderstellung Bremens im deutschen Wohnungsbau des 19. Jahrhunderts. Das Beispiel der östlichen Vorstadt, in: Bremisches Jahrbuch 54 (1976), S. 21–68.

ungelernten Arbeiter einander an, so stellte doch die breite Streuung von Hausbesitz unter Ladeninhabern eine deutliche Privilegierung gegenüber den Proletariern dar, von denen nur eine Minderheit und zumeist erst in fortgeschrittenem Alter sich ein Haus ersparen konnte. Ob mit dieser ungleichen Verteilung auch unterschiedlich sichere Zukunftsperspektiven verbunden waren, soll die Fluktuation im Kleinhandel zeigen.

Unsicherheit kennzeichnete nicht nur proletarische Lebensläufe, sondern auch die wirtschaftliche Existenz vieler Ladenbesitzer. David Crew hat für Bochum auf die hohe Fluktuation im Kleinhandel hingewiesen: »Zwischen 1880 und 1906 tauchten jährlich etwa 16–37 Prozent neuer Betriebe auf der Gewerbesteuerliste auf, aber gleichzeitig verschwanden zwischen 11 und 16 Prozent.«[67] Die Lage der Detaillisten in Bremen unterschied sich nicht grundsätzlich von der der Bochumer. Aus dem Branchenverzeichnis des Adreßbuches[68] wurden die nach sechs Jahren neu genannten Geschäfte ermittelt. Danach ergab sich folgendes Ergebnis:

Tab. 3: Fluktuation im Bremer Kleinhandel zwischen 1892 und 1910*

| *Jahr/Branche* | *Betriebe* | *davon nach 6 Jahren ersetzt* | |
|---|---|---|---|
| | | | % |
| Kleidung | | | |
| 1892 | 126 | 51 | 40,5 |
| 1898 | 129 | 36 | 27,9 |
| 1904 | 155 | 39 | 25,1 |
| Kolonialwaren | | | |
| 1892 | 237 | 80 | 33,7 |
| 1898 | 328 | 130 | 39,6 |
| 1904 | 447 | 158 | 35,3 |
| Woll- und Kurzwaren | | | |
| 1892 | 114 | 47 | 41,2 |
| 1898 | 188 | 79 | 42,0 |
| 1904 | 233 | 99 | 42,4 |
| Tabak/Zigarren | | | |
| 1904 | 263 | 114 | 43,3 |
| Frischwaren (Obst, Gemüse) | | | |
| 1904 | 71 | 22 | 31,0 |

* Eigene Berechnungen auf der Basis des Branchenverzeichnisses.

67 *Crew*, S. 129f.

68 Diese Quelle ist freilich nicht ohne Mängel. Denn im Vergleich mit dem Straßenverzeichnis ist das Branchenverzeichnis – wie Stichproben ergaben – lückenhaft.

Insgesamt konnten weniger als zwei von drei Kleinhändlern auf eine mehr als sechsjährige Geschäftsdauer zurückblicken. Selbst in der Konfektionsbranche, die als vergleichsweise solide galt, wechselten zu Beginn des 20. Jahrhunderts nach sechs Jahren in gut einem Viertel der Geschäfte die Inhaber. Unter den Kleinhändlerinnen war die Instabilität noch größer. Von den 2.475 Geschäften, die von Frauen geleitet wurden, überlebten zwischen 1890 und 1914 nur 35,3 % fünf, 7,4 % zehn und 2,3 % zwanzig Jahre. Sowohl bei den Prinzipalen als auch bei den Ladeninhaberinnen war die relative Stabilität der Bekleidungsgeschäfte größer als die der Lebensmittelläden. Es hieße allerdings ein übertrieben schlechtes Bild der Kleinhändlerexistenz zu zeichnen, wenn unter Geschäftsaufgabe lediglich Ruin oder Konkurs, nicht aber auch Verbesserung verstanden würde. Freilich hat ein Teil der Detaillisten – wie noch zu zeigen ist – in andere und bisweilen günstigere Branchen gewechselt. Dennoch war der Alltag der Kleinhändler von Unsicherheit geprägt. Blieben sie auch vom proletarischen Schicksal der Arbeitslosigkeit verschont[69], so hatten die Folgen der Konkurrenz im Handel oftmals ähnliche Folgen für den Kleinhändler: Aufgabe einer vordergründig gesicherten Existenz und Suche nach neuer Erwerbsmöglichkeit.

Aus dieser Analyse der Arbeitszeit, der Einkommen und der Existenzsicherheit von Arbeitern und Kleinhändlern in Bremen lassen sich methodische und inhaltliche Schlußfolgerungen ziehen. Es erweist sich, daß Analysen, die von der Wirkungsmächtigkeit einzelner Faktoren – z. B. Lohn, Verkauf der Arbeitskraft – ausgehen, nicht ausreichen, um die Gesamtheit der Lebensverhältnisse zu erfassen, die aus diesen Bedingungen folgen. Lange Arbeitszeiten, niedrige Einkommen und unstete Lebensweisen können durchaus auf andere Formelemente als auf Lohnarbeit zurückgeführt werden. Sie können sowohl eine Folge des Privatbesitzes an Produktionsmitteln und der Produktion bzw. Distribution auf geringer Stufenleiter als auch der Lohnarbeit sein. Gleichzeitig tendiert eine makrogesellschaftlich vorgehende Klassenanalyse dazu, aus dem Privatbesitz an Produktionsmitteln, der die Kleinhändler auszeichnet, auf eine spezifische, von der Arbeiterklasse unterschiedene Klassenlage zu schließen. Bei einer genaueren Betrachtung der einzelnen Segmente von Klassen kann aber herausgearbeitet werden, daß sich die unteren Schichten des Kleinhandels in ihren Arbeitszeiten, Einkünften und der Stabilität ihrer Existenz durchaus den ungelernten Arbeitern annäherten, ja bisweilen sogar subproletarische Verhältnisse teilten.[70] Mögen auch der Hausbesitz und eine etwas größere Verfügung über Arbeitszeit noch eine Differenz zwischen diesem Teil der Detaillisten und Lohnarbeitern darstellen, eine grundsätzlich verschiedene Klassenlage kann nach den vorliegenden Ergebnissen nicht behauptet werden. Ein Teil der Kleinhändler arbeitete kaum weniger lang als die Handlungsgehilfen und länger als

69 *Schröder*, Arbeitergeschichte, S. 41 f.

70 Damit stimmt dieses Ergebnis mit denen überein, die *Crew* für Bochum ermittelt hat; siehe ebd., S. 243.

der durchschnittliche Industriearbeiter, verdiente ebensoviel oder weniger als in der Industrie Beschäftigte und war in seiner Lebensführung ähnlich großen Unsicherheiten ausgesetzt. Diese Fraktion des Kleinhandels, die von der Mitgliedschaft in Selbsthilfeorganisationen des Handels wie den Rabattsparvereinen ausgeschlossen war[71] und sich aufgrund ihrer prekären Existenzbedingungen selbst vom Einfluß auf Verbände und Organisationen des Detailhandels ausschloß, tendierte aufgrund ihrer realen Lebensbedingungen eher zum »Volk« als zum »Bourgeois«.[72]

## 2. Familienbeziehungen zwischen Kleinhändlern und Industriearbeitern in Bremen

Wenn sich die Lebensverhältnisse zwischen Teilen des Bremer Kleinhandels und der Arbeiterklasse nicht so deutlich voneinander unterschieden, daß auf einen Zusammenprall zweier Klassenlagen geschlossen werden kann, dann lassen sich zusätzlich Unterschiede oder Ähnlichkeiten zwischen Ladeninhabern und Proletariern an den sozialen Beziehungen ablesen, die sie unterhielten. In einem ersten Arbeitsschritt sollen diese auf die Familie begrenzt werden, von der Schumpeter gesagt hat, sie sei »das wahre Individuum der Klassentheorie«.[73] An dieser Behauptung ist zweifellos richtig, daß die Verteilung von gesellschaftlichen Chancen und Benachteiligungen in der bürgerlichen Gesellschaft maßgeblich beeinflußt wurde von der familiären Vergangenheit und den Strategien, Familienmitglieder sozial zu plazieren.[74] In unserem Zusammenhang sind vor allem drei Aspekte dieser umfassenden Problematik bedeutsam: Einmal ist zu ermitteln, ob zwischen den Mitgliedern der Arbeiterklasse und des Kleinhandels rege Auf- und Abstiegsbeziehungen bestanden und ob – wie makrosozial angelegte Studien behaupten[75] – die Aufstiegsmobilität zwischen den Un-

71 Siehe *A. Elster*, Rabattsparvereine, in: Handwörterbuch der Staatswissenschaften, Bd. 7, Jena 1911³, S. 1 f.; vgl. auch *H. Bredek*, Die Entwicklungstendenzen in den genossenschaftlichen Selbsthilfebestrebungen des mittelständischen Lebensmitteleinzelhandels von ihrem Beginn bis zur Gegenwart, Wiso. Diss. Köln 1957, S. 39 f.

72 Wenn Karl Marx vom Kleinbürger behauptet hat, er sei »Bourgeois und Volk zugleich«, so ist diese Aussage neben anderen dazu benutzt worden, um aus der gesellschaftlichen Zwischenposition der Handwerker und Kleinhändler eine klassenmäßige Unbestimmtheit und eine politische Schaukelpolitik zu konstruieren. Mit derartigen gleichsam anthropologischen Festlegungen ersetzt eine doktrinäre Lesart des Marxismus aber eher die Analyse, als daß sie sie anleitet. Zum Marx-Zitat siehe Brief an Pavel Wasiljewitsch Annenkov, 28.12.1846, in: MEW, Bd. 27, S. 462.

73 *J. Schumpeter*, Die sozialen Klassen im ethnisch homogenen Milieu, in: *ders.*, Aufsätze zur Soziologie, Tübingen 1953, S. 158.

74 Siehe *Kocka u. a.*, Familie und soziale Plazierung, bes. die Einleitung von *Reif*, S. 23 f.

75 Siehe insbesondere die Arbeiten von *H. Kaelble*, z. B. in: *H.-U. Wehler* (Hg.), Sozialgeschichte heute, Göttingen 1974, S. 525–542, hier S. 529 f.; *ders.*, Soziale Mobilität in Deutschland

ter- und den unteren Mittelschichten und die zwischen diesen und den oberen Mittelschichten zu-, die Abstiegsmobilität insgesamt aber abgenommen habe. Ließe sich diese Hypothese bestätigen, so gewänne auch angesichts der allgemeinen Aufstiegsentwicklung und -erwartung die Annahme an Gewicht, daß »soziale Deklassierung« keine dominante Erfahrung mehr war.[76] Weiterhin ist der Umfang der beruflichen Kontinuität wichtig, da er – sofern er höher als der Auf- und Abstieg wäre – Hinweise darauf geben könnte, ob Kleinhändler und Arbeiter unterschiedliche gesellschaftliche Abschließungsmechanismen herausgebildet haben. Dabei ist die These aufzugreifen, »daß Familien, die sowohl Überlebensgemeinschaft als auch Produktionseinheit waren, häufiger auf die Schichtpersistenz der Kinder hinwirkten als Familien, die nicht zugleich Arbeitseinheit waren [...]«.[77] Nach dieser Behauptung müßte sich die Kleinhandelsfamilie, die Arbeits- und Lebensgemeinschaft war, durch eine stärkere Persistenz der Berufe auszeichnen als Arbeiterfamilien. Schließlich ist am Beispiel des Heiratsverhaltens zu diskutieren, ob aus der Selbsteinschätzung bzw. der Bewertung anderer Berufe und Klassen Barrieren entstanden, die im Kleinhandel zur Privilegierung von bestimmten ehelichen Verbindungen führten, oder ob die jeweiligen Frauen auch aus der Arbeiterklasse stammen konnten.[78] Diese drei Teilfragen erhalten ihre Bedeutung im Rahmen folgender Grundproblematik: Trennt sich der Kleinhandel als eine durch soziale Beziehungen in sich geschlossene Schicht von der Arbeiterklasse, oder unterhielt er hingegen rege soziale Beziehungen mit dieser?

Das Material, das in Bremen für eine derartige Untersuchung existiert, ist allerdings zu disparat, um weitreichende oder gar endgültige Ergebnisse zu erlauben. Da der Zugang zu den Personenstandsakten aus Gründen des Datenschutzes verwehrt wird, stehen uns nur für zwei Kirchengemeinden der Innenstadt für die Jahre 1907–1914 die Kirchenbücher zur Verfügung, die einen Vergleich zwischen dem Beruf des Vaters und dem des Bräutigams und damit eine Studie der intergenerationalen Mobilität erlauben. Berücksichtigt wurden dabei die Heiraten, an denen – sei es als Bräutigam oder Braut, sei es als Vater des Mannes oder der Frau – Kleinhändler oder Handlungsgehilfen beteiligt waren. Einen weiteren Einblick in die berufliche Mobilität eröffnet eine 1904 von der Bremer Handelskammer durchgeführte Untersuchung der sozialen Herkunft der

1900–1960, in: *ders. u.a.*, Probleme der Modernisierung in Deutschland. Sozialhistorische Studien im 19. und 20. Jahrhundert, Opladen 1978, S. 235–328, hier S. 244f.; *ders.*, Historische Mobilitätsforschung. Westeuropa und die USA im 19. und 20. Jahrhundert, Darmstadt 1978, bes. S. 10f. Zur französischen Entwicklung im 19. Jahrhundert vgl. den materialreichen Aufsatz von *J. Le Yaouang*, La mobilité sociale dans le milieu boutiquier parisien au XIXe siècle (une expérience de traitement d'un échantillon généalogique), in: Le Mouvement social 108 (1979), S. 89–112.

76 Die Deklassierungsthese vertritt vor allem *Leppert-Fögen*.

77 *Kocka*, Einige Ergebnisse, in: *ders. u.a.*, Familie, S. 350.

78 Für Paris stellt *Le Yaouang*, S. 100, eine »tendance permanente [...] à l'auto-recrutement, au repliement«, der Kleinhändler fest.

in Bremen ansässigen Lehrlinge. Diese Enquete hat allerdings insofern einen begrenzten Aussagewert, als sie das zukünftige Schicksal der Lehrjungen nicht berücksichtigen konnte und dieses aufgrund der Kriegsfolgen und der geographischen Mobilität auch nicht mit Hilfe des Adreßbuches festzustellen ist.[79] Schließlich kann mit Hilfe der Eintragungen im Adreßbuch stichprobenhaft die Karrieremobilität von Kleinhändlern ermittelt werden. Dieses Verfahren leidet aber darunter, daß es nur die seßhaften Teile des Handels erfaßt.

Von den beiden überlieferten Kirchenbüchern stammt je eines aus der Alt- und der Neustadt. Diese Lokalisierung ist insofern günstig, als mit diesen Quellen einmal die Situation in einem Viertel Bremens erfaßt werden kann, das durch eine starke Konzentration des Geschäftslebens und vor allem der Kontore gekennzeichnet war, zum anderen die Lage in einem kleinbürgerlich-proletarischen Stadtteil.[80] Die Auswertung der beiden Heiratsregister ergab folgendes Bild der beruflichen Mobilität:

Tab. 4: Berufliche Mobilität des Kleinhandels in der Hohentors- und St.-Michaelis-Gemeinde in Bremen (1907–1914)[81]

| *Beruf des Vaters des Bräutigams* | *Beruf des Bräutigams* | | | | | | | | |
|---|---|---|---|---|---|---|---|---|---|
| | *1.* | *2.* | *3.* | *4.* | *5.* | *6.* | *7.* | *8.* | *9.* |
| 1. Arbeiter | 4 | 3 | 20 | 2 | 1 | 6 | 1 | – | – |
| 2. Büro- und | 1 | 4 | 14 | 1 | – | 1 | 1 | – | – |
| technischer Angestellter | 1 | - | 2 | – | – | – | 1 | – | – |
| 3. Handlungsgehilfe | 1 | 2 | 8 | 4 | 1 | 2 | 1 | – | – |
| 4. Beamter | 2 | 7 | 19 | – | 3 | 7 | 6 | – | – |
| 5. Handwerksmeister | 1 | 5 | 2 | 4 | 7 | 2 | 2 | – | – |
| 6. Krämer, Detaillist | 1 | 10 | 8 | 4 | 1 | 2 | 9 | – | – |
| 7. Kaufmann, Unternehmer | - | 3 | 2 | 1 | 3 | 3 | 1 | 2 | – |
| 8. Landwirt | - | 5 | 2 | 2 | 3 | 3 | 1 | 2 | – |
| 9. Sonstiges | | | | | | | | | |
| n = 220 | | | | | | | | | |

An diesen Ergebnissen lassen sich lediglich berufliche Veränderungen, nicht aber ein Wechsel des sozialen Platzes ablesen. Denn bei denjenigen Arbeitern

79 Zu den Grenzen der Aussagekraft unterschiedlicher Quellen siehe vor allem *Kaelble*, Soziale Mobilität in Deutschland, S. 235 f.

80 Siehe *H. Schwarzwälder*, Bremen im Wandel der Zeiten. Die Altstadt, Bremen 1970², S. 162 f.

81 Um die Besonderheit der Handlungsgehilfenposition zu bestimmen, wurde in der Statistik zwischen Angestellten aus dem kaufmännischen und technischen Bereich sowie Kommis getrennt.

und Angestellten, die sich selbständig machten, kann nicht a priori von einem beruflichen Aufstieg ausgegangen werden, solange nicht bekannt ist, ob sie sich in einen soliden Laden oder in eine »Klitsche« einkauften, die Werner Sombart als »Eintagsfliege« charakterisiert hat.[82] Auch sagen der Angestelltenberuf und die Handlungsgehilfentätigkeit nichts darüber aus, ob es sich um eine Qualifikation für die spätere Selbständigkeit handelte oder um eine dauerhafte Beschäftigung. Zumindest bei den Kommis kann davon ausgegangen werden, daß ihr Beruf nur temporär ausgeübt wurde. Der kommerzielle und gewerbliche Kleinbetrieb funktionierte nämlich vor allem mit jugendlichen und ledigen Arbeitskräften, die ab dem Alter von etwa 30 Jahren zu teuer waren bzw. zu renitent wurden und dann meistens entlassen wurden.[83] Schließlich erlaubt die Statistik nur, Aussagen über die Veränderungen unter Krämern und Handlungsgehilfen zu machen, da nur sie vollständig ausgezählt wurden. Über ein Viertel der Detaillisten, die sich verheirateten, stammten aus Arbeiterkreisen. Freilich erlaubt das geringe Sample keine weitreichenden Schlußfolgerungen. Verglichen mit diesem hohen Anteil der sozialen Aufsteiger war der der Absteiger aus dem Kaufmanns- in den Kürnerberuf (3,8 %) aber doch so gering, daß der Bremer Kleinhandel offensichtlich eher Zielperspektive von Proletariern und berufliche Veränderungsmöglichkeit von Handwerkern als Sammelbecken gescheiterter bürgerlicher Existenzen war. Gemessen an den Berufen ihrer Väter, war der Abstieg von Kleinhändlern hin zu proletarischen Berufen selten.

Eher der Aufstieg zu besseren Stellungen als die berufliche Deklassierung bestimmten in Bremen ihre Situation. Diese Tendenz wird bestätigt, wenn nunmehr die soziale Herkunft der sich verheiratenden Industriearbeiter in Bremen herangezogen wird. Danach ergibt sich folgendes Bild:

82 *W. Sombart*, Die Entwicklungstendenzen im modernen Kleinhandel, in: Schriften des Vereins für Socialpolitik 88 (1899), S. 153.

83 Siehe folgende Stellungnahme des DHV: »In der Zeit, wo sich der Ladenangestellte dem 30. Lebensjahre nähert, setzt bei ihm ein natürliches und immer stärker werdendes Verlangen nach einer gesicherten Lebensstellung ein, die es ihm ermöglicht, zu heiraten. Und da der Kleinhandel nur in verhältnismäßig wenigen Fällen derartige Gehälter zahlen kann oder zahlen will, weil ihm für die Tätigkeit des Verkaufens in vielen Fällen jüngere Hilfskräfte mit niedrigeren Gehaltsansprüchen genügen, so wechselt der Ladenangestellte in diesem kritischen Alter sein Arbeitsgebiet. Er trachtet danach, selbständig zu werden, versucht eine Stelle als Reisender zu erlangen oder aber er siedelt in die Kontore über, hier auf eine günstigere Entwicklung seiner wirtschaftlichen Lage hoffend.« Alter und Familienstand der Handlungsgehilfen, in: Archiv für kaufmännische Sozialpolitik 9 (1912), S. 219 f.; siehe auch *A. Rost*, Die wirtschaftliche Lage der Handlungsgehilfen im Jahre 1908. Bearbeitet nach statistischen Erhebungen des Deutschnationalen Handlungsgehilfen-Verbandes vorgenommen im Jahre 1908, Hamburg 1910, S. 117 f. Nach der Handelskammerumfrage des Jahres 1904 in Bremen (HKABr St.III 6.) waren nur 23,4 % aller Gehilfen älter als 31 Jahre. Da 71,1 % aller Kommis ledig waren, erhält die Argumentation des DHV zusätzliches Gewicht.

Tab. 5: Beruf des Vaters der sich verheiratenden Industriearbeiter in Bremen in der St.-Michaelis- und Hohentors-Gemeinde zwischen 1907 und 1914[84]

| | |
|---|---|
| Industriearbeiter | 58 |
| handwerkliche Arbeiter | 35 |
| Angestellte | 2 |
| Handlungsgehilfen | 1 |
| Beamte, kirchliche Berufe, freie Berufe | 18 |
| Handwerksmeister | 3 |
| Kleinhändler | 5 |
| Kaufmann/Unternehmer | 3 |
| Landwirte | 13 |
| Landarbeiter/Pächter | [illegible] |
| Sonstige | 5 |
| n = 175 | |

Danach hatten mehr als die Hälfte aller als Industriearbeiter geführten Ehemänner auch Väter, die aus der Arbeiterklasse stammten, während gut ein Viertel im Zuge der Industrialisierung vom Land nach Bremen gezogen war.[85] Der Anteil der Kleinhändler jedoch, deren Söhne sich in der Industrie verdingen mußten, war verschwindend gering.

Während vor allem handwerkliche Berufe, aber auch Beamtenstellen und Angestelltenposten die Söhne der Kleinhändler angezogen haben, wurden nur wenige Geschäfte vom Vater auf den Sohn vererbt. Da auch nur zwei Söhne von Detaillisten als Handlungsgehilfen tätig waren, die möglicherweise nach dem Tod des Vaters das Geschäft weiterführen konnten, ist die Persistenz beruflicher Positionen insgesamt viel geringer als unter Arbeitern. Als Verbindungsglied zwischen Arbeitern einerseits, Kleinhändlern und Handwerkern andererseits schoben sich die verschiedenen Angestelltenpositionen.[86] Die Herkunft der sich verheiratenden Handlungsgehilfen verdeutlicht diese Zwischenlage.

84 In der folgenden Statistik wird zwischen Industriearbeitern und handwerklichen Arbeitern unterschieden. Bei den ersteren ist im Heiratsregister »Arbeiter« vermerkt, bei den zweiten der Zusatz eines Handwerks.

85 In diesen Zahlen kommt nur annähernd das Ausmaß der geographischen Mobilität zum Ausdruck. Denn von den Bremer Arbeitern waren am 1. Dezember 1905 nur 34% in Bremen geboren. Siehe: Bremisches Statistisches Amt (Hg.), Volkszählung vom 1. Dezember 1905 im Bremischen Staate, Bremen 1909, S. 95.

86 Die damit bezeichnete gesellschaftliche Zwischenposition der Angestellten als Lohnarbeiter besonderen Typus wird in nahezu allen Angestelltenuntersuchungen angesprochen. Siehe etwa zuletzt *J. Kocka* (Hg.), Angestellte, passim, sowie *ders.*, Die Angestellten in der deutschen Geschichte. Vom Privatbeamten zum angestellten Arbeitnehmer, Göttingen 1981.

Sie stammten zu 37% aus Handwerksmeister-, Kleinhändler- und Unternehmerkreisen. Die Tätigkeit als Handlungsgehilfe konnte für sie unterschiedliche Funktionen haben. Sie konnte sowohl eine berufliche Qualifikation für spätere Tätigkeiten, ja sogar eine materielle Besserstellung, aber auch eine Wartestellung solange bedeuten, weil der Vater das Geschäft führte, das zwei Familien nicht ernähren konnte. Die Lohnarbeitertätigkeit konnte aber auch die Perspektivlosigkeit des väterlichen Ladens und Betriebs ausdrücken. Wie bei den Ladeninhabern war auch bei den Kommis die berufliche Kontinuität zwischen Vätern und Söhnen gering. Nur zwei von 77 Handlungsgehilfen, die sich verheirateten, hatten einen Vater, der demselben Beruf nachging. Demgegenüber stammten 17% von ihnen aus Familien, die ihre Einkünfte vor allem aus Angestelltenarbeit in Betrieben oder in der Verwaltung bezogen. Dieser Wechsel hin zu Berufen im Handel hatte eine unterschiedliche gesellschaftliche Bedeutung, je nachdem ob er sich hin zum Klein- oder zum Großhandel vollzog. Während die Gehilfenarbeit im Kleinhandel durch niedrige Bezahlung, hohe Arbeitsbelastung und geringes Ansehen charakterisiert war, zeichnete sie sich im Großhandel durch eine bessere Entlohnung und Tätigkeit aus, die denen von Verwaltungsangestellten glich. Schließlich waren bei einem Viertel der Kommis Arbeiter als Väter im Heiratsregister vermerkt. Aus diesem beträchtlichen Prozentsatz kann mit aller Vorsicht geschlossen werden, daß Lohnarbeit im Klein- und im Großhandel durchaus eine Etappe bei der beruflichen, möglicherweise auch bei der sozialen Standortverschiebung von Proletariern war. Da in unterschiedlichem Ausmaß sowohl das Bürgertum als auch das Kleinhandel und Handwerk umfassende Kleinbürgertum für Angestellte und Arbeiter den familiären Hintergrund bildeten, auf den die sich verheiratenden Handlungsgehilfen verweisen konnten, ist anzunehmen, daß unter den Kommis unterschiedliche Traditionen, Orientierungen und Zielperspektiven zusammentrafen. Dieser Befund macht eine eindeutige gesellschaftliche, politische und ideologische Zuordnung der Gruppe zumindest problematisch.

Diese breite soziale Herkunft der Handlungsgehilfen kann eine Statistik der Bremer Handelskammer aus dem Jahre 1904 noch näher beleuchten.[87] Danach stammten immerhin 26,5% der 159 Lehrjungen aus Selbständigen-, 9,4% aus Beamten- und 8.2% aus Handwerksmeisterfamilien. Etwa 30% von ihnen waren Kinder von Lohnarbeitern. Unterstellt man, daß ein Teil der Witwen auch Arbeiterkreisen zuzurechnen war, so kann geschätzt werden, daß etwa 40% der Kleinhandelslehrlinge im proletarischen Milieu aufgewachsen waren. Freilich läßt sich aus diesen Angaben nicht direkt auf die Sozialstruktur der Handlungsgehilfen schließen, da keineswegs gesichert war, daß die Lehrlinge ihre Beschäftigung im Detailhandel nach Ablauf der Lehrzeit fortsetzten. Denn im Unterschied zum Handwerk wurde diese keineswegs durch eine öffentlich anerkannte Prüfung abgeschlossen und galt – besonders im Vergleich zum Großhandel –

87 HKABr St.III.6.

auch nicht als besonders attraktiv.[88] Angesichts der Verbreitung von Kost und Logis, die etwa einem Drittel der Kleinhandelslehrlinge gegeben, wurde,[89] konnte die Lehrzeit im Laden durchaus dazu dienen, den Arbeiterhaushalt von einem zusätzlichen Esser zu befreien. Damit konnte die Zeit als Lehrling auch jene Jahre überbrücken helfen, in denen die Fabrikarbeit noch nicht möglich oder wenig einträglich war. Sie konnte bei Zuwanderern überdies die Gewöhnung an die Stadt erleichtern.[90]

Ob die Lehrzeit als Auf- oder Abstieg zu werten ist, hing davon ab, in welchem Geschäft sie absolviert wurde, ob die Eltern des Lehrlings über das für eine spätere Geschäftsgründung notwendige Kapital verfügten oder ob gar die Übernahme des elterlichen Geschäfts in Aussicht stand. Auffallend ist, daß die Selbständigen keineswegs eine Branche für ihre Söhne bevorzugten, die – wie der Bekleidungshandel – gute Arbeitsbedingungen und eine günstige Zukunftsperspektive eröffnete. Die Lehrlinge im Konfektionsbereich wie auch im Kolonialwarenhandel rekrutierten sich aus verschiedenen Berufsgruppen.[91] In die Lehrlingsstellen und – wie die Mobilitätsstatistik zeigt – auch in die Funktion des Handlungsgehilfen rückten Kinder aus proletarischen wie auch aus kleinbürgerlichen Familien ein. Diese Mischung charakterisierte die im Handel beschäftigten Angestellten.

Das vorliegende Material läßt nicht den Schluß zu, daß sich der Kleinhandel in Bremen aufgrund einer hohen Stabilität beruflicher Positionen gegen Newcomer abgeschottet hätte. Er war durchaus offen für Wechsler aus dem Handwerk, aber auch für eine Minderheit von Arbeitern. Zugleich verfügten die Detaillisten in den beiden Kirchengemeinden über eine offensichtlich so solide Position, daß sie kaum ins Proletariat »hinabsanken«. Diesem Ergebnis widersprechen offensichtlich die hohen Fluktuationsraten im Kleinhandel, die gelegentlich als gesellschaftlicher Abstieg interpretiert wurden. Diese sind jedoch eher als Indiz für Instabilität als für sozialen Abstieg zu interpretieren.[92]

Wie groß die Chancen von Handlungsgehilfen waren, einen Laden zu gründen, kann eine Querschnittsanalyse verdeutlichen, die nach den Berufen fahndet, die

88 Dies bestätigte etwa die Bremer Kleinhandelskammer, die 1910 schrieb: »Der Prinzipal eines Kleinhandelsgeschäfts muß heute überhaupt froh sein, einen körperlich einigermaßen rüstigen Lehrling zu finden, so daß er betreff der geistigen Vorbildung nicht viel verlangt«. Zur Situation der Lehrlinge siehe den materialreichen Artikel von *W. Stieda* in: Handwörterbuch der Staatswissenschaften, 3. Aufl., Bd. 4, S. 469f.

89 Siehe dazu *C. Niermann u. a.*, S. 136f.

90 Diese Funktion betont für Paris etwa *A. Faure*, L'épicerie parisienne au XIXe siècle ou la corporation éclatée, in: Le Mouvement social 108 (1979), S. 113–150; hier S. 124f.

91 HKABr St.III.6. Danach absolvierten die Söhne von Kaufleuten ihre Lehrzeit in den meisten Fällen (5) im Kolonialwarenhandel. Drogen- (3), Eisen- (2) und Papierwaren (l) folgten mit Abstand.

92 Um diese Interpretation noch besser zu fundieren, wären umfangreiche Untersuchungen notwendig, in denen die berufliche Zukunft der ihren Laden aufgebenden Detaillisten ermittelt werden müßte. Für eine derartige Feinanalyse sind die Angaben im Adreßbuch aber zu ungenau.

Kolonialwarenhändler vor ihrer Niederlassung ausübten. Dabei kann nicht nur ein zeitgenössisches Problem aufgegriffen[93], sondern auch ermittelt werden, ob die Angestelltenfunktion eine Etappe bei der intragenerationalen Mobilität war.

Um die Karrieremobilität zu umreißen, wurden mit Hilfe des Adreßbuches die ehemaligen Berufsbezeichnungen von neuinstallierten Kolonialwarenhändlern bzw. Kramladenbesitzern herausgesucht. Für einen ersten Zeitabschnitt (1892–1898) konnten 57 (d.h. 43,8 %), für einen zweiten (1904–1910) 78 (35,8 %) Berufswechsler erfaßt werden. Diese relativ geringe Erfolgsquote erklärt sich daraus, daß Minderjährige im Adreßbuch nicht aufgeführt wurden, veränderte Geschäftsnamen, Adressen und Eheschließungen ein Wiederauffinden der Namen ebenso erschwerten wie die Zuwanderung von Prinzipalen.[94] Nach den ausgewerteten Angaben wurde ein Drittel der neu gegründeten Kolonialwarenläden von Kleinhändlern aus anderen Branchen betrieben. Als »Detaillisten« ausgewiesene Inhaber von Kleinstläden etablierten sich oder ehemalige Lebensmittelfachgeschäfte weiteten ihr Angebot aus. Dieser Befund weist darauf hin, daß Karrieren im Kleinhandel – sofern sie nicht schnell beendet wurden – etappenweise stattfanden, beim Trödelladen begannen und dann in solideren Branchen fortgesetzt wurden. Neben den sich verbessernden Ladeninhabern stammte fast ein Drittel der neuen Geschäftsinhaber aus Lohnarbeiterberufen, deren Anteil zu Beginn des 20. Jahrhunderts sogar geringfügig anstieg. Wenn zwei Querschnitte auch nicht ausreichen, um eine Tendenz ausziehen zu können, und der Kolonialwarenhandel nicht als repräsentativ für den gesamten Kleinhandel gelten kann, so ist doch der Schluß erlaubt, daß sich in Bremen die Chancen der Lohnarbeiter, sich selbständig zu machen, nicht oder noch nicht dramatisch verschlechtert hatten. Unter den Lohnabhängigen dominierten vor allem die Handlungsreisenden, die sich nach einigen Jahren der Arbeit auf Provisionsbasis niederließen, sowie die Kommis. Den »klassischen« Fall des Aufstiegs vom Gehilfen zum Prinzipal scheint es noch gegeben zu haben, ohne daß die Häufigkeit bekannt ist.

Aus diesem begrenzten Sample läßt sich zumindest der Schluß ziehen, daß Ladengründungen auch für zuvor als abhängig Beschäftigte nicht unmöglich waren. Bei dem Versuch, der Lohnarbeiterexistenz zu entrinnen, gewannen die Angestelltenpositionen eine strategische Bedeutung. Sollten weitere Forschungen für andere Städte die vorliegenden Ergebnisse bestätigen, so wäre die Vorstellung zu revidieren, daß sich Mobilitätsmuster entlang der »Klassenlinie« zwischen Arbeiter- und Mittelklasse orientierten.[95] Dieser Eindruck kann be-

93 In seiner Untersuchung der Arbeitsmarktlage kann *T. Pierenkemper* nachweisen, daß sich die Lage der Handlungsgehilfen insgesamt vor 1914 verschlechterte und daß damit auch die Aufstiegschancen wohl geringer wurden. Siehe Der Arbeitsmarkt der Handlungsgehilfen 1900–1913, in: *Kocka* (Hg.), Angestellte, S. 257–278, insbes. S. 270f.

94 Nach der Volkszählung des Jahres 1905, S. 95, waren nur 32 % der Kleinhändler und 43 % der Kleinhändlerinnen in Bremen geboren.

95 Nach Kocka gilt es, in »Wanderungsbewegungen, soziale[r] Mobilität, Familienstrukturen, Sozialisationsprozesse[n], Stratifikationsmuster[n], kollektive[n] Verhaltenweisen und

sonders dann entstehen, wenn die Mobilitätsstudien übliche Trennung zwischen Unter-, Mittel- und Oberschicht benutzt wird und damit Übergänge definitorisch zerrissen werden.[96] Das Bild der gleitenden Übergänge ist den Beziehungen zwischen Arbeitern und Kleinhändlern in Bremen angemessener, weil es die zentrale Funktion berücksichtigt, die Angestellten als Aufstiegsberuf für Arbeiter und als soziales Plazierungsmittel für Kleinhändler und für Handwerker zukam. Es betont auch stärker die Bewegung der sozialen Karrieren, die nicht sprunghaft, sondern gleichsam stufenweise verliefen. Analog zu den Untersuchungen zur geographischen Fluktuation, die zunehmend abrücken von einem in bisherigen Forschungen dramatisierten Bild der »Landflucht« und eher die allmähliche Ablösung von der ländlichen Tätigkeit und Umgebung herausarbeiten[97], müßte dann auch bei den Studien zur sozialen Mobilität mehr die allmähliche soziale Standortverschiebung als der Klassenbarrieren überwindende Sprung betont werden.

Ein Blick auf das Heiratsverhalten von Angestellten, Arbeitern und Detaillisten soll dieses Zwischenergebnis überprüfen. Schlossen sich die Kleinhändler durch ein hohes Maß an Endogamie voneinander ab, oder blieben sie aber offen für soziale Verbindungen?

Tab. 6: Heiratsverhalten von Kleinhändlern und Handlungsgehilfen in zwei Kirchengemeinden (St. Michaelis, Hohentor) Bremens zwischen 1907 und 1914

| Beruf des Bräutigams | *Beruf des Vaters der Braut* | | | | | | | | |
|---|---|---|---|---|---|---|---|---|---|
| | *1.* | *2.* | *3.* | *4.* | *5.* | *6.* | *7.* | *8.* | *9.* |
| 1. Arbeiter | 2 | – | – | – | 1 | 8 | – | – | – |
| 2. Büro- u. techn. Angestellte | 6 | 2 | 3 | – | 13 | 7 | 4 | 4 | – |
| 3. Handlungsgehilfen | 17 | 10 | 6 | 15 | 22 | 4 | 2 | 3 | 1 |
| 4. Beamte, freie Berufe, kirchl. Berufe | | | | | | | | | |
| 5. Handwerker | 1 | 2 | 1 | – | 2 | 1 | 8 | 1 | – |
| 6. Krämer, Detaillist | 5 | – | – | – | 4 | 8 | – | – | – |
| 7. Kaufmann, Unternehmer | 5 | 3 | – | 1 | 9 | 4 | 1 | – | – |
| 8. Landwirt | 1 | 7 | – | 1 | 3 | 4 | 9 | 1 | – |
| 9. Sonstiges | – | – | – | – | – | – | – | 1 | – |
| | – | – | – | – | – | 1 | – | – | – |
| n = 214 | | | | | | | | | |

Mentalitäten« »die Klassenlinie« aufzuspüren. *J. Kocka*, Theorien in der Sozial- und Gesellschaftsgeschichte, in: GG 1 (1975), S. 30.

96 So etwa auch in: *Kocka u. a.*, Familie.

97 Exemplarisch siehe dazu *Lequin*, Bd. 1, S. 111 f.

Die Eintragungen in das Heiratsregister der beiden Kirchengemeinden erweisen, daß Arbeiter sich durchaus mit Töchtern aus Kleinhandelskreisen verheirateten. Dabei bildeten sich bereits vor 1914 aus neueren Mobilitätsuntersuchungen bekannte Muster heraus: Während Töchter aus dem Kleinbürgertum nur selten Arbeiter ehelichten (9 von 91 = 10%), war der Anteil der Detaillisten, die auch Arbeitertöchter zum Traualtar führten, bedeutend höher.[98] Immerhin war bei fünf, d.h. 22% aller Heiraten von Prinzipalen, der Vater der Braut ein Industriearbeiter. Zwischen beiden sozialen Gruppen bestand offensichtlich nicht die Kluft, deren Existenz sowohl Klassenanalysen behaupten würden, die sich auf ökonomische Kategorien stützen, als auch sozialpsychologische Überlegungen, die Differenzierungsbedürfnisse dort vermuten, wo sich reale Existenzbedingungen einander annäherten.[99]

Ebenso auffallend wie diese partielle Verquickung ist das Ausmaß der konnubialen Stabilität im Kleinhandel. Neun Prinzipale nahmen eine Tochter eines Handwerksmeisters, vier die eines Kollegen zur Frau. Diese deutliche Bevorzugung von ehelichen Verbindungen im Kleinbürgertum wurde auch von seiten der Handwerker erwidert. Wenn man überdies annimmt, daß sich hinter der Bezeichnung Angestellte teilweise auch zukünftige Selbständige verbargen, erhöht sich der Prozentsatz noch. Obwohl Kleinhändler auch Töchter von Arbeitern heirateten, bevorzugten sie doch Frauen aus ihren Kreisen. Bei dieser Heiratspolitik verband sich eine ständische Strategie[100], geschlossene Familien mit einem hohen Ausmaß an Werte- und Statuskontinuität zu bewahren, mit dem praktischen Ziel, die oft auf prekärer Grundlage stehenden Geschäfte durch neue Kapitalzufuhr und Arbeitskräfte zu konsolidieren und zu erweitern.[101]

Im Heiratsverhalten der Angestellten spiegelte sich ihre gesellschaftliche Zwischenposition wider. Ebensoviele Angestellte, die Töchter aus Handwerks- und Kleinhandelsfamilien heirateten, nahmen auch Frauen aus den Kreisen der Arbeiter und Angestellten. Damit verstärkt sich der Eindruck, daß innerhalb der Angestelltenschicht proletarische und kleinbürgerliche Orientierungen zusammentrafen und daß neben direkten Verbindungen zwischen Arbeitern und Kleinhändlern diese beiden Gruppen gleichsam indirekt in Angestelltenehen Kontakt aufnahmen.[102] War das absolute Ausmaß der konnubialen Mobilität

98 Siehe *J. Handl u.a.*, Klassenlagen und Sozialstruktur. Empirische Untersuchungen für die Bundesrepublik Deutschland, Frankfurt a.M. 1977.

99 Die letztere Auffassung zieht sich als sozialpsychologische Grundannahme durch zahlreiche klassenanalytische Untersuchungen. Siehe etwa *N. Elias*, Über den Prozeß der Zivilisation. Soziogenetische und psychogenetische Untersuchungen, 2 Bde., Frankfurt a.M. 1977[4].

100 Vgl. aber den nächsten Absatz und Anm. 103.

101 Siehe zu den Heiratsmotiven *Ehmer*, S. 108f.

102 Mit dieser Schlußfolgerung würde die Betonung des »ständischen« Elements im Verhalten der deutschen Angestellten besonders dann relativiert, wenn weitere Untersuchungen diesen Befund erhärten sollten. Siehe etwa die Position von *J. Kocka*, Angestellte zwischen Faschismus und Demokratie. Zur politischen Sozialgeschichte der Angestellten: USA 1890–1910 im internationalen Vergleich, Göttingen 1977, der die »vorindustriellen, vor-

zwischen ihnen auch gering, so traten beide innerhalb der Angestelltenschicht in Verbindung.Aufgrund der sozialen Beziehungen, die sowohl innerhalb einzelner Familien zwischen Proletariern und Detaillisten geknüpft wurden als auch zu beruflicher Mobilität und zu Heiraten führten, ist für Bremen anzunehmen, daß sich beide Gruppen nicht als »Lager« gegenüberstanden. Freilich ist die hohe Endogamie und sind die geringen Abstiegsquoten ein Hinweis auf eine sich konsolidierende Klasse.[103] Die Geschlossenheit wird aber dadurch relativiert, daß zwischen den einzelnen Teilen des Kleinhandels unterschiedliche Existenzbedingungen und wahrscheinlich auch Verhaltensweisen bestanden, die in die Mobilitätsstatistik nicht eingingen. Deshalb ist es ebenso wichtig, auf die Fragmentierung der Gruppe der Kleinhändler nach Branche, Größe des Betriebes, beruflicher Herkunft und Heiratsverhalten hinzuweisen, wie auf die gleitenden Übergänge, die zwischen Arbeiterklasse und Kleinhandel bestanden und die sehr oft über die Zwischenposition der Angestellten führten. Die Nabelschnur, die die Detaillisten mit den Arbeitern verband, war noch nicht durchgeschnitten.

## 3. Konfliktzonen zwischen Kleinhändlern und Arbeitern in Bremen

Die Untersuchung der ökonomischen Indikatoren und der Familienbeziehungen scheint die Kontakte zwischen Detaillisten und Proletariern in Bremen in ein freundliches Licht zu tauchen. Dieser Eindruck ist vor allem darauf zurückzuführen, daß aus der Perspektive der Ladeninhaber nach Ähnlichkeiten mit der proletarischen Situation gesucht wurde. Damit geriet stärker die Komplementarität als die Gegensätzlichkeit beider in das Visier der Analyse. Überdies polarisiert die Ausgangsfrage die Antworten zu stark. Denn zwischen antagonistischen und harmonischen Beziehungen ist eine große Spannbreite mehr oder weniger widerspruchsvoller und konfliktgeladener Kontakte anzusetzen. Unter diesen sollen die Verhältnisse berücksichtigt werden, die im Laden zwischen dem Prinzipal und dem Kommis bestanden, die sich auf dem Markt zwischen dem Kaufmann und dem Arbeiterkunden herstellten und die sich im Wohnbereich zwischen dem Vermieter und dem Mieter herausbildeten. Aufgrund des unterschiedlichen Interesses, entweder die Arbeitszeit zu verkürzen und die Löhne zu verbessern oder sie möglichst profitabel für den Unternehmer zu gestalten, ist anzunehmcn, daß zwischen dem Ladeninhaber und seinen Angestellten Auseinandersetzungen stattfanden. Auch dürften sich die Kaufbeziehungen zwischen dem Arbeiter und dem Detaillisten nicht reibungslos gestaltet haben, wenn man sich die wiederholten Klagen aus Arbeiterkreisen über

kapitalistischen und vorbürgerlichen Traditionen« als Charakteristikum der politischen Entwicklung der Angestellten ansieht (S. 309). Dagegen *Spree*, Angestellte, bes. S. 304f.

103 Ähnlich argumentiert auch für Paris *Le Yaouting*. Allerdings sind die für Bremen ermittelten Daten angesichts des schmalen Samples nur begrenzt aussagekräftig.

schlechte und überteuerte Waren vor Augen führt.[104] Schließlich können sich in den Haus und Wohngemeinschaften, in denen Kleinhändler und Proletarier aufeinandertrafen, sowohl die Solidaritäten der »halboffenen Familie« als auch die Feindseligkeiten hergestellt haben, die andernorts handlungsoriemierend gewirkt haben sollen.[105] Durch die Berücksichtigung dieser unterschiedlichen Kontaktzonen kann sowohl der Produktions- als auch der Reproduktionsbereich in die Untersuchung einbezogen und gefragt werden, ob diese Kontakte im Kleinhandel eine besondere Prägung erhielten, sich gar harmonisch gestalteten oder aber gesellschaftlichen Konfliktmustern folgten.

Einem zeitgenössischen Urteil vom Ende des 19. Jahrhunderts zufolge war das vormals vertrauensvolle patriarchalische Einvernehmen zwischen Prinzipal und Gehilfen »erkaltet«.[106] Setzten derartigt Urteile auch die Gegenwart von einer zum Idyll hochstilisierten Vergangenheit ab, so konnten sie doch auf folgende Entwicklungen in der Gegenwart verweisen, die, wenn nicht der Tendenzaussage, so doch der Zustandsbeschreibung Plausibilität verliehen. Die Herausbildung neuer, quasi-gewerkschaftlicher Handlungsgehilfenverbände und die Organisierung des Kleinhandels auf der einen, die häufigen Konflikte, die die Durchsetzung sozialpolitischer Maßnahmen im Handel begleiteten, auf der anderen Seite setzten Auseinandersetzungen zwischen Interessenverbänden über Arbeitszeit, Fortbildung und Kaufmannsgerichte auf die Tagesordnung.[107] In Bremen schlossen sich die Kleinhändler bezeichnenderweise erst zusammen, als sie ihre Vorstellungen bei der Formulierung der lokalen Ausführungsvorschriften durchsetzen wollten, die die Einführung der obligatorischen Sonntagsruhe regelten. Die Gründung des Vereins Bremer Ladeninhaber (VBL) im Jahre 1893, sein Ursprungsmotiv und seine verbandspolitischen Erfolge belegen auf Unternehmerseite den Zusammenhang von Sozialpolitik und Organisationstätigkeit[108], der für die Bremer Handlungsgehilfen – der DHV wurde erst 1897 ins

104 *G. Huck*, Arbeiterkonsumverein und Verbraucherorganisation, in: *J. Reulecke* u. *W. Weber* (Hg.), Fabrik, Familie, Feierabend. Beiträge zur Sozialgeschichte des Alltags im Industriezeitalter, Wuppertal 1978², S. 215–246, hier S. 223 f.

105 Siehe *L. Niethammer*, Wie wohnten Arbeiter im Kaiserreich?, in: AfS 16 (1976), S. 127 f.

106 Dies ist der Tenor in *G. Hiller*, Die Lage der Handlungsgehilfen, Leipzig 1890.

107 Siehe etwa *W. Stiller*, Der Verein für Handlungs-Commis von 1858 (Kaufmännischer Verein) in Hamburg. Seine Geschichte und seine Tätigkeit auf dem Gebiete kaufmännischer Standesfragen. Ein Beitrag zur Geschichte der Privatbeamtenbewegung, Jena 1910; *P. Lange*, Handlungsgehilfen-Bewegung und Sozialpolitik, Hamburg 1908; *J. Irwahn*, Bilder aus der Urgeschichte des DHV, Hamburg 1916; *I. Hamel*, Völkischer Verband und nationale Gewerkschaft. Die Politik des Deutschnationalen Handlungsgehilfen-Verbandes 1893–1933, Frankfurt a. M. 1966.

108 So hieß es etwa rückschauend in dem Jahresbericht der Kammer für den Kleinhandel 1907/08, S. 8: »Die durch […] Gesetz den Einzelstaaten überlassene Anordnung der zulässigen Geschäftszeit führte notwendigerweise zu einer Verständigung der sonst so scharf einander bekämpfenden Konkurrenten und zu der Erkenntnis, wie wünschenswert es sei, eine Vereinigung der selbständigen Detaillisten auch in anderen die gemeinsamen Interessen berührenden Fragen zu besitzen.« Siehe auch Courrier, 16.2.1894.

Leben gerufen – erst später festzustellen ist. Trugen die beiden Kontrahenten vor 1914 in Petitionen und Verlautbarungen ihre Konflikte über die Beachtung der Sonntagsruhe und der Ladenschlußzeiten, die Gewährung von Fortbildungsmöglichkeiten und eines angemessenen Lohnes aus, so ist mit dem Hinweis auf diese Auseinandersetzungen zwar angedeutet, daß Interessenunterschiede zwischen Prinzipal und Kommis bestanden, aber weder der Kreis bestimmt, der aktiv an den Verbandsaktivitäten teilnahm, noch die Form der Interessenaustragung benannt. Nur eine Minderheit der Bremer Handlungsgehilfen war organisiert, und der VBL umfaßte seinerseits weder Kleinhändler jüdischen Glaubens und Warenhäuser noch die kleinen Geschäfte mit nur einem Angestellten.[109]

Die Verbandsaktivitäten richteten sich zweifellos auf wesentliche Probleme des Kleinhandels. Diese wurden aber in spezifischen Formen behandelt und artikuliert. Im Vergleich zum industriellen Bereich führten die Konflikte nicht zu Streiks, sondern wurden entweder in wirtschaftsfriedlichen Manifestationen der Verbände oder in staatlich eingerichteten Institutionen, wie den Kaufmannsgerichten, ausgetragen. Dieses Spezifikum war in Bremen nicht nur eine infolge der dominierenden Position, die der Streiks ablehnende DHV innehatte, sondern auch eine Konsequenz der Lebensbedingungen der Kommis, die sie kaum ermutigten, Arbeitskämpfe zu führen: Sie waren oft isoliert, mußten überlange Arbeitszeiten akzeptieren und standen noch in hausrechtlichen Abhängigkeiten.[110]

Von dem Entlohnungsproblem waren per definitionem nur jene Läden betroffen, die überhaupt familienfremde Arbeitskräfte beschäftigten. Nach einer Enquete der Bremer Handelskammer aus dem Jahre 1904 waren dies 68 % aller Geschäfte. Wie bereits erwähnt, wurden 52 % von ihnen als Klein- (1–3 Angestellte), 13 % als Mittel- (4–10) und 3 % als Großbetriebe (10 und mehr Angestellte) bezeichnet.[111] Die für Bremen typische Arbeitssituation eines Gehilfen läßt sich folgendermaßen charakterisieren: Er arbeitete in einem sehr kleinen Laden des Kolonialwarenhandels, in dem er oft der einzige Angestellte war. Gab es neben ihm eine andere Arbeitskraft, so handelte es sich in der Regel um einen Lehrling. Ein Zusammentreffen mehrerer Kommis an einem Arbeitsplatz war nicht die Regel.[112] Im Unterschied zur Kollektivität des Arbeitsprozesses im Industrie-

109 So der Vorsitzende des VBL, Neddermann, in einem Brief, September 1904, in: HKABr Sz II 10. 59 der 395 berufstätigen Juden in Bremen waren Kleinhändler, 107 jedoch kaufmännische Angestellte. Siehe Volkszählung von 1905, S. 137.

110 Vgl. die Schilderung in literarischen Werken, etwa bei *W. Deich*, Der Angestellte im Roman. Zur Sozialgeschichte des Handlungsgehilfen um 1900, Köln 1974.

111 HKABr St.III.6; eine Kurzfassung der Ergebnisse wurde unter dem Titel veröffentlicht: Personal der kaufmännischen Berufe im Stadtgebiete Bremen, in: Statistische Miitteilungen betreffend Bremens Handel und Schiffahrt im Jahre 1904, hrsg. von der Handelskammer zu Bremen, Bremen 1905, S. 63 f.

112 75 % aller Gehilfen beschäftigenden Betriebe hatten entweder einen oder zwei Kommis angestellt. In diesen Läden arbeiteten jedoch nur 35 % aller Gehilfen. 56 % von ihnen standen in Läden hinter dem Tresen, in denen nicht mehr als fünf Angestellte bedienten (ebd.).

betrieb, in dem die Lohnarbeiter potentiell Kontakt- und Kommunikationsmöglichkeiten besaßen, war Vereinzelung oft das Signum der Arbeit hinter dem Tresen. Solidaritäts- und Widerstandsformen konnten die Gehilfen vor allem außerhalb der Arbeit ausbilden. Daran hinderten sie oft sowohl der überlange Arbeitstag als auch die »freie Station«. 1892 sollen fast 25 % der Kommis in Bremen mehr als 15 Stunden und nur 26,6 % weniger als 12 Stunden im Laden gewesen sein.[113] Wenn auch die Fixierung des Ladenschlusses auf 21 bzw. 20 Uhr dem Arbeitstag legale Schranken anlegte, so sprechen die anhaltenden Klagen der Handlungsgehilfenverbände dafür, daß ihre Arbeitszeit nicht nur länger als die der Industriearbeiter, sondern auch zu lang war, um ihnen in größerem Ausmaß politische und gesellige Kontakte zu ermöglichen. Überdies war die Abhängigkeit der Kommis, die bei Kleinhändlern in Kost und Logis standen, zweifach: Einmal konnte der Unternehmer über den Ladenschluß hinaus Dienstleistungen verlangen, zum anderen die Aktivitäten der Beschäftigten eng kontrollieren.[114]

Weder diese fließenden Grenzen zwischen Arbeits- und Freizeit- noch die Überwachungsmöglichkeiten begünstigten gewerkschaftliche und politische Aktivitäten der Gehilfen. Nach der Ladenenquete des Jahres 1892 war die »freie Station« vor allem in kleinen Geschäften der Lebensmittelbranche, weniger in Konfektionsgeschäften, verbreitet. Von den 143 befragten Bremer Prinzipalen beherbergte und/oder beköstigte noch mehr als die Hälfte ihre Beschäftigten. Dies betraf zwar vor allem die Lehrlinge, aber auch ein Drittel aller Gehilfen.[115] Da die zur Enquete befragten Läden aber zu der Kategorie gehören, die mehrere (im Durchschnitt 3,3) Angestellte zählten und zum Teil als bessere Geschäfte der Innenstadt gelten mußten, kann angenommen werden, daß der Anteil der Kommis, die in hausrechtlicher Abhängigkeit standen, in den zahlreichen und kleineren Lebensmittelgeschäften der Vororte insgesamt größer war. Einem allgemeinen Urteil zufolge soll diese Praxis in der Folgezeit abgenommen haben.[116] Im Kleinhandel ging sie aber nur allmählich zurück. 1912 waren noch 41,2 % aller männlichen Lehrlinge beim Lehrherrn untergebracht. Vor allem im Kolonialwarenhandel hielt sich diese Tradition, während sie im Bekleidungs- und Kurzwarenhandel an Bedeutung verlor.[117] Wenn die Ehelosigkeit von Lohnarbeitern eine Folge der Wohnbedingungen ist, so ist die hohe Zahl der ledigen Angestellten im Bremer Kleinhandel – im Jahre 1905, waren es 86,5 % – auch auf die eine Heirat verhindernde Unterbringung im Haushalt des Prinzipals zurückzuführen. Die direkten Abhängigkeitsverhältnisse, die damit für Teile der Kommis fortbestanden, machten sie nur begrenzt handlungs- und organisationsfähig.

113 Erhebung über Arbeitszeit, Bd. 1, S. 28–33.

114 Siehe: Wohnungsfrage und Handlungsgehilfen, in: Archiv für kaufmännische Sozialpolitik, Bd.1, 1904, S. 101.

115 Erhebung über Arbeitszeit, Bd. 1. S. 62–65.

116 Siehe *Schröder*, Arbeitergeschichte. S. 60 f.

117 Nach der Statistik des Deutschen Reiches, Bd. 119 NF, 1899, S. 73, standen 88,6 % aller Lehrlinge im Kolonialwarenhandel in Kost und Logis.

Angesichts dieser Bedingungen war eine militante Durchsetzung von Interessen sehr erschwert. Auf diesem Hintergrund gewann die Initiative staatlicher Instanzen zur Einrichtung eines Kaufmannsgerichts an Bedeutung, damit die Angestellten ein Forum erhielten, auf dem sie ihre Forderungen anmelden konnten.[118] Die Kaufmannsgerichte, gegen deren Einrichtung sich der Bremer Senat lange sträubte,[119] lösten das aufwendige, teure und langsame Verfahren ab, in dem die Beschäftigten vor Amtsgerichten ihr Recht suchen mußten. Die Gerichte wurden von einem vom Magistrat ernannten Vorsitzenden geleitet, dem gleich viele Vertreter der Ladeninhaber und der Gehilfen zugeordnet waren. Ihre Kompetenz erstreckte sich auf alle Streitigkeiten, die Arbeitsverhältnisse im Handel betrafen. Schon 1896 hatte der VBL diese Schiedsgerichte mit einem Argument abgelehnt, das Konflikte zwischen Ladeninhabern und Kommis anerkannte: »Wir glauben, daß bei Einrichtung derartiger Gerichte viele Differenzen, die jetzt auf gütlichem Wege beigelegt werden, zu gerichtlicher Entscheidung gebracht würden und fürchten, daß eine Verschlechterung der Verhältnisse zwischen Prinzipal und Angestellten die Folge sein würde.«[120]

Konnten diese Befürchtungen angesichts der sich anfänglich zeigenden Indifferenz gegenüber dem Gericht auch als übertrieben erscheinen, so spielte zwischen 1905 und 1914 das Kaufmannsgericht eine zunehmend wichtigere Rolle bei der Auseinandersetzung zwischen einzelnen Gehilfenverbänden und bei der Interessenverteidigung von Kommis. 1905 waren nur 5,7 % der wahlberechtigten Prinzipale und -innen zur Wahl gegangen, während von den Handlungsgehilfen noch weniger, nämlich 5,2 %, ihre Stimme abgegeben hatten. Für die geringe Wahlbeteiligung der Kommis war nicht zuletzt das Wahlrecht verantwortlich, das alle männlichen Angestellten, die das 25. Lebensjahr noch nicht vollendet hatten, und alle Frauen ausschloß. So waren 1905 nur 19 % aller Beschäftigten im Bremer Kleinhandel wahlberechtigt.[121] Offensichtlich stieg mit der zunehmenden Nützlichkeit der Institution auch die Wahlbeteiligung. Legt man mangels späterer detaillierter Angaben die Zahl der Kleinhandelskaufleute und -angestellten von 1904 zugrunde, so wählten 1913 von den Wahlberechtigten immerhin 28,3 % der Detaillisten und 59,3 % der Gehilfen.[122] Dabei kam es bei den letzten Vorkriegswahlen zu einer bemerkenswerten Verschiebung in

118 Siehe insbes. zu diesem Komplex STAB 2-M.6.b.4.g.5; HKABr R.III.11–14. Zur Situation vor Einführung der Kaufmannsgerichte siehe u.a. Die Neue Zeit XX/2 (1902), S. 469. Im Unterschied zum Gewerbe, in dem bereits seit 1890 Gewerbegerichte bestanden, mußten die Handlungsgehilfen ihre Forderungen vor einem ordentlichen Gericht durchsetzen und dabei Anwaltskosten und Gerichtskostenvorschüsse in Kauf nehmen.

119 In der Generalabstimmung über das gesamte Gesetzeswerk stimmte Bremen im November 1903 im Bundesrat als einziges Land dagegen. Siehe STAB 2-M.6.b.4.g.5.

120 HKABr R.III.11–14. Brief vom 23.5.1896.

121 Siehe Angaben der Beteiligung an Beisitzerwahlen zum Bremer Kaufmannsgericht 1905–1913, in: Bremer Nachrichten vom 1.1.1905, 24.11.1907, 25.11.1913.

122 Zu den Pressionen, denen Gehilfen dabei von seiten der Prinzipale ausgesetzt waren, siehe Bremer Nachrichten, 24.11.1907; Bremer Bürger-Zeitung (BBZ), 25.11.1907.

der gewerkschaftlichen Zugehörigkeit der Gehilfenbeisitzer. Der DHV verlor trotz eigener Stimmengewinne und seiner weiterhin bestehenden hegemonialen Position je einen Sitz an den Hamburger Verein und den sozialdemokratischen Zentralverein. Die regelrechten Wahlkämpfe, die sich dabei die Verbände lieferten, demonstrierten die Relevanz, die die Institution für die Interessenartikulierung der Kommis gewonnen hatte.[123]

Denn mit Hilfe des Kaufmannsgerichts wurden Auseinandersetzungen ausgetragen und auch im Sinne der Gehilfen entschieden, die zuvor latent vorhanden waren oder aufgrund des innerbetrieblichen Kräfteverhältnisses von vornherein zugunsten des Unternehmers entschieden wurden. Es war deshalb nicht erstaunlich, daß vor allem Gehilfen und Gehilfinnen das Gericht anriefen. Während 1905 nur 95 klagten, waren es 1914 bereits 218. Vor allem die Zahl der Klagen von Frauen schnellte von 19 (1905) auf 69 (1914) hoch.[124] Bezogen auf die Gesamtzahl der im Kleinhandel Beschäftigten – im Jahre 1904 waren es 1966 Gehilfen und 59 Lehrlinge –, blieb das Ausmaß der Klagen freilich gering. Daß sie einen deutlichen Fortschritt gegenüber dem zuvor herrschenden Zustand bedeuteten, unterstrich im Jahre 1905 Friedrich Ebert: »Die Erfahrung hat überall ergeben, daß durch die Einrichtung des Kaufmannsgerichts eine ganze Reihe von Handlungsgehilfen, die früher bei dem umständlichen Verfahren ohne weiteres auf die Verfolgung ihrer Rechtsansprüche verzichteten, dieselben nun geltend machen: die Klagen beim Kaufmannsgericht sind um zwei Drittel größer als die Klagen der Art, die früher beim Amtsgericht anhängig gemacht wurden.«[125] Da die Akten der Gerichte fehlen, kann diese Entwicklungsaussage nicht überprüft werden. Da sie aber mit allgemeinen Überlegungen übereinstimmt, die den interessenpolitischen Stellenwert der Kaufmannsgerichte betreffen, scheint sie plausibel.

Die Klagen der Gehilfen betrafen zentrale Elemente ihres Arbeitsverhältnisses. Von den 99 Klagen, deren Inhalt mit Hilfe der sozialdemokratischen Bremer Bürgerzeitung (BBZ) rekonstruiert werden konnte, bezogen sich 48 auf Entlassungen und 34 auf Lohnfragen.[126] Da keine Gründe dafür sprechen, daß in dem untersuchten Zeitabschnitt eine besondere Konfliktballung stattgefunden

123 Siehe erwa den Bericht in den Bremer Nachrichten, 1.12.1913: »Ist es nicht ein Jammer, mit ansehen zu müssen, wie die sauer verdienten Gelder der Handlungsgehilfen [...] in heftigen Kämpfen fiir Flugblätter und öffentliche Versammlungen vergeudet werden[...]«. 1913 wurden im Kleinhandel 4 Beisitzer aus dem DHV, 3 aus dem Hamburger Verein und zwei aus dem Zentralverband gewählt. Vgl. Bremer Nachrichten, 29.11.1913.

124 Siehe Jahresberichte des Kaufmannsgerichts 1905–1914, HKAbr.R.III.14.

125 Verhandlungen der Bremer Bürgerschaft, 17.10.1905, S. 478.

126 Die in ihrem Inhalt und Ergebnis rekonstruierten Fälle bezogen sich allein auf die Jahre 1905–1911, in denen die sozialdemokratische Bremer Bürger-Zeitung intensiv über die Verhandlung berichtete. Da allein 99 Fälle ermittelt werden konnten, kann nur über eine Minderheit von Klagen Aussagen gemacht werden. Insgesamt gingen zwischen 1905 und 1911 993 Klagen von Handlungsgehilfen und -innen sowie von Lehrlingen beim Kaufmannsgericht ein.

hat, ist anzunehmen, daß die beklagte Entlassungs- und Entlohnungspraxis bereits vor Einrichtung der Gerichte gängig war. Die Kaufmannsgerichte können mithin als Indikator für die Konflikte gelten, die im Kleinhandel vorhanden waren, und gleichzeitig die besondere Form der Konfliktaustragung verdeutlichen. Diese zeichnete sich nicht durch offene Aktionen, sondern durch ein im Rahmen der legalen Ordnung bleibendes und bestehende Konfliktregelungsmechanismen benutzendes Vorgehen aus. Dabei wurden Unmut und Empörung dem Verfahren des Gerichtsprozesses unterworfen. Da jede Klage eines Kommis mit dem Risiko verbunden war, den Prozeß zu verlieren, willigten die meisten Kläger schnell in einen Kompromiß ein. 50 % aller Klagen endeten mit einem Vergleich.[127] Sowohl aufgrund ihrer Existenzbedingungen als auch ihrer Organisations- und Manifestationsformen unterschieden sich die Handlungsgehilfen von den Industriearbeitern. Gleichzeitig deuten die Klagen vor dem Kaufmannsgericht und die Ergebnisse der Beisitzerwahlen darauf hin, daß das Verhältnis zwischen Prinzipal und Kommis nicht mehr als harmonisch, sondern von Teilen der Beschäftigten durchaus als konfliktträchtig empfunden wurde.

Es gibt nur wenige Quellen, um Aussagen über die Beziehungen zwischen dem Kaufmann und seinen Kunden in Bremen machen zu können. Denn weder von den observierenden Polizisten noch von der Presse jedweder Ausrichtung wurde diesem Verhältnis so viel Aufmerksamkeit gewidmet, daß mehr als hypothetische Bemerkungen formuliert werden können. Sie basieren auf einer Durchsicht der Berichte der Kleinhandelskammer sowie der BBZ und der Polizeiberichte zu den wichtigsten Streiks. Dabei ist zu berücksichtigen, daß die Kammer als öffentlich-rechtliches Organ sich zurückhaltender äußerte als die Interessenverbände.[128]

In der Literatur wird von einer gegenseitigen Abhängigkeit beider Gruppen ausgegangen: Ebenso unerläßlich wie für Arbeiterkunden der Kredit des Krämers war für diesen die Kundschaft aus Arbeiterkreisen.[129] Dieses Aufeinanderangewiesensein war vor allem groß, wenn es Läden in Arbeitervierteln und Lebensmittelgeschäfte oder Handel mit Waren des alltäglichen Gebrauchs betraf. Denn diese hingen auch deshalb enger von ihrem Kundenstamm ab als Spezialgeschäfte oder Cityläden, weil ihre durchschnittliche Kundenzahl gering war.[130] Zeitgenössische Sozialdemokraten gründeten weitgehende Hoffnungen auf die politische Beeinflussung, die von den Arbeiterkunden auf die Kleinhändler ausgehen könne. So nahm Rudolf Hilferding »jene meist städtischen Schichten des Kleinhandels« aus der Gefolgschaft des Kapitals aus, da sie, »auf Arbeiterkunden angewiesen, aus Geschäftsrücksichten oder auch durch den ständigen

127 Die BBZ beklagte die Schnelligkeit, mit der die Klagenden sich auf einen Vergleich einließen; siehe Ausg. vom 12.1.1911.

128 Siehe dazu auch *G. Fischer*, Entstehung und Entwicklung von Bremischen Kammern als Körperschaften des öffentlichen Rechts, Jur. Diss. Kiel 1974.

129 Siehe *G. Crossick*, La petite bourgeoisie britannique aux XIXe siècle, in: Le Mouvement social 108 (1979), S. 21–61; hier S. 59 f.

130 Siehe *Jasper*.

Verkehr mit den Arbeitern für deren Anschauung gewonnen, sich der Arbeiterpartei anschließen.«[131] Auf die ökonomische Abhängigkeit der Detaillisten von ihren Kunden gründete auch Parvus seine Gewißheit, daß diese in Streikzeiten Kredit gewähren würden: »[…] je massenhafter, je allgemeiner ein Streik auftritt, desto mehr sehen sich die Geschäftsleute genötigt, den Streikenden Kredit zu gewähren, denn sonst büßen sie ihre sämtliche Kundschaft ein und ruinieren ihr Geschäft.«[132] Ob unter den Bremer Ladeninhabern die Sorge um ihre Kundschaft oder die Ablehnung der sozialdemokratischen Arbeiter und ihrer Aktionsformen dominierte, soll die folgende Untersuchung zeigen.

Die Sorge der Ladeninhaber um ihre Kundschaft manifestierte sich vor allem in Zeiten, in denen durch Preiserhöhungen, Lohneinbußen und Arbeitskämpfe das Kaufvolumen zurückging. In den Berichten der Bremer Kleinhandelskammer kamen diese Folgen einer schlechten Konjunktur ab 1905 immer wieder zur Sprache. So wurde aus der Textilbranche berichtet: »Der Umsatz steigt […] nicht mehr, weil die Lebensmittelteuerungen […] die Leute zwingen, bei Anschaffung von Kleidungsstücken große Einschränkungen walten zu lassen.«[133] Auch aus anderen Branchen, sogar aus dem Lebensmittelhandel, wurden Konsumeinschränkungen gemeldet. Aufgrund enormer Preissteigerungen von Fleisch- und Wurstwaren verzichteten Kunden auf sie und griffen auf Brot zurück. Auch im Preis steigende Kartoffeln wurden weniger gekauft, ebenso wie Reis, Butter, Käse, Tee.[134] Aufmerksam registrierte das Organ der Bremer Kleinhändler die ökonomischen Folgen von Ereignissen im Arbeitsleben. So hieß es über Entlassungen: »Vor allem aber setzte der beste Käufer, der Arbeiterstand, aus. Die Arbeiterentlassungen hatten geringere Kauflust dieses Standes zur Folge. Der Bedarf ging zurück, nicht nur der Menge, sondern auch dem Werte nach. Das Publikum kaufte nur das Nötigste, und auch dieses nur in geringer und geringster Preislage.«[135] Auch Streiks erwähnte die Kammer: »Insbesonders brachte der Streik der Werftarbeiter [sc. 1913] große Geldknappheit, wodurch die Kaufkraft sehr zu leiden hatte.«[136] Drücken diese Verlautbarungen auch ein deutliches Interesse an der Kaufkraft der Arbeiter aus, so soll ein Blick auf Konfliktsituationen klären, ob diese Abhängigkeit der Kleinhändler sich auch in aktiver Solidarisierung ausdrückte, wie ein Teil der SPD-Publizistik meinte.

Prinzipiell betonte die Kleinhändlerorganisation, daß nicht die Detaillisten für Preiserhöhungen verantwortlich seien. Sie wies auf die allgemeine Krisensituation, internationale Marktprobleme und -spekulationen, Zollerhöhungen

131 *R. Hilferding*, Das Finanzkapital. Eine Studie über die jüngste Entwicklung des Kapitalismus (1910), Berlin 1947, S. 482; siehe ähnlich auch *G. Stiekloff*, Die internationale Organisation des Kleinbürgertums, in: Die Neue Zeit 2 (1905), S. 453.

132 *Parvus*, Staatsstreich und politischer Massenstreik. in: *A. Grunenberg* (Hg.), Die Massenstreikdebatte, Frankfurt a. M. 1970, S. 87 f.

133 Jahresberichte der Kammer für Kleinhandel 1912, S. 30.

134 Ebd., S. 14 f.

135 Jahresberichte der Kammer für Kleinhandel 1907/08, S. 12.

136 Jahresberichte der Kammer für Kleinhandel 1913, S. 82.

und Mißernten hin und nahm auch den Zwischenhandel in Schutz. Vehement verteidigte sie die Prinzipale gegen den Vorwurf der BBZ, sie seien »parasitär«.[137] Vielmehr leide der Kleinhandel »allgemein unter den z. T. ganz bedeutenden Preissteigerungen vieler Artikel«, und in vielen Fällen sei es ihm nicht möglich, sich durch eine Erhöhung der Verkaufspreise schadlos zu halten.[138]

Nicht nur versuchte der Kleinhandel, seinen schlechten Ruf zu verbessern, sondern auch die allgemeinen Wirtschaftsverhältnisse in sein Geschäftsgebaren einzubringen. Das zuvor allgemein beklagte »Borgunwesen« erhielt wieder eine wichtige Funktion für den Arbeiterhaushalt und die Praxis des Händlers. »Bezüglich der Kreditverhältnisse sei erwähnt, daß infolge des letztjährigen geringen Verdienstes vieler Kreise mehr Kredit im Kleinhandel verlangt wurde.«[139] In Annoncen in der BBZ warben Kleinhändler sogar damit, daß sie Kredit gewährten. Die Kleinhandelskammer beschränkte sich in dieser Notlage darauf, den Rat zu geben, bei der Bezahlung auf eine Dreimonatsfrist zu drängen.[140]

Es ist anzunehmen, daß zumal bei längeren Arbeitskämpfen die Detaillisten ihren Kunden zusätzlich Kredit einräumen mußten. Ob sie allerdings häufiger die Streikenden und deren Familien kostenlos mit Lebensmitteln und Kleidungsstücken versorgten – wie dies für die Kinder der streikenden Arbeiterinnen und Arbeiter der Bremer Jutespinnerei im Dezember 1911 der Fall war –[141], ließ sich nicht ermitteln.

Es fällt jedoch auf, wie abwägend die Kleinhandelskammer über Streiks berichtete. Angesichts der Lage der Arbeiter seien diese berechtigt, wenn sie auch kurzfristig zu »Kaufunlust« führten. Dieses Verständnis brachten Vertreter der Schuhwarenbranche sogar den Lohnforderungen ihrer Angestellten entgegen. »Veranlaßt durch die verteuerte Lebensführung trat das Personal erneut mit Lohnforderungen an uns heran, die wir nicht unberücksichtigt lassen konnten, wollten wir uns ein arbeitsfreudiges Personal erhalten.«[142] Kritischer fielen allerdings Stellungnahmen zu Konflikten in Branchen aus, in denen »maßlose Lohnforderungen« zu Preiserhöhungen führen würden.[143] Eindeutig gegen Arbeiter und deren Aktionsformen waren nur einzelne Initiativen gerichtet. Eine Denunziation von Musikern, die Flugblätter verteilten, auf denen sie das Koalitionsrecht forderten, blieb vereinzelt.[144] Bei zwei Gelegenheiten strebten Arbeiter- und Kleinhandelsinteressen indes deutlich auseinander. Einmal forderten während des Straßenarbeiterstreiks des Jahres 1910 mehrere Kleinhändler Polizeischutz an, weil während der »Straßenkrawalle« ihre Fensterscheiben zu

137 BBZ, 4.3.1911.
138 Jahresberichte der Kammer für Kleinhandel 1912, S. 17.
139 Jahresbericht der Kammer für Kleinhandel 1907/08, S. 21.
140 Ebd.
141 BBZ, 19.12.1911.
142 Jahresberichte der Kammer für Kleinhandel 1913. S. 53.
143 Ebd., S. 61.
144 STAB 4, 14/1 – V. G. 2.

Bruch gegangen seien.[145] Zum anderen erstattete 1913 der Kolonialwarenhändler J. Stubbemann Anzeige gegen streikende Schlachtergesellen, die seinen Laden mit Aufrufen beklebt hatten, in denen sie an seine Kunden appellierten, bei ihm so lange nicht zu kaufen, wie er seine Wurst vom Schlachtermeister Kohl beziehe. Denn dieser habe sich für die »Unterdrückung des Verbandes der Schlachtergesellen« engagiert.[146]

Die in Analysen nationaler Interessenorganisationen nachgewiesene Abgrenzung des Mittelstandes gegenüber der Arbeiterbewegung[147] führte in Bremen zu keiner offenen Feindschaft zwischen Detaillisten und streikenden Arbeitern. Offensichtlich war für den Kleinhändler deren Rolle als Kunden wichtiger als ihre Gewerkschaftsmitgliedschaft. Zu diesem insgesamt doch relativ konfliktarmen Verhältnis mag beigetragen haben, daß von seiten der Arbeiterbewegung in Bremen der vor allem in frühkapitalistischen Revolten verbreitete Kampf gegen die hortenden, betrügenden Krämer, Bäcker und Schlachter[148] nicht in großem Maßstab aufgenommen wurde, sondern allenfalls jene Läden offen boykottiert wurden, in denen Arbeiterschutzbestimmungen nicht eingehalten oder Organisationsmöglichkeiten nicht gewährt wurden. Auch bei Wahlkämpfen attackierten sozialdemokratische Kandidaten ihre Kontrahenten aus dem Kleinhandel nicht vehement. Bei den Reichstagswahlen des Jahres 1903 trat die Bremer SPD sogar mit folgender, allerdings vereinzelt bleibender Mittelstandsparole auf: »Eine kaufkräftige Arbeiterschaft ist das beste Mittel zum Schutze des Mittelstandes.«[149] Wenn auch die Kleinhändler nicht alle den Superlativ teilten, so waren sie sich offensichtlich mit den Sozialdemokraten darin einig, daß eine zahlungsfähige Arbeiterklasse eine Bedingung für die Prosperität des Kleinhandels war.

Als weiterer Konfliktpunkt zwischen Kleinhändlern und organisierten Arbeitern wird im allgemeinen die sozialdemokratische Unterstützung der Konsumgenossenschaften genannt. Die Entwicklung in Bremen war jedoch dadurch charakterisiert, daß die SPD erst spät die Genossenschaftsbewegung unterstützte und daß ein liberal-bürgerlicher »Bremer Konsumverein« bereits seit dem letzten Viertel des 19. Jahrhunderts bestand.[150]

Da dieser Verein und die sozialdemokratische Genossenschaft »Vorwärts« vor 1914 in etwa über gleichviel Filialen im Stadtgebiet verfügten, konnte der Protest gegen die Konkurrenz der Konsumvereine nicht ausschließlich dem sozial-

145 Siehe STAB 4, 14/1 – V. G.4; siehe auch Bremer Nachrichten vom 21.10.1910.

146 Siehe Anm. 144.

147 Siehe *Winkler*, Mittelstand, S. 56.

148 Siehe etwa *G. Rudé*, Die Volksmassen in der Geschichte. England und Frankreich 1730–1848, Frankfurt a.M. 1977.

149 BBZ, 24.5.1903. Insgesamt blieben aber die direkten Appelle der SPD in Bremen an die Kleinhändler selten.

150 Siehe dazu *D. Köhn*, Kleinhandel und Konsumvereine in Deutschland vor 1914 unter besonderer Berücksichtigung der Entwicklung in Bremen, Staatsexamensarb., Bremen 1979, S. 33f.

demokratischen gelten, zumal dieser erst 1906 gegründet worden war. Überdies sprachen die Genossenschaften weniger die Kunden der kleinen Läden als die der größeren an. Denn selbst in Krisenzeiten hielt der Verein »Vorwärts« unbeirrt am Prinzip der Barzahlung fest, das seine Geschäftspraktiken von denen der Nachbarschaftsläden unterschied.[151] Deshalb ist zu vermuten, daß er die zahlungsschwache Kundschaft aus Arbeiterkreisen nicht erreichte, die ihrem Kredit gebenden Kleinhündler treu blieb bzw. bleiben mußte. Dieser wachte seinerseits mißtrauisch darüber, daß die Genossenschaften nur Waren an ihre Mitglieder verkauften.[152] Im Unterschied zu den ideologischen Verlautbarungen der nationalen Mittelstandsorganisationen stellt sich das Verhältnis zwischen Arbeiterkunden und Detaillisten in Bremen zwar nicht als eine »entente cordiale«, aber als eine Zweckehe heraus, in der das Interesse an Kaufkraft und einem Kundenstamm sich in durchaus nüchternen Einschätzungen der Arbeiterstreiks äußerte.

Arbeiter und Kleinhändler traten nicht nur innerhalb der Familien, im Laden oder auf dem Markt in Beziehung, sondern auch in Haushalten und Häusern. Dabei muß unterschieden werden zwischen Detaillisten, die in einem Lohnarbeiterhaushalt entweder als Familienmitglied oder als Zimmermieter bzw. Schlafgänger wohnten, und Lohnarbeitern, die im Haus des Kleinhändlers untergebracht waren.

Einen weiteren Hinweis auf die Nähe zum Proletariat, in der sich ein Teil der Kleinhändler befand, gibt ihre Wohnsituation. Denn immerhin 65, d.h. 2,6 % aller Detaillisten des Jahres 1905, hatten einen Schlafplatz oder einen Raum gemietet.

Tab. 7: Die selbstständigen Kleinhändler und -innen nach ihrer Stellung im Haushalt im Jahre 1905 in Bremen[153]

| *Selbstständige* | *männlich* | *weiblich* | *insgesamt* | *%* |
|---|---|---|---|---|
| Einzellebende | 56 | 86 | 142 | 5,7 |
| Einlogierer | 56 | 9 | 65 | 2,6 |
| Im Elternhaus lebende Kinder | 64 | 41 | 105 | 4,2 |
| Verwandte | 15 | 36 | 51 | 2,0 |
| Haushaltsvorstände | 1.429 | 392 | 1.821 | 73,5 |
| Ehefrauen | | 291 | 291 | 11,7 |
| | 1.620 | 855 | 2.475 | 100,0 |

151 BBZ, 4.3.1911.

152 Siehe etwa die Denunziationen in STAB 4, 14/1-III.E 10: Johann Böttjer an Polizeidirektion, 11.3.1897. In diesem Brief beschwert er sich, daß seine Frau, obwohl sie nicht Mitglied des Konsumvereins gewesen sei, sehr wohl in diesem habe einkaufen können.

153 Volkszählung 1905, S. 112f.

In dieser Statistik spiegelt sich die proletarische Lebensweise eines kleinen Teils der Detaillisten darin wider, daß sie unter ähnlichen Bedingungen wie zugewanderte Lohnarbeiter leben mußten und daß ein Teil der Kinder über nicht genügend Einkommen verfügte, um sich eine eigene Wohnung leisten zu können.[154]

Umfangreicher war allerdings der Kreis der Arbeiter, die als Hausgenosse, Schlafbursche, Untermieter oder Dienstbote im Haushalt der Kleinhändler in Bremen lebten. Etwa die Hälfte aller Prinzipale beherbergte familienfremde Personen unter ihrem Dach. Von ihnen lebten 32 % mit Dienstboten, 22 % mit Einlogierern und 19 % mit Gewerbehilfen zusammen. Der Rest bot anderen Lohnarbeitergruppen, vor allem Einlogierern und Dienstboten bzw. Einlogierern und Gewerbehilfen, Quartier.[155] Aus dieser Aufstellung wird deutlich, daß in Bremen vor 1914 die alten Abhängigkeitsstrukturen, die auf Kost und Logis des Unternehmers beruhten, quantitativ gegenüber dem Dienstboten- und Mietverhältnis in der Minderheit waren. Freilich stammten nicht alle Einlogierer aus der Arbeiterklasse. Da aber ihr Anteil vor allem unter den männlichen Angestellten und Arbeitern der Industrie hoch war,[156] ist zu vermuten, daß sie in ihrer Mehrheit im industriellen Betrieb arbeiteten. Mithin bestand in der Hälfte aller Wohnungen von Kleinhändlern keine strenge Unterscheidungslinie zwischen dem Selbständigen und dem Lohnabhängigen.

Auch in einzelnen Häusern mischten sich die sozialen Schichten. So vermietete die Detaillistin Friedericke Bischoff an den Arbeiter Johann v. Salzen und der Detaillist Friedrich Kuhlmann an einen Arbeiter und einen Tapezierer. Bisweilen verfügten die Mieter sogar über ein höheres Einkommen als der Vermieter. Während der Händler Wilhelm Tödler in der Weserstraße 124 mit 1.200 RM veranlagt wurde, meldete sein Mieter, ein Zigarrenfabrikant, 1.957 RM der Steuerbehörde an.[157] In dem Bezirk der Neustadt, über den Steuerakten vorliegen, waren diese sozial gemischten Hausgemeinschaften aber selten. Häufig blieben sie auf eine Familie beschränkt. So wohnte die Kurz- und Wollwarenhändlerin Catharina Rasche mit dem Prokuristen Phil Rasche, dem Kommis Carl Rasche und der Verkäuferin Wilhelmine Rasche zusammen. Dennoch war der Anteil der Haushalte, die Kleinhändler und Arbeiter vereinten, zweifellos beträchtlich: Gut die Hälfte aller Bremer Prinzipale war in ihren Wohnungen oder in ihrem Haus mit Lohnabhängigen konfrontiert.[158] Das Netz der sozialen Beziehungen, das beide Schichten verband, war mithin eng geknüpft.

Die Antwort auf die Frage, ob diese Wohnsituation eher zu Konflikten als zu besserer Verständigung führte, würde Untersuchungen über den Bremer Wohnungsmarkt, die Stellung der Mieter und die Politik der Sozialdemokratie in

154 Zur generellen Problematik siehe *L. Niethammer*.
155 Diese Zahlen bezogen sich auf das Jahr 1900. Siehe Volkszählung des Jahres 1900, Bd. 2, S. CIV und 36 f.
156 Volkszählung 1905, S. 114.
157 Siehe STAB 4, 26–326.
158 Ebd.

Bremen in der Wohnungsfrage voraussetzen, die nicht vorliegen. Zweifellos ist es richtig, mit Schwarz darauf hinzuweisen, daß die Hausbesitzer aus Arbeiter-, Handwerker- und Kleinhandelskreisen gezwungen waren, ihr Haus möglichst intensiv zu nutzen und mit zahlreichen Mietern zu belegen.[159] Ob aus der daraus folgenden Enge aber die hohe Rate der Hausfriedensbrüche, die in Bremen über der anderer deutscher Großstädte lag,[160] zu erklären ist und ob die Kleinhändler bei den dabei ausgetragenen Konflikten eine besondere Rolle gespielt haben, muß dahingestellt bleiben. Die Konflikte zwischen Kleinhändlern und Arbeitern fanden eher im Laden als außerhalb statt. Selbst im Betrieb blieben sie allerdings paternalistisch abgepuffert und durch legale Formen der Interessenauseinandersetzung gezähmt. Außerhalb des Arbeitsplatzes scheinen die Konflikte über Qualität und Preis der Waren in Bremen nicht mehr zu den heftigen und dauerhaften Querelen geführt zu haben, die im Ruhrgebiet in der 2. Hälfte des 19. Jahrhunderts noch verbreitet waren.[161]

Damit entspricht die Qualität der Beziehungen dem Bild, das aus der Analyse der familiären Entwicklungen von Detaillisten gewonnen wurde. Der Kleinhandel war keine soziale Schicht, die in ihrer Mehrheit sich gesellschaftlich von den anderen Unterschichten getrennt hatte, sondern sie unterhielt rege Verbindungen mit Angestellten und Arbeitern, die über die Produktion bzw. Distribution hinaus auch den Reproduktionsbereich einbezogen. Vor allem im stark fluktuierenden Gemüse-, Kurzwaren- und Lebensmittelhandel, insbesondere in Familiengeschäften und kleinen Läden, war dieser Austausch entwickelt.

Aus alledem läßt sich eine Schlußfolgerung in dreierlei Hinsicht ziehen. Einmal werfen die Resultate dieser Untersuchung das Problem der politischen Orientierung des Kleinhandels bzw. im Kleinhandel auf. Konzentriert auf Aussagen der Interessenverbände, ist vornehmlich die konservative, ja reaktionäre und am Ende der Weimarer Republik sogar faschistische Ausrichtung der Detaillisten betont worden.[162] Durch Hinweise auf die Mitglieder- und Wählerschaft der SPD haben so unterschiedliche Autoren wie Blank, Blackbourn und Hamilton diese globale Zuordnung in Frage gestellt und herausgearbeitet, daß Teile des Handwerks und des Kleinhandels sehr wohl für die Sozialdemokraten gestimmt haben können.[163] Dabei ist folgende Untersuchungsrichtung der

159 Siehe *Schwarz*, passim.

160 Hinweis ebd.

161 *Huck*, S. 216f.

162 So *Winkler*, Mittelstand, S. 157f. Diese These hat Winkler in zahlreichen anderen Veröffentlichungen zum gleichen Themenkreis wiederholt.

163 Siehe *R. Blank*, Die soziale Zusammensetzung der sozialdemokratischen Wählerschaft Deutschlands, in: ASS 20 (1905), S. 507–550; *Blackbourn*, S. 429f.; *R. Hamilton*, Die soziale Basis des Nationalsozialismus, Eine kritische Betrachtung, in: *Kocka* (Hg.), Angestellte, S. 354–375. Allerdings leidet die Studie von Hamilton darunter, daß sie in ihrer ikonoklastischen Verve sich auf dubioses Material stützt. Um die These, daß auch KPF-Wähler durchaus im Mittelstand gefunden werden können, zu stützen, zieht Hamilton etwa (S. 361) eine Angabe über das Wählerverhalten in Frankreich im Jahre 1952 heran.

Verbandsgeschichte problematisiert worden: Diese hat die Verbandsaktivitäten nicht nur als repräsentativ für die politischen Optionen der Kleinhändler angesehen, sondern aus ihnen auch Rückschlüsse auf die soziale Situation der Kleinbürger gezogen.[164] Deshalb ist es nunmehr wichtig, die Fragestellung umzukehren und aus der sozialökonomischen Situation des Kleinbürgertums die Bedingungsverhältnisse zu entwickeln, unter denen die Klassenmitglieder lebten, arbeiteten und politisch handelten. Dabei kann versucht werden, die politischen und ideologischen Aussagen der Kleinhändler möglichst weitgehend aus ihrer Interessenlage und aus ihren sozialen Beziehungen zu erklären, ohne zu Konstrukten wie den sie beeinflussenden ständischen Relikten oder einem ungleichzeitigen Bewußtsein Zuflucht zu nehmen. In der vorliegenden Studie fehlen noch wichtige Verbindungsglieder zwischen den Handlungsbedingungen und den Handlungen der Kleinhändler. Verwiesen sei vor allem auf die Vereinsaktivitäten und Geselligkeitsformen, die darüber Aufschluß geben können, ob sich der Kleinhandel kulturell absonderte oder aber an gemeinschaftlichen Veranstaltungen mit Arbeitern teilnahm.[165] Weiterhin müßte die Frage einbezogen werden, wie von den Kleinhändlern selbst ihre Nähe zur Arbeiterklasse erfahren wurde. Bildete sie den Ausgangspunkt von Abgrenzungsstrategien, die sich in von Arbeitern unterschiedenen Lebensweisen ausdrückten,[166] oder rückte sie hingegen Teile der Kleinhändler und der Arbeiter, die ökonomisch gefährdeten Detaillisten und die unqualifizierten Industriearbeiter in Konsumverhalten, Lebensplanung und Umgangsformen einander näher? Dennoch kann diese Skizze verdeutlichen, daß der Gegensatz zwischen Kleinhändlern und Arbeitern in Bremen weniger global, weniger tiefgreifend und absolut gewesen ist, als zeitgenössische Studien und Klassenanalysen annahmen. Deshalb ist auch die Annahme nicht von der Hand zu weisen, daß ein Teil von ihnen auch für die Sozialdemokraten gestimmt haben kann.

Zum anderen haben sich neuere und ältere Klassenuntersuchungen als zu wenig differenziert erwiesen, um sowohl die soziale Fragmentierung innerhalb des Bremer Kleinhandels als auch die gleitenden Übergänge in Rechnung stellen zu können, die Familienformen und Lebensbedingungen von Kleinhändlern und Arbeitern verbanden. Die Konfliktlinien zwischen beiden wurden zu stark ausgezogen. Denn der manifeste Gegensatz zwischen Lohnarbeiter- und Unternehmerinteressen war nur im Verhältnis von Prinzipal und Kommis zu fassen, prägte aber nicht das gesamte Netz der Beziehungen zwischen Detaillisten und

164 Siehe auch *Geiger*, Panik.

165 Dieser blinde Fleck erklärt sich vor allem aus den Lücken, die im Bremer Archivmaterial klaffen. Überdies bestehen bis heute lediglich Vereine fort, in denen Großhändler organisiert waren und sind, so daß eine Annäherung von dieser Seite an die »subjektive Problematik« nur schwer möglich ist. Auf Fragen in Interviews kam immer nur eine stereotype Antwort, daß die Detaillisten auch im Kriegerverein, im Kegelklub etc. gewesen seien, ohne daß genauere Zurechnungen möglich waren.

166 Diese Feinstrukturen der sozialen Distanzierung arbeitet vor allem heraus: *Bourdieu*, La Distinction; sie werden auch häufig in der Romanliteratur erwähnt.

Arbeitern. Aktive Solidarisierung mit Arbeitern wie militante Interessenkonflikte blieben zwischen beiden Schichten selten. Von ihren Existenzbedingungen wirtschaftlicher und sozialer Art waren sie aber so nah, daß ihre Trennung nach dem Besitz bzw. Nichtbesitz von Produktionsmitteln bestehende Strukturähnlichkeiten und Beziehungsgeflechte zerreißen würde.

In einer Zeit, in der das Klagen über die Abstraktheit der Theorie verbreitet ist, könnten derartige Ergebnisse als Abschied an die Klassenanalyse gedeutet werden. Mit der »Alltagsgeschichte« scheint auch eine Alternative bereitzustehen.[167] Es spricht manches dafür, der oft begrifflich abstrakt, zu ökonomistisch oder holistisch vorgehenden Untersuchung sozialer Klassen emphatisch den Alltag der Lebensweisen und Artikulationsformen entgegenzusetzen und damit diese Studien aufzufordern, ihre Aussagekraft auch an lokalen, sektoralen und kategorialen Erscheinungen zu überprüfen bzw. diese einzubeziehen. Aber der Begriff »Alltagsgeschichte« bietet selbst kein theoretisches Rüstzeug, um eine historische Untersuchung anzuleiten. Denn dazu ist er selbst zu enzyklopädisch angelegt, geht zu wenig auf Relevanzhierarchien ein und ist oftmals ins Detail zu verliebt, um über die Repräsentativität von Ergebnissen und ihre Funktion in allgemeinen Zusammenhängen zu reflektieren. Sie kann deshalb eher als Korrektiv denn als Ersatz für gesamtgesellschaftliche Studien dienen.

Sollen zum dritten klassenanalytische Überlegungen, die am Anfang der Untersuchung standen, nicht nur als Modell benutzt werden, von dem die Realanalyse sich abstößt oder auf die sie sich bezieht, so muß am Ende der Studie bestimmt werden, welchen Beitrag die Klassenanalyse bei der Abgrenzung zwischen Kleinbürgertum und Arbeiterklasse leistet. Als zu grob haben sich die Ansätze erwiesen, die von unterschiedlichen Strukturprinzipien der Produktion, Distribution und Formen der Arbeit ausgehen. Sie würden eine Kluft dort vermuten, wo deutliche Verwandtschaft die Lebensweise von Proletariern und Detaillisten in Bremen charakterisierte. Offener für gleitende Übergänge sind Definitionen, in denen die sozialen Beziehungen und Existenzweisen oder die Selbst- und Fremddefinition zum ausschlaggebenden Kriterium für Klassenzugehörigkeit werden. In der Fallstudie zu Bremen haben wir freilich für die sozialen Bezüge, die zwischen der Arbeiterklasse und dem Kleinhandel bestanden, weniger deutliche Unterschiede entdeckt als vielfältige Verbindungsmuster. Dieser Befund könnte möglicherweise dann relativiert werden, wenn mit Lebensformen, kulturellen Gewohnheiten und politischer Organisation jene Bereiche einbezogen würden, die oft unter dem Begriff »Klassenbewußtsein« diskutiert wurden. Selbst wenn sich dieses Ergebnis erbringen ließe, wäre die Bestimmungshierarchie, die klassenanalytischen Ansätzen zugrunde liegt, umgekehrt: Auf der Klassenlage und -position würde sich nicht gleichsam mecha-

167 Begrifflich sehr differenziert dazu: *Lüdtke*. Aber auch Lüdtke kommt mit dem Begriff »Alltagswirklichkeit« nicht aus, sondern muß ihn mit anderen Begriffen wie Interessen und Bedürfnissen sowie einem Prozeßmodell füllen. Zur Kritik an romantisierender Alltagsgeschichte siehe *Kocka*, Social Mobility, S. 98.

nisch eine Klassenhaltung aufbauen, sondern auf einem Sockel von sozialökonomischen Bedingungen, die Teilen der Arbeiter und Kleinhändler gemeinsam waren, ein die beiden Schichten differenzierendes Bewußtsein.

Wenn weitere Untersuchungen erweisen würden, daß gerade bei der Unterscheidung bzw. Annäherung zwischen den unteren, unsteten und ökonomisch labilen Teilen des Kleinhandels und den ungelernten Arbeitern die Vorstellung von einer Klassenlinie dem Verständnis eher hinderlich als nützlich und das Bild eines sozialen Mischbereichs der historischen Realität angemessener ist, dann müßte auch die Klassentheorie, die sich um die Bestimmung des Kleinbürgertums bemüht, stärker dessen bürgerlichen Charakter betonen. Dieses wäre dann für die Zeit vor 1914 und für Deutschland stärker auf jene Teile des Kleinhandels – und möglicherweise auch des Handwerks – zu begrenzen, für die der Besitz der Produktionsmittel kein leerer Rechtstitel, sondern erfahrene Stabilität, der soziale Status über längere Zeit hinweg gesichert war und die sozialen Verbindungen innerhalb der eigenen Schicht und nach oben vorherrschten. Offen muß dabei bleiben, ob sich das Kleinbürgertum zumindest in dem den Kleinhandel umfassenden Bereich als eigenständige soziale Schicht oder gar Klasse herausschälte oder ob sie – wie in den unteren Regionen der Detaillisten – in ihrer ökonomischen Besonderheit und sozialen Position eine Übergangsschicht war.

# Kleine und große Bürger in Deutschland und Frankreich am Ende des 19. Jahrhunderts

Die Feststellung des Journalisten Günter Gaus, er stamme aus einer kleinbürgerlichen Familie, korrigierte der spätere Bundeskanzler Ludwig Erhard mit dem Hinweis: »Nein, aus einer gutbürgerlichen«.[1] Die Problematik der Beziehungen zwischen Bürgertum und Kleinbürgertum blitzt in diesem Wortwechsel auf. Sind die kleinen Bürger eher durch ihre Zugehörigkeit zum bürgerlichen Lager charakterisiert oder bilden sie eine eigenständige soziale Formation? Was unterscheidet die kleinen Meister und Ladenbesitzer von den besitzenden und gebildeten Bürgern? Was eint beide? Im Mittelpunkt steht im folgenden das Kleinbürgertum, mithin jene Kategorie, die unter industriekapitalistischen Bedingungen durch die Verbindung von persönlicher Mitarbeit des Unternehmers und Kaufmanns mit Kapitalbesitz gekennzeichnet ist. Sowohl der Handwerksmeister als auch der Kleinhändler legen selbst Hand im Betrieb an, bringen ihre Arbeitskraft in die Herstellung oder Verteilung ein, nachdem sie in die Gründung der Werkstatt oder des Ladens Kapital investiert haben. Mit dem Bürgertum teilen sie mithin die Verfügung über Produktionsmittel, die Zugehörigkeit zur breiten Schicht der Besitzenden sowie die Tatsache, daß sie ihre Fertigkeiten nicht auf dem Arbeitsmarkt anbieten müssen. Von diesem trennt sie jedoch die Bedeutung der Handarbeit, die Größe der Unternehmen und das Besitzniveau.[2]

Über diese allgemeinen, aus klassenanalytischen Überlegungen gewonnenen Unterscheidungen hinaus ist die sozialgeschichtliche Untersuchung aufgerufen, das Ausmaß an realer Gemeinsamkeit und Differenz zu bestimmen, anzugeben, ob beide Formationen in unterschiedlichen Milieus lebten oder durch vielfältige Kontakte verflochten waren. Allerdings gilt nicht der Fülle möglicher Bezüge die Aufmerksamkeit, sondern lediglich denjenigen, die Licht auf Besonderheiten des Bürgertums werfen. Welche bürgerlichen Strukturmerkmale und Verhaltensweisen zeichnen sich ab, wenn die wirtschaftlichen Kontakte, die sozialen Mobilitätsströme und die politischen Verbindungen zwischen den großen und den kleinen Bürgern ermittelt werden? Dieser diffusen Begrifflichkeit wurde hier der Vorzug vor einer strengeren und scharfrandigen Abgrenzung gegeben, um auf Übergangsformen und -stufen zu verweisen, die leicht definitorisch zerrissen oder systematisch verdeckt werden können.

1 *G. Gaus*, Zur Person. Porträts in Frage und Antwort, München 1964, S. 49.

2 Eine Zusammenfassung der klassenanalytischen Diskussion in: *H.-G. Haupt*, »Bourgeois und Volk zugleich«? Zur Geschichte des Kleinbügertums im 19. und 20. Jahrhundert, Frankfurt a. M. 1987, Einleitung.

Der Vergleich zwischen Deutschland und Frankreich läßt erwarten, daß unterschiedliche Konstellationen des Verhältnisses von bürgerlichen und kleinbürgerlichen Milieus erscheinen. Angesichts der vorliegenden Forschungen ist anzunehmen, daß aufgrund der stärkeren ständischen Überformung des Klassenverhältnisses die soziale Distanz zwischen Meistern und Unternehmern, Kleinhändlern und Kaufleuten in Deutschland größer war als in Frankreich, wo ständische Strukturen nach 1789 im gewerblichen Sektor nur eine Randexistenz führten.[3] Auch die schnellere und stärker auf die Ausbildung großbetrieblicher Einheiten ausgerichtete Industrialisierung in den deutschen Staaten blieb nicht ohne Folgen für den kleingewerblichen Bereich. Wenn sie auch nicht nur zur Vernichtung der kleinen Existenzen führte, sondern auch zu Betriebsgründungen und Produktionsumstellungen, wirkte sie doch stärker auf die Handwerksmeister ein als die sich auf Kleinunternehmen stützende kapitalistische Entwicklung in Frankreich.[4]

Schließlich scheint in Deutschland die von Heinrich August Winkler »Rückversicherung« genannte politische Anlehnung der kleinbürgerlichen Organisationen an konservative Kräfte auf eine enge Koalition von Kleinbürgertum und bürgerlichen Konservativen hinzudeuten, während die weniger obrigkeitsstaatlich geprägte und konservativ gefärbte politische Kultur in Frankreich andere politische Orientierungsmuster anbot.[5] Ausgehend von dem städtischen Kleinbürgertum und seinen Beziehungen zu bürgerlichen Kreisen soll mithin auch nach Unterschieden zwischen der deutschen und französischen Gesellschaft gefragt werden.

Dieses Unternehmen wird dadurch erschwert, daß bislang weder eine Geschichte des deutschen noch des französischen Kleinbürgertums oder Bürgertums vorliegt. Vor allem die Forschungen zur Lage und zum sozialen Verhalten der Handwerksmeister in Frankreich sind für die gewählte Phase selten, nämlich für die Jahrzehnte um die Wende zum 20. Jahrhundert, in denen nicht nur die ökonomische Bedrohung der kleinbetrieblichen Sektoren, sondern auch im Zuge der Entwicklung des Interventionsstaates die Organisationstätigkeit der kleinen Bürger zunahm. In ihr lassen sich wie in einem Brennglas Konflikte und Allianzen zwischen den Fraktionen des Bürgertums zusammensehen. In einer Verbindung von lokalen Mikrostudien und allgemeinen Analysen ist mithin zu

3 Für die zweite Hälfte des 19. Jahrhunderts fehlen spezielle Untersuchungen zum französischen Handwerk fast vollständig. Erst neuerdings werden handwerksgeschichtliche Themen in bislang unveröffentlichten Studien bearbeitet.

4 Zur globalen Entwicklung vgl. *W. Fischer*, Wirtschaft und Gesellschaft im Zeitalter der Industrialisierung, Göttingen 1972, bes. S. 315f.; *F. Caron*, Histoire économique de la France, XIXe–XXe siècle, Paris 1984.

5 *H.A. Winkler*, Mittelstand, Demokratie und Nationalsozialismus. Die politische Entwicklung von Handwerk und Kleinhandel in der Weimarer Republik, Köln 1972; *S. Volkov*, The Rise of Popular Antisemitism in Germany. The Urban Master Artisans, 1873–1896, Princeton 1978; zu Frankreich jetzt bes. *P. Nord*, Paris Shopkeepers and the Politics of Resentment, Princeton 1986.

versuchen, einige für die Bestimmung der Charakteristika des Bürgertums wesentliche Faktoren vorzustellen.

## 1. Wirkliche und scheinbare Unabhängigkeit

Die Unabhängigkeit, die der Besitz garantierte, die Bildung absicherte oder der dienstrechtliche Status enthielt, teilten kleine und große Bürger. Sich unabhängig machen, blieb noch und weit bis in das 20. Jahrhundert hinein der Traum von Arbeitern, die den Zwängen der Lohnabhängigkeit entgehen wollten. Allerdings entpuppte sich die Unabhängigkeit der Meister und Kleinhändler eher als Sehnsucht denn als erfahrene Realität. Die bedrohte oder eingeschränkte Selbständigkeit trennte sie vom Status des Bürgers. Sie standen nämlich in vielfältigen Beziehungen zu unterschiedlichen Fraktionen des Bürgertums, die sie mehr oder weniger stark kontrollieren und beherrschen konnten. Vor 1914 lebten immer noch Formen *persönlicher* Abhängigkeit fort, bei denen sich wirtschaftliche und herrschaftliche Beziehungen bis zur Unkenntlichkeit mischten. Sie lagen dem Verlagssystem zugrunde, in dem der Verleger seinen Zugang zum Markt benutzte, die kleinen handwerklichen, zumeist mit familiären Arbeitskräften produzierenden Meister sowohl dem Diktat seiner Lohnpolitik als auch seinen oft sehr detaillierten Vorstellungen von der Qualität des Endprodukts zu unterwerfen. In ihm standen die kleinbetrieblichen Hersteller von Waren unter dem Gesetz eines unter proto-industriellen Bedingungen entstandenen Handelsbürgertums. Diese Form der Organisation lebte im letzten Drittel des 19.Jahrhunderts in Deutschland vor allem in der Konfektionsbranche, aber auch unter Schuh- und Zigarrenmachern, in der Form des Zwischenmeisters auch unter Bauhandwerkern fort.[6] In Frankreich ist seine Prägekraft bis zum Ersten Weltkrieg im Bereich der Textilien, der Messerherstellung, der Spielzeug-, aber auch der Möbelbranche belegt.[7] Einen Teil der Verlegertätigkeit übte der Großhändler aus, der Waren an Detaillisten absetzte. Diese reine Marktbeziehung verbarg auch handfeste direkte Abhängigkeitsverhältnisse. Nach den Angaben, die auf eine Umfrage der Handelskommission der französischen Nationalversammlung im Jahre 1913 unter Verbänden und Vertretungsorganen des Handels eingingen, kauften 87,8 % aller Kleinhändler ihre Waren individuell ein

6 Siehe die Hinweise in: *R. Boch*, Handwerker-Sozialisten gegen Fabrikgesellschaft, Göttingen 1985; *H. Aubin* u. *W. Zorn* (Hg.), Handbuch der deutschen Wirtschafts- und Sozialgeschichte, Bd. 2, Stuttgart 1976, S. 332f.; *U. Engelhardt* (Hg.), Handwerker in der Industrialisierung. Lage, Kultur und Politik vom späten 18. bis ins frühe 20.Jahrhundert, Stuttgart 1984.

7 Siehe u.a. *G. Dupeux*, Aspects de l'histoire sociale et politique du Loir-et-Cher, 1848–1914, Paris 1972, S. 563f.; *Y. Lequin*, Les ouvriers de la région lyonnaise, Lyon 1977, S. 142f.; bes. aber die zeitgenössischen Enquêten: *P. du Maroussem*, La question ouvrière, Paris 1891–96, Bd. 1: Charpentiers de Paris: Compagnons et indépendants (1891), Bd. 2: Ebénistes du faubourg Saint-Antoine (1892).

und bezogen diese nach Aussage von 71,3 % der Befragten nicht vom Produzenten, sondern vom Großhändler. In 32 % der Antworten wird die Abhängigkeit von einem, in 13 % die von zwei Grossisten als typisch angegeben. Nach Meinung von 56 % der Organisationen waren die Kleinhändler auf den Kredit angewiesen, den ihnen die Kaufleute eröffneten. Der fehlende Zusammenschluß beim Einkauf von Waren und der Rekurs auf Vorschüsse banden zahlreiche Detaillisten, aber auch die im Verlag tätigen Handwerksmeister an das Handelskapital. Wenn auch nur 8,2 % der Befragten erwähnten, daß der Lieferant spezielle Vorteile im Gegenzug forderte, 8,7 % mutmaßten, der Grossist verlange das Monopol der Lieferungen, und 3,5 % berichteten, er beanspruche einen Anteil am Umsatz, so waren doch das Geschäftsgebaren der Ladeninhaber vorgeprägt und ihr finanzieller und kommerzieller Spielraum eingeschränkt.[8] Diese Situation unterstrich auch die Handelskammer der im Nordosten Frankreichs gelegenen Stadt Châlons-sur-Marne, als sie schrieb: »Die Grossisten räumen den Kleinen Wechselverlängerungen ein, und dadurch haben die Detaillisten nicht mehr die Unabhängigkeit, die notwendig ist, um bessere Preise auszuhandeln.«[9] Nicht nur die Großhändler, sondern auch andere Gruppen des Bürgertums sorgten für die Bereitstellung von Umlauf- und Anfangskapital. Nach Aussagen der bereits zitierten französischen Umfrage waren 17 % aller Korrespondenten der Meinung, die Kleinhändler seien auf familienfremden Kredit angewiesen, während 48 % zumindest eine Mischfinanzierung annahmen. Sowohl für die Stadt Niort als auch für Paris ist das enge Netz finanzieller Verbindlichkeiten nachgewiesen, in dem sich die kleinen Ladenbesitzer, aber auch die Handwerksmeister bewegten, sich teilweise verfingen und aus dem sie bei Wirtschaftskrisen herausfielen.[10] Damit bildeten Grossisten, aber auch Notare, Anwälte, Besitzende generell und eine undurchsichtige Welt von Agenten die Reihen der Kreditgeber, die den Kleinhändlern einen umso teureren Kredit einräumten, als deren Geschäftsaussichten unsicher und ihre Sicherheiten begrenzt waren.

Schließlich sind auch die Abhängigkeitsbeziehungen nicht zu vergessen, die sich zwischen Kundenmonopolen bzw. lokalen Machtgruppen und den kleinen Bürgern herstellten. So sollen sich die Handwerksmeister in Toulouse, die für den gehobeneren Bedarf arbeiteten, nur schwer aus den politischen Klientelbeziehungen haben lösen können, die sie mit adeligen örtlichen Honoratiorenfamilien verbanden. In manchen Industriestädten Mittel- und Ostfrankreichs mußten die kleinen Kaufleute gar um ihre Existenz bangen, sofern sie Arbeiteraktivitäten Unterstützung verliehen. Während die Stahlmagnaten Lothrin-

8 *A. Landry*, Rapport au nom de la commission du commerce et de l'industrie chargée de procéder à une enquête sur la situation du commerce en France et notamment, sur la condition actuelle du petit commerce, Chambre des Députés, 10e Législature 1914, impression 3452. Eigene Berechnungen.

9 Archives nationales (AN), C 2498.

10 *A. Daumard*, La bourgeoisie parisienne de 1815 a 1848, Paris 1962, S. 69 f.; *J. C. Martin*, Commerce et commerçants à Niort au XIXe siècle. Les faillites, Extrait du Bulletin de la Société historique et scientifique des Deux-Sèvres, 2e série, Bd. 13, 1980.

gens bei derartigen Fällen mit dem Abstellen von Wasser und dem Entzug von Elektrizität drohten, die sie in ihrer Regie hatten, versuchten die Bergwerkbesitzer von Carmaux die Läden der Stadt aufzukaufen, um streikende Arbeiter von ihren Versorgungsquellen in Streikzeiten abzuschneiden.[11] In all diesen Fällen erfuhren kleine Bürger ihren Platz in der Hierarchie bürgerlicher Berufe deutlich, und sie nahmen wahr, daß Austauschbeziehungen auch herrschaftlichen Charakter trugen. Vor allem in Krisenzeiten, wenn die Kreditmargen enger und die Vorschüsse eingefordert wurden (falls die einer gängigen Praxis zufolge gewährten Kundenkredite nicht rechtzeitig zurückgezahlt worden waren), manifestierte sich der Unterschied zwischen der Situation der kleinen und der großen Bürger und traten Abhängigkeiten deutlich zutage. Nicht die Einheit, sondern die Gegensätzlichkeit der Interessen von kleinen und großen Bürgern erschien in diesen Beziehungen. Durch sie nahm das Kleinbürgertum – zumindest wichtige Teile von ihm – Kontakt auf mit Fraktionen des Handels-, Besitz- und Finanzbürgertums, die zumeist um 1900 bereits Patina angesetzt hatten, gleichwohl aber weiterhin die Lebenswirklichkeit und Geschäftspraktiken wichtiger Sektoren bestimmten. Manche dieser bürgerlichen Gruppen lebten freilich am Rande des Bürgertums, betrieben ihre Geschäfte vor allem mit Krediten für die häufig wenig solventen Detaillisten und Kleinmeister, die über geringe Sicherheiten und eine schmale Kapitalbasis verfügten, teilweise hinter geschlossenen Jalousien und vorgehaltener Hand.

Außer mit diesen randständigen Bürgern standen Kleinbürger in Kontakt mit den modernen Fraktionen des Bürgertums und mit dem »Funktionsbürgertum«. Dabei wandelten sich die persönlichen allmählich zu sachlichen Beziehungen. Der Industriegigant, der sich auf Zuliefererbetriebe stützte, diese in BoomPhasen mit Aufträgen versorgte, in Krisenzeiten aber austrocknete, gehörte ebenso zu den neuen Bezugsgruppen der Kleinen wie die Warenhäuser und Zentralen von Kettenläden, für die handwerkliche Betriebe produzierten oder Detaillisten als Filialleiter arbeiteten.[12] Das 1860 gegründete und 1898 in eine Aktiengesellschaft verwandelte Unternehmen »Casino« in St. Etienne, das über zahlreiche Filialen im Südwesten Frankreichs verfügte und im Geschäftsjahr 1911/12 einen Umsatz von 24 Millionen Francs machte, kann als typisch für die neue Struktur gelten. Es stellte einen derartig großen Abnehmer dar, daß es die Konditionen der Verträge mit Zulieferern einseitig bestimmen konnte. Dies war um so leichter, als die Lebensmittel- und Konsumbranche in eine Vielzahl von Kleinbetrieben zersplittert war und sich der Marktmacht nicht entgegenstemmen konnte. Der Handlungsspielraum des Filialleiters war noch begrenzter, da er zwar noch die Menge pro Artikel, nicht aber das Sortiment bestimmen

11 *D. Reid*, The Miners of Decazeville. A Genealogy of Deindustrialization, Cambridge 1985, S. 75f.

12 Vgl. *M. Lévy-Leboyer*, Le patronat français a-t-il été malthusien? In: Le Mouvement social 88 (1974), S. 9f.; *M. Miller*, Au Bon Marché (1869–1920) ou le consommateur apprivoisé, Paris 1987; *F. Faraut*, Histoire de la Belle Jardinière, Paris 1987, bes. S. 13f.

und auch beschädigte und verdorbene Waren häufig nicht zurückgeben konnte. Er war überdies gehalten, dem Unternehmen eine Kaution zu zahlen, die dieses nicht verzinste, sondern seinem Umlaufkapital einverleibte.[13] Waren die Beziehungen zwischen Filialleiter und Mutterhaus Zulieferer und Industriellen auch weniger persönlich gefärbt als sachlich durch Verträge organisiert, so benutzten diese modernen, mit hohem Kapitaleinsatz arbeitenden Bürgertumsfraktionen auch ihre Klientelbeziehungen. Als etwa im Jahre 1913 in Frankreich eine Parlamentskommission über eine Steuererhöhung diskutierte, mobilisierten die Pariser Kaufhäuser ihre kleinbetrieblichen Zulieferer in der Provinz, um politischen Druck auszuüben.[14] Dabei gingen wirtschaftliche und politische Beziehungen ineinander über und traten Abhängigkeiten deutlich zutage.

Schließlich lebten Handwerker und kleine Ladenbesitzer am Ende des 19. Jahrhunderts in einem von staatlichen Gesetzen durchzogenen und geprägten Bereich. Damit nahmen sie auch Kontakt zu Mitgliedern des »Funktionsbürgertums« auf, d.h. mit Beamten, die über die Einhaltung von gewerbepolizeilichen und arbeitsrechtlichen Bestimmungen wachen mußten wie auch mit lokalen Behörden, die diese erließen. Diese Kontrolle fiel je nach örtlichen Kräfteverhältnissen und Konjunktur sehr unterschiedlich aus. Sie nahm in der Regel dort strenge Formen an, wo die Beamten, von den örtlichen Autoritäten unterstützt, sich nur einer Minderheit von Gesetze mißachtenden kleinen Bürgern gegenüber sahen. Sie fiel indes locker aus, wenn die überwiegende Mehrheit der ortsansässigen Kaufleute und Handwerksmeister gegen Dekrete und Gesetze opponierten und diese in der Öffentlichkeit selbst umstritten waren. Schließlich wird in einer Phase heftiger Konflikte mit Angestellten und Arbeitern die Neigung gering gewesen sein, durch rigoroses Durchgreifen gegenüber kleinen Bürgern zusätzliche soziale Fronten zu schaffen. So stark auch Opportunitätserwägungen in die Durchsetzung staatlicher Gesetze sowohl in Deutschland als auch in Frankreich eingingen, so gerieten doch vor allem die kleinen Gewerbetreibenden in Auseinandersetzungen mit den Mitgliedern eines städtischen Funktionsbürgertums.[15] Es ist bekannt, wie allergisch sie auf die Überprüfung der Zusammensetzung von Milch und Wein reagierten, wie stark gerade bei der Durchsetzung von Arbeiterschutzgesetzen – wie dem Verbot der Nachtarbeit von Frauen und der Einführung der Sonntagsruhe – die kleinen Betriebe, die mit vielen erlaubten und unerlaubten Mitteln um ihr Überleben kämpften, sich gegen die Besuche der Arbeits- oder Gewerbeinspektoren

13 Siehe das Beispiel des Docks rémois, in: *P. Gemahling*, La concentration commerciale sans grands magasins, in: Revue d'économie politique 26 (1912), S. 170–192; Forschungen zur sozialen und ökonomischen Wirkung sowohl von Warenhäusern als auch von Kettenläden fehlen weitgehend in deutscher Sprache, wenn man von zeitgenössischen Untersuchungen absieht.

14 AN, C 5498, 26. Juni 1891.

15 *H.-G. Haupt*, Les petits commerçants et la politique sociale. Etude sur l'application du repos hebdomadaire en France et en Allemagne avant 1914, Bremen 1983.

wehrten.[16] Ja, die ihnen dabei auferlegten, am Ende des 19. Jahrhunderts zumeist symbolischen Geldstrafen wurden nicht als Kavaliersdelikte erfahren, sondern riefen heftige Proteste und Appelle an die Obrigkeit hervor, diese ehrenrührige Behandlung zu beenden.

In diesem schlecht bekannten Feld staatlicher Sozial- und Ordnungspolitik eröffnen sich für die Untersuchung der Beziehung zwischen Kleinbürgertum und staatlichen Autoritäten neue Perspektiven. Da zahlreiche Arbeiterschutzgesetze eine Praxis verallgemeinerten, die bereits in den Groß- und Hotelbetrieben gängig war, gerieten vor allem die kleinen Unternehmen in das Visier der Kontrollorgane. Sie erfuhren dabei die staatliche Macht und die Gesetzgebung als eine ihren Problemen äußerliche Instanz. Die aus der Untersuchung der Verbandsliteratur gewonnene These von der Staatsgläubigkeit und -fixierung im Kleinbürgertum muß sicherlich für Deutschland, aber auch für Frankreich relativiert werden, wenn man stärker die Erfahrungen von Kleinbürgern und Handwerkern mit dem Interventionsstaat einbezieht.

Nach alledem erwies sich für wichtige Teile des Kleinbürgertums die Unabhängigkeit als Fiktion. Wirtschaftliche Beziehungen, die teilweise noch persönlichen, teilweise bereits sachlichen Charakter trugen, banden die kleinen an die großen Bürger, ja ordneten sie diesen unter. Durch Kreditvergabe und -entzug, Auftragserteilung und -einstellung wurden diese zu Richtern über Existenz oder Pleite, griffen aber auch tief in die Geschäftspraktiken ein und setzten – sofern sie dies für notwendig erachteten – ökonomische Abhängigkeit in politische Klientelbeziehungen um. Die lange Zeit gängige Annahme eines zwar in Teilen untergehenden oder verlegten, im Kern aber durch Elektromotoren und Kapitalerhöhung lebensfähigen, innovativen und eigenständigen Handwerks wie auch das Bild der prosperierenden, durch Reisende in verschiedenen Ländern einkaufenden, mit wohlausgestatteten Schaufenstern Publikum anlockenden Einzelhandelsfachgeschäfte ist in dieser Hinsicht zu korrigieren.

Freilich gab es auch den unabhängigen reichen Handwerksmeister und den soliden Fachhändler. Adolf Noll hat diesem Kreis in seiner Untersuchung über Münster und Arnsberg eher ein statistisch überzeugendes als ein plastisch gestaltetes Denkmal gesetzt, und Hansjoachim Henning konzentriert seine Forschungen fast ausschließlich auf die Oligarchie im Kleinbürgertum.[17] In diese Studien gehen aber die Abhängigkeitsbeziehungen nicht ein. Mißt man jedoch die Unabhängigkeit der Handwerksmeister daran, ob sie bei dem Bezug ihrer

16 Siehe die Beispiele in: *F. Raison-Jourde*, La colonie auvergnate de Paris au XIXe siècle, Paris 1976; in den in Lokal- und Regionalarchiven auffindbaren Auseinandersetzungen zwischen städtischen Hygienebehörden und Kleinproduzenten sowie Kleinhändlern in Deutschland im letzten Drittel des 19. Jahrhunderts lassen sich ähnliche Reaktionen nachweisen.

17 *A. Noll*, Sozio-ökonomischer Strukturwandel des Handwerks in der zweiten Phase der Industrialisierung unter besonderer Berücksichtigung der Regierungsbezirke Arnsberg und Münster, Göttingen 1975. Vgl. auch *H. Henning*, Handwerk und Industriegesellschaft. Zur sozialen Verflechtung westfälischer Handwerksmeister, 1870–1914, in: *K. Düwell* u. *W. Köllmann* (Hg.), Rheinland-Westfalen im Industriezeitalter, Bd. 2, Wuppertal 1984, S. 178 f.

Rohstoffe zwischen mehreren Anbietern auswählen und bei dem Absatz ihrer Produkte zwischen verschiedenen Abnehmern entscheiden konnten, so kommt Alain Cottereau für Paris zu dem Ergebnis, daß zu Beginn des 20.Jahrhunderts nicht einmal 2 % aller Meister unabhängig waren. Dieser Befund ist in Verbindung zu bringen mit dem Ergebnis der Volks- und Berufszählung des Jahres 1901, nach der 80 % aller gewerblichen Betriebe Frankreichs von Alleinmeistern oder lediglich mit ihren Familienangehörigen arbeitenden Selbständigen geleitet wurden.[18] Auf diesem statistischen Hintergrund gewinnen die obigen Ausführungen an Plausibilität, – und gleichzeitig wird ein Unterschied zwischen Deutschland und Frankreich markiert. Denn im Deutschen Reich war die Zahl der unabhängigen Meister offensichtlich größer als jenseits des Rheins.

Eine weitere Differenz zwischen beiden Gesellschaften ist in der Wirkungskraft und Dauer des Verlagssystems zu sehen, das in Frankreich sehr viel lebensfähiger war und stärker die Beziehungen zwischen Bürgern und Kleinbürgern prägte – es sei denn, dieser Eindruck entspringe dem Stand der Forschung in Deutschland, die sich mit dem Verlag am Ende des 19. Jahrhunderts kaum beschäftigt hat. Schließlich liegt sicherlich in der Bedeutung des Bankkapitals eine Besonderheit der deutschen Entwicklung. Während die deutschen Genossenschafts- und Geschäftsbanken auch den kleinbetrieblichen Sektor einbezogen, waren in Frankreich die Handwerksmeister durchweg auf den Kredit ihrer Lieferanten oder von Privatpersonen unterschiedlicher Seriosität angewiesen. Angesichts der desolaten Lage wurde erst 1910 ein Gesetz über den Kredit für kleine und mittlere Betriebe diskutiert, das 1917 in Kraft trat. Die vorsichtige Politik der französischen Banken, die generell das Risiko von Industrieinvestitionen, besonders aber das Risiko fürchteten, in den instabilen und krisengefährdeten Bereich der kleinen Läden und Werkstätten zu investieren,[19] verwies die französischen Kleinbürger auf die Finanzierungshilfe der Familie, aber auch von bürgerlichen Randgruppen.

Wenn die Kenntnis einer sozialen Gruppe auch ein Ergebnis der mit ihr bestehenden wirtschaftlichen Beziehungen ist, so waren die Probleme der kleinen Bürger nur manchen großen vertraut. Anwälte und Notare, Finanziers und Sparkassenleiter, Gewerbeinspektoren und Stadtverwaltungen, Kaufleute und Grossisten konnten sich ein Bild von dem Leben und den Geschäften der Meister und Ladenbesitzer machen. In Kreisen des besitzenden und gebildeten Großbürgertums indes blieben über literarische Informationen hinaus die kleinbürgerlichen Kreise eher unbekannt. Als Beispiel kann dafür die Reaktion der Tochter des Celler Oberlandesgerichtspräsidenten dienen, die Ende des 19. Jahrhunderts auf die Nachricht, eine Verwandte habe sich mit einem Bremer Großhandelskaufmann verheiratet, »in ihrem Glückswunschschreiben ... etwas schüchtern und verhalten anfragte, ob meine Schwester auch hinter dem Tresen

18 *A. Faure*, Note sur la petite entreprise en France au XIXe siècle. Représentation d'état et réalité, Beitrag zum Congrès annuel des historiens économiques, Paris 1980.

19 *J. Bouvier*, Un siècle de banque française, Paris 1973.

die Gäste bedienen müsse«.[20] Es ist sogar zu vermuten, daß in dem Maße, in dem persönliche Abhängigkeit durch sachliche ersetzt wird, der Kern des Großbürgertums immer weniger Einblick in die Binnenstruktur des Kleinbürgertums besaß und die Bedeutung von Vermittlern wie juristischen Berufen wuchs. Freilich bleibt gleichwohl für manche Industrieunternehmen der kleine Zuliefererbetrieb, für das Funktionieren des Handelsnetzes der kleine Laden wichtig. Aber diese Abhängigkeit war weniger direkt und drückend als die der kleinen von den großen Bürgern. Unabhängigkeit bildete zwar auch für die Kleinbürger einen ständigen Fixpunkt ihrer Selbstdefinition und Sehnsüchte, stellte aber eher eine Wasserscheide als eine Brücke zwischen Kleinbürgertum und Bürgertum dar.

## 2. Soziale Bezüge und Barrieren zwischen kleinen und großen Bürgern

Die Mittelklasse reiche bis in das Volk hinein, habe aber auch Kontakte mit dem Bürgertum, schrieb der Orleanist Odilon Barrot am Vorabend der 1848er Revolution.[21] Diese Aussage ließe sich cum grano salis auch für das Ende des 19.Jahrhunderts bestätigen. Unter den bekannten und größten Unternehmern Deutschlands und Frankreichs nannte ein im Deutschen Reich allerdings größerer Prozentsatz Handwerk und Kleinhandel als Beruf ihrer Väter. Auch unter den Studenten beider Länder tauchten Söhne von Meistern und Prinzipalen auf, die in manchen Beamtenpositionen wiederzufinden waren. All diese verstreuten Angaben, die keine systematische Analyse der sozialen Mobilität ersetzen, können allenfalls andeuten, daß der Bruch zwischen Ober- und Mittelklasse nicht vollständig war und daß weiterhin Pfade existierten, um aus kleinbürgerlichen Verhältnissen heraus zu bürgerlichen Lebensformen zu gelangen. Über die Häufigkeit derartiger Positionsverschiebungen können diese Zahlen nichts aussagen, da sie nicht auf die Gesamtzahl der Handwerksmeister und Ladeninhaber bezogen sind.[22] Geht man von einer am Ende des 19. Jahrhunderts blockierten Gesellschaft aus, so erstaunt das bestehende Ausmaß an Mobilität. Ordnet man die in beiden Ländern ab 1880 bestehende Situation jedoch in die Entwicklung des gesamten Jahrhunderts ein, so fällt der Unterschied zu der Lage um 1850 und die Tatsache auf, wie begrenzt die Aufstiegschancen und wie steinig die Wege waren, die ins Bürgertum führten.

Der Weg des sozialen Aufstiegs war der Umweg. Selten gelang es in der Diritissima, den Gipfel der sozialen Hierarchie zu erklimmen. Eine der verbreiteten, auf mittelfristigen Erfolg angelegten Aufstiegsstrategien bestand im letzten

20 *T. Spitta*, Aus meinem Leben, München 1969, S. 91.

21 *O. Barrot*, Mémoires posthumes, Bd. 1, Paris 1875, S. 209.

22 *H. Kaelble*, Soziale Mobilität und Chancengleichheit im 19. und 20. Jahrhundert. Deutschland im internationalen Vergleich, Göttingen 1983, S. 42f., 245f.

Drittel des 19. Jahrhunderts darin, die Söhne der Meister und Prinzipale mit schulischem Kapital zu versehen, um sie in Angestellten- und kleine Beamtenpositionen schicken zu können. Diesen Weg wählten in Bremen etwa stärker die Meister als die Prinzipale, in Braunschweig häufiger die Kaufleute als die Ladeninhaber und die Handwerker.[23] Eine weitere Form der Annäherung an bürgerliche Mechanismen bestand in der Erweiterung des Geschäfts. So wird aus Braunschweig am Ende des 19.Jahrhunderts berichtet, Detailhändler vertrieben einen Artikel als Großhändler, leiteten teilweise auch Agenturen oder hätten eine Sparkassenstelle inne.[24] Diese Form der Diversifizierung kann als bürgerlich bezeichnet werden, weil sie abrückte von dem Prinzip der Nahrungssicherung und eine Anpassung an den Gewinnmechanismus bedeutete. Sie kann aber auch als Variante der proletarischen Praxis gedeutet werden, Lohnarbeit mit Selbständigkeit zu verbinden und das Familieneinkommen aus unterschiedlichen Quellen zu speisen. In den verschiedenen Anläufen, aus dem reinen Detailgeschäft und dem Handwerk hinaus zu lukrativeren Beschäftigungen zu gelangen, fand sicherlich auch sozialer Aufstieg statt. Sie waren häufiger indes eine Kette von Anläufen und Fehlschlägen, von kleinen Schritten als Sprüngen, die selten in einer oder zwei Generationen zu dem gewünschten Erfolg führten. Während das Kleinbürgertum eher eine Durchgangsklasse war, in die man zwar hineingeboren wurde, die man aber zu verlassen trachtete, war das Bürgertum eine gesellschaftliche Sphäre, in der die Mitglieder Fuß fassen und sich allenfalls verbessern wollten.[25]

Daneben war und blieb die Heirat ein beliebtes Mittel, um die gesellschaftliche Position zu verändern. Während allerdings in der Mitte des 19.Jahrhunderts in Paris Krämer noch durchaus eine Frau aus dem Bürgertum heiraten konnten, war diese Praxis nach allen vorliegenden Informationen am Jahrhundertende selten. Dies bestätigt Jean-Pierre Chaline für Rouen ebenso wie die Untersuchungen zu Bremen und Braunschweig.[26] Verbreiteter war die Praxis, daß Söhne von Kaufleuten, weniger die von Unternehmern, sich ihre Frauen unter den Töchtern von Detaillisten und Meistern suchten. Das literarisch bekannte Beispiel für einen derartigen Aufstieg ist Theodor Fontanes Frau Jenny Treibel, von der es heißt: »Ach, ihre Mutter, die gute Frau Bürstenbinder, die das Püppchen drüben im Apfelsinenladen immer so hübsch herauszuputzen wußte, sie

23 Eigene Berechnungen aus der Zeit 1890–1914 anhand von Adreßbüchern in Bremen und anhand von Heiratsurkunden in Braunschweig.

24 Zu Braunschweig vgl. Staatsarchiv Wolfenbüttel, 12 A Neu Fb 7 a 320 I: Enquête über Kolonialwarenhandel.

25 Siehe dazu *G. Crossick* u. *H.-G. Haupt*, Shopkeepers, Master Artisans and the Historian, in: *dies.* (Hg.), Shopkeepers and Master Artisans in Nineteenth Century Europe, London 1984, S. 6f.

26 Vgl. *J.P. Chaline*, Les contrats de mariage à Rouen au XIXe siècle. Etude d'après l'enregistrement des actes civils publics, in: Revue d'histoire économique et sociale 48 (1970), S. 260f.; siehe auch *W.H. Sewell jr.*, Structure and Mobility. The Men and Women of Marseille, 1820–1870, Cambridge 1985.

hat in ihrer Weiberklugheit damals ganz richtig gerechnet. Nun ist das Püppchen eine Kommerzienrätin und kann sich alles gönnen, auch das Ideale, und sogar ›unentwegt‹. Ein Musterstück von einer Bourgeoise.«[27] Wenn auch nicht die Putzsucht, sondern wohl gerade die Sparsamkeit, Tüchtigkeit und Ordnung die Frauen aus dem Kleinbürgertum für Bürgersöhne attraktiv machten, so hatte umgekehrt die Verbindung mit bürgerlichen Familien für Händler und Meister Vorteile. Am Beispiel der westfranzösischen Stadt Niort hat Jean-Baptiste Martin etwa nachgewiesen, wie sehr die Kreditwürdigkeit der Kleinhändler von Verbindungen abhing und wie häufig der Verwandte aus den Kreisen bürgerlicher Honoratioren nützlich sein konnte, um den Fortbestand des Ladens oder der Werkstatt zu garantieren.

An all diesen Beispielen, die in ihrer Aussagekraft für die beiden Gesellschaften insgesamt noch zu prüfen wären, läßt sich ablesen, daß trotz einer im Vergleich zur Mitte des 19. Jahrhunderts stärkeren Abschließung des Bürgertums gegen *newcomers* am Ende des Jahrhunderts doch Zugangsmöglichkeiten für Kleinbürger existierten. Diese blieben allerdings sehr begrenzt. Sie wurden erkauft durch eine Übernahme bürgerlicher Aufstiegsmechanismen: Diversifizierung und Ausweitung der Produktion, Erwerb von schulischem Kapital, Heiratsstrategien. Das oft deplatzierte Schwärmen der Frau Jenny Treibel vom Idealen zeigt das Bemühen um einen bürgerlichen Ansprüchen angemessenen Gesprächston, der ihre Herkunft vergessen lassen sollte. Während die bürgerlichen Prinzipien des Aufstiegs mithin zu allgemeinen erhoben wurden, war die kleinbürgerliche Vergangenheit häufig ein Teil der Biographie, den es mit dem Eifer eines Proselyten zu vertuschen galt.

Als Verbürgerlichung von kleinen Bürgern kann auch die Herausbildung von Oligarchien in einzelnen handwerklichen Berufsgruppen oder im Kleinhandel interpretiert werden. In einem handwerklichen Beruf, in dem die Fluktuation weiterhin groß war, die Zahl derjenigen, die am Ende ihres Erwerbslebens starben, ohne eine Erbschaft zu hinterlassen, fast 50 % der Gruppe betrug, d.h. unter Lyoner Schlachtern setzte sich am Jahrhundertende eine kleine Gruppe ab, die durch Hauskauf, strenge Endogamie und hohe Berufsvererbung die Grundlage für Schlachterdynastien legte.[28] Diese Herausbildung von stabilen Kernen in einzelnen Berufen, die auch Henning für Westfalen beobachtet,[29] gelang zwar durch die Wiederbelebung ständischer Verhaltensmuster, ging aber auch einher mit der Übernahme von Attributen des bürgerlichen Erfolgs – wie etwa Immobilienbesitz. Allerdings führte diese Anlehnung an den bürgerlichen Lebensstil nicht zur Aufgabe des Berufs, sondern zu dessen Fortführung über mehrere

27 *T. Fontane*, Frau Jenny Treibel, Frankfurt a.M. 1984, S. 20.

28 *M. Boyer*, Les métiers de la viande à Lyon de 1860 a 1914 (une étude sur la petite bourgeoisie), Thèse de 3 cycles, Universität Lyon 2-Lumière, 1985, S. 477 f.

29 *H. Henning*, Handwerk und Industriegesellschaft. Zur sozialen Verflechtung westfälischer Handwerksmeister, 1870–1914, in: *K. Düwell* u. *W. Köllmann* (Hg.), Rheinland-Westfalen im Industriezeitalter, Bd. 2, Wuppertal 1984, S. 178 f.

Generationen hinweg. Während als ein Grundbestandteil bürgerlicher Existenz die Stabilität und Planbarkeit anzusehen ist, setzten diese lediglich eine kleine Gruppe von Meistern und Ladeninhabern instand, mittelfristig ihr Leben zu gestalten und als Wortführer im Namen des gesamten Handwerks oder des Handels aufzutreten.

In ihrem Verhältnis zum Bürgertum lassen sich drei unterschiedliche Teile des Kleinbürgertums unterscheiden, die keineswegs mit einzelnen Berufen zusammenfallen. Der eine bietet begrenzte, aber dennoch reelle Veränderungen der beruflichen Stellungen in das Bürgertum hinein, der andere ist charakterisiert durch das Ausbilden von in bürgerlichen Weisen lebenden Inseln im Kleinbürgertum, der dritte schließlich ist in der Nähe der Unterschichten angesiedelt, mit denen er die intensivsten Beziehungen pflegt. Die beiden ersten Teile waren in Deutschland wie in Frankreich in der Minderheit, während der letzte die Mehrheit der Handwerker und Kleinhändler ausmachte. Den *happy few*, die in den Arkanbereich des Bürgertums eindringen oder dessen Lebensstil imitieren konnten, stand die Masse derer gegenüber, die zwischen proletarischer Arbeitssituation und prekärer kleinbürgerlicher Selbständigkeit pendelten. Vergleichsweise waren die ersten beiden Teile jedoch in Deutschland stärker vertreten als in Frankreich, was u. a. wohl auf den unterschiedlichen Grad der Industrialisierung und den verschiedenen öffentlich-rechtlichen Status des Handwerks zurückzuführen ist.

Der Unterschied zwischen dem stabilen Bürgertum und dem instabilen Teil der Kleinbürger läßt sich empirisch am Bremer Beispiel belegen. So mußte zwischen 1890 und 1914 etwa ein Drittel aller Kleinhandelsläden nach sechs Jahren schließen, während nur ein Siebtel aller Handelsfirmen und unter ihnen vor allem die kleinbürgerlichen Existenzen nahestehenden Agenturen dieses Schicksal teilten.[30] Auch in der französischen Konkursstatistik zu Beginn des 20.Jahrhunderts und in den Angaben über Ladenverkäufe waren die kleinen Geschäfte über-, die großen unterrepräsentiert.[31] Mit diesen Fluktuationsmustern waren unterschiedliche Zukunftsperspektiven, Zielvorstellungen und Verhaltensweisen verbunden. Die kurzfristige Planung und der schnelle Wechsel scheinen eher für das Gros der kleinen als der großen Bürger charakteristisch gewesen zu sein. Die Bremer Kleinhändler waren etwa häufiger zugewandert als die Kaufleute, sie zogen auch schneller in der Stadt um und auch wieder ab. Die Suche nach neuen und besseren Standorten drückte sich in diesem Verhalten ebenso aus wie der oft ephemere Charakter der Selbständigkeit, die nicht als lebenslange Perspektive, sondern nur als Übergangslösung angesehen wurde. Planung war im Bereich des Kleinhandels auch dadurch erschwert, daß hier Altern im Durchschnitt nicht mit steigendem Einkommen identisch war,

30 Eigene Berechnungen anhand des Adreßbuches. Siehe zu diesem Komplex auch: *H.-G. Haupt*, Kleine und große Bürger in Bremen um 1900, in: Bremisches Jahrbuch 64 (1986), S. 151–159.

31 Recensement général de la population, 1906, Bd. 1, Paris 1911, S. 452.

während, wie das Bremer Beispiel zeigt, die alternden Großhändler mehr verdienten bzw. auf einem erreichten Sockel verblieben. Diese Situation kann u. a. dadurch erklärt werden, daß in Deutschland wie in Frankreich der Kleinhandel vor der staatlichen Rentenversicherung, aber auch noch danach als Mittel gegen die Altersarmut der Arbeiter und ihrer Witwen gewählt wurde. Schließlich spielte – wenn man das Beispiel aus Bremen verallgemeinert – die Familie eine unterschiedliche Rolle. In dem Drittel der Läden, die in Bremen um 1900 ohne familienfremde Arbeitskräfte auskamen, war die Mitarbeit der Frauen und Kinder die Regel, war die Familie Produktions- und Reproduktionsraum. Im Unterschied zu protoindustriellen Verhältnissen versuchten die Handwerksmeister und Kleinhändler aber nicht, durch hohe Kinderzahlen die familiären Arbeitskräfte für den häuslichen Betrieb zu vergrößern, sondern sie schränkten die Zahl ihrer Kinder sowohl im malthusianistischen Frankreich als auch im Deutschen Reich ein und konzentrierten die familiären Ressourcen auf einzelne Karrieren wie auch auf die Fortführung des Unternehmens. Im Großhandel jedoch war der Anteil der ohne Gehilfen und Lehrlinge arbeitenden Kaufleute deutlich niedriger und die Zahl der weiblichen Haushaltsvorstände, die zwischen 1890 und 1914 ein Drittel der Läden führten, unbedeutend. Die Trennung von Familie und Erwerbsarbeit war hier bereits vollzogen. Folgt man Jürgen Habermas, so ist mit ihr die Herausbildung einer bürgerlichen Öffentlichkeit und bürgerlicher Werte verbunden.

Wenn auch der Bruch zwischen den kleinen und großen Bürgern in beiden Ländern weniger stark als der zwischen Bürgertum und Arbeiterklasse war, so unterschieden sich beide doch in ihrem sozialen Verhalten, ihren Lebens- und Zukunftsperspektiven. Stabilität und Planbarkeit fanden sich stärker im bürgerlichen Lager als in den Läden und Werkstätten vereinigt. Auch in der Gesellschaft nahmen sie einen unterschiedlichen Platz ein. Diente das Kleinbürgertum als Aufstiegsziel von Arbeitern, so war es für die in ihm Geborenen oft nur Durchgangsstadium, um zu bürgerlichen Positionen zu gelangen. Bürgerliche Berufe waren freilich auch in Bewegung, aber wechselten bei einer insgesamt geringen Quote von Deklassierung doch in derselben sozialen Sphäre.

Neben allen Unterschieden existierten aber doch Ähnlichkeiten. Handwerker und Ladenbesitzer teilten mit Kaufleuten und Industriellen den Besitz von Produktionsmitteln und Immobilien, wenn auch nicht in der gleichen Größenordnung und Qualität. Sie benutzten beide die Angebote der Bildungsinstitutionen, um entweder ihren Kindern einen Wechsel in Stellungen zu ermöglichen, in denen die Handarbeit sekundär war, oder aber um zusätzlich zum ökonomischen noch kulturelles Kapital zu erwerben. Man sollte nicht vom Bild einer Kluft ausgehen. In Wirklichkeit bestanden vielmehr gleitende Übergänge, verschiedene Abstufungen zwischen der Welt der kleinen und der großen Bürger. Offen bleibt auch, welche Unterschiede im Bürgertum selbst bestanden und wie umfangreich die Instabilität von bürgerlichen Berufen etwa war.

Im deutsch-französischen Vergleich fällt schließlich die Ähnlichkeit der Chancen von Meistern und Prinzipalen auf, ihre soziale Lage zu verändern. Sie waren in beiden Ländern überaus gering, wenn sie am Aufstieg in das Bürgertum gemessen werden. Unterschiedlich stark war indes die Gruppe der konsolidierten, unter quasi-bürgerlichen Bedingungen lebenden Handwerksmeister ausgebildet. In Deutschland nahm sie einen größeren Platz ein als in Frankreich, wo gerade im Handwerk die Zahl der proletarisierten und abhängigen Meister Legion war. Im Unterschied zum Deutschen Reich peilten diese die Eröffnung eines Ladens als Verbesserung an. Handwerker und Kleinhändler gehörten hier wie dort zu den sozialen Gruppen, die Geburtenkontrolle betrieben und sich für die berufliche Zukunft ihrer Kinder engagierten. Dieser Malthusianismus war in Frankreich allerdings weiter fortgeschritten als in Deutschland. All diese Bemerkungen verweisen auf die Notwendigkeit, durch genauere Informationen über das soziale Verhalten von Bürgern und Kleinbürgern den Vergleich zu verfeinern.

## 3. Verbürgerlichung des Kleinbürgertums oder bürgerliche Werte im Dienst der kleinen Bürger?

Jene Tugenden, die den Aufstieg der bürgerlichen Gesellschaft begleiteten, finden sich gehäuft in den Veröffentlichungen der Verbände und Vereine von Handwerkern und Kleinhändlern wieder.[32] Das Lob der Arbeit stand gegen die Faulheit, die Sparsamkeit stach von der Verschwendungssucht ab, die Ordnung widerstand dem Chaos, die geordnete Familie löste die moralische Zügellosigkeit ab, das Eigentum leuchtete gegenüber der Besitzlosigkeit. Auffällig ist, daß die soziale Frage, die das bürgerliche Selbstbewußtsein beschäftigte und erschütterte, in den Veröffentlichungen des organisierten Kleinbürgertums wenig Resonanz fand. Dies erklärt sich möglicherweise daraus, daß Meister und Kleinhändler ihre Lebens- und Produktionsweise als exemplarische Lösung der sozialen Probleme präsentierten. Patriarchalische Verhältnisse, Aufstiegsmöglichkeiten in und durch den Betrieb, qualifizierte Ausbildung wurden der Gesellschaft als die Wege angepriesen, um soziales Elend, Entwurzelung und politischen Radikalismus zu vermeiden. Die Parolen und Bilder, Ängste und Hoffnungen ähnelten sich in beiden Ländern. Während sich in Deutschland diese Panegyrik allerdings in den 1880er Jahren verdichtete und ausbreitete, gewann sie in Frankreich erst zu Beginn des 20.Jahrhunderts allmählich an Umfang und Farbe.

Läßt sich die Übernahme und das Lob bürgerlicher Werte als Verbürgerlichung interpretieren? Beim gegenwärtigen Forschungsstand muß offenbleiben, ob die mit der Entwicklung der bürgerlichen Gesellschaft verbundenen Ideale weiterhin zur Selbstverständigung und -rechtfertigung von Bürgern dienten

32 Siehe die Textauszüge in: *H.-G. Haupt* (Hg.), Die radikale Mitte. Lebensweise und Politik von Handwerkern und Kleinhändlern in Deutschland seit 1848, München 1985.

oder ob das Kleinbürgertum diese inzwischen eingemeindet hatte und gleichsam die ideologische Nachhut des Bürgertums bildete. Wie dem auch sei, die kleinen Bürger nahmen am bürgerlichen Kodex teil, gaben diesem aber doch eine spezifische Funktion und Färbung. Er diente etwa dazu, die Welt der Meister und Ladeninhaber von den unteren Klassen abzugrenzen, die aufgrund ihrer Lebensbedingungen nicht einmal den Schein der Bürgerlichkeit aufrechterhalten konnten. Die Sparsamkeit der kleinen Unabhängigen trennte sie von der vermeintlichen Verschwendungssucht der Proletarier, das freundliche Interieur der Läden kontrastierte mit den dunklen Fluren der Mietskasernen, die Anständigkeit mit der Promiskuität. Mit denselben Argumenten konnten die Besitzer instabiler, nur kurzzeitig bestehender Läden und Werkstätten, die weder die Ausbildung noch die geschäftliche Grundlage besaßen, um bürgerlich leben zu können, aus der Klasse ausgeschlossen werden. »Für die Aufnahmefähigkeit«, hieß es etwa in den Statuten des Bremer Vereins der Kolonialwarenhändler, »soll grundsätzlich die Erlernung des Faches oder die durch ordnungsgemäße Führung eines einschlägigen Geschäfts erwiesene Berufstüchtigkeit maßgebend sein«.[33] Berufsausbildung und Ordnung besaßen im gängigen Selbstverständnis aber jene Krämerläden nicht, in denen die Frauen das Geschäft führten und der Ehemann weiterhin bezahlter Arbeit nachging. In diesem Zusammenhang kann die Übernahme bürgerlicher Werte als Mittel der Differenzierung zwischen dem ehrbaren und unehrenvollen Handel gesehen werden.

Aber die Rezeption hatte nicht nur eine Funktion nach innen, sondern auch nach außen. Sie konnte sich nämlich gegen das Bürgertum selbst wenden. In einer Zeit, in der die kleinen Selbständigen von Verbänden und politischen Gruppen hofiert wurden, waren sie auch Ziele von satirischen Angriffen und Karikaturen. Ihre Kirchturmssicht und ihr Konformismus, ihre Ängstlichkeit und Borniertheit wurden immer wieder beschworen. Klein wurde mit beschränkt identifiziert, lokal verankert mit einem begrenzten Horizont.[34] Der Umfang dieser Attacken ist noch nicht untersucht, wenn ihre Existenz auch außer Frage steht. Die Selbst- und Weltsicht, in der kleine Bürger sich an das Bürgertum anlehnten, kann in diesem Kontext auch als Mittel der Abwehr und der Selbstbehauptung gegenüber einer negativen Rollenzuschreibung verstanden werden. Gerade aus der Abwehr dieser Attacken kann in Analogie zur Selbstfindung der französischen Arbeiterbewegung in der Jahrhundertmitte der organisierte Kern der Meister und Prinzipale eine Stärkung ihrer sozialen Identität gewonnen haben.[35]

Besonders in Frankreich war in der politischen Publizistik des Jahrhundertendes die Gegenüberstellung von »Kleinen« und »Großen« verbreitet.[36] In ihr

33 Staatsarchiv Bremen 4, 75/7-VR 235.

34 Siehe die Beispiele in: *G. Stein* (Hg.), Philister – Kleinbürger – Spießer. Normalität und Selbstbehauptung, Frankfurt a. M. 1985.

35 Vgl. J. Rancière, La nuit des prolétaires. Archives du rêve ouvrier, Paris 1981.

36 *Nord*, Paris Shopkeepers, S. 31 f.

traten die Kleinen jedoch auch als Träger der Werte der Revolution von 1789 auf, mithin als Erben des Bürgertums, das inzwischen Teil jener Aristokratie geworden sei, gegen die sich die Kleinen wehren müßten. Diese Konfrontation, die Verteidigungsorganisationen von Kleinhändlern schürte, ging weit über ihre Kreise hinaus und ergriff auch die Arbeiterklasse. Weniger politische als moralische Anklänge hatte die Praxis im deutschen Kleinbürgertum, staatliches Handeln und bürgerliche Praxis an den Kriterien der Sparsamkeit, Tüchtigkeit und des lauteren Wettbewerbs zu messen. Wenn an das staatliche Leben und die kapitalistischen Großorganisationen das Modell des patriarchalischen Familienlebens und des Wirtschaftens in Werkstatt und Laden angelegt wurde, dann konnte die Arroganz der staatlichen Hoheitsträger, die Undurchsichtigkeit ihrer Handlungen wie auch ihre Verschwendungssucht ebenso wie die Skandalchronik des Bürgertums in den Mittelpunkt des Interesses rücken. Diesem Aspekt, den zuerst David Blackbourn hervorgehoben hat,[37] müßte mehr Aufmerksamkeit gewidmet werden, um ermitteln zu können, mit welchen Argumenten und auf welche Weise sich die kleinen gegen die großen Bürger gewehrt haben.

Sowohl in Deutschland als auch in Frankreich war das Kleinbürgertum Gegenstand bürgerlicher Politik, die zwischen Vereinnahmung und Ausschließung pendelte. In beiden Ländern entstanden zu Beginn des 20.Jahrhunderts große bürgerliche Sammlungsbewegungen, die – wie der Reichsverband des deutschen Mittelstandes, der Hansa-Bund oder die »Association des classes moyennes« – versuchten, Ladeninhaber und Meister enger mit der Politik des Bürgertums und seinen Interessen zu verknüpfen. In diese Versuche ging indes eine spezifische Vorgeschichte ein. In Frankreich hatten relevante Teile des städtischen kleinen Bürgertums seit der 1848er Revolution eng mit der republikanischen Bewegung zusammengearbeitet, in der Dritten Republik die Regierungsform gesehen, die ihren Belangen entsprach und auch in sozialistischen Gruppierungen um so leichter eine politische Heimat gefunden, als diese sich bis 1890 weniger an die Arbeiterklasse als an den *peuple* wandten. Erst in der Krise der 1880er Jahre, die mit großbetrieblichen Formen des Handels und der Industrie die Existenz von zahlreichen kleinen Meistern und Ladeninhabern zu bedrohen schien, kam Bewegung in die politische Zuordnung der Kleinbürger, die sich nunmehr auch in eigenständigen Organisationen zusammenfanden. Während sich in den 1890er Jahren der Bruch mit den sozialistischen Parteien vertiefte, verblieb die Mehrheit der provinziellen Verbände in der Nähe des Radikalismus, wogegen sich in Paris seit 1900 Konservative und Royalisten durchsetzten. Griff diese Richtung vor 1914 von Paris auch auf einige andere Städte über, so blieb die Verbindung mit den in der Tradition der großen Französischen Revolution angesiedelten, das Loblied des Solidarismus singenden und das Privateigentum verteidigenden Radikalsozialisten in Frankreich weiterhin dominant.

37 *D. Blackbourn*, Between Resignation and Volatility. The German Petite Bourgeoisie in the Nineteenth Century, in: *Crossick* u. *Haupt*, Shopkeepers, S. 43 f.

In Deutschland war sicherlich die Option für den Reichsdeutschen Mittelstandsverband nicht allgemein, und zu Recht ist auf die Trennung zwischen nord- und süddeutschen Mitgliedern des Mittelstandes hingewiesen worden. Diese Entwicklung fand aber vor dem Hintergrund einer breiten Abwendung des Mittelstandes von den Liberalen statt, dem spiegelbildlich eine Vernachlässigung kleinbürgerlicher Interessen durch den Liberalismus entsprach. Offensichtlich gelang die Vereinnahmung von relevanten Teilen der Verbände der Kleinhändler und Handwerksmeister für Sozialprotektionismus und antidemokratische Ziele, die der politischen Orientierung einer bestimmten Fraktion des deutschen Bürgertums entsprach.[38] In diesen Unterschied zwischen den beiden Ländern ging freilich auch ein in Deutschland früheres und stärkeres Bemühen der staatlichen Instanzen ein, durch symbolische und reelle Konzessionen die kleinen Selbständigen als »Mittelstand« von den Arbeitern abzusetzen.

Neben dem Werben im Kleinbürgertum um Unterstützung für bürgerliche Ziele sind freilich jene Versuche nicht zu vergessen, Kleinbürger von Entscheidungsprozessen fernzuhalten. Ähnliche Entwicklungen zeigten sich weniger auf der städtischen Ebene, auf der in Frankreich das allgemeine gleiche Wahlrecht seit 1882 in Kraft war und kleine Bürger zunehmend auch Bürgermeister stellten, in Deutschland aber aufgrund des Zensus Krämer oder Kleinmeister oft nur begrenzten Einfluß ausüben konnten,[39] als bei der Wahl der Handelskammern. In beiden Ländern wehrte sich ein Handelspatriziat gegen eine Ausweitung des Wahlrechts. Während in Bremen und Hamburg den Ansprüchen der Kleinhändler durch die Errichtung einer Kleinhandelskammer Rechnung getragen wurde, entbrannten in Braunschweig und St. Etienne heftige Konflikte.[40] In beiden Städten rechtfertigten die örtlichen Honoratioren mit dem Hinweis auf unqualifizierte Bewerber die bisherige soziale Exklusivität der Versammlungen. Während in St. Etienne das Problem mit der Einführung eines Klassenwahlrechts zumindest insofern gelöst wurde, als die Kleinhändler Mitspracherechte, die Notabeln jedoch weiterhin das Sagen hatten, führte es in Braunschweig zu einer politischen Polarisierung. Gegen die Handelskammer, die sich gegen eine Erweiterung ihres Wahlkörpers wehrte, formierte sich der Schutzverein, der mit protektionistischen, antisemitischen Forderungen auftrat und sich der Deutschsozialen Partei anschloß. Die Blockierung von politischer Partizipation und Artikulation beförderte mithin die Abwendung vom Liberalismus.

Eine weitere Grenze bürgerlicher Einflußnahme ist in der Struktur des Kleinbürgertums selbst zu suchen. Es handelte sich – wie immer wieder angedeutet – um ein höchst fluides Milieu, in dem Bewegung die Regel, Stabilität die Aus-

38 *Winkler*, Mittelstand.

39 *M. Agulhon u. a.*, Les maires en France du Consulat à nos jours, Paris 1986; zum Einstieg siehe auch *J. Reulecke*, Geschichte der Urbanisierung in Deutschland, Frankfurt a. M. 1985.

40 *R. Gellateley*, The Politics of Economic Despair. Shopkeepers and German Politics 1890–1914, London 1974; *J. Lorcin*, Histoire sociale et attitudes mentales. Les archives de la Chambre de Commerce de Saint-Etienne, in: Actes du 89e Congrès national des Sociétés savantes, Lyon 1964. Section d'histoire moderne et contemporaine, Bd. 2, S. 793–809.

nahme war. Selbst unter den insgesamt als betucht geltenden Schlachtern in Lyon wechselte im letzten Drittel des 19. Jahrhunderts ein Zehntel den Standort in der Stadt, ein Drittel verschwand überhaupt aus den Adreßbüchern.[41] Aus dieser Bewegung kann freilich nicht nur auf Proletarisierung geschlossen werden, da sowohl Tod als auch Verbesserung und Veränderung der beruflichen Positionen die Ursache des Verschwindens sein konnten. Aber der Umfang der Fluktuation war doch so groß, daß er sich höchstens graduell von der Bewegung unterschied, die gleichzeitig in der Arbeiterklasse stattfand. Hier wie dort änderten sich die Lebensbedingungen so schnell, daß das Orientieren an bürgerlichen Werten, die Stabilität und Dauer voraussetzten, unwahrscheinlich war. Hinzu kam, daß die Einkommen selten ausreichten, um bürgerlich leben zu können. Unter den Düsseldorfer Handwerkern um die Mitte des 19. Jahrhunderts wurde rund die Hälfte gar nicht zur Einkommenssteuer veranlagt.[42] Nach Karl Büchers Berechnungen verfügten 1893 60,0 % aller Leipziger Handwerker über ein so geringes Einkommen, daß sie ihre Familien damit nicht ernähren konnten.[43] Aufgrund dieser Umstände dürften in den den Arbeiterkreisen nahestehenden Teilen des Kleinbürgertums, die numerisch die Mehrheit der Ladeninhaber und Meister ausmachten, bürgerliche Normen kaum Verbreitung gefunden haben. Unter ihnen war auch der Einfluß der Verbände und Organisationen, die sich am Bürgertum orientierten, am geringsten.

Trotz bestehender wirtschaftlicher Bezüge, sozialer Kontakte und politischer Beziehungen war das Trennende zwischen kleinen und großen Bürgern größer als das Einende. Zwar war die Nabelschnur des Besitzes noch nicht durchgeschnitten, aber das Kleinbürgertum bestand am Ende des 19. Jahrhunderts als eigenständige soziale Gruppe, getrennt vom Bürgertum durch eine eigene Selbstbezeichnung, durch die hohe Instabilität und Abhängigkeit seiner Existenz, durch die feinen Unterschiede in Lebensführung und -planung wie auch durch spezifische politische Interessen. Dieser globale Unterschied war in beiden im Mittelpunkt stehenden Gesellschaften ähnlich groß. Nationale Besonderheiten traten in den Folgen der Industrialisierung auf die beiden Klassen, weniger stark im Bereich der sozialen Bezüge und Kontakte auf, was bei dem insgesamt unbefriedigenden Stand der Forschung aber auch auf Lücken in der Kenntnis zurückgeführt werden kann. Sie existierten schließlich in dem unterschiedlichen Gewicht republikanischer Traditionen, in dem Umfang staatlicher Korporierungspolitik und in den politischen Möglichkeiten der Teilnahme an Entscheidungsprozessen. Für die Geschichte des Bürgertums rücken dessen untere Ränder, das Kontinuum von sozialen Positionen und die Vielfalt der Mechanismen der sozialen Platzierung ins analytische Visier, wenn man sie

41 *Boyer*, Les métiers, S. 512 f.

42 *F. Lenger*, Zwischen Kleinbürgertum und Proletariat. Studien zur Sozialgeschichte der Düsseldorfer Handwerker 1816–1878, Göttingen 1986, S. 33, 240.

43 *K. Bücher*, Eigentumsverhältnisse der Leipziger Handwerker, in: Schriften des Vereins für Socialpolitik, Bd. 67, Leipzig 1897, S. 699–705.

vom Kleinbürgertum aus betrachtet. Gleichzeitig wird die Stabilität und Sicherheit, Planungskapazität und Regelmäßigkeit des Bürgertums aus dieser Sicht sicher überbetont. Offen bleibt die Frage nach der Wirkungskraft und -richtung der bürgerlichen Ideologie. Erfaßte diese und verbürgerlichte sie gar die kleinen Bürger oder aber wurden sie von dieser zwar rezipiert, aber auch verändert entsprechend ihren eigenen Bedürfnissen? Konnte sie überhaupt unter jenem Teil der Kleinbürger an Einfluß gewinnen, die unter proletarischen Bedingungen lebten und arbeiteten?

# IV. Klassenkonflikt und Recht

# LIP: Konkrete Interessen versus abstrakte Strategie

Arbeitskämpfe können für die Analyse verschiedener Entwicklungsstufen kapitalistischer Gesellschaften als Prisma dienen, das gesellschaftliche Strukturmerkmale und Entwicklungen reflektiert, aber auch je charakteristisch bricht. Ob es sich um die Streiks handelt, die der Pariser Commune vorangingen, um den großen Arbeitskampf in Frankreich des Jahres 1908 oder die Massenaktionen, die die Gründung der KPF begleiteten, bei allen diesen (und beliebig zu vermehrenden) Beispielen kann man Einblicke in den Arbeitsprozeß und die Praktiken der Kapitalverwertung, Organisations- und Aktionsformen sowohl der Arbeiter als auch der Kapitalisten gewinnen; dann aber auch die Veränderungen in den Arbeiterorganisationen und im gesellschaftlichen Kräfteverhältnis durch den Streik wahrnehmen.

Angesichts der hier nur angedeuteten Vielfalt möglicher Aspekte von Streikanalysen ist es notwendig, diese in einem theoretischen Konzept zu verorten, um davon ausgehend die Relevanz der jeweiligen Forschungs- und Arbeitsschritte angeben zu können. Darum ist die These richtig und wichtig, daß Arbeitskämpfe, in denen der Gegensatz zwischen Lohnarbeit und Kapital ausgetragen wird, nicht zu begreifen sind ohne eine historisch spezifische Analyse der Kapitalakkumulation und der durch diese maßgeblich beeinflußten objektiven Klassenlage der Arbeiterklasse.[1] Wenn man dabei den durch das Kapitalverhältnis gesetzten objektiven Bedingungen nur eine letztinstanzlich entscheidende Bedeutung zugesteht, politische und ideologische Faktoren aber sehr wohl in ihrer das Bewußtsein der Klassensituation überlagernden, verdrängenden oder aktualisierenden Bedeutung faßt, so entgeht man auch einer ökonomistisch mechanischen Zuordnung von materiellen Bedingungen, Aktionen und mentalen Dispositionen.[2] Dieser Beitrag geht davon aus, daß das Kapital »ein durch Sachen vermitteltes gesellschaftliches Verhältnis zwischen Personen«[3] ist, das der ideologisch-politischen Strukturen nicht entraten kann, die eben dieses Verhältnis stabilisieren und reproduzieren helfen. Sofern die Forderung nach gesamtgesellschaftlicher Analyse Sinn haben soll, kann sie Ideologien und politische Entwicklungen nicht als Appendix der ökonomischen Verhältnisse marginali-

1 *W. Semmler* u. *J. Hoffmann*, Kapitalakkumulation, Staatseingriffe und Lohnbewegung, in: PROKLA 2 (1972), S. 1–86; *Redaktionskollektiv Gewerkschaften*, Zu einigen Aspekten der Klassenkämpfe in Westeuropa in den 60er Jahren anhand aktueller Untersuchungen, in: PROKLA 3 (1972), S. 105–128; *D. Albers u. a.*, Klassenkämpfe in Westeuropa, Reinbek 1971.

2 N. Poulantzas, Les classes sociales, in: L'homme et la société 24–25 (April–September 1972), S. 23 f.

3 *K. Marx* u. *F. Engels*, Werke, Bd. 23, Berlin-O. 1962, S. 793.

sieren, sondern muß die Vermittlung und Vermittlungsmechanismen nicht nur beschwören, sondern auch behandeln.

Deshalb sind zwei Typen von Streikanalysen theoretisch unzureichend und strategisch kurzsichtig zu nennen, die in der Interpretation des Lip-Streiks wie auch in der Behandlung anderer Arbeitskämpfe festzustellen sind. Die erste geht von einer globalen Einschätzung des Standes der Klassenkämpfe aus, verortet den »subjektiven Faktor« nicht in einer Relevanzhierarchie und kann ihn in seiner konstitutiven Bedeutung wie in seiner »letztinstanzlich« durch die Struktur der materiellen Produktion und Reproduktion bestimmten Funktion nicht fassen. Umfang und Grenzen dieser relativen Eigenständigkeit können in ihren genauen Konturen dann nur Gegenstand und Ergebnis der Realanalyse selbst sein, weil sie von der spezifischen Verbindung von Produktionsweisen in einer historischen Gesellschaftsformation abhängen.[4]

Der zweite Typ läßt in einer fast linearen und katastrophisch zu nennenden Ableitung die gesamtgesellschaftlichen Widersprüche im behandelten Konflikt münden, ohne die Hindernisse auf dem Weg von einer vorschnell unterstellten Krisenhaftigkeit des Gesamtsystems zu deren Darstellung im Bewußtsein der Arbeiterklasse zu berücksichtigen.[5] Sowohl eine ökonomistisch-abstrakte Interpretation des Lip-Streiks[6] als auch seine idealistisch-antiautoritäre Verherrlichung in der BRD rühren aus derselben Ursache her, auf die sie unterschiedliche Anworten geben: dem angesichts der Widersprüchlichkeit des kapitalistischen Gesamtsystems und dem im Vergleich zu den westeuropäischen Nachbarländern wenig entwickelten Bewußtsein dieses Zustandes unter den Produzenten. Anstatt Erklärungen für diese Diskrepanz durch eine Realanalyse zu suchen, die sicher auch branchen- oder betriebspezifisch sein müßte, hält in dem ersten Erklärungsmodell die strukturelle Konfliktträchtigkeit als Nachweis der aktuellen Krise her, wird als Klammer zwischen den Strukturen und dem Bewußtsein oft eine Parteiorganisation eingeführt. Im zweiten Argumentationstypus werden neuartige Konflikte in ihrer Aussagekraft für das kapitalistische Gesamtsystem überschätzt; sie werden vorschnell verallgemeinert und als Beweise für die Reife des Bewußtseins der Produzenten angeführt, so daß durchaus als repräsentativ geltende Organisationen der Arbeiterklasse als Abwiegler angegriffen werden, weil sie die vermeintlich vorhandene Kampfbereitschaft sich nicht in Aktionen entfalten lassen. In beiden Ansätzen fehlen somit detaillierte Analysen des Entwicklungsstandes der Arbeiterklasse und der in ihr vorhandenen Aktions- und Organisationsformen, durch die zu erklären wäre, warum eine Parteiorganisation nicht existiert; bzw. warum bestehende Organisationen über Einfluß unter den Produzenten verfügen. Es bezeichnet die Situa-

4 *N. Poulantzas*, Pouvoir politique et classes sociales, Paris 1968.

5 Etwa *A. Münster*, Der Kampf bei Lip. Arbeiterselbstverwaltung in Frankreich, Berlin 1974.

6 *D. Albers u. a.*, Überakkumulationskrise – Klassenkämpfe und die Perspektive der Mitbestimmung in Westeuropa. Thesen für Deutsche Vereinigung für politische Wissenschaft, MS, 1973.

tion in Frankreich, daß Organisationsfetischismus bzw. -feindschaft sich zwar auch in der Interpretation des Lip-Streiks niedergeschlagen haben, daß sie aber zurücktreten gegenüber einer stärker praxisorientierten Debatte über den Beitrag von Lip zur Auseinandersetzung über Aktions- und Organisationsformen auf dem Weg zum Sozialismus.

Gegen die skizzierten Erklärungen ist es notwendig, gesamtgesellschaftlich angelegte Theorien zu koppeln mit (in ihrem Stellenwert zu bezeichnenden) Partialanalysen. Diese müßten – um das Beispiel der Arbeiterklasse aufzunehmen – viel stärker die Kontingenz betonen, Differenzierungen in der Arbeiterklasse, deren organisatorische, ideologische und bewußtseinsmäßige Verfassung, die Konflikte zwischen Kapitalfraktionen herausarbeiten. Es geht also nicht darum, die strukturprägende Funktion des Gegensatzes von Lohnarbeit und Kapital zu bestreiten. Vielmehr sind die Erscheinungsformen dieses Gegensatzes – in sozialen Konflikten, deren Organisationsformen und Wirkungen – in die Charakterisierung des kapitalistischen Systems hineinzunehmen. Erst wenn sich die oft zitierte und beschworene These von der »allgemeinen Krise der kapitalistischen Produktionsverhältnisse«[7] stützen kann auf eine Analyse des Umfangs, der Zielrichtung und organisatorischen Strukturierung von gesellschaftlichen Auseinandersetzungen einerseits, der sozialen Basis des Status quo, der vielfältigen Ressourcen der Staatsgewalt andererseits, kann sie mehr als eine vage Tendenz angeben.

Auf dieser Ebene setzt die folgende Untersuchung der Entstehungs- und Verlaufsbedingungen des Streiks der Besançoner Uhrenarbeiter an. Diese will die objektivistische Verkürzung des Streiks dadurch vermeiden, daß sie die Bedingungen von politischer Aktivität und von Aktionen der Belegschaft absteckt, dem Mythos der beliebig transferierbaren Militanz dadurch wehren, daß Reichweite, Grenzen und Widersprüchlichkeit des Streiks herauszukristallieren sind. Um sowohl die Aktions- und Organisationsformen zu bestimmen, die der Logik der kapitalistischen Produktion zuwiderliefen und das Novum des Lip-Streiks ausmachten, als auch die gesellschaftlichen Grenzen anzugeben, auf die der Streik traf, sollen Formen und Ergebnisse des Lip-Kampfes an der Marxschen Vorstellung einer »Kooperativfabrik der Arbeiter« gemessen werden, mit der Marx im fortgeschrittenen Kapitalismus die Möglichkeit von Arbeiterselbstverwaltung nicht ausschloß.

Mit der Betonung der besonderen Umstände, unter denen der Streik der Lip-Arbeiter möglich war, soll dieser aber nicht auf einen lokalen Sonderfall ohne strategische Perspektive reduziert werden. Vielmehr ordnet er sich in die Arbeits- und Klassenkämpfe Frankreichs seit dem Mai 68 ein und trägt zu deren Fortführung bei. Damit weitet sich die Untersuchung auf die Analyse der gesellschaftlichen Auseinandersetzungen im Frankreich der Gegenwart wie auch auf das Problem der politischen Umsetzung von Arbeitskämpfen aus. Die Umrisse einer politischen Strategie, die die Besonderheit der in Streiks manifesten Bedürfnisse

7 Ebd.

und Interessen respektiert, aber für eine Zusammenfassung der verschiedenen Konflikte sorgt, sind in den Jahren seit dem Mai 68 verschwommen geblieben, da hart geführte Auseinandersetzungen kaum einen anderen politischen Ausdruck finden konnten als den von außen herangetragenen Appell der KPF zur Eroberung der Staatsgewalt und deren vorerst demokratischer Verwaltung.[8] Wenn durch das sich abzeichnende Bündnis des zwischen traditionellem Sozialdemokratismus und Arbeiterselbstverwaltungsparolen gespaltenen Parti socialiste mit der linkssozialistischen PSU und der Gewerkschaft CFDT nunmehr auch die »autogestion« sich als Alternative zur »démocratie anvancée« der KPF abzeichnet, so besitzt doch gegenwärtig die KPF die konsistenteste und einflußreichste Strategie und Theorie. Auf die Frage zu antworten, ob die Theorie des staatsmonopolistischen Kapitalismus in der Lage ist, den hier bezeichneten Ansprüchen an eine theoretische Analyse von Arbeits- und Klassenkämpfen zu genügen und eine Strategie zu begründen, heißt dann auch, über das französische Beispiel hinaus, Grundfragen von Realanalyse und politisch-strategischer Überlegungen aufzuwerfen: Nimmt die Theorie des Stamokap gesellschaftliche Erscheinungen Ernst, ist sie so differenziert, daß sie die Vielfalt gesellschaftlicher Auseinandersetzungen anders als durch Abweichung von einer in ihrem Umfang und Grenzen nicht mehr deutlichen Tendenz erklärt, diese Vielfalt berücksichtigt und bei der Theoriebildung einbezieht?

Die Theorie begründet das antimonopolistische Bündnis als Strategie. Soll Strategie sich im Voluntarismus nicht selbst negieren, oder im ökonomischen Determinismus ein Gänseblümchendasein führen, so erfordert sie erneut eine vorgängige differenzierte Konfliktanalyse. Dadurch kann sie den Handelnden helfen, sich und ihre Interessen in den ausgegebenen Parolen wiederzuerkennen. Gelingt es der strategischen Formel »antimonopolistische Allianz« den durch die unterschiedliche Lage gesetzten Interessen und den artikulierten Zielen in der Arbeiterklasse gerecht zu werden und sie zu einer aktionsfähigen Einheit zusammenzufügen? Oder zeigten der Lip-Kampf und die Streiks seit dem Mai 68 Formen und Forderungen, die mit einer derartig globalen Parole nur dann zu vereinheitlichen sind, wenn man die Spezifika der Aktionen sowie die Erfahrung der konkreten Interessen beseitigt?

## 1. Ökonomische und soziale Bedingungen des Streiks der Lip-Arbeiter

Die Struktur der Produktion von Uhren- und Präzisionsinstrumenten bei Lip sowie die vom Schweizer Mehrheitsaktionär Ebauche SA betriebene Liquidierung des Betriebes stecken den allgemeinen Rahmen ab, in den der Kampf der

8 *S. Mallet*, Le pouvoir ouvrier. Bureaucratie ou démocratie ouvrière, Paris 1971.

Lip-Arbeiter zu stellen ist.[9] Mit 1300 Arbeitern und einem Umsatz von 90 Mio. Francs im Jahre 1972 gehörte Lip zu den Großen der Branche, die sich in der Konzentrationsbewegung der 1960er Jahre herausgebildet hatten und dabei die Zahl der Uhrenkapitalisten um nahezu die Hälfte verringerten. In diesem Zeitraum versuchte sich Lip gegen die japanische und US-amerikanische Konkurrenz dadurch zu wehren, daß das Unternehmen mit Werkzeugmaschinen, ziviler und militärischer Feinmechanik die Produktion diversifizierte. Diese Vielfalt der Produktion, die Erstellung von Qualitätsuhren und die Existenz einer Forschungsabteilung, die u. a. mit Erfolg an einer Quarzuhr arbeitete, schlug sich auch in der Zusammensetzung der Belegschaft nieder. So standen 300 vornehmlich in der schon extrem parzellierten Uhrenproduktion beschäftigten ungelernten Arbeitskräften (OS), 691 Facharbeiter (OP) gegenüber, während 70 Vorarbeiter, 269 Techniker und 174 Angestellte und Führungspersonal den Rest ausmachten.[10] Während 52 % der Belegschaft Frauen waren, die zumeist monotone Arbeit am Fließband verrichteten, verfügte ein relativ hoher Prozentsatz von Arbeitern über eine berufliche Qualifikation. Diese zeigte sich besonders in der Feinmechanikabteilung im Bewußtsein beruflicher Autonomie und in gewerkschaftlicher Aktivität. Denn die hohe Quote der Syndikalisierung gerade in dieser Abteilung sowie die Tatsache, daß die meisten Gewerkschaftsdelegierten in der Mechanikwerkstatt arbeiteten, läßt sich kaum anders interpretieren und erklärt auch den Versuch des Familienkapitalisten Fred Lip, im Januar 1971 diese gleichwohl rentable Abteilung zu verkleinern.[11]

Das Qualifikationsgefälle unter den Lip-Arbeitern war aber nicht so steil wie etwa in der Massenproduktion der Automobilindustrie.[12] Wenn man auch von der beruflichen Qualifikation nicht direkt auf politisch-gewerkschaftliche Betätigung schließen kann, so gilt doch umgekehrt, daß fehlende Qualifikation die Arbeitskräfte höherer Arbeitsplatzunsicherheit aussetzt. Darum sind – sieht man von im Einzelfall wirksamen, diese Tendenzaussage modifizierenden Faktoren ab – die Möglichkeiten der Organisation und Aktion bei Facharbeitern größer als bei ungelernten. Der Kampf der Lip-Arbeiter bestätigt diese in historischen Untersuchungen leicht zu belegende These. Zugleich widerlegt er die miserabilistische Konzeption, nach der Kampfbereitschaft und materielles Elend identisch sind, und relativiert Serge Mallets enthusiastisch vorgebrachte Behauptung, nach der – unter Absehen von innerbetrieblichen Zuständen und der

9 Die folgende Analyse stützt sich auf Berichte in der lokalen und nationalen Presse, Flugblätter und Publikationen der Lip-Arbeiter, sowie die bereits erschienenen Analysen des Konflikts. Außerhalb der Untersuchung bleibt das bislang noch nicht zureichend geklärte Problem, warum sich Doktrin und Strategie der KPF unter der Mehrheit der Industriearbeiter haben durchsetzen können. Eine Antwort darauf hätte ein detailliertes Eingehen auf die gesellschaftlichen Konflikte und das Kräfteverhältnis zwischen den Klassen erfordert.

10 *T. Blanke u. a.*, Lip-Legalität und Klassenkampf, in: Kritische Justiz 4 (1973), S. 405.

11 »Un an de lutte chez Lip«, in: Critiques socialistes 5 (1971), S. 27.

12 *C. Durand*, Ouvriers et techniciens en mai 1968, in: *P. Dubois u. a.*, Grèves revendicatives ou grèves politiques: Acteurs, pratiques, sens du movement de mai, Paris 1971, S. 18.

jeweiligen Arbeitsplatzsituation – politisch fortgeschrittene, d.h. Mitbestimmungs- oder Arbeiterkontrolle-Parolen verbreitende Arbeiter vornehmlich in den technologisch fortgeschrittenen Betrieben zu finden seien.[13]

Wenn sich Lip in den Bereichen der Uhrenfabrikation, der Feinmechanik und der Planung von Raketen-Steuerungsinstrumenten an der Spitze des technologischen Fortschritts befand, so beeinflußten diese Forschungen doch die Arbeiterschaft nicht so weit, daß man bei ihr von den »couches de la population active qui sont insérées dans les processus les plus avancés de la civilisation technique«[14] sprechen könnte. Dieser Teil der Arbeiterschaft soll nach Mallet fähig sein, seine Entfremdung zu formulieren und neue Formen gesellschaftlicher Entwicklung zu konzipieren.

Der *unmittelbare Anlaß*, der die so strukturierte Belegschaft mobilisierte, war die von der Schweizer Firma Ebauche offen betriebene Umorientierung und Einschränkung der Produktion, die Entlassungen und Disqualifizierung der Arbeitskraft zur Folge gehabt hätte. Die Politik der Reorganisation und der vertikalen Konzentration des Schweizer Konzerns unterscheidet sich – wie dann das Vorgehen der französischen Firma CGE im Fall Rateau zeigt[15] – nicht von der eines französischen Großbetriebes, da beide unter Rationalisierungsdruck stehen.[16]

Der Lip-Streik war nicht nur einer der reichsten Streiks in der Geschichte der französischen Arbeiterbewegung, sondern er war auch einer der populärsten. Die Begeisterung, die man oft mit der breiten Unterstützung anläßlich des Bergarbeiterstreiks im Jahre 1963 verglichen hat, resultierte einmal aus der Kühnheit der Aktions- und Organisationsformen, zum anderen aber auch aus der Nähe der Ziele der Lip-Arbeiter zu Erfahrungen und Problemen in der französischen Arbeiterklasse. Wenn auch statistische Angaben über Stillegungen von Betrieben oder Entlassungen im Gefolge der Rationalisierung fehlen, so zeigten die nach Beginn des Lip-Streiks ausbrechenden Arbeitskämpfe und die 5,8% aller 1971 von Streikenden erhobenen Forderungen, die Erhaltung der Arbeitsplätze zum Inhalt hatten,[17] den Umfang und die Bedeutung des Kampfes für das »Recht auf Arbeit«, der auf dem Hintergrund der ohnehin schöngefärbten offiziellen Arbeitslosenquote von 10% seit 1973[18] verständlich wird. Somit bestand ein Resonanzboden, auf dem die Parolen der Lip-Arbeiter klingen konnten, aber sie schufen diesen auch durch eine einfallsreiche Popularisierungs- und Informationspolitik mit.

13 *S. Mallet*, La nouvelle classe ouvrière, Paris 1969².

14 Ebd., S. 24.

15 *Rateau*, Dossier d'information publié CFDT, MS, 1974.

16 Da hier das Neue des Lip-Streiks im Mittelpunkt steht, werden die Details der Politik von Ebauche nicht aufgeführt. Diese sind in allen Darstellungen nachzulesen.

17 *M. Durand* u. *Y. Harff*, Panorama statistique des grèves, in: Sociologie du Travail 4 (1973), S. 366.

18 Le Monde, 10.4.1973.

Die Ursachen für die Kohäsion der Belegschaft, die sich in der anfangs relativ hohen Zahl von Arbeitern niederschlägt, die an den täglichen Vollversammlungen teilnahm und der relativ niedrigen, die sich andere Arbeit gesucht hat, sind nicht nur in objektiven Bedingungen der Produktion, sondern auch in der Kampferfahrung, geringen möglichen Reibungsflächen und der regionalen Solidarität zu suchen. Die spezifische Form des Umschlags von Kapital in der Uhrenindustrie setzte in Besançon schon seit Jahren das Problem der Arbeitsplatzsicherung auf die Tagesordnung. In einer Branche, in der vornehmlich zu Weihnachten und zu Ostern die meisten Waren verkauft werden, folgten auf Zeiten intensiver Produktion Entlassungen und Kurzarbeit.[19] In den Monaten der Flaute versuchte die Unternehmensleitung nahezu periodisch, Löhne zu kürzen oder (bei vollen Auftragsbüchern bewilligte) Zugeständnisse zurückzunehmen. Der Unterschied der Uhrenindustrie zu anderen Branchen besteht mithin auch darin, daß zusätzlich zu den zyklischen Krisen, die alle Industrien durchlaufen, innerhalb eines Jahres der Umschlag des Kapitals die Arbeiter in eine für die Durchsetzung ihrer Forderungen unterschiedlich günstige Lage brachte. Konnten sie in Stoßzeiten der Produktion ihre Forderungen relativ schnell durchsetzen, so war der Widerstand der Unternehmensleitung in Monaten geringerer Kapazitätsauslastung stärker und die Auseinandersetzungen härter. So mußten im flauen Juni 1970 schon 1.000 Arbeiter die Fabrik besetzen, um ihre Forderungen nach Mindestlöhnen, Lohnerhöhungen und Garantie des Arbeitsplatzes durchsetzen zu können. Aus diesem Spezifikum eines nur saisonal ausgelasteten Betriebes resultierte einmal eine große Arbeitsplatzunsicherheit, zum anderen aber die Notwendigkeit gewerkschaftlicher Organisation und Aktion, um Löhne, Arbeitsplätze und soziale Garantien auch unter Bedingungen zu bewahren, die für erfolgreiche Auseinandersetzungen mit dem Kapital ungünstig waren. Da sich der Zyklus von Einstellungen und Entlassungen regelmäßig wiederholte und der kollektive Widerstand oft erfolgreich war, scheint sich eine relative Immunisierung gegen die zumeist mit Demobilisierung einhergehende Bedrohung der Arbeitsplätze herausgebildet zu haben.

In diesen Konflikten entwickelten sich neue Formen des gewerkschaftlichen Kampfes, die schon früh auf das Entscheidungsrecht der Arbeiter zielten: »Seit dem Mai 68 haben wir keinen Kampf geführt, ohne daß dabei Vollversammlungen einberufen wurden, auf denen Gewerkschaftsdelegierte die Probleme darlegten. Dann fand eine halb- oder ganzstündige Diskussion in kleinen Gruppen statt, unter denen die Delegierten zirkulierten. Erst danach wurde eine Entscheidung getroffen«.[20] Über diesen Konsultationsmechanismus wie auch über die Information der Belegschaft über die Verhandlungen mit der Unternehmensleitung, die durch Tonbandaufzeichnung der Diskussion gewährleistet wurde, schufen die Gewerkschaften Vorbedingungen für die Form direkter Demokratie im »langen Marsch« vom Juni 1973 bis März 1974. Die Mobilisierung des größten

19 »Un an de lutte chez Lip«.

20 *C. Piaget*, Charles Piaget et les Lip racontent, Paris 1973, S. 20.

Teils der Belegschaft wäre allerdings kaum möglich gewesen, wenn das Aktionsbündnis der beiden großen Gewerkschaften, CGT und CFDT, die im Betrieb etwa gleich stark vertreten waren, nicht bis Oktober 1973 möglichen taktischen und strategischen Divergenzen standgehalten hätte und wenn in der Belegschaft Elemente der möglichen Spaltung nicht weitgehend gefehlt hätten und das Trennende nicht hinter der in einem langen Lernprozeß erworbenen Einigkeit zurückgetreten wäre.

So fehlten bei Lip etwa Gastarbeiter, die in Frankreich durchweg für schwierige, schlecht bezahlte Hilfsarbeiten angestellt sind und von denen 1971 41.97 % als Hilfs- bzw. Handarbeiter, 30,48 % als ungelernte, aber nur 25,53 % als gelernte Arbeiter sowie 2,02 % als Techniker in Frankreich beschäftigt wurden.[21] Dieses negative Monopol der Gastarbeiter erlaubt es weithin, Franzosen aus den übelsten Berufen zu entfernen und ihnen den Eindruck eines sozialen Aufstiegs zu vermitteln, den es gegen das immigrierte »Unterproletariat« zu verteidigen gelte. Dieses Aufstiegsbewußtsein, häufig mit rassistischen Vorurteilen untermauert, kann die Einigkeit ebenso schwächen wie eine hohe Zahl von Arbeiterinnen.[22] Diese sind kaum besser in der Industrie bezahlt als ausländische Arbeiter, verrichten monotone Arbeiten und sind selten gewerkschaftlich organisiert. Freilich hat es in den letzten Jahren Streiks gegeben, bei denen wie in dem Kaufhaus Nouvelles Galeries in Thionville Frauen aktiv, aber keineswegs mehrheitlich einen Streik führten.[23] Aber selbst bei diesem Beispiel der Kampfbereitschaft zumeist junger Frauen fällt der gewerkschaftlich-politisch diffuse Charakter des Kampfes auf, da die unterschiedlichsten Einflüsse unter den Streikenden auszumachen waren: Vom Women's Lip (in Frankreich MLF) über außerparlamentarische linke Gruppierungen bis hin zur CFDT.[24] Bei Lip gelang es wohl deshalb, die Mehrheit der Frauen für den Kampf zu gewinnen, weil sie in den Diskussionsprozeß hineingezogen wurden und relativ leicht für begrenzte Forderungen wie die nach keinen Entlassungen, keiner Betriebsaufspaltung und Wahrung der errungenen Vorteile zu mobilisieren waren.[25]

Mit diesen Forderungen identifizieren sich die meisten Mitglieder der technisch-wissenschaftlichen Intelligenz, die durch ihre berufsständische Gewerkschaft CGC vertreten, gleichberechtigt an den Verhandlungen mit dem Regierungsunterhändler Giraud teilnahmen. So gehörten Techniker, technische Zeichner und sogar Meister durchaus zu den Aktiven im Streik und brachten ihr Know-how ein, während die 107 Ingenieure und leitenden Angestellten mit den Forderungen der Arbeiter zwar auch ihre berufliche Zukunft verteidigten, sich zu in ihrem Sinne illegalen Aktionsformen aber nicht verstehen konnten.

21 Le Nouvel Observateur 452 (1973), S. 81.

22 *T. Allal u. a.*, Conflits et travailleurs immigrés dans la region parisienne, in: Sociologie du Travail 1 (1974), S. 43.

23 *F. Kumnov* (Hg.), 4 grèves significatives, Paris 1972.

24 *L. Rioux*, CFDT: L'enseignement de l'expérience, in: La Nef 51 (1973), S. 42 f.

25 *Piaget*, S. 113 f.

Nach der Aufnahme der Produktion in Arbeiterregie, dem Verkauf der gefertigten und dem Verstecken der vorgefundenen Uhren trennten sich die in der CGC organisierten Mitglieder der technischen Intelligenz vom Gros der Streikenden. Wenn sie mit der Übernahme der Arbeiterparolen auch insofern objektiv antikapitalistische Ziele verfolgten; als der Widerstand gegen Entlassungen und Produktionsumstrukturierungen in die Dispositionsfreiheit des Kapitals eingreift, so rührte ihr Engagement aus der Schwierigkeit her, äquivalente Arbeitsplätze zu finden.

Das Verhalten der »cadres« in diesem Konflikt beleuchtet ihre zwiespältige Situation[26]: Einerseits droht ihnen wie anderen Lohnabhängigen die Arbeitslosigkeit und eine schnelle Veralterung ihrer Qualifikationen, andererseits können sie bei ihrem Abwehrkampf nicht ihre gesellschaftliche Funktion in Frage stellen. Besteht diese darin, den Arbeitsprozeß in seiner gesellschaftlich-kapitalistischen Arbeitsteilung zu sanktionieren, so problematisieren sie diese, wenn sie die Wiederaufnahme der Montage unter Leitung von Arbeitern, das Angreifen des sakrosankten Privateigentums und die Ersetzung der betrieblichen Hierarchie durch demokratische Strukturen unterstützen. In Krisensituationen und bei einer funktionierenden Gewerkschaftsbewegung sind – wie das Lip-Beispiel demonstriert – die im Produktionsprozeß oder in dessen Nähe arbeitenden »cadres«, sofern sie nicht mit Überwachungsaufgaben versehen sind, eher bereit, die Aktionen der Arbeiter zu unterstützen, als das technische und administrative höhere Leitungspersonal.

Mithin fand der Lip-Streik in einer vergleichsweise günstigen Situation statt. Denn die schwachen Punkte der Bruchlinien in vielen Streiks existierten entweder bei Lip überhaupt nicht oder sie wirkten sich nicht voll aus. Für diese erfolgreiche Mobilisierung war wohl auch die regionale Solidarität verantwortlich. Man kann bis auf die Uhrenarbeiter des 19. Jahrhunderts zurückgehen, die in Ostfrankreich gegen die Kapitalisierung ihrer Branche ihre berufliche Selbständigkeit verteidigten und die Autonomie des handwerklichen Berufes politisch in anarchistischen Gedanken ausdrückten, um Vorbilder für die Aktionen der Uhrenarbeiter zu finden.[27] Aber auch in der Gegenwart gibt es Vorbilder. Denn die Franche-Comté gehört mit den Peugeot-Werken, dem Textilwerk Rhodiaceta etc. zu den industriellen Gegenden Frankreichs, und in ihr fanden in den letzten Jahren auch national bekannte und regional durch Spenden unterstützte Streiks statt.

Die reale und verbal beschworene Einmütigkeit der Belegschaft durchbrachen im Verlauf des Kampfes offene Konflikte. Schon die (nicht aufgehobene) Arbeitsteilung zwischen den in der Produktion und den in der Popularisierung des Kampfes tätigen Arbeitern, die Nicht-Einbeziehung aller Belegschaftsmitglieder in die Fließhandarbeit trug in sich den Keim zu Auseinandersetzungen.[28]

26 Le Monde, 23.6.1973.

27 *V. Isambert-Jamati*, Industrie horlogère dans la region de Besançon, Paris 1955, S. 7 f.

28 *R. Lourau*, L'analysateur Lip, Bd. 10–18, Paris 1974, S. 134 f.

Hinzu kam der Absentismus der höheren Angestellten und auch von Teilen der Arbeiter, von dem die im August eingeführte Pflicht zeugt, vier Arbeitstage präsent zu sein. Am offenkundigsten brachen die Auseinandersetzungen zwischen den beiden Gewerkschaften CGT und CFDT, sowie zwischen diesen und dem Aktionskomitee aus. Der Grund für die bis Oktober 1973 bestehende Aktionseinheit von CGT und CFDT lag, trotz deutlicher CGT-Reserve gegenüber neuen Kampfformen wie dem Verkauf der Uhren, zum einen an der breiten Basis, die die Aktionen unter den Lip-Arbeitern hatte und von der man sich nicht isolieren wollte, zum anderen an der nationalen Popularität des Streiks und vor allem an seiner Stoßrichtung.

In der Tat konnten beide Gewerkschaften bis Oktober wesentliche Elemente ihrer Strategie verwirklichen. In einer Situation, in der mit dem Kapitalisten die Gegenseite bei Verhandlungen fehlte – die Schweizer Firma Ebauche hielt sich während des Konflikts im Hintergrund – war eine Hauptforderung der Gewerkschaften, in dieser Karenz die Regierung zur Übernahme der Verantwortung für den Betrieb und zu Verhandlungen zu zwingen. Konnte die CGT die Aktionen der Lip-Arbeiter als Mittel auf dem Weg zu diesem Ziel interpretieren, die CFDT diese zudem als Einüben der Selbsttätigkeit der Arbeiter, als praktisch gewordene Selbstorganisation der Produzenten feiern, so brach die Kluft zwischen beiden Gewerkschaften auf, als im Oktober 1973 der Unterhändler Giraud einen Kompromißvorschlag vorlegte, der finanziell nicht abgesichert war und überdies Entlassungen vorsah. Für die CGT war die Annahme des Kompromisses die Parole der Stunde, während sich die CFDT auf die Seite der Mehrheit der Streikenden schlug und eine Fortsetzung des Kampfes vorschlug. In ihrem Sinne konsequent mußte die CGT die Fortsetzung des Kampfes mit den gleichen Mitteln, die sie zuvor als Druckmittel begrüßt hatte, nach Einleitung der Verhandlungen und dem Erreichen eines Kompromisses als abenteuerlich angreifen, während die CFDT den Vorschlag als faulen Kompromiß ablehnte und von der Fortsetzung des Streiks ein besseres Kräfteverhältnis sowie einen Lernprozeß unter den Streikenden erwartete.

Die unterschiedlichen Strategien schlugen sich auch in der Beziehung zu den im Aktionskomitee (Ak) organisierten Arbeitern nieder. Während die CGT dieser Form der Organisation mit Mißtrauen begegnete, sie lediglich in einer den Gewerkschaften zu- und untergeordneten Funktion begriff[29], versuchte die CFDT in Zusammenarbeit mit den aktiven Arbeitern einen Consensus über die Form und den Abschluß des Kampfes herzustellen. Aber auch damit brachen Konflikte auf, die u. a. auf den Einfluß zentraler Instanzen der Gewerkschaften wie auch auf eine zu optimistische Einschätzung des Kräfteverhältnisses von Seiten des Ak zurückzuführen waren. Diese Auseinandersetzungen, die nicht auf Lip begrenzt sind, sondern auf nationaler Ebene das Problem der Repräsentation von Arbeiterinteressen überhaupt stellen, führten dann im Oktober 1973 zum Rückzug der CGT aus der aktiven Führung des Streiks.

29 Ebd., S. 129.

## 2. Lip als »Kooperativfabrik der Arbeiter«?

Um die Reichweite des Streiks der Lip-Arbeiter, ihren möglichen Modellcharakter zu bestimmen, bietet sich die Marxsche Bestimmung von der »Kooperativfabrik der Arbeiter« insofern an, als sie keineswegs die Beseitigung der kapitalistischen Produktionsweise voraussetzt. Diese Fabriken ebenso wie die Aktiengesellschaften bezeichnet Marx als »Übergangsformen aus der kapitalistischen Produktionsweise in die assoziierte«, allerdings mit dem Unterschied, daß in der einen der »Gegensatz zwischen dem Charakter des Reichtums als gesellschaftlicher und als Privateigentum negativ und in den anderen positiv aufgehoben ist«.[30] Während die Aktiengesellschaft, die nicht nur den Umfang der Produktion steigert, als »Gesellschaftskapital in Gegensatz zum Privatkapital« tritt,[31] wobei die Funktion des Kapitalisten vom Kapitaleigentümer getrennt wird, sondern auch die Expropriation von Klein- und Mittelkapitalisten vorantreibt[32], die gesellschaftliche Produktion aber noch privatkapitalistisch einbindet, stellt die Kooperativfabrik ein erstes »Durchbrechen der alten Form« dar, das zwar »überall, in ihrer wirklichen Organisation, alle Mängel des bestehenden Systems« reproduziert, in der aber »der Gegensatz zwischen Kapital und Arbeit ... aufgehoben (ist), wenn auch zuerst nur in der Form, daß die Arbeiter als Assoziation ihr eigener Kapitalist sind, d.h. die Produktionsmittel zur Verwertung ihrer eigenen Arbeit verwenden«. Die gesellschaftliche Produktion wird mithin erst »in der Hand der assoziierten Produzenten«[33] zum Gesellschaftseigentum.

Mit diesen Bestimmungen hat Marx weder den durch vieles Zitieren nicht richtiger und aussagestärker werdenden vermeintlichen Grundwiderspruch zwischen gesellschaftlicher Produktion und privater Aneignung entwickelt,[34] noch eine Zusammenbruchsmechanik für die kapitalistische Produktionsweise fabriziert. Vielmehr geht es ihm um die Angabe einer Tendenz, die der kapitalistischen Produktionsweise innewohnt, ihrerseits jedoch durch »entgegenwirkende Ursachen« gehemmt bzw. durch historische Umstände lediglich latent gehalten werden kann. Die Marxschen Vorstellungen einer Kooperativfabrik, die sich von der Struktur kapitalistischer Betriebe unterscheidet, aber doch unter dem prägenden Einfluß des Wertgesetzes verbleibt, sind sicherlich problematisch, weil die Ersetzung des Kapitals durch die »Arbeiter als Assoziation«, die ihre eigene Arbeitskraft verwerten, unter fortbestehenden kapitalistischen Produktions- und Verkehrsformen Zwängen ausgesetzt ist, die eine arbeiter-

30 *K. Marx* u. *F. Engels*, Werke, Bd. 25, Berlin (Ost) 1964, S. 456.

31 Ebd., S. 452.

32 Ebd., S. 455 f.

33 Ebd., S. 456.

34 *G. Schäfer*, Einige Probleme des Verhältnisses von »ökonomischer« und »politischer« Herrschaft, in: *K. Marx* u. *F. Engels*, Staatstheorie Frankfurt a. M. 1974, S. CXXX.

selbstverwaltete Robinsonade ebenso unmöglich machen wie eine tiefgreifende Veränderung der Struktur des Arbeitsprozesses. Doch sind diese Vorstellungen aufgrund des »Doppelcharakters« des Experiments doch ein möglicher Bezugsrahmen, um die Eigenart des Streiks bei Lip zu bestimmen. Dies ist allerdings nur mit zwei grundsätzlichen Einschränkungen möglich: Zum einen entspricht – wie noch zu zeigen ist – die Struktur der französischen Industrie nicht dem Bild, das Marx von der gesellschaftlichen, von Aktiengesellschaften dominierten Produktion zeichnet, zum anderen steht von der Entwicklung und Ausrichtung der Arbeits- und Klassenkämpfe her der Übergang zu einer assoziierten Produktionsweise gegenwärtig nicht auf der Tagesordnung. Am ehesten würden solche Vorstellungen noch die allerdings vagen Arbeiterselbstbestimmungsmodelle (Autogestion) entsprechen, die die Gewerkschaft CFDT und die linkskommunistische Partei PSU gegenwärtig formulieren.[35]

Schließlich haben die Lip-Arbeiter selbst das zeitweilig diskutierte Modell einer Arbeiterkooperative – das übrigens auch von offizieller Seite zumindest verbal nicht ausgeschlossen wurde! – aus der richtigen Einsicht heraus abgelehnt, daß sie den Erfolg ihres Kampfes damit von Banken und Zuliefererbetrieben abhängig machten. Gerade bei einem derartig populären Steik, der durchaus Grundprinzipien kapitalistischen Wirtschaftens infragestellte, hätten diese leicht einen Ruin der Kooperative herbeiführen und damit den Nachweis erbringen können, daß Arbeiterselbstverwaltung eine Utopie ist.[36]

Inwiefern wird bei Lip die alte Form der kapitalistischen Produktion durchbrochen? Welche »Mängel des bestehenden Systems« werden beibehalten? Ein Novum liegt in der sich allmählich durchsetzenden Selbstbestimmung der Arbeiter über Produktion und Organisation im Betrieb, in der Institutionalisierung der Arbeiterkontrolle. Dieser Prozeß begann mit der Verlangsamung der Fließbandgeschwindigkeit im April 1973, wurde durch die Besetzung des Betriebes beschleunigt, erreichte in der Wiederaufnahme der Produktion in eigener Regie einen Höhepunkt und wurde durch die Polizeiintervention zwar behindert und verlangsamt, nicht aber abgebrochen.[37] In den Apriltagen des Jahres 1973, in denen sich bereits Produktionseinschränkungen und Entlassungen andeuteten und von der Unternehmensleitung auch als Mittel der Einschüchterung gebraucht wurden, einigten sich Gewerkschaften und ein aus etwa siebzig Mitgliedern bestehendes Aktionskomitee auf folgende Taktik: Nicht zur traditionellen Arbeitsniederlegung oder zum unbeschränkten Streik riefen sie die Arbeiter auf, da beide Aktionsformen die Initiative bei der Unternehmensleitung beließen, sondern zur Verlangsamung der Arbeit am Band und zur Igno-

35 *E. Maire*, Pour un socialisme démocratique. Contribution de la CFDT, Paris 1971; *ders u. a.*, La CFDT et l'autogestion, Paris 1973; *R. Bonéty u. a.*, La C. F. D. T., Les documents fondamentaux pour comprendre l'évolution de la C. F. D. T., Paris 1971.

36 *B. Morawe*, Aktiver Streik in Frankreich oder Klassenkampf bei Lip, Reinbek 1974, S. 111, 123, 144.

37 Ebd., S. 57.

rierung der Weisungen von Vorarbeitern. Mit dieser Losung, die die politisch aktiven Arbeiter oft in mühsamer individueller Überzeugungsarbeit durchsetzen mußten, schlugen sie zwei Fliegen mit einer Klappe: Einerseits verhinderte diese Taktik Kurzarbeit und »technische Arbeitslosigkeit«, d.h. ein Auseinanderdividieren der Belegschaft dadurch, daß die Produktion gedrosselt wurde, andererseits schuf sie die Möglichkeit, bei verlangsamter Fließbandgeschwindigkelt durch Flugblätter, Plakate und Diskussion einen breiten Konsensus über die Forderungen nach Wahrung der Arbeitsplätze und der Integralität des Betriebes herzustellen. Die Fabrikbesetzung am 12. Juni, die Sicherung eines Faustpfandes für den noch ausstehenden Lohn, die Wiederaufnahme der Produktion am 19. Juni schufen dann auch die materiellen Bedingungen, unter denen sich Ansätze von Arbeiterselbstverwaltung entfalten konnten.

Organisatorisch wurde diese Bewegung getragen von den Delegierten der beiden Gewerkschaften CGT und CFDT, die eng zusammenarbeiteten und aufgrund langer Betriebszugehörigkeit und Praxis ein großes Vertrauen genossen, aber auch von den etwa 60 bis 90 Mitgliedern des Aktionskomitees, die vornehmlich bei der Mobilisierung der Arbeiter eine wichtige Rolle spielten.[38] Ihre originellste Form fand die Selbstbestimmung in den Kommissionen, d.h. je nach Funktion unterschiedenen, aus Freiwilligen zusammengesetzten Gruppen von Arbeitern und Arbeiterinnen. Schon im Juni wurden fünf Kommissionen geschaffen: Produktion, Verkauf, Verwaltung, Empfang, Lagerhaltung. Verschob sich das Schwergewicht nach der Intervention der Polizei auch stärker auf die Popularisierung des Kampfes – was zu einer Unterteilung der entsprechenden Kommission in Untergruppen führte –, während die Produktion in geheimen Werkstätten kaum mehr als symbolische Bedeutung hatte, so änderte sich am Aufbau der Kommissionen nichts. Diese setzten sich nach wie vor aus Freiwilligen zusammen. Allerdings wird seit Anfang August Präsenzpflicht an vier Tagen zu den üblichen Arbeitszeiten ebenso eingeführt wie die Verpflichtung, in einer Kommission tätig zu sein, wenn man den »Arbeiterlohn« aus dem Erlös der verkauften Uhren erhalten will. Jede Kommission teilt sich die Arbeit selbst ein, bestimmt Verantwortliche und bringt lediglich nicht lösbare bzw. allgemeine Probleme vor den »Souverän« des Kampfes, die tägliche Vollversammlung.

Die größte Aufmerksamkeit zog die Produktionskommission auf sich. In ihr arbeiteten Anfang Juli in der Ferienzeit etwa dreißig Freiwillige, Anfang August einhundertfünfzig, die etwa 800 bis 1.000 Uhren täglich montierten. Bei dieser Arbeit bestimmten sie selbst das Arbeitstempo, arbeiteten zumeist nur bis Mittag, wobei ihnen von der Verkaufskommission mit der Nachfrage ein (allerdings relativ weiter) Rahmen gesteckt wurde. Von Veränderungen in der Struktur des Arbeitsprozesses selbst ist nichts bekannt geworden. Allerdings schuf das Rotationsprinzip die Möglichkeit, der Monotonie der Fließbandarbeit zu entgehen.

38 Ebd., S. 136f.; *Piaget*, S. 152f.

Gekrönt wurden die Kommissionen von der Vollversammlung, die alle wichtigen Entscheidungen traf. In dieser bildeten sich zwar bald informelle »Kader« heraus, die als Gewerkschaftsdelegierte die Diskussion leiteten und beeinflußten. Aber deren Kontrolle wurde ansatzweise dadurch garantiert, daß kleine Gruppen und Kommissionen wichtige Entscheidungen vordiskutierten. Die Folge war anfangs eine verstärkte Kommunikation, dann aber auch die Freisetzung von Kreativität und mit der freilich begrenzten Rotation ein Infragestellen der Arbeitsteilung. Schon durch das verlangsamte Arbeitstempo wurde Diskussion dort ermöglicht, wo sie sonst nie möglich ist: am Fließband. Kommunikation und Information waren die Pfeiler der erstaunlichen Solidarität, die sich in der relativ niedrigen Zahl desertierender Arbeiter zeigt. Die dabei gewählten Formen sind mit den Praktiken kapitalistischer Unternehmer aus zwei Gründen unvereinbar: Einmal weil diese – wie sich aus den von Arbeitern erbeuteten Dokumenten erweist – den Delegierten der Arbeiter bewußt falsche oder unvollständige Nachrichten zuspielten und damit Mitbestimmung zur Farce machten[39], zum anderen weil Diskussion und Information Ansatzpunkte für eine Selbstverständigung über die Situation der Arbeiter und über die Mittel zu deren Veränderung sind. So unterschiedliche Aktivitäten wie Malen von Karikaturen, die selbständige Beantwortung von Briefen durch die Sekretärinnen, die Leitung von Abteilungen des Betriebs durch Arbeiter zeugen von dem Freisetzen von Kreativität. Kann sich der kapitalistische Betrieb diese auch begrenzt nutzbar machen (s. u.), so ist jedoch anzunehmen, daß er sie mit der Einbindung in die kapitalistische, hierarchisch abgesicherte Form der Arbeitsteilung infragestellt. Wenn nicht mehr die freiwillige Entscheidung, sondern Rentabilitätskriterien Arbeitsplatzzuweisungen und Aufgabenbereiche bestimmten, würden vermutlich Ideenreichtum und Initiative zurückgedrängt. Denn gerade das Durchbrechen der innerbetrieblichen, disziplinierenden Hierarchie, an deren Stelle die freie Wahl des Arbeitsplatzes und die Wählbarkeit der Verantwortlichen trat, die Infragestellung der Funktion des Produktionsprozesses, in seiner technischen Form auch gesellschaftliche Strukturen zu reproduzieren[40], hat bei Lip Bedingungen zur Entfaltung individueller Initiativen geschaffen.

Aber die Ersetzung des Diktats des Kapitals durch die Assoziation der Arbeiter war nicht vollständig. Bei dem Lip-Streik kann man nicht davon abstrahieren, daß die Arbeiterselbstbestimmung unter außergewöhnlichen Umständen stattfand, daß vorübergehend gleichsam eine Insel im kapitalistischen Ozean bestand. Denn einmal lebten die Lip-Arbeiter von Vorhandenem, fertigten sie mit vorgefundenem Rohmaterial und Einzelteilen die Uhren und brauchten sie die Zulieferer nicht zu bezahlen, wenngleich nach Selbstaussagen[41] Kontakte in diese Richtung aufgenommen wurden. Dann stand die Produktion allein unter dem Ziel, einen Überlebenslohn zu sichern, nicht aber – wie das auch für

39 *E. Maire u. a.*, Lip 1973, Paris 1973.

40 *A. Gorz* (Hg.), Critique de la division du travail, Paris 1973.

41 *Morawe*, S. 131 f.

Kooperativfabriken gelten würde – einen »Akkumulations- und Reservefonds« zu schaffen. Schließlich siedelte sich der Lip-Kampf gleichsam am Rande von Einflüssen der Banken, Zulieferer und auch des Marktes an. Denn die Realisierung des Wertes der Waren stellte keine Probleme, weil die Uhren nicht nur 42 % billiger als in den Läden waren, sondern auch aus Solidarität gekauft wurden. Bei diesem Verkauf übernahmen die Gewerkschaften die Funktion von Distributionsagenten, die fast tägliche Erwähnung des Streiks in Fernsehen, Rundfunk und Presse war zudem eine kostenlose, umsatzfördernde Publicity. Aufgrund dieser Umstände konnten die Arbeiter die Anforderungen kapitalistischer Effektivität teilweise unterlaufen.

Aus diesen Umständen, aber auch aus dem begrenzten Ziel des Kampfes ergeben sich auch dessen Grenzen. Da die Lip-Arbeiter ihre Organisations- und Aktionsformen ihrem »konservativen« Ziel: »Keine Entlassungen, keine Aufteilung des Betriebes, Erhalt der errungenen Vorteile« unterordneten, beließen sie z. B. die Lohnhierarchie und die Rolle der Frauen. Mit dem pragmatischen Argument: »... man sollte nicht zwei Dinge auf einmal tun wollen. Wir kämpfen gegenwärtig um unsere Arbeitsplätze, und wir durften uns nicht durch die Lohnfrage vom Weg unseres Kampfes abbringen lassen«[42], sind von Seiten der Gewerkschaften und des Aktionskomitees mit Billigung der Vollversammlung Maßnahmen vermieden worden, die die Bewegung hätte spalten können. So zahlten die Arbeiter sich Anfang August ihre Löhne in alter Höhe aus, um zu vermeiden, daß der von manchen geforderte Einheitslohn nicht diejenigen verprellte, die mit zuvor höheren Löhnen Zahlungsverpflichtungen eingegangen waren. Auch ist es gewiß richtig – wie eine Arbeiterin kritisch anmerkte[43] –, daß das Problem der Frauenarbeit oder das der aktiven Beteiligung von Frauen an Diskussionen zuerst nicht gestellt wurde. Zugleich kann als Erfolg des Streiks allerdings verbucht werden daß durch Information, Mobilisierung und Aktion das Gros der mehrheitlich weiblichen Belegschaft am Streik teilgenommen haben. Nach alledem sind die Spezifika des Kampfes bei Lip mit dem Marxschen Konzept einer Kooperativfabrik nicht zureichend zu fassen. Denn die Arbeiter haben den Privatbesitz an Produktionsmitteln nicht aufgehoben, sondern nur solange storniert, bis sich eine Kapitalgruppe fand, die die Verwertung von Kapital wiederauf nahm. Somit handelt es sich um eine temporäre Assoziation, die vornehmlich die gesellschaftliche Organisation des Arbeitsprozesses in die Hände der Arbeiter legte und dadurch veränderte. Als eine Übergangsform kann unter den genannten Umständen die Aktion der Lip-Arbeiter insofern gelten, als sie ihre Fähigkeit bewiesen haben, die Produktion allein zu organisieren und kollektiv über ihre Ziele, Aktions- und Organisationsformen zu diskutieren und zu entscheiden. Damit stellen sie zwar die Selbstverständlichkeit und wichtige Grundlagen der kapitalistischen Produktionsweise in Frage und schaffen Voraussetzungen – nicht aber die ökonomischen und politischen

42 Ebd., S. 121.
43 *Piaget*, S. 115.

Bedingungen! –, unter denen nach Enteignung der Produktionsmittel und Veränderung des bürgerlichen Staates Produktion unter der Ägide assoziierter Produzenten möglich sein könnte.

Über diese tendenziell systemgefährdende Richtung von Besetzung und Produktion bei Lip haben sich die maßgeblichen Vereinigungen der Kapitalisten nicht getäuscht. So formulierte die Industrie- und Handelskammer von Paris am 10. Juli 1973: »Von allen sozialen Auseinandersetzungen, die gegenwärtig stattfinden, ist die in der Firma Lip die beunruhigendste ... weil die Fortsetzung der Produktion nach einer faktischen Enteignung der Aktionäre die Prinzipien der Autorität, des Besitzes, der Verantwortung und der Treue zu Verpflichtungen gegenüber Lieferanten und Zuliefererbetrieben verletzt, die die Basis unserer Wirtschaftsordnung und unseres Handelsrechts sind.«[44]

Der Kampf wurde nach mehrfachen vergeblichen Anläufen beendet durch einen Kompromiß Ende Januar 1974, der von der Mehrheit der Arbeiter angenommen wurde. Dieser Kompromiß schränkte zwar einige Errungenschaften der Kämpfe früherer Jahre – etwa die gleitende Lohnskala – ein und sieht auch nur eine stufenweise Aufstockung der Belegschaft vor, aber geht in der formellen Garantie, die Nichteingestellten in Fortbildungskurse zu schicken und sie prioritär einzustellen über den im Oktober gemachten Vorschlag des damaligen Verhandlungspartners Giraud hinaus. Nach Beendigung des Streiks stellen sich drei Fragen:

1. Werden die in den Streikmonaten ausgebildeten Organisations-, Arbeits- und Aktionsformen und das damit zutage tretende Bewußtsein der Unabhängigkeit dem »stummen Zwang« kapitalistischer Verhältnisse widerstehen? Besonders in den nächsten Monaten gilt es, aufmerksam das Organigramm des Betriebes zu studieren, um zu ermitteln, ob die Unternehmensleitung die Trennung zwischen Vorarbeitern und Arbeitern, mithin die hierarchische Form der Produktion ungebrochen restauriert oder ob sie versucht, Kreativität und Initiative etwa dadurch nutzbar zu machen, daß sie analog zum Volvo-Modell die Fließbandarbeit durch kooperative Arbeitsformen ablöst, dabei die Form der Arbeit relativ unbestimmt läßt, hingegen das Arbeitsziel vorgibt? Wenn nach diesem Modell die Arbeitsanforderungen erhöht werden, so werden die neuen Produktionsformen zwar kapitalistisch gewendet, aber kaum wohl insoweit entschärft werden, daß sie Kommunikation und Organisation in den Gruppen unterbinden können. Überdies fehlt bei Lip mit reformistisch-kooperativen Gewerkschaften (wie in Schweden) eine wichtige Voraussetzung des Volvo-Vorbilds. Heute (im Oktober 74) scheint es, als habe sich die Arbeitsorganisation nach dem Streik nicht entscheidend verändert – was wahrscheinlich auf die »restaurative« Wirkung der Arbeitsplatzunsicherheit zurückzuführen ist.

2. Verfügt die Unternehmensleitung mit der stufenweisen Einstellung der Arbeiter nicht über ein disziplinierendes Mittel? Wenn vom Fortschritt der Produktion die Existenz des Betriebes und die Reintegration anderer Arbeitskräfte

44 Le Monde, 10.7.1973; 14.7.1973.

abhängt, so kann die im Arbeitskampf herausgebildete Solidarität zu einem Mittel verkehrt werden, das sich gegen die unmittelbaren Interessen der Belegschaft richtet. Wie werden die bereits beschäftigten Arbeiter im Falle eines Konflikts mit der Unternehmensleitung im Widerstreit zwischen ihren berechtigten Forderungen und der an kapitalistische Rentabilität geknüpften Personalpolitik entscheiden? Bei Konflikten über den Rhythmus der Wiedereinstellung von Arbeitern erwies sich schnell, daß aufgrund der besonderen Situation von Lip der Streik als Waffe dumpf geworden ist. Chancen der Durchsetzung von Forderungen haben daher allein die nach dem Abschlußprotokoll gebildeten paritätischen Kommissionen.

3. Wenn bislang die Spezifika des Streiks bei Lip herausgearbeitet wurden, so lassen sich aus ihm durchaus allgemeinere Schlußfolgerungen ziehen. Abgesehen von der Imitation des konkreten Vorgehens, wie z. B. durch die Arbeiterinnen einer bretonischen Hemdenfabrik (Cerisay), die aus Protest gegen die Entlassung einer Delegierten die Produktion auslagerten und in eigener Regie Hemden nähten[45], hat Lip den möglichen Erfolg von Arbeitskämpfen gegen Entlassungen und Betriebseinstellungen symbolisiert: Wenn die Aktionsformen aus Gründen der jeweils unterschiedlichen Arbeitsorganisation auch kaum zu imitieren sind, so führte doch beeindruckt von den erfolgreichen Abwehrreaktionen bei Lip Bauarbeiter der Großbaustelle Fos-sur-Mer (Bouches-du-Rhône) einen verbissenen Kampf um ihre Arbeitsplätze, die sie nach Abschluß der Bauarbeiten verlieren sollten. Die Anregung, die vom Lip-Streik dabei ausging, formulierte ein beteiligter CFDT-Gewerkschaftler, René Decaillon, folgendermaßen: »Diese Kampfform hat die Arbeiter gelehrt, daß die Unternehmer keineswegs notwendig sind, daß die Arbeiter sich in der Produktion und beim Vertrieb selbst organisieren können und daß man die gesellschaftlichen Verhältnisse anders gestalten kann.«[46] Daß Lip kein Strohfeuer war, zeigen die harten Arbeitskämpfe, die seit Beginn 1974 um Arbeitsplätze geführt werden.[47] So streikten im Februar 1974 die Arbeiter der Turbinenfabrik Rateau im Pariser Vorort La Courneuve und besetzten den Betrieb, um gegen die Einsparung von 234 Arbeitsplätzen zu protestieren und diese mit der Forderung: »40 Stunden bei gleichem Lohn und Rente mit 60 Jahren« zu erhalten.[48]

45 *M. Rébérioux* u. *M.-N. Thibault*, Femmes en lutte en pays chouan, in: Politique aujourd'hui 3–4 (März-April 1974), S. 51 f.

46 Le Nouvel Observateur 452 (1973), S. 43.

47 So halten seit April 1974 die Hälfte der Arbeiter des Marseiller Zweigwerks der Leuchtkörperfirma Hexa-Limbourg die Produktion aufrecht, um gegen die Rationalisierungspolitik des Unternehmens zu protestieren und mit Hilfe des sozialistischen Stadtrates ihre Arbeitsplätze zu bewahren. Vgl. Le Monde, 23.7.1974.

48 Le Monde, 14.2.1974.

## 3. Strukturveränderungen im französischen Kapitalismus, Interessen in der Arbeiterklasse und deren Repräsentation

Der Streik der Lip-Arbeiter hat nicht nur das Problem der Bedingungen für Streiks, sondern auch Formen der Aktion und Repräsentation von Arbeiterinteressen zur Diskussion gestellt. Während eine drohende Entlassungswelle zumeist demobilisierend wirkt, hat sie bei Lip und auch in anderen Betrieben zu heftiger, solidarischer Gegenwehr geführt. Die Formen des aktiven Streiks, die auch vor den Grenzen der bürgerlichen Legalität nicht haltmachten[49], lösten die bislang teilweise ritualisierten Formen des Bargaining ab. Schließlich verriet das durchgehaltene Prinzip der »direkten Demokratie« im Lip-Streik nicht nur die Einsicht in die Schwierigkeit der Repräsentation von Interessen durch Organisationen, sondern auch Mißtrauen gegenüber den gewerkschaftlichen Sektionen. Diese Besonderheiten der Aktion der Besançoner Uhrenarbeiter sind auch eine Herausforderung an die theoretische Analyse und politische Strategie der KPF, die mit dem Anspruch auftritt, die fortgeschrittendsten und bewußtesten Ziele der Arbeiterklasse zu vertreten. Ist deren Theorie in der Lage, die differenzierte Situation innerhalb der Arbeiterklasse, aber auch unter und zwischen den potentiellen Bündnispartnern wie Bauern, Kleinhändlern und Kleinindustriellen zu fassen? Münzt sie vermeintlich gleiche Interessen zu einer Aktionseinheit um oder arbeitet sie Widersprüche detailliert heraus? Werden die jeweiligen Formen, in denen die Produzenten agieren, als Ausdruck ihrer Bedürfnisse interpretiert und hinterfragt sowie in eine kritische Überprüfung der Rolle der gewerkschaftlichen und politischen Organisationen einbezogen? Werden die subjektiven Interessen in dem Sinne aufgehoben, daß sie dem vermeintlich objektiven, von einer Partei formuliertem Interesse *der* Arbeiterklasse untergeordnet werden, oder aufgehoben in dem Sinne von Bewahren durch eine Partei, die lokal und regional kategorial und schichtenspezifisch unterschiedlichen Bewegungen und Aspirationen die Möglichkeit läßt sich zu artikulieren? Diese Fragen sollen im folgenden an der Theorie der KPF, den staatsmonopolistischen Kapitalismus, und an deren strategische Leitformel, das Bündnis der antimonopolistischen Kräfte gestellt werden.

Selbst wenn Realanalysen des Falls der Profitrate, der Situation auf dem Arbeitsmarkt oder der Ausbeutungsrate die These von der nach 1960 ausbrechenden Überakkumulationskrise und des Übergangs von der absoluten zur relativen Mehrwertproduktion als richtig erweisen sollten, so wird sich die damit angedeutete Tendenz unterschiedlich je nach Größe, Produktivität, Technologie der Betriebe niederschlagen. Auf diesen Tatbestand hat Serge Mallet aufmerksam gemacht,[50] als er einerseits die technologische Entwicklungshöhe der Produktion in ihrem Einfluß auf die Arbeiterklasse überschätzte, andererseits den

49 *Blanke u. a.*, Lip-Legalität.
50 *Mallet*, La nouvelle classe ouvrière.

Platz der jeweiligen Betriebe in den Branchen aber richtig problematisierte. Dabei verwies er auf die Notwendigkeit, die ökonomischen Abhängigkeitsverhältnisse auf dem Inlandsmarkt, das Verhältnis von Groß- und Kleinbetrieben, von Wirtschaftsregionen, die unterschiedlich hohen Profitraten in monopolisierten und nichtmonopolisierten Sektoren in ihren Auswirkungen auf die Arbeiterschaft zu untersuchen. Fehlen für eine derartige Analyse auch noch wichtige Elemente, so lassen sich im folgenden einige Rahmenbedingungen angeben, mit denen Antwort auf die Frage zu gewinnen ist, ob die fortschreitende Konzentration des Kapitals und die Verstärkung der Staatsintervention den gegenwärtigen gesellschaftlichen Zustand Frankreichs polarisiert und – wie die Theorie des Stamokap behauptet – abgesehen von der Monopolbourgeoisie die Unterschiede zwischen den anderen Klassen im Zuge der umfassenden Proletarisierung und Salarisierung einebnet, oder ob die Entfaltung des Kapitalismus sich in der Gesellschaftsformation der 5. Republik in manifesten Widersprüchen, Konflikten, sozialen Unterschieden und einer heterogenen Zusammensetzung der Arbeiterklasse niederschlug? Daran schließt sich die Frage an, ob die sozialökonomischen Bedingungen insgesamt und die Strukturveränderungen im besonderen neue und bessere Bedingungen für Aktionen und Organisation von Arbeitern bilden?

## Strukturelle Bedingungen der Arbeitskämpfe in Frankreich

Die Theorie des Stamokap hat Entwicklungen, die in den letzten fünfundzwanzig Jahren das Gesicht Frankreichs veränderten, durchaus richtig registriert. Seit 1950 läßt sich eine Veränderung in Umfang und Tempo des Konzentrationsprozesses feststellen, die durchaus als Wiederaufnahme einer seit Beginn des Jahrhunderts dauernden Bewegung zu verstehen ist, die zwischen 1930 und 1945 unter-, nicht aber abgebrochen wurde.[51] Blieb diese bis 1958 mit Ausnahme der eisenverhüttenden Industrie auch bescheiden, so umfaßte sie in den folgenden sieben Jahren vornehmlich kleine und mittlere Betriebe und führte ab 1965 durch Absorptionen und Fusionen zu einer oligopolistischen Struktur vornehmlich in der Eisen-, Chemie-, Elektro-, Elektronik- und petrachemischen Industrie, während Branchen wie Maschinenherstellung, Holz- und Möbelindustrie, Konfektion, Bauwesen und Feinmechanik weniger konzentriert sind.[52] Gingen Fusions- und Konzentrationsbestrebungen anfangs auch von Mittelbetrieben aus, so treten ab 1958 die Großbetriebe als Initiatoren auf. So

51 *J. J. Carré u. a.*, La croissance française. Un essai d'analyse économique causale de l'après-guerre, Paris 1972, S. 222f.

52 Le Monde, 22.8.1972; *Y. Morvan*, La concentration de l'industrie en France, Paris 1972; *A. P. Weber*, Fusions et concentrations d'entreprises en France, in: La documentation française 3552 (Jan. 1969), S. 770f.; *ders.*, Les concentrations industrielles dans la France contemporaine, Paris 1971.

haben zwischen 1958 und 1967 die fünfzig größten Unternehmen Frankreichs mehr als ein Viertel aller Konzentrationen durchgeführt.[53] Das Ausmaß dieses Prozesses läßt sich makroökonomisch an folgenden, aus dem Jahre 1972 stammenden Zahlen ablesen: Etwas mehr als 1.100 Betriebe, d.h. 7 von 10.000 erzielen mehr als ein Drittel des Umsatzes, 15 von 10.000 kontrollieren die Hälfte des wirtschaftlichen Geschehens in Frankreich, während 93 % aller Betriebe nur mit 15,9 % am Umsatz beteiligt sind.[54] Die Kluft zwischen der Minorität von Industriegiganten und Myriaden von Klein- und Mittelbetrieben findet sich auch in der Beschäftigtenzahl: 39 % aller Beschäftigten arbeiten in 0,3 % der Betriebe, während 88 % der Unternehmen nur 17 % aller Arbeiter ausbeuten.

Bei diesem Prozeß der Konzentration und Zentralisation, der zur Ausbildung von Quasimonopolen in einigen Branchen führte, haben die staatlichen Instanzen alle erdenklichen Hilfestellungen geleistet. Stand bereits die Schaffung einer kleinen Zahl international wettbewerbsfähiger Betriebe als Ziel über der Strukturpolitik des 5. Wirtschaftsplans (1965–1970), so beförderte darüber hinaus der Staat durch Kredite, legislatorische und fiskalische Maßnahmen die Konzentrationsbewegung. Besonders im Versicherungs- und Banksektor, der zwischen 1950 und 1967 mit 414 Konzentrationen Spitzenreiter der französischen Industrie war, wirkt der direkte Einfluß der staatlichen Instanzen über verstaatlichte Banken.[55]

Wenn diese Entwicklungstendenzen auch die Grundthese des Stamokap bestätigen, daß die »verstärkte Konzentration des Kapitals und der Produktion« Hand in Hand geht mit der Funktion des Staates, »direkt oder indirekt in großem Ausmaß den Erwerb der materiellen Produktionsmittel durch große Kapitalgruppen zu finanzieren«[56], so ist dieses Zusammenwirken nicht widerspruchslos. Hängen die Inhalte der staatlichen Interventionen auch von der Funktion des Staates in bestimmten Entwicklungsstadien der kapitalistischen Produktionsweise ab, so setzten sie sich im Marxschen Sinne als Tendenz durch und werden in ihrer jeweiligen Form durch das gesellschaftliche Kräfteverhältnis, das Eigengewicht der Administration u.a.m. vielfältig gebrochen. Allein diese Feststellung sollte – wie auch die marxistische Ökonomin Susanne de Brunhoff anregte[57] – vor einer simplifizierenden Gleichsetzung von Staat und Herrschaft der Monopole warnen. Dies um so mehr, als sich etwa bei konkreten Interventionen der staatlichen Instanzen wie im Fall Lip[58] oder am Beispiel der Politik des »sozialen Friedens« Bedingungsverhältnisse staatlicher Aktivitäten zeigen lassen, die sich nur schwer in das Prokrustesbett der »Herrschaft der Monopole« zwängen

53 *Ders.*, L'économie industrielle de 1950 à 1970. Concentration des enterprises et politique économique, in: Revue d'économie politique 80 (1969), S. 23.

54 Le Monde, 22.8.1972.

55 *S. S. Cohen*, Modern Capitalist Planning: The French Model, Cambridge 1969.

56 Traité marxiste d'économie politique, Le capitalism monopoliste d'état, Bd. 1, Paris 1971, S. 14, 17.

57 *S. de Brunhoff*, La politique monétaire. Un essai d'interprétation marxiste, Paris 1973, S. 6.

58 *P. Gavi u. a.*, On a raison de se révolter, Paris 1974, S. 229f.

lassen. Mit der Akzentuierung der Konzentrations- und Zentralisationsbewegung können überdies Ungleichzeitigkeiten in der kapitalistischen Entwicklung unterschlagen werden, die sich in gesellschaftlichen Konflikten, Differenzierungen innerhalb der Arbeiterklasse und unter den »antimonopolistiscben Schichten« äußern. Die »Ungleichheiten der Akkumulationsbewegung«[59] zeigt sich darin, daß erst nach und nach die Kleinproduktion in Handel, Industrie und Landwirtschaft von der kapitalistischen Produktionsweise bedroht wurde und heute gesellschaftlich und politisch keineswegs eine quantité négligeable darstellt. So hat die Zahl der Betriebe in Frankreich insgesamt um 19,4 % zwischen 1951 und 1963 abgenommen. Dabei sank besonders die Zahl jener Betriebe, die keine Lohnarbeiter beschäftigten. Dennoch arbeiteten 1966 14 % aller Beschäftigten in Betrieben mit weniger als fünf, 20 % in Unternehmen mit weniger als zehn und 27 % in Firmen mit weniger als zwanzig Lohnarbeitern.[60]

Zu der unterschiedlichen Konzentration der Produktionsmittel und Arbeitskräfte gesellen sich in einzelnen Branchen Gefälle zwischen den wenigen marktbeherrschenden Großbetrieben und den Klein- und Mittelunternehmen sowie regionale Abweichungen. So stellten bereits 1961 20 % der Betriebe der Maschinenindustrie 61 % der Produktion, in der optischen Industrie 1 % der Unternehmen sogar 50 % der Waren her.[61] Ein Zehntel der Firmen machte 1964 in der Automobilindustrie 90 %, in der Elektro- 83 % und in der Chemieindustrie 79 % des Umsatzes, während sie in Branchen wie Textil, Bekleidung sowie Möbel und Holz immer noch auf 74 %, 63 % oder 61 % des Umsatzes kamen.[62]

Trotz einiger Ansätze und finanzieller Anreize zur Dezentralisierung lastet der Wasserkopf Paris auf der französischen Wirtschaftsstruktur. Die Pariser Gegend trägt 1969 mit 27,9 % zum Bruttoinlandsprodukt Frankreichs bei: mit 18 % der Bevölkerung Frankreichs beherbergt sie 70 % der für die Industrie arbeitenden Forscher, 48,6 % der Ingenieure, 48 % des Bank- und Versicherungspersonals, 35 % der Studenten.[63] 1969 stammte ein Drittel des französischen Bruttoinlandsprodukts aus den sechs größten französischen Städten, und die zwölf Regionen östlich einer Linie von Basse-Seine und Bas Rhône, die 45,1 % des französischen Territoriums ausmachen, beherbergen 63,5 % der Bevölkerung und stellen 71,2 % der nationalen Produktion her.

Diese Inhomogenität der Wirtschaftsstruktur und die Ungleichzeitigkeiten der kapitalistischen Entwicklung sind ein Ergebnis des französischen Wegs zum Kapitalismus. Im Laufe des 19. Jahrhunderts bildeten sich mit den Zentren der Schwer- und Textilindustrie in Lothringen, Nordfrankreich, der Pariser und Lyoner Gegend Schwerpunkte der Entwicklung heraus. Diese benutzten

59 *J. P. Delilez*, Les monopoles, Paris 1970, S. 33.

60 *Morvan*, S. 254; *Carré u. a.*, S. 219.

61 »La concentration capitaliste en France«, in: Cahiers du Centre d'études socialistes 5–6 (1961), S. 63; *M. Parodi*, L'économie et la société française de 1945 à 1970, Paris 1971, S. 153 f.

62 *Carré u. a.*, S. 227.

63 *M. Bosquet*, Critique du capitalism quotidien, Paris 1973, S. 54; Le Monde, 10.4.1974.

die Regionen, in denen die Konzentration der Textil- sowie der Metallindustrie die ländliche Nebenindustrie allmählich vernichtete und in denen die Parzellenbauern häufig noch, Tagelöhner kaum noch das Existenzminimum besaßen, als Reservoir für billige Arbeitskräfte, Absatzmärkte für Industrieprodukte und Zufuhr billiger Rohstoffe.

Profitierten die bereits kapitalisierten Gegenden dabei auch von dem ungleichen Austausch in dem Maße, in dem sie diesen aufrechterhielten, so vertieften in den ökonomisch absteigenden Gegenden inhärente Ursachen – der Traditionalismus der Bourgeoisie von Bordeaux[64], die fehlende oder verspätete Erneuerung des fixen Kapitals in der Textilindustrie der Normandie[65] oder die Krise des Weinbaus in Aquitanien[66] – die Ungleichheiten zwischen den Regionen. Das erstaunliche Fortbestehen von Kleinproduktion auf relativ hoher Stufenleiter, das Spezifikum des französischen Kapitalismus, kann holzschnittartig zum einen aus den Besonderheiten der kapitalistischen Akkumulation in Frankreich; zum anderen aus der Klassenkampfsituation erklärt werden.

Der französische Kapitalismus revolutionierte die sozialökonomischen Verhältnisse nicht, sondern transformierte sie allmählich.[67] So hatte die (euphemistisch Landflucht genannte) Enteignung der Agrarproduzenten nicht die Brutalität wie in anderen Ländern. Die durchschnittliche Abnahme der in der Landwirtschaft Beschäftigten überstieg seit 1896 erstmalig in den Jahren seit 1949 die Schwelle von 1 % pro Jahr.[68] Ähnlich verlief die Entwicklung in der Kleinproduktion (Betrieben mit weniger als zehn Arbeitern): Arbeiteten in ihnen 1906 noch 60 % aller Beschäftigten, 1966 nur noch 20 %, so markierte auch hier das Ende des 2. Weltkrieges eine Wende in der Entwicklung.

Die mit diesen Beispielen angedeutete Entfaltung des Kapitalismus ist nicht primär auf das Fehlen von Rohstoffen, die langsame demographische Entwicklung oder die fehlende Innovationsbereitschaft französischer Kapitalisten zurückzuführen, sondern auf das Fehlen wirtschaftlicher und gesellschaftlicher Bedingungen, unter denen die produktive Anlage von Geldkapital im Landesinnern lukrativ und risikolos war.[69] Vor 1850 verband die Konservierung manufakturkapitalistischer Zustände die Interessen einer »Bourgeoisie d'Ancien

64 *D. Woronhoff*, Les bourgoisies immobiles du Sud-Ouest, in: Politique aujourd'hui (Jan. 1971), S. 19–32.

65 *M. Levy-Leboyer*, Les banques européennes et l'industrialisation international dans la première moitié du XIXe siècle, Paris 1964.

66 *A. Armengaud*, Les populations de l'Est acquitain au début de l'époque contemporaine, Paris 1961.

67 *H.-G. Haupt* u. *D. Mey*, Zur Entwicklung des französischen Kapitalismus im 19. Jahrhundert, in: Honoré Daumier und die ungelösten Probleme der bürgerlichen Gesellschaft, Berlin 1974, S. 19 f.

68 *Carré u. a.*, S. 219.

69 *E. Mandel*, Die Marxsche Theorie der ursprünglichen Akkumulation und die Industrialisierung der Dritten Welt, in: Folgen einer Theorie. Essays über »Das Kapital« von Karl Marx, Frankfurt a. M. 1969, S. 71 f.

Régime« (Robin) und diejenigen von Kleinproduzenten und Kleinbauern mit dem Ziel, den Status quo gegen adelige Großgrundbesitzer und die Revolutionierung des ökonomischen Lebens durch das Industriekapital zu bewahren und gegen Umsturz durch ein wachsendes, Teile des Kleinbürgertums inkorporierendes Proletariat zu schützen. Ein Ausbruch aus diesem politisch durch die Julimonarchie, ökonomisch durch Protektionismus abgesicherten Entwicklungsstadium und der Durchbruch des Kapitalismus war an die Existenz eines zentralisierten, den Kämpfen zwischen Rente und Aktie, Werkstatt und Fabrik innerhalb der Bourgoisie enthobenen Regimes gebunden: den Bonapartismus. Nach 1870 wurde die Verallgemeinerung der kapitalistischen Produktionsweise zwar dadurch gefördert, daß mit politischer Unterstützung massiv Geldkapital in »Entwicklungsländern« (z. B. Russland, Ägypten) angelegt wurde[70], zugleich aber wurde die Kapitalakkumulation im Landesinnern durch die – aus Gründen politischer Stabilität unumgängliche – Bewahrung von Kleinproduktionsformen, insbesondere in der Konsumgüterindustrie und der Landwirtschaft eingeschränkt. So hatte das Finanzkapital 1914 fast doppelt so viel Goldfranken im Ausland wie im Inland investiert – und dies trotz seit Mitte der 1890er Jahre steigender Profitmasse.[71] Die Rückständigkeit Frankreichs hatte mithin durchaus Ursachen, die im Kapitalismus selbst lagen.[72]

Klassenkampfsituation im Innern und günstige Anlagen in den Kolonien trugen dann in der Zwischenkriegszeit dazu bei, daß – bis auf die »Euthanasie des Rentiers« (Keynes) – das Kapital die ökonomischen und gesellschaftlichen Verhältnisse Frankreichs nicht revolutionierte. Erst aus den Erfahrungen der Niederlage von 1940, aus der sowohl die Résistance als auch die mit dem faschistischen Vichy Regime kollaborierenden Industriellen ähnliche Konsequenzen für die ökonomische Reorganisation Frankreichs zogen[73], sowie unter dem Eindruck sich verschärfender internationaler Konkurrenz und des unvermeidlichen Verlusts der Kolonien erwuchs die Notwendigkeit, die kapitalistische Produktionsweise auch in den archaischen Bereichen der Landwirtschaft, der Distribution und bislang peripher liegender Industriebranchen durchzusetzen.

In diesem durch die Planifikation geförderten Prozeß der Konzentration und Zentralisaton von Kapital tritt an die Stelle der formellen äußeren Kolonisierung (die informelle besteht nach dem Verlust der Kolonien gleichwohl fort) eine »innere Kolonisierung«.[74] Diese gründet sich auf den ungleichen Austausch zwischen Stadt und Land, monopolistischen und nichtmonopolistischen Sektoren,

70 *J. Bouvier u. a.*, Le movement du profit en France, Paris 1966; R. Girault, Conjoncture et investissement international. Les placements français en Russie. Un exemple à la fin du XIX siècle, in: Revue économique 23 (1972), S. 889 f.

71 *Bouvier u. a.*, Le movement du profit.

72 *Ders.*, Les trait majeurs de l'impérialisme français avant 1914, in: Le Movement social 88 (1974), S. 19 f.

73 *S. Hoffmann u. a.*, A la recherche de la France, Paris 1964, S. 50 f.

74 *E. Mandel*, Der Spätkapitalismus, Frankfurt a. M. 1972, S. 85; *S. Mallet*, Contrôle ouvrier, parti et syndicat II, in: Critique socialiste 2 (1970), S. 26.

technologisch fortgeschrittenen und archaischen Betrieben und schlägt sich in Surplusprofiten für die Giganten der einzelnen Branchen sowie in erschwerten Verwertungsbedingungen für kleine und mittiere Unternehmen nieder.

Um zu verhindern, daß sich vornehmlich ausländisches Kapital in Klein- und Mittelbetrieben einkauft, diese zu einem Einfallstor ihrer Waren macht, die Lösung der dabei entstehenden sozialen Probleme wie im Fall Lip aber dem französischen Staat aufbürdet, ist im Jahre 1969 das »Institut de Developpement Industriel« (IDI) gegründet worden. Es soll kleine und mittlere Unternehmen bei der Modernisierung beraten und unterstützen.[75] Diese Aufgaben, die von Regierungsseite diesem halb staatlich, halb privat finanzierten Institut gestellt werden, das halb Investitionsbank, halb Marketingunternehmen ist, werfen indirekt Licht auf die Situation der Klein- und Mittelbetriebe. Das Institut soll seine finanzielle Hilfe und Beratung auf Branchen konzentrieren, die – wie die Ausrüstungsgüter-, Agrarmaschinen- und Lebensmittelindustrie – sich in der internationalen Konkurrenz nur schwer behaupten können, die – wie Farben, Möbel oder Leder – drohen, in die Hände des ausländischen Kapitals zu fallen oder die eine fortgeschrittene Technologie besitzen. Aber die 160 schon in den ersten drei Monaten vor Gründung des Instituts eingebrachten Anträge auf Unterstützung beweisen, daß das Bedürfnis nach staatlicher Modernisierungshilfe weit über die als prioritär ausgeflaggten Bereiche hinausging.

Allerdings leistete das IDI bis 1973 nur in 61 Fällen finanzielle Hilfe und blieb damit weit hinter der Nachfrage zurück, wie sich auch an seiner Zurückhaltung im Fall Lip zeigte. Seinen Handlungsspielraum schränkte schon die knappe finanzielle Decke ein, die ihr die Großaktionäre (staatliche Instanzen und nationalisierte Banken) gewähren und die negativ von der des privaten, europäischen IDI, der European Entreprises Development Company (E. E. D.) absticht, die mit beträchtlichen Finanzmitteln vielversprechende Kleinbetriebe in ihren Anfängen unterstützt und nach einigen Jahren ihre Anteile an diesen Betrieben verkauft.[76] Da diese Investitionen des E. E. D., in dessen Aufsichtsrat auch der Leiter des IDI sitzt, sich bislang mit einem Gewinn von durchschnittlich 25 % ausgezahlt haben, könnte die zögernde staatliche Finanzierung des IDI auch daraus erklärt werden, daß sie die Konkurrenz zwischen staatlichen und privatwirtschaftlichen Instanzen vermeiden will.

Die an der Sterblichkeit von Klein- und Mittelbetrieben und an den Anforderungen an staatliche Intervention verdeutlichte Situation der Unternehmen, die sich auch auf die dort beschäftigten Arbeitskräfte auswirkt, bezeichnet darüber hinaus ein spezifisches Verhältnis von Lohnarbeit und Kapital. Eine Theorie, die eine Strategie begründen will, muß in der Lage sein, solche aus der Ungleichzeitigkeit des Kapitalismus erwachsenden Differenzierungen in sich aufzunehmen und in ihren Auswirkungen auf Arbeiteraktionen und – bewußtsein zu berücksichtigen. Gerade am Beispiel von Arbeitern in Klein- und Mittelbetrieben

75 Le Monde, 15.4.1970; 10.9.1970; 9.5.1973; 6.6.1973.
76 Le Monde, 6.6.1973.

lassen sich in den letzten Jahren deutliche Unterschiede zwischen ihrer strukturellen, Aktionen zuwiderlaufenden Situation und den vehementen Formen feststellen, in denen sie teilweise um eine Verbesserung ihrer Lage gekämpft haben.

Um die Produktivitätsunterschiede zu überwinden[77], die aus ungleich großem Kapitaleinsatz und technologischem Know-how folgen, sind die Kleinunternehmen gezwungen, die Ausbeutung der Arbeitskraft durch hohes Arbeitstempo, lange Arbeitszeiten und Hungerlöhne zu intensivieren.[78] Dies ist ihre Chance, um Erhöhungen der staatlich festgesetzten Mindestlöhne auffangen zu können, wie sich in den Monaten nach den im Mai 68 erkämpften Lohnerhöhungen zeigte. Da sie kaum durch Investitonen die Produktivkraft der Arbeit erhöhen können, intensivieren sie diese. Deshalb kann man mit Delilez von den »méthodes les plus primaires d'exploitation« sprechen, die in diesen Betrieben paternalistisch gefärbt vorherrschen und häufig mit dem Verweis auf die drohende Schließung bzw. Stillegung des Betriebes verbundene »Sanktion des Marktes« beschwören, um die niedrigen Löhne zu rechtfertigen.[79]

Die Klein- und Mittelbetrlebe tragen beträchtlich dazu bei, daß die durchschnittliche Arbeitszeit in Frankreich mit zu den längsten Europas gehört[80] und der Grad gewerkschaftlicher Organisation unter den Arbeitern niedrig bleibt. Nur 10 % aller Gewerkschaftsmitglieder arbeiteten 1969 in Betrieben mit weniger als zehn Lohnarbeitern, hingegen 54 % in Betrieben mit mehr als 5.000 Beschäftigten. Gewerkschaftliche Organisation und Rechte sind mithin in Kleinbetrieben gering.[81]

Eine Theorie, die wie der Stamokap vornehmlich den Konzentrations- und Zentralisationsprozeß herausarbeitet und gegenüber den sich verstärkenden

77 In einem Vergleich der Arbeitsproduktivität in sieben Branchen (Gießerei, Gummi-Asbest, Zement-Kalk, landwirtschaftliche Maschinen, Plastik, Elektro, Feinmechanik) der Jahre 1967 bis 1969 zwischen der BRD und Frankreich ergab sich, daß in der BRD die Produktivität in Groß- und Kleinbetrieben fast identisch ist, während in Frankreich zwischen den Giganten und Kleinunternehmen ein Produktivitätslag klafft (vgl. Le Monde, 15.1.1974). Zur Situation der Kleinbetriebe und zum Ausmaß der Ausbeutung siehe die romanhaft-autobiographische Darstellung von *M. Szcodrowski*, Bittere Kirschen, Berlin 1971.

78 Folgende Zahlen aus der offiziellen Statistik stützen diese These: So hat sowohl in den Betrieben mit 11 bis 20 wie in denen mit 21 bis 50 Arbeitern die durchschnittliche wöchentliche Arbeitszeit zugenommen: von 45,5 (1957) auf 46,5 (1971) bzw. 46,3 auf 46,4 Stunden, während sie für die Unternehmen mit mehr als 100 Arbeitern im gleichen Zeitraum von 46,9 auf 44,7 Stunden sank. Somit arbeiteten im Jahre 1971 die Arbeiter der Kleinbetriebe durchschnittlich fast zwei Stunden länger als die der Großbetriebe. Vgl. *INSEE*, Données sociales, première édition 1973, Collection Ménages 25, Paris 1973[2], S. 38. Von der Wirksamkeit der Überwachung in Kleinbetrieben und den Schwierigkeiten für die Arbeiter, in peripher gelegenen Gegenden einen Arbeitsplatz zu finden, zeugt die geringe Abwesenheitsquote in Kleinbetrieben, die der Größe der Betriebe proportional ist und von 18,2 % (5 verlorene Arbeitsstunden) in Betrieben mit 11 bis 19 Arbeitern auf 37 % (9,5 verlorene Stunden) in Unternehmen mit mehr als 10.000 Arbeitern ansteigt. Vgl. ebd., S. 39.

79 *Delilez*, S. 62 f.

80 *Carré u. a.*, S. 289.

81 *L. Rioux*, Clefs pour le syndicalisme, Paris 1972, S. 17, 21.

Monopolen eine breite Front antimonopolistischer Kräfte sieht, trägt weder den Widersprüchen innerhalb der Kapitalfraktionen zureichend Rechnung noch den Aktionen der Fraktion der Arbeiterklasse, die unter wenig Widerstand fördernden Bedingungen lebt. Es hat nichts mit dem »Miserabilismus« maoistischer Gruppen zu tun, die von solchen »Randgruppen« den entscheidenden Schlag gegen den Kapitalismus und die – mit der »Arbeiteraristokratie« fälschlich identifizierten – Gewerkschaften erwarten, wenn die politisch-strategische Bedeutung dieser etwa 20% der französischen Arbeiterklasse hervorgehoben wird. Zu diesen Beschäftigten meist kleiner, nicht an Surplusproduktion beteiligter Betriebe, die häufig in unterkapitalisierten Gegenden liegen, kommen andere unterprivilegierte Gruppen, Frauen, Gastarbeiter und neu Angelernte meist ländlicher Herkunft. Diese Gruppen gehörten lange Zeit und gehören in ihrer Mehrheit wohl auch heute noch zu den Stillen im Lande, die im Vergleich zu den Belegschaften der größeren Betriebe überwiegend apathisch bleiben.

### Interessen und Aktionsformen in der Arbeiterklasse und deren gewerkschaftliche Organisation

Gingen von diesen Fraktionen im Jahre 1971 auch nicht die großen Arbeitskämpfe aus, die das gesellschaftliche Kräfteverhältnis erschütterten[82], so haben doch Verkäuferinnen und Näherinnen in Streiks der Nouvelles Galeries in Thionville oder in Cérisay, Gastarbeiter bei Penorraya und die OS in den Renaultwerken von Le Mans auf ihre unerträgliche Situation aufmerksam gemacht.[83] In Klein- und Mittelbetrieben brachen in den letzten Jahren Streiks aus, die durch folgende Gemeinsamkeiten gekennzeichnet waren: Sie wurden häufig von Frauen, ausländischen Arbeitern oder gewerkschaftlich Nichtorganisierten (Joint français, Hutchinson) mit dem anfänglichen Ziel von Lohnerhöhungen geführt, dauerten mehrere Wochen oder gar Monate, da die Kapitalisten auf Spaltung und die schwierige Situation auf den lokalen Arbeitsmärkten setzten, wurden weitgehend von nicht oder schwach gewerkschaftlich organisierten Belegschaften begonnen, führten aber oft zum gewerkschaftlichen Engagement. Sie wurden gerade in »unterindustrialisierten« Gegenden, von der Bevölkerung oft dadurch unterstützt, daß Bauern zu Selbstkostenpreisen ihre Produkte lieferten, Händler und andere Arbeiter Geld spendeten etc.[84]

Die Streikursachen sind einerseits in der relativen Verschlechterung der Lohn- und Arbeitssituation gerade dieser Gruppen zu suchen, die aufgrund des

82 *N. Abboud*, Les grèves et les changements de rapports sociaux, in: Sociologie du Travail 4 (1973), S. 435.

83 *F. Pinot*, Travailleurs immigrés dans la lutte des classes, Paris 1973; *Travailleurs immigrés*, De la passivité à la lutte, in: Politique aujourd'hui 3–4 (März-April 1974); *P. Bernoux u. a.*, Trois ateliers d'O. S., Paris 1973.

84 Le Monde, 10.5.1972; 13.6.1973.

geringen Organisationsgrads und der schlechten Lage der Klein- und Mittelbetriebe sich mit »regulären« Mitteln gegen die ihnen aufgebürdeten Rationalisierungskosten kaum wehren konnten. Sie liegen zum andern im Überspringen von Konflikten und im Transfer von Kampferfahrungen, die in Großbetrieben gemacht wurden.[85] Die Streikaktivität dieser Gruppen verweist jedenfalls auf eine Kluft nicht nur in der Gesamtgesellschaft, sondern auch innerhalb der Arbeiterschaft, eine »Kluft rassischer und kultureller Art (zwischen Einheimischen und Ausländern, Europäern und Afrikanern), zwischen den Geschlechtern (Frauen gegen männliche Vorherrschaft), hinsichtlich der geographischen Lage (städtische Zentren gegen unterentwickelte Regionen), schließlich hinsichtlich des Platzes in der Arbeitshierarchie (zwischen ungelernten und Facharbeitern, zwischen Fließband- und handwerklicher Arbeit)«.[86]

Eine Untersuchung, die global ansetzt und diese Unterschiede in der Arbeiterklasse aus den Verwertungsbedingungen ableiten will, vergißt – um die Aussagen von Heise über den tendenziellen Fall der Profitrate zu übernehmen –, daß »die auf dem Verwertungskonflikt basierenden Prozesse dadurch zwar mittelbar und global determiniert werden«, nicht aber »ihre unmittelbaren, konkreten Bewegungsformen« erhalten.[87] Zu einer derartigen differenzierten Analyse der Bewegungsformen bietet die Theorie des Stamokap gegenwärtig wenig Hilfe. Denn sie gibt einerseits allgemeine Bestimmungen der Lage der Arbeiterklasse, andererseits verstreutes empirisches Material, ohne jedoch die Vermittlungsschritte zwischen verschärfter Ausbeutung, Aktionsformen und Bewußtsein anzugeben und ohne in einer breiten empirischen Untersuchung der gegenwärtig stattfindenden Arbeitskämpfe Material bereitzustellen, das die Theorie bereichert oder modifiziert. Dadurch bleibt es bei der unbefriedigenden »Zuordnung von Phänomenen zu vorweg gewonnenen Phasenbestimmungen«.[88]

Die hier festgestellten Unterscheidungen, mehr noch diejenigen zwischen den »Randgruppen« und den hochqualifizierten Technikern erweisen, daß die Interessen in der Arbeiterklasse keineswegs identisch sind, sich auch nicht im Arbeitskampf ohne weiteres harmonisieren: Drängen die ersten auf die Befriedigung elementarer Bedürfnisse wie zureichende Entlohnung, Arbeitszeit oder Urlaub, so richten die zweiten zwar ihre Aktionen auch auf den Lohn, die neuralgische Stelle im Verhältnis von Lohnarbeit und Kapital, aber sie greifen stärker die soziale und technische Organisation der Arbeit an.[89] Beide Gruppen befinden sich jedoch in der Minderheit gegenüber den angelernten (OS) und Fach-

85 *Mallet*, Le pouvoir ouvrier, S. 9f.

86 *S. Bosc*, Rezension, in: Sociologie du Travail 4 (1973), S. 473.

87 Zit. bei *E. Hennig*, Lesehinweise für die Lektüre der »Politischen Schriften« von Marx und Engels, in: *Marx* u. *Engels*, Staatstheorie, S. LXV.

88 *M. Wirth*, Zur Kritik der Theorie des staatsmonopolitischen Kapitalismus, in: PROKLA 8–9 (1973), S. 28.

89 *C. Durand*, Revendications explicites et revendications latentes, in: Sociologie du Travail 4 (1973), S. 408f.

arbeitern der Großbetriebe, die im Mai 68 und nachher das Gros der Arbeitskämpfe führten.[90]

Angesichts der vielfältigen Formen und Stoßrichtungen von Streiks im Frankreich der letzten Jahre stellt sich das Problem einer vereinheitlichenden Strategie, die die Vielfalt in einer die Interessenidentität aller Arbeiter unterstreichenden Parole und Organisation im doppelten Sinne des Wortes aufhebt. Diese Suche scheint indes ein Pseudoproblem zu sein, wenn man die expliziten Ziele der Streiks des Jahres 1971 auflistet. Danach hatten 49,7 % der von der Equipe der »Sociologie du Travail« untersuchten Streiks Lohnforderungen zum Inhalt, während sogenannten »qualitativen« Forderungen wie Wahrung der Arbeitsplätze 5,8 %, Verbesserung der Arbeitsbedingungen 4,7 % oder Struktur des Betriebes 0,4 % aller geäußerter Streikziele galten.[91] Im Unterschied zu anderen Gewerkschaften, deren Kampfziele sich stärker auf Herrschafts- und Entscheidungsstrukturen in den Betrieben richten, scheinen also KPF und CGT mit ihrem »Programm von Löhnen und Kaufkraft, Arbeitsbedingungen, Arbeitszeit, 5-Tage-Woche, Urlaub und Pensionsalter« eine den Arbeiterinteressen eher konforme Linie entwickelt zu haben. Überdies erschüttern diese Ergebnisse die These von der Neuartigkeit der sozialen Konflikte nach dem Mai 68.

Da Sinn und Funktion von gesellschaftlichen Handlungen aber nicht in den Selbstaussagen der Handelnden aufgehen, hat das Team der Zeitschrift »Sociologie du Travail« versucht, durch Interviews der gewerkschaftlichen Vertrauensleute in bestreikten Betrieben des Jahres 1971 die latenten Ziele des Streiks zu ermitteln. Die Mehrheit der Befragten gab die Auskunft, daß die latent vorhandene Unzufriedenheit über die proklamierten Ziele des Streiks hinausgegangen sei. Arbeitsbedingungen, die Politik der Unternehmensleitung und die Organisation der Arbeit sollen nach diesen Aussagen eine wichtige Rolle bei der Auslösung der Arbeitskonflikte gespielt haben, ohne daß sie einen anderen als den herkömmlichen Ausdruck in erreich- und bezifferbaren Lohnforderungen gefunden hätten.[92] Dadurch waren an die Stelle von Forderungen nach Abschaffung der Schichtarbeit oder besseren Schutz bei gesundheitsgefährdender Arbeit Parolen wie Nachtarbeits- oder Gefahrenzulage getreten, die die Ursachen des jeweiligen Zustandes unangetastet ließen. Hat es stellenweise in den letzten Jahren auch Selbsthilfeaktionen von Arbeitern gegen Akkord- oder Schichtarbeit gegeben[93], so dominiert doch die Artikulierung von Interessen in Lohnforderungen. Zu dem Unterschied zwischen expliziten und impliziten Interessen tritt derjenige zwischen Aktionsformen und Streikzielen. War dieser Unterschied im Mai 68 sichtbar, als die Militanz der Aktionen (an denen relativ viele angelernte Arbeiter beteiligt waren) mit den »klassischen« ökonomischen Forderungen

90 *J. P. Talbo*, La grève à Flins, Paris 1968; *D. Mothé*, Les O. S., Paris 1972; *P. Gavi*, Les ouvriers, Paris 1970.

91 *Durand* u. *Harff*, S. 366.

92 *Durand*, Revendications, S. 400 f.

93 *Münster*, S. 19.

kontrastierte, so zeigte er sich wiederum in den Streikbewegungen des Jahres 1971. An diesen nahmen so viele Arbeiter teil, daß man schon in die Jahre 1948 und 1949 zurückgehen muß, um eine ähnlich große Mobilisierung zu finden. 65 % der Streiks wurden von der Mehrheit der Belegschaft getragen, die dabei in 40 % der Fälle nicht den herkömmlichen Eintagesstreik, sondern die kurzfristige, stundenweise Arbeitsniederlegung benutzte, die oft wiederholt wurde und »ein Maximum an Widerstand bei einem Minimum an Kosten verwirklicht«.[94] Diese Kampfbereitschaft sticht indes von den in den meisten Streiks hervorgebrachten, begrenzten Lohnforderungen ab.

Bevor auf die Schwierigkeiten der strategischen Zusammenfassung der Arbeiterinteressen einzugehen ist, sollen die Bedingungen genannt werden, unter denen das Potential an Unzufriedenheit sich aktualisieren kann, das sich in den latenten Streikzielen sowie den über begrenzte Forderungen hinausschießenden Aktionsformen manifestiert. Unter den Ursachen, die in kritischen Analysen für die Verselbständigung von Gewerkschaftsapparaten angeführt werden, werden genannt: die Bindung an die Sozialdemokratie und das Wirtschaftswachstum, die Verfilzung mit staatlichen Instanzen, die Beherrschung eines großen Apparates und das Monopol der Vertretung, die Integration der Gewerkschaftsfunktionäre in das kapitalistische System und die Apathie der Mitglieder. Für Frankreich treffen nicht alle diese Erklärungen zu, die vornehmlich am Beispiel der BRD entwickelt wurden. So haben der geringe Handlungsspielraum des französischen Kapitals und die bis in jüngste Zeit intransigente Haltung des Staatsapparates – um nur zwei Grunde zu nennen – verhindert, daß die gewerkschaftliche Mitbestimmung auf betrieblicher und überbetrieblicher Ebene wie auch die Mitwirkung an nationalen Planungs- und Entscheidungsgremien dauerhaft institutionalisiert wurden. Deshalb ist auch die Bindung der Gewerkschaft an eine erst in Ansätzen sichtbare Einkommenspolitik inexistent, eine konzertierte Aktion schwer zu realisieren. Versuche, über sogenannte »Fortschrittsverträge«, die eine jährlich auszuhandelnde Anpassung der Löhne an die Bewegung eines Lebenshaltungsindexes vorsahen, die Gewerkschaften zur Friedenspflicht und zu kooperativerenVerhalten zu bewegen, blieben seit ihrem Beginn unter der Regierung Chaban-Delmas sporadisch und über den Bereich nationalisierter Betriebe hinaus nahezu ohne Erfolg. Weiterhin gibt die Existenz von drei größeren Gewerkschaften – sieht man von der gelben CFT und der Organisation der technischen Intelligenz CGC ab – den Arbeitern die Auswahl zwischen mehreren Organisationen, um ihren Protest zu artikulieren. Dies führt zwischen den Gewerkschaften ein Konkurrenzverhältnis ein. Opposition gegen die Politik einer Gewerkschaft kann sich mithin innerhalb der Gewerkschaften äußern. Diese Möglichkeit hat bislang auch das Aufkommen von RGO-Parolen in Frankreich verhindert.

Hindernisse für die Formulierung solcher Arbeiterinteressen, die den Rahmen der Lohnstreiks überschreiten, sind sowohl in der Funktion der Gewerk-

94 *Durand* u. *Harff*, S. 364.

schaften als Verhandlungspartner zu suchen, als auch in ihrem Selbstverständnis und der Konzeption des Verhältnisses Basis-Organisation. Allein aus der Rolle, in Verhandlungen mit Unternehmern und staatlichen Instanzen die materielle Lage der Arbeiter zu verbessern und zugleich durch Erfolge ihre Existenzberechtigung nachzuweisen, folgt, daß die Gewerkschaften Forderungen innerhalb des Systems formulieren: »Der Streik ist eine Form des Klassenkampfes. Deshalb ist er Bruch der Legalität. Aber er ist gleichzeitig ein institutionalisierter Kampf: Um einen Streik zu ›gewinnen‹, muß man erfüllbare Forderungen vorlegen und seine Ziele so formulieren, daß sie einen Kompromiß erlauben.«[95] Tarifverhandlungen führen somit dazu, daß sich der Doppelcharakter der Gewerkschaften als Verhandlungspartner und Kampforganisation zugunsten der ersten Funktion verschiebt, da diese Ausmaß und Typ des Kampfes bestimmt. Wenn Lohnauseinandersetzungen nicht auch Normen kapitalistischer Produktion in Frage stellen, liegt in ihnen eine Tendenz zu im System erfüllbaren Forderungen. Der Erfolgszwang zwischen den konkurrierenden Gewerkschaften ebenso wie die Trennung von politischem und gewerkschaftlichem Kampf verstärken diese Tendenz.

Das traditionelle Selbstverständnis der Gewerkschaften als apolitischer Bewegung schlägt sich darin nieder, daß sie zwar den Kleinkrieg gegen das Kapital führen, aber keine »umfassende Bewegung ... zur schließlichen Befreiung der Arbeiterklasse« (Marx) initiieren. Die Trennung von gewerkschaftlicher Arbeit und politischen Aktionen wird häufig mit dem Hinweis auf die heterogene Basis der Gewerkschaften gerechtfertigt, die ihren Charakter als Sammelorganisationen verlören, wenn sie sich politisch festlegten. Damit wird indes die Bewegung einseitig gelähmt, denn die Gewerkschaften verstehen sich selbst nicht als aktiver Bestandteil der Beziehung Arbeiter-Organisation, sondern rechtfertigen mit der vermeintlichen Apathie der Basis ihre jeweilige Politik.

Während dieser reformerische Bias ebenso wie die jeweils neu auszuhandelnde Aktionseinheit die beiden großen Gewerkschaften verbinden, sind sie durch unterschiedliche Einschätzungen und Strategien der Situation getrennt. Die Mannigfaltigkeit der Arbeitssituationen, die in spontanen Streiks und militanten Aktionsformen ausgedrückten Forderungen werden durchaus unterschiedlich perzipiert. Wenn innerhalb der beiden großen Gewerkschaften CGT und CFDT auch je nach Föderation unterschiedliche Einschätzungen und Praktiken bestehen, die ihrerseits aus der Struktur der Branchen, deren ökonomischer Perspektive, dem Grad der Organisiertheit u. a. m. zu erklären sind, so lassen sich doch grosso modo zwei unterschiedliche Linien herauskristallisieren.[96]

95 *Durand*, Revendications, S. 408.

96 *J. Kertudo*, CFDT et socialism, in: Politique aujourd'hui (Dezember 1971), S. 21 f.; *G. Desseigne*, CGT-CFDT. Le grand débat, in: ebd. (November 1971), S. 30 f.; *Bonéty*, La CFDT; *A. Barjonet*, La CGT, Paris 1972; *L. Peter*, Klassenkämpfe in Frankreich heute (Marxistische Blätter), Frankfurt a. M. 1972.

Die CGT, die größte und älteste französische Gewerkschaft, trennt nicht nur zwischen innerbetrieblichem und gesamtgesellschaftlichem Kampf, sondern reagiert auch äußerst mißtrauisch auf neue Ziele und Aktionsformen. Sie legt die gewerkschaftliche Arbeit auf die Wahrung bzw. Verbesserung der Reproduktionsbedingungen der Arbeiterklasse fest, setzt der politischen Arbeit jedoch das Ziel eines Wahlsieges der vereinigten Linken und des Kampfes für eine »démocratie avancée«. Dabei konzentriert sich die CGT auf die betriebliche, die KPF auf die politische Seite. Die CGT artikuliert die von großen Teilen der Arbeiter geäußerten Forderungen nach Verbesserung der Bedingungen, unter denen die Ware Arbeitskraft verkauft und kapitalistisch vernutzt wird, und führt diese Forderungen durchaus auf die sie generierende Grundstruktur kapitalistischer Produktion zurück. Aber sie ist selten bereit, in Bereichen wie Lohnhierarchie, hierarchische Arbeitsorganisation etc. einen Kleinkrieg mit dem Kapital aufzunehmen, da dieser zu einer Spaltung der Arbeiterklasse führen könnte. Nach Auffassung der CGT sind erst durch eine umfassende Demokratisierung und tiefgreifende sozialökonomische Veränderungen u. a. Nationalisierungen in diesem Bereich zu erwarten. Wenn die CGT damit auch nicht die Illusion entstehen läßt, als könnten Lohnkämpfe die Situation der Arbeiterklasse im Kapitalismus fundamental verändern, so bleibt die politische Ausrichtung den gewerkschaftlichen Kämpfen äußerlich, die Tageskämpfe sind nur unzureichend mit dem Endziel verbunden.

Aus dem Bestreben der CGT, Streiks mit der Mehrheit der Arbeiter zu führen und aus bündnispolitischen Gründen auf konservative Einstellungen in der Öffentlichkeit Rücksicht zu nehmen, resultiert auch ihr Mißtrauen gegenüber neuen Forderungen und Aktionsformen. Bereits im Mai 68 hatte es sich in der anfänglich pauschalen Verurteilung der Studentenaktionen ebenso geäußert wie in dem Versuch, Streikkomitees unter gewerkschaftliche Führung zu bringen. Auch den Aktionen von Gastarbeitern gegenüber verhielt sich die CGT zurückhaltend. Sie war zunächst geneigt, in Forderungen wie der vage im Mai 68 formulierten »Arbeiterkontrolle« eher eine verfeinerte Spielart des Reformismus denn einen Ausdruck von real in der Arbeiterklasse existierenden Bedürfnissen zu sehen. Aus dieser mißtrauischen Distanz, die sowohl durch den »konservative« Verhaltensmuster rechtfertigenden Erfahrungsschatz der langjährigen gewerkschaftlichen Praxis als auch durch die Volksfrontstrategie genährt wurde, ist dann auch die Reserve der CGT bei Lip zu erklären.

Daß diese gewerkschaftliche Praxis, die sich gegen Basisinitiativen weitgehend abschottet, zu einem Bedeutungsverlust der Gewerkschaft führen kann, erkannte der Generalsekretär der CGT, Georges Seguy, im September 1973 explizit an, als er die Gewerkschaftsmitglieder zu Innovationen, Kreativität und Wagemut aufrief. Wenn jedoch bislang zwischen Bedürfnissen der Belegschaft und der Politik der Gewerkschaften kein Bruch, sondern allenfalls Risse auftraten, so liegt das nicht nur an der auf Verbesserung der Reproduktionsbedingungen der Arbeiterklasse ausgerichteten Gewerkschaftspolitik, die eine Mehrheit von Arbeitern anspricht, sondern auch an der Flexibilität, mit der die Gewerkschaften sich mit zeitlicher Verschiebung auf die neuen Aktionsformen und aktiven Fraktionen unter Arbeitern einstellen. Damit sind sie aufgrund ihrer Funktion offener für Veränderungen in der Taktik als Parteien, auch wenn – wie in der CGT – die Theorie der faktischen Kursrevision nicht folgt.

Die Theorie des staatsmonopolistischen Kapitalismus hat die Politik der CGT bestimmt und auch deren Konzentration auf Lohnkämpfe, ihre Reserve gegenüber neuen Bedürfnissen und Bedürfnisartikulierungen bewirkt. So ist das Mißtrauen der lokalen CGT-Sektion bei Lip gegenüber Aktionen, die in Form und Stoßrichtung über die Kämpfe um den Wert der Ware Arbeitskraft hinausgehen, auch Ausdruck eines Theorems, das die Folgen der Politik des Monopolkapitals vornehmlich für Löhne, Arbeitsplatz und Arbeitsbedingungen sieht und auf diesen Ebenen die Konfliktfronten sucht. Die dort stattfindenden Arbeitskämpfe werden dann in ihrer antimonopolistischen Bedeutung, in ihrem »Wesen« interpretiert, womit der Partei die Möglichkeit verbaut ist, die allgemeinen Aussagen über den staatsmonopolistischen Kapitalismus durch eine kritische Analyse der Einzelerscheinungen zu überprüfen. Denn der Einzelstreik spiegelt nur mehr »Wesensmerkmale« des staatsmonopolistischen Gesamtsystems wider. Strategisch ermöglicht eine derartig verstandene Theorie es kaum, auf die je unterschiedlich erfahrene Ausbeutungssituation einzugehen oder das Potential von Protestbewegungen differenziert zu bestimmen.

Während die CGT sich primär an den Arbeitern der Großbetriebe, den expliziten Forderungen und den traditionellen Kampfformen ausrichtet, versucht die CFDT die ganze Bandbreite von Arbeiterinteresse mit ihrer Parole der »Autogestion« zu erfassen. Diese hat das Ziel, in Streiks Selbsttätigkeit und Übernahme von Verantwortung einzuüben und damit die Voraussetzungen zu schaffen, die in der als revolutionärer Prozeß verstandenen sozialökonomischen Umwälzung Frankreichs notwendig sind, wenn diese nicht in den autoritären Sozialismus münden soll. Mit ihrem Aufruf, Selbstverwaltungsfähigkeiten in den Arbeitskämpfen zu erwerben, bindet die CFDT Tageskampf und Endziel zusammen, ohne daß sie freilich die politischen und organisatorischen Relais bereits bestimmen kann. Dem Streik kommt dabei in der Tradition des revolutionären Syndikalismus eine zentrale Be deutung zu: »... ein Streik ähnelt einem Eisberg. Die vorgebrachten Forderungen sind nur ein Teil der bestehenden Probleme«.[97] Da die kapitalistische Produktionsweise durch die ihr innewohnenden Mystifikationen das Erkennen der Natur der gesellschaftlichen Produktion und damit auch der Situation der Arbeiterklasse erschwert, versteht die CFDT ihre Rolle auch als die einer Geburtshelferin, die die Motive und Ursachen der Unzufriedenheit der Arbeiter in einem dauernden Diskussionsprozeß während des Streiks ans Licht zu bringen versucht. In dieser Funktion begünstigt sie basisdemokratische Organisationsformen und unterstützt Aktionen, selbst wenn sie wie die »séquestration« der Unternehmensleitung die Legalität durchbrechen[98],

97 *Krumnov*, S. 76.
98 *P. Dubois*, La sequestration, in: Sociologie du Travail 4 (1973), S. 410 f.

minoritär sind oder sich gegen die kapitalistische Form der Arbeitsorganisation richten.

In diesem Spannungsverhältnis von gewerkschaftlicher Organisation und Basisinteressen liegen Stärke und Schwäche der CFDT begründet. Offen für verschiedenartigste Forderungen und Aktionsformen, steht die CFDT jedoch in Gefahr, die Kreativität der jeweiligen Belegschaften zu überschätzen und sich von ihnen zu isolieren. Sie neigt auch dazu, die gesellschaftlichen Rahmenbedingungen zu unterschätzen, sich nur als Sprachrohr der Belegschaft zu begreifen, mithin auf die aufklärerische Bedeutung der Praxis zu setzen. Der CFDT ist es bislang nicht gelungen, lokal hart geführte Streiks in nationale Kampagnen einmünden zu lassen und ihnen eine politische Qualität zu geben. Selbst bei Lip, das lange die Aufmerksamkeit des ganzen Landes fand, hat es die CFDT nicht vermocht, das Problem der Arbeitsplatzunsicherheit und mögliche Kampfformen dagegen in einen nationalen Rahmen zu stellen. Auch hier tragen an den CFDT-Initiativen die oben angedeuteten Schwächen zutage, besonders in der ersten Phase der Verhandlungen: Die Gefahr der Verselbständigung des Aktionskomitees gegenüber der Belegschaft, der Isolierung des Konflikts, des Zerfalls der Solidarität und des zunehmenden Verlustes an kalkulierter Kompromißfähigkeit«.[99]

Die lokalistische Tendenz verweist auf die fehlende politische Verlängerung der von der CFDT geführten Streiks. So kontrastiert die Fülle von spektakulären, miliant geführten Arbeitskämpfen seit dem Mai 68 mit ihrer geringen politischen Wirkung. Nachdem in der Vergangenheit die linkssozialistische Partei PSU kein politischer Relais war, weil sie organisatorisch zu schwach, politisch und theoretisch zu kurzatmig war, um über häufig voluntaristische Situationseinschätzungen hinaus gesellschaftliche Initiativen zu bündeln und zu artikulieren, haben sich wichtige Teile der Gewerkschaft nunmehr der sozialistischen Partei (PS) zugewandt. Ob mit dieser Verbindung jedoch die Parole Autosuggestion auf ein sozialdemokratisches Mitbestimmungsmodell zurechtgestutzt wird, wie ein Teil der PSU fürchtet, oder aber nationale und politische Wirksamkeit erhält, wie ein anderer Teil suggeriert, wird auch von der Verteidigung der Selbstverwaltungsforderung in Arbeitskämpfen und damit dem Druck der Basis abhängen.

Wenn die Trennung zwischen CGT und CFDT auch nicht strikt aufrechtzuhalten ist, da Teile der CGT durchaus offen für Autogestion-Forderungen sind, während in der CFDT durchaus der Reformismus grassiert, so treten die beiden Gewerkschaften doch schwerpunktartig als Repräsentanten von zwei Globalstrategien auf. Die erste sucht die Übernahme der Staatsgewalt durch Wahlen zu erreichen, um den Staatsapparat demokratisch auszurichten. Sie reagiert deshalb mißtrauisch auf Aktionsformen und -ziele, die ihrer Sache schaden könnten. Die zweite strebt weniger die Staatsmacht als Macht im Staate an, näm-

99 *T. Blanke u. a.*, LIP – Legalität und Klassenkampf, in: *O. Jacobi u. a.* (Hg.), Gewerkschaften und Klassenkampf (Kritisches Jahrbuch, Bd. 74), Frankfurt a.M. 1974, S. 281.

lich Entscheidungszentren an der Basis, für die Streiks embryonale Ansätze schaffen und in denen Selbstverwaltungspraktiken eingeübt werden sollen. Die erste Strategie tendiert dazu, die Homogenität, die zweite die Heterogenität der französischen Arbeiterklasse überzubetonen; die erste geht oft auf Kosten der freien Artikulierung der Interessen der Arbeiter, die zweite spart das Problem der gesamtgesellschaftlichen Strukturveränderung häufig aus. Den Anforderungen einer Strategie jedoch, die sowohl die Notwendigkeit der Veränderung des kapitalistischen Gesamtsystems einbezieht, als auch Befehls- und Herrschaftshierarchien im Betrieb, den Organisationen der Arbeiterklasse und der Gesamtgesellschaft angreift, scheinen indes die Vorstellungen der Autosuggestion besser zu entsprechen.

# Angestellte vor Gericht: Ein Beitrag zur Verrechtlichung von Arbeitsbeziehungen in Deutschland und Frankreich um 1900

Die Tatsache allein, dass Angestellte vor Gerichte zogen, um ihre Rechte und Interessen gegen die sie beschäftigenden Unternehmer zu verteidigen, kann Erstaunen erregen. Denn zu zahlreich sind die Verbände, die in Deutschland, weniger jedoch in Frankreich, Prinzipale und Handlungsgehilfen, Unternehmer und Angestellte gemeinsam organisierten und mithin eher Einvernehmen zwischen ihnen als Konflikt ausdrückten. Überdies waren jene Stimmen Legion, die, diesseits wie jenseits des Rheins, den Kleinbetrieb als irenische Insel im Meer des Klassenkampfes besangen und die einvernehmlichen Beziehungen zwischen den Beschäftigten und der Unternehmens- oder Firmenleitung im Büro, Kontor oder hinter dem Ladentisch betonten. So schrieb etwa der Bremer Bürgermeister Pauli mit einer deutlichen Spitze gegen die SPD im Jahre 1907:

»Die Sozialdemokratie hat sich bisher – von wenigen Ausnahmen abgesehen – vergeblich bemüht die Verhältnisse innerhalb der kaufmännischen Geschäfte zu vergiften, wie es ihr mit dem Arbeitsverhältnis der Gewerbe, insbesondere der Fabriken leider gelungen ist.«

Aus der Perspektive eines sozialkritisch argumentierenden Pariser Journalisten sah derselbe Tatbestand folgendermaßen aus: »Die Angestellten haben ihre Klasse noch nicht erkannt. Ihre Kleidung aus Tuch trennt sie von den Arbeitern, die Zwillich tragen.«[1] Als Teil der Mittelklassen gehörten besonders für die letzten Jahre vor 1914 die Angestellten in Deutschland wie in Frankreich zu jenen Mittelschichten, deren den Status quo bewahrende Rolle konservative Gesellschaftstheoretiker und -politiker immer wieder betonten. So führte Georges Blondel im Jahre 1909 aus:

1 Der Aufsatz fußt auf Forschungen, die Peter Schöttler in Bremen und ich in Lyon durchgeführt und getrennt publiziert haben, vgl. *P. Schöttler*, Arbeitskämpfe im »Handelsstand«? Die Einführung des Kaufmannsgerichtes und die Konfliktaustragungen im Bremer Kleinhandel vor 1914, in: »Strikes« und Staat: Zur öffentlichen Regelung von Arbeitsverhältnissen, 1873–1914, Beiträge zur Sozialgeschichte Bremens, Heft 8, o. J., S. 45–118; *H.-G. Haupt*, Les employés lyonnais devant le Conseil de prud'hommes du commerce (1910–1914), in: Le Mouvement social 141 (1987), S. 81–99. Zitate in: *Schöttler*, S. 53; *H.-G. Haupt*, Angestellte in Frankreich vor 1914. Einige einführende Bemerkungen, in: *J. Kocka* (Hg.), Angestellte im europäischen Vergleich. Die Herausbildung angestellter Mittelschichten seit dem späten 19. Jahrhundert, in: GG 7 (1981), Sonderheft, S. 112–141.

»Wenn in einem Land reiche Mittelschichten existieren, so hat dies eine große Bedeutung für die Aufrechterhaltung und die Verstärkung des sozialen Friedens. Dies ist eines der besten Mittel, um in einem Land die politische Freiheit zu garantieren.«[2]

Die im folgenden darzustellenden Forschungen setzen bei diesem Selbstbild ein und fragen danach, ob das Angestelltendasein so konfliktfrei organisiert war wie Verbände, Unternehmer und Konservative suggerierten bzw. ob es sinnvoller ist, nach den spezifischen Formen zu forschen, in denen sich Konflikte äußern konnten, und nach besonderen Anlässen, an denen sie sich entzündeten. Da sowohl in Deutschland als auch in Frankreich vor 1914 Streiks im Angestelltensektor selten waren, gilt es nach Materialien zu suchen, die unterhalb des seltenen kollektiven Arbeitskampfes Einblick in Strukturen, Modalitäten und Ergebnisse von innerbetrieblichen Auseinandersetzungen vermitteln können.[3]

Diese Materialien wurden in den 1904 per Reichsgesetz eingeführten Kaufmannsgerichten und den 1907 per Gesetz auf die Angestellten ausgedehnten »Conseils de Prud'hommes« gefunden. Beide Institutionen standen in einer Tradition von Schiedsgerichten, die allerdings im 19. Jahrhundert ausschließlich im gewerblichen Bereich fungiert hatten. Die »Conseils« wurden ursprünglich von Napoleon I. zur Beilegung der Konflikte zwischen Verlegern, Meistern und Gesellen in der Lyoner Seidenindustrie gegründet und traten in dem nachzünftigen Gewerbe Frankreichs an die Stelle von Zunftgerichten. Von der Seidenindustrie ausgehend verbreiteten sie sich zunächst in anderen Sektoren der Textilindustrie, später dann auch in anderen Gewerbezweigen. Unter der französischen Besatzung waren auch in Köln, Aachen und Krefeld Gewerbegerichte entstanden, die dann 1835 in Gladbach, 1841 in Elberfeld, Barmen, Solingen, Lennep und Remscheid ihre Fortsetzung fanden. 1890 erhielten diese Gerichte reichsweit Anerkennung.[4] Beiden Institutionen wurde das Ziel zugeschrieben, die aus den Arbeitsbeziehungen resultierenden Konflikte, die weder innerbetrieblich gelöst werden konnten noch zu kollektiven Arbeitsauseinandersetzungen führten, vor ein Schiedsgericht zu tragen. Dessen Urteil war dann rechtskräftig, sofern kein Einspruch eingelegt wurde. Eine weitere Besonderheit bestand darin, dass in diesen Gerichten Berufsgenossen über Berufsgenossen urteilten. Die Urteile jener Gerichte können mithin Einblick in Konflikte und

2 *G. Blondel*, Le mouvement économique et social dans la région lyonnaise: Questions pratiques de législation ouvrière et d'économie sociale 8 (1909), S. 89; vgl. auch *G. Crossick*, Metaphors of the Middle: the Discovery of the Petite Bourgeoisie 1880–1914, in: Transactions of the Royal Historical Society 1994, 6th series, 4 (1995), S. 251–279.

3 Zur Streikentwicklung vgl. für Frankreich vor allem *M. Perrot*, Les ouvriers en grève, France 1871–1890, 2 Bde., Paris 1974; zu Deutschland vgl. *J. Kocka*, Die Angestellten in der deutschen Geschichte 1850–1980. Vom Privatbeamten zum angestellten Arbeitnehmer, Göttingen 1981.

4 Vgl. die umfangreiche Aufarbeitung der Entstehungsgeschichte von *M. Kieffer*, Aux origines de la législation du travail en France. La législation des syndicats et la démocratisation des conseils de prud'hommes, 2 Bde., Lille o. J.

Auseinandersetzungen am Arbeitsplatz, kurzum eine Sicht des Handels- und Industriebetriebes von innen, bieten.

Die deutsche Institution setzte im Handelsbereich die ab 1890 eingeführten Gewerbegerichte fort.[5] Sie war allerdings auf die Streitfälle im Klein- und Großhandel begrenzt. Dadurch unterschied sie sich von der französischen, die für all jene Beschäftigten zuständig war, wie es im Gesetz hieß, »die ihre Arbeitskraft für etwas anderes als die Herstellung oder die Vorbereitung von Produktion vermieteten«. Die deutsche Institution hob die Handlungsgehilfen als eigenständige soziale Gruppe von den im Gewerbe Beschäftigten ab und legte dabei eine sozialökonomische, keineswegs jedoch ständische Definition zu Grunde, deren Bedeutung die Angestelltenforschung bislang nachgewiesen hat. Allerdings waren auch vor deutschen Gerichten die Grenzen der Gruppe der Handlungsgehilfen nicht immer leicht zu ziehen. So wurde etwa diskutiert, ob Aufseher in Eisenbahnspeisewagen nun Gewerbegehilfen, Handlungsgehilfen oder Betriebsbeamten seien, ob der »Platzinspektor« einer Versicherungsgesellschaft zu recht vor dem Kaufmannsgericht klagen dürfe oder ob das Gericht auch für Verkäuferinnen in einer Selterstrinkhalle zuständig sei.[6] Auffällig ist jedoch, dass sich im Unterschied zu den deutschen die Kompetenz der französischen Gerichte auf eine breitere und in sich sozial gefächerte Klientel erstreckte, die von den Repräsentanten großer Handelshäuser bis zu Kellner in Cafés reichte. Werkmeister, die selbst Hand anlegten, zählten in Frankreich indes nicht zu den Angestellten, jene, die Arbeitsprozesse überwachten, aber sehr wohl. Die Klientel der französischen Conseils umfasste mithin nicht nur kaufmännische Angestellte in Läden, Kaufhäusern und Kontoren des Großhandels, sondern auch Mitglieder jener Berufsgruppe, die man ab den 1930er Jahren »cadres« nannte. Die Aussagen im folgenden beschränken sich mithin auf den Handelsbereich in Deutschland und in Frankreich und blenden die Angestellten im Büro wie im Betrieb notwendigerweise aus.

Die Quelle selbst ist spröde. Verhandlungen werden in dürren Worten zusammengefasst, Arbeitssituationen nur insofern erhellt, als sie zur Urteilsfindung beitragen. Begründungen sind lakonisch abgefasst. Für Frankreich liegen die Gerichtsprotokolle zwar nicht vollständig vor, aber doch in einer so großen Zahl, dass die auf ihrer Basis getroffenen Aussagen repräsentativen Charakter tragen. Für Deutschland musste auf die Berichte in der sozialdemokratischen und bürgerlichen Presse zurückgegriffen werden, die in den untersuchten Städten zwischen 1905 und 1911 zumindest in etwa der Hälfte der Streitfälle über Anlass, Verlauf und Ergebnis berichteten. Eine Grenze dieser Quelle liegt sicher-

5 Vgl. *A. von Saldem*, Gewerbegerichte im wilhelminischen Deutschland, in: Wissenschaft, Wirtschaft und Technik – Studien zur Geschichte. Wilhelm Treue zum 60. Geburtstag, München 1969, S. 190–203; *Schöttler*, Arbeitskämpfe, S. 47 f.

6 Vgl. zur Vielfalt der verhandelten Probleme Gewerbe- und Kaufmannsgerichte. Monatsschrift des Verbandes Deutscher Gewerbe- und Kaufmannsgerichte, hg. v. *Dr. Jastrow/ v. Schulz/Dr. Flesch*. Ausgewertet wurden die Jahrgänge 17 (Oktober 1911 bis September 1912) und 18 (Oktober 1912 bis September 1913), Berlin 1913.

lich in dem klassenkämpferischen Überschwang des sozialdemokratischen Diskurses, in dem über Lohn- und Arbeitsverhältnisse berichtet wurde. Da aber die Daten und Inhalte der Konflikte sich nicht grundsätzlich von jenen unterschieden, die bürgerliche Zeitungen ausbreiteten und die sich anhand offizieller Statistiken erfassen lassen, kann die Rhetorik der Berichte berücksichtigt und bei der Auswertung einbezogen werden.[7]

Eine Geschichte der Angestellten ist freilich nicht auf einer Quelle aufzubauen, zumal wenn diese nur begrenzte Aussagekraft hat. Sie wird hier auch nicht angestrebt. Da die Beschreibung der sozialen Wirklichkeit nicht von den Betroffenen selbst, sondern von Gerichtsschreibern stammt, liegt die Überlegung nahe, dass in den Protokollen vor allem die Sichtweise dieser Schreiber auf soziale Konflikte sichtbar wird. Da überdies Kläger und Beklagte Informationen unter dem Gesichtspunkt ihrer Gerichtsverwertbarkeit gaben, könnte man argumentieren, dass eher eine für Gerichtszwecke konstruierte Wirklichkeit als deren ungeschminkter Ausdruck zu fassen ist. Gegen diese in sich zutreffenden und überlegenswerten Bedenken ist folgendes einzuwenden: Für eine Untersuchung der Selbstdefinition oder der Diskurse der Angestellten ist die Quelle in der Tat wenig geeignet. Sie gibt nur Aufschluss über Praktiken und Verhaltensweisen, die gerichtsrelevant sind. Aber selbst wenn die Darstellung der Konflikte auf die Belange des Gerichts zugeschnitten ist, müssen die mitgeteilten Vorwürfe bzw. Entschuldigungen sich doch der Berufswirklichkeit so weit annähern, dass sie den berufskundigen Beisitzern und Richtern glaubwürdig erschienen. Im Einzelfall mag dieser oder jener Vorwurf übertrieben sein oder nicht stimmen. Die Tatsache jedoch, dass etwa der Vorwurf, der Angestellte habe den Prinzipal beleidigt, häufig auftaucht, ist nur so zu interpretieren, dass in der Tat Beleidigungen in Läden und Kontoren vorkamen und der Hinweis mithin glaubhaft war. Somit scheint mir, dass die Quelle sehr wohl Hinweise auf verbreitete Verhaltensweisen gibt.[8]

Die Urteile können unter folgenden Aspekten ausgewertet werden:

1. unter der Frage nach der Häufigkeit und den Formen von Konflikten;
2. unter der Problematik, welche Aussagen die Urteile über die Lebenssituation der Angestellten sowie die Existenz und die Schärfe der sogenannten Kragenlinie zwischen Angestellten und Arbeitern zulassen;
3. unter dem Gesichtspunkt der Wirkung einer sozialpolitischen Intervention des Staates;
4. unter der wichtigen Frage nach den Kaufmannsgerichten als Teil einer Sozialgeschichte des Rechts.

Das Unternehmen, erneut die Angestelltenproblematik aufzunehmen, lässt sich in zwei Problemzusammenhängen rechtfertigen: erstens unter dem Gesichtspunkt des »deutschen Sonderweges«, d.h. unter der Frage, ob für die durch

7 Vgl. *Schöttler*, Arbeitskämpfe, passim.

8 Vgl. die Argumentation in *Haupt*, Conseil, passim.

Wahlanalysen global bestätigte, jüngst jedoch stärker eingeschränkte Faschismusanfälligkeit der Angestellten eine längere Praxis ständischer Abgrenzung, staatlicher Bevorzugung und korporativer Sonderung verantwortlich ist, die vor allem im internationalen Vergleich hervortritt.[9] In diesem Zusammenhang scheint mir, als habe man zu schnell mit dem Nachweis, dass dem deutschen Sonderweg ein teleologisches Entwicklungsmodell zugrunde gelegt wurde und dass seine Vertreter und Vertreterinnen mit einem idealisierten Bild der angelsächsischen Geschichte operierten, vernachlässigt, dass mit dieser These sehr wohl Besonderheiten der sozialgeschichtlichen Entwicklung Deutschlands im Vergleich erfasst werden können. Zweitens gehört die Frage nach der sozialen Zugehörigkeit der Angestellten immer noch zu dem Härtetest jeder Klassenanalyse, die über die ökonomische Gleichartigkeit hinaus nach der Existenz von gemeinsamen Lebensräumen und politischen Handlungseinheiten sucht. Zugespitzt ist etwa zu fragen: Waren die Angestellten eine Durchgangsschicht, eine soziale Kategorie, die nur im Ausnahmefall eine gewisse Kohäsion fand, oder aber eine eigenständige, durch besondere Strukturen, Praktiken und Mentalitäten sich von anderen Klassen abgrenzende Einheit?[10] Von besonderem Interesse ist natürlich, genauer zu bestimmen, welche Gruppe der kaufmännischen Angestellten vor Gericht trat und wie diese sich zur Gesamtheit der Angestelltenschicht verhielt. Unterschied sie sich derartig stark, dass sie eher als Indikator für die Heterogenität der Angestelltenschicht gelten kann, oder aber fügte sie sich in die Struktur der Angestelltenschaft ein?

Das Projekt im engeren Sinn ist, wie bereits erwähnt, auf die Kaufmannsgerichte konzentriert und hat einen doppelten methodischen Zuschnitt:

1. Den internationalen Vergleich
Soll die Spezifik der Angestellten in Deutschland bestimmt werden, ist der Vergleich mit einer anderen Gesellschaft notwendig. Frankreich bietet sich dafür an, da dort unter anderem die ständischen Strukturen gesamtgesellschaftlich frühzeitig beseitigt wurden und die staatliche Intervention zur Strukturierung der Gesellschaft, insbesondere zur Isolierung eines neuen Mittelstandes in der Angestelltenschicht viel weniger entfaltet war als in Deutschland.[11]

2. Die Fallstudien
Wenn es um soziale Mechanismen, Verhaltensweisen und Reaktionen geht, helfen nationale Betrachtungsweisen wenig, und ist es notwendig, spezifische Konfigurationen auszuwählen und zu vergleichen. Wenn die Wahl dabei auf Lokalstudien von Lyon und Bremen fiel, dann deshalb, weil beide Städte durch

9 Vgl. *J. Kocka*, Angestellte zwischen Faschismus und Demokratie. Zur politischen Sozialgeschichte der Angestellten: USA 1890–1940 im internationalen Vergleich, Göttingen 1977.

10 Vgl. etwa *W. Mangold*, Angestelltenschicht und Angestelltensoziologie in Deutschland, England und Frankreich, in: *Kocka* (Hg.), Angestellte, S. 11–38.

11 Vgl. *Haupt*, Angestellte.

Großhandel charakterisiert waren, lange Zeit den Aufbau von Kaufmannsgerichten abgelehnt hatten und dass sich in beiden Städten unter Angestellten und Handlungsgehilfen eine rege Organisationstätigkeit zeigte.

Für eine Sozialgeschichte können ausgehend von den Gerichtsurteilen sowohl Angaben zu gesellschaftlichen Unterschieden mit den Arbeitern als auch zur Konflikthäufigkeit und zu Konfliktformen unter Angestellten gemacht werden. Zahlreiche Urteile zeigen Überschneidungen zwischen der Arbeitswirklichkeit der Angestellten und der Arbeiter auf. Unter den Klagen der Handlungsgehilfen standen etwa die Löhne und Entlassungen an erster Stelle. Im Paris des Jahres 1913 drehten sich 37 % aller Prozesse um diese Fragen. In Bremen wie Lyon hatten die Prinzipale oder Unternehmer eine schlechte Zahlungsmoral, so dass es vor Gericht immer wieder um Außenstände bzw. um die Berechtigung von Lohnkürzungen ging. So klagte im Bremen des Jahres 1905 etwa die Verkäuferin Marie Bartels gegen das Kaufhaus Heymann und Neumann, das den Verkäuferinnen alle wegen Krankheit versäumten Arbeitstage automatisch vom Gehalt abzog. Die besagte Verkäuferin klagte gegen eine Gehaltskürzung um 20 Pfennig und erhielt in einem in Bremen aufsehenerregenden Prozess sogar recht gegen das Kaufhaus.[12] Auch die unternehmerische Freiheit, Angestellte zu entlassen, sie oft von heute auf morgen auf die Straße zu setzen, näherte die Lage der Handlungsgehilfen, Reisenden und Verkäuferinnen jener von Arbeitern an. All diese Gruppen waren abhängig beschäftigt. Arbeitszeiten, die in den Urteilen erschienen, ebenso wie die Löhne, die genannt wurden, lagen auch in der Nähe des Durchschnittslohnes, der für Ungelernte oder Facharbeiter angegeben wurde. Dieser wurde keineswegs monatlich gezahlt, sondern teilweise täglich oder wöchentlich. Angestellte teilten mit gewerblichen Arbeitern mithin wichtige Merkmale des proletarischen Schicksals, ja in einzelnen Fällen sogar die tägliche oder wöchentliche Entlohnung. Manche der in den Prozessen klagenden oder beklagten Handlungsgehilfen arbeiteten unter Bedingungen, die nicht einmal der Minimaldefinition entsprachen, nach der Angestellte durch den Monatslohn zu charakterisieren sind.[13]

Nicht nur teilten sie mit Arbeitern Gemeinsamkeiten, sondern sie verkehrten auch im Alltag mit ihnen. Die Zeugen, die vor Gericht aussagten, waren durchweg Kollegen und Mitmieter, Vermieter, Krämer oder Gastwirte. Diesseits wie jenseits des Rheins erscheint vor allen in den Prozessen, in denen die Beweisaufnahme schwierig war, ein Netz von Bezugs- und Kontaktpersonen, das weit über die Kragenlinie hinausreichte und kleinbürgerliche Gruppen bzw. Arbeiter einbezog. Denn der Lebensraum der Angestellten wie jener der Arbeiter und Kleinbürger war das Stadtviertel, dessen Bedeutung die sozialgeschichtliche Forschung wiederholt unterstrichen hat.[14] In diesem wohnten und arbeiteten

12 Vgl. *Schöttler*, Arbeitskämpfe, S. 94; *Haupt*, Angestellte, passim.

13 Vgl. dazu *Kocka*, Angestellte in der deutschen Geschichte, S. 130 f.

14 Vgl. z. B. *J. C. Robert*, Le quartier au milieu du XIXe siècle – séjour ou passage, in: *M. Garden* u. *Y. Lequin* (Hg.), Habiter la ville, XVe-XXe siècle, Lyon 1984, S. 127–152.

sie, offensichtlich lediglich mit Ausnahme mancher Großhandels- oder Büroangestellten. Die Arbeitsstelle lag oft in Fußmarschentfernung. Im Stadtviertel knüpften sich die Fäden der sozialen Beziehungen, die vor Gericht dann be- oder entlastend wirkten. Aufgrund der fehlenden Buchführung und der immer noch seltenen schriftlichen Fixierung der Arbeitsverhältnisse wurden vor Gericht immer wieder Familienmitglieder, Freunde, Nachbarn oder Geschäftsleute als Zeugen befragt. Um die Frage zu erhellen, ob ein Angestellter bei seiner Entlassung rechtmäßig bezahlt worden sei, wird etwa ein »Cafétier-Restaurateur« im Jahre 1913 in Lyon zitiert, der dem Gericht berichten musste, was er einem Gespräch zwischen dem Kläger und seinem Vater in seinem Café entnommen habe. Bei Streitigkeiten verließen Angestellte sogar das Büro, um auf der Straße Zeugen zu suchen und sie dem Gericht später zu präsentieren. So berichtet der »Agent Industriel« E. Ruchit, 45 Jahre alt, am 25. September 1913 vor dem Lyoner Kaufmannsgericht, er habe sich am 1. September an den quais du Rhône befunden und auf einen Kunden gewartet, als ein Angestellter aus der Firma »Röhm und Haas« gekommen sei und ihn mit in die Firma genommen habe. Dort sollte er gemeinsam mit einem Angestellten vernehmen, dass dieser auf der Stelle entlassen würde.[15]

Ebenso wie unter den Industriearbeitern sind die weiblichen Angestellten besonders benachteiligt, schlechter entlohnt, unstetiger beschäftigt und besonders in kleinen Läden oder Büros im Grenzbereich von Haus- und Lohnarbeit angesiedelt. Diese Benachteiligung wird etwa in einer Enquete des »Verbandes deutscher Handlungsgehilfen« zu Leipzig deutlich, nach der zu Beginn des 20. Jahrhunderts von 3.016 berücksichtigten Verkäuferinnen fast dreiviertel monatliche Gehälter unter 50 RM erhielten. Es war deshalb nicht erstaunlich, dass in Bremen im Jahre 1907 47 % aller Klagen vor dem Kaufmannsgericht von Frauen stammten. Der Inhalt ihrer Klagen unterschied sich nicht grundsätzlich von jenen der Männer. So zogen Verkäuferinnen in Bremen im Jahre 1909 vor Gericht, weil sie nach einer eineinhalbstündigen Verspätung fristlos entlassen wurden, aus Versehen eine Bluse zu 95 Pfennig verkauft oder sich mehrere Male zugunsten der Kundschaft verrechnet hätten.[16]

Die Bedeutung der die Klassenlinie zwischen Arbeitern und Angestellten verwischenden Faktoren ist indes nicht überzubewerten. Einmal erschienen vor Gericht natürlich vor allem jene Gehilfen und Bürodiener, die gerade nicht über stabile oder abgesicherte Arbeitsverhältnisse verfügten, d. h. der Anteil derjenigen war besonders groß, der selbst in einem weitgehend bürokratischen Bereich ohne schriftlichen Arbeitsvertrag per Handschlag engagiert worden war und bei denen das Gericht nur mit großen Mühen die Bedingungen der Einstellung und den Charakter des Beschäftigungsverhältnisses rekonstruieren konnte. Da in Büros und in Kaufhäusern die Leitung in der Regel danach strebte, besonders detaillierte schriftliche Verträge anzufertigen, ist anzunehmen, dass gleichsam

15 Vgl. *Haupt*, Conseil, passim.
16 Vgl. *Schöttler*, Arbeitskämpfe, S. 98.

der untere Rand der Angestelltenschicht vor Gericht erschien, der über prekäre und ungesicherte Arbeitsverhältnisse verfügte. Er war in den französischen Quellen breiter als in den deutschen und ist in der Forschung bisher nicht zureichend gewürdigt worden, da in ihr oft die ständische Sonderung der Angestellten im Mittelpunkt stand. Zum anderen werden in den Quellen auch Bedingungen sichtbar, die sich deutlich von denen der Arbeiter unterschieden. Vor allem in Lyon, weniger in Bremen, verfügten Angestellte offensichtlich über eine relativ große Dispositionsfreiheit bei der Gestaltung ihrer Arbeitszeit. Selbst wenn sie sich mehrere Stunden von ihrem Arbeitsplatz entfernten, war dies für das Gericht kein ausreichender Kündigungsgrund.

Dies wird etwa in dem Prozess deutlich, der im November 1910 in Lyon stattfand. Ein Angestellter hatte sich am Nachmittag des 19. Oktober ohne Erlaubnis von seinem Arbeitsplatz entfernt, der Firma am nächsten Tag ohne Angabe von Gründen mitgeteilt, er könne nicht kommen und war am 21. Oktober morgens dann entlassen worden, als er die Arbeit wieder aufnehmen wollte. Das Gericht hielt die Maßnahme für unberechtigt und allenfalls eine Warnung für angemessen.[17] Da dieser Fall nicht isoliert dasteht, herrschte offensichtlich unter den Richtern die Meinung vor, dass Angestellte eine größere Freiheit im Umgang mit der Arbeitszeit besäßen als Arbeiter. Auch traten wieder stärker in Lyon als in Bremen Angestellte vor die Richter, die als Vertreter, Reisende oder Werkmeister nicht nur einen größeren Entscheidungsspielraum als Arbeiter besaßen, sondern auch teilweise am Gewinn beteiligt wurden.[18] Trotz all dieser Einschränkungen ist jedoch festzuhalten, dass offensichtlich eine kleinere, je nach Stadt unterschiedlich große Gruppe der Angestellten unter Bedingungen lebten und arbeiteten, die denen der Arbeiter glichen. Dieser Befund würde zu einer stärkeren Differenzierung der Angestelltenschicht aufrufen und dabei vor allem Randzonen der Angestelltenschaft in den Mittelpunkt rücken, die im herkömmlichen Bild von den Angestellten noch keinen systematischen Platz haben.

Die Urteile zeigen überdies, dass in einem Bereich, in dem Streiks selten und durchweg erfolglos waren, ein Konfliktpotential bestand. Nachdem die vorherige Praxis, vor Amtsgerichten Recht zu suchen, sich als offensichtlich zu teuer und langwierig erwiesen hatte, griffen Handlungsgehilfen und Angestellten in erstaunlich großer Zahl zu der neuen, ebenso billigen wie einfachen Möglichkeit. So zogen in Bremen 4 % aller wahlberechtigten Klein- und Großhandelsgehilfen im Jahre 1905, 8 % zehn Jahre später vor Gericht. In Lyon waren es im Jahre 1911 6 %. Bereits im Herbst 1905 hatte für Bremen Friedrich Ebert die Popularität des Kaufmannsgerichtes mit folgenden Worten unterstrichen:

»Die Erfahrung hat überall ergeben, dass durch die Einrichtung des Kaufmannsgerichts eine ganze Reihe von Handlungsgehilfen, die früher bei den umständlichen Verfahren ohne weiteres auf den Erfolg ihrer Rechtsansprüche verzichteten, dieselben

17 Vgl. *Haupt*, Conseil, passim.
18 Ebd.

nun geltend machen. Die Klagen beim Kaufmannsgericht sind um zwei Drittel größer als die Klagen der Art, die früher beim Amtsgericht anhängig gemacht wurden.«[19]

Diese Angaben verdeutlichen, dass die Arbeitsbeziehungen im Handel und zwischen Gehilfen und Prinzipal durchaus nicht konfliktfrei waren. Und in der Regel benutzten vor allem Angestellte das Gericht, um ihr Recht einzuklagen. Unternehmer besaßen offensichtlich andere Mittel. Von 71 Prozessen in Braunschweig im Jahre 1911 gingen nur drei von den Kaufleuten aus. Wie die Gewerbegerichte waren mithin auch die Gerichte im Handelsgewerbe zu Verteidigungsmitteln der Beschäftigten geworden. In einem Milieu, in dem diesseits wie jenseits des Rheins der Arbeitskampf weitgehend verpönt oder wirkungslos war, schufen die Gerichte einen Raum, in dem Konflikte am Arbeitsplatz ausgetragen werden konnten. Wenn das Ergebnis auch nicht immer den Erwartungen entsprach, da vor allem Vergleiche sehr verbreitet waren, so konnten doch vor den Kaufmannsgerichten die Angestellten besser als zuvor ihre Belange anmelden oder mit der Androhung einer Klage Druck auf die Unternehmer ausüben. Die Prozesse vor dem Schiedsgericht hatten für sie den Vorteil, dass sie ohne Anwälte auskamen und keine hohen Kosten aufbringen mussten. In Deutschland war die Präsenz von Advokaten sogar verboten, in Frankreich war sie selten. Unter Lyoner Angestellten des Jahres 1913 trugen nur in 12,8 % der Fälle Anwälte die Klagen vor, bei den Unternehmern immerhin in 17,8 % der Fälle. Im Unterschied zu den Verfahren vor den Amtsgerichten war die Präsenz von Rechtsanwälten allerdings nicht notwendig, da das Gericht sich aus berufskundigen Prinzipalen und Angestellten zusammensetzte. Aufgrund dieses beruflichen Charakters der Prozesse brauchte eine Klage nicht mit dem Loyalitätsdenken unter Angestellten in Widerspruch zu treten. Sie gestattete es, wie ein Hamburger Angestelltenverein formulierte, »Prinzipale und Gehilfen auf dem neutralen Boden unparteilicher Rechtssprechung zu versöhnen«.[20]

Das Gericht erlaubte auch jener Gruppe der Angestellten, die keine Marktmacht besaß, ihre Interessen anzumelden und gegebenenfalls durchzusetzen. Deshalb ist nicht erstaunlich, dass ein Viertel der Klagen in Braunschweig und Bremen von Frauen ausging. In Lyon war ihr Anteil etwas geringer. Verkäuferinnen und Kassiererinnen, Kaufhausangestellte und Bürokräfte erschienen vor Gericht, allerdings dem zeitgenössischen Frauenbild entsprechend selten allein, sondern von Ehemännern oder Vätern begleitet. Unterhalb der Schwelle kollektiver Interessenvertretungen eröffneten die Gerichte einen Raum für individuelle Klagen, die Kompensation für erlittene Unbill, nicht Wiedergutmachung zum Ziel hatten.[21]

Kaufmannsgerichte und »Conseils de Prud'hommes du commerce« gehörten zu jenen sozialpolitischen Initiativen der staatlichen Instanzen, die Arbeitsver-

19 Verhandlungen der Bremer Bürgerschaft, 17. Oktober 1905, S. 478.

20 Zit. n. *Schöttler*, Arbeitskämpfe, S. 51.

21 *Haupt*, Conseil, passim.

hältnisse regeln, Konflikte regulieren und Partizipationsmöglichkeiten eröffnen sollten. Die Beteiligungschancen waren in beiden Ländern unterschiedlich groß. Freilich bestanden sie in Deutschland bereits in der Selbstverwaltung der Krankenkassen und in den Gewerbegerichten. Sie blieben in Deutschland jedoch hinter den Angeboten zurück, die der französische Staat in verschiedenen Conseils im gewerblichen Sektor gemacht hatte. Auch in den Schiedsgerichten im Handel zeigten sich diese globalen Differenzen. Hier wie dort blieb das aktive Wahlrecht allerdings einer Minderheit vorbehalten, die über 25 Jahre alt und in Frankreich überdies ein Jahr ortsansässig sein musste. Während das französische Gericht die Wählbarkeit restriktiver als in Deutschland an eine dreijährige Berufspraxis band, eröffnete sie jedoch das aktive und das passive Wahlrecht für Frauen, eine Forderung, die der deutsche Reichstag, vor allem aber der Bundesrat, entschieden abgelehnt hatte.[22] Der größere Kreis der Wahlberechtigten in Frankreich entsprach mithin der Politik der republikanischen Regierung, Arbeiter und Angestellte weniger durch materielle Zugeständnisse als durch das Angebot von Partizipationsmöglichkeiten politisch zu integrieren. Auch die Tatsache, dass sich turnusmäßig Vertreter der Prinzipale und Handlungsgehilfen in dem Vorsitz des Kaufmannsgerichts ablösten, ist als Mitwirkungsangebot zu deuten. In Deutschland stand dem Gericht nämlich ein vom Magistrat ernannter, in der Regel über das Richteramt verfügender Vorsitzender vor.

Unterschieden sich Wählerschaft und Organisation der Gerichte mithin, so blieb die Wahlpraxis ähnlich. Im Vergleich zur Zahl der Wahlberechtigten, die nach zeitgenössischen Schätzungen nicht mehr als die Hälfte aller Angestellten ausmachten, blieben die aktiven Wähler und Wählerinnen ihrerseits in der Minderheit, wenngleich ihre Zahl mit zunehmender Dauer der Gerichte auch anstieg. Trotzdem nahmen 1913 lediglich 28 % aller in Bremen Wahlberechtigten am Wahlakt teil. Die Chance der Mitwirkung nutzte nur eine politisch bewusste Minderheit, wie Florian Tenstedt dies bereits für die deutschen Gewerbegerichte festgestellt hat.[23] Am Beispiel der Kaufmannsgerichte lassen sich mithin unterschiedliche Schwerpunkte der Politik in beiden Gesellschaften verdeutlichen. Der republikanische Staat versuchte, durch verschiedene Institutionen zu einer politischen Integration der Arbeiterklasse und Arbeiterbewegung in den Staat zu gelangen. In Deutschland setzten die Regierungen stärker auf an materielle Vorteile gekoppelte Maßnahmen und den Aufbau von bürokratischen Apparaten der Sozialverwaltung, an denen die Betroffenen teilweise beteiligt waren.

22 Vgl. zum Kontext: La protection légale des travailleurs, 3ème Série, 1905–1906, Paris 1907; *G.A. Ritter*, Soziale Sicherheit in Deutschland und Großbritannien von der Mitte des 19. Jahrhunderts bis zum Ersten Weltkrieg; Ein Vergleich, in: GG 13 (1987), S. 137–156; vgl. auch GG 3 (1996): »Soziale Sicherung in vergleichender Perspektive: Deutschland und Frankreich«.

23 Vgl. *Schöttler*, Arbeitskämpfe, S. 69–76.

Bei historischen Untersuchungen sozialpolitischer Maßnahmen hat lange Zeit vor allem die Entstehung von Gesetzen im Mittelpunkt gestanden. In diesen komplexen Zusammenhang gehören für die Durchsetzung der Kaufmannsgerichte sicherlich vor allem die späte Entdeckung der Beschäftigten des tertiären Sektors als Klientel sowohl durch die Sozialisten als auch die Republikaner in Frankreich, während die Angestellten bereits seit längerer Zeit in Deutschland in Organisationen selbst auf ihre Probleme aufmerksam gemacht hatten und in der staatlichen Korporierungspolitik längst eine Rolle spielten. Wichtig war für die Entstehung des Gesetzes aber auch die innerbürokratische Logik, die in beiden Gesellschaften wirkte. In dieser sollten nach der Einrichtung der Gewerbegerichte nunmehr auch die Handlungsgehilfen in den Genuss von Schiedsgerichten kommen, zumal sich die Institution der Gewerbegerichte für unterschiedliche politische und soziale Gruppen als durchaus positiv herausgestellt hatte. Während die einen in ihnen ein geeignetes Mittel sahen, um die materielle Lage der Arbeiter zumindest zu bewahren, wenn nicht gar zu verbessern, sahen die anderen in ihnen ein Mittel, um den sozialen Frieden aufrecht zu erhalten. Sicher spielte in der Diskussion auch der Hinweis eine Rolle, dass bisher gängige Regelungen von innerbetrieblichen Konflikten im Handelsbereich gescheitert seien. Der relativ geringe Organisationsgrad der Beschäftigten im Kleinhandel wurde von Sozialreformern immer wieder als Grund für ihre vergleichsweise schlechte materielle Situation angeführt, und der Verweis auf die ungleichen Machtpositionen in den Betrieben diente als Argument, um staatliches Eingreifen zu fordern. Selbsthilfemaßnahmen, wie die schwarzen Listen als Druckmittel gegen besonders arbeitnehmerfeindliche Prinzipale zu benutzen, wie dies der deutsche Handlungsgehilfenverband tat, funktionierten teilweise. Aber sie genügten offensichtlich nicht, um auch auf größerer Stufenleiter Probleme einvernehmlich zu regeln.[24]

Neben diesen Erklärungsursachen, die hier im einzelnen in ihrer Reichweite nicht diskutiert werden können, müssten in einer sozialgeschichtlichen Sicht der Sozialpolitik stärker als bisher die Veränderungs- und Aufstiegsmöglichkeiten behandelt werden, die mit neuen Versicherungs-, Arbeitsschutz- oder Armenrechtsinstitutionen verbunden waren. So boten neben dem Königsweg des Aufstiegs aus Arbeiter- und Handwerkerexistenzen in die Selbstverwaltung der Krankenkassen und von dort teilweise in die sozialdemokratische Reichstagsfraktion auch die Kaufmannsgerichte soziale Distinktionsmöglichkeiten.[25] Insgesamt war die Vielfalt der sich im sozialen Bereich eröffnenden Karrieremöglichkeiten in Deutschland allerdings größer als in Frankreich, wo der so-

24 Vgl. dazu ebd., S. 75 f. Generell zum Verhältnis von Kleinbürgern und Arbeitern im 19. Jahrhundert vgl. *H.-G. Haupt* u. *G. Crossick*, Die Kleinbürger. Eine europäische Sozialgeschichte des 19. Jahrhunderts, München 1998, S. 222–253.

25 Vgl. z. B. *K. Tenfelde*, Arbeitersekretäre. Karrieren in der deutschen Arbeiterbewegung vor 1914 [erw. Fassung eines Vortrags, den der Autor am 19.11.1992 an der Universität Heidelberg gehalten hat], Heidelberg 1993.

zialpolitische Bereich weniger bürokratisiert war und wo sich allenfalls in den allerdings außerhalb der staatlichen Regie funktionierenden Hilfskassen auf Gegenseitigkeit ähnliche, wenn auch zahlenmäßig deutlich begrenztere Chancen eröffneten. In diesem Kontext kommt der Wahl zum Beisitzer der Kaufmannsgerichte eine gewisse Bedeutung zu, und sie kann als erster Schritt zu einer sozialen Standortveränderung interpretiert werden. Mit den Aufwandsentschädigungen, die in Deutschland für Beisitzer gezahlt wurden, förderten diese eine wenn auch nur begrenzte Aufwertung der Funktion, während diese in Frankreich zwar im Parlament, nicht aber für die Kaufmannsgerichte eingeführt wurden. Darüber hinaus konnten Gehilfen und Angestellte in der Funktion des Beisitzers ihre Fähigkeit unter Beweis stellen, argumentieren zu können, die Regelungen des Berufes genau zu kennen und vermittelnde Funktionen auszuüben. Damit konnten sie sich auch für andere Tätigkeiten empfehlen oder weiterqualifizieren. Im Unterschied zu einer moralischen, oft von den Zeitgenossen geteilten Sicht, die derartige Veränderungen als Verrat an der sozialen Herkunft interpretierten, sind sie eher als Teilstücke von Lebensläufen zu deuten, in denen sich für Handlungsgehilfen die Chance bot, allgemeinere Fertigkeiten unter Beweis zu stellen. So schieden von 27 gewählten Angestellten-Beisitzern in Bremen neun vor Ablauf ihres Mandats aus. Von diesen machten sich drei selbständig, drei andere wechselten in den Großhandel über. Einer avancierte gar zum Generalagenten einer Versicherungsgesellschaft. Sie alle hatten dem deutschnationalen Handlungsgehilfenverband angehört, der in der Weimarer Republik dann auch damit warb, dass er besonders aufstiegswillige Angestellte organisiere.[26] Mit diesem Hinweis lässt sich freilich nicht die These erhärten, dass Kaufmannsgerichte sozialen Aufstieg ermöglicht hätten. Aber die Institution gehörte doch zu jenen Möglichkeiten, die sich der sozialen Veränderung von Handlungsgehilfen boten. Diese fanden in verschiedenen Etappen statt. Sowohl die Mitgliedschaft in einem Chor als auch die Kassiererfunktion in einem Schützenverein konnte ebenso dazu beitragen wie die Funktion des Beisitzers in den Kaufmannsgerichten. In Lyon blieb diese mobilitätsfördernde Wirkung der »Conseils« indes gering. An ein imperatives Mandat gebunden, waren die durchweg aus freien Gewerkschaften stammenden Kandidaten gehalten, bei einer politischen oder sozialen Veränderung ihrer Position ihr Amt abzugeben.[27] Selbst von den Beisitzern, die katholischen oder gemäßigten Organisationen der Handlungsgehilfen angehörten, sind Aufstiegskarrieren indes nicht bekannt.

Schließlich eröffnen die Urteile einen Zugang zu einer Sozialgeschichte des Rechts, wenn man unter ihr mit Dieter Grimm das Interesse nicht an der Idee der Gesetze, sondern an ihrer realen Durchsetzung versteht.[28] In der Tat lassen

26 Vgl. Die scharfsinnigen Bemerkungen in *Schöttler*, Arbeitskämpfe, S. 75 f.

27 Dies betonte bereits *M. David*, L'évolution historique des conseils de prud'hommes en France, in: Droit social, numéro spécial, fév. 1974, S. 3–22.

28 *D. Grimm*, Recht und Staat der bürgerlichen Gesellschaft, Frankfurt a. M. 1987, S. 399–427.

sich Aussagen über Dauer und Ergebnis der Prozesse, über Zwangsmaßnahmen, mit denen vor allem die Prinzipale zur Zahlung von Strafen gezwungen werden, wie auch über die rechtlichen Grundlagen der Urteile machen. Es ist interessant, dass die Grenze zwischen Gewohnheits- und kodifiziertem Recht zumindest für die Kaufmannsgerichte verschwimmt, da alle Urteile vom Primat des Arbeitsvertrages ausgingen, der auf seine Übereinstimmung mit dem bereits kodifizierten Recht überprüft wurde. Fehlte er, was häufig der Fall war, dann suchten die Gerichte nach Tarifverträgen, die strittige Fragen regelten, oder informierten sich über lokale Gebräuche. Je nach Gegenstand der Urteile wechselte mithin die Grundlage des Rechts, das entgegen dem bürgerlichen Recht keine universalistische Grundlage, sondern als Ergebnis eines Bargainingprozesses lediglich Bedeutung für einen Fall hatte. Erst in einem zweiten Schritt wurde es zu einer allgemeinen Richtschnur. Im Falle der Kaufmannsgerichte ist mithin der Prozess der Rechtsentstehung nachzuvollziehen, an dem die Betroffenen durch gewählte Vertreter direkt partizipieren konnten. Im Unterschied zum bürgerlichen Recht, das bestimmte Professionen in einem Fachjargon und oft auch fern des Gerechtigkeitsgefühls der Kläger und Angeklagten behandelten, wurde das Recht der Handlungsgehilfen entweder ausschließlich oder aber unter tätiger Mitwirkung von Berufsgenossen dort ausgehandelt, wo keine kodifizierten Regelungen vorlagen. In Deutschland war indes der Definitionsspielraum aufgrund der Bestimmungen des Handelsgesetzbuches enger als in Frankreich, wo die Zusammenstellung des Arbeitsrechts erst ab 1910 einsetzte. Sozialgeschichtlich ist dieser Prozess insofern interessant, als er die Existenz von Tarifverträgen in Frankreich verrät, die bislang vor allem in Deutschland festgestellt wurden.[29] Die Schiedsgerichte lenken auch den Blick auf gewohnheitsrechtliche Regelungen in einzelnen Berufen, die ihrer Gründung vorangingen, deren Gültigkeit aber offensichtlich nicht so unbestritten war, dass sie nicht durch eine rechtliche Instanz eingeklagt oder durchgesetzt werden mussten. Im Zusammenwirken von Einzelverträgen, tarifvertraglichen Einigungen, alten beruflichen Traditionen und Rechtssetzung durch die Schiedsgerichte eröffnet sich ein Feld, in dem die Kodifizierung von Recht in einem stärker an die Praxis der sozialen Gruppen angelehnten Kontext interpretiert werden kann.

Mit den Kaufmannsgerichten entwickelte sich eine lebhafte Propaganda der Arbeiterparteien, in Frankreich auch der Republikanischen Partei, um die vom Gesetz eröffneten Möglichkeiten bekanntzumachen und die Beschäftigten zu motivieren, ihre Klagen vorzutragen. Damit einher ging eine positive Beurteilung des legalen Verfahrens, die besonders in Deutschland verbreitet war. Dieses war in Deutschland entsprechend einer etatistischen Tradition der Autorität einer vom Magistrat ernannten Person, in der Regel eines Richters, untergeordnet, lag in Frankreich jedoch in der ausschließlichen Regie der Unternehmer und Angestellten. Die Möglichkeit, sich sein Recht mit Hilfe eines Schieds-

29 *O. Kourchid* u. *R. Trempe* (Hg.), Cent ans de conventions collectives Arras, 1891/1991, in: Revue du Nord, Hors Serie, Collection Histoire 8 (1994).

gerichts verschaffen zu können, konnte auch dazu beitragen, dass sich das Vertrauen in die Rechtsprechung in staatsfemen Kreisen verbesserte. Sie könnte als Teil einer rechtlichen Akkulturation von Angestellten gedeutet werden.

Wenn dieser Befund auch augenblicklich quellenmäßig noch nicht gut abgesichert ist, fällt doch in den Urteilen auf, wie sich nicht nur Beisitzer aus unterschiedlichen Lagern, sondern auch die klagenden Angestellten selbst auf die Logik der Rechtsprechung und ihre Prinzipien einstellten. In Lyon zumindest prallten bei der Wahl des Vorsitzenden die Lager der Unternehmer und der Angestellten hart aufeinander, so dass die einen die Kandidaten der anderen pauschal ablehnten. Im Unterschied zu dieser interessen- und verbandspolitischen Konfrontation vermieden sie in der konkreten Rechtsprechung jedoch alles, um den Friedensrichter bei Stimmengleichheit heranziehen zu müssen und damit eine dem Beruf fremde Person zu bemühen. In der überwiegenden Mehrzahl der Fälle fanden Prinzipale und Gehilfen zu einem einvernehmlichen Urteil.[30] In deutschen Darstellungen wird oft die vermittelnde Wirkung des vorsitzenden Richters betont. Ließe sich dieser Eindruck erhärten, so käme in den Gerichtsprozessen die Staatsbejahung in der deutschen Arbeiter- und Angestelltenbewegung zum Ausdruck, für Frankreich jedoch ein Einvernehmen, das bislang noch nicht hinreichend von der Forschung gewürdigt wurde. Dieser Konsens kann als Abwehr gegen Außenstehende, aber auch als Einschwören auf Regeln der Rechtsprechung interpretiert werden. Er kam auch in der Dominanz des Vergleichs zum Ausdruck, mit dem in beiden Städten die meisten Prozesse endeten. Auch unter den Angestellten selbst nahm seit 1907 unter dem Einfluss der Gewerkschaften sowohl in Lyon als auch in Bremen die Einsicht in das rechtlich Machbare zu. Utopische Schadenersatzforderungen, die nach 1907 manche oft übertriebenen Hoffnungen in die Wirkung des Schiedsgerichts ausdrückten, gehörten in den folgenden Jahren der Vergangenheit an. Ob sich hierin ein Denken in bürgerlichen Rechtskategorien und damit ein Prozess einer Verbürgerlichung von Angestellten oder nur eine realistische Sicht bestehender Interessenwahrnehmung abzeichnete, muss vorerst offen bleiben. All diese verstreuten Hinweise gehören in den Rahmen von fortzuführenden Forschungen, die nach den Prozessen der Verrechtlichung und ihren Folgen unter Angestellten und damit auch nach den praktischen Erfahrungen fragen, die Handlungsgehilfen mit dem Schiedsgericht gemacht haben. Auf diesem Hintergrund lässt sich wohl auch die verbreitete positive Bewertung sowohl der Gewerbe- als auch der Kaufmannsgerichte auf lebensgeschichtliche Erfahrungen zurückführen.

Wenn man abschließend auf die Ausgangsfrage nach den Besonderheiten des deutschen Entwicklungsweges zur Moderne und den aus ihm folgenden gesellschaftlichen Strukturen und Verhaltensweisen zurückkommt, so ergibt sich aus dem Studium der Kaufmannsgerichte und ihrer Rechtsprechung kein einheitliches Bild. Nicht die ständische, sondern die sozialökonomische Definition der Angestellten, nicht ihre Privatbeamten ähnliche Lage, sondern ihre oftmals

30 *Haupt*, Conseil, S. 99.

proletarischen Lebensverhältnisse und Arbeitsformen, nicht ihre Orientierung an Geselligkeitsformen und Normen der Prinzipale und Unternehmer, sondern ihre Konflikte mit diesen werden in der Untersuchung der Prozesse betont. Als »Sonderweg« kann die etatistische Prägung angesehen werden, die sich – im Unterschied zum französischen Selbstverwaltungsmodell – in dem Vorsitz eines juristisch gebildeten Magistrats zeigt. Möglicherweise bieten die Prozesse vor den Kaufmanns- und Gewerbegerichten in Deutschland, später dann vor den Arbeitsgerichten, eine Quelle, die es erlaubt, die in der Forschung vor allem aus der Interessenorganisation und deren Verlautbarungen abgeleitete ständische Sonderung der Angestellten erfahrungsgeschichtlich zu differenzieren, zu hinterfragen und die deutschen Angestellten daher ihren französischen Kollegen und Kolleginnen stärker anzunähern, als dies bisher geschehen ist. Damit könnte dann auch die Aussagekraft eines Materials demonstriert werden, das Adelheid von Saldern bereits früher ausgewertet hat.[31]

31 Vgl. *A. von Saldern*, Vom Einwohner zum Bürger. Zur Emanzipation der städtischen Unterschicht Göttingens 1890–1920. Eine sozial- und kommunalhistorische Untersuchung, Berlin 1973, u. a. S. 256; vgl. jetzt methodisch innovativ *W. Steinmetz*, Begegnungen vor Gericht. Eine Sozial- und Kulturgeschichte des englischen Arbeitsrechts (1850–1925), München 2002.

# Sozialpolitik und ihre gesellschaftlichen Grenzen in Frankreich vor 1914

Drei Gesetze ragen aus den sozialpolitischen Initiativen der Regierungen der »Belle Epoque« heraus: die am 8. April 1898 eingeführte Versicherung gegen Arbeitsunfälle, die am 13. Juli 1906 beschlossene Verallgemeinerung der Sonntagsruhe und die am 5. April 1910 durchgesetzte Versicherung für Alter und Invalidität. Mit dem ersten Gesetz reagierten die republikanischen und sozialistischen Parteien nicht nur auf die steigende Zahl von Arbeitsunfällen und mithin auf gesellschaftliche Probleme, sondern sie brachen auch mit der liberalen Vertragstheorie, die die Unfälle am Arbeitsplatz zu den Risiken der Lohnarbeitexistenz zählte. Mit der zunächst noch fakultativen Versicherung wurde der kollektive Charakter der Verantwortung für Unfälle und das Prinzip der gesellschaftlichen Verpflichtung für ihre Folgen festgeschrieben.[1] Die Sonntagsruhe reihte sich zwar ein in zahlreiche Verordnungen und Gesetze, die versuchten, die Arbeitszeit zu begrenzen und zu kontrollieren. Sie war aber die erste Maßnahme, die nicht einer bestimmten Kategorie von Arbeitskräften galt, sondern sich auf alle erstreckte.[2] Die »retraites ouvrières et paysanne« schließlich machten für alle Arbeitenden den Beitritt zur Rentenversicherung zur Pflicht und setzten mit begrenztem Erfolg an die Stelle der individuellen eine allgemeine und institutionell verankerte Vorsorge.[3]

Diese Aufzählung könnte den Eindruck entstehen lassen, als sei die französische Sozialpolitik am Ende des 19. und zu Beginn des 20. Jahrhunderts vor allem Versicherungspolitik gewesen. Dies war sie aber nur in sehr begrenztem Maße. Denn die Unfallversicherung beließ den Unternehmern die Wahl der Gesellschaften, in denen sie sich einschrieben, im Bereich der Vorsorge gegen Krankheiten war die Bedeutung der den deutschen Hilfskassen ähnlichen »société de secours mutuels« unbestritten, die auch als organisatorische Träger der Rentenversicherung weiterhin eine Rolle spielten.[4] Das Freiwilligkeits-

1 Vgl. jetzt *F. Ewald*, L'Etat providence, Paris 1986, bes. S. 225 f.

2 Vgl. den Überblick in: *J. Le Goff*, Du silence à la parole. Droit du travail, société, Etat (1830–1985), Quimper 1985.

3 *I. Bourquin*, »Vie ouvrière« und Sozialpolitik. Die Einführung der »Retraites ouvrières« in Frankreich um 1910. Ein Beitrag zur Geschichte der Sozialversicherung, Frankfurt a.M. 1977; vgl. auch den Überblick über neuere Literatur in: *H.-G. Haupt*, Außerbetriebliche Situationen und die Erfahrungen von französischen Arbeitern vor 1914. Einige Ansätze in der französischen Forschung, in: AfS 22 (1982), S. 491–513.

4 *H. Hatzfeld*, Du pauperisme à la Sécurité sociale, 1850–1940. Essai sur les origines de la Sécurité sociale en France, Paris 1971, S. 199 f.

prinzip prägte die sozialen Institutionen in Frankreich stärker als der Zwang. Überdies verdeckte die Betonung der drei Gesetze, daß die sozialpolitischen Interventionen der staatlichen Instanzen stärker dem Arbeitsschutz und der Armenversorgung galten als dem Aufbau eines Versicherungssystems. In dieser Schwerpunktsetzung ist eine deutliche Differenz zum deutschen Modell des Sozialstaates zu sehen. Beschränkung der Arbeitszeit, Verbesserung der Arbeitsbedingungen, Versuche, durch staatliche Schlichtungsverfahren die organisatorische Schwäche der französischen Arbeiterbewegung zu kompensieren, diese Ziele zogen sich durch zahlreiche Dekrete, Gesetze und Vorhaben der 1890er und der Vorkriegsjahre hindurch.[5] Gleichzeitig galt der Altersversorgung und der Krankenversorgung besondere Aufmerksamkeit, was in dem Gesetz vom 14. Juli 1905 zum Ausdruck kam. Dieses sah nämlich für alle diejenigen, die über siebzig Jahre alt, gebrechlich oder unheilbar krank waren, einen Anspruch auf Unterstützung vor.[6]

Lassen diese kurzen Hinweise auch erahnen, wie vielfältig die sozialpolitischen Maßnahmen waren,[7] so darf ihre Reichweite gleichwohl nicht überschätzt werden. Die Einführung der Unfallversicherung, die mit Verfahren brach, den Arbeitenden die Beweislast für Arbeitsunfälle aufzubürden und damit die Unternehmer zu entlasten, setzte auf nationaler Ebene eine Praxis fort, die sich in der Rechtssprechung der Appellationsgerichte und des Staatsrates seit Mitte des 19. Jahrhunderts bereits ausgeprägt hatte.[8] Die gesetzliche Mindestversorgung der Greise und Greisinnen übertrug den Kommunen zusätzliche Kompetenzen in der Armenversorgung, die sie schon durch die »bureaux de bienfaisance« wahrnahmen. Alte und neue Formen der Altersversorgung bestanden nebeneinander, verschränkten sich gar und verschafften offensichtlich manchem Alten doppelte Einkünfte.[9] Schließlich konnte auch die Sonntagsruhegesetzgebung bereits auf eine Tradition zurückblicken. Sie reiht sich ein in die staatlichen Maßnahmen der 1890er Jahre, die die tägliche Arbeitszeit von Jugendlichen und Frauen beschränkten sowie die Nacht- und Sonntagsarbeit für diese Bevölkerungsgruppe verboten. Damit schlugen sie nicht nur eine Bresche in die unternehmerische Verfügung über die Länge des Arbeitstages bzw. der Arbeitswoche, sondern weiteten die erreichten Standards auf weibliche ebenso wie auf männ-

5 Vgl. *Le Goff*, Du silence, S. 67 f.

6 Vgl. aus der zeitgenössischen Literatur: *P. Deschanel*, L'oeuvre sociale de la troisième république, Revue politique et parlementaire, März 1910, S. 464 f.

7 Hierin ist *T. Zeldin*, France 1848–1945, Oxford 1972, S. 665 zuzustimmen, wenn er sich gegen die »common misconceptions« wendet, die 3. Republik habe vor 1914 kaum Sozialpolitik betrieben.

8 *F. Gueugnon u. a.*, Une analyse sociologique de jurisprudence. La réparation des accidents du travail (1840–1913), Institut d'Etudes judiciaires. Section de Sciences criminelles, Université Jean Moulin Lyon III 1983.

9 *M. Garden u. a.*, Analyse quantitative de l'Economie Francaise. Santé publique, Hospitalisation Assistance (1800–1940), maschinenschriftlicher Bericht, 24 (1985).

liche Arbeiter aus.[10] Bereits vor der parlamentarischen Behandlung des Themas hatten die meisten Großbetriebe der Industrie und des Handels indes bereits auf die Sonntagsarbeit verzichtet.[11] Obwohl das Gesetz mithin eine Praxis nur zu verallgemeinern brauchte, die in der Mehrzahl der Betriebe bereits gängig war, sind die Widerstände von Teilen der französischen Gesellschaft gegen diese Neuerungen nicht zu unterschätzen. Ebenso wie die Verwirklichung der Unfall- oder Altersrentenversicherung auf zahlreiche Hindernisse traf,[12] ist auch die Durchsetzung der Sonntagsruhe ein gesellschaftlicher Prozeß, in dem verschiedenartige Interessen mobilisiert und verletzt werden. Dieser Aspekt der Sozialpolitik, der oft über der Darstellung der Entstehungsbedingungen sozialpolitischer Maßnahmen vergessen wird,[13] soll im folgenden im Mittelpunkt stehen.

Am Beispiel der Sonntagsruhegesetzgebung soll der Frage nachgegangen werden, welche realen Chancen die Arbeitenden hatten, den Ruhetag zu genießen und ob bzw. in welchem Ausmaß das Gesetz ihre Arbeits- und Lebenssituation überhaupt veränderte. Es fällt auf, daß die Unternehmer in Handel und Industrie, unmittelbar nachdem das Gesetz in Kraft getreten war, daran gingen, es möglichst in ihrem Sinne zu interpretieren. Entweder suchten sie den Kreis derjenigen einzuschränken, der das Recht auf Sonnntagsruhe in Anspruch nehmen konnte, oder sie suchten die gesetzlichen Ausnahmebestimmungen für sich zu interpretieren. Die verbreitete Methode, Angestellte zu Teilhabern zu deklarieren und sie dadurch von der Geltung des Gesetzes auszunehmen, gehörte in die erste Kategorie. Nicht nur Fuhrunternehmer in Paris sondern auch ein Kaufmann in Roubaix bedienten sich dieses Schachzuges. Dieser blieb jedoch relativ selten.[14] Denn er bedeutete entweder eine reale Veränderung des Angestelltenstatus oder eine offenkundige Scheinmaßnahme, der sich die Gerichte widersetzten. Folgenreicher als diese Tricks waren die extensiven Auslegungen des Gesetzes. Da es den Krämern das Recht einräumte, bei lokalen Festlichkeiten ihre Angestellten auch sonntags zu beschäftigen und diese somit um ihren Ruhetag zu bringen, nahm prompt die Zahl der lokalen Feste zu.[15] In der Nähe von Paris mußten

10 Vgl. etwa zum Beitrag von Waldeck-Rousseau die vorzügliche Biographie von *P. Sorlin*, Waldeck-Rousseau, Paris 1966.

11 Vgl. den auf den Untersuchungen des Office du Travail basierenden Vortrag von *M. Dufourmentelle*, Le repos du dimanche et l'industrie, in: Congrès international du Repos du dimanche, Paris 1900, S. 8f.; vgl. auch Bulletin de l'Office du Travail 1906, S. 1022 (zit. als BOT). Zum Office vgl. auch *J.-A. Tournerie*, Le ministère du travail. Origines et premiers développements, Paris 1971.

12 Vgl. die Beispiele in *Bourquin*, Vie Ouvrière, S. 276f.

13 Etwa in dem als Panorama sehr nützlichen Buch von *J. Alber*, Vom Armenhaus zum Wohlfahrtsstaat. Analysen zur Entwicklung der Sozialversicherung in Westeuropa, Frankfurt a. M. 1982. Die folgende Untersuchung stützt sich vor allem auf Materialien, die auf nationaler Ebene in den Archives nationales gesammelt wurden. Es handelt sich dabei vor allem um die Serien C, F 22, B 18.–19.

14 BOT 1907, S. 1026f.

15 Zu Festen, ihrer sozialen und politischen Bedeutung vgl. jetzt grundlegend *A. Faure*, Paris carême prenant. Du Carnaval à Paris au XIXe siècle, Paris 1970.

Handlungsgehilfen 1907 fünf Monate lang jeden Sonntag arbeiten, weil der Bürgermeister in dieser Zeit in verschiedenen Stadtteilen Feste ansetzte.[16] In einer anderen Stadt wurde die Sonntagsruhe sechzehnmal jährlich aufgehoben. Nachdem der Arbeitsminister in einem Rundschreiben vom 10. April 1907 die Zahl der Ausnahmen von der Sonntagsruhe und damit die der lokalen Festlichkeiten auf sechs bis acht begrenzt hatte, ging deren Häufigkeit in der Tat zurück.[17] Im Jahre 1911 meldeten die Arbeitsinspektoren nurmehr aus zwei Städten, dass in ihnen mehr als acht Feste stattfänden.[18] Dennoch wurden durch diese Bestimmung im Jahre 1911 in ganz Frankreich an insgesamt 837 Sonntagen gearbeitet. Gleichzeitig stieg auch die Zahl der Dringlichkeitsarbeiten an, die es nach Art. 4 des Gesetzes ermöglichten, die Sonntagsruhe zu suspendieren. Diese erhöhten sich von 156.469 im Jahre 1907 auf 252.596 vier Jahre später.[19] Diese ausgewählten Angaben können nicht den Umfang der legalen Ausnahmen vollständig erfassen. Sie können allerdings andeuten, wie lebhaft und extensiv die gesetzlichen Möglichkeiten der Einschränkung des Gesetzes beansprucht wurden.

Die Grenzen zwischen einer weiten Auslegung des Gesetzes und seiner Übertreibung waren allerdings fließend. So benutzten etwa Unternehmer die Möglichkeit, bei Reinigungs- und Wartungsarbeiten einen Teil der wöchentlichen Ruhezeit zu streichen, um Magazin- oder Fertigungsarbeiten vornehmen zu lassen.[20] Diese Grauzone deutet darauf hin, daß die offiziellen Angaben über Gesetzesübertretungen nicht deren gesamten Umfang erfassen können. Auch die kleine Zahl und die begrenzte Aktivität der Sanktionsinstanzen lassen vermuten, daß nur ein Teil der Delikte aktenkundig wurde.[21]

Legt man die Zahlen zugrunde, die das »Office du Travail« ermittelt hat und die als relativ gut gesichert gelten müssen, so entwickelte sich die Zahl der Verstöße gegen das Gesetz folgendermaßen:[22]

| | | |
|---|---|---|
| 1907: 10.939 | 1909: 8.243 | 1911: 14.341 |
| 1908: 8.277 | 1910: 11.445 | 1912: 13.432 |

16 BOT 1907, S. 1031 f.

17 Das Rundschreiben stammt vom 10.4.1907, ebd. S. 380.

18 BOT 1911, S. 966 f.; sowie ebd., 1912, S. 1159.

19 BOT 1912, S. 1159. Die Zahl wird dadurch erhalten, daß die Zahl der Ausnahmen vom Gesetz mit der von ihnen betroffenen Arbeiter und Angestellten multipliziert wird.

20 BOT 1908, S. 1202 f.

21 Vgl. *Tournerie*, Le ministère du travail, S. 198 f.

22 BOT 1911, S. 130, 968; 1912, S. 1160; 1913, S. 1089. Daneben stehen interessante Zahlen über Gesetzesverstöße, die nur für kürzere Zeitabschnitte erhoben wurden, z. B. beläuft sich die Zahl der polizeilichen Anzeigen in Paris vom 23.9. bis 5.11.1906 auf 676, die bei einer strikten Anwendung des Gesetzes aber auf 3.443 erhöht werden müssen. Vgl. F 22 358, Polizeipräfektur o. D. Vgl. auch F 22 345 Polizeipräfekt an Arbeitsminister, 30.11.1906; vom 1.4. bis 30.5.1907 vermerkte die Arbeitsinspektion 1.254 Verstöße, wobei die Zahlen aus Paris noch fehlten; vgl. F 22 358. In den Lebensmitteleinzelläden (épicedrie, crêmerie, marchand de volailles) stellte allein die Polizei 1906 15, 1907 74 und 1908 213 Verstöße in Paris fest (vgl. Polizeipräfekt an Arbeitsminister, 23.1.1909 ebd.).

Nun ist keineswegs gesichert, daß die Intensität der Überwachung im Zeitraum gleich blieb. Auffällig ist gleichwohl, daß trotz einer Regierungspolitik, die nach 1910 immer weniger sozialpolitische Signale setzte, und einer nur geringfügigen Zunahme der Zahl der Arbeitsinspektionen die Zahl derjenigen, die das Gesetz umgingen, zugenommen hat. Allein die Schwierigkeiten der Unternehmer, sich auf eine neue Praxis umzustellen, reichen somit nicht aus, um diese Entwicklung zu erklären. Es ist vielmehr nach strukturellen Gründen zu suchen, die in der Größe und Wettbewerbsfähigkeit der Betriebe gefunden werden können. Es ist anzunehmen, daß die Unternehmer, die ökonomisch nicht in der Lage sind, durch Erhöhung des fixen Kapitals die Produktivkraft der Arbeit zu erhöhen und die Arbeit zu intensivieren, zu extensiveren Formen der Produktion gezwungen sind. Da zu diesen die Verlängerung der Arbeitswoche über sechs Tage hinaus gehört, ist zu vermuten, daß die Unternehmer, die das Gesetz über die Sonntagsruhe verletzten, vorwiegend Kleinbetriebe leiteten.[23]

Bezieht man sich auf die Statistik des Jahres 1909, so sind die meisten Übertretungen in folgenden Bereich festzustellen:[24]

| | |
|---|---|
| Milchhandel, Butterherstellung und -handel, Molkereien und Käseherstellung: | 869 |
| Baubetriebe: | 794 |
| Bäckereien, Konditoreien: | 475 |
| Kupferschmiede, Gießereien, mechanische Bauten: | 474 |
| Bekleidungshandel: | 469 |

Nach dieser Aufstellung stammen die Übeltäter mit Ausnahme der Gießereien zumeist aus kleinbetrieblichen strukturierten Branchen. Die Formen der Produktion beeinflußten mithin entscheidend die Möglichkeit, sozialpolitische Zugeständnisse auf Unternehmensebene zu machen.

Aber diese unternehmerische Zwangslage allein kann die Fülle der Vergehen nicht erklären. Denn sie besteht prinzipiell bei allen staatlichen Initiativen, die Beschäftigung der Arbeitskräfte zu regulieren. Deshalb ist nach zusätzlichen Bedingungen zu fahnden, die Übertretungen möglich machten. Diese könnten nicht nur in der Entschlossenheit und Effektivität des staatlichen Vorgehens, sondern auch in der besonderen Lage der Arbeiter in Kleinbetrieben zu suchen sein. Denn zahlreiche Gesetzesverstöße können nicht nur auf eine laue Gesetzesinterpretation zurückgeführt werden, die Übertretungen attraktiv macht, sondern auch auf eine strenge Beachtung der gesetzlichen Bestimmungen, die die Zahl der Verletzungen ansteigen läßt. Sie können auf der Seite der Arbeiter von ihrer Schwäche zeugen, Interessen gegen die Unternehmer durchzusetzen. Wel-

23 Vgl. etwa die etwas abweichenden Berechnungen bei *Tournerie*, Le ministère du travail, S. 232.

24 BOT 1911, S. 130.

chen Einfluß die Haltung der staatlichen Instanzen und der betroffenen Arbeiter hatten, um die Sonntagsruhe durchzusetzen, soll im folgenden diskutiert werden.

Abgesehen von den politischen Gründen, die die staatliche Entschlossenheit abschwächten, sind die unzureichenden Mittel zu nennen, über die die Behörden verfügten. Die 548.225 Betriebe, die die Sonntagsruhe respektieren mußten, sollten gemeinsam von Arbeitsinspektoren und Polizisten überwacht werden. 1907 verfügte der Arbeitsminister aber nur über 128 Inspektoren und konnte bis 1911 lediglich 14 weitere einstellen.[25] Dieses kleine Häufchen mußte aber nicht nur darüber wachen, daß die wöchentliche Ruhepflicht eingehalten wurde, sondern auch oft die hygienischen Vorschriften oder die Arbeitszeitregelung für Frauen und Kinder beachtet wurden.[26] Da Betriebe, die ihren Arbeitern an einem beliebigen Wochentag frei geben konnten, bisweilen bis zu viermal besucht werden mußten,[27] belasteten gesetzliche Ausnahmeregelungen die Arbeitsinspektoren zusätzlich und schränkten ihren Aktionsradius weiter ein. Zu große Reviere, zu wenig Reisegeld, zu viele und zu vielfältige Aufgaben waren die ganz speziell wiederkehrenden Klagen, die René Viviani am 12. Februar 1909 der Kammer vortrug.[28]

Um dieser Misere zu entgehen, bot sich als einziges Mittel an, die Arbeitsinspektion personell zu erweitern. Diese personelle Erweiterung hätte indes die Regierung Clemenceau in einen Konflikt mit den Liberalen getrieben, auf deren politische Unterstützung sie angewiesen war. Schon in den Parlamentsdebatten über die Sonntagsruhe hatten die Liberalen das Schreckgespenst des ubiquitär anwesenden Inspektors als Menetekel an die Wand gemalt, da er die Unternehmer belästige, die Kunden vertreibe und geschäftliche Initiativen ersticke.[29] Eine Erhöhung der Zahl der Arbeitsinspektoren zu verlangen, hätte geheißen, diese Befürchtungen zu wecken.An einer derartigen Maßnahme, die auch von Unternehmern als bedrohlich angesehen wurde, hatte die Regierung Clemenceau kein Interesse, zumal Personalausbau vor 1914 auch budgetäre Probleme aufwarf. Denn aufgrund eines veralteten Steuersystems und ohne die im Senat systematisch verschleppte Einkommenssteuer war der finanzielle Handlungsspielraum des Staates sehr eng, sofern nicht andere Prioritäten gesetzt wurden.[30]

25 *Tournerie*, Le ministère du travail, S. 198.

26 Vgl. auch La Petite République, 12.10.1906.

27 F 22 359, Note pour le chef du cabinet du Minstre du travail, 6.1.1913 über den Goldschmiedeladen Levi.

28 Vgl. L'Epicerie française, 21.2.1909; vgl. etwa F 22 390, Inspektor Zacon an seinen Vorgesetzten, Nogent-sur-Marne, 14.2.1909: »Si même j'avais le temps de surveiller tous les boulangers, le crédit alloué à la section pour frais de déplacement ne permettrait pas avant au moins deux années d' avoir visité toutes les boulangeries, en sacrifiant le reste du service.« Ähnlich F 22 367 Ségui an seinen Vorgesetzten aus Bordeaux, 11.11.1910.

29 Vgl. *C. Prevet* in: Annales du Sénats 69 (1906), S. 822 f.

30 Vgl. dazu jetzt grundlegend: *M. Frajermann* u. *D. Winock*, Le Vote de l'impôt général sur le revenu, 1907–1914, Paris 1973.

Im Falle der Sonntagsruhe führte Personalmangel dazu, daß die Unternehmer nicht mit der notwendigen Strenge überwacht und das Gesetz nicht entschieden genug durchgesetzt wurde. Denn auch die Polizeibeamten, die den Inspektoren vom Gesetzgeber zugeordnet wurden, müssen je nach Örtlichkeit unterschiedlich aktiv mitgewirkt haben.[31] Der Grund für diese wechselnde Aktivität ist in der prekären Situation der Polizisten zu suchen, die sowohl von den Präfekten als auch von der Gemeinde abhingen. Sobald der Gemeinderat zu den Gegnern des Gesetzes gehörte oder gar der Präfekt zugunsten einflußreicher Geschäftsleute intervenierte, war der Polizist in einer schwierigeren Lage als der Arbeitsinspektor, der dem Arbeitsminister zugeordnet war. Er war deshalb bisweilen eher geneigt, Gnade vor Recht ergehen zu lassen.[32]

Ebenso unzureichend wie die Formen der staatlichen Kontrolle war auch die Bestrafung des Gesetzesbrechers. Vor dem Senat hatte der damalige Handelsminister Doumergue schon 1906 betont, die Strafe müsse so hoch sein, daß sie den Unternehmer empfindlich treffe und ihn davon abhalte, seinen Laden sonntags zu öffnen.[33] Er konnte sich mit seiner Meinung jedoch weder im Parlament noch gegenüber der Justiz oder anderen Behörden durchsetzen. Denn das Gesetz sah bei einer ersten Anzeige eine Strafe zwischen 5 und 15 Francs vor, die mit der Zahl der in dem Betrieb Beschäftigten multipliziert werden mußte, 500 Francs aber nicht überschreiten durfte. Bei Wiederholung erhöhte sich die Strafte auf 16 bis 199 Francs.[34] Wenn sich auch manche Gerichte an diese Bestimmungen hielten,[35] so waren diese in der Minderheit gegenüber jenen, die derartig niedrige Strafen verhängten, daß die Arbeitsinspektoren sich erbost beschwerten: »des procès (scil. verbaux) sont parfois dressés, mais leur sanction est dérisoire. Une condamnation rigoureuse ferait réfléchir les récalcitrants: on leur inflige les amendes de 1 franc. Des boulangers d'Albi, poursuivis quatre fois, depuis 1907, se voient, en dernier lieu, condamné a l'amende-type de 1 franc. C'est presque un encouragement.«[36]

Die Gerichte standen mit ihrer Milde aber keineswegs allein. Sie drückten vielmehr einen breiten bürgerlichen Konsensus aus, den Staatsanwälte und Präfekten, Abgeordnete und Finanzminister gegen das Gesetz formulierten. Denn

31 BOT 1911, S. 130.

32 F 22 354 Oberinspektor des 10. Reviers an den Arbeitsminister, 1.10.1906; obwohl auch Arbeitsinspektoren häufig beschuldigt wurden oder Gegenstand von Klagen waren: F 22 358 B. Crussy, Zimmermann, Paris XVI. an Arbeitsminister vom 2.4.1908; F 22 391 Oberinspektor des 2. Reviers (Limoges) an Arbeitsminister, 29.12.1913; vgl. auch Syndicat des employés du Culzac an Arbeitsminister, 21.6.1910, ebd.

33 Annales du Sénat 69 (1906), S. 914 (Rede vom 3.7.1906).

34 Vgl. Artikel 13, 14, 15, 16 des Gesetzes.

35 Vgl. etwa F 22 358 Polizeipräfekt an Arbeitsminister, 13.9.1909.

36 F 22 390 Cavaille aus Albi an den Oberinspektor, 25.03.1912, ebd. Zacon an Oberinspektor aus Nogent sur Marne, 14.2.1909; F 22 391 Oberinspektor aus Limoges an Arbeitsminister, 27.11.1908; F 22 358 Oberinspektor aus Lorient an Arbeitsminister, 7.12.1907.

Staatsanwälte verschleppten häufig Verfahren,[37] Präfekten sprachen bei der Verfolgungsbehörde vor, damit diese die Strafe aussetzten,[38] und Abgeordnete intervenierten gar beim Arbeitsminister für Straftäter.[39] Da auch die Finanzbeamten die Strafen zeitweise nur zögernd einzogen,[40] drückte diese Zurückhaltung eine breite Solidarität unter den Besitzenden aus. Dabei konnten sie sich auch auf das Vorbild berufen, das die Regierung gab. Am 29.3.1907 und 11.4.1908 amnestierte sie alle Verstöße gegen die Sonntagsruhe und wies die Behörden eher auf den Weg der Nachsicht als der Härte.[41] Daran änderte auch die Ablehnung des Antrages des nationalistischen Abgeordneten Georges Berry vom 12. Februar 1909, erneut eine Amnestie zu erlassen,[42] wenig. Mit dieser nachsichtigen Handhabung trug die Regierung den Bedenken Rechnung, die besonders in den Debatten der Abgeordnetenkammer im März 1907 vorgetragen worden waren. Um in einer Zeit heftiger Auseinandersetzungen mit der Arbeiterbewegung, die sich in Streiks und antimilitaristischen Kampagnen manifestierte, nicht bürgerliche Verbündete zu verlieren, hielt der Arbeitsminister René Viviani zwar an dem Prinzip des Gesetzes fest, gab den Präfekten aber Weisung, bei seiner Anwendung flexibel und nachsichtig zu sein: »Il ne saurait être question de revenir sur les dispositions essentielles de la loi dont le Gouvernement est résolu à maintenir énergiquement le principe. Mais il ne s'ensuit point qu'on ne doive ménager, par une application progressive, toutes les transitions nécessaires entre le régime du laisser faire et celui de l'obligation légale, qui lui a brusquement succédé.« Er führt den Präfekten vor Augen »l'obligation de concilier les difficultés constatées avec l'application générale de la loi.«[43] Daß dieses Revirement andere Behörden nicht zur Strenge gegenüber Unternehmern und Kaufleuten motivierte,

37 Vgl. die Klage des Arbeitsministers vom 16.1.1907 an den Justizminister (F 22345), in der er unterstreicht »l'importance exceptionelle que présente une prompt répression des infractions commises, pour surmonter la résistance rencontrée jusqu'ici«.

38 F 22390. Nachdem 13 Bäckermeister aus Blois angeklagt wurden, fragt der Präfekt beim Minister an (6.5.1910) »s'il ne serait pas possible à M. l'Inspecteur du travail de consentir à ce que les procès-verbaux ne reçoivent pas de suite«. Der Minister lehnte am 7.6. ab. Trotzdem erhielten die bereits vorbestraften Meister lediglich einen symbolischen Franc Strafe zudiktiert.

39 Vgl. die Fülle von Gnaden- und Bittgesuchen in F 22358; vgl. auch F 22368 Oberinspektor des 8. Reviers an Arbeitsminister, 26.1.1912; F 22358 der Restaurantbesitzer Philippe weist sich als Wähler und Bewunderer des Ministers aus, um eine Aussetzung seiner Strafe zu erhalten.

40 F 22358 Arbeits- an den Finanzminister, 26.10.1907. Viviani führte über folgenden Sachverhalt Klage. Denn von den seit dem 30.3.1907 in ca. 7 Monaten ausgesprochenen Verurteilungen zu im Durchschnitt 16 F Strafe pro Unternehmer war gerade erst etwas über die Hälfte der Strafsumme vom Fiskus eingezogen worden.

41 F 22343 Justizminister, 19.3.1908 vgl. die Proteste der Arbeiter und Angestellten gegen diese Praxis etwa F 22358 Chambre syndicale des ouvriers boulangers de Pontoise et de la région, 1.7.1907.

42 BOT 1909, S. 575 f.

43 BOT 1907, S. 378.

ist umso verständlicher, als Teile der Verwaltung aus dem Kreis der kleinen und mittleren Fabrikaten und Händler stammten.[44] Somit wurde das Gesetz von vornherein nicht energisch angewandt.

Da Unternehmer harte Kritik am Gesetz formulierten und versuchten, dessen Bestimmungen zu unterlaufen, und da Regierung und Verwaltung davor zurückwichen, das Gesetz konsequent anzuwenden, blieb es zeitweise allein den Nutznießern der wöchentlichen Arbeitsruhe, Arbeiter und Angestellte in Kleinbetrieben und im Handel überlassen, dem Recht zur Geltung zu verhelfen. In diesem Sinne äußerten sich auch die Arbeitsinspektoren, wenn sie immer wieder betonten, daß ohne die Mithilfe der Gewerkschaften und der Betroffenen der Gesetzesauftrag nicht zu verwirklichen sei. Damit verkehrte sich das Gesetz in sein Gegenteil. Denn es sollte ursprünglich den Beschäftigten in Klein- und Handelsbetrieben zu einem wöchentlichen Ruhetag verhelfen, den sie aus eigenen Kräften nicht erkämpfen konnten. Nunmehr sahen aber die Behörden selbst in den Arbeitern die Kraft, von deren Aktivität bzw. Schwäche die Zukunft der Sonntagsruhe abhing. Die aktive Mitarbeit des schwächsten Teils in der Trias Staat-Unternehmer-Arbeiter sollte sowohl die unzureichende Schärfe des Gesetzestextes als auch das mangelhafte Engagement des Staatsapparates kompensieren. Dazu waren Arbeiter und Angestellte aber weder aufgrund ihrer realen Lage als auch wegen ihres Organisationsgrades nicht in der Lage.

Denn das Gesetz über die Sonntagsruhe verbesserte nicht die Situation der Arbeiter insgesamt, sondern nur einen Teil derselben: die Länge der Arbeitswoche. Weder das Herzstück der Arbeiterexistenz, der Lohn, noch die Arbeitszeit und die Arbeitsplatzsicherheit wurden von dem Gesetz berührt. Daß die Lohnfrage offen blieb, war auch schon den Gesetzgebern bewußt, die allerdings keine Abhilfe wußten – oder wissen wollten. Denn – so führte der Berichterstatter im Senat Poirrier aus – jeder Eingriff in die Lohnfestsetzung schade nur den Arbeitern. Selbst wenn das Gesetz festlege, der siebte Wochentag solle bezahlt werden, könne es nicht verhindern, daß der Lohn für sechs Tage auf sieben Tage verteilt und dadurch der Tageslohn verringert werde. Daraus schlußfolgert Poirrier als guter Liberaler: »C'est, quoi qu'on dise, la loi de l'offre et de la demande, c'est la loi de la concurrence qui est le grand régulateur des salaires.«[45] Das Gesetz richtete sich aber nicht primär an die Groß-, sondern an die Kleinbetriebe und den Handel, somit an Bereiche, in denen die Löhne niedrig waren. Es brachte die

44 Vgl. *J. Siwek-Pouydesseau*, Le corps préfectoral sous la IIIe et la IVe République, Paris 1966; vgl. die detaillierte Situationsbeschreibung bei Sorlin, Société, S. 91 f.; insg. mit bibliographischen Hinweisen auch *Institut Français des Sciences Administratives*, Histoire de l'administration, Paris 1972.

45 F 22341, Bericht vom 21.2.1905, S. 31; vgl. auch F 22342, Arbeitsminister an Luciani aus Marseille, 20.12.1912, demgegenüber er diese Doktrin wiederholte, vgl. auch Conseil supérieur de travail, Session de 1904, Rapport de Mademoiselle Blonceau, Paris 1904, S. 16; damit bleibt die begrenzte Staatsauffassung der Leitfaden vieler französischer Parlamentarier und Industrieller, die 1898 bereits P. Leroy-Beaulieu in L'Etat moderne et ses fonctions, Paris 1898 formuliert hatte.

Arbeiter und ihre Organisationen in den Konflikt, sich zwischen einem langfristigen und einem kurzfristigen Interesse entscheiden zu müssen. Dies umso mehr, als nach 1906 Unternehmer in einem nach den Quellen nicht genau zu bestimmenden Ausmaß zu Lohnkürzungen gegriffen haben, nachdem sie dieses Mittel bereits 1900 eingesetzt hatten, als die Arbeitszeit in gemischten Werkstätten auf elf Stunden beschränkt wurde.[46] So senkten die Bäckermeister in Chartres im November 1906 nach der gesetzlich verfügten Verringerung der wöchentlichen Arbeitszeit den Lohn ihrer Gehilfen von 42 auf 36 Francs wöchentlich.[47] Diese Praxis rechtfertigten auch die vom freien Vertragsverhältnis ausgehenden Gerichte, an die sich einzelne Arbeiter wandten.[48] Ein Gesetz, das die Lage der Arbeiter hatte verbessern sollen, drohte somit, sie zu verschlechtern. Denn für die Beschäftigten hatten die Lohneinbußen oftmals katastrophale Folgen. So schrieb am 28. November 1906 ein verzweifelter Arbeiter, der in der Druckerei der Zeitung Le Petit Parisien beschäftigt war: »Je ne vois plus que la misère que me guette, car ce mois-ci ça me fait 5 jours de perte de travail.«[49] Auch die Angestellten des Kaufhauses »Aux Elégants« in Paris beklagten sich über ihren Direktor: »M. Lilien ne paye le jour du repos à aucun employé; les salaires médiocres de cette maison le deviennent bien davantage par cette mesure qui enlève aux malheureux employés une somme importante de leurs appointements. Ainsi un employé engagé à 2.000 franc par an doit subir la perte de 52 jours de repos.«[50]

Da die Löhne vor 1914 im nationalen Durchschnitt ohnehin nur die Reproduktion der Arbeitskraft durch Befriedigung ihrer elementarsten Bedürfnisse erlaubten und im Kleinbetrieb und im Handel noch unter den Durchschnittswerten lagen,[51] konnten die dort Beschäftigten eine Lohnkürzung nicht oder

46 BOT 1900, S. 446 f.: »Un grand nombre de patrons qui-auparavant, faisaient faire 12 heures à leurs ouvriers ont diminué les salaires de 1/12« (446). Deshalb gab es zahlreiche Streiks in den Wäschereien des Departement Seine, der Textilindustrie des Departement Nord und Vosges sowie Vienne (ebd.).

47 F 22 390, Präfekt des Dep. Eure-et-Loire an den Arbeitsminister, 27.11.1906.

48 BOT 1909, S. 996 f.; sowie Gazette des Tribunaux, 11.1.1907.

49 F 22 366.

50 Ebd., 20.4.1910.

51 Vgl. zu den Löhnen *J. Kuczynski*, Die Geschichte der Lage der Arbeiter unter dem Kapitalismus, Bd. 33, Berlin 1967, S. 150 f.; *J. L'homme*, Le pouvoir d'achat de l' ouvrier français au cours d'un siècle: 1840–1940, in: Le Mouvement social 63 (1968), S. 41–70; vgl. auch die Studie von *J. Rougerie*, Remarques sur l'histoire des salaires Paris au XIXe siècle, ebd., S. 71–108, der Kuczynskis Vorgehensweise teilweise kritisiert, für den Beginn des 20. Jahrhunderts aber auch zu dem Urteil kommt, daß trotz leicht steigender Nominallöhne sich der Lebensstandard der Pariser Arbeiter nicht erhöht. Nach seinen Forschungsergebnissen (S. 102 f.) könnte es in Paris allerdings sein, daß die Tendenz zu Niedriglöhnen in Kleinbetrieben aufgefangen wird durch die handwerkliche Qualifikation der dort Beschäftigten. So gehören etwa Schmiede, Bildhauer, Bäcker und Zimmerleute in Paris im Jahre 1911 zu den am besten bezahlten Arbeitskräften. Diese Tatsache ist sicher aus der Bedeutung und Lebendigkeit der Pariser Luxusindustrie zu erklären, wie auch aus der Größe des Pariser Marktes.

nur schwer verkraften. Zwischen ihre unmittelbaren Lebensbedürfnisse und den langfristig notwendigen Kampf gegen einen zu schnellen Verschleiß der Arbeitskraft gestellt, optierten sie notwendigerweise für die Gegenwart. Deshalb protestierten wiederholt Arbeiter gegen das Gesetz über die Sonntagsruhe, verständigten sich mit den Unternehmern, um es zu unterlaufen, oder aber versuchten – wenig erfolgreich – in Streiks ihren bisherigen Lohn zu verteidigen. Ein Arbeiter aus einer Papierfabrik im Departement Corrèze, der täglich 2,50 F verdiente, beklagte sich über die Beschränkung seiner Arbeitswoche auf sechs Tage: »Cependant c'est nous les ouvriers qui supporterons les conséquences de tout ceci car le dimanche nous ne travaillons, mais il faut manger quand-même et si à la fin du mois nous sommes en retard pour payer notre boulanger, il lui importe peu que nous avons travaillé le dimanche oui ou non; et notre propriétaire a fait autant pour le loyer.«[52]

Die gesetzlichen Bestimmungen wurden der realen Lage der Arbeiter nicht gerecht. Deshalb wurden sie abgelehnt oder umgangen. So meldete der Bezirksinspektor aus Bourges: »Les patrons ne payent plus les ouvriers qu'à la journée. Dès lors, ces ouvriers pour gagner une journée de plus par semaine, se font les auxiliaires de leur patron dans le but de déjouer l'inspection«.[53] Nicht die in Parlamentsdebatten beschworene herzliche Atmosphäre in den Betrieben liegt dieser Interessenidentität von Arbeitenden und Unternehmern zugrunde. Sondern der Zwang, den erreichten Lebensstandard aufrechtzuerhalten, trieb Beschäftigte dazu, langfristige Ziele zurückzustellen und sogar mit ihrer Arbeitskraft Raubbau zu treiben. In Orten und Branchen, in denen es nicht möglich war, der Arbeitsinspektion ein Schnippchen zu schlagen, verdingten sich Arbeiter an ihrem Ruhetag bei anderen Unternehmern.[54] Somit fanden die Inspektoren aus naheliegenden Gründen Arbeiter und Angestellte auf der Seite der Unternehmer, die ihre Notlage ohne Zögern ausnutzten. Die Sonntagsruhe war für die Beschäftigten in Kleinbetrieben und im Handel nicht nur deshalb ein Danaergeschenk, weil sie mit Lohnsenkungen verbunden war, sondern auch weil das Gesetz nur einen kleinen Teil der Arbeitssituation regelte. So konnten die Unternehmer nicht nur den Lohn kürzen, sondern auch die Arbeitszeit an den Wo-

52 F 22 358, F. Perine aus St. Pantalheon an Präsident der Republik, 11.1.1907; ähnlich F 22 342 H. Tournae (Dieppe) an Arbeitsminister, 6.2.1907; F 22 342 Broschüre von A. Moreau, Paris 1906; F 22 367 36 Angestellte aus Langres an Arbeitsminister, 27.9.1909; F 22 344 Delegation der Brotausträger von Paris an Abgeordneten M. de la Tarentaise, 24.6.1909; ebd. Chambre syndicale des cochers de Reims an Arbeitsminister, 20.3.1907; ebd. Syndicat des ouvriers vanniers aus Aramon (Gard), an Arbeitsminister, März 1907; F 22 342 A Constant Hutmacher, an Arbeitsminister 27.3.1913.

53 F 22 390, 9.12.1910; ähnlich ebd. Oberinspektor aus Marseille an Arbeitsminister, 21.1.1914.

54 Vgl. F 22 368 L'Epicerie française, 17.10.1909, die ihren Lesern sogar zu diesem Mittel rät! F 22 342 Oberinspektor aus Bordeaux an den Arbeitsminister, 16.10.1906; vgl. dagegen Arbeitsminister an den Sekretär des Syndicat des garçons limonadiers in Lyon, 7.1.1907 ebd.; diesem widerspricht jedoch das Gerichtsurteil des »Cour de Cassation« vom 19.1.1907, in: BOT 1907, S. 242.

chentagen verlängern, an denen gearbeitet wurde, ohne daß sie damit mit gesetzlichen Bestimmungen in Konflikt gerieten. Diese Lücke im Gesetz sprach für die Angestellten etwa das »Syndicat des Employés de Commerce« aus Carcassonne an: »Vous considérez que rien ne les protège. Pour eux, la journée de travail comporte le nombre d'heures qu'exige le patron, suivant son caprice. Ils sont de véritables parias.«[55] Die tägliche Arbeitszeit, die nach Aussagen der Präfekten in der großen Industrie zehn Stunden betrug,[56] war in den Kleinbetrieben und im Handel viel länger und wurde durch die Einführung eines wöchentlichen Ruhetages noch ausgedehnt.

Nicht nur minderten lange Arbeitstage und sinkende Löhne die Anziehungskraft, die die Sonntagsruhe für Arbeiter und Angestellte hatte, sondern auch die geringen Möglichkeiten, ihre Interessen gegen die Unternehmer durchzusetzen, verschlechterten ihre Verhandlungsposition. Die von Aristide Briand in seiner radikalen Phase formulierte Aufforderung war zwar realistisch, trug den bestehenden Kräfteverhältnissen aber nicht hinreichend Rechnung. Sie lautete: »C'est aux organisations ouvrières qu'il appartiendra de mener, dès le lendemain du jour où la reforme sera conquise, une campagne énergique pour imposer au patronat le maintien intégral des prix de main d'oeuvre.«[57] Da kaum institutionelle Möglichkeiten des Protestes bestanden, war das jeweilige innerbetriebliche Kräfteverhältnis entscheidend und der sich beschwerende Arbeiter setzte seinen Arbeitsplatz aufs Spiel. Die Arbeitsinspektoren und Petitionen berichten von zahllosen Fällen, in denen schon die Forderung, der Unternehmer solle einen Ruhetag gewähren, zu Entlassungen führte. Wenn schon die Geltendmachung von Ansprüchen derartig geahndet wurde, ist es verständlich, daß viele Unternehmer in einer Anzeige einen Affront sahen, auf den sie entsprechend reagierten.[58] Selbst wahrheitsgemäße Antworten auf Fragen von Inspektoren, die über die Anwendung des Gesetzes wachten, mußten Angestellte und Arbeiter zuweilen mit dem Verlust ihres Arbeitsplatzes bezahlen.[59] Angesichts des ungleichen Kräfteverhältnisses in zahlreichen Städten und Berufen und des fehlenden Kündigungsschutzes gaben sich Regierung und Verwaltung keinen Illusionen über die Aussagekraft der von Unternehmern organisierten Umfragen unter ihren Angestellten hin. Sie mutmaßten offensichtlich richtig, daß der Druck der

55 F 22344, Dezember 1908; vgl. auch F 22357, Klage der Angestellten des Magasin Réaumur an Arbeitsminister, 12.10.1913

56 BOT 1907, S. 905.

57 F 22341 Progrès culinaire, 16.6.1905.

58 F 22342 Christoflan, Apothekenlehrling an Arbeitsminister, 9.9.1906; F 22357 Arbeitsinspektor des 8. Reviers an Arbeitsminister, 24.1.1912; ebd. Arbeitsminister an Polizeipräfekt, 11.4.1908; vgl. auch F 22342 Gruppe von Angestellten aus Tours an Arbeitsminister, 18.1.1911.

59 F 22390 Oberarbeitsinspektor aus Paris an Arbeitsminister, 22.1.1914. Er weist darauf hin, daß die Antworten der in Gegenwart ihrer Meister befragten Angestellten nichts wert seien; ähnlich auch ebd. Oberarbeitsinspektor aus Limoges an Arbeitsminister, 3.3.1909.

»patrons« das Abstimmungsergebnis verfälschte.[60] Noch 1914 unterstrichen die Arbeitsinspektoren aus fünf der acht Reviere, in die Frankreich aufgeteilt war, diese Abhängigkeit, die die Kontrolle der Sonntagsruhe erschwere, wenn nicht gar unmöglich mache. »Les inspecteurs … craignent que la dépendance dans laquelle se trouvent les employés vis-à-vis de leurs patrons ne les oblige encore longtemps à se faire les complices de ces derniers pour tourner la loi et tromper l' inspecteur.«[61] Somit mußte bei Beschwerden auf strikte Anonymität und Diskretion geachtet werden,[62] oder es waren die Gewerkschaften einzuschalten.

Aber auch diese konnten die Sonntagsruhe nicht gegen die Interessen ihrer Mitglieder durchsetzen. Wenn sie auch durch Anzeigen und Verlautbarungen beständig darauf drängten, daß säumige Unternehmer verfolgt und laue staatliche Maßnahmen verändert wurden, handelten sie doch gegen die unmittelbaren Bedürfnisse ihrer Mitglieder, sofern der Ruhetag mit sinkendem Lohn oder Gefährdung des Arbeitsplatzes identisch war. Das mußte auch der Sekretär der Bäckergewerkschaft in Orléans erleben, der um einen Besuch des Arbeitsinspektors gebeten hatte, weil den Bäckergehilfen der wöchentliche Ruhetag nicht gewährt würde. Auf Befragen des Inspektors antworteten die gewerkschaftlich organisierten Gehilfen aber durch die Bank, daß ihre Meister ihnen den Tag einräumten. »Devant ces résultats, le secrétaire a dit à l'inspecteur: ›Je ne m'occuperai plus du repos, les copains n'en valent pas la peine‹.[63] Diese resignierte Reaktion trug nicht den Zwängen Rechnung, unter denen die Gehilfen standen. Sie bringt aber gut die begrenzten Möglichkeiten von gewerkschaftlichen Organisationen zum Ausdruck, durch Anzeigen von Verstößen die Gesetzesanwendung zu ermöglichen.[64] Sie deutet weiter auf die Schwierigkeit hin, die Gewerkschaften im Handel und kleinbetrieblichen Sektor hatten, die Interessen ihrer Mitglieder zu organisieren und zu formulieren. Als Vertretung ihrer ökonomischen Interessen konnten sie kaum dem Bestreben ihrer Mitglieder

60 F 22 367 Union syndicale des employés de commerce et de l'industrie des deux sexes der Haute Vienne an den Arbeitsminister, 19.2.1907; ebd., Arbeitsminister an Präfekt des Dep. Meurthe-et-Moselle, 2.6.1907, der eine Umfrage unter den Handlungsgehilfen in Nancy folgendermaßen kommentierte: »Je crois devoir vous signaler que les conditions dans lesquelles les résultats du scrutin devaient être publiés ont pu nuire à la sincérité des votes. Chaque maison pouvait en effet connaître les votes de son personnel, et les employés pouvaient craindre des répresailles au cas où leur vote n'eût pas été conforme à la demande de leurs patrons.«

61 F 22 390, Oberinspektor aus Nantes an Arbeitsminister, 14.4.1914; ebd. Oberinspektor aus Bordeaux an dens., 18.1.1914; ebd. Oberinspektor aus Toulon an dens., 25.1.1914; Oberinspektor aus Marseille an dens., 21.1.1914.

62 F 22 368 Fontaine an Arbeitsinspektor in Le Havre, 28.1.1911. A. Fontaine war Direktor im Arbeitsministerium, vgl. zu ihm *Tournerie*, Le ministère du travail, S. 208 f.

63 F 22 39, Oberarbeitsinspektor aus Limoges an Arbeitsminister, 18.11.1911.

64 Vgl. F 22 391, Oberarbeitsinspektor aus Toulouse an Arbeitsminister, 25.7.1909; vgl. auch F 22 390, Aktennotiz des Arbeitsministers, 18.12.1913: »Or, sans la collaboration des ouvriers le contrôle du repos hebdomadaire dans la boulangerie est en grande partie illusoire étant donné que le repos y est donné par roulement.«

entgegensteuern, ihre kurzfristigen vor ihre langfristigen Interessen zu setzen. Eine derartige Einflußnahme wäre allenfalls möglich gewesen, wenn die Gewerkschaften über genügend Einfluß und Macht verfügt hätten, um der Briandschen Aufforderung zu entsprechen und die Lohnansprüche sowie Arbeitszeitvorstellungen der Beschäftigten geltend zu machen. Aber ebenso wie das Verhältnis von Lohnabhängigen und Unternehmern im Kleinbetrieb und Handel, war auch das zwischen ihren Organisationen ungleichgewichtig. Nach einer Schätzung der staatlichen »Office du Travail« waren am 1.1.1908 in ganz Frankreich 24,1 % der Unternehmer in Verbänden organisiert, während nach der Zählung von 1901 nur 16,6 % der Arbeiter und Angestellten den Weg zu Gewerkschaften gefunden hatten. Diese Diskrepanz war im kleinbetrieblichen Bereich der Lebensmittelproduktion und des Lebensmittelhandels, in dem das Gesetz über die Sonntagsruhe nur schwer durchzusetzen war, noch viel ausgeprägter. Während sich in ihm 24,6 % der Unternehmer zusammengeschlossen hatten, waren nur 8,7 % der Arbeiter und Angestellten syndikalisiert.[65]

Selbst wenn anzunehmen ist, daß mit den Streikwellen vor 1908 die Organisationsbereitschaft unter Arbeitern generell zunahm und auch die Lebensmittelbranche erfaßte, sprechen die Streiks und ihr Ausgang in diesem Bereich eine deutliche Sprache und zeigen die Schwächen der dort beschäftigten Angestellten und Arbeiter. Im Zeitraum zwischen 1903 und 1913, aus dem für einzelne Jahre Daten vorliegen, sind nicht nur die Arbeitskämpfe im Bereich Lebensmittelherstellung und -handel selten, sondern auch ihre Erfolge gering.

Aus dem wechselnden Ausgang der Arbeitskämpfe läßt sich zumindest ablesen, daß Bäcker und Schlachter, Kaufmannsgehilfen und -gehilfinnen in ihren Arbeitskämpfen nicht besonders erfolgreich waren. Mit einer Ausnahme liegt der Anteil der siegreich beendeten Streiks unter dem nationalen Durchschnitt, die der gescheiterten immer darüber. Unter diesen Bedingungen war an eine kämpferische Durchsetzung der Sonntagsruhe in diesem Sektor nicht zu denken. Das Gesetz über den Ruhetag mußte gerade die Funktion haben, die Schwächen der Arbeiter und ihrer Organisationen zu kompensieren, anstatt auf sie zu bauen. Die Intentionen des Gesetzgebers, mit der Einführung der Sonntagsruhe die Arbeitssituation im kleinbetrieblichen und Handelsbereich zu verbessern, wurden nur partiell verwirklicht. Dafür gab es verschiedene Gründe. Die unzureichenden staatlichen Kontroll- und Zwangsmittel kamen – wie bereits ausgeführt – gegen die zahlreichen und geschickt kaschierten Gesetzesverstöße nicht an. Die avisierten Nutznießer konnten sich eines wöchentlichen Ruhetages nicht recht erfreuen, da dieser oft von Lohneinbußen, verlängerten Arbeitszeiten oder gar Entlassungen begleitet war. Auch Streiks für einen Ruhetag ohne derartige negative Effekte hatten nur begrenzten Erfolg, der überdies bei dem Übergewicht der Unternehmer immer wieder gefährdet und deshalb nur provisorisch war. Die Gewerkschaften konnten die strukturelle Unterlegenheit von Arbeitern und Angestellten in Kleinbetrieben und im Handel

65 BOT 1909, S. 641 f.

nicht aufhalten. Die Sonntagsruhe als isolierte Reform blieb allenfalls ein Wechsel auf die Zukunft: nur in den industriellen Mittel- und Großbetrieben, in denen das gesellschaftliche Kräfteverhältnis weniger ungünstig für Arbeiterforderungen war, konnte die Sonntagsruhe durchgesetzt werden. Schließlich fehlte aber auch die politische Entschlossenheit der staatlichen Instanzen, dem Gesetz gegen alle Widerstände Geltung zu verschaffen. Ob sich diese Zurückhaltung als Charakteristikum staatlicher Politik durchhielt und gar die sozialpolitischen Ziele gefährdete, die mit der Sonntagsruhe verknüpft waren, soll im folgenden ermittelt werden.

Tab. 1: Streiks in der Lebensmittelbranche (Produktion und Handel)[66]

| *Jahr* | *Zahl der Streiks* | *Prozent aller* | *Zahl der Streikenden* | *Prozent aller* | *Erfolg* | *Nat. Durch.* | *Scheitern* | *Prozent aller* |
|---|---|---|---|---|---|---|---|---|
| 1903 | 19 | 3,35 | 1.667 | 1,37 | 13,19 | 10,18 | 39,60 | 16,98 |
| 1907 | 41 | 3,21 | 7.498 | 3,79 | 0,33 | 12,31 | 59,06 | 21,61 |
| 1908 | 14 | 1,30 | 1.420 | 1,43 | 9,37 | 20,33 | 85,14 | 32,62 |
| 1909 | 23 | 2,24 | 1.483 | 0,79 | 13,28 | 17,35 | 29,81 | 25,25 |
| 1910 | 25 | 1,67 | 4.038 | 1,44 | 4,6 | 10,95 | 69,2 | 48,65 |
| 1913 | 36 | 1,35 | 4.941 | 2,25 | 5,94 | 39,32 | 40,55 | 30,99 |

Wenn das Gesetz auch nicht die Sonntagsruhe, sondern lediglich einen wöchentlichen Ruhetag dekretierte, hieß es im Artikel 2 doch eindeutig: »Le repos hebdomadaire doit être donné le dimanche«. Für dieses Prinzip hatten die Fürsprecher des Gesetzes gute Gründe angeführt, die von der christlichen Tradition über die bessere Kontrollierbarkeit der Gesetzesanwendung bis zu der Möglichkeit reichten, das Familienleben in der Arbeiterklasse zu reaktivieren. Unter dem Gesichtspunkt staatlicher Sozialpolitik interessiert die offizielle Politik in diesem Bereich, weil an ihr ablesbar ist, ob ihre Maßnahmen eine gesellschaftsverändernde Stoßrichtung verfolgten oder lediglich dem Prinzip des »muddling-through« folgten. Die Verteidiger des Gesetzes hatten drei Ziele vor Augen. Einmal den Sonntag der Familie vorzubehalten, von deren Solidität Sozialreformer sich eine Stärkung der gesellschaftlichen Harmonie erwarteten. Dann durch gezielte Ausnahmen den Kleinstbetrieben einen Wettbewerbsvorteil einzuräumen und schließlich die Arbeitenden mit dem republikanischen Staat zu versöhnen. Konnten die Regierungen im kleinbetrieblichen und Handelssektor diese Ziele erreichen oder mußten sie vor den gesellschaftlichen Widerständen kapitulieren?

66 BOT 1904, S. 606; 1906, S. 18f.; 1185; 1911, S. 471; 1912, S. 1151; 1914, S. 615.

Wollte man den Sonntag wieder als Familientag etablieren, so hätten das Gesetz und die Behörden darauf achten müssen, daß nur vereinzelte Ausnahmen gewährt würden. Im Gegensatz zu dieser in den Debatten vertretenen Maxime nahm schon das Gesetz zahlreiche Berufe a priori von der Verpflichtung aus. Darüber hinaus konnten Unternehmen auf Antrag vom Präfekten eine Sondererlaubnis erhalten. Dabei bestand die Wahl zwischen vier Ruhetagsmodellen: entweder allen Angestellten an einem anderen Wochentag (Formel A), vom Sonntagmittag bis Montagmittag (B), Sonntagnachmittag und einen Tag alle vierzehn Tage (C) und an wechselnden Tagen dem gesamten oder einem Teil des Personals frei zu geben (D). Ob sich der Sonntag als wöchentlicher Ruhetag durchsetzen würde, hing somit wesentlich von der Liberalität oder Strenge ab, mit der die Präfekten die Ausnahmeregelungen handhabten.

Insgesamt hatten die Präfekten bis zum 1. Januar 1913 25.347 Sonderregelungen genehmigt, wobei in dieser Zahl auch jene Betriebe enthalten waren, die nur von einer Ruhetagsformel zu einer anderen überwechselten.[67] Somit ist die Zahl der Betriebe die Ausnahmegenehmigungen erhielten, wohl niedriger zu veranschlagen. Verglichen mit den 548.225 Betrieben, für die das Gesetz gelten sollte, mag der Umfang gering erscheinen. Bei genauerem Zusehen erwies sich jedoch, daß in kleinbetrieblich organisierten Bereichen Ausnahmen besonders reichhaltig vergeben wurden. Mehr als die Hälfte aller Ausnahmen betraf die Friseure (12.424), 2.850 die Konfektions-, Wäsche- und Modegeschäfte, 1.887 Schuhmacher, 779 Bazare und Spielwarenläden, 772 den Kurzwarenhandel, während die Krämer, Schlachter und andere Lebensmittelhändler, denen das Gesetz schon automatisch die Wahl zwischen verschiedenen Formeln zugestand, immerhin noch 1.333 Ausnahmeerlaubnisse beantragten und erhielten.[68] Gerade in jenen Bereichen, in denen der Gesetzgeber eine einheitliche Regelung der Ruhe angestrebt hatte, wimmelte es von Ausnahmen. Dabei bewahrheitete sich die schon 1908 formulierte Sorge, die Ausnahme könne die Regel werden.[69]

Sieben Jahre nach Inkrafttreten des Ruhetaggesetzes, im Jahr 1913, gaben zwar 93,2 % aller Industriebetriebe, aber nur 30,5 % aller Handelsunternehmen ihren Arbeitern und Angestellten sonntags frei.[70] Der Fortschritt, den manche

67 Zahl nach BOT 1913, S. 1084; addiert man jedoch die Einzelangaben des Arbeitsministeriums, die in einer Denkschrift vorn 4.12.1912 enthalten sind, so kommt man »nur« auf 21.790 (F 22 353). Möglicherweise liegt der Unterschied in der Berechnung auch darin, daß das Arbeitministeriurn noch nicht über die Gesamtheit der 1912 bewilligten Ausnahmen verfügt. Zumindest illustrieren die Zahlen des Arbeitsministeriums aber, wie groß besonders 1907 die Bereitschaft der Behörden war, Anträge positiv zu behandeln. Zahl der Ausnahmen 1906: 2.748; 1907: 13.382; 1908: 1.705; 1909: 1.220; 1910: 1.009; 1911: 936; 1912: 889.

68 BOT 1913, S. 1084; zu abweichenden Zahlen vgl. F 22 354, Statistik des Arbeitsministeriums: »Dérogations accordées au Commerce« 1913.

69 BOT 1908, S. 1199. Vgl. auch die Prinzipien des Handelsministers Doumergue: »Toute autorisation qui faisant échec au principe de la loi, aurait pour conséquence de rendre exceptionnel le repos du dimanche, qui doit être général, irait à l'encontre des intentions manifestes du législateur.« In: La Petite République, 7.9.1906.

70 BOT 1913, S. 1085

Abgeordneten vom Gesetz für die Rekonstruktion der Familie erwartet hatten, blieb im Handel gering. Selbst wenn man keine so relativ hochgesteckten Ziele verfolgte, sondern vor allem den Arbeitern einen wöchentlichen Ruhetag garantieren wollte, liefen Ausnahmeregelungen dieser Absicht zuwider. Denn die von Geschäft zu Geschäft und Stadt zu Stadt wechselnden Formen waren schwer zu kontrollieren. Besonders das Verfahren D, das vorsah, daß die Unternehmer einem Teil oder dem gesamten Personal an einem beliebigen Wochentag frei gaben, hätte nur durch häufig wiederkehrende Besuche der Arbeitsinspektoren überprüft werden können. Obwohl die Unternehmer gehalten waren, die Ruhetage für ihre Arbeiter und Angestellten in einem Register festzuhalten und dieses bei Besuchen den Inspektoren vorzulegen, blieben diese Bestimmungen wirkungslos; das Verfahren D öffnete arglistigen Täuschungen Tor und Tür.[71] Gerade diese Formel, die allgemein als Aufforderung zur Umgehung des Gesetzes verstanden wurde, räumten aber die Präfekten 39,6 % der um Sonderregelung nachsuchenden Antragsteller ein, sofern man die Friseure ausnimmt.[72] Angesichts dieser Praxis und der lauen staatlichen Intervention ist es nicht verwunderlich, wenn Arbeitsinspektoren immer wieder über Verstöße gegen das Gesetz berichteten,[73] die Abgeordnetenkammer am 20. Januar 1911 gar den Minister aufforderte, das Gesetz streng anzuwenden,[74] und auch die Mitglieder des Conseil Supérieur du Travail klagten: »la loi sur le repos hebdomadaire demeure inappliquée par suite des dérogations injustifiées de plus en plus nombreuses«. Sie forderten: »que la loi sur le repos collectif à jour fixe soit strictement appliqué.«[75]

Die Gründe für diese milde Handhabung der gesetzlichen Maßnahmen liegen in den Schwierigkeiten des Staates, in die Dispositionsfreiheit der Unternehmer einzugreifen. Die verschiedenen Regierungen, insbesondere die Regierung Clemenceau, waren manchen Pressionen von seiten der Kleinunternehmer ausgesetzt, die umso wirkungsvoller waren, als diese zu ihrer Wahlklientel gehörten. Die Gegner des Gesetzes oder Befürworter seiner Revision argumentierten einmal mit der Existenz der kleinen Industriellen und Kaufleute, die bedroht sei, zum anderen mit den Interessen der Kundschaft, denen man entsprechen müsse. Die verschiedenen Minister verteidigten dagegen zwar das Prinzip des Ruhetages, machten bei seiner Anwendung aber weitreichende Konzessionen.

71 Es ist kein Zufall, daß der Herold der Kleinbetriebe G. Berry am 30.3.1910 in der Chambre des Députés forderte, alle Kaufleute sollten – mit Ausnahme der Warenhäuser – das Recht erhalten, auf bloßen Antrag diese Ausnahmeregelung in Anspruch nehmen zu können. Dafür sprachen sich alsbald aus die Handelskammern aus Rouen, Cambrai, Miens, Niort und des Départment Deux-Séveres sowie von Le Havre. Vgl. F 22344.

72 BOT 1913, S. 1085.

73 BOT 1911, S. 130.

74 F 22359 Arbeitsminister an die Oberarbeitsinspektoren 16.3.1911.

75 F 22354, Voeux des membres du Conseil supérieur du travail, 25.11.1910; vgl. auch die Antwort des Ministers vom 12.1.1911 (ebd.), in der er auf die rechtlichen Möglichkeiten hinwies, die jedem Antragsteller offenständen und gegen die er nicht vorgehen könne.

Das läßt sich exemplarisch an der Reaktion Vivianis auf Angriffe im Parlament ablesen.

Schon die Reaktion der Regierung Clemenceau auf die parlamentarischen Anfragen hatte verdeutlicht, daß sie nicht bereit war, Konflikte mit den Interessenvertretern des Kleinhandels und der Kleinbetriebe zu suchen. Die kompromißbereite Auslegung des Gesetzes war aber nicht nur das Resultat der angespannten sozialen Lage des Jahres 1907,[76] sondern ein Grundzug bürgerlicher Politik. Denn am 2. Dezember 1908 formulierte die »Chambre syndicale des épiciers« den Wunsch, daß allen denjenigen, die einen diesbezüglichen Antrag stellten, die Genehmigung erteilt würde, in der Zeit vom 15. November bis 1. März jeden Jahres auch am Sonntag die Hälfte ihrer Angestellten zu beschäftigen.[77] Der Polizeipräfekt riet dem Minister ab, diesen Vorschlag aufzugreifen, da er einen weiteren Einbruch in die Sonntagsruhe bedeute, im Gesetz für den Handel nicht vorgesehen sei und alsbald von den Krämern auf alle Bereiche des Lebensmittelhandels ausgedehnt werden könne. Schon vor dem Präfekten hatten allerdings die Senatoren Bassinet, Lefèbvre, Ranson und Mascuraud, der Präsident des »Comité républicain du Commerce, de l'Industrie et d'Agriculture« ebenso wie die Abgeordneten Desplas, Leboucq, Ruech und Charles Deloncle den Antrag der Einzelhändler unterstützt und Viviani vorgetragen.[78] Dieser gab ungeachtet der Bedenken des Präfekten ihrem Druck nach, selbst um den Preis, daß die Handlungsgehilfen Anfang 1910 in Demonstrationen ihren Unmut darüber artikulierten, daß man sie legal ihrer sonntäglichen Ruhe während einer längeren Zeitspanne berauben könne.[79] Im Konflikt zwischen Gesetzestreue und Schutz der Arbeiterinteressen einerseits und der Bewahrung einer politischen Allianz mit den Kleinbürgern andererseits optierte Viviani für letztere. Aufgrund der Kräfteverhältnisse im Inneren waren den sozialpolitischen Initiativen der Regierung enge Grenzen gesteckt, sofern diese den Prinzipien einer »republikanischen Synthese« aller Besitzenden treu bleiben wollten.

Die großzügige Gewährung von Ausnahmen und die stillschweigende Aushöhlung der gesetzlichen Bestimmungen ist schließlich auch auf Konflikte unter den Unternehmern selbst zurückzuführen. Zwar ließ sich etwa im Fall der Kleinhändlerforderungen des Jahres 1909 Einigkeit unter Unternehmern herstellen, wenn eine Berufsgruppe auf Kosten ihrer Beschäftigten ihre Privilegien erweiterte, doch stieß jede Bevorzugung einer einzelnen Gruppe, die für andere Un-

76 Vgl. zu den turbulenten Jahren 1907 und 1908 bes. *J. Juillard*, Clemenceau. Briseur de grèves, Paris 1965.

77 L'Epicerie française, 3.12.1908; ebd. 12.12.1909; vgl. den Zorn der Zeitung L'Aurore vom 30.1.1909 über die dilatorische Behandlung des Antrages.

78 F 22 368 Polizeipräfekt an Arbeitsminister vom 22.12.1909. F 22 368 Aktennotiz des Arbeitsministers vom 14.1.1910; vgl. auch L'Epicerie française, 21.11.1909.

79 Vgl. Le Petit Parisien, 13.12.1909, der von einer Demonstration berichtet, an der 400 Handlungsgehilfen teilnahmen und bei der vier von ihnen verhaftet wurden. Vgl. auch die Proteste der Krämer über die Unruhen in: L'Epicerie française, 23.1.1910: L'Action, 21.3.1910.

ternehmer Nachteile mit sich bringen konnte, sofort auf Mißtrauen und Ablehnung. Der Verbündete im Kampf gegen Arbeiter und Angestellte mauserte sich zum Rivalen im Kampf um Marktanteile. Diese gleichsam sozial-darwinistische Konsequenz des Gesetzes hatte schon der Senator Monis antizipiert: »Dans cette matière, il suffit dans une ville, de l'entêtement d'un seul pour faire échec à la bonne volonté et à la sagesse de tous les autres ... précisément, dans ce milieu où tout est gouverné par des préoccupations de concurrence, la tyrannie d'un seul pourrait annihiler la volonté de tous les autres patrons.«[80] Der Kampf um Marktanteile entbrannte umso heftiger, als in Kleinbetrieben und -läden schon geringe Verluste die prekäre Existenzgrundlage zerstören konnten. Die in der Diskussion relevanten Punkte waren nicht nur die Erlaubnis, daß Alleinunternehmer und Geschäfte auf Familienbasis arbeiten bzw. öffnen durften, sondern auch die Rechtssprechung, die Pächter als Unternehmer, nicht aber als Angestellte ansah. Diese doppelte Stoßrichtung der Unzufriedenheit unter den Unternehmern sprach der Oberarbeitsinspektor aus Nancy an: »Ce qu'on vise, c'est l'obligation de la fermeture pour le voisin: magasin de famille ou succursale de société.«[81]

Da das Gesetz nicht vorsah, daß Betriebe und Läden schließen mußten, konnten Kleinstunternehmer und -händler ihre Geschäfte zum großen Ärger jener Fabrikanten und Kaufleute weiterbetreiben, die auf Arbeitskräfte angewiesen waren. Damit begünstigte das Gesetz die »Kleinen«, wie der Stadtrat in Paris, Paul Fribourg, befriedigt vermerkte: »C'est dans l'application de la loi intégrale ... aux grands bazars et magasins de nouveautés par la suppression hebdomadaire de ses formidables concurrents, que le petit mercier, le petit bonnetier ou le petit libraire pourra provisoirement réaliser un surcroît de gain. Il profitera de l'oubli de la veille, d'un achat du dernier moment, des miettes de la table.«[82] Fribourg erkannte wohl richtig, wie unbedeutend und zeitlich begrenzt diese Bevorzugung der Kleinunternehmer war. Mit den sich durch ein strikt angewandtes Gesetz wandelnden Einkaufsgewohnheiten war anzunehmen, daß die wenigen ihre Läden und Betriebe offenhaltenden Unternehmer kaum bedeutende Vorteile aus ihrer Situation ziehen konnten. Aber selbst diese minimale Gewinnperspektive führte schon zu manifesten Konflikten. Wenn auch die Furcht vor Wettbewerbsvorteilen, die aus familiärer Mitarbeit resultieren konnten, nicht überall derartig tiefe Spuren hinterließ wie unter den Hufschmieden der Stadt Bordeaux und des umliegenden Departements, die dadurch die Existenz ihres Verbandes gefährdet sahen, so saß sie auch bei den Unternehmern anderer Branchen tief.[83] Auf Kongressen und in Petitionen kehrte deshalb leitmotivisch und in Widerspruch zu allen liberalen Glaubensbekenntnissen der

80 Annales du Sénat 69 (1905), S. 418; 4.5.1906; Vgl. auch ebd., S. 399f.
81 BOT 1907, S. 1029.
82 BOT 1908, S. 1200.
83 La Petite République, 15.10.1906; vgl. auch Annales du Sénat 69 (1906), 29.4.1906, S. 884 Rede von P. Berger.

Wunsch von Unternehmern wieder, der wöchentliche Ruhetag solle per Gesetz für alle verbindlich gemacht werden oder aber man solle festlegen, daß sich alle an einen Beschluß halten müßten, der mit Zweidrittelmehrheit der Betroffenen gefällt werde.[84] In diesem Zusammenhang ist auch ein ideologischer Wandel der Unternehmer festzustellen. Hatten sie sich anfangs energisch gegen jegliche staatliche Beschränkung in ihrer Dispositionsfreiheit verwahrt, so forderte nunmehr zumindest ein Teil von ihnen rechtliche Regelungen, um gleiche Wettbewerbsbedingungen herzustellen. Die Regierungen verschlossen sich zwar derartig allgemeinen und weitgehenden Forderungen, kamen aber dem Wunsch einzelner Unternehmer oder Branchen oft nach, die gesetzlichen Bestimmungen für sie zu mildern. Dabei spielte das Argument, daß aus der Anwendung des Gesetzes Wettbewerbsnachteile folgen könnten, bei Entscheidungen der Präfekten und Gerichte eine wichtige Rolle.

Diese prinzipielle Haltung der Behörden führte dazu, daß die Wettbewerbsvorteile der Kleinst- und Einmannbetriebe zunehmend zurückgingen. Da die Ausnahme D vorsah, den Ruhetag wechselweise dem ganzen oder einem Teil des Personals zu geben, konnten deren Nutznießer ihren Betrieb oder Laden die ganze Woche hindurch offenhalten und somit die Konkurrenz mit den Familien- bzw. Alleinunternehmen aufnehmen. Der geringe Vorteil, den das Gesetz den letzteren in den ersten Monaten seiner Anwendung eingeräumt hatte, ging mit der freizügigen Ausnahmeregelung zunehmend verloren. Als therapeutisches Mittel, um zur Gesundung des Kleinhandels beizutragen, war das Gesetz über die Sonntagsruhe unter diesen Bedingungen nicht geeignet.

Das Gesetz über den wöchentlichen Ruhetag führte nicht dazu, daß die Sonntagsruhe sich in Frankreich über die Industrie hinaus einbürgerte. Damit scheiterte der Gesetzgeber in der Absicht, die Lage gerade der im Handel und in den Kleinbetrieben Beschäftigten grundlegend zu verändern. Spärliche Überwachung und reichliche Ausnahmen vom Gesetz ließen der Unternehmerwillkür weiterhin freies Spiel. Die Vorstellung, mit dem Sonntag einen Tag der kollektiven Reproduktion oder familiärer Eintracht zu schaffen,[85] mußte für die Mehrheit des Handels ins Arsenal bürgerlicher Wunschträume abgeschoben werden.

84 F 22342 Fédération des patrons maréchaux-ferrants de France, Chambre syndicale de la ville de Bordeaux et de la Gironde an den Arbeitsminister, März 1907. Vgl. F 22367 Arbeitsinspektor aus Agen an Arbeitsminister, 20.12.1909; vgl. Beispiel aus Lucon in: BOT 1908, Vgl. 1119f.; vgl. etwa auch die Anzeigen von Konkurrenten: F 22358 Oberarbeitsinspektor des 5. Reviers berichtet darüber an den Arbeitsminister, 17.8.1909.

85 F 22344 Congrès national de la boulangerie in Paris, 6.–8.7.1910, Paris 1910, S. 14 ebd. Syndicat des Patrons maréchaux-ferrants aus Paris und der umliegenden Departements an Arbeitsminister 8.8.1912; F 22342 Journal des marchands de beurre et des crémiers, 15.6.1908; ebd. Syndicat nantais de la Nouveauté et des spécialités que s'y rattachent, 26.12.1907; ebd. Chambre syndicale patronale des coiffeurs du Havre et de la banlieue, 26.4.1907; L'Epicerie française, 22.12.1907: »Si tout le monde aux mêmes heures était obligé de tenir ses magasins clos, il n'y aurait de dommage pour personne et chacun, patrons et employés, se reposeraient de compagnie«; ähnlich F 22341 Assemblée amicale des commerçants de Toulouse s.d.

Aber selbst die weniger umfassende Absicht, durch das Gesetz die Klein- und Familienbetriebe zu begünstigen, scheiterte. Die Konkurrenten lehnten einen derartigen Vorteil für andere ab und drangen auf Gleichbehandlung, ohne allerdings bedacht zu haben, daß diese auch den Giganten der Branche, den Wahrenhäusern, zugute kommen würde. Das Gesetz schränkte zwar die Freiheit der Unternehmer ein, veränderte aber ebensowenig die Lage der im Handel Arbeitenden wie die der Klein- und Familienbetriebe. Das Konzept der Sozialreform zerbrach in einzelne Reformansätze. Als Konzession an die Arbeiter und als Eingriff in die unternehmerische Freiheit hätte das Gesetz den sozialen Charakter der Regierung des »Cartel des Gauches« beweisen und als Antwort auf gewerkschaftliche Forderungen gelten können. In diesem Sinne verstanden es auch Arbeiter und Angestellte. In Petitionen und Liedern feierten sie 1906 die wohltätige Wirkung des Gesetzes. Druckereiarbeiter in Tarbes, die schon 35 Jahre lang beschäftigt waren und noch nie einen Sonntag frei gehabt hatten, erfuhren das Gesetz als einschneidende Veränderung,[86] die Marius Tety dann in folgende Verse goß: »Aussi j'applaudis, joyeux et sincère/L'Parlament qui vient d'décider tout net/Que pour que l'pauv' peuple oubli'sa misère/Il ne travaill'ra plus qu'un jour sur sept.«[87] Diese anfängliche Euphorie beflügelte auch die Angestellten, die demonstrierten und dagegen protestierten, daß Kaufleute und Fabrikanten das Gesetz umgingen.

Um die beträchtliche Zahl widerstrebender Kaufleute zum Nachgeben zu zwingen, mobilisierten die Gewerkschaften vor allem in Paris ihre Mitglieder.[88] So versammelten sich am 16. September zahlreiche Angestellte in der »Bourse de travail« und zogen in kleinen Gruppen zu den Mode- und Bekleidungsgeschäften, die weiterhin geöffnet hatten. In diesen tätigten sie umfängliche Einkäufe, die sie nicht bezahlten, so daß nach kurzer Zeit das Verkaufssystem zusammenbrach. Die legalistische Stoßrichtung ihrer Aktion drückten sie durch den Slogan: »Vive la loi« aus.[89] Angesichts des fortbestehenden Widerstandes der Kaufleute und der dilatorischen Behandlung der Gesetzesübertretungen durch die Behörden setzten die Angestellten, die in der der CGT angeschlossenen »Chambre syndicale« organisiert waren, ihre Aktionen auch an anderen Sonntagen fort. Sie stellten sie allerdings ein, als am 23. September die Gegner der Sonntagsruhe in dem Direktor eines Kaufhauses, der angesichts demonstrierender und auf sein Geschäft zustrebender Angestellter einen Herzschlag erlitt, einen ersten Märtyrer fanden.[90] Daraufhin suchte die »Chambre syndicale«

86 Vgl. Handelsminister Dubief in: Annales du Sénat 67 (1905), S. 1141.

87 F 22 345.

88 Vgl. Interview von Martinet, Sekretär der Chambre syndicale des Employés de la région parisienne, in: La Petite République vom 16.9.1906; vgl. auch Le Petit Parisien, 15.6.1906.

89 Le Journal, 17.9.1906; Le Petit Parisien, 17.9.1906. Diese konservative Richtung der Aktion unterstrich Martinet noch einmal in seinem Brief vom 28.9.1906 an den Handelsminister (F 22 345): »je ne dis pas pour conquerir mais pour conserver le repos du dimanche«.

90 Le Petit Parisien, 24.9.1906; La Petite République, ebd.; der zweite Märtyrer war ein Möbelhändler vgl. Le Matin, 26.11.1906.

noch einmal eine friedliche Übereinkunft mit den Kaufleuten. Um ihren Einfluß zu vergrößern, warben die Angestellten auch um Unterstützung bei den Gewerkschaften der Arbeiter, die ihnen auch von 27 Organisationen versprochen wurde.[91] Den ganzen Oktober und November hindurch setzten Angestellte ihre Aktionen fort, nachdem sie aufgrund einer ausdrücklichen Erklärung des Handelsministers, es werde dem Gesetz nunmehr genüge getan, an einem Sonntag ihre Demonstrationen suspendiert hatten.[92] Da aber weiterhin dieses Versprechen nicht eingehalten wurde, zahlreiche Kaufleute das Gesetz umgingen, offensichtlich in der Annahme, es werde bald revidiert, setzten die Angestellten ihren Kampf fort, bedrängten Kaufleute, ihre Läden zu schließen, redeten auf Kunden ein, vom Einkauf abzusehen oder verteilten Flugblätter. Dabei erfuhren sie, daß die Regierung sich weniger als loyaler Exekutor des Gesetzes sondern als Ordnungshüter aufführte. Denn von den ersten Demonstrationen an intervenierten die Polizeikräfte, um Handelsfreiheit und Privateigentum gegen diejenigen zu schützen, die das Gesetz ernst nahmen.[93] Die auf parlamentarischen Druck zugunsten der Unternehmer eingeleitete faktische Abschwächung des Gesetzes oder die Ausnahmeerteilung für die Pariser Krämer waren ebenso wie der Einsatz von Militär und Polizei gegen Demonstranten nicht dazu angetan, das Vertrauen der Beschäftigten in den Staat zu stärken.

Wenn auch außer Frage steht, daß die pazifizierende Wirkung des Gesetzes in dem uns interessierenden Handels- und Kleinbetriebsbereich gering war, so lassen sich unter Angestellten doch drei Reaktionsweisen auf die Situation unterscheiden: die apathische, die partnerschaftliche und die militante. Ein großer Teil von Arbeitern und Angestellten in den Kleinbetrieben der Lebensmittelbranche und des Handels fand sich damit ab, daß das Gesetz ihre Lebensverhältnisse nicht veränderte. Unter dem Zwang, Lohneinbußen nicht akzeptieren zu können, Arbeitszeitverlängerungen vermeiden zu wollen[94] und ihre Arbeitsplätze bewahren zu müssen, arbeiteten sie sonntags bei anderen Unternehmern oder verständigten sich mit diesen, um das Gesetz und die Kontrollen zu unterlaufen. Diese Praxis schien wohl vornehmlich, aber keineswegs ausschließlich unter den nicht gewerkschaftlich organisierten Angestellten verbreitet gewesen zu sein, die nicht zu mehreren arbeiteten und deren Arbeitsplatz durch eine Reservearmee von Arbeitslosen bedroht war.[95] Sie steckte auch der gewerkschaftlichen Strategie, für die Bewahrung der Arbeitskraft zu sorgen, enge Grenzen.

91 F 22345 Brief vom 24.9.1906.

92 La Petite République, 12.10.1906, 21.10.1906; vgl. auch *Tournerie*, Le ministère du travail, S. 224f.

93 Le Matin, 26.11.1906.

94 Vgl. F 22368 2 Krämergehilfen, 17 bzw. 19 Jahre alt, schreiben am 18.7.1910 dem Arbeitsminister, daß sie von 6.30 bis 21.30 täglich arbeiteten.

95 Bulletin officiel de la Bourse du travail, 1.7.1905; Rapport de M. Artaud sur la réglementation du travail des employés au Conseil Supérieur du Travail, 1912, Paris 1912, S. 10.

Als partnerschaftlich läßt sich die Vorgehensweise der ›Fédération des Employés de France‹ bezeichnen, der auch das christliche ›Syndicat des Employés du Commerce et de l'Industrie‹ angehörte. Aus Rouen berichtete der Generalsekretär:[96] die dort organisierten Angestellten distanzierten sich von den »manifestations bruyantes« dem »bruit« und der »provocation«, mit denen die der CGT nahestehenden Angestelltenverbände für ihr Recht auf Sonntagsruhe gekämpft hätten. Stattdessen setzten sie auf friedliche Mittel, etwa auf einen »service de contrôle« ihrer Mitglieder, um den Arbeitsinspektoren Gesetzesübertretungen zu melden. Bei diesen Aktionen waren sie getragen von der Hoffnung auf staatliche Hilfe und die Einsicht der Unternehmer: »Secondés par les instructions ministérielles, ils arriveront à faire disparaître – le temps aidant – l'obstination voulue de certains patrons qui beaucoup plus par obstination systématique que pour leurs recettes, continuent à violer la loi«. Für sie handelte es sich mithin bei den Gesetzesbrechern um verbohrte, aber nicht von ökonomischen Zwängen getriebene Kapitalisten. In dieser Stellungnahme kamen nicht nur die Erfahrungen von Angestellten zum Ausdruck, daß sich mit den sie beschäftigenden Fabrikanten oder Kaufleuten eine gütliche Einigung finden ließ, sondern auch daß die staatliche Intervention unerläßlich war, wenn sie ihre Situation verändern wollen. Entsprechend dieser Erwartungen versuchten sie zwischen dem Klassenkampf und den »gelben« Gewerkschaften einen dritten Weg einzuschlagen.[97]

Größeres Mißtrauen sowohl gegenüber den Unternehmern als auch gegenüber dem Staat kennzeichnete die Arbeiter und Angestellten, die in den »Chambres syndicales« zusammengeschlossen waren und der CGT nahestanden. Als ein Beispiel unter vielen kann für die Haltung dieser Angestellten die Klage der »Chambre Syndicale des Employés de Commerce, d'Industrie et d'Administration des Departement Deux-Sévres« aus Elbeuf gelten: »La Chambre syndicale des Employés a constaté à différentes reprises que le Ministre du Travail, d'accord avec ses autres collegues, était plutôt fondé à défendre les intérêts du Capital au détriment des travailleurs.«[98] Diese Enttäuschung über die staatlichen Instanzen, die aus diesem Protest spricht, ordnet sich in eine breite Strö-

96 F 22 344, Brief vom 7.5.1907.

97 Vgl. *M. Launay*, Aux origines du syndicalisme chrétien en France: Le Syndicat des Employés de Commerce et de l'Industrie, de 1887 à 1914, in: Le Mouvement social 68 (1969), S. 35–56; hier bes. S. 47 f.; vgl. auch *T. B. Caldwell*, The Syndicat des Employés du Commerce et de l'Industrie 1887–1919. A Pioneer French Catholic Trade Union of White-Collar Workers in: International Review of Social History 11 (1966), S. 228–266.

98 F 22 353 10.4.1913; vgl. auch F 22 344 Präfekt des Dep. Allier, der dem Arbeitsminister am 22.8.1907 ein von einem Comité fédéral veröffentlichtes Plakat zuschickt, das »La Mort du repos hebdomadaire« überschrieben ist und in dem es heißt: »Pendant sa très longue carrière elle fut l'objet de nombreuses tracasseries bourgeoises et politiciennes, elle gênait particulièrement l'exploitation du vol légal, opéré librement par le commerce.«

mung in der französischen Arbeiterbewegung ein, die vom Staat allenfalls die Zerschlagung der Organisation von Arbeitern erwartete.[99]

Freilich versuchten die Angestellten, durch Streiks für die Sonntagsruhe zu kämpfen. Aber die Zahl der Arbeitskämpfe mit diesem Ziel ging seit 1906 beständig zurück (1906: Sept. bis Dez.: 24, 1907: 26, 1908: 3, 1909 bis Nov.: 5 Streiks), obwohl die Sonntagsruhe keineswegs besser respektiert wurde und obwohl weiterhin Grund zur Unzufriedenheit bestand. Damit folgten die Kämpfe um die Sonntagsruhe der allgemeinen Streikkonjunktur. Auch beteiligten sich Angestellte selten an ihnen. Neben den Bäckern, die allein 25 mal wegen der Ordnung des Ruhetags gegen die Unternehmer antraten und Arbeitern aus den verschiedenen kleinbetrieblichen Industrien, haben sich allenfalls Angestellte im Transportwesen an Arbeitskämpfen beteiligt, in denen es um die Sonntagsruhe ging.[100] Sie wurden auch durch die Streikergebnisse nicht ermuntert. Der Streik scheint eine stumpfe Waffe gewesen zu sein. Von den wenigen Streiks, deren Ausgang bekannt ist, haben neun Erfolg gehabt, während fünfzehn scheiterten, so daß sich die negative Bilanz nicht grundlegend von jener in der Lebensmittelbranche unterscheidet. Die Anwendung der »action directe«, die in der Industrie teilweise zu Erfolgen führte, konnte nicht die strukturellen Benachteiligungen verändern, unter denen Arbeitende im Handel und in den Kleinbetrieben lebten.

Abschließend ist festzustellen, daß das Gesetz über den wöchentlichen Ruhetag Arbeiter und Angestellte kaum für die republikanischen Regierungen einnehmen konnte, sondern unter ihnen eher Unmut, Erbitterung oder Resignation hervorrief. Da das Gesetz aber in den Branchen, in denen sich großbetriebliche Strukturen durchgesetzt hatten, nur den Status quo zementierte, hatten vornehmlich Angestellte und Arbeiter der Kleinbetriebe in das Gesetz Hoffnungen gesetzt. Die Analyse der Anwendung der gesetzlichen Bestimmungen, die in den meisten Untersuchungen sozialpolitischer Gesetze hinter dem Studium der Entstehungsbedingugen zurücktritt, erweist, daß die gesetzlichen Prinzipien in dem Zusammenprall unterschiedlicher Interessen schnell zurücktreten und einer zunehmenden Aufweichung der Gesetzesintentionen Platz machten. Auch eine Gegenwehr der Arbeitenden war wenig erfolgreich, da die Arbeitskräfte zerstreut waren und sie den unternehmerischen Praktiken auf dem Gebiet der Lohn- und Arbeitszeitfestsetzung sowie der Entlassungen relativ wehrlos ausgeliefert waren.

99 Der revolutionäre Syndikalismus war aber nicht gegen jede Reform, sondern vornehmlich ab 1900 für Reformen, die die Stärke der Arbeiterklasse vergrößerten, von den Arbeitern erobert und nicht vom Staat bzw. den Unternehmern oktroyiert wurden. *S. J. Juillard*, Théorie syndicaliste-révolutionnaire et pratique gréviste, in: Le Mouvement social 65 (1968), S. 55–69.

100 Dort fanden 18 Streiks statt, fünfmal streikten die Kellner, zweimal die Landarbeiter, zweimal die Gasarbeiter, Kohlearbeiter, Hufschmiede, Nudelarbeiter, Lederarbeiter, Papierarbeiter, Elektriker, Gießer, Brauereiarbeiter.

# Verzeichnis der ersten Druckorte

Die Geschichte Europas als vergleichende Geschichtsschreibung, in: Comparativ 14, 2004, S. 83–97

Mit Jürgen Kocka: Historischer Vergleich: Methoden, Aufgaben, Probleme. Eine Einleitung, in: *H.-G. Haupt* u. *J. Kocka* (Hg.): Geschichte und Vergleich, Ansätze und Ergebnisse international vergleichender Geschichtsschreibung, Frankfurt a. M. 1996, S. 9–46.

Historische Komparatistik in der internationalen Geschichtsschreibung, in: *G. Budde u. a.* (Hg.), Transnationale Geschichte. Themen, Tendenzen und Theorien, Göttingen 2006, S. 137–146.

Mit Charlotte Tacke: Die Kultur des Nationalen. Sozial- und kulturgeschichtliche Ansätze bei der Erforschung des europäischen Nationalismus im 19. und 20. Jahrhundert, in: *H.-U. Wehler* u. *W. Hardtwig* (Hg.): Kulturgeschichte Heute (Geschichte und Gesellschaft Sonderheft 16), Göttingen 1996, S. 255–283.

Der Nationalismus in der neueren deutschen und französischen Geschichtsschreibung, in: *E. Francois u. a.*: Nation und Emotion. Deutschland und Frankreich im Vergleich. 19. und 20. Jahrhundert, Göttingen 1995, S. 39–55.

Nation und Religion aus westeuropäischer Sicht, in: *M. Juneja* u. *M. Pernau* (Hg.), Religion und Grenzen in Indien und Deutschland, Auf dem Weg zu einer transnationalen Historiographie, Göttingen 2008, S. 171–187.

Zur historischen Analyse von Gewalt: Charles Tilly/Louise Tilly/Richard Tilly, The Rebellious Century 1830–1930, in: Geschichte und Gesellschaft 3 (1977), S. 236–256.

Gewalt als Praxis und Herrschaftsmittel. Das deutsche Kaiserreich und die Dritte Republik in Frankreich im Vergleich, in: *S. O. Müller* u. *C.* Torp (Hg.), Das Deutsche Kaiserreich in der Kontroverse, Göttingen 2009, S. 154–164.

Gewalt in Teuerungsunruhen in europäischen Großstädten zu Beginn des 20. Jahrhunderts. Ein Überblick, in: *F. Lenger* (Hg.), Kollektive Gewalt in der Stadt. Europa 1890–1939, München 2013, S. 167–186.

Neue Wege zur Geschichte der Zünfte in Europa, in: *H.-G. Haupt* (Hg.), Das Ende der Zünfte. Ein europäischer Vergleich, Göttingen 2002, S. 9–37.

Kleinbürger und Arbeiter in Bremen zwischen 1890 und 1914, in: Archiv für Sozialgeschichte 22 (1982), S. 491–513.

Kleine und große Bürger in Deutschland und Frankreich am Ende des 19. Jahrhunderts, in: *U. Frevert/J. Kocka* (Hg.), Bürgertum im 19. Jahrhundert. Deutschland im europäischen Vergleich, Bd.2, München 1988, S. 252–275.

LIP: Konkrete Interessen versus abstrakte Strategie, in: Leviathan 4 (1974), S. 501–533.

Angestellte vor Gericht: Ein Beitrag zur Verrechtlichung von Arbeitsbeziehungen in Deutschland und Frankreich um 1900, in: *D. Münkel* u. *J. Schwarzkopf* (Hg.), Geschichte als Experiment. Studien zu Politik, Kultur und Alltag im 19. und 20. Jahrhundert, Frankfurt a. M. 2004, S. 227–242.

Sozialpolitik und ihre gesellschaftlichen Grenzen in Frankreich vor 1914, in: Jahrbuch für Wirtschaftsgeschichte 1995/1, S. 171–191.